高贵典雅庄重的诗意抒情　　激情澎湃神采飞扬的时代精神

妙笔开新篇

群星舞蹁跹

奇葩第一枝

大戏进北京

飘起金丝带

艺术晓神风

今日耀京华

火炽激豪情

机遇推佳作

盛典礼赞

SHENGDIANLIZAN

——兰州大型文化活动创意策划文案汇编

LANZHOUDAXINGWENHUAHUODONG

CHUANGYICEHUAWENANHUIBIAN

岳逢春 著

①

敦煌文艺出版社

图书在版编目（C I P）数据

盛典礼赞 / 岳逢春著. -- 兰州：敦煌文艺出版社，
2010. 11
ISBN 978-7-5468-0139-1

Ⅰ.①盛… Ⅱ.①岳… Ⅲ.①文娱活动 —公文—汇编
—中国②文娱活动—策划—案例—汇编—中国 Ⅳ.
①G241. 3

中国版本图书馆 CIP 数据核字（2010）第 217262 号

盛典礼赞

岳逢春　著

责任编辑：汪　泉　佘　瑛

封面设计：石　璞

敦煌文艺出版社出版、发行

本社地址：（730030）兰州市读者大道 568 号

本社邮箱：dhwy@duzhe.cn

本社博客（新浪）：http://blog.sian.com.cn/dunhuangwy

本社微博（新浪）：http://weibo.com/1614982974

0931-8773084(编辑部)　　　0931-8773235(发行部)

兰州大众彩印包装有限公司

开本 640 毫米×1020 毫米　1/16　印张 56　字数 670 千

2015 年 3 月第 1 版第 3 次印刷

印数：1~3 000

ISBN 978-7-5468-0139-1

定价：120.00 元（共 8 册）

昨夜铁砚梦铁肩，礼赞盛典歌咏言。文采七弦五色土，中华锦绣金城关。
策划创意千滴汗，笔墨重彩敷新篇。春秋借我一枝笔，鬼斧神工金不换。

——作者自题像

序　言

——庄重典雅高贵的诗意抒情

金新华

一

这部鸿篇巨著的书名是《盛典礼赞》。

顾名思义：“盛”是盛大，“典”乃典礼，“礼”为礼仪，“赞”则是赞颂——特指用于吟诵的一种抒情文体，其情感极端激扬，语句词汇极为精炼，语言韵律极富节奏感，具有适于朗诵的鲜明风格。“盛典礼赞”——想必是盛况空前的大场面上所诵读的“礼敬赞颂之词”，一定是面对庄重、盛大、高贵、典雅的事情而言。

仅浏览目录，就可知道：这部文集中每一篇文章都记述了一个文化事件。在新时期兰州历史上，这每一个事件都已成为醒目篇章载入兰州文化“大事记”。这些事件，都是有目的、有计划、有安排、有组织地举行的群众性文化集会活动，往往具有庆典、典礼、礼仪、仪仗和文艺晚会的形式，具有鲜明的活动主题和文化内涵，彰显着中国特色社会主义主流意识形态的思想观念，被统称为“大型文化活动”。

与群众日常自发开展的自娱自乐文体活动有所不同，此类大型活动有着明确的政治目的和既定的文化倾向，一般都以党委和政府名义主办，由有关部门出面主持协调并予以组织实施。为保证活动顺利开展、有序进行、成功举办,必须事先提出把握全局的创意策划意见,并拟定一份具有文化内涵和艺术特色的、具有操作性的严密而详细的实施方案文本。以内涵文学性的现场活动主持词、解说词来阐述活动目的、渲染活动主题、营造活动现场的文化艺术氛围,把握活动现场节目流程与实时展开的推进节奏,从而区别于一般性质的群众集会活动。若将此类活动比喻为一次次文化活动"战役",那么,撰写实施方案文本,就可借喻为拟定"作战方案"。在方案文本拟定过程中,"撰稿人"是一个不可或缺的重要角色,其政治观念和文化理念以及对活动特色的创意策划能力和文字构思与写作水平之高下,直接影响到"本次活动"预期的时代特色和艺术效果。

在兰州大型文化活动与时俱进的历程中,本书作者岳逢春先生长期担任"总撰稿人",他为此而付出的心血和做出的贡献,是特别值得一提的。

二

浏览本书,我由衷感慨:从1988年到2010年,时光流逝二十余年,文集中收录的"盛大庆典的礼赞颂歌"方案文本竟然有100余篇。从《首届兰州民间艺术节》执笔开篇至《中山铁桥百年庆典》和"上海世博会·《炫目甘肃》"余音绕梁,可谓乱花迷眼、特色独具、唇齿留香、神采飞扬,每一篇文章都洋溢着澎湃的激情,荡漾着诗意的抒情,充满了令人梦魂萦绕的情感魅力。每一行字迹都曾演化为语言、韵律、声音,在大河之畔回旋荡漾,神采飞扬地描绘出这片热土一道道亮丽风景,张扬这座城市壮丽辉煌的文化精神,谱写了兰州人民继往开来、与时俱进、创造辉煌的盛世华章。

阅读这部文集，就将我们带入曾经经历过的、或者没有亲历过的那些星移斗转的文化事件当中，身临其境地返回某个熟悉的或者不那么熟悉的宏大历史场面，继而心绪激动、沉醉其中。我们梦幻遨游，仿佛看到：壮观的城市汤翻鼎沸、壮丽辉煌；盛大的场面万人云集、神采飞扬，往事历历在目——在花团锦簇的活动现场主席台上，文集中收录的这些"礼赞颂歌"都曾被节目主持人和语言朗诵（歌唱）表演艺术家以及省市党政领导与有关嘉宾放声朗诵、高歌宣唱。

因此，我非常愿意将这部文集推荐给大家。

三

新时期以来，为营造积极健康的城市文化氛围，激动昂扬向上的城市文化精神，省城兰州每年都要多次举行大型活动——从新世纪庆典到"八·二六"颂歌、从除夕新年音乐会到社火进城闹元宵、从歌声悠扬的黄河风情文化周到姹紫嫣红的桃花节、从典雅高贵的铁桥百年诞辰到奥运火炬传递同一个梦想……接连不断举行的这些大型活动，营造出一次次鼎盛辉煌的城市文化热点，如同一泓泓清泉簇拥一道道溪流，汇入祖国政治、经济、文化和社会发展历程的时代洪流，水到渠成地一天天推进、营造、形成这座城市新的文化氛围，塑造出这座城市崭新的文化品格和精神品位。

令人惊奇的是：新时期以来、尤其是进入21世纪以来，这座城市以市委市政府名义主办的大型庆典和节会活动的策划实施方案以及主持词、解说词、主题歌词、现场节目流程表等有关文本，几乎全部都收录在这部文集中了。

更令人惊奇的是：这每一篇文稿，竟然全部是由署名"岳逢春"的这个人来执笔撰写的——从1988年迄今，二十多年来，他年复一年地都在不停地写作这种文稿。以2008年为例，他写出的这类文稿并收入本书的篇目就有18篇！

这，确实让人感到有点儿不可思议，甚至令人难以置信。

一个人怎么可能具有如此充沛的写作精力呢？

但，我是清楚的：二十多年来，就以市委市政府名义举办的大型活动而言，逢春一直是这些活动策划班子的成员。在每次活动中，他都被指定担纲"总撰稿人"负责撰写策划实施方案。在既定时间内，他每次都要亲自执笔并按期完成撰写任务，于是他常常废寝忘食、没日没夜、通宵达旦地奋笔疾书。而他，又是一个对自己要求很严格的"完美主义者"，永远不肯敷衍了事，从来也不会草率交差。正如列夫·托尔斯泰所说："一个人，只有在他每次蘸墨水时，都在墨水瓶里留下自己的血肉，才应该进行写作。"逢春，就是"应该进行写作"的这种人，他"留在墨水瓶里的血肉"和付出的智慧、精力以及超常的体力，局外人是难以想象的。有时我也劝他"过得去"就行了，但他依然故我地紧紧握着一支笔，一天也没有停歇，这让我想到了"天行健，君子以自强不息"。

四

读罢这部文集，我产生了一种理念：我们完全可以将他写下的这上百个"方案文本"解读为这上百次大型活动所依据的"剧本"。而他，其实就是这座城市大型活动主办者和主持人的"智囊"与"文胆"，他就是那位待在幕后的"编剧"或"高参"。

他做的这些事情，无疑有着重要的社会意义，甚至已经具备了既定的历史意义——我们完全可以从这部文集中了解到：20世纪最后10年和21世纪前10年，这座城市曾经发生过一些什么样的大活动和大场面，这些大场面又是如何张扬着伟大时代的"大精神"。文集作者是怎样解读阐释这座城市不断前进的城市精神和城市文化发展的新理念、新思想、新举措、新局面，又是如何一次次令兰州人的激情在城市的天空爽朗地激荡。

按照写作年代递进顺序，将具有高度纪实性的这些作品文本编辑在这部文集中，记录下二十多年来兰州发生的绝大部分重要文化事件，就反映、体现、铭记着新时期兰州大型活动演进发展的历史进程，也就从一个侧面见证了中华民族历史前进的脚步。这部文集，就具备了"史诗"或"诗史"的价值，完全可以被当作兰州大型文化活动的"编年史"来阅读了。

五

在过去的岁月里，逢春伏案奋笔疾书的情景，我历历在目——至今，他也依然紧紧握着他那杆少见的"一枝笔"，每天都在不停地敲击着电脑键盘，锲而不舍，笔耕不辍，长时间地钻研他所热爱的文学创作事业和文稿写作工作。所以，他的作品收获颇丰，水到渠成地进入一个富矿井喷的全新境界。

2008年，他的长篇纪实文学《借我春秋五十年》入选甘肃省委宣传部重点文艺创作项目，由《读者》集团·敦煌文艺出版社出版发行。读者赞誉此书是"一座城市的文化记忆与人民群众精神的合金"。"就像这春天里奏响一曲《蓝色多瑙河》一样优美婉转、大气磅礴","自然天成的情绪与技巧,是五十载风雨人生,五十年奋斗历程以及共和国伟大的时代精神赋予他的""读来让人情志欢畅,欢欣鼓舞"是"近年来出现的一部难得的纪实文学佳作"。他发表的各类文学作品也连篇累牍且屡获各种奖项。

而大型活动策划方案及主持词、解说词的撰稿创作,只是他写作活动的一个方面。

这些特色独具的文本,框架结构完整、文字阐释准确、主题思想鲜明,具有很强的现场实时操作性,只需照本宣科、依计行事、按图作业,"本次活动"在理论预测、图上演习中就已经取得成功。特意拟写的主持词和解说词,更是大气磅礴、音韵铿锵、朗朗上口,文字极富时代精神和年代特征,语言充满诗歌激情的神采飞扬,每个篇章都具备高度凝练的思想内涵和精彩纷呈的艺术水准。他对每次活动主题思想的文学表达,都深刻地打下了时代精神的鲜明烙印,体现出党和政府所提倡的兰州城市文化精神。对每次活动创意理念的策划阐释,都反映出当年的社会文化发展形态和时代背景,张扬着不同年代的思想政治主题和文化发展观念,是用诗意文学的艺术化语言实时记载的难能可贵的历史纪实。他所张扬的那些新思路、新概念、新"提法",与中国特色社会主义时代精神也是完全一致的。如果我们能够正确地理解"主旋律"和"主旋律作家"这个评价的涵义,将其阐释为是一个含有赞许之情的褒义概念的话,他在这方面的写作,正合此道。

这部文集确是出自一个人的手笔,但文集所反映的历史事件,却是这座城市的人们共同创造的盛世华章,文章所张扬的文化精神是全体人民群众的共同向往和一致追求。那么,这部文集就不可以完全解释为是他"私人化"的写作成果，而应该被认为是这个城市千千万万的人们共同创造的精神财富，铭记着新时期以来这座城市历史前进的脚步和发展奋进的深刻足迹。

这些足迹，无疑值得珍惜。

六

我以为，他所撰稿的这种文本具有其特殊的性质和特别的体例，与出自个人兴趣爱好所进行的一般性文学创作活动有着不尽相同之处。其写作的思维方式、写作的技巧以及创作方法，与单纯的小说诗歌散文创作也是有所区别的。如何使用文学艺术的表达方式，将抽象概念演绎为具象的文学语言。如何用诗意抒情的语汇阐释描绘出形象化的场面。如何将抽象的政治概念不露痕迹地镶嵌在主持人的主持词和朗诵诗篇当中，使政治理念和概念得到文学化、艺术化的解读与渲染，营造出大型活动浓郁的文化艺术氛围，确是需要具备一些特殊的写作功力的。

"撰稿人"的写作目的，是草拟撰写主持人或领导同志"在活动现场说话所依据的文字稿"，实际上是用一支笔代表党和政府在"发出声音"。将严肃的政治理念与热情、典雅、精巧的艺术表达方式水乳交融地溶汇统一起来，熟练地使用个人特有的写作技巧去艺术地表现为最广大人民群众所拥护的社会主流思想、主流观念和主流精神，即是这类文本写作的本质特性和基本特征。

因而他必须在宏观政治理念关照下执笔写作，必须在"政治话语"的当前具体语境中"发出声音"。他必须站在党政领导和人民大众的立场上谋篇布局、铺排文字、渲染情感，使得人民大众所追求的共同情感得到充分体现和极度张扬。又必须使得文本具备强烈的文学感染力和现场鼓动性，使得大型活动所特需的"文学艺术性"得到准确的渲染。他必须准确把握"发言"的"基调"，既要体现时代精神和活动主题，又要用艺术语言和文学笔法浓墨重彩地渲染出时代背景和现场氛围。

党和政府在每个历史时期对"发言基调"都有明确要求和"一定之规"。因此，每一篇文本的"基调"都不可能天马行空地凭着个人兴趣去随心所欲地理解和阐释。"浓墨重彩"必须建立在"准确的基调"之上。脱离"基调"，文字不知所云；少了"浓墨"，语言干瘪乏味。二者缺一不可，具有相互支撑、相互烘托、互为表里、相得益彰的微妙关系。恰如闻一多先生所比喻：这是"戴着锁链舞蹈"，但"高手"会跳得更加精彩。——在此处，"锁链"一词并无任何贬义，只是比喻这种"撰稿"式的写作是有着既定规范限制的，与随心所欲地吟诵一首抒发个人情感的优美小诗是不一样的。个人写自由诗尽可以不受任何既定思想的束缚和禁锢，但为公众广泛参与的大型活动"撰稿"，却不能脱离预设的思想政治轨道。

因此，撰稿人必须做到紧随时代发展步伐，自觉主动地及时熟悉掌握了解"当前"的时事政治理念、概念及其内涵，主动密切地关注领导同志代表党和政府在各种会议上的"新提法"、"新思路"、"新举措"，要摸准政治理念与时俱进的"脉搏"，才可能熟练地运用文学艺术语言的表达方式，准确阐释、热情演绎并渲染张扬这些政治思想理念，从而使得肃峻庄严的政治理念产生文学艺术的情感温度，产生以文艺性的语言表达来感动人们的艺术效果，达到以社会主流情感去激动人心的目的。这不但需要撰稿人经常不断地密切关注并弄懂"新的动态"、"新的概念"、"新的思想"的本质意义，具备较高的思想政治水平和理论素质修养，同时也必须具有较强的文字写作能力以及深厚的文学创作经验。

这种经验表明：能起草公文的人很多，但能够同时准确熟练地把握具有朗诵语言特色和抒情诗意精神的这种特殊文体的"笔杆子"却比较少见。本书作者就是比较少见的能够十分熟练地撰写这类文稿的"大笔杆子"之一。他曾经在党政部门写作班子里执笔起草这座城市召开的最高级别的重要会议上的《工作报告》和"重要讲话"，又经常为领导同志"代笔"写作《新年致辞》类型的文稿（本书收录有一篇《致辞》样本，可略见一斑。但他写下的这类文稿绝不止此一篇，只是由于不能把这些文稿算成是他自己的作品，因而不适宜全部录入而已。所以，他特意将这篇文稿注明为"附录"。我可以理解这是出于一种审慎的考虑，也是一个妥帖的选择。）写作这类政治语汇元素和文学艺术因素的比例关系需要巧妙调和，语言的"文学性"必须浓郁到恰到好处，且铺排精彩纷呈的政治概念和文学词汇的文稿，更是他写作的拿手好戏。他甚至可以驾轻就熟地做到"立等可取"——今天领受任务，明日就须交稿，甚至上午布置任务、下午就"要稿子"的情形，我是多次见识过的。有一个达到极端的例证是：在2010年国庆节之夜兰州市焰火晚会上，由著名表演艺术家陈逸恒先生激情朗诵的那首《再造兰州的辉煌交响》，就是逢春在深夜2点多熟睡的时候被电话叫醒接受了写作任务，他只用了不到一个小时，就一挥而就了这首受到广泛称赞的诗篇。这，一般人恐怕是难以做到的。倘若缺乏多年在党政机关起草文件经历的熏陶磨练，大概是玩不转这种写作样式的——本书作者恰恰在党政机关经过了将近三十年特定岗位的职业磨练，又具备了深厚的文学写作功力。他曾历任文化局科长、处长，后来又长期担任市委宣传部文教处处长，现在是文艺界人民团体的领导干部。在他的职业生涯中，撰写公文曾经是他长期从事的主要日常工作，而他同时又没有放弃对文学创作的热切追求，几十年来一直笔耕不辍，这就锤炼出了一身"文武双全"的"硬功夫"。

所以，使用充满文学激情的笔触张扬并渲染"大声音"成为他所具有的一项写作特长。他"遵命"——遵照上级指示，在"大型活动"所依据的这些方案文稿中"所传达的声音"，就绝非一般作家在象牙之塔里抒发个人感悟的一些"低吟浅唱"。他所"遵"之"命"，就是党和政府所大力倡导的"时代主旋律"，是伟大的时代精神和这座城市的"大声音"。他"礼赞盛典"的写作活动，其实就是担当一座城市和这座城市大型文化活动的"代言人"。这部文集精彩出版，实际上已经成为这座城市社会公众的集体精神文化成果了。

七

文采斐然"低吟浅唱"的作家比比皆是。但像逢春这样能够把党和政府要表达的"大声音"渲染得如此具有抒情诗意，语言朗朗上口、文字文采飞扬，大概就是凤毛麟角了——在青少年时期，他曾接受过严格的朗诵演说发音技巧的专业语言训练。因而，他对普通话韵律特点的熟悉程度和语言朗诵节奏感的熟练掌握，一般人是难以比拟的。他写下的文字作品，是非常适于吟诵和放声朗读的。

至少有1000人可以见证，在市委市政府主办的《2009年新年音乐会暨"我爱兰州"征文颁奖仪式》上，他创作的名列前茅的《兰州赋》由著名话剧表演艺术家陆树铭先生(电视连续剧《三国演义》关羽的扮演者)朗诵的情景。在余音绕梁的舞台氛围中,陆先生即兴应答晚会主持人的访谈话题,情不自禁地脱口而出:"我朗诵过不少作品,但从来没有遇到过这样精彩的朗诵稿,诗写得太棒了﹗"不但这首朗诵诗是逢春的作品,而且这场晚会的策划方案和节目主持词也由他撰稿、歌唱家演唱的主题歌词是他创作、征文作品一等奖由他领受、首长的新年致辞也由他执笔起草。在不经意间,这场晚会出现了"岳逢春作品专场演出"的剧场效果,这却是事先谁都没有料到的。

又例如:"奥林匹克风激扬五环旗的英姿飒爽,北京中国印渲染爱琴海的圣火光芒"、"仁寿山听得懂百里风情线的抒情高亢,银滩桥舞动黄河波浪的美酒飘香……"如此丰富多彩的词汇和意象,如此辉煌壮丽的语言和文字,如此铿锵悠扬的音符和韵律,如此绝妙的激情诗句,他是怎样想出来的呢?像这样的言辞语句,在这部文集中,却如波涛滚滚、翻江倒海、俯拾皆是。阅读这部文集,我们不但会徜徉在二十年来兰州历史发展的长河中,而且也会沐浴在醇美甘甜、激情澎湃的文学情感和精神洗礼的莫大享受之中。

八

毋庸讳言,当下的文坛,随处可见"痞子腔"浸染蔓延出的萎靡情感和颓废状态,到处都充斥着"有话不好好说"的文字溃疡和语言垃圾,"到处是无谓的调侃、轻佻的嬉笑和缺少智慧的所谓诙谐,到处是低级趣味的笑话,到处是赤裸裸的段子,说话没正经成为风尚"是尽人皆知的事情。"在流动不止的世俗生活中,我们很难再有进入庄重氛围的机遇,已经很少再有庄重的体验……在这样的语境中，我们来读这样一部庄重的文本，实在是一种调整，一种洗礼。"——引号内的这些话，是北大教授写给德国作家本哈德·施林克的文字(曹文轩《朗读者·序言》)却很像是因了《盛典礼赞》这部文集有感而发、特意而作的评语，让人顿生高山流水之情。

为了那些庄重的事情，现在，我们就来读一读逢春所提供的"这样一部庄重的文本"吧。读着他写下的激情澎湃、激扬向上、积极健康、神采飞扬，庄重而典雅，高贵而流畅的诗文辞句，这部文集才华横溢出类拔萃的文化品格，令我感动。

彷佛是与生俱来的天性，他具有一种庄重而高贵的人格气质，具有那种读书和写作的热情和激情，具有一种从不懈怠的奋斗精神，这使得他积累了丰富的学识和深厚的文化底蕴。他不但能够透彻地理解所激情描写、热情渲染的"盛典礼赞"，而且，对撰稿的任何题材和体裁，他往往都驾轻就熟，一挥而就。

在这部文集中，从北京中华世纪坛到黄河百里风情线，从千禧年篝火到新世纪庆典，从奥运火炬传递到水车节颂歌，从元宵节之夜到国庆六十周年，从悠扬的兰山钟声到央视直播间的侃侃而谈，从纪念领袖诞辰到春天故事的渲染，从西路军征战史到烈士陵园祭文，从首届中国丝绸之路节到第四届中国艺术节，从普通话的推广到黄河母亲礼赞，从政协晚会构思到铁桥百年大典，从美术展览致辞到书画长卷序言，从社火进城到抗击"非典"，从桃花会到梨花节，从人口问题到税务局的廉政演说，从体育运动会开幕式到农民艺术节礼花腾空，从祈福汶川到肃立玉树，从陇东记忆到临泽绿洲，从赛马节到自来水，从奥运盛鼎到妇联礼赞，从澳门天涯的明月到安宁璀璨的星空，从组织歌手大赛到策划征文活动，从省市领导的致辞讲话稿到话剧演员的朗诵诗，从给老艺术家祝寿到中华鼓王动地震天,从飘拂的红丝带(关怀艾滋病患者)到金玉满堂的好姻缘——即便你需要一份结婚典礼的主持词范本,他都替你想到了——109篇精彩的文章让这部文集充满了灿烂的阳光,确实令我感慨万千。

九

几十年来,为了这座城市文化事业的繁荣发展,逢春一直在奉献着他的聪明才智。在人生的各个阶段,在不同的工作岗位上,他都全力以赴,却从不张扬。这部文集完全可以见证:为推进兰州这座城市文化事业的繁荣发展,这个人究竟做过多少事情——有谁能比我更清楚地知道他多才多艺却又一直在坚持不懈地勤奋写作的人生历程呢!还有谁能够比我更透彻地了解他坚守着"一定之规"却丰富多彩的内心世界呢!——他想说的许多话,大概都写在这部文集里了吧。

这部文集中有诗、词、歌、赋,有序言,有题跋,有祭文,有铭文,有格律的严谨,有散文的随意,有准确表达的讲话致辞稿,有精彩纷呈、体例规范的电视片文学脚本,有论述精辟、思想深刻的文艺理论研究……表现题材(内容)几乎无所不包,写作体裁(形式)几乎无其不有,每一页都飞扬着这座城市的大吕黄钟,同时也飞扬着他独有的风采神韵。

这部文集也表明:这位作家已经形成了他独特的写作风格,他的作品集也就可以被看成是"一部具有参考书性质"的文集。书中许多文章完全可以当作仿笔写稿的"引格子"、或者"套红"临帖的范本,放在案头借鉴参考,时常浏览品味翻阅,一定会得益匪浅。

实在说，几十年来，我一直也没有放下过书本，却从来没有看见过如此包罗万象的这样一部文集问世。作为个体的人，见识肯定有限，绝不敢自诩见多识广。但我工作的部门和岗位却一直是这座城市最灵敏、最迅捷、最集中、最海量的信息传播和汇总的枢纽中心。说句玩笑话但也是实话："有什么事情是警察所能知不道的呢?"

今天，岳逢春先生把这样一部文集奉献出来，很可能就填补了一种出版物的空白——这部文集记录了新时期二十多年来兰州历史进程中近百部实时上演的华彩乐章，激情洋溢着庄重、典雅、高贵的抒情诗意。作者是用一支笔来凝聚汇集、阐释解读、张扬光大、传递延续着一种高贵典雅、庄重高尚、盛大辉煌的城市文化精神，是在高歌礼赞这个伟大的时代。这样的著作，确实前所未见。

掩卷深思：这部文集所叙述渲染记载的这些事情，有哪一件是轻飘飘的可以随意阐释的私家话题呢？又有哪一件是无关紧要的可以轻易落笔、随意调侃的琐碎小事呢？

所以，这部文集只有典雅的风韵和高贵的风度，只有庄重的仪态和铿锵的节奏，只有大气磅礴的时代主旋律，只有金兰色音符畅想出的悠扬与高亢，也就只有这个伟大时代的诗意抒情和他自己的神采飞扬！这部文集，是他献给这座城市的一笔精神财富。

而他这个人以及他敏捷的文思和横溢的才华，也一定是我自己最可宝贵的人生财富。

是为序。

2010年10月18日

（作者系兰州市公安局宣传处副处长，全国公安文联会员。）

目　录

● 龙年试笔开新篇
——1988 年兰州民间艺术节开幕式方案

时　间：8 月 26 日上午 10 时至 12 时

地　点：五泉山公园山门前广场

邀请人员范围：

应邀来兰参加艺术节的国内外来宾

兰州地区党政军及各人民团体主要领导

省级有关部门领导

市直有关部门领导

在兰大型企业领导

近郊四区领导

各新闻单位记者

议　程：

由市委、市政府领导一人主持开幕式并宣布兰州民间艺术节开幕

领导宣布开幕后，随即军乐队奏乐。放信鸽，放鞭炮，花束队呼口号(2-3 分钟)

由市委、市政府领导一人致兰州民间艺术节开幕词（约 5 分钟）

由主持人宣布游园活动开始

社火队由山门前广场开始表演并沿西龙口路径间歇表演（至 12 点结束）

与此同时，军乐队和鼓号队间歇表演(至 12 点结束)

组织工作及责任单位：

开幕式由秘书组负责统一部署，协调。主要任务是：起草并修

盛典礼赞

订开幕式方案；起草开幕词以及开幕式议程；布置、检查有关责任单位的工作；组织验收。

由联络组为主，接待组配合，负责参加开幕式领导、来宾的邀请接待工作。主要任务是：提出邀请名单报办公室主任审核后发送请柬；接待前来参加开幕式的领导和外地来宾；陪同主要领导和外地来宾进行游园活动。

由宣传广告组负责搞好开幕式阵地宣传布置和新闻记者的采访协调工作。主要任务是：布置、检查、落实开幕式标语；统一发放记者证及采访车辆通行证；负责接待记者和采访工作，协调及提出采访和新闻宣传要求；负责放鞭炮。

由文艺表演组负责社火队、军乐队和信鸽放飞。主要任务是：组织安排社火队、军乐队进园表演；协调市体委搞好信鸽队的组织安排以及信鸽放飞工作；组织安排好各公园文艺演出点的活动。

由城关区文教局负责组织少年儿童鼓号花束队。主要任务是：组织适当规模的鼓号队和200名小学生组成的花束队，并按要求搞好训练；按统一要求带队入园并组织表演活动；组织好花束队的游园活动。

由市广播局负责开幕式音响布设。主要任务是：安装开幕式音响设备；按照统一要求搞好播音工作。

由五泉山公园负责开幕式的环境布置及卫生工作。主要任务是：按照宣传组要求布置会场；协助市广播局安装音响设备；搞好公园场地清洁卫生。

由安全保卫组负责开幕式安全保卫工作。主要任务是：按照统一要求做好车辆人员的交通管理工作；做好领导、来宾以及游客的治安保卫工作；搞好公园的消防工作。

由市卫生局负责开幕式现场医疗救护工作。主要任务是：在公园内组成一个医疗救护站并搞好救护工作。

由市总工会负责团体游客的组织工作。主要任务是:组织一万名职工参加开幕式;与秘书组联系搞好团体票的订购、发放工作。

办公室其余各组按照统一要求搞好各自所承担的工作。

各类人员及活动队的时间、地点安排:

兰州地区党政军主要领导于上午9时半到市园林局二楼会议室稍事休息,9时50分进入公园山门前广场就位。

外地来宾以及省市各部门领导于9时50分入园就位。

军乐队、社火队、花束队、鼓号队、信鸽队一律于9时前入园就位。各自就位地点如下:军乐队在山门台阶就位;社火队在山门西南方路径就位;花束队在山门东北方路径和西北方路径的两侧就位;鼓号队在照壁南小广场就位;信鸽队在照壁南小广场就位;放鞭炮人员在山门石狮子前就位。

要　求:

开幕式由组委会办公室统一部署协调。各有关组和单位要各司其职、各负其责,听从指挥,通力合作,确保开幕式顺利进行。

各项筹备工作务必于8月23日就绪,8月24日由组委会办公室组织预演并验收。8月25日完善筹备工作,8月26日上午9时前,工作人员以及演出队进入公园就位待命。

工作人员以及表演队伍要按照开幕式的统一要求,遵守纪律、服从指挥、严守职责、认真工作,保证圆满完成各项任务。

组委会各组和有关单位,要将筹备进展情况和遇到的问题及时向办公室秘书组反映,以便搞好协调。

(1988年8月20日拟稿)

● 金城舞星舞翩跹
——1988 年金城舞星歌星演唱会报幕词

时间:1988 年 8 月 28 日晚

地点:兰州体育馆

【8 时 15 分乐队上场,铃声

【8 时 20 分,追光

主持人 1:各位来宾,观众朋友们,晚上好! 今天是 1988 年 8 月 28 日,兰州民间艺术节·1988·金城舞星歌星演唱会,现在开始了。今晚的演唱会,由我和黄金妮小姐来主持,我叫胡安娜。黄金妮小姐是大家熟悉的兰州人民广播电台播音员。金妮,请您把今天的晚会向观众朋友们简要介绍一下,好吗?

主持人 2:好的。今天的晚会,由兰州市文化市场管理办公室主办。参加演出的演员都是"1988·金城舞星大赛"的获奖选手和"黄河之夏音乐会"的优秀业余歌手。他们应艺术节组委会的邀请,参加了艺术节在前天和昨天举行的活动。

【全体演员奔跑上场,列队亮相

演员:(大声地)朋友们,晚——上——好!

(注意,在台口布设一个立式话筒,让演员的声音传出去。由一人低声发出口令)

主持人 2: 担任伴奏的是兰州市轻音乐团电声乐队。指挥:谢晶。晚会的舞台装置,由兰州市演出公司提供。

主持人 1:好,现在,演出开始。

【乐队前奏曲。演员依次到台口向观众致意后退场,速度要快。

【乐队变奏:《月之故乡》。

【高哲出场，演唱《月之故乡》。

高哲：谢谢各位。我叫高哲。下面，我为大家演唱一首《三峡情》。

【迪斯科录音，朱飞飞、杨国兵、梦兵、表演迪斯科舞。

主持人1：刚才表演的是金城迪斯科舞星朱飞飞、杨国兵、梦兵，接下来，请听《赞歌》，由朱正达演唱。

主持人2：请听，由慧慧演唱的电视剧《铁道游击队》主题歌《微山湖上》。

【返场，曲目自报　1.《拉骆驼的黑小伙》。2.《年轻的心》。

主持人1：霹雳舞，是青年朋友喜爱的舞蹈。在金城舞星大赛中，胡卫军获得"金城霹雳舞星"称号，现在就请胡卫军表演霹雳舞。

【胡卫军表演《开枪射击》一段舞蹈。

主持人2：请听歌曲《离不开你》。演唱者：徐扬。（第二首歌《少年壮志不言愁》，第三首《心中的太阳》，演员自报曲目。）

主持人1：接下来，请"金城交谊舞星"二等奖获得者，施大正、顾小萍。三等奖获得者倪金荣、陈亚风表演交谊舞。

主持人2：请听歌曲《祖国和我》，演唱者：徐芳敏。（第2首歌：《长江之歌》）

主持人1：请金城霹雳舞星杨斗表演霹雳舞。他获得二等奖。

主持人2：请听牛正中的独唱《外面的世界》。（第2首歌《大约在冬季》，自报曲目）

主持人2：请听歌曲《走西口》，由孙珍演唱。（第2首歌《思念》自报曲目）

主持人1：接下来，请金城迪斯科舞星胡冬表演迪斯科。

主持人2：请听电视剧《西游记》主题歌《敢问路在何方》，演唱者，刘利伟。（第2首歌，《马车夫之歌》，自报曲目）

主持人2：请听王景春演唱的歌曲《党啊，亲爱的妈妈》

主持人1：在1988·金城舞星大赛中，19岁的王宏获得霹雳舞一等奖，现在，就请金城霹雳舞星王宏为大家表演。

主持人2：接下来，请王登石演唱京剧选段《穷人的孩子早当家》。他是刚刚从另一个晚会上赶来的。好，我们请。（第2首歌《一湾湾流水》，第3首歌《少年壮志不言愁》，自报曲目）

主持人1：在1988·金城舞星大赛中，宋楠、董怡以9.95分的成绩获得一等奖，现在，请他们为大家表演交谊舞《探戈》。

【宋、董表演完毕后，向观众致意，不退场，迪斯科录音音乐起，全体演员上场，集体迪斯科舞蹈。结束。

主持人合：晚会到此结束，各位来宾，各位朋友，晚安！

（1988年8月26日夜1时30分，草毕）

● 耀眼奇葩第一枝

——1989 年《兰州书画长卷》序言

公元 1989 年（戊辰年），中共十一届三中全会已召开十个春秋。

神州政通人和，百废俱兴，举国欣慰，万民欢欣。为铭志十年改革之成果，并向国庆四十周年献礼，受市委、市政府领导委托，书画界同仁创作《兰州书画长卷》。

兰州，古有金城之美称，居中华版图之中心，处祖国西北之要冲，占黄河上游之地利，为丝绸古道之重镇。金城人杰地灵、群文荟萃，文化艺术源远流长。悠久的历史文化与发达的现代文明，使这块土地培育出朵朵艺术之花。优美的书画艺术，便是兰州文化百花园中一枝耀眼奇葩。她立于群芳而别具秀丽，鳌头独占，永不凋谢，愈开愈旺，成为金城大地的荣耀，更是兰州人民的骄傲。

新中国成立以后，兰州书画之花有幸根植于人民大众的肥土沃野之中，吸吮到充足营养，获得长足进步，茂盛繁荣。特别是中共十一届三中全会以来，推进社会改革，厉行政治民主，支持经济发展，鼓励文化繁荣。国家空前进步，各项事业取得辉煌成就，兰州书画艺术也进入自己的鼎盛时期。各种流派应运而生，争奇斗艳，各有千秋，各见其长，各种人才层出不穷，群星璀璨，各领风骚，各显其能，这是《兰州书画长卷》赖以创作、编辑、出版的深厚基础和不竭源泉。

《兰州书画长卷》集当代金城书画名家作品之大成，分书法、国画、篆刻三大类，共八十卷。其中书法作品三十三卷；国画作品四十卷；篆刻作品三卷；题词、序言、后记等四卷。

书法作品有真、草、隶、篆，诸体兼备，题写诗文以当代陇上名人歌咏丝路名胜、金城风貌和建设成就的古体诗词、文章佳句为主。

国画作品有山水、花鸟、人物,各领风骚,重点描绘兰州自然景观、人文景观、城乡建设、风土人情及陇上风貌、丝路风情。

篆刻作品以歌咏兰州、甘肃的优秀诗词章句为主,金钩铁划,刻鹤图龙,美不胜收。

《长卷》全长一千六百尺,寓意丝绸之路在甘肃境内一千六百公里。

兰州为古丝路重镇、今省会所在地、全省政治、经济、文化之中心。《长卷》乃是我市文化史上前所未有的鸿篇巨制,亦是全市书画艺术工作者献给国庆四十周年的珍品厚礼。

《长卷》的创作,必将将我市书画艺术事业推进到一个新的阶段,必将在兰州文化发展史上产生深刻影响。《长卷》展出之后,将由兰州市博物馆长期保存、永久收藏。

《兰州书画长卷》编成付梓之际,我们谨向所有参与作品创作的艺术家、向给予《长卷》问世工程亲切关怀和大力支持的各级领导、向各有关部门和各界人士,致以衷心感谢。

是以为序。

(1989 年 1 月 5 日拟稿)

● 我敲大鼓进北京

——1990年兰州太平鼓赴亚运会表演电视专题片文学脚本

（10月·中央电视台）

[山村场景]

我的家,在兰州皋兰县西岔乡的铧尖村。

[白云,蓝天]

亚运会的圣火燃烧起来的时候, 我们村里的精壮汉子们背着祖辈传下来的兰州太平鼓,擂进了北京城。

[兰州车站送行场面]

这震天动地的鼓声,是我们庄稼人献给亚运会的一份礼物。

[地坛,劳动人民文化宫表演片段]

在古时候皇帝祭祀的拜台上, 在乾隆爷供奉祖宗牌位的大殿前, 我们撒着欢儿擂鼓。有位诗人说,这鼓,是历史的反响和对未来的呼唤。农民汉子擂着大鼓进北京,这是咱庄稼人过去做梦也没有想到的。

[中国·兰州太平鼓大旗特写,定格,片名字幕]

我敲大鼓进北京

[西岔农家场院,队员练鼓,窑洞上观望的妇女]

那还是麦子刚刚灌浆的季节。亚运会组委会文展部邀请兰州太平鼓到北京去表演,市里决定,在全市一百多个乡镇的鼓队里招标,选拔一支鼓队,代表中国·兰州太平鼓进京表演。市文化局的局长说,进京的机会要靠各个鼓队自己争取,谁家的鼓打出水平来,谁家才能取得进京的资格。

[西岔社火队表演,资料]

我们皋兰西岔人过去的日子过得紧巴巴的，别说打鼓进北京城，就是省城兰州也没去过，每年春节闹社火，去一下县城，也就高兴得很了。

[队员王代亨家]

兰州太平鼓祖祖辈辈传了六百多年，一直也没有打出个大响动来，这回要进北京，还是给亚运会打，咱庄稼人要争这口气。

[王代亨踢腿]

咱西岔铧尖村的武功有传统，太平鼓打得也不瓢。铧尖村要夺这个标。[场院，乡文化站的教练训练队员]

正是三伏天，县里派来了干部，乡文化站的庞站长和我们在大太阳底下一起晒着，看着我们抻筋拔腿，打鼓训练。

[打破的鼓和锣]

咱庄稼人啥苦没吃过，可这打鼓训练的苦，过去还真是没吃过。

[许琪辅导队员]

市里又专门请来了《丝路花雨》的编导许老师给我们排练。她对我们要求可严了。一招一式，一个眼神都讲究个"范儿"。她说，要想打到北京去，就得练出绝招，咱们这"狗刨子"可不行。这"二踢脚"是非练出来不可。要登大雅之堂的北京城，必得是这"白鹤亮翅""野马分鬃"。

[欢送场面]

我们终于掌握了高难度的打法，带着全省两千五百万人民的重托，来到了北京。

[北京演出场面]

现在回想起来，真希望许导演再刮我们几回鼻子。下次她再来，我们的鼓就要打到奥运会去了。

[阵法变化]

瞧,怎么样,咱西北汉子的身手不赖吧。

[依次出字幕]

三阳开泰

五福临门

四门兜底

黄河激浪

万众欢腾

两军对垒

鹰击长空

亚运之光

[北京群众观看表演场面]

北京人说,嗨,真不赖,真棒,西北大汉真有劲。

[贾作光在演出现场特写]

有位名人也说,这真是力与美的结合。

本·斯蒂文森是美国休斯敦芭蕾舞团的艺术指导,他和主要演员珍妮·帕克看了演出后还不过瘾,专程到我们住宿的长城旅社来,在院子里仔细琢磨了好一阵子。他说,原来以为东方的艺术是阴柔的、优美的,没想到还有这样刚烈的艺术。太平鼓这样的鼓真是独一无二。

OK! wonderful! 真是太精彩了。

[远山,夕阳,车行]

我们这鼓,老辈人说,有六百年了。

[王代亨老父亲讲传统,方言翻译字幕]

[队员杨家太交龙头拐杖]

这回进了北京城,家太哥从香山碧云寺给老杨叔买回了龙头拐杖,他忘不了练鼓的时候,地里的活儿是六十多岁的老爹和媳妇承担了。我们八十个人去北京,全村两千多口子人都出了大力。

［花鼓儿歌，小世文跳鼓］

《花鼓儿歌》唱起来了，孩子们也跳起了鼓。世世代代、祖祖辈辈，我们生活在黄土高坡上，太平鼓声里奔泄着对生我养我的黄土地的炽热的情。

［小世文特写，定格］

小世文说，我长大了就打鼓，要把太平鼓打到国外去。

再过十年，中国举办奥运会，咱们开幕式上再见。

［结束］

（1990 年 10 月·中央电视台摄制并播出）

● 誉满京城太平鼓

——1990 年中国·兰州太平鼓队赴亚运会表演活动札记

一

应北京第十一届亚洲运动会组委会大型活动文展部邀请,受市委、市政府重托,"中国·兰州太平鼓队"带着全市 240 万人民的深情厚意,于 9 月 17 日离兰赴北京参加亚运会艺术节表演活动。

从 9 月 23 日至 10 月 5 日,在北京地坛、陶然亭、龙潭湖、劳动人民文化宫、大观园和民族文化宫表演 22 场。

宋平、伍修权、耿飚、赛福鼎、马文瑞、司马义·艾买提、聂大江、王定国、冯纪新、刘冰、刘恕等中央和有关部门及曾在甘肃工作过的领导同志先后观看了表演,并给予高度评价。

在京期间,太平鼓受到首都各界人士高度赞誉和北京人民热烈欢迎,鼓队不负众望,圆满完成表演任务,宣传了兰州,扩大了兰州在海内外的影响,提高了兰州的知名度,达到了预期目的,为今后工作奠定了良好基础。

二

兰州太平鼓是一项独具西北特色的民间艺术形式,其民族特色十分突出,艺术风格十分鲜明,过去由于宣传不够,在国内影响甚微。在 1989 年国庆期间,我市曾组织一支鼓队,参加了在四川成都举行的"中国舞·蓉城之秋"表演,享誉蓉城,打响了进军亚运会的第一炮。亚运会在北京召开,为太平鼓进京演出,进一步扩大影响提供了极为有利的时机。

为争取将太平鼓推向北京，市文化局数次派人赴京协调演出事宜。

1990年初，省委宣传部在收到亚组委大型活动文展部的协商函后，即批示由兰州市文化局负责组织鼓队参加艺术节演出。为保证进京鼓队演出质量和艺术水平，市文化局于4月向全市发出通知，决定采取招标选拔鼓队的方式，在全市组织一支能够代表兰州太平鼓特色和水平的鼓队，以"中国·兰州太平鼓"的名义赴京演出。

经过评选，皋兰县西岔乡铧尖村鼓队中标入选，此后即进入紧张艰苦的训练过程。

我们特别邀请了省歌舞团编导许琪同志负责艺术表演方案的制定和鼓队训练。经过整理加工，西岔乡鼓队融汇了兰州地区太平鼓三种流派、七个基本招式和九大阵法，表演水平和艺术质量较之参加"中国舞·蓉城之秋"的节目，有了较大提高。

9月2日，亚运火炬传递经过兰州，"中国·兰州太平鼓队"首次在中心广场亮相，受到省市各部门领导同志200多人肯定和十多万群众欢迎。

至此，进京准备工作全部完成。

三

9月23日，亚运会开幕的第二天，兰州太平鼓队在地坛公园首次亮相，立即引起轰动，数万游园群众夹道欢迎，热烈鼓掌，各界人士反响强烈，首都新闻界纷纷追踪采访，具不完全统计，鼓队在京期间，省市及首都新闻单位共刊（播）出兰州太平鼓队报道近60条。

亚组委大型活动文展部部长贾小源同志说："这么雄壮的鼓，没参加开幕式是太可惜了。"在后来的一次招待会上他又说："兰州太平鼓堪称中国第一鼓,没参加开幕式不仅是你们的遗憾,也是我们文展部的遗憾。"

地坛公园首场演出成功,使得兰州太平鼓名声大振,各演出点纷纷要求增加表演场次。经过协商,总场次由原定的11场增加为22场,演出地点由4个增加为6个。

北京大观园管理处主任梁尚志说,这么棒的鼓,咱大观园不来一场不成,凡进京的好节目,大观园必请,不请你们来,我对不起大观园,将来大观园的记录上,一定要有兰州太平鼓这一笔。大观园赠给鼓队的锦旗上题词为"誉满京城"。

9月29日,在鼓队召开的座谈会上,中国舞协副主席、文化部正局级艺术专员、著名舞蹈家贾作光说:"黄土高原上的兰州太平鼓太令人振奋了,我们的农民创造了黄土文化,发展了黄土文化,你们是艺术家的老师,是你们打响了时代的鼓声,是对专业舞蹈工作者的挑战。兰州太平鼓的进京,在舞蹈的社会功能、美学作用的研究方面,都起到了积极作用,有很大意义。"

中国艺术研究院舞蹈研究所副所长,著名文艺评论家冯双白说:"看兰州太平鼓,我很感动,激动得眼泪都要流出来了,你们的表演给北京舞蹈界刮起一股强烈的西北风,兰州太平鼓队脚踏实地,沉着稳健而有力量,刚猛勇敢而有自信,使人真正感到西北的阳刚之气,从兰州太平鼓看到了民间艺术的根。兰州太平鼓刮起的西北风其冲击波不亚于当年《丝路花雨》在京引起的反响,真可以说,鼓声一响震京城。非常感谢甘肃文艺界的同志们,你们十年一个冲击波,十年前《丝路花雨》享誉北京,十年后太平鼓又声震京华,真是了不起。"

鼓队在京演出期间,盛赞之声不绝于耳,许多观众主动与队员攀谈,当他们得知鼓手全是来自农村的农民时,更是惊叹不已,纷纷称颂"真棒,真不赖,西北汉子真有劲,是条铁汉子"。来自黑龙江省翠峦林业局的一位普通干部在游园时看到了鼓队表演,激动得泪流满面,拉着我们工作人员的手说:"这鼓太好了,真是打出了中国人的威风,真能代表中华民族的精神。你们西北人真是值得骄傲。"

崇文区文化馆张凤和同志曾在兰州军区部队服役。艺术节期间,负责龙潭湖公园第二表演区的舞台监督工作。他说,首都人民能看到太平鼓这么好的节目,是沾了亚运会的光,看太平鼓,真是饱了眼福。兰州太平鼓具有一种不可抗拒的声威,敢说是"天下第一鼓"。

鼓队在京期间,不但在表演艺术方面赢得了很高的评价,在思想作风、组织纪律等方面,也受到各接待单位的好评。对鼓队不计报酬、不讲条件、遵章守时、信守协议、文明礼貌、尊重他人等优良作风都给予称赞,认为兰州人诚实质朴,可亲可敬。

各有关单位都尽力提供最好的服务,招待热情周到。队员住宿的长城旅社从经理到服务员都全力做好服务工作,及时调剂饭菜口味,为队员沏茶送水,也使我们看到了北京人民的精神风貌,使我们深受感动。

四

兰州太平鼓赴京演出取得圆满成功,声誉大振,有许多成功经验值得总结,我们认为,主要有以下几点:

一是领导重视、精心组织,各方配合、积极协调。

太平鼓进京取得成功,首先应归功于省、市、县、乡各级党政领导的高度重视。省市领导同志多次对鼓队的组建训练工作做出明确指示。皋兰县领导班子认识明确,观点一致,为鼓队的组建训练作出突出成绩。进京后,市委李源和副书记亲自主持新闻发布会,张学忠副省长讲话,向首都新闻界介绍情况。柯茂盛市长和李虎林书记多次接见鼓队全体同志，送行迎接，讲话鼓舞士气，为鼓队赴京演出工作提供了有力保证。市财政局在财政收入紧张的情况下，拨出专款保证鼓队经费。皋兰县领导带头，动员全县集资，解决部分经费。兰州铁路局派专人随鼓队工作，解决交通就餐事宜。《甘肃日报》、《兰州晚报》都派出记者随队采访，及时报道，扩大宣传。从各个方面为鼓队进京演出取得成功提供了有利条件。

二是抓住机会，宣传兰州，扩大影响，提高知名度。

兰州太平鼓赴京表演是兰州人民向亚运会献上的一份礼物，在为亚运会添彩助兴的同时，也宣传了兰州，扩大了兰州太平鼓在国内外的影响，提高了兰州知名度。这种民间艺术形式不仅得到国内各界人士的关注，而且引起海外人士的浓厚兴趣。美国休斯敦芭蕾舞团艺术指导史蒂文森和该团著名演员珍妮·帕克在观看了电视新闻中的太平鼓画面后，特意赶到龙潭湖去看演出，并到驻地与队员交谈、切磋。为太平鼓今后参加国家级大型活动和参加国际性活动奠定了基础。

在京期间，许多人士为太平鼓未能参加亚运会开幕式感到惋惜，主要是开幕式方案设计者和编导人员大多未亲眼看过太平鼓演出，有的不知道有兰州太平鼓这种形式的鼓舞。

三是民间艺术要发展，要走专家与群众相结合的道路。

这次进京演出的节目，是在传统基础上加以精炼提高，在继承中有所发展，既保持了优秀的传统，又赋予其时代特色。但对太平鼓的进一步改革创新，须要持审慎积极态度。对太平鼓节奏单一的问题，目前看法不同，有的认为是弱点，要加强节奏变化，有的认为这正是太平鼓的特点，不可随意改变。

这些学术问题，有待进一步论证研究。总的指导思想应该是继承发展。

四是坚持群众文化群众办，多层次、多渠道、多形式地开展群众文化活动。相信群众，发动群众，就能克服任何困难。西岔乡农民接受了进京演出任务之后，不计报酬，克服种种困难，刻苦训练。进京后不讲条件，一直保持着昂扬的斗志和演出热情，场场打得高潮迭起，充分体现了群众积极性。

在今后工作中，文化部门要充分认识调动群众积极性对群众文化活动的重要作用，给予正确引导和积极组织协调。

五是在组织兰州太平鼓队赴京演出的过程中，锻炼了干部队伍，提高了组织协调能力，为今后组织此类群众性文化活动积累了经验。

五

兰州太平鼓流派纷呈，风格各异，各地打法、装饰都不尽相同。此次进京节目在艺术上虽较之以往社火表演及赴蓉城表演节目有了较大提高，但在有机融汇各地特色，汲取各流派精华方面还有待于进一步加工提高。挖掘优秀传统，赋予太平鼓鲜明的时代特色，将是专业文艺工作者和各太平鼓队面临的重要研究课题。

此外，此次进京组织工作还不够严密，也出现了一些疏漏，活动安排还不够有序。这些，都有待于在今后组织此类活动中加以改进。

总之，兰州太平鼓是一项前途十分广阔的民间艺术活动，其发展远景令人充满乐观的期待。

为把这项活动继续推向更高的水平，文化部门应在太平鼓的研究整理、发掘提高方面投入更多的精力，使其有更大发展。同时要积极创造条件，为太平鼓表演活动在全国进一步扩大影响，并争取走向世界，做出更大努力。

(1990 年 10 月 28 日拟稿)

● 地球飘起金丝带

——1992 年"首届中国丝绸之路节"总体策划方案

为贯彻落实中共兰州市委、兰州市人民政府《关于进一步加强宣传兰州的意见》(市委发【1991】26 号文件)精神,进一步广泛宣传兰州,增强兰州在国内外的吸引力和影响力,从而促进兰州社会经济的更快发展,经与国家、省市有关部门和专家协商、论证,特提出1992 年在兰州举办"首届中国丝绸之路节"的设想如下:

一、意图和指导思想

当前,国际形势风云变幻,特别是苏联的解体,对亚太地区的稳定和发展产生了重要影响, 和平与发展已成为各国共同利益所在,把握这一历史时机,发展中国西部地区与亚太地区各国和世界各国、特别是独联体各国的经济文化交往,促进建设有中国特色社会主义事业的发展,具有十分重要的战略意义。

从兰州具体实际情况来看, 兰州是西北地区十分重要的新兴工业城市,是大西北开发和对外交往的重要依托。随着我国经济建设重心的西移和新疆地区的迅速开发以及新欧亚大陆桥的全面开通,将为兰州社会经济的发展提供一个重要的契机。

兰州自古就是丝绸之路的重镇,在发展我国人民与亚、非、欧各国人民的友好交往中,曾发挥过重要作用。今天,丝绸之路依然受到世界的瞩目,其丰富的历史文化资源、自然资源和重要的地理位置,对各国友人仍然具有极大的吸引力。正如江泽民同志指出的那样"丝绸之路是国际性的重大课题。"充分利用这一巨大优势,充分把握世界经济发展的趋势, 再加之兰州四十多年建设所打下的坚实基础,举办以丝绸之路为主题,集文化、旅游、经贸为一体的

"中国丝绸之路节"活动,以丰富兰州人民精神文化生活,增强兰州在国内外的吸引力和影响力,增进兰州与国内外的经济文化交往,从而促进兰州社会经济的更快发展。将成为一个重要的发展战略决策。

1992年是兰州市贯彻执行国民经济和社会发展八五计划和十年规划的第二个年头,又恰逢中日邦交20周年和甘肃省与日本秋田县、兰州市与日本秋田市缔结友好县、市关系10周年,同时,又是国家旅游局确定的中国友好观光年,因此,在1992年金风送爽、硕果累累的时节——9月,在兰州举办丝绸之路节,是较为适宜、很有意义的。

中国丝绸之路工作委员会,中华人民共和国文化部民族文化司、群众文化司、中国青旅集团、中共甘肃省委对外宣传小组办公室以及省市许多领导和专家都对我们举办丝绸之路节,表示了极大关心和支持。

我们认为,这次举办"首届中国丝绸之路节"的指导思想应为:以经济、文化交流为主体,以文化艺术与经贸活动相结合为基本形式,以宣传兰州,促进兰州经济社会发展为根本目的,实现"文化搭台,经济唱戏;兰州搭台,全省唱戏"的基本方针和目标。

二、主要活动内容

1. 鼓舞表演和竞赛

(1)中国鼓艺术表演荟萃

以兰州太平鼓为主,邀请全国特色鼓队15—20个,各进行一组精华鼓舞艺术表演。组成一场规模宏大,场面恢宏的中国鼓舞艺术大型表演,并以此作为开幕式的主要内容。

(2)鼓舞艺术竞赛

参加丝绸之路节的各鼓队,进行表演竞赛,竞赛设表演奖、组织奖、优秀鼓队奖、优秀鼓手奖等。

2. 文艺表演

(1)丝绸之路专题文艺演出

由省市文艺团体在丝路节期间，组织 10 台左右围绕丝绸之路的专题演出活动。

(2)海内外著名歌星参加"丝绸之路风情演唱会"

邀请海内外 10—15 名著名歌星，组织 1—5 场"丝绸之路风情演唱会"

3. 举行"中国丝绸之路学术研讨会"

4. 展览陈列活动

以丝绸之路为主题，举办历史文物、工艺美术、书画、摄影、建设成就等展览陈列。

5. 花会和灯会

以丝绸之路为主题，举办大型秋季花会活动和灯会活动。

6. 金城瓜果品尝会

突出兰州瓜果城特色，由安宁区在仁寿山举办"安宁蟠桃会"，由城关区举办金城瓜果品尝会。

7. 金城小吃品尝会

以兰州牛肉面为龙头，选定适当路段举办丝路名小吃一条街。

8. 丝绸之路旅游观光活动

(1)兰州一日游活动

组织宾客在兰州进行观光一日游活动。

(2)丝路漫游活动

组织兴隆山、拉卜楞寺、刘家峡及炳灵寺、塔尔寺、青海湖、河西风光、敦煌莫高窟等旅游活动。

9. 中国丝路商品交易会

邀请西北、西南 11 个省区在兰州举办包括机械、电子、化工、建材、轻纺、食品、土特品、旅游品等门类的大型商品交易会。

10. 经贸、科技洽谈活动

整个丝绸之路节采取集中掀高潮、分散搞活动的方针，先后掀起鼓舞艺术表演、丝路学术研讨和明星演唱会三个高潮，各高潮之间文艺表演、展览、花会、灯会、瓜果品尝、名小吃、旅游等活动连续不断，历时共 10—15 天。

三、发起单位和组织领导机构

1. 发起单位

中国丝绸之路工作委员会、中华人民共和国文化部民族文化司、甘肃省人民政府、甘肃省对外文化交流协会、兰州市人民政府、兰州市对外文化交流协会、中国青年旅行集团公司。

2. 组织领导机构

组建丝绸之路节筹备领导小组，由省市委、省市人民政府主要领导一人挂帅，由省市委、省市政府秘书长担任副组长。筹备领导小组下设办公室，具体负责各项活动的筹备，组织协调工作。办公室下设表演竞赛部、新闻宣传部、展览陈列部、旅游部、接待部、外事部、商展部、经贸洽谈部、市容环境部、交通安全部等，各把一口，分工负责。

四、需要重视和解决的几个问题

1. 决定举办后，应立即组建领导和组织机构，抽调专人，1 月 25 日前要到位开始工作。1 月 31 日前要向国内外发布办节公告并拿出较详细的总体方案和各项活动的具体组织方案，并落实前期筹备工作所需的必要经费。

2. 决定举办后，应抓紧时机开展深入广泛的宣传舆论工作，使宣传舆论工作一定走在各项筹备工作的前面。尽快设计、制作各种必要的宣传品以及会徽、会标和吉祥物等。

3. 如决定举办,应进行全市动员工作,做到家喻户晓,人人关心。商业、服务业、饮食卫生、市容检查、社会治安、文化艺术、旅游等各行各业都应行动起来,像迎接亚运会一样,以实际行动迎接丝绸之路节的到来。通过迎节活动,推动各方面的工作,切实改变全市面貌。

4. 经费问题:组织举办丝绸之路节以及与之相适应的商品交易会和经贸洽谈会,需要花费较多的资金。特别是第一次搞这样的活动,经济效益可能不十分理想。但从乐山、潍坊、昆明等国内许多城市办节的成功经验来看,都是在举办三四届之后才获得较好的经济和社会效益的。所以,从当前我市的实际出发,首先就要把"丝路节"这样一个节名真正为我所有,使其具有丝绸之路的地方特色,为兰州所用。因此,应该先期投入必要的启动经费。初步预算,组织活动共需经费约 240 万元左右。这些经费的来源渠道为:

(1)中央和省有关部门拨款。

(2)市财政拨款。

(3)承办单位部分自筹。

(4)省内外工商企业宣传赞助。

(5)发行有奖集资券 80 万元,除去成本费用,可集资 50 万元左右。

(1992 年 1 月 15 日拟稿)

● 广场艺术陇原风

——1994 年第四届中国艺术节兰州艺术广场设计方案

兰州市东方红广场是第四届中国艺术节的活动中心。

为了创造浓烈的节会气氛,壮大节会气魄,从而有利于提高本届艺术节水平,拟将东方红广场布设为"艺术广场"。

一、布设范围

东方红广场东口(含温莎宫、省测绘局、购物中心)以内、西口(含电信大楼、供电局)以内,南口(含 1、2、3 号统办楼)以内,整个广场区域以及周边各高层建筑物,均为布设范围。

二、设计思想

(一)设计目标

运用多种艺术手段,把广场布设成为突出丝绸之路文化特色的大型艺术园地,使之具有既能突出节会主题、荟萃艺术精品、烘托节会气氛、壮大节会气魄、反映节会特色、凝聚宾客群众的作用,又能反映甘肃—兰州人民立志加快改革开放步伐的强烈愿望和拼搏创造精神,既成为艺术节高品位的活动中心,又成为宣传甘肃、宣传兰州的形象化窗口。

(二)设计原则

1. 整体性原则。整个广场是一个多维立体、形声并茂、联系紧密的统一体。在内容上,要集中表现本届艺术节"团结、改革、繁荣"的主题,充分体现"荟萃艺术精品、弘扬民族文化"的办节宗旨。在形式上,要动与静结合,形与声结合,地与空结合,昼与夜结合,场与馆结合,展与演结合。

2. 艺术性原则。要具有精巧的艺术构思,深刻的艺术内涵,生动的艺术画面,多样的艺术表现手段(建筑艺术、园林花卉艺术、雕塑艺术、光电艺术、音响艺术、表演艺术、航飘艺术、自动控制艺术等)。

3. 创造性原则。从设计思想到艺术造型,都要富于创造性,避免与以往类似的活动和场景雷同。

4. 生动性原则。每一种艺术形式和表现手段都要体现生动活泼的风格,服从于表现蓬勃向上、热烈欢快的情调。

5. 特色性原则。以敦煌艺术为标志的丝绸之路文化不仅是整个中华民族的瑰宝,更是甘肃境内古代文化艺术成果的最高表现。在甘肃举办的本届艺术节理应以鲜明的丝绸之路文化为其特色而载入史册。为此,作为节会活动中心的东方红广场,应当形成浓厚的丝绸之路文化氛围。

6. 实效性原则。坚持从广场的现有地形物貌出发,从宾客和观众的观赏实际出发,从节俭办节、经营办节的实际可能出发,从社会效益和经济效益统一的需要出发。

(三)设计方法

整体系统构思,分区域设计布设,区域间有机联系。

三、场景内容

广场的整体意境是:在第四届艺术节突出背景下,艺术地再现丝绸之路文化的风采;优秀的传统文化、地方特色与现代文明相结合,透出浓郁的时代气息。

这一意境由以下场景构成:

(一)主席台横额,为深红底色,布挂8个金黄色大字:"第四届中国艺术节。"

（二）主席台顶部安装激光发射装置，夜晚向广场上空发射激光束。

（三）主席台背景为湛蓝色，中心为直径 5M 的艺术节节徽；节徽两侧为变形飞天图。

（四）主席台前摆置与主席台等长的斜面花草屏，内嵌本届艺术节主题词——"团结、改革、繁荣"。

（五）东西观礼台背景稍作装饰，观礼台及主席台后墙上插各色艺术彩旗。

（六）广场旗杆前为中间隆起、直径 30M 的花坛，花坛中心是可作 360 度旋转的本届艺术节吉祥物九色鹿，手持鲜花，表示欢迎。

（七）在吉祥物花坛的东西两侧制作 4 组有 16 套喷头、喷水高度约 8M 的雪松状条形彩色喷泉。

（八）在广场东南角（草坪区）、西南角（草坪区）各设置一座具有现代风格的球形演出舞台。舞台整体似一个圆球切去了一角；台口宽度为 8.18M、台深为 9.4M、球体为银灰色；台口稍作变形处理，向前伸出；球体下半部似有三分之二埋入地下；台高 60CM；台口面对广场中心。此舞台为节会期间群众文艺演出场所，亦可用作时装表演场地。

（九）广场体育馆院内侧道牙上，布设 20 个别致、小巧玲珑的丝路艺术精品亭（可以是半圆形或其他几何造型，用具有热烈情调的色彩装饰），整体上构成一组艺术精品长廊，请各地、州、市推荐参加展示有民间特色的艺术精品。如兰州刻葫芦、庆阳剪纸、保安腰刀、敦煌书画、丝路风情书画等。展示期间，可以出售。

（十）广场两侧的铁塔装饰成两座艺术灯塔，安装强光源灯光，主要照射广场中部、南部和主席台。

（十一）1、2、3 号统办楼布设特大字屏，展示"开放、发展、友谊"等字样。

（十二）广场上空分层次放飞飞艇、飞碟、飞天造型气球等。

（十三）体育馆正面悬挂"第四届中国艺术节开幕式"或艺术节宗旨词——"荟萃艺术精品、弘扬民族文化"。

（十四）广场周围建筑物共 14 栋楼全部用彩色立面灯投射

（十五）广场东口、西口，广场东侧南引道外侧（小平房前），统办 2 号楼围栏外，体育馆北侧部分围栏外，以及周围部分建筑物上，布设广告，使现代商业文化与艺术融为一体。

四、音响布设

整个广场内，用扬声器组成一个统一的音响区域，既有独立的控制系统，又可与体育馆内开幕式、闭幕式的音响系统串联。8 月 18 日、28 日晚从体育馆内可以直接输出开、闭幕式盛况。节会其余时间播放专门制作的艺术节组曲。组曲内容为：节歌系列组曲；以敦煌音乐为主旋律创作的仿古雅乐组曲；以花儿主调为主旋律创作的《西部风情》组曲。晚上还可播放渲染现代气氛的乐曲。

五、表演活动

除开幕式、闭幕式两场馆内演出外，节会期间艺术广场安排以下各项群众性文艺演出活动。

1. 开幕式第二天（8 月 19 日）下午，由兰州市组织一场大型文艺演出活动，题为《陇原风》。演出区域是广场主席台前的主干道。台上为千人合唱团；台下字屏前为 200 人的乐队（军乐、管弦乐各 100 人）。演出内容为四幕：第一幕《悠悠华夏》，表现华夏人文始祖伏羲，反映陇原远古文明。第二幕《漫漫古道》，表现敦煌文化，反映丝绸之路文明。第三幕《滔滔黄河》，反映黄河儿女在改革开放大潮中的开拓创造精神。第四幕《煌煌中华》，表现现代科技题材，反映改革开放以来甘肃的新成就和蓬勃朝气。上述内容的表现形式为：

武士骑兵、铜奔马方队、羊皮筏子、兰州水车、飞天组舞、反弹琵琶、太平鼓、羊皮鼓、顶灯舞、高山戏、磨盘舞等甘肃群众文艺形式。

2. 闭幕式当晚(8月28日)由兰州市组织大型群众联欢晚会,题为《金城狂欢之夜》。内容为:广场中央组织百对国际标准舞选手表演;广场南部两角的舞台组织两台现代时装表演;并施放烟火。

3. 8月20日至27日在广场南部两个舞台,组织8台群众文艺演出。分别为:省上组织4台(即文化艺术指挥部所提方案中确定的"陇原风韵""少儿歌舞""企业乐章""金城之花")在广场西南角演出。兰州市组织4台在广场东南角舞台演出。每台节目白天和晚上各演一场。

六、管理服务

由兰州市指挥部艺术广场指挥中心统一组织对广场的管理。管理内容包括:广场各道口管理、群众观展管理、设施维护管理、环境卫生管理、演出活动管理、艺术精品展售管理、广告管理以及广场内其他各种活动管理。

1. 广场各道口管理。为了保证广场内各项活动人员的安全和活动效果,对每天进入广场的人数,分上午、下午、晚上三个时段,进行随情控制,每个时段广场内人数应控制在1.5万人以内。广场内有重要演出活动时(如8月19日下午、28日晚上,以公开售票、凭票入场为控制进入广场人数的手段。届时各道口设置警戒线,组织持票群众入场。

2. 群众观展管理。对入场群众要引导流动,分散观展,防止集中拥挤。在两圆形舞台前各摆500把钢网椅和500把小木凳,供群众观看演出。8月19日、8月28日在主席台前广场演出区域的东、西、南三边摆放2000把凳椅。

3. 设施维护管理。组织专门人员,轮流值班,管理广场内各种临时或永久性设施,保证不受损坏和正常运转。

4. 环境卫生管理。白天安排环卫人员流动清扫零星垃圾;设置垃圾桶,每天晚上集中打扫清运;在广场四角隐蔽位置搭建临时厕所。

5. 演出活动管理。广场的每场(台)演出,都要编入计划,经过审定确定时间、地点、内容,不得随意变更,更不能随意取消。

6. 艺术精品展售管理。节会期间在广场展售的民间工艺品,其品种、展售单位、展售时间等,须事先经广场指挥中心批准,按指定的位置展售。

7. 广告管理。广场内已经到期的广告和陆续到期的广告,全部更换。广告必须符合艺术广场整体布设要求更换和新设广告,其设置位置、规格大小、形式色调等必须经广场指挥中心统一提出要求和审批。设计、施工可采取向装潢或广告企业承包的办法。收费由兰州市指挥部统一办理并全部用于办节。

8. 其他各种未尽管理活动将由广场指挥中心根据实际发生的管理内容,确定管理原则与方法并组织实施。

广场服务主要包括:饮食服务、医疗救护服务、导游服务、摄影服务等。饮食服务方面,现场烹调性食品加工销售不准进入广场;可在广场周边区域设置若干处固定位置的冷饮及小食品零售点。医疗救护方面可在主席台两侧标语牌处和1号、2号统办楼下各设1处医疗救护点。礼仪服务由广场指挥中心组织,导游服务由各接待单位自行组织。摄影服务方面,可经过广场指挥中心批准摄影点。

七、安全保卫

广场安全保卫包括治安保卫、消防保卫、交通管理管制。治安保卫实行专业与群防群治相结合,重点保证开幕式、闭幕式会场和其他各演出场所的安全。在广场内指定地点布置若干辆消防车待命。节会期间，早上 8 时至晚上 11 时以前，除 1 号、2 号统办楼办公单位车辆和艺术节工作车辆外，其他车辆(含自行车)不准在广场内停放。

八、分工进度

1. 音乐喷泉、两个圆形舞台、广场灯光、两座艺术灯塔，由广场指挥中心以招标的方式确定设计单位交有关部门组织施工。

2. 市文化局负责的项目是主席台横额及背景上节徽、飞天图案的设计、制作和布设。主席台、观礼台墙头彩旗的制作和布挂。广场演出的文艺节目的组织。飞艇、飞碟、飞天气球的监制和飞飘。黄河文化艺术精品的征集、报批和组织展售。精品亭及艺术长廊的设计、制作、布置、管理。全部筹备工作必须在 1994 年 6 月底前完成，并通过审查验收。

3. 市园林局负责主席台前斜面花草字屏的设计、制作、组装、管理，旗杆前花坛及吉祥物的设计、报批、监制、管理，主席台台口、观礼台台口、喷泉周围的盆花装饰及广场周围绿化地装点。全部筹备工作在 1994 年 7 月底前完成并通过审查验收。

4. 市委宣传部负责 1—3 号统办楼巨大字屏及广场内其他部位宣传标语内容、布挂位置、数量、形式的设计及布挂的督促落实。建筑物上的标语，原则上不采用密集的巨大条幅形式而以准确、新颖、简括、气势宏大取胜。设计工作应于 1994 年 5 月底前审查验收，布挂工作于开幕前 5 天完成。

5. 市建委负责平整广场地面，要求对广场周围人行道板进行修整，对马路重新铺装、临时厕所的搭建。1994 年 6 月底前完成并通过验收。

6. 广播电视局负责广场统一声场的设计、音响设备的安装、操作、管理及主席台活动的布置。1994年7月底前完成并通过验收。市音乐家协会负责广场播放乐曲的创作并会同广播电视局录制。

7. 供电局负责广场的电源，保证节会期间的供电。1994年6月底前完成线路、设备检修并通过验收。

8. 城关区负责广场的环境卫生。

9. 市工商行政管理局负责对广场周边摊点的清理、整顿和管理。1994年6月底前完成并通过验收。

10. 广场周边各单位(1、2、3号统办楼内事务管理单位)各自按广场指挥中心批准的方案，筹措资金，配合指挥中心进行楼体的灯光装饰和周围环境装点。1994年6月底前完成灯光装饰并通过验收。

11. 市工商局负责供应广场布设所需的椅凳等货源。

12. 市城管办负责管理广场内所有设施的保护、整洁环境的任务。

13. 市公安局负责广场安全保卫、治安秩序和交通管制工作。

14. 市卫生局负责广场的医疗救护工作。1994年7月完成准备工作。

15. 市政工程管理处负责广场内所有路灯的检修，广场南引道两座铁塔上灯光的安装。1994年7月底前通过验收。

九、组织领导

组建"艺术广场指挥中心"，全面负责艺术广场的设计、筹建、运行、管理的组织指挥工作。设指挥1人、常务副指挥1人、副指挥3人、各区域分指挥若干人。

成员由省公安厅、省法院、兰州电信局、体育馆、省测绘局、温莎宫、科学宫、省电算中心各1名负责同志，1、2、3号统办楼各楼的事务主管单位1名负责同志(上述具体人员请省上指定)。兰州市委宣传部、市公安局、市建委、市城管办、市文化局、市广播电视局、市园林局、市供电局、市商业局、市工商局、城关区各 1 名负责同志组成。

十、保证措施

为了保证设计方案得到实施,须采取以下措施:

1. 责任必须到人。与本方案实施有关的省、市、区各级各部门应确定主管领导,并组织有战斗力的精干队伍,明确任务,分解项目,责任到人,实行严格的目标责任制。

2. 方案必须具体化。各部门、各单位必须按兰州市指挥部关于制定艺术节方案规范标准和要素的要求, 制订出有明确分期进度的《项目执行方案》报市指挥部批准后实施。

3. 加强协作协调。广场的布设、管理涉及到省市数十个单位,需要各有关单位的大力协作。除兰州市负责协调好本市各部门、单位间关系并积极主动与省上有关单位配合协作外, 请省上帮助协调省级单位之间以及省上有关单位特别是广场周围各办公单位与广场布设管理工作之间的关系。

4. 现东方红广场的开挖及地面恢复工程,务必于 1994 年 4 月底前竣工,以便"艺术广场指挥中心"按期布设、安装、点缀各种艺术设施。

5. 经费筹措。考虑到市上财政十分困难,艺术广场布设工程所需经费拟从四个方面筹措:广告收入,社会集资(含企业赞助)市财政拿一点,省上补助一点。办节经费主要依靠社会和大家支持,若经费不能全部落实,只能根据量力而行的原则,压缩有关项目。建筑彩色投光灯,广场周围 14 座主要建筑(电信大楼已安装)都要安装,由各楼使用单位出资,按照市指挥部"艺术广场"的统一布局和总体要求,分别布设灯光和色彩效果。

艺术节间的用电请省上协调供电部门给予优惠。

广场布设及活动预计需经费(若干)万元,项目分列如下:

(1)彩色喷泉 4 组 16 套

(3 主席台及其背景制作

(4)花坛 4 个(含喷泉周边摆放)

(5)空中飘物设置

(6)艺术亭

(7)音响装置

(8)两场大型文艺演出

(9)激光设备及发射

(10)两个艺术灯塔装饰及光源

(11)各种彩旗、宣传物制作

(12)租用椅、凳

(13)两套音乐组曲创作排演录制

(14)安全保卫经费

(15)印制票证

(16)设施设备看护

(17)吉祥物设计制作

(18)搭建临时厕所

(19)其他未尽支付项目

(注:在此方案编辑入本书时,以上所需经费的具体数字略)

(1993 年 12 月 18 日拟稿)

● 精彩夺目耀京华

——1995年兰州文艺团体进京演出札记

五月,生机勃勃的季节。首都北京风和日丽、阳光灿烂。

应文化部艺术局邀请,兰州市歌舞团和豫剧团、秦剧团于5月5日至28日分别在北京民族文化宫大剧院、人民剧场、首都工人俱乐部和保利大剧院以及天津八一礼堂演出了大型舞蹈诗《西出阳关》、豫剧《日月图》、秦腔《唐太宗嫁女》和两台传统戏曲折子戏,博得首都各界人士和京津广大观众的热情赞誉。

宋平、宋健、陈昌本、张学忠、马凯、高修、成志伟、王定国、陈舜瑶、姚欣、袁学等领导同志和首都文艺界知名人士郭汉城、曲润海、贾作光、薛若琳、肖甲、梁光弟、霍大寿、赵寻、张庚等近百位专家学者先后观看了演出并出席演出团在京举行的各项活动。

三团在京津地区共演出21场,观众近两万人次。

此次进京演出活动的序曲首先在天津奏响。

5月5日,当第43届世乒赛鏖战津门之时,《日月图》在天津八一礼堂粉墨登场。每场演出结束后,热情的天津戏迷们都久久不愿意退场,纷纷涌向台前,要求演员们清唱,过足了戏瘾之后才依依不舍地离去。

9日,《西出阳关》又在此地拉开帷幕。神奇的"古道""大漠""红柳""桑田"又一次倾倒了津门观众。天津市的领导同志和文艺界人士盛赞兰州文艺团体"艺精情浓传友谊,西出阳关有故人"。

天津演出的成功,极大地鼓舞了三团在京华舞台一展风姿的信心。

9日,市豫剧团移师北京,在人民剧场敲响了锣鼓。

10日,《唐太宗嫁女》在首都工人俱乐部登台亮相。

13 日，市歌舞团在民族文化宫上演《西出阳关》，营造出"古战场"和"桑田"的氛围。巧的是，此时，甘肃画院《西部风情书画展》也在中国美术馆开幕。

《人民日报》记者写道："兰州戏剧舞蹈和甘肃书画艺术同时亮相京都，显然在 5 月的京城又刮起了一场艺术的西部风。"

坐落在北京西四护国寺的人民剧场是首都经常上演戏曲节目的主要剧场之一，在市豫剧团演出的前几天，著名的"梅兰芳京剧团"刚刚在这里结束了一轮演出活动，用北京人的话说，"就着梅剧团的红底儿"，由刚刚获得"兰州十大优秀青年"称号的周桦领衔主演，《日月图》和她的折子戏专场又在这里营造出一个个美妙的艺术欣赏之夜。

而市秦剧团在距蜚声海内外的文化街琉璃厂不远的首都工人俱乐部粉墨登场之前，人们很担心秦腔在京城是否能够吸引观众。但待到锣鼓敲响，剧场门前有不少人在"吊票"，其中居然有"老外"举着百元大钞，操着洋腔招摇着"买票，买票"。前来观看《唐太宗嫁女》的观众之踊跃，的确出乎意料。

市歌舞团在民族文化宫大剧院上演《西出阳关》，将此次进京演出活动推向了高潮。

解放军二炮副政委王洪福中将、总政歌舞团团长瞿琮大校以及煤矿文工团等十多个单位给剧组献上了花篮。

北京保利大剧院总经理观看演出后，当即决定邀请《西出阳关》剧组到这座富丽堂皇的现代化的剧场演出了三场。

文化部艺术局还专门为三个团各召开了一次座谈会，邀请首都文艺界知名人士对演出进行评价。中国剧协也就周桦、张兰秦的表演艺术成就举行了专题座谈会。

有关领导和首都文艺界专家一致认为：此次兰州文艺团体以如此规模进京演出，反映出兰州党政领导改革开放的胆识和魄力，表明了兰州文艺界强烈的进取精神，从中可以看出兰州人民奋进崛起的兴旺景象。精彩的演出说明兰州形成了文艺创作良好的"生态环境"，剧目创作进入良性循环的轨道，进京的五台戏新招百出，令人目不暇接，没有一台不精彩。

他们盛赞周桦是"西部高原剧坛的一枝奇葩，完全可以与中原豫剧名家相媲美"。

盛赞张兰秦是"黄钟大吕的金嗓子，恰似当年京剧行里的金少山、裘盛戎，很有可能把秦腔'净行'的唱腔历史性地推进到新境界"。

盛赞《西出阳关》"犹如一枚重磅炸弹，震撼了我国舞蹈界，为中国舞蹈事业做出了重大贡献"。

他们甚至还说，兰州的这批演员一个比一个出色，演出一个比一个精彩，几乎搞不清楚究竟是谁要参加"梅花奖"的评选……

此次三团进京演出的意义和影响大大超出原来预期的效果，必将在今后兰州文化事业建设过程中逐渐显示出不可低估的辐射效应。

进京演出之所以取得圆满成功，首先应归功于市委、市政府在战略决策上的胆识和魄力。此次三个团，五台戏，二百多人浩浩荡荡开进京城，其组织工作之繁杂，物质保障难度之大是可以想见的，对于各方面条件尚不完备的兰州市而言，敢于组织这样一次旨在宣传兰州的"平津战役"，没有大气派、大气度，是难以下此决心，作此决策的。

其次，文化主管部门和演出团所具有的现代公共关系意识和成功的公关策划，全面提高了这次演出活动的品位。在"宣传兰州"的总体目标下，市文化局从年初起，精心策划组织实施了包括4月18日北京新闻发布会在内的一系列公关战术动作，成功地调动了首都30多家新闻单位为此次演出活动营造舆论氛围，形成先声夺人的有利态势。

进京后，又成功地邀请到了首都文艺界近百位最具权威性的专家学者和知名人士观看演出并出席有关活动。

成功地争取到了为"全国科学技术大会"演出的机会。

文化部还特意组织《西出阳关》专场，招待参加"第五届文华奖"颁奖活动的各地文化界领导。参加中组部有关会议的全国100多位省级组织部长以及中央党校200多位高级干部学员和各国驻华使节观看了演出。

中央电视台在《新闻联播》两次播出兰州文艺团体进京演出消息。中宣部文艺局副局长成志伟、《人民日报》首席文化记者易凯等著名文艺评论家亲自撰文评介兰州文化工作和有关剧目。

卓有成效的公关宣传策划，使得我市文艺界与文化部艺术局领导和有关处室以及首都文艺界结下深厚的友谊，为今后兰州文化事业的进一步发展打下了坚实的基础。

当然，进京演出的成功，最终取决于我们推出的五台戏具有很高的艺术品位和审美价值，我们的三个文艺团体形成了严谨良好的演出作风，培养出了以周桦、张兰秦为代表的一批光彩照人的优秀艺术人才和以拄着双拐坚持在后台工作的灯光师霍永亨为代表的一支舞台美术和音乐伴奏队伍。

辉煌的新篇章，最终无疑是他们用辛勤的汗水写就的。

（1995 年 5 月 28 日拟稿）

● 历史机遇推佳作

——1998 年在全市文艺创作座谈会上的发言

这次全市文艺创作座谈会是我市文艺创作界的一次重要会议。

这次会议是在一个重要历史发展阶段的大背景下召开的。这个历史背景，就是包括今年在内的今后三年即 1998—2000 年。这三年，将是我国历史上十分重要的一个阶段。改革开放的"一个确保，三个到位，五项改革"要在这三年内完成。

对文艺界来说，这三年又有一系列重大政治活动和创作主题。例如：纪念真理标准大讨论 20 周年和十一届三中全会 20 周年、国庆 50 周年、庆祝澳门回归、迎接 21 世纪、2000 年的元旦春节、第六届中国艺术节，等等。

文艺创作方面必须围绕这一系列重大活动和主题，推出一批精品和优秀作品，这是文艺工作者光荣的历史任务，也是神圣的历史使命，更是难得的历史机遇。

经过市委批准，宣传部主持召开这次座谈会，十分必要，也很及时。

为了开好这次会议，前一段时间，我们做了一些筹备工作，对全市文艺创作现状进行了一次书面摸底，有近 200 位文艺创作人员，包括一部分业余作者，都填写了调查表格。目前，我们正在认真阅读和整理这些调查表。

从调查结果的总体上看，我市文艺创作界热情很高，创作态势很好，绝大多数同志保持着旺盛的创作热情，大多数同志都有一个三年创作计划和设想，有一些计划已经非常具体、已经形成创作构思。这其中，有准备出书的、有准备写电视剧的、有创作歌曲的、有搞主题性美术创作的、拍摄系列摄影作品的、搞剧本的、排新戏的、写小品的。总之是人人心里都有一本账，准备在这三年里大干一场，推出新作品、再上新台阶，创作态势非常好，很令人感到欢欣鼓舞。

未来三年是一个极好的历史机遇，尤其对文艺创作而言，更是难得的历史机遇，大家对此有着共识，或者正在形成共识。现在的问题是，我们应该如何抓住机遇，迎接挑战，繁荣文艺，创造辉煌。我想，这也是我们召开这次座谈会的主要目的。为了很好地结合兰州实际解决这些问题，我们邀请大家来座谈，的确很想听听同志们对今后三年兰州文艺创作发展的想法。原来准备会议规模还要大一些，人数还要多一些，受到客观条件限制，就邀请了现在在座的八个方面 60 多位同志出席。请接受我们对在座和不在座的创作界、文艺界同志们的敬意。

关于历史机遇，我们都知道，国庆十周年的时候，文艺创作非常繁荣，涌现出一大批精品力作，国庆十周年时产生的那些电影、戏剧、歌舞、文学、诗歌、美术、摄影，有不少作品都成为文艺经典作品，这是重要的历史经验。就我个人所经历的抓住机遇而创造成功的、影响较大的创作作品和文化活动而言，就有 1979 年建国三十周年推出的京剧《南天柱》、1985 年纪念抗战胜利 40 周年推出的京剧《热血》、1990 年的亚运会太平鼓进京进而演变为 1992 年首届丝路节气势宏大的开闭幕式、1991 年扬州现代戏观摩演出的豫剧《魂系太阳河》、1994 年第四届中国艺术节期间的舞蹈诗《西出阳关》、秦腔《唐太宗嫁女》、豫剧《日月图》以及 1997 年的庆祝香港回归大型晚会《黄河祝福》等等。

这些剧目和节目取得成功，无疑是紧紧抓住了历史机遇而推出的，这都是可以写进兰州戏剧艺术发展史和文艺史的作品和现象。

盛典礼赞

典型的历史背景和典型的历史机遇，可以激发创作灵感，巨大的历史推动力无疑会感召作家、艺术家为之动情，从而产生创作灵感，推出具有时代精神的佳作精品。

这使我想到了1991年我市推出的电视连续剧《艰难的抉择》，如果放到今天推出，其重要意义和艺术价值将获得更强烈的凸显。最近，中央提出了要隆重纪念真理标准讨论20周年，《人民日报》5月6日发表了纪念十一届三中全会召开20周年的文章。中共中央发出通知，纪念活动的主题是"通过回顾和总结党的十一届三中全会以来，我国社会主义改革开放和现代化建设事业的巨大成就与实践经验，使全党全国人民进一步加深对邓小平理论和党的基本路线的理解，自觉用党的十五大精神统一思想和行动，高举邓小平理论伟大旗帜，更加紧密地团结在以江泽民同志为核心的党中央周围，全面推进建设有中国特色社会主义伟大事业"。

因此，中央提出要努力做好四个方面的宣传教育，中宣部安排了六项活动，其中第四项活动是——"文化部、广电总局、新闻出版署，组织创作一批反映党的十一届三中全会以来改革开放光辉历程并具有较好思想水平和艺术水平的影视文艺作品和出版物。"同时还安排了召开纪念大会、召开理论研讨会、座谈会、推出优秀作品，新闻单位还要组织一批文章，国家组织出版专题邮票等项目。

中央要求各地，在隆重、热烈、节俭、讲求实效，不搞形式主义的原则下，也要安排好各自组织开展的纪念活动。中央有要求，我们就应该有所行动。但是，这绝不是过去配合政治形势的"写中心"、"唱中心"、"演中心"的那种政策图解，而是要在这种大背景下，激发创作热情，积极有所作为，努力创作出具有时代精神的好作品。那么，作为担负协调组织全市文艺创作重要职责的宣传部文教处，将一如既往，为各位文艺家们做好服务工作。

我们将在会后整理出一个好的会议纪要，做出一个好的创作规划和工作计划。全力以赴，支持大家完成各自的创作计划。这次会议之后，凡是上报的文艺创作项目，只要是好的、有苗头的、有希望的作品，市上将从各个方面予以扶持，并将筹措一定的创作经费，给予资助。

希望各位同仁紧紧抓住这个难得的历史机遇，立即行动起来，为繁荣发展兰州文艺创作而尽心竭力。

（注：1998 年 5 月 8 日，我受市委宣传部主要领导委托，主持召开了全市文艺创作座谈会。这是组织协调兰州文艺创作工作的一次极为重要的会议，兰州市有 60 多位文艺创作方面的骨干人员参加了会议。这次会议全面总结了此前十年期间全市的文艺创作情况。提出了一个三年创作规划，一些重要作品的创作思路就是在这次会议上确定的，这对兰州文艺创作后来的发展具有十分重要的指导意义。本文是我在主持会议的时候的发言，能够反映当时的一些情况，编入本书中，以备参考。）

● 天涯明月共此时

——1999 兰州地区庆祝澳门回归祖国文艺联欢会主持词

（12 月 19 日·兰园体育馆）

各位来宾、同志们、朋友们：

大家好！

明天子夜，澳门就要回到祖国怀抱。今天，中共兰州市委、兰州市人民政府在这里举行盛大的群众联欢会，抒发兰州人民庆祝澳门回归的喜悦心情。

出席联欢会的省市领导同志有：（名单略）

参加今天联欢会的我市干部职工和各界群众有三千多人。

首先，让我们放声歌唱，唱响嘹亮的《祖国颂》

【合唱队起立，合唱《祖国颂》】

一

五千年沧海桑田，四百年星移斗转。

公元 1999 年 12 月 20 日，全世界都把目光投向一个蓝色的港湾。

这一天，星星点灯照亮了游子回家的漫漫征程，

黄河和濠江一起诉说着期盼了四百年的骨肉团圆。

这一天，祖国母亲敞开博大的胸怀，

"一国两制"的伟大构想又一次谱写统一的辉煌篇章。

澳门回归，普天同庆，

振兴中华，万丈光芒。

二

为了这一天,我们有很久很久的企盼,

为了这一天,我们有太久太久的思念。

缤纷的花雨,绽开"妈祖"的笑脸,

奔腾的濠江水,一洗往日的愁颜。

让我们一起汇入这喜庆欢乐的海洋,

让我们共同沐浴这骨肉团圆的清泉。

三

人类的诗篇,吟诵着世纪的苦难。

历史的积淀,是财富而不是负担。

让我们把历史的屈辱深藏在心间,激励我们迎接新世纪的挑战。

让我们把祖国的尊严珍藏在心间,那是我们创造辉煌的力量源泉。

四

此刻,北国的冬雪已经挂满了树梢,而南国的莲花正在细雨中微笑。

此刻,西部吹响了大开发的号角,

"两个大局"的战略决策,喷薄着奔向四个现代化的狂飙。

再造一个山川秀美的大西北,中国永远收获着希望。

五

像小溪那样舞蹈,像百灵鸟那样歌唱。

捧出翡翠般透亮的童心，献上孩子们的一片真情。

拥抱你——我的澳门就要回家了。

祝福你——我的就要回家的澳门。

六

走过多少风雨历程，有过多少不屈的抗争。

锥心泣血的《七子之歌》啊，镌刻着我不屈的灵魂。

母亲啊，请叫儿的乳名，母亲。

我要回家，祖国——母亲。

七

把欢乐的锣鼓敲响，把鲜艳的油彩抹在脸上。

喜庆的秧歌跳起来，鲜亮的红绸舞起来。

"老夫忽发少年狂"，祝愿祖国更富强。

八

黄河——濠江。濠江——黄河。

水的韵律寄托着兰州儿女的理想与希望。

在世纪之交的地平线上，中国西部，

将升起21世纪最灿烂的太阳。

九

此刻，全中国都把琴键敲响，

此刻，全世界都注视着东方。

倒计时荧屏红光闪烁，
伴奏着全中国跳动的脉搏。
亿万朵礼花飞溅，亿万面锣鼓喧天。
让我们把酒杯斟满，中华儿女歌舞同欢。
让我们张开双臂，
拥抱明天——公元1999年12月20日子夜零点，
拥抱澳门回归这盛大的世纪庆典！

（1999年12月18日拟稿）

● 世纪之星星光闪

——1999 年兰州地区庆祝澳门回归电视歌手大奖赛主持词

（12 月 22 日·兰州新世纪宾馆音乐厅）

各位来宾：

由中共兰州市委宣传部、兰州市音乐家协会、兰州电视台主办的兰州地区庆祝澳门回归"世纪之星"电视歌手大奖赛，经过澳门回归前夕 6 天 11 场的初赛和复赛（12 月 11 日至 19 日）在报名参赛的 270 余位选手中，有 16 位少儿歌手取得参加少儿组决赛资格、18 位业余选手取得参加业余组决赛资格。今天，在澳门回到祖国怀抱的喜庆气氛中，"世纪之星"电视歌手大奖赛决赛在这里举行。让我们热烈鼓掌，对各位嘉宾光临赛场表示热烈欢迎，对进入决赛的选手表示热烈祝贺。

首先，介绍光临会场的领导与嘉宾（名单略）

"世纪之星"电视歌手大奖赛是兰州地区迎接澳门回归祖国系列庆祝活动的一项重要内容，得到社会各界广泛关注，作为 20 世纪我市电视歌坛最后一次比赛活动，又恰逢澳门回归的世纪庆典，参赛选手表现出极大的参赛热情，他们用歌声抒发了庆祝澳门回归祖国的喜悦心情。那盛大的历史庆典虽然已经过去，但是美好的记忆将永远珍藏在我们每一个人心中。让我们共同祝福澳门的明天更美好。

本次大奖赛得到社会各界热情关注，尤其得到了许多企业家的热情支持与帮助，他们为大赛提供了多方面的赞助，保证了大赛顺利进行。尽管，这些企业界人士在提供赞助时都表示对主办者没有任何要求，没有任何附加条件，我们还是觉得，应该在此向他们

表示衷心感谢。为此次大赛提供支持帮助和赞助的单位有：(名单略)

参加今天决赛的选手演唱水平可以说不相上下，所以，在选手演唱过程中，请大家保持安静，以免影响选手现场水平的发挥。演唱结束后，请大家为每一位选手热烈鼓掌。

现在，请市上领导宣布比赛开始(宣布开始的领导名单在现场征求意见后确定)

比赛正式开始：

请评判长、评委、记分员、公证员入席，并介绍以上人员(名单略)

宣布比赛规则：

本次大赛设少儿组、业余组一等奖各 1 名，二等奖各 2 名，三等奖各 3 名，优秀奖各 10 名(12 名)

评委对选手的演唱水平进行综合评定，采用现场亮分的方式表示对选手的评价意见，评分采用 10 分制，评委打分可计算到小数点后 2 位数。

评委全体亮分后，去掉 2 个最高分，去掉 2 个最低分，将其余 7 位评委所给分数相加后除以 7，得出选手所得分数，选手最后得分计算到小数点后 4 位数。

依据选手得分，由高到低排列名次，第一名为一等奖获得者，第二、三名为二等奖获得者，第四、五、六名为三等奖获得者。其余为优秀奖获得者。现场予以公布并颁奖。

本次大赛立足于发现新人、培养新人、推出新人，遵循公开、公正、公平的原则进行，有关比赛的解释权归大赛组委会。由评判长代表组委会负责解释。

首先，进行少儿组比赛。(少儿组比赛之后，进行业余组比赛)。

【比赛进行

最后,记分员统计选手得分,演员上场演唱《七子之歌》

请评判长宣布获奖名单。

请领导、企业家颁奖(名单略)

为推动群众歌咏活动开展,组委会特设新人奖、贡献奖、夕阳红奖。

请领导颁奖(名单略)

结束,全体高唱《歌唱祖国》

八·二六颂歌一曲

——1999 年纪念兰州解放 50 周年大型文艺庆典总体实施方案

(8 月 22 日·兰州烈士陵园纪念碑广场)

为纪念兰州解放 50 周年,迎接国庆 50 周年,根据市委【1999】24 号文件精神,制定本方案。

一

本次庆典活动由中共兰州市委、兰州市人民政府主办

顾问:张庆黎;总监制:左灿湘、贝念畋;总策划:马琦明

策划:王有伟、何涛、杨重琦、岳逢春

艺术总监:岳逢春;总导演:汪小平

承办单位:市文化出版局、市广播电视局、市教委、市公安局、市总工会、团市委、市气象局、兰州歌舞剧院、兰州军区警卫营、武警文工团、武警四支队、省民族歌舞团、省保育院、七里河区教育局。

活动名称:《8·26 颂》——纪念兰州解放 50 周年大型文艺庆典

活动内容:庆典以诗、歌、舞为节目主体,融汇各种文艺形式,以史诗般的气势表现缅怀、讴歌、展望的主题。现场安排向烈士纪念碑敬献花篮、市领导讲话、纪念馆开馆、现场采访老战士、英模、劳模等内容,力争创作一台具有高度艺术感染力,既体现兰州特点又有时代精神,融文艺、纪实为一体的高水平电视节目。

活动形式:以大型文艺演出为主要框架展开的纪念性庆典活动。

活动主题：纪念兰州解放 50 周年，缅怀在解放兰州战役中牺牲的革命先烈，歌颂新中国成立 50 年和兰州解放 50 年来，党领导人民所取得的伟大历史成就，突出展示改革开放 20 年来所创造的辉煌业绩，展望充满希望的社会主义事业的美好前景，激励全市人民群众热爱兰州、建设兰州、奋发进取，满怀豪情地向新世纪迈进。

活动基调：庄重、热烈、激昂、奋进。

活动要求：主题鲜明、形式新颖、场面壮观、安全有序。

活动规模：演职人员约 500 人；各界群众约 6000 人。

庆典时间：1999 年 8 月 22 日（星期日）上午 9 时 30 分至 11 时；8 月 20 日全天演练。

地点：兰州烈士陵园纪念碑前广场。

庆典活动的文艺演出编导方案由兰州电视台、兰州晚报社制定并组织实施。要精心组织创作力量、编排一批围绕活动主题的文艺节目，精心设计庆典活动的表现形式，展示庆典活动的主题。选调市属专业文艺团体及群众文艺演出中的优秀骨干队伍参加演出活动，凡被选调参加演出活动的市属各单位和个人，都应该认真对待、积极准备、服从调遣、主动配合，按时参加排练和演出，不得借故推诿；热情邀请驻兰部队有关单位和省属文艺团体参加演出活动。庆典活动由兰州电视台现场实况录像，精心剪辑制作，于 8 月 25 日、26 日晚间黄金时段在兰州电视台 12、18 频道播出，并安排在其他时段重播若干次，积极争取中央电视台、甘肃电视台以及兄弟省市电视台播出。请市公安局调派云梯消防车三辆，供电视台高空摄像使用。

二

本次活动是一次具有重要政治意义的纪念性庆典演出和集会活动，其性质不等同于一般性文艺演出活动，因而，在群众组织、场务工作和安全保卫等方面，都要高度重视，精心设计，精心组织，务必落实。

群众组织工作：

参加庆典活动的各方面领导同志以及各界群众总计约为6000人。其中：

驻兰部队、武警2000人，由市民政局协调组织；

中学生2000人，由市教委组织；

小学生200人，由七里河区教育局组织；

各行业群众2000人(以团员青年为主)由团市委组织；

省市党政军领导同志的邀请接待工作由指挥部秘书组负责。

参加活动的群众队伍是本次庆典活动的重要组成部分，不等同于一般文艺演出的观众，其主要任务是烘托庆典活动的氛围，为电视航拍和多角度拍摄构成壮观的群众场面；受到陵园广场南高北低地形限制，群众观看演出的视线可能会受到一定影响，因此，必须严密组织，按划定区域就位，并做好参加活动人员的政治资格审查和任务解释工作，要求严格遵守会场纪律和秩序，坚决避免和禁止拥挤状况发生。

群众组织工作方案由市民政局、团市委、市教委负责制定并组织实施。

参加活动人员一律集体带队入场，谢绝未经组织的人员进入场内；参加活动人员可随身携带瓶装水，但一律不许带手提包及食品、报纸、塑料袋等杂物入场；烈士陵园管理处可设饮水站和瓶装水供应点，但不出售食品。要求参加活动人员保持场内清洁卫生。

8月20日上午9时，各单位领队在烈士陵园广场踏勘场地，确认就位区域；8月22日上午8时40分前，各单位按规定时间带队入场，按时就位。

场务工作：

在烈士陵园举行大型文艺演出尚属首次，市民政局及所属烈士陵园管理处要全力以赴，做好各项场务工作。

安全保卫与交通管理：

参加此次庆典活动的各界人士和群众人数达6000余人。受烈士陵园所处地理位置限制，在较短时间内全部经由华林山一条道路到达烈士陵园广场集合，确有一定困难，尤其要精心组织交通管理工作；为保证参加活动各单位车辆顺利进入场地，决定：8月22日上午7时30分至10时，中午11时30分至下午1时，从工人文化宫九间楼路口至陵园广场、华林路全线实行交通管制，车辆一律凭通行证通行(殡葬车辆除外)车辆通行证由指挥部秘书组制作、发放。市公安局于8月19日、20日、21日在新闻媒体发布交通管制《通告》。庆典活动安全保卫和会场秩序维护及交通管制实施方案由市公安局负责制定并组织实施，以确保安全，做到万无一失。

三

成立庆典活动指挥部

总指挥：马琦明、贝念畋；副总指挥：王有伟、刘刚、岳逢春、何涛、苏福海、王大睿、栾行健、康明森、叶宏昌。

指挥部下设：

秘书组：负责制订"庆典活动总体方案"和"党政军领导邀请接待方案"并组织实施。

负责有关证件设计制作发放；负责指挥部与各方面的具体协调联络工作。岳逢春负责。

文艺演出组：负责制订"文艺演出及电视摄制方案"并组织实施。何涛负责。

群众组织组：负责制订"各界群众(含部队)组织工作方案"并组织实施。刘刚、苏福海、王大睿、栾行健负责。

安全保卫组:负责安全保卫(含会场秩序维护和交通管理)方案的制订并组织实施。康明森负责。

后勤保障组:负责制订"会场环境营造方案"并组织实施,做好后勤保障有关工作。叶宏昌负责。

各有关单位按此方案,认真组织落实。

(1999 年 7 月 19 日拟稿)

● 风云曲谱江山秀

——1999 年纪念兰州解放 50 周年大型文艺庆典 ·
祭文

　　炉香乍热　陵园蒙薰　英灵海会俱遥闻　圣地结祥云

[上香

[鸣鞭(鸣放鞭炮)

[祭酒

宣读祭文：

伏维：

　　公元 1999 年 8 月 26 日(农历乙卯年七月十六)，值兰州解放
50 周年纪念日。

　　中共兰州市委、兰州市人民政府举行大型纪念庆典。时约 8
月 22 日(农历七月十二)上午九时三十分，献大型歌舞诗《8·26 颂》
于烈士陵园纪念塔前。

　　市委、市政府委吾辈在此设舞台、动鼓乐。

　　届时，红旗招展、锣鼓喧天、乐舞动地。会场：升彩球、迎各界、
鸣礼炮、放飞鸽。近万人云集，规模空前，气势磅礴，蔚为壮观。电
视录像，九机拍摄，云梯摩天，尚属首次。恐惊英魂，特拟祭文，鸣
赞圣地，以告先烈。

　　祈：先烈在天之灵，护佑我等：筹备大庆，操办盛典，风调雨顺、
百无禁忌、诸事皆宜。

歌曰：

　　沈家岭巍峨兮烈士塔入云，黄河水滔滔兮太平鼓擂鸣。

　　铁流西进兮凯歌壮丽，血沃金城兮黄土深情。

　　烈士不朽兮青山有幸，五十载逝兮业绩长青。

解放颂歌壮士心,军旗猎猎丰碑吟。

风云曲谱江山秀,胜景绘出金城名。

以庄重兮缅怀,以热烈兮讴歌,

以奋进兮展宏图,以激昂兮豪情抒。

沧桑巨变五十年,锦绣河山慰先贤。

八二六颂歌一曲,神州喜迎新纪元。

谨具:

薄酒三杯,心香九瓣,告慰英灵。

吾辈,为此次庆典创意策划及具体操办者。

后生晚辈:某某、某某(大家依次报上姓名)等,

谨怀恭敬之心,祭拜于兰州烈士陵园纪念塔阶下。

尚飨

公元 1999 年 8 月 11 日辰时三刻顿首祭拜

庆典策划岳逢春撰文并颂

[焚稿(焚化《祭文》稿子)

[献花(献上鲜花花篮)

[三拜九叩(三拜九鞠躬)

——大礼已成,入场开工。

祁连忠魂凝"八办"

——八路军驻兰州办事处纪念馆主题展览解说词
(1999年7月7日)

引　言

1936年的冬天异常寒冷,祁连山风雪弥漫。

中国工农红军第四方面军西路军转战祖国西部, 与盘踞在西北的国民党反动军队展开殊死搏斗,7000多位红军将士壮烈牺牲,长眠于祁连雪谷;6000多名红军指战员被俘,倍受摧残;部分战士流落河西, 历经磨难。甘肃河西走廊千里戈壁洒满红军将士的鲜血,凝结成一部革命理想高于天的悲壮史诗。

这是一场极其惨烈的征战。野蛮强悍的地方军阀疯狂围追堵截,冷酷的寒冬更是雪上加霜。西路军为配合刚刚到达陕北的主力红军巩固革命根据地,牵制甘青马步芳、马步青敌军,在强渡黄河后孤军奋战,先后激战古浪,血战高台,鏖战倪家营子。21800名红军西路军将士面对数倍于我之敌,冒着使岩石开裂、飞鸟坠地的严寒,英勇顽强西征1500余公里,歼敌25000余人,有力地配合了河东主力红军和"西安事变"的和平解决。在浴血奋战5个多月,历经大小十数役之后,终因敌我力量对比悬殊,弹尽粮绝而于1937年3月兵败梨园口,成为红军战争史上最为艰苦卓绝的不朽篇章。

巍巍祁连雪峰矗立座座丰碑,镌刻着21800名红军将士的不朽功勋;茫茫河西千里戈壁展开历史画卷,展现西路军洪流冲刷荒蛮的英雄业绩。

今天,我们在此与历史对话,缅怀红军西路军浴血河西的悲壮历程。这风化的草鞋、生锈的手雷、陈旧的马灯、褪色的照片,以及那曾迎风招展的旗帜，都激荡着祁连雪山遥远的回声，激起我们无限的遐想和无尽的思念……

请参观展览

前　言

本世纪初，中华民族面临着接连不断的内忧外患，中国，陷入水深火热的悲惨命运之中。中国共产党义不容辞地担负起了拯救民族危亡的历史重任。代表着中华民族根本利益的中国工农红军，在辽阔的中华大地上，与帝国主义、封建主义和官僚资本主义反动势力，进行了空前绝后的历史性决战，向后人展开了一卷卷威武雄壮，艰苦卓绝的历史画卷……

在长征途中，中共中央确定了北上抗日战略方针，做出了一系列重大战略决策。此后，红军实施的一系列战略和战役行动，全部围绕着抗日救亡这一关系着民族命运的根本问题展开，发生在中国西部河西走廊的红军西路军征战史，同样也是当时抗日救亡运动的重要组成部分，而绝不仅仅是一场中国共产党领导的红色武装与国民党统率下的地方反动军阀势力之间的简单厮杀。在这场战役中，国民党反动派和马步芳、马步青反动军阀逆历史潮流而动，奉行蒋介石"攘外必先安内"的反动政策，置我中华民族面临灭顶之灾的严重危亡局势而不顾，丧心病狂地对我红军西路军将士进行了围追堵截和残酷迫害。在 1936 年"西安事变"发生的特殊历史阶段，在全国民众的抗日呼声一浪高过一浪的历史背景下，国民党反动派和盘踞西北的地方反动军阀的所作所为，极其典型地表现了他们的腐朽没落、野蛮残暴的反动本质。1949 年 8 月，当年疯狂屠杀红军西路军将士的刽子手马步芳仓皇登上飞机逃亡台湾的时候，不知他是否意识到，国民党和他的马家军彻底覆灭的命运，早在他对红军西路军举起罪恶的屠刀时，就已经被历史注定了。

一、三大主力会师长征胜利结束

1931年"9·18"事变之后，日本帝国主义继续扩大侵华战争规模，在占领我国东北三省的同时，又相继侵占华北部分地区。日本侵华战争的不断升级，使中华民族面临空前的民族危机，亡国灭种的严重危险极大地威胁着中国的命运和全民族的前途。在中国共产党领导下，以拯救民族危亡为己任的中国工农红军，经受了"第五次反围剿"战争血与火的考验，踏上了两万五千里战略大转移的征途。

1935年1月，红军在长征途中召开了遵义会议，确定了北上抗日的战略方针，进一步唤起了全国民众的抗日热情。在坚持与国民党反动派展开正面斗争的同时，在国统区也坚持开展了发动人民群众，反对国民党反动统治、抵抗日寇侵略的斗争。

1935年12月9日，北平学生爆发了声势浩大的反帝爱国示威游行，掀起了抗日救亡运动的新高潮。

1936年10月8日，红军一、四方面军先头部队在甘肃会宁胜利会师。

10日，红军总部和红四方面军总指挥部到达会宁。当天，红军主力举行了盛大的会师庆祝大会。

22日，红二方面军到达会宁，红军长征胜利结束。

在此期间，中国革命面临的形势和任务都发生了很大变化。12月，中共中央在陕北瓦窑堡召开了政治局扩大会议，讨论了国内外的政治形势和建立抗日民族统一战线的问题。毛泽东系统地阐明了建立抗日民族统一战线的必要性、可能性和我党在统一战线中的地位和领导作用。12月25日，通过了《关于目前形势与党的任务的决议》。决议指出"由于日本帝国主义要吞并中国，则重新改变了和继续改变着中国各阶级、阶层、政党以及武装力量之间的关系"。

从而确立了建立抗日民族统一战线的策略和方针。

这一系列重大战略与政治方针的确立，解决了遵义会议没有来得及解决的党的政治路线和重大策略与方针，为抗日民族统一战线的形成奠定了坚实基础。而派遣红军四方面军组成西路军西征，正是中共中央在长征即将胜利结束时，根据这一系列分析，酝酿而成的一次关系到中国命运的重要战略决策。

二、打通国际路线奉命西渡黄河

红军主力在会宁胜利会师的当天，四方面军总指挥徐向前、政委陈昌浩、政治部主任李卓然联名向毛泽东发了电报，报告了红四方面军指战员兴奋、喜悦的心情。

而此时的国民党反动政权对日本军阀加快扩大侵华战争步伐的狼子野心视而不见，反而调集重兵，对到达陕北的红军形成了大兵压境之势。

红军主力经过长征的艰难征战，兵力仅余 3 万余人，加上陕北红军、地方部队、学校、后方人员，总兵力不过 8 万余人。而蒋介石调动的"围剿"红军的国民党部队和陕西、甘肃、宁夏、山西、青海五省区地方军阀军队达到了 268 个团，约 25 万人。当时，国民党重兵云集西北，步步逼近，形势非常严峻。

中国共产党在当时提出的战略任务是：团结内部，联合抗日友军，粉碎蒋介石的"剿共"计划。首先造成西北抗日局面，建立巩固的西北抗日战略后方，以逼蒋抗日，停止内战，组成全国抗日民族统一战线，动员一切力量，战胜日本帝国主义。为实现这一战略目的，最重要、最关键的战略部署是，红军占领宁夏以及甘肃西部，打通与苏联的国际联系，从蒙古或者新疆靠近苏联，以取得苏联以及共产国际在物质上的援助和支持。这些，就是史称"宁夏战役"计划的主要内容。

中共中央于 10 月 10 日下达了《十月份作战纲要》即"宁夏作战计划",命令红四方面军所辖五军、九军、三十军以及红一方面军的西方野战军等部队,实施"宁夏战役"计划,红三十军奉命于 10 月中旬赶造船只,准备渡河作战。此时,国民党军队由第三路军总司令朱绍良指挥的 260 个团的 20 多万人,在飞机掩护下,分别从东、西、南三个方向向我军逼近。10 月 22 日,蒋介石飞抵西安坐镇,挟迫东北军、西北军参加对红军的"围剿",并指挥西北马家军配合作战。

战局的发展使红军渡过黄河实施"宁夏战役计划"刻不容缓。

中央军委命令三十军先行渡河。10 月 23 日,红四方面军三十军 88 师在靖远城南 10 公里处的虎豹口成功强渡黄河,并击溃了马步青所辖马禄骑兵旅一部。随后,九军、五军、四方面军总部相继渡过黄河,在总指挥徐向前、政委陈昌浩带领下西进景泰,攻占了一条山、五佛寺、黄河渡口等战略要地,准备策应红一方面军渡河。

这时,战局发生了急剧变化。马鸿逵、马鸿宾已抽调 12 个旅星夜兼程驰援宁夏通往蒙古的交通重镇定远营,即今阿拉善左旗,防止红军北进。蒋介石、朱绍良也探明了河西红军总攻的方向,急电甘宁青军阀,不惜一切代价,阻止河西红军北进蒙古与苏联沟通。

11 月 2 日,国民党军委会任命马步芳为西北"剿匪"第二防区司令兼第二纵队司令官,统一指挥敌骑兵五师和新二军,在一条山、秀水、打拉池等地向我进攻部队疯狂反扑,而河东红军主力日夜与敌酣战,短期内已经不可能移兵北上,策应河西部队进攻宁夏,且敌援兵已经开进至靖远、打拉池、中卫等地,靠拢宁夏之敌,将河东、河西红军联系切断。

根据这一情况,党中央和军委认为"宁夏战役计划"已经难以执行。11 月 11 日,中央和军委正式下达命令,成立西路军军政委员会,以陈昌浩为主席,徐向前为副主席,委员有曾传六、李特、李卓然、熊国炳、杨克明、王树声、李先念、陈海松、郑义斋等。中央决定，西路军在甘肃河西走廊创建根据地，打通通往苏联的道路。

自此，西路军踏上了艰苦卓绝、英勇顽强、慷慨悲壮的西征之路。

三、策应中央红军血战河西走廊

在强渡黄河的战斗中，红四方面军先后有21800名将士渡过黄河，于10月31日攻占一条山、景泰一线，控制了百余里的战线和五佛寺黄河渡口，等待策应红一方面军渡河。战局发生变化后，这支武器缺乏、弹药不足、非战斗人员约占半数的西征军，英勇地击溃了敌军反扑，于11月9日撤离一条山地区，向永登、武威地区进发。

1. 激战古浪

河西走廊因其地处黄河之西面而得名，北临巴丹吉林和腾格里沙漠，南靠祁连山，南北宽约一两百公里，东西则延绵千余公里，是内地通往新疆、中亚的交通要道，也是历史上著名的"丝绸之路"重要的孔道，在军事上具有重要的战略意义，更是历代兵家必争之地。

古浪为凉州门户，也是河西走廊重要的战略要塞。

西路军在撤离景泰一条山之后，迅速向西逼近，按照红军总部的命令，红九军在军长孙玉清、政委陈海松率领下，于11月13日拂晓攻占守备空虚的古浪城。红军在古浪召开市民大会，宣讲我党我军保护工商的政策，号召开市营业，并在城乡发动群众，打土豪、斗恶霸、分财产，解决部队冬装，还派出参谋向敌军官宣传我党我军"联合起来一致抗日，枪口对外，停止内战"的政治主张，扩大了红军在河西的影响。

马步芳、朱绍良等获悉古浪失守，惊慌万状，立即调兵遣将，向古浪发起疯狂反扑。

16日，红西路军组成后的第一次大规模决战——古浪战役打响了。马家军在飞机大炮掩护下，向古龙山东开洼、西阳洼以及北关发起猛烈攻击。马家军得知红军弹药不足，采用人海战术，挥舞着大刀蜂拥而至，但都被红军打退，仅北关要塞就打退了敌人五次冲锋。在这场战役中，尽管马家军装备精良、气焰万丈，却未能攻下古浪城，虽然数次打开缺口，冲进城内，都被红军击退。古浪之役，红九军歼灭大量敌军，但自己也伤亡惨重，减员过半。2400多名红军战士牺牲在古浪。红九军参谋长陈伯稚，二十五师师长王海清，二十七师师长易汉文，骑兵团团长黄高宏等高级将领在战斗中牺牲，留下了"古浪一战，九军折半"之说。

17日深夜，九军奉命突围，向河西腹地永昌四十里铺进发。

2. 进占永昌

在敌人主力围追堵截期间，红三十军先头部队于11月13日进入武威县境内，并于14日包围了武威新旧两城，做出要攻城态势。此时，马匪兵力被红九军牵制在古浪一带，马步青空守凉州像热锅上的蚂蚁，不胜惶恐。其实，西路军当时欲迅速西进，并无攻城计划，除留部分兵力包围凉州守敌外，三十军大部队以及五军便绕城南而过，总指挥徐向前按照《八一宣言》精神，致信马步青，在国难当头，民族危亡之际，应停止内战，一致抗日，红军只是借道通过，并无取凉州之意，望勿阻拦。马步青顺风扯旗，表示欢迎红军路经武威，但恳请红军不要久住。

11月18日，红三十军先头部队绕过武威，直逼永昌，守敌望风而逃，永昌城不战而下，西路军总指挥部进驻永昌县城，总部设在南街天主教堂。

西路军进驻永昌后，兵力全部集结在山丹、永昌、凉州一线狭长地带之中，战略地形于我极为不利，这一地带恰处河西走廊蜂腰部位，宽不过百里，不便于部队运动作战。永昌南邻终年积雪、海拔达四五千米的祁连山，北依龙首山脉和古长城外的草原沙漠，村庄零落，人烟稀少。以马步芳为首的西北封建军阀长期盘踞于此，经营多年，致使文化闭塞，经济落后。因而，缺乏党的群众工作基础。当地人民群众不了解外部世界，也无法了解红军的政治主张。西路军这支从南方转战万里到此的部队在进入河西走廊之后，遇到了重重困难。

红军一路征战，粮食没有来源，弹药无法补充，伤员难以安置。此时，已经是隆冬季节，寒风刺骨，滴水成冰，岩石开裂，飞鸟坠地，自然环境也十分恶劣。但是，红军将士们依然是单衣、赤足、草鞋，在寒风怒号，飞沙走石的戈壁沙漠中行军，就更为艰难。在经历了景泰、古浪激战后，部队急需补充给养，进行休整，因此，特别需要有一个自己的根据地。这时，根据中央"你们应该在永昌、凉州、民勤地区创建根据地"的电报指示，西路军军政委员会决定在此地建立甘北根据地。

进占永昌后，西路军在城乡张贴了由总指挥徐向前，政委陈昌浩署名的《中国工农红军第四方面军布告》，宣传党的抗日主张。总政治部和地方工作部派出大批干部战士，用红土、墨汁、石灰、木炭在城乡街道墙壁上书写了大量的标语，并走街串巷，挨家挨户地向群众宣传红军的政策和纪律，积极宣传红军抗日主张，耐心地讲解红军挺进河西，打通国际路线、奠定抗日后方的意义。

在人民群众逐渐了解了红军抗日方针和西进目的之后，11月23日，红军总部在县城天主教堂召开了永昌各界群众代表大会。徐向前、陈昌浩到会讲话，号召群众团结起来，为抗日救亡出钱出力。

就在红军在永昌一带创建根据地的同时，马家军调集了大批部队，向永昌发起了进攻。

11月22日，敌军向四十里铺发起猛烈攻击。我军与敌军展开了大规模的白刃肉搏战,激战三天三夜,歼敌 2400 余人,其中被大刀劈死、被长矛穿胸的敌兵达 700 人以上。然而,红军也遭受了惨重损失。像这样大规模的战斗,在永昌城一带不下十五六次,较大的战斗有水磨关之战、东十里铺至二十里铺之战、郭家油坊之战、八坝之战、前进剧团东寨之战、郭家下磨庄之战。每一场战斗的激烈和残酷,都是我们今天难以想象的。

红军驻守永昌一带 40 余天,几乎无日不战。战士们在激战频繁,弹药奇缺的形势下,是凭着一种坚定的信念和旺盛的斗志,打退了敌人一次次冲锋。他们在歌中唱道:"我们是铁的红军,钢的力量,工农的儿女,民族的希望,不打通国际路线,不是红四方面军。"

在激烈的战斗间隙,西路军坚持发动人民群众,于 12 月 5 日,在县城旧政府的院子里召开大会,民主选举产生了中华苏维埃永昌县政府。西路军像一股洪流,冲刷着西部的荒蛮,在这片大革命以来很少有过革命影响的土地上,播下了革命的火种。

就在西路军在永昌一带与敌展开殊死博杀的时候,震惊中外的"西安事变"发生了。

1936 年 12 月 12 日,爱国将领张学良、杨虎城在西安扣押了坐镇督战"围剿"红军的蒋介石,实行兵谏。

中共派周恩来亲赴西安,和平解决了这一事件,形成了逼蒋抗日的新局面。国共两党在一致对外、抵抗日寇的民族大义上达成了初步协议。国内政治局势发生了重大转折。

河西战场的枪声渐渐稀落,较大规模的战斗暂时停止,战局处于瞬息万变的激烈动荡之中,但此时,坚持在永昌一带的西路军已经由两万八千人锐减到一万五千余人。

"西安事变"发生后,中共中央军委电令西路军停止西进,在永昌地区加紧休整,部队处于不进不退的状态。当蒋介石在张学良的陪同下返回南京之后,仅仅两天,马步芳就于 12 月 28 日电告蒋介石,称自己"杀贼之心益坚,请缨之志极切",要求"杀贼致果或可以竭忠诚",向蒋介石表达了继续进攻西路军的意图。

这天晚上,西路军根据中央军委关于"西路军仍执行西进任务,占领甘、肃两州,一部分占领安西"的电报指示精神,悄然撤离永昌,继续西进。然而,此时,在他们前后左右已经有十余万马家军和地方民团,张开凶狠、强悍、残暴的血盆大口,正在虎视眈眈地一步步向西路军逼近。

3. 血战高台

"西安事变"的和平解决,致使"围剿"陕北中央红军的约四十万国民党军队暂时偃旗息鼓,停止了对陕北红军的大规模进攻,抗日民族统一战线初步形成。然而,盘踞西北的反动军阀"二马"却变本加厉,加紧了对红军西路军的围追堵截,西路军终于在进占高台之后遭遇了空前惨烈的血战。

1937年元旦凌晨,西路军指战员在衣不蔽体,食不果腹,饥寒交迫的征战中占领了高台、临泽两城,以及临泽以南的倪家营、沙河堡一带。高台守敌1400多人全部投降,其中一部分民团被红军收编。西路军准备在此地稍事休整和补给之后,继续西进。然而,此时河东局势再次发生了变化,蒋介石背信弃义,扣押了张学良,并调集了四十个师进逼西安,一度缓和的局势顷刻间变得剑拔弩张,内战一触即发。局势的变化需要西路军在战略上予以配合,中央军委电令西路军在高台、临泽地区集结,暂不西进。

1月12日,马家军调集八倍于我的兵力,接连不断地向高台城发起大规模的攻击。坚守战略要塞东西两堡的战士在城内部队策应支援下,打退了敌人无数次冲锋。坚守了一个星期之后,敌人纵火烧着了碉堡,坚守碉堡的二十七名红军战士在烈火中仍然坚持抗击敌人,直到最后全部壮烈牺牲。

当东西两翼的碉堡都失守后,红军部队守城更加困难了。这时,红五军军长董振堂接到军政委黄超派人送来的一封信。信的大意是:高台是打通国际路线的重要据点,总部命令不惜一切代价坚守,如果高台失守,就要你军长的头。董振堂立即在城东的天主教堂召开了营以上干部会议,宣读了来信。董振堂语气沉重,态度严肃而坚定地命令大家"坚决守住高台,我们人在阵地在,誓与高台共存亡"。

1月18日,敌人将西关外民房院落的墙壁全部打通,又一次向红军发起大规模冲锋,敌人的兵力不断增加,攻势越来越猛烈。红军将士在坚守反击的战斗中伤亡非常严重。城内被敌人的炮火打得硝烟四起,浓烟滚滚,城墙像锯齿似的残破不全。红军机关非战斗人员、女战士、炊事员、马夫全部上了城墙参加战斗,他们没有武器,就用大刀、长矛、石头、瓦块与敌人拼杀,轻伤员用手抓牙咬,重伤员抱住敌人滚下城头,宁死不屈,与敌人同归于尽。城里的老乡也赶来助战,许多青年人奋勇抢救伤员,妇女们也为红军送来了热水热饭。

19日上午,形势更加危急,董振堂带领五十多位干部、战士庄严宣誓:我们要流尽最后一滴血,战斗到底,为革命牺牲是光荣的。革命一定能成功,自由幸福的日子一定能够到来。他们的誓言威武而坚定,下定了为革命献身的决心。

1937年1月20日凌晨,敌人倾其全力,再次冲上城墙。守城的红军战士前仆后继,浴血奋战,用最后剩下的手榴弹和石头瓦块冰坨与敌人展开最后的殊死搏斗与厮杀。

正在紧张搏斗的时候,被收编的民团中有少数顽敌临阵反水,乘乱打开了城门,敌人像疯狗一样涌进城内,高台终于沦陷。

董振堂带着两个警卫员和一个司号员从东门以北的城墙上跳了下去,致使左腿受伤,不能行动。敌人围了上来。他半跪在地上,抢起双枪继续向敌人射击,最后,子弹打光了,这位英勇的红军将领壮烈牺牲在征战河西的道路上。同时,政委杨克明、十三师师长叶崇本、参谋长刘培基、骑兵师师长董俊彦、政委秦道贤等3000多位将士也壮烈牺牲在这场残酷惨烈的战斗中。

在高台血战中,红军队伍中这支能征善战的"宁都起义"部队,前仆后继,不屈不挠,写下了一部悲壮的史诗。

残暴的马家军把董振堂等人的头颅悬挂在高台城楼上示众。这些由敌人拍摄的照片,已经成为马家军血腥暴行的历史铁证。半个世纪前在高台发生的这场血战,为西路军铸成了一座高耸入云的历史丰碑。

1988年5月,当年的红军西路军老战士陈靖将军为此填词一首,题为《满江红·祭英烈》:

六盘山下,西渡急,征鞍未卸。红五军,后殿前锋,不分昼夜。戈壁沙丘八千里,黄河黑水云遮月。劢高台,三千敢死士,悲壮烈。

迪化遥,使命切。肝胆红,尽忠节,主帅董振堂,头断身裂。英雄战死正路上,为党洒尽满腔血。而今回首,扪心肃穆,祭英杰。

4. 鏖战倪家营

高台失守后,西路军全军集结在倪家营子地区。1月21日,从此地突出重围。24日在张掖西南的龙首堡、西洞堡一带击溃敌一〇〇师骑兵旅一部,打死打伤敌军四百余人。25日,红三十军对尾随追击之敌展开反击,歼敌一个宪兵团1300余人。

28日,西路军重返倪家营子,却再次陷入敌人4万兵力包围之中。

2月16日,敌军向倪家营子发起总攻。方圆十里炮火连天,硝烟弥漫,一片火海。这一仗,红军歼敌1500余人,但是自己也遭受重大创伤。连续不断的血战,使得西路军减员剧增,全部兵力此时已不足万人。

面对严峻的局势,西路军选择了向梨园口一线突围的战略,意图经过梨园口进入祁连山,以摆脱敌军围追堵截。

5. 兵败梨园口

1937 年 3 月 12 日凌晨,风雪弥漫的祁连山在晨曦中露出它影影绰绰的身影。红三十军和西路军总部的勇士们迈着艰难的步履,踏进了祁连山梨园口。政委陈海松视察地形后命令部队上山警戒。还没来得及喘口气,山下马蹄嗒嗒黄尘滚滚,身后追来的马家军三个旅和部分民团挥舞着大刀,分两路向红军扑来,战斗立即打响。在击退敌人三次进攻之后,红九军已经不足一千人,且面临三面受敌的严峻形势。

枪声,渐渐稀落。只听得金属砍入肉体那沉闷的声音和敌我双方急促的喘息声,在祁连山谷发出低沉而震撼人心的回声。红军将士坚守阵地,寸土不让,子弹打光了,手榴弹投完了,枪托砸断了,大刀卷刃了,剩下的就只有肉搏了。一个战士一团火,一片土地一片血。敌人尸横遍野,我军也伤亡惨重。

战争是精神和意志的较量,也是实力的比拼。在这种罕见的敌我力量对比悬殊的血战中,我军终因寡不敌众,被敌人突破了坚守的山口,九军一千余将士被数十倍于我的敌军包围,红军守无阵地,退无去路,宁肯流尽鲜血也绝不投降。

九军政委陈海松身先士卒向敌人冲去,挥起匣子枪向敌人射击,并爬上一座山包观察敌情战况。敌人疯狂地用机枪扫射,陈海松不幸身中八弹,壮烈牺牲。

这一天,徐向前、陈昌浩向中央发出“西路军危急电”。

西路军悲壮的命运已经无法挽回。

梨园口一战,西路军的三支主力几乎损失殆尽。这支渡过黄河时拥有 21800 名将士的部队,在与敌人浴血奋战将近五个月之后,到这时候,包括大量伤员在内,已经不满 3000 人。

6. 石窝会议

1937 年 3 月 14 日早晨，西路军剩余部队经过康隆寺到达石窝山，喘息未定又与敌人骑兵激战了整整一天。

夕阳西照，仅存的 2000 余名红军战士满身血迹，蜷曲在雪地里，山坡上到处是鲜血和尸体，山坡下，敌军燃起了丛丛篝火。

黄昏时分，西路军总部召开了最后一次军政委员会扩大会议，讨论行动方向。西路军原有师以上干部将领 60 多人，现在，只有 20 余人参加会议，这就是说，在征战河西的五个月里，已经有 40 多位将领和高级干部壮烈牺牲。

会议决定：一、陈昌浩、徐向前离开部队，回陕北向党中央汇报。二、剩余两千余人分成三个支队，就地进入祁连山，分散打游击。三、成立西路军工作委员会，由李卓然、李先念、李特、曾传六、王树声、程世才、黄超、熊国炳等八人组成。李先念负责军事指挥，李卓然负责政治领导。

在夜幕掩护下，李先念、李卓然率一千余人组成的左支队向西进发；王树声、孙玉清率六百余人组成的右支队向东进发；曾日三、毕占方率两百余人为中路支队随左支队出发，两天后改向东进。

后来，中支队和右支队先后失利，损失殆尽。

红九军军长孙玉清在酒泉南山被俘，英勇不屈，被马步芳杀害在西宁。

在历经千难万险之后，左支队有 470 余人终于抵达新疆。

徐向前、陈昌浩历经艰辛，辗转到达陕北，回到了延安。

返回延安后，徐向前担任八路军一二九师副师长，在抗日战争和解放战争中立下不朽功勋。建国后被授以元帅军衔，是新中国十大元帅之一。1978 年至 1980 年任国务院副总理兼国防部部长。1983 年 6 月担任中华人民共和国中央军事委员会副主席，1990 年 9 月 21 日在北京逝世。

陈昌浩回到延安后不久，经中共中央同意，前往苏联疗伤养病,参加了苏联卫国战争。新中国成立后,返回祖国,在中央马列学院工作。1967年,在"文革"中遭迫害去世。

7. 风雪祁连山安西最后一战

石窝会议之后,经过三天三夜的急行军,在李先念、李卓然带领下的左支队终于摆脱尾随的敌人,深入了渺无人烟的祁连山腹地。

连续数月与敌人周旋血战,将士们异常疲劳,加上口粮断绝,饥寒交迫,他们只能以雪水充饥,杀战马果腹,夜里只能在露天雪地里挖雪洞宿营。在祁连山极其恶劣的自然环境中,他们在弥漫的风雪中坚持着,跋涉着。又经过了43天艰难险阻的严峻考验,翻过了无数冰川雪谷,穿过了浩瀚的沙漠,终于在青海巡堡以北的分水岭与中央取得联系,得到了向新疆进取的指示。

4月16日,左支队幸存的850余人终于走出祁连山谷,到达安西东南的大公岔山口,到达肃北石包城。

左支队在走出祁连山之后,在安西又与敌人展开一场激战,此役,以敌人溃退而告结束。而这一仗,也是"十年内战"中,国共两党两军的最后一次武力交锋。战斗结束后,左支队仅余470余人,迅速向甘、新两省区交界的猩猩峡转移,终于和中央派出的接应队伍汇合,最后抵达新疆乌鲁木齐。

8. 抵进新疆

西路军在河西与敌激战的日日夜夜里,党中央曾千方百计地设法营救这支陷入重围的孤军。中央指示刘伯承率部组成援西军西渡黄河,到达平凉镇远一带时得知西路军失利的情报,此时,两军远隔千里,已经无法在军事上援助西路军。

随后,中央电令在新疆的陈云、滕代远接应左支队。1937年5月1日,陈云、滕代远带着40辆卡车和食品被服抵达猩猩峡,将西路军仅存的470余名勇士接应进疆。

在抵达迪化(今之乌鲁木齐)之后,这批历经百战、意志坚如钢铁的战士驻扎在迪化西桥附近的"阜民纱厂"。"七·七事变"之后,取消了左支队番号,编为"总支队",对外则称"新兵营",下设一大队、二大队和炮兵队、航空队,就地进行政治文化和军事技术的学习训练。党代表邓发、陈潭秋等人亲自上政治课,指战员们分别学习汽车、装甲车、炮兵、无线电技术、空军、军医、军运、兽医等专业技术。后来,这批九死一生的英雄战士大多成为我军专业技术军种和兵种的重要骨干力量,为我军专业技术军兵种的建设奠定了基础。在抗日战争、解放战争乃至建国后的国防建设中发挥了重要作用。

四、将士惨遭杀害英烈血染河湟

西路军将士自渡河西征以来,历经大小百余战,损失极为惨重。7000余名指战员血沃疆场;9200余人被俘,其中,5300余人被敌人残害,近4000人流落在甘宁青三省区,少数人历经磨难返回鄂豫皖以及陕北家乡。

最后,约有4700余人通过各种途径回到陕甘宁边区,继续参加了波澜壮阔的抗日战争和人民解放战争,为新中国的建立立下不朽功勋。

盘踞在河西的国民党军阀马步芳、马步青对红军西路军伤病员、被俘人员、失散人员进行了惨绝人寰的迫害和屠杀,对人民犯下了罄竹难书的滔天罪行。

马家军这支封建意识与封建色彩极为浓厚的军队,干起杀人的勾当,如同野兽般残忍,他们任意虐杀红军战俘,野蛮残暴的行径令人发指。

在这场惨烈的征战中,红军将士表现出的英勇顽强精神惊天地、泣鬼神。红军在战场上歼敌25000余人,却没有虐待过一个敌军俘虏，而红军战俘在这场战争中所遭受的磨难，却是骇人听闻的。在战争中，敌我双方对垒交战是战争的基本形态，不论战斗如何惨烈，人们对此尚可理解。但是，马家军采取非人的手段残酷地迫害红军战俘的做法，却是不可饶恕的。

高台之战失利后，红五军有一位姓张的护士长痛骂敌人对战友滥施暴刑，便遭到杀害。几个马家军刽子手将他的手脚用铁钉钉在一棵树上，施以暴行，活活将他钉死在树上。

如今，这棵老槐树一到春秋季节，树胶便如同眼泪一样往下流，人们说，老槐树就是一个历史的证人，在向后人诉说着这桩历史的血案。

梨园口激战，敌我双方都损失惨重。马家军攻下阵地后，将仇恨发泄到来不及撤退的红军伤员身上。他们对被俘的红军战士用枪托打、用刀砍、用石头砸、用马鞭子抽、削鼻子、割耳朵、挖眼睛、掏眼珠，什么残忍的手段都无所不用其极。

被人称为"三阎王"的马步瀛是马步芳同父异母的兄弟，听江湖骗子说，人的苦胆做眼药很灵验，他便叫来几个刽子手，从监牢里拉出三十个红军战俘，一个个脱去上衣，将他们捆绑在树桩上，并在他们的嘴里塞上破布棉花。刽子手喝下一大碗酒壮胆，将匕首咬在口中，用凉水泼洒在红军战俘胸口，然后开膛破肚，取出血淋淋的人胆，用来制药。

一些灭绝人性的马家军官兵还将红军战俘捆绑起来，用马刀砍伤战俘的脖子，让鲜血往外冒，然后拿馒头蘸着鲜血吃。

一条山激战后，马家军将隐蔽在老乡家中养伤的一百多名红军伤员全部搜出来杀害。

古浪血战后，马家军进入县城，将数百名红军伤病员集体杀害。

高台之战后，疯狂的马家军在全城烧杀抢掠三天三夜，用马刀将六百余名红军伤病员和被俘战士全部砍杀。仅临泽附近的一个村庄里,就用机枪扫射射杀了两百余名红军伤病员。

不仅仅是无法转移的伤病员遭到杀害,就是被俘后在押解途中,红军战俘也随时会遭到残酷迫害和虐杀。敌人对因病因伤走不动的伤病员随意枪杀刀砍,弃尸荒野,惨无人道。

有的马家军官兵为取乐,竟然将红军战俘捆绑在一起,浇上汽油点火。

他们还将奋起反抗的红军战俘剖腹抽肠,拴在马尾上,拖着肠子活活拖死。或将战俘推进土坑里,用乱石头砸死。

红军战俘在张掖被关押期间,马家军头目韩起功就随意残害了2100多人。其中,活埋1600余人,枪杀刀砍380余人,烧死53人,用掏心、挖眼、挑喉、割舌、断筋等残忍手段致死的有27人。

被押往西宁的红军战俘更是进了杀人魔窟。据统计,马家军在将红军战俘押往西宁途中,就随意杀害了300余人。到达西宁后,马步芳为掩人耳目,逃避舆论谴责,密令手枪团、执法队、传令队一律在夜间处决战俘。要求"不点灯、不鸣枪、不留痕迹,不准逃脱一个人"。

仅在1937年7月,马步芳就先后三次下令,共活埋了1300余名红军战俘。

1952年,西宁市人民政府在郊外苦水沟和南城门发现两处"万人坑",清理出被害红军战俘头骨达到1700余具。

马步芳设在西宁的集中营,实际上就是从被俘红军身上榨取血汗的活地狱。被俘红军被编为"新二军补充团",被迫为马家修路、架桥、伐木、建房、垦荒、种地。

红军战俘们长时间劳役不停,却遭受着极其艰苦的生活待遇,穿的是衣不蔽体的破衣烂衫,天天喝的是能够照出人影子的杂面糊糊。随时都可能遭到殴打,侮辱,杀害。不少人在这种繁重的劳役中被摧残致死。不堪忍受折磨，奋起反抗或冒死逃跑的被抓回来，立即就被砍头示众。

落入敌人魔爪的西路军女战士所遭受的凌辱与折磨更是难以想象，令人发指。她们被肆意糟蹋，有的被轮奸致死，有的被当作赏赐随意转送，受尽了凌辱和摧残。不少人不堪凌辱而自尽，有些刚烈的女战士不惜拉响手榴弹与敌同归于尽。

全国解放后，马步芳、马步青反动军阀残害西路军战俘的滔天罪行终于得到彻底清算。人民政府依法惩治了一批罪大恶极的残害红军战俘的马家军刽子手。

五、中共中央关怀各方全力营救

当时，党中央十分关心西路军的处境，想尽一切办法营救被俘红军将士。

首先，利用"西安事变"后国共合作即将促成的有利时机，通过谈判给"二马"施加压力，促其释放我被俘将士。周恩来还多次约见回族爱国人士马德涵先生，请他出面并鼎力相助，营救被俘红军。马德涵先生受我党委托，以办画展为名，奔走河西武威等地，并以老师的身份与昔日的学生马步青多次见面，交谈了改善红军战俘生活待遇和尽快释放等有关问题。周恩来还派共产党员张文彬、刘秉琳、吴鸿宾等以隐蔽身份赴青海、河西调查情况，设法营救。张文彬还以中共代表的公开身份，到兰州拱星墩集中营探望了被关押在那里的红军指战员，并向他们转达了中央的关怀，激励并坚定了大家坚持斗争的信心。

按照中央指示，周恩来派张文彬、彭加仑、朱良才等人在兰州设立了红军联络处，后来改称八路军驻甘办事处，办事处的主要任务就是积极开展营救西路军被俘人员和流散人员的工作。1937年7月29日，谢觉哉作为中共和毛泽东的代表来到兰州。谢觉哉与当时的甘肃省政府主席贺耀组有同乡之谊、旧友之好，更利于开展工作。八办在谢觉哉、彭加伦、伍修权的领导下，不畏艰难，积极开展了营救工作。

当时，西路军被俘人员分别被集中关押在西宁、武威、永登、张掖等地。干部多被关押在各地监牢，战士大部被编入国民党所谓的"补充团"。根据掌握的准确情报，八办通过贺耀组做工作，利用上层统战关系，从西宁、兰州等处将一批被俘的西路军中高级将领营救出狱，送回了延安。

1937年10月，马步芳部队押解2000余名红军被俘战士前往第一战区，途经兰州，八办闻讯后，通过多种渠道积极组织营救，在西安八办全力配合下，终于将这2000余人全部接回延安，营救工作取得很大进展。

在兰州八办的积极工作下，从1937年5月到1938年6月，先后有4700多位被俘的和流落在河西的西路军将士回到延安，回到了党的怀抱，为中国革命保存了一批经历过血与火的锤炼、经受了生死考验的优秀干部。

红军西路军是为人民利益与马家军展开殊死搏杀的。河西人民群众从西路军身上看到了中国的希望所在。西路军在战时曾得到河西人民群众的支援，战败后，更得到了老百姓的同情和支持。甘肃河西地区的各族人民群众不畏强暴，舍生忘死救护蒙难的西路军将士，留下了许多催人泪下的动人故事：

他们当中，有为西路军左支队提供了三百多只牛羊的蒙古族牧民诺尔布藏木；有倾其所有拿出数百斤粮油和二十只羊，帮助西路军度过危难的安西蘑菇台道观主持郭元亨道长；有在寒冬腊月为关押在张掖监牢里的西路军将士送上三百件皮衣的"长兴泰"掌柜刘芳先生；有敢冒风险在敌人追杀中及时救护徐一新同志的周古勋先生；有舍生忘死掩护王树声将军的俞学仁老汉；有山丹老中医但复三先生和妻弟万怀意、义子聂有成，他们冒着被马家军捕杀的危险，为徐向前、陈昌浩疗伤，并精心护送陈昌浩到达西安。还有，永昌县西北隅乡苏维埃主席马显功先生，他曾经设法将被俘红军战士何进元从押解队伍中救出，留在家中生活了一年多等等。

就是这些普普通通的老百姓，不惜身家性命，掩护并救助了许许多多的西路军将士，使得他们免遭残害和屠杀。可歌可泣的故事数不胜数。历史，将永远铭记河西人民的不朽功绩。

在这里，我们要特别向大家介绍一位为营救西路军而做出杰出贡献的烈士高金城先生。

高金城先生是我党的忠诚朋友，在营救西路军的工作中，他不顾个人安危，采用各种方法，成功地救助了两百多名被俘将士和流落在河西的红军指战员。最后，被马家军残忍地杀害，为中国人民的解放事业献出了宝贵的生命。

高金城先生是一位医生，也是一名虔诚的基督徒。当时被推举为甘、凉、肃三州抗敌后援会主任。享有很高的威望。

谢觉哉到达兰州红军联络处后，分析了当时的形势，提出应该寻找一位在河西具有一定社会关系，可以公开活动，又便于掩护的人士，来帮助我党开展营救西路军被俘和失散人员的工作。而高金城先生正好符合这些条件。

1937年8月1日，谢觉哉、彭加仑、朱良才等八办负责同志在兰州五泉山会见了高金城，请他到张掖帮助营救红军失散人员。高金城当即表示：我不是共产党人，也不是国民党人，但我赞成共产党，因为共产党是救国救民的。所以，营救西路军失散人员的事情，我愿意做。高金城对国家兴亡，对民族命运的关切之情溢于言表。

8月8日，高金城到达张掖。就在他到达的前几天，马家军在此进行了疯狂的血腥屠杀，被杀害的红军战士血流成河，尸横遍野。目睹了这一切，高金城并不畏惧，却增强了营救工作的勇气。他与甘州地下党取得联系后，很快展开营救工作。在慈善事业掩护下，他在医院专门设立了二十个床位，公开收容救治红军伤病员，一大批红军将士得到治疗与救助，大家熟悉的革命前辈魏传统、王定国、李开芬、刘瑞龙等人，就是在高金城救助掩护下回到兰州八办，从而在后来为民族解放事业做出了重要贡献的。

高金城的妻子牟玉光也在兰州开办了助产事务所，并以此为掩护，与八办取得联系，积极帮助做好辗转来兰州的西路军失散人员的接应安置工作。

有一天，彭加仑给高金城发来一封电报，说民乐南山隐蔽着不少西路军失散人员，请他设法营救。高金城知道这一带是红水区区长孙振铎的势力范围，控制很严，如果前去，有很大危险，但是，高金城不畏艰险，只身前往孙振铎府第，他将彭加仑的电报交给孙振铎，大义凛凛然地说，你我是旧交，这封电报可以让你升官发财，也可以让我人头落地，大义面前你选择吧。孙振铎被老朋友的爱国精神感动，决定帮助高金城营救红军。高金城连夜写了一百多张字条，字条上写着"中国工农红军改编为十八集团军，在兰州设有办事处，地址在南滩街54号，朱良才在那里接应你们"。并把这些字条交给王定国等先期接上头的西路军干部战士，到南山孙家庄一带广为散发，给失散红军指引了回家的道路。

高金城积极营救西路军的频繁活动引起了马家军的惊恐和仇视。高金城处境越来越危险。1937年11月9日，他给谢觉哉写了一封信，说"甘州尚有三条驳壳枪应运回。南山还有些人不敢出来。甘州一带流落的人还很多"这封信，成为高金城的绝笔信，被保存在中国革命的历史档案中。此时，军阀韩起功司令部一位有正义感的军官冒着危险告诉高金城：高院长，马步芳在青海秘密杀害共产党，黑名单上有你的名字，你还是赶快离开这里吧。高金城早已经将生死置之度外，坦然说道，我哪里也不去，我的根就在祁连山下。

1938年2月3日夜里,敌人将高金城诱骗到敌司令部,对他进行了秘密审讯。高金城大义凛然,怒斥敌酋韩起功:你们这些日寇的帮凶,走狗,必将遭到世人唾骂。恼羞成怒的刽子手们将他活埋在后花园的大树下。

解放后,人民政府追认高金城为革命烈士,并为他修建了陵墓。党和人民永远不会忘记在最困难的时候帮助过我们的朋友,高金城烈士的功绩和名字,与千千万万先烈一样,流芳千古,永垂不朽。

六、丹心永存历史丰碑光照千秋

漫漫西征路,浸透红军血,"而今回首,扪心肃穆,祭英杰"。

原兰州军区司令员杜义德中将在回忆这段历史时说:"我为自己参加过这场没有打赢的战争而自豪,我为西路军将士们在被俘或流落期间对革命忠贞不渝,在敌人面前大义凛然的革命精神而骄傲。""红军把红色的革命种子撒在了祁连山麓,青海草原,天山脚下,他们用激烈的枪声和惊天动地的冲杀声,吸引了黄河东岸十多万国民党的精锐之师,有力地策应和支援了红军其他战场上的革命斗争。它在当时所产生的政治意义是巨大的。"

杜义德将军当年只有24岁,已经担任红四方面军总部四局局长,直属纵队司令员,骑兵师师长等职务。他和他的西路军战友们在河西一共奋战了195天,这195天,将永远铭记在中国革命光荣的史册中。

新中国成立后,为纪念西路军的光辉业绩,缅怀先烈的悲壮历程,在景泰、永昌、古浪、张掖、临泽、肃南、梨园口、石窝山、安西、高台、西宁等地先后修建了纪念碑、纪念塔、纪念堂、烈士陵园,寄托各族人民对西路军的缅怀之情;党史工作者经过多年研究,编辑出版了一大批专著和文史资料;当年的西路军将士们撰写了大量的回忆录和回忆文章；文艺工作者们则以西路军为题材，创作了许多电影、电视和文学作品。西路军历史研究取得了丰硕成果。

西路军将士永远铭记着这片土地。李先念主席、徐向前元帅逝世后，也把骨灰撒在西路军当年战斗过的地方。

血染的历史，永远是一面明亮的镜子，拂去历史蒙上的尘埃，追思那永不泯灭的记忆，回顾西路军那悲壮艰难的历程，我们会发现，在西路军的悲壮历程中，奏鸣着一部激越高昂的英雄交响曲，将激励我们为共和国美好的明天而奋斗！

结 束 语

历史已经远去……

浴血疆场的红军西路军将士在远处注视着我们……

屹立于东方的共和国大厦是千百万革命先烈用血肉筑成；

共产主义必胜的信念支撑起我们宏伟的事业。

先烈的鲜血浸润甘肃大地，这土地上生长出理想的花朵，在今天更加茂盛……

当李先念主席和徐向前元帅的骨灰播撒在河西千里戈壁时，我们对一个真理感悟更加深沉——这片土地是我们的家园，我们要加倍珍惜……

六十多年前，21800名西路军将士用鲜血和生命铸成的历史丰碑，将激励我们为建设强大的社会主义祖国而奋斗不息。

谢谢各位参观。

（本篇由兰州"八办纪念馆"讲解员常年使用）

● 兰山钟声声悠远

——1999 年中国·兰州迈向新世纪大型庆典活动实施方案

（12 月 31 日·兰山钟院）

一、活动主题

公元 2000 年元旦的朝阳即将冉冉升起,兰山之巅回荡着新世纪的黄钟大吕;党中央发出"西部大开发"的号召,280 万兰州儿女心中燃起熊熊的希望之火。在"两个大局"战略决策指引下,"再造一个山川秀美的大西北",兰州这座古丝绸之路上的明珠,以昂扬的姿态阔步迈进 21 世纪,神奇的中国西部,将升起新世纪最灿烂的太阳;让我们撞响这高悬于海拔2130 米皋兰山巅的钟声吧! 中国的西部,将创造令世界瞩目的世纪辉煌。

本次活动以中共兰州市委、兰州市人民政府名义举办,由市委宣传部牵头实施,各有关方面依照本方案要求,分工协作,认真抓好具体落实。

时间:1999 年 12 月 31 日(星期五)午夜 11 时 30 分至 2000 年元旦零时 15 分,约 45 分钟;地点:城关区皋兰山兰山钟院;规模:400 人左右。

二、活动内容:

1. 邀请省、市四大领导班子主要领导同志撞响兰山大钟;市委主要领导同志现场发表《新年献词》,并于元旦在《兰州日报》(晚报)刊发;

2. 组织群众在兰山钟院举行篝火晚会;燃放地面烟花;各族

青年学生载歌载舞;团员青年面向 21 世纪宣誓等(其中:青年学生 200 人,市武警腰鼓队 30 人,少儿鼓号队 50 人)选调《世纪之星》电视歌手大奖赛获奖业余歌手 3 至 5 人演唱 3 至 5 首歌唱祖国、歌唱党、歌唱新世纪的歌曲(曲目另定)

3. 电视实况摄制现场活动,制作《兰山钟声》专题片,元旦在兰州电视台播出;送省电视台播出,争取在中央电视台播出。活动的组织既要重视现场气氛,又要考虑电视画面采编效果;采用电视节目主持人掌握活动程序和进行节奏的形式,以富有诗意的朗诵和解说词贯穿 45 分钟活动过程。

三、活动程序:

本次活动于晚 11:30 准时开始,领导同志于 11:40 到达钟院。兰山钟院北楼南墙上方登楼八字形楼梯和露天走廊为主表演区;钟院以中心火堆为圆心,为群众载歌载舞活动区;四周各房间为候场休息处;领导接待室设在西楼一楼书画室。

主表演区背景布设本方案标题:"中国·兰州"为仿宋体;"迈进新世纪西部大开发庆典活动"为圆头黑体,主标题"兰山钟声"为书法体。分三层布设,字体大小按比例设定。

11:30　播放激昂奋进的乐曲,身着节日盛装的各民族青年学生以火堆为圆心载歌载舞、编排简捷明快的集体舞;歌手在楼梯主表演区引吭高歌……

11:40　参加活动的领导同志与群众共同起舞,约 3-5 分钟;

11:45　领导登上钟楼;静场;

青年学生宣誓(一分钟)。请市委主要领导同志在主表演区发表《新年献词》(三分钟),其他领导同志在同一地点出镜。讲话结束后,在欢呼声中,领导退场,返回候场区等待。

11:50　全场熄灯两分钟,参加活动的群众一起打亮手持电筒;燃放烟花;独唱演员演唱《走进新时代》,手电筒随乐曲节奏晃动。

11:55　领导同志在大钟前就位,大钟亭子平台摆放电视机一台,收看中央电视台"世纪庆典"实时实况。

11:59　全场静场,领导分五组依次敲钟:省上主要领导四人一组、秘书长一组;市上主要领导四人一组、副书记一组、秘书长和城关区领导一组,在钟锤两侧就位;倒计时10秒,主持人带领,全体高声计数。

0:00　撞响大钟;省市领导5组敲钟结束后,组织青年学生敲钟,登楼者限定在50人,拍摄第2000次敲钟镜头;

大约0:15,活动结束,各单位乘车返回。

四、任务分工

——市委办公厅负责省委、省人大、省政府、省政协主要领导、秘书长及市上四大家主要领导、秘书长的邀请接待;负责《新年献词》的起草;市上领导同志先在市委集中,统一乘车上山。省、市领导同志于11时40分前到达兰山钟院接待室,并及时核对领导同志名单,交给主持人在节目程序中宣布。负责人:魏周弟。

——团市委负责与西北民族学院及武警部队联系,组织200名青年学生,编排集体舞;审定"誓词"并提前演练宣誓程序和集体舞,选择好领誓者。负责与市公交公司联系,调配4-6辆大轿车,适时在民院组织学生上车,于10时30分到达钟院,由兰州电视台大型活动部负责安排学生就位,负责人:王大睿、韩德才

——市公安局负责制订安全保卫、交通管制及消防防火方案并组织实施。待整个活动结束、人员全部离开钟楼庭院后执勤人员再撤离。负责人:周史任

——城关区政府负责兰山钟院环境布置(主表演区除外)粉刷

油漆钟锤及部分牌匾、墙壁，配合市委办公厅做好领导接待工作；在钟楼场地中心笼火，并在四周房间笼火；会标按活动要求由兰山公园负责制作悬挂；负责与供电局联系做好供电保障工作；负责少儿鼓号队组织。负责人：火统元

——兰州电视台负责晚会程序和有关节目的进行，设定5至7个机位，全方位摄制现场活动电视实况；负责主表演区灯光、音响、背景的布设；晚10时一切准备就位；有线台负责新闻制作报道；《兰州日报》《兰州晚报》负责元旦刊发领导的献词。负责人：何涛、王建军、汪小平

——市委宣传部负责总体方案的制订及组织实施；负责协调各方面关系；制作请柬及各类证件并按计划分配各有关方面；负责邀请中央在兰、省、市其他各新闻单位采访报道及首长接待室水果、茶点购置等有关事宜。负责人：杨重琥、岳逢春、丁力、梁燕

——市建委、城关区负责通知全市各街道、主要建筑物所属单位，12月31日至2000年1月3日夜间开启全部造型灯，31日夜间开启至次日凌晨1时。

——各有关单位各派出1至2名联络员于晚10时到钟院就位，并向现场总指挥报告，负责及时与本单位联系。

五、指挥机构

成立"兰山钟声"活动总指挥部

总指挥：贝念畋、哈全玉、张兴照、火统元

现场总指挥：杨重琥；副总指挥：殷吉平、魏周弟、周史任、王大睿、何涛、岳逢春

现场总导演：汪小平；总撰稿：岳逢春；主持人：陈立伟、董力

六、注意事项

1. 本活动地理位置和进行时间具有特殊性，各单位活动必须严格依照本方案制订的要求和程序进行，一切行动听指挥，不得擅自行动。

2. 各单位参加活动人员注意防寒保暖措施的落实。

3. 树立安全第一意识，上山车辆必须予以提前检修，确保行车万无一失；所有活动人员注意防火安全，不准乱扔烟头，以免引起山火。

4. 参加活动人员不许擅自离开钟院在其他区域逗留，活动结束后，各单位清点人数，集体带队乘车返回。

（1999 年 12 月 27 日拟稿）

● 千禧新年篝火燃

——1999 年中国·兰州"迈向新世纪"庆典程序与电视片解说词

(1999 年 12 月 31 日–2000 年 1 月 1 日)

【夜 11:25 各部门就位,点燃篝火,开机,主持人亮相

解说词

观众朋友们,这里是中国西部,甘肃省兰州市。我们现在所处的位置,是紧靠这座美丽城市的兰山皋兰山顶。这所庭院,是被称为兰州十大景观之一的"兰山钟院"。现在的时间是公元 1999 年 12 月 31 日午夜 11 时 27 分(看表,说准确时间)中共兰州市委、兰州市人民政府在这里举行盛大的迈向新世纪西部大开发"兰山钟声"庆典活动, 参加活动的各界群众已经在钟楼和庭院就位, 再过 30 分钟,也就是 1800 秒,按照北京标准时间,拥有世界五分之一人口的中华民族,将阔步迈进公元 2000 年。

您现在看到的是兰州电视台拍摄的庆典活动实况。

11:30 庆典活动正式开始。

11:30 起音乐《爱我中华》 青年学生起舞

解说词朗诵

一

熊熊的篝火已经点燃

欢歌笑语冲上云天

人类居住的这颗蔚蓝色星球

在浩渺的宇宙间缓缓旋转

岁月沧桑沧海桑田

日月光华星移斗转

今天,按照人类文明统一划定的 24 个时区

中国,就要跨入一个新的历史纪元

此刻,我伫立这海拔 2130 米的皋兰山巅

期待着新世纪的太阳辉煌灿烂

此刻,我徜徉于这美丽的空中花园

56 朵鲜花盛开在世纪之交的地平线

二

眺望这灿若星河的万家灯火

我的心里充满了安宁与温馨

遥看这宛若巨龙的皋兰山脉

我的心激荡着对祖国母亲的一片真情

这里,是我的故乡

这里,是我的家园

许多年前,这里只有一棵树

濯濯童山期待着甘霖和雨露

半个世纪过去了

仅仅用了 50 个 365 天

这里已经是绿树成荫

这里已经是一片璀璨

你知道这座曾经是荒山秃岭的皋兰山

现在,有多少株树木

——多少？

——400 万株！

我的父辈曾在寒冬背冰上山

我也曾在这里把树苗浇灌

我的家园在劳动中改变

三

党中央发出西部大开发的号召

中国西部，掀起奔向四个现代化的狂飙

"再造一个山川秀美的大西北"

江总书记为中国西部的大发展

竖起了指路航标

航道已经开通

曙光就在眼前

兰州，扬起了世纪大发展的强劲风帆

兰州，将迎来新世纪山川秀美，经济繁荣，社会文明的辉煌灿烂

两天前，中共兰州市十届二次全委(扩大)会刚刚闭幕

全会提出了实现兰州现代化城市的总目标，这就是山川秀美，经济繁荣，社会文明

这是兰州实现西部大开发战略意图的进军号角

全市人民都在为这个宏伟目标欢欣鼓舞

让我们祝愿，兰州的明天更美好

四

11：40　省市领导同志进入舞蹈群众共同起舞

观众朋友们：

省市领导同志赶来参加这个庆典活动,他们是:(名单略)

"歌咏言,诗言志,歌之不足,手之舞之,足之蹈之。"在这世纪之交的历史时刻,每一个人的心情都难以平静……

(随机采访一两句话)

11:45　领导同志登楼,主持人同行,在主表演区亮相。

主持人主持"宣誓""献词"仪式

主持人：

青年,是世界的未来;青年,是祖国的未来;21世纪,属于朝气蓬勃的青年。现在,参加庆典活动的少先队员和团员青年将在这海拔2130米的皋兰山巅,面向21世纪,发出他们的誓言……

(鼓号队奏乐20秒;青年宣誓一分钟,誓词另拟)

现在,请省委常委、中共兰州市委书记发表《新年献词》

(新年献词,三分钟)

11:50　领导登上钟楼,主持人随领导同志登楼,全场熄灯,乐曲《走进新时代》,青年学生在原地舞动手持电筒

五

主持人：

还有10分钟,我们就要跨入2000年,还有600秒,我们就要跨入一个崭新时代。

沧海桑田,星移斗转,黄钟大吕世纪庆典。

山在欢呼,水在歌唱,江山壮丽人民豪迈。

巨龙要腾飞,兰州要发展。

"两个大局"的战略决策,鼓舞我们奋勇向前

六

11:55　领导同志在大钟平台就位，收看中央电视台庆典实况；部分群众(限定 60 人)一起收看。

主持人：

各位观众，再过几分钟，随着首都北京中华世纪坛大钟发出全中国的第一响钟声，省市领导同志和我市各族各界群众也将敲响高悬于皋兰山巅兰山钟院的这口大钟……

此刻，我伫立于中华版图几何地理中心，这里是东经 102°36′的交汇点，这是中国·兰州在地球所处的地理位置。

此刻，这口重达 6 吨的大钟在静静地等待着新世纪的第一声轰鸣。

我的 20 世纪即将结束

我的 1999 正在离去

我以依依惜别的深情

记住了 20 世纪祖国母亲的苦难与辉煌

我以我激烈跳动的赤子殷殷之心

祝福我的 21 世纪，永远充满吉祥与平安

让我们张扬起远航的风帆

重新把酒杯斟满

这琥珀色的葡萄美酒啊

盛满着我对新世纪的祝愿

伴随我奔向希望的明天

把酒临风，其喜洋洋者矣

七

三山五岳翘首企盼

五湖四海激情翻卷

神奇的中国西部

必定有一个辉煌灿烂的明天

让我们向 20 世纪挥手告别,说声再见

让我们张开双臂拥抱明天

拥抱 21 世纪的辉煌灿烂

让我们张开双臂拥抱明天

拥抱祖国社会主义事业宏伟蓝图实现的历史性峰巅

让我们相约在明天

相约在 21 世纪每一个明媚的春天

让我们相逢在明天

相逢在西部大开发的世纪前沿

八

11:59　领导同志在大钟前就位

主持人带领,倒计时 10 秒

0:00　北京中华世纪坛大钟敲响第一声后,兰山大钟敲响

主持人:

新世纪的钟声已经敲响了!

钟声已经敲响,宏声震动山岗。

朝阳正在升起,曙光照耀四方。

在西部大开发的大进军中

兰州,有着不可替代的许多优势

兰州,有地理区位的优势

兰州,有交通枢纽的优势

兰州,有区域资源富集的优势

兰州,有基础设施的优势

兰州,有加工制造业的优势

兰州,有商品集散中心的优势

兰州,有对外开放的优势

兰州,有科技创新的优势

在21世纪,兰州将成为西部资源加工中心、商贸中心、科技创新中心

在历史上,兰州曾经有过"天下富庶者无如陇右"的记载,在新世纪,兰州必将为中国、为世界、为人类做出巨大贡献。

九

约0:10(组织青年撞钟)

主持人:

钟声绵延万里

阵阵钟声不断

这钟声,寄托着我们的企盼

这钟声,充满了我们的祝愿

千百次地撞响她

千百年我们只有一个企盼

千百次地撞响他

千百年我们只有一个祝愿

企盼世界的和平与发展

祝愿祖国的繁荣与强健

（青年们数"第 2000 次"）

主持人结束语：

观众朋友们，兰山钟声庆典活动到此结束，让我们紧密团结在以江泽民同志为核心的党中央周围，高举邓小平理论伟大旗帜，为实现新世纪社会主义事业的宏伟目标共同奋斗，奋勇向前！再见！

（本篇由兰州电视台现场直播）

岳逢春

高贵典雅庄重的诗意抒情　　激情澎湃神采飞扬的时代精神

盛典礼赞②

——兰州大型文化活动创意策划文案汇编

SHENGDIANLIZAN

LANZHOUDAXINGWENHUAHUODONG

CHUANGYICEHUAWENANHUIBIAN

岳逢春 著

敦煌文艺出版社

目 录

盛典礼赞

● 西部之春春色妍

——2000 年中国·兰州太平鼓进城表演活动组织实施方案

(1 月 21 日·东方红广场)

活动主题

我们以昂扬的姿态阔步迈入 2000 年。在今年春节期间,以传统"社火"形式为载体,擂响西部大开发的战鼓,加大实施西部大开发战略的宣传力度, 表达 280 万兰州儿女开发西部的决心, 宣传"两个大局"战略决策伟大而深远的历史意义,激发全市人民群众的斗志,营造西部大开发的浓郁社会氛围,吹响西部大开发启动年的嘹亮号角,丰富群众节日文化生活,营造欢乐、喜庆、祥和的节日气氛。

《西部之春》中国·兰州太平鼓进城表演活动以市委、市政府名义举办,市委宣传部牵头组织实施,各有关方面依照本方案要求,分工协作,认真抓好落实。

活动时间:2 月 12 日(正月初八,星期六)上午

活动范围:南滨河路(白云观至中山桥),中山路北段,张掖路,静宁路,庆阳路(静宁路南口十字至东方红广场),东方红广场(西口至东口主席台前道路及广场区域),东岗西路(平凉路十字至盘旋路口),天水路北段(盘旋路十字至雁滩桥)

活动规模:表演队伍 4000 人左右

活动内容

——邀请省、市四大班子领导和部分老同志于上午 11 时 40 分到达东方红广场,12 时在主席台观看表演。

——三县五区各组织一支以太平鼓为主的 500 人"社火"表演队伍,沿"活动范围"确定的路线做行进式表演。

——在广场组织学生 4000 人营造节日气氛;在表演队伍所经沿路,市民有秩序地观看。

——在东方红广场对各表演队伍进行评奖。

——电视直播广场表演实况,在表演队伍经过东方红广场时,采用主持人现场解说形式,宣传活动主题,评说表演状态,激发群众热情。

——组织《西部之春》摄影大赛。

活动程序

表演队伍行进时刻和经过路线:

上午 9 时 40 分,各表演队伍在南滨河路白云观以西道路集结,由演出组负责编排行进顺序。依次为:先导指挥车、新闻采访车,永登县、榆中县、皋兰县、红古区、七里河区、西固区、安宁区、城关区(各县区队伍内部次序由县区编排)

10 时 10 分,先导指挥车出发,向东开进,表演队伍依次跟进,经中山桥十字右转进入中山路北段,在亚欧商厦左转进入张掖路,经中央广场、静宁路十字右转进静宁路,在静宁路南口十字左转进入庆阳路。

11 时 50 分,先导指挥车(市公安局负责调配警车)到达东方红广场西口电信局十字；

12时，先导指挥车引导表演队伍进入广场。各县区表演队伍不间断依次通过广场；

12时30分，先导车到达盘旋路十字，左转进入天水路；

12时50分左右，先导车到达雁滩桥头；

下午1时，表演队伍全部经过广场；

下午1时20分左右，最后一支表演队伍到达雁滩桥头，行进表演结束。

先导指挥车应较为准确地掌握行驶速度，于中午12时准时进入广场。

广场活动程序：上午9时30分，指挥部各组工作人员就位。安全保卫组开始清场，疏导未经组织的群众退出广场。(控制范围为：南至皋兰路统办楼新开路，东至平凉路十字，西至电信局十字，北至主席台)。领导接待组布置领导席；播音组调试音响；电视摄制组调试设备。

10时30分，清场完毕。实施交通管制和广场封闭控制措施，禁止闲散人员进入广场；

11时，学生开始集体带队入场；11时30分，集体入场就位完毕；

11时35分，军乐队奏乐；

11时40分，参加活动的领导同志到市广播局大院集中。车辆进广播局西门，停放大院内，领导同志在首长接待室稍事休息；11时45分，武警腰鼓队在广场表演区表演；

11时50分，领导同志在主席台就座；

11时55分，少先队员吹响号角(在主席台东西两侧各站立15

人)武警腰鼓队停止表演;军乐队奏乐;

12时,先导车进入广场,表演队伍依次跟进表演;

下午1时,广场表演结束。拉运表演队伍车辆待表演队伍全部下车后,由南滨河路到达雁滩桥北区域等候各自队伍,各队到达结束点后,依次乘车返回。

任务分工

(一)成立"西部之春"总指挥部

总指挥由左灿湘、贝念畋、马琦明同志担任。下设办公室(办公地点设在市委宣传部文教处),杨重琥任主任兼现场总指挥。殷吉平、胡康生、魏周弟、张昭平、栾行健、周史任、岳逢春、王国礼、何涛、汪小平任副主任兼副总指挥。办公室工作人员从各部门抽调。

办公室内部下设:

策划协调组:负责活动总体方案的制订、组织实施和评奖工作;各类证件制作分发以及与各方面的协调联络。由岳逢春同志负责。

表演组:负责社火队的选拔、编队和表演工作。由张昭平同志负责。

礼仪表演播音组:负责主席台音响、解说员、解说词、礼仪性表演队伍的组织及颁奖工作。由汪小平同志负责。

安全保卫交通管理组:负责广场和主席台安全保卫及表演队伍所经沿路秩序维护及交通管理工作,并于2月10日、11日在新闻媒体发布《通告》。由周史任同志负责。

电视摄制组:负责电视现场直播,在兰州电视台播出,制作电视片送省电视台播出,争取在中央电视台播出。由何涛同志负责。

总撰稿:岳逢春 电视总导演:汪小平 主持人:陈立伟 董力

摄影大赛组织组:由市文联摄影家协会组织,以市委宣传部、市文联、市摄影家协会、兰州日报、晚报名义,组织摄影爱好者对《西部之春》活动进行抓拍,采用摄影大赛组织形式,征集稿件,评出若干奖项,于2月19日在广场主席台前展出。具体工作由安继越同志负责。

新闻报道组:邀请中央在兰和省市各新闻单位对《西部之春》进行采访报道,组织稿件,争取中央新闻单位予以报道。由宣传部新闻处负责。

领导邀请接待组:市委办公厅负责邀请省、市领导同志观看表演;市政府办公厅负责主席台领导席桌椅布设。市建委负责会标布设,广播电视局配合。由殷吉平、胡康生同志负责。

(二)表演队伍的组织

1. 由各县区委和人民政府负责,各组织一支500人的"社火"队参加比赛(每支社火队应有二支太平鼓队,每支鼓队不超过100人),配合其他传统社火形式,舞龙、舞狮、铁芯子等(名单于2月1日报指挥部策划协调组和表演组各一份)

2. 特邀民百乐团、铁一中管乐队、五里铺村农民乐队、武警腰鼓队、一只船小学鼓号队号手(30人)在广场表演。礼仪表演队伍于上午10时40分在主席台前集中,在"4000人队伍"到达广场前做礼仪性表演,由兰州电视台大型活动部负责引导各队就位。

3. 各县区在组织队伍时要采用门旗、绶带、标语口号等形式突出西部大开发的宣传效果。并准备介绍本县区情况的文字材料,交策划协调组编入现场解说词。表演队伍要反映各县区良好精神风貌,推出精品节目,服装、道具力求整洁,色彩鲜亮,突出改革开放以来,兰州城乡发生的巨大变化,展示兰州人民热爱兰州,建设兰州的强烈愿望。

(三)观看群众的组织

1. 表演队伍所经沿线,安全保卫组要维持好市民观看秩序。

2. 由市教委负责组织中学生4000人,集体整队入场,在广场马路南侧观看。学生队伍由兰州电视台大型活动部负责安排就位。考虑到电视直播效果,配发国旗、花束、气球等道具交学生手持挥舞,并制作标语横幅10条,在学生队伍前排作为标志线布设。

(四)评奖组织

这次《西部之春》共设金银铜奖各三个;优秀表演奖若干个;组织工作奖若干个。由有关方面领导同志和省市专家组成评委会,在广场主席台现场确定获奖名单,表演结束后当场颁奖。各县区负责人在表演队伍通过主席台后,到主席台准备领奖。

欢迎社会各界和企事业单位赞助此项活动,赞助额达到奖励金额者,可以赞助者名称命名奖杯。赞助事宜由兰州电视台大型活动部联系;活动所需经费请市财政核拨总指挥部办公室(市委宣传部)。

注意事项

1. 本次活动规模大,表演人员多,表演线路长,沿线观看市民预计将达10万人以上。各单位必须高度重视,严密组织,严格按本方案要求和程序进行,一切行动听指挥,不得擅自行动。

2. 安全保卫组要制订严密的安全保卫和交通管理方案,调动足够警力,实施有效控制,防止出现群众大量拥入广场的情况,进入广场人员除学生及表演队伍集体带队入场外，其他人员一律凭请柬、工作证和车辆通行证入场。市建委负责调集人力与广场管理办公室配合搞好管理工作，重点保护好广场草坪。

3. 各县区进城车辆必须提前检修，确保行车万无一失。进城时，由各县区公安局(分局)派警车开道，保证按时到达集结地点并安全返回。

4. 城关区人民政府负责做好辖区市民的组织工作，组织沿途企事业单位准备茶水糖果等慰问品，以适当方式对农民兄弟表示欢迎，促进城乡密切关系，体现党和政府的关心。引导市民就地就近观看表演。市教委要做好学生的动员组织工作，教育学生遵守活动纪律，爱护广场各项设施和花草树木。

5. 进城表演队伍要严格遵守市区禁止燃放烟花爆竹的规定。表演结束后即乘车返回，不接受市区各单位自行发出表演活动邀请。在返回各县区的公路上也不准下车表演堵塞交通，不许拦路"拜年"。

6. 各县区、各部门于 2 月 1 日下午 2:30 参加指挥部协调会，落实有关细节，领取各种证件(地点:市委宣传部会议室)。

(2000 年 1 月 18 日拟稿)

盛典礼赞

● 绿色春潮涌巨澜

——2000 年大型电视航拍创意策划及组织工作方案

(3月·创意文本)

西部大开发的战略决策涌动起再造秀美山川的绿色春潮,用四年时间绿化兰州 48 万亩荒山,改善生态环境的"破题之笔"韵起墨落,激动人心。"全省绿化看兰州,兰州绿化看两山",机遇千载难逢,"春潮"仍须鼓动。为此,十分有必要在近期(5 月中上旬)组织一次大规模的两山绿化活动和植树造林宣传战役。

本次活动和宣传战役命名为《绿色春潮》

一、《春潮》的立意

以西部大开发、兰州大发展为主旋律,以歌颂和赞美绿色家园为切入点,以再造秀美山川为奋斗目标,组织 50 万人在近郊四区和南北两山 534 平方公里以及 80 万亩绿化范围内于同一时间铺开植树造林的恢宏战场, 营造千军万马战两山的宏伟场面, 展示280 万兰州儿女在四年内绿化 48 万亩荒山的雄心壮志。运用电视航拍和现场实况录制的手段, 全方位立体化记录这一宏伟壮观的历史画面,制作融新闻性、艺术性、纪实性为一体的大型电视艺术片《绿色春潮》,在省市媒体和中央电视台播出,以展示兰州形象,呼应中央决策,形成强烈的社会震撼力,引起国内外对兰州两山绿化的极大关注,实现把兰州"推出去,推上去"的宣传战略意图。

《春潮》活动必将在全体市民中留下深刻印象;《春潮》电视片必将造成强烈的情感冲击力, 电视片所记录的现场实况必将为所有观看它的人们叹为观止，而电视片本身也因它跳动着时代脉搏并具有强烈的视觉冲击力和高品位的情感冲击力而成为一部精品，从而使人们认识到：4 年—48 万亩，并非神话。

二、《春潮》的创意阐释

西部的 5 月，群山莽莽，新绿吐翠；尽管西部的春天常常姗姗来迟，然而，春天毕竟来了。满山姹紫嫣红的春草芽儿正在舒展身姿，泛出茸茸新绿；在 48 万亩荒山绿化范围内，50 万劳动的人们如春潮涌动。彩旗招展，人头攒动，歌声嘹亮。阵容庞大的交响乐团在兰山三台阁演奏主题曲《绿色春潮》，旋律深情而高昂，优美而雄壮，声传百里，绵延不绝……

航拍的直升飞机腾空而起，俯瞰这亘古未有的壮观场面；随机升空的省市主要领导接受记者采访，发表激动人心的演讲；

飞机飞过八宝川，植树造林的人们挥汗如雨，飞机巨大的轰鸣声引起人们的关注，地上的人群组成巨幅文字标语，也许是"西部大开发"几个大字；

飞过十里桃乡，男高音独唱演员放声高歌一曲，可与《在那桃花盛开的地方》媲美。应该说明的是，他完全是一副劳动者中一员的扮相，他的身后，是成千上万的劳动者；

飞过白塔山(北山)，武警艺术团扭起了欢乐的秧歌，为劳动者鼓劲加油；

飞过九州台，一队架子车装满树苗，在崎岖的山路上攀行，高亢的《劳动号子》声遏行云；

飞过徐家山，"兰州鼓子"诉说着往日的故事和今天的期盼，词曲深情悠扬；

飞过大青山,"太平鼓韵"激起满天彩霞,高亢激昂的京剧花脸、老生、花旦引吭高歌,《西部旋律》以戏歌的旋律表达时代的节奏,将成为又一曲《故乡在北京》;

飞过龙尾山,500名少先队员手持画板,在描绘着两山的远景,数百幅充满稚气与幻想的儿童画画面踊跃闪进,童声合唱《西部的明天》,充满对未来的渴望;

飞过皋兰山巅,飞跃黄河,气宇轩昂的老艺术家和文静秀丽的女青年面对这座城市朗诵长诗《兰山放歌》;

在劳动者中,有社会各界人士面对摄像机吐露他们的心声,依次闪过,快节奏的剪辑使人们强烈地感受到"西部节奏";

兰山三台阁,交响乐团演奏《奔向明天》

在某一个劳动场地,也许是10000人放声合唱主题歌《绿色春潮》;两山的绿化树已然成林,郁郁葱葱的林海绵延百里……

《春潮》以航拍线为贯穿动作,以兰山三台阁实景拍摄的文艺节目为穿插镜头,融艺术表演、新闻采访、劳动现场实况为一体,如一根红线串起晶莹的珍珠,各点的节目均围绕西部开发两山绿化的主题进行创作,由省市艺术家和演员出演。

航拍线路和各绿化点的布设以及导演台本待本策划书意图得到上级确认后,另行制订实施方案。

三、《春潮》战术动作分解

5月某日,上述各文艺节目全部集中在兰山三台阁摄制资料镜头。

5月某日,50万人上山植树造林,有关文艺团体和上述文艺节目分散在各个绿化点表演;电视台航拍。录制完成后剪辑制作电视片《绿色春潮》

四、任务分工

"绿色春潮"活动以市委、市政府名义举行,市委宣传部、两山绿化指挥部组织实施,兰州电视台负责文艺演出的创作、排演和电视片摄制。市文化局、市群众艺术馆等部门及单位协同配合电视台做好劳动现场文艺演出的组织工作。

总策划:贝念畋　张兴照　杨重琥

策划:岳逢春　何　涛

总撰稿:岳逢春

总导演:汪小平

5月某日,上述各文艺节目全部集中在兰山三台阁摄制资料镜头。

5月某日,数十万人上山植树造林,有关文艺团体和上述文艺节目分散在各绿化点表演;电视台航拍;演出地点分为10个点:中川公路某地、大沙沟市政府绿化基地、九州台兰州树木园、白塔山、徐家山、仁寿山、西固南山石头坪、七里河南山、沈家岭、大青山、三台阁。各个演出点由兰州电视台统一规划,由市文化局负责协调市县区专业和业余文艺团体在各个演出点演出一小时,于上午9时至12时递进式轮番开演。

节目录制完成后剪辑制作电视片《绿色春潮》

50万劳动群众由两山指挥部组织,并规划劳动区域。

现场节目由兰州电视台大型活动部组织创作、排演并摄制。

总体协调工作由市委宣传部负责。

航拍直升机(2架)请兰空协助调派。

登机视察的省市领导请市委办公厅或两山指挥部负责邀请。

本次活动所需经费请市财政预算拨款。

(2000年3月2日拟稿)

● 兰山放歌绿化颂

——2000年大型影视航拍活动电视专题片文学脚本

序

浩渺的宇宙空间,星光灿烂

太空中缓缓旋转的蔚蓝色地球

亚洲版图、中国、甘肃、兰州、皋兰山巅

叠映《南北两山造林绿化工程总体规划图》

兰山三台阁

阵容庞大的交响乐团严阵以待

乐队指挥举起指挥棒

主题曲《绿色春潮》旋律深情高昂,音色优美雄壮

推出字幕:绿色春潮

一

蓝天白云群山莽莽

高原峻岭黄河滔滔

上午9时中川机场停机坪

直升机旋转的机翼

第一摄制组主持人亮相

主持词:(大意,后同)

今天是,公元2000年某月某日。我们现在所处的位置是距兰州市区90公里的中川机场,机场位于市区西北方向,今天,省城兰州社会各界和数十万军民在南北两山展开声势浩大的"开发西部,

植树造林"宣传活动。现在,是上午9时,省市党政军主要领导同志将搭乘这架直升飞机,在空中视察南北两山荒山绿化范围。按照两山绿化指挥部的规划,在今后4年中,南北两山将完成48万亩荒山绿化工程。工程总投资十六亿八千五百万元。仅今年,就要栽种各种苗木2400万株。

现在,省市领导同志开始登上飞机,他们是:(名单略)

兰州电视台派出8个摄制组在地面拍摄今天的活动现场实况。我们这里是第一摄制组,将跟随领导同志登机,从空中拍摄会战的场面。观众朋友们,一会儿再见。

领导同志依次登机。

飞机升空,沿中川高速公路向南飞行。

音乐起。

二

9:10 兰山三台阁

交响乐团为背景

在音乐声中,第二摄制组主持人亮相

主持词:

辽阔的中国西部

涌动起再造秀美山川的绿色春潮

广袤的陇原大地

向世界敞开了期待大开发的怀抱

沉睡的南北两山已经苏醒

憧憬着绿色家园的美妙梦境

48万亩荒山渴望着绿色

280万兰州儿女韵起墨落的破题之笔

正在书写五千年历史辉煌的一页

此刻,我伫立在这海拔 2130 米的兰山之巅

改善西部生态环境的信念在我心中升腾

此刻,我遥望这曾经只有一棵树的绵绵林海

400 万株苗木已经长成一片绿荫

春潮涌动,春光无限

让我们走进这绿色的春天

三

9:20

飞机飞临中川公路永登县境哈家咀绿化区域,公路两侧数万人在植树造林,彩旗招展。

第三摄制组女声独唱演员出镜,在劳动人群中放歌《刮地风》(民歌,重新填词五段)

大意:

正月里来是新春,青草芽儿往上升,党中央决策暖人心

二月里来龙抬头,南北两山水长流,南北山你就要水长流

三月里来涌春潮,万马千军上了山,兰州人你就忙着植树

四月里来山川秀,种下杨柳又植草,绿色家园我们就绣

五月里来舞春潮……

四

9:30

飞临大沙沟市政府绿化基地一线,从图标"22 区至 66 区"布满劳动人群

第四摄制组主持人亮相

这里是位于市区北面的大沙沟生态防护林和经济林工程区域。到 2003 年,这里的 6 万亩荒山将全部披上绿装。今天,省市党政军机关有数万人在这里参加植树造林劳动,宏伟壮观的场面的确激动人心。现在,我们请两山绿化指挥部总指挥、市政府张兴照秘书长介绍两山绿化有关情况。

……

山坡上传来"花儿"悠扬高亢的歌声

男女歌手"花儿"对唱

大意:

上去个高山望平川,平川上有一朵牡丹

牡丹花开着山绿了,山绿了着我的家园变了

尕妹子上山着山笑了,尕哥哥下山着水上了山

沙沟里沙果子红艳艳,比不上尕妹子的红脸蛋

……

五

9:50

飞临徐家山,绿树成林,郁郁葱葱

徐家山绿化纪念碑前

第五摄制组主持人亮相

主持词:

前人种树,后人乘凉,为了改变那荒山秃岭恶劣的自然环境,兰州人祖祖辈辈都在这荒山上奋战,许许多多的造林先锋为兰州的绿化默默奉献了毕生的精力。在这里,长眠着一位代表人物,他在生前为绿化这座大山奋斗了一生,嘱咐后任将他的骨灰撒在这座山里,他要看着兰州的山变成绿色的家园。

女声独唱《思念》

歌词追忆往昔的情景,怀念为绿化奉献的前辈,憧憬未来的远景

六

10:20

九州台国家森林公园,兰州树木园,数百名少年儿童手持画板,描绘未来远景

第六摄制组主持人亮相。采访绘画的儿童

童声合唱《小松树,快长大》

朱镕基总理植树照片和他在兰州树木园亲手种下的那棵松树。

武警文工团演出节目,腰鼓,军乐。

七

10:40

安宁仁寿山

男高音独唱《在那桃花盛开的地方》

京剧联唱《西部旋律》

秦腔《桃林赞歌》

第一摄制组在飞机上采访领导同志

我们已经飞行了一小时四十分钟。下面,是我们这座美丽的城市,远处,荒山正在变成绿荫,而我们脚下,已经是树木成林,这是兰州人民几十年努力的成果。您作为首长,此时您的心情和感受是怎样的呢?

八

10：50

西固南山

太平鼓震天动地,劳动的人们挥汗如雨

九

11：00 七里河,秧歌队欢乐的舞蹈

十

11：20

皋兰山巅,三台阁

第二摄制组主持人

关于一棵树的故事

许多年以前,这座山上只有一棵树,现在,400万株苗木已经将这座山岭覆盖成一片绿荫,当年那棵树的踪迹已经很难寻找,我们在一位老人的指点下,找到了当年那棵树所处的位置,现在,我就在这个位置上,我想,我们应该在这里立一块石碑,记叙我们的前辈背冰上山,植树造林的业绩,记叙那艰苦的岁月,以激励我们今天绿化造林的信念和决心。

长篇诗朗诵《兰山放歌》……

叠映航拍镜头

交响乐以及歌曲联唱《奔向未来》

【结束】

(2000年4月兰州电视台摄制并播出)

● 黄河明珠世纪恋

——2000年兰州市各界群众喜迎21世纪大型庆典活动·祭文

（12月28日·黄河母亲城雕广场）

世纪之交千年更替向黄河母亲致敬

伏维：

公元2000年12月31日夜，中共兰州市委、兰州市人民政府举行"世纪庆典"。

届时：大河上下，万人云集；草圣阁前，彩弹腾空；金城关下，礼花绽放；伏羲之火，熊熊燃烧；百年中国，创造辉煌；大河灿烂，流光溢彩；锣鼓喧天，载歌载舞；黄河明珠，夺目璀璨；世纪曙光，辉映金城；万众一心，奔向未来。

庆典，规模宏大，场面壮观，内涵丰富、立意高远，乃世纪之交之盛典也。

市委市政府，委吾辈策划筹办此世纪盛典，不胜荣幸之至。

谨备清茶一盏，心香九瓣，献于母亲河膝下；

祈：黄河母亲、九州圣山，佑：黄河儿女，欢庆抒怀，吉日良辰，百无禁忌，万事皆宜，庆典顺利进行。

今夜，乃预演也，特告。

歌曰：你晓得天下黄河几十几道湾

　　　我晓得天下黄河九十九道湾

公元2000年12月28日夜，庆典策划统筹岳逢春撰文并颂

　　　——向黄河母亲敬献花篮。

● 大河灿烂百年颂

——2000 年兰州市各界群众喜迎 21 世纪大型庆典方案

（12 月 31 日·兰州碑林·黄河两岸）

前　言

　　20 世纪即将过去，新的世纪即将到来。20 世纪的一百年，中华民族创造了无以伦比的世纪辉煌。新中国成立 51 年和改革开放 22 年来的伟大历史成就，鼓舞中华民族满怀豪情地迎接 21 世纪第一个春天的来临。在这世纪之交的重要历史时刻，中共十五届五中全会精神指引全国各族人民为实现新世纪的战略目标而奋勇向前；西部大开发战略的实施，将在新世纪进入关键的发展阶段。全市人民欢欣鼓舞，对新世纪充满热切的希望和企盼；世纪之交前夜，中共兰州市委、兰州市人民政府举行"让黄河明珠更美好——兰州市各族各界群众喜迎 21 世纪大型庆典活动"营造喜庆、热烈、欢乐、祥和的节日气氛，抒发人民群众对党、对祖国、对社会主义的热爱之情，表达广大群众迎接新世纪的喜悦心情，唱响祖国颂、社会主义颂、改革开放颂的主旋律，以鼓舞斗志、激发热情、增强凝聚力，促进社会安定团结，激励全市人民同心同德、艰苦创业，以更加优异的成绩和崭新的精神风貌跨入 21 世纪，为全面实现"十五计划"而努力奋斗。

第一板块　大河灿烂

活动举行时间：公元 2000 年 12 月 31 日 23：00 至 2001 年元旦 00：20

地点：白塔山兰州金城碑林大院

程序：

22：55　领导同志入场完毕。

23：00　全体起立，三颗红色信号弹腾空而起，全场齐唱《中华人民共和国国歌》

23：03　主持人开场词

舞蹈《千禧秧歌》　甘肃运通艺术团

23：07　交响乐《绿色希望》　兰州第五中学乐队

【注：此作品系大型电视艺术片《绿色春潮》专创音乐。作品以兰州民歌《刮地风》旋律为基础加工创作而成，极具陇原音乐韵律，表现兰州各族儿女励精图治、再造秀美山川的豪迈心情。

23：15　歌曲《高原的太阳》敦煌歌舞剧院

【注：歌曲表现在党的阳光照耀下，兰州各族人民艰苦奋斗，高原古城发生了翻天覆地的变化。

23：15　请领导同志和各界嘉宾登草圣阁观看高空焰火

23：20　歌舞《黄河的春天》　甘肃武警文工团

【注：此作品将裕固族、回族、藏族、蒙古族的歌曲和舞蹈完美地展现在世纪庆典的舞台上，抒发兰州各族儿女满怀信心跨入 21 世纪的喜悦心情。

23：31　太平鼓表演《太平盛世》　甘肃电力技校

23：40　请领导同志和各界嘉宾返回演出现场观看文艺节目。

23:45　歌曲《红贝雷》　甘肃武警文工团

23:50　兰州市委书记发表 2001 年《元旦献词》省市党政领导同志和驻兰部队首长在表演区排列站立,出镜亮相。

23:55　百名青少年持火炬按指定位置肃立;太平鼓队员舞台就位肃立。

23:59　首长接火种,在主火炬旁站立。

00:00　首长点燃大型火炬,天空礼花绽放,地面万众欢腾,太平鼓播响,晚会进入高潮。

00:05　歌曲《高歌一曲唱兰州》　海政歌舞团

【注:歌曲旋律优美、音调高亢,富有西北音乐特色,讴歌兰州面貌日新月异,以大都市的气派耸立在黄土高原。

00:11　《百人飞天舞》　兰州市艺术学校

【注:舞蹈编排新颖,场面宏大,象征兰州市民向往绿色,播种绿色的心境。

00:18　歌舞《中国西部》　甘肃武警文工团

【注:此节目由《黄河船夫曲》《敦煌飞天舞》《陕北腰鼓舞》三大板块构成。表现了大西北人民载歌载舞,迎接西部大开发的到来。

00:20　全体齐唱《没有共产党就没有新中国》

尾声歌曲《灿烂明天》　兰州电视台

【注:身着汉、回、撒拉、蒙古族服装的四位歌手纵情歌唱,歌唱兰州取得的巨大成就;歌唱各族儿女的美好生活;歌唱兰州的灿烂明天!

00:30　主持人结束语,电视直播结束。

组织工作说明:

22:55　出席活动的领导同志和各界群众代表在会场就位。其中：领导同志和贵宾于22:40到达碑林管理处办公楼小院休息室稍事准备，于22:50由碑林东侧门进入大院。各界群众和部队战士于22:30陆续从碑林东侧门入场。

省上党政军首长乘车请由城关黄河大桥经草场街十字到庙滩子上罗九公路前往碑林主会场，车辆停放在碑林大院停车场；市上领导同志和委托市委组织部、统战部、市总工会负责邀请的各界人士于晚10时在市委大院统一乘车上山。

第二板块　伏羲之火

主要内容为火炬传递

程序为：

22:00　百名优秀青年组成火炬传递队伍，在《黄河母亲》城市雕塑广场列阵，采用"钻木取火"形式取得火种，点燃火炬。"钻木取火"的表演性程序由市秦剧团《龙源》剧组负责选取《龙源》"伏羲钻木取火"一场戏的有关情节，在现场表演后将火炬交给火炬手。

22:20　火炬传递长跑发令出发，长跑队伍经中山桥到北滨河路至庙滩子上车，从罗九公路将火炬传递到主会场，于23:30准时到达，在《万里金汤》照壁北侧等候上场时刻，23:50出现在表演区，将火炬交给首长后在表演区肃立。

本板块象征中华民族生生不息薪火相传。

第三板块　黄河之光

主要内容为施放高空焰火

23:20　施放第一波焰火至23:50

00:00　施放第二波焰火至00:20结束。

本版块象征新世纪辉煌灿烂。

施放地点：

北滨河路金城关小游园区域；

北滨河路第二人民医院门前道路区域；

本次焰火施放由陕西蒲城兴镇花炮工业公司实施。

第四板块　百年中国

活动整体框架及形象阐释：

《百年中国》是庆典活动的主要组成部分之一；

活动参加者为省市区级百家文明单位以及驻兰部队约2万人；

活动地点为滨河路风情线小西湖丁字路口至"白塔远眺"游园黄河南岸一线；

21世纪第一个元旦来临前夜，黄河明珠兰州滨河路万人云集，黄河北岸焰火腾空而起，黄河河面流光溢彩，辉煌灿烂。聚集在黄河岸边的各族人民群众载歌载舞，以各种艺术形式回顾20世纪一百年来中国历史上的杰出人物和重要历史事件。人们敲锣打鼓，欢呼雀跃，引吭高歌，抒发对21世纪美好明天的期盼和希望之情，迎接新世纪的来临。

第一部分　岁月峥嵘

本部分着重表现在中国共产党领导下，中国人民推翻"三座大山"，建立新中国的光辉历程。

参加活动单位：七里河区30家文明单位

参加人数：6000人

活动区域:《黄河母亲》城市雕塑至白云观丁字路路口

第一乐章　五四风云　开天辟地

地点:《黄河母亲》城雕广场

本乐章围绕五四运动和中国共产党成立前后的历史阶段展开活动,回顾辛亥革命推翻封建统治的历史功绩;回顾五四运动的伟大历史意义;歌颂马克思主义与中国革命实际相结合诞生中国共产党的伟大历史意义和第一次第二次国内革命战争时期的艰苦卓绝。

主题节目提示:

歌伴舞《戴镣长街行》

演讲《世纪回眸》

歌伴舞《工农兵联合起来向前进》

合唱《毕业歌》

合唱《长征组歌》选曲

器乐曲《工农暴动歌》(霹雳一声震天地)

诗朗诵《祁连山的回声》(西路军题材)

舞蹈《艰难岁月》

合唱《春天的故事》

合唱《走进新时代》

第二乐章　万水千山　抗日烽火

地点:《绿色希望》城雕广场

本章着重表现红军长征的伟大壮举和抗日战争的艰苦卓绝

主题节目提示:

合唱《长征组歌》选曲

歌伴舞《红军不怕远征难》

器乐唢呐曲《高楼万丈平地起》

歌伴舞《大刀进行曲》

合唱《保卫黄河》

演讲

诗朗诵

合唱《春天的故事》《走进新时代》

第三乐章　迎接曙光　旭日东升

活动地点：兰州水车园

本章着重表现解放战争和新中国的历史性巨变

主题节目提示：

合唱《祖国颂》

合唱《毛泽东·七律·人民解放军占领南京》

秧歌《翻身的日子》

歌伴舞《赞歌》

舞蹈《东方红》

太平鼓表演

军乐队表演

合唱《春天的故事》《走进新时代》

第二部分　火红年代

本部分着重表现新中国成立后，中共十一届三中全会召开前社会主义建设的伟大历史成就。

活动单位：西固区 15 家文明单位

参加人数：3000 人

活动区域：白塔远眺游园区

第四乐章　共和国长子

地点：园区假山石亭小广场

本章以兰炼为主，着重表现兰炼人风采

主题节目提示：

歌曲《我为祖国献石油》

手风琴协奏《唱支山歌给党听》

合唱《兰炼人之歌》

大秧歌《退休职工风采》

管弦乐

第五乐章　我的祖国

地点：园区《太极老人》雕塑小广场

本章以西固区文化馆为主组织表演活动；着重表现对祖国母亲的挚爱深情。

主题节目提示：

太平鼓韵

舞蹈《我的祖国》

合唱《学习雷锋好榜样》

舞蹈《水之韵》

独唱《赞歌》

中国功夫《百人太极剑舞》

合唱《没有共产党就没有新中国》等

第六乐章　博　　浪

本章着重表现兰州人风采

地点:《搏浪》城雕周围小广场

主题节目提示:

花儿《上去高山望平川》

大秧歌

狮舞神州

管弦乐

太平鼓

欢庆锣鼓

合唱

第三部分　春天的故事

活动单位:安宁区 15 家文明单位

人数:3000 人

活动区域:永昌路北口至"桃花岛渔港"

本部分着重展示十一届三中全会以来改革开放 22 年的伟大
历史成就,表现有中国特色的社会主义建设的丰硕成果。

第七乐章　希望的田野

地点:通渭路码头小广场

本章表现《春天的故事》的主题

主题节目提示:

歌曲《我的中国心》

舞蹈《在那桃花盛开的地方》

舞蹈《年轻的朋友来相会》

太平鼓韵

器乐演奏

现代舞《好日子》

舞蹈《公元一九九七》

合唱《长城长》《父老乡亲》《春天的故事》《走进新时代》

歌伴舞《在希望的田野上》

第四部分 我们的队伍向太阳

活动人数 1080 人

活动区域：中山桥南的东西两侧游览道，部队士兵从云峰酒店起依次排列东到水文站小广场，与安宁区队伍相接。

第八乐章 人民军队心向党

部队的主题节目参加桥头广场城关区会场表演活动，士兵在河边高唱部队歌曲。本章着重表现人民军队的威武雄壮、体现军民共迎新世纪的鱼水深情。

士兵歌曲请部队选定；

主题节目由城关区文化馆编入演出程序。

第五部分 让黄河明珠兰州更美好

活动单位：城关区 40 家文明单位

人数：10000 人

活动区域：中山桥南十字广场至西关十字以及桥东西两侧马路

本部分着重表现在中共十五届五中全会精神指引下，人民群众满怀希望迈向新世纪的精神风貌。

第九乐章　世纪曙光

地点：中山桥南十字广场

请市文化局协调电影公司，在中山路"严管街"标识下架设露天电影放映设备，在道路花坛上空架设银幕，放映主旋律电影一部，作为活动背景天幕，营造气氛。

由城关区文化馆组织十字广场表演活动，面向黄河表演各种文艺性节目；本章可全面回顾百年中国历史，展望新世纪的辉煌，形成"百年中国"活动主体性场面。

主题节目提示：

合唱《红军不怕远征难》

歌舞《黄河大合唱》

合唱《咱们工人有力量》

独唱《山丹丹开花红艳艳》

合唱《人民解放军占领南京》

舞蹈《英雄赞歌》

太平鼓韵

军乐表演

部队节目

《歌唱祖国》

《春天故事》

《走进新时代》

《安塞腰鼓》等

【结束

说明：

除以上主题节目外，其他节目要求内容丰富、形式多样，可充分采用演讲、朗诵、歌咏、舞蹈、戏曲、曲艺、舞龙、舞狮等形式，营造欢乐、喜庆、祥和、热烈的氛围。

所有参加活动人员于23:00以碑林主会场发射的3颗红色信号弹为标志，齐唱《中华人民共和国国歌》；在第一波焰火结束时(23:50)同唱《春天故事》；第二波焰火腾空时(00:00)同唱《走进新时代》；在00:20活动结束时，以三颗绿色信号弹为信号，齐唱《没有共产党就没有新中国》。

四个区文艺节目的编排，由市群艺馆和各区文化馆组织实施；参加活动的文明单位，由市、区两级文明办组织协调；为保证活动效果，每个参加活动的单位不少于200人。亦可吸收各种群众文化活动团体参加庆典活动。

参加活动单位于22:50就位，可考虑在滨河路马路上举行一些活动。除电视新闻采访和少量指挥车凭通行证在活动区域通行外，其他车辆一律不准进入南滨河路，均由西津路、临夏路、张掖路通行至各南北走向的路口下车，步行进入各个活动点。车辆停放服从交警指挥，每个单位自编车号，做出"世纪庆典·百年中国"活动标志以及迎接新世纪标语口号，张贴车上即可。

活动组织机构：

本次活动以中共兰州市委、兰州市人民政府名义举行,由市委文艺创作领导小组负责组织实施, 领导小组办公室负责总体策划和组织实施的各项具体工作。各有关方面分工负责,密切配合,完成好各自承担的任务。

总监制:左灿湘、马琦明

总策划:杨重琥、岳逢春

文学统筹:岳逢春

总导演:汪小平

现场指挥:(作者按:排列了十几位市、区各级领导干部的名字,名单略)

几点注意事项:

本次活动地理位置和进行时间具有特殊性, 各单位活动必须严格依照本活动方案制定的要求和程序进行,不得擅自行动;

各单位参加活动人员注意防寒保暖;

树立安全第一意识,上山车辆必须提前检修,确保行车万无一失;所有活动人员注意防火安全,不准乱扔烟头,以免引起山火。

参加活动人员不许擅自离开指定活动区域,切勿到河边滩涂逗留玩耍。活动结束后,各单位清点人数,集体带队乘车返回。

通往碑林主会场道路实行单行线管制,所有上山车辆一律由城关黄河大桥经草场街十字到庙滩子上罗九公路至碑林;下山车辆由白塔山后山"又一村"烧盐沟下山至南、北滨河路疏散。

(2000 年 12 月 26 日拟稿)

● 中华鼓王鼓震天

——2000 年中华鼓王大会·兰州太平鼓解说词

（5 月·中央电视台无锡影视基地）

高原、峻岭、峰峦叠嶂，

蓝天、白云、黄河滔滔。

从辽阔豪迈的祖国西部，从神奇古老的丝绸之路，走来一群勤劳质朴的庄稼汉。

听，隆隆的鼓声从历史的深处响来，容不得束缚，容不得闭塞，仿佛是对生命万物的召唤，要一鼓而宣天地奇伟磅礴的能量；

看，这些元气充沛的后生们，把强音大鼓举过头顶，擎向蓝天，仿佛要托起悠久的历史，托起黄土地的强盛。

他们献给中华鼓王大会，献给无锡人民，献给来自全国和世界各地的朋友们的，就是饮誉世界、独具中国西部特色的民间鼓舞、被称为"天下第一鼓"的兰州太平鼓。

这是一支土生土长的农民鼓队，来自兰州太平鼓的故乡——兰州永登。永登是甘肃省的农业大县，毗邻兰州，是河西走廊的东部门户，在全国享有玫瑰之乡、建材县、冶金谷的美誉，以亚洲之最的"引大入秦"水利工程和奇秀险幽的吐鲁沟风光而闻名于世，是亚欧大陆桥上一颗冉冉升起的明珠。

鼓乐太平，这是千千万万黄河儿女对祖国统一、华夏强盛、天下太平的热切期盼和坚强信念，它聚于群山，响彻云霄，穿越时空，充盈天地，似万里黄河百折不挠。

请看兰州太平鼓表演团表演的鼓乐太平、二龙吐瑞、三阳开泰、天圆地方、共创美好、五福临门、普天同庆、黄河激浪、开发潮涌、万马奔腾 10 个阵法。

兰州太平鼓,鼓名象征江山统一,天下太平。鼓队以大旗做先导,后随十数面锣钹,再后是几十乃至上百名武士装束的鼓手列队,多在行进中表演。表演时,旗为指挥,锣钹击节,鼓身飞舞,起落有序,配合默契,整齐划一,声威雄壮。

兰州太平鼓的一大特色是不以木质鼓槌击鼓,而是用皮条、麻绳或藤条拧成的"鼓鞭"击鼓,或"单条"或"双条"(双鞭),击鼓动作幅度大、力度强。"忽而天、忽而地、骑鼓两头、前打后击"。鼓手以左手扣"鼓环"驾驭鼓身,使其在翻转中受击,右手挥舞"鼓鞭"前后左右击打鼓面。基本动作有"跳打""蹲打""骑打""举打""翻身打"等。打法有斗槌、转槌、翻槌、扬槌、一槌鼓、"贴地走"、高起鼓等。

鼓手击鼓身法被形象地比喻为"白马分鬃""策马扬鞭""燕子抄水""鹞子翻身""弯弓射雁""力劈华山"等等。

表演时的队形变化被称为"阵法",传统的"阵法"有一字长蛇阵、二龙出水阵、四门兜底阵、六合阵、八卦阵等等。口诀有"二龙戏珠破四门七招九式,三阳开泰迎五福六合八卦"。

请看:年轻的鼓手身挎大鼓,挥动五色鼓鞭,跳、跃、翻、腾、闪、展、骑、挪,十几斤重的大鼓上下翻飞,前后环舞,左右腾挪。

请听:鼓声如浪而来,铿锵激越,粗犷豪放,似黄河奔腾不息,令人惊心动魄,精神振奋。

这是黄土高原上庄稼汉们力与美的劲舞,是充满黄土气息的雄壮乐章,是黄河儿女用信心和气魄擂响的西部大开发战鼓。

深厚的黄土高原孕育了源远流长,撼人心魄的兰州太平鼓文化。当列国诸侯手执青铜铸剑争霸天下的时候,在被誉为"彩陶之乡"的永登,先民们以陶土为体而制造的"彩陶鼓"早已经响过了数千年。

在兰州市博物馆的展厅里,收藏着兰州永登出土,距今4300多年的新时期时代马厂类型的彩陶鼓。此鼓一端呈喇叭口形状向外扩展,另一端为圆形桶状。考古学者认为它就是上古文献记载的"以瓦为匡,以革为两面,可击也"的"土鼓"(见《礼记·明堂位》《周礼·春宫·籥章》)这种彩陶"土鼓"被史学界和音乐界誉为鼓的"鼻祖",兰州太平鼓与它有着深厚的传承历史渊源。

西汉元狩二年,即公元前121年,汉武帝开辟河西,永登地区纳入西汉版图,东晋十六国前凉时期增设永登县,为永登得名之始。古代,鼓多用于音乐、舞蹈以及战争和祭祀祈雨等活动。宋代,兰州太平鼓在形状、声音、作用等方面的雏形已经具备。《玉海》记载"羯鼓如漆桶,两头俱可击"。表明兰州太平鼓历史之久远。

到了明代,兰州太平鼓在永登各地广为流行。更有一个传奇故事,渲染丰富着兰州太平鼓的历史文化内涵。相传,明朝大将徐达奉命西征,久攻庄浪卫堡(即今兰州永登县)而不克。后从当地百姓挑水的木桶得到启发,始创三尺长鼓,令军士藏兵器于鼓桶之中,乔装攻克了城关。百姓欢欣鼓舞,赞此鼓为"太平鼓"。

兰州太平鼓这一独具西部风情的民间文化艺术,以黄土地包容天下的博大精神,张扬着不屈不挠的信仰,在兰州和永登地区代代相传,兰州人民年年闹社火时,都要擂响这惊天动地的太平鼓,以表达对太平盛世国泰民安的期冀。

兰州太平鼓气势磅礴,场面壮观,鼓声雄浑壮阔,似咆哮万里触龙门的黄河,又如春雷滚滚响彻云霄。其鼓音的律动,舞姿的雄健,为祖祖辈辈的兰州人留下了美好的眷恋与憧憬。世世代代绵延不断的表演,不仅为兰州的节日增添喜庆气氛,而且激荡起人民对历史的反响,对现今的歌颂和对未来的呼唤,是中华民族精神在祖国西部的不朽物象,因而深受广大人民群众的青睐。

改革开放以来,兰州太平鼓大步走向全国,开始向世界跨越。1990年,兰州太平鼓应邀参加北京第十一届亚运会艺术节,誉满京华;1991年,参加了在山西太原举办的"国际锣鼓节暨第二届中国民间艺术节"以最高分数获得金奖;1996年,在"全国群星奖"评选中,一举获得这项政府奖的最高奖金奖;去年光荣参加国庆五十周年首都天安门广场群众联欢晚会表演,声震华夏。国内外音乐界舞蹈界人士观看表演后纷纷赞誉"兰州太平鼓,当称天下第一鼓"。

迎着新世纪的朝阳,乘着西部大开发的春风,千禧龙年的兰州太平鼓,正信心百倍,抒发黄河儿女开发大西北的豪情壮志,向世界展示兰州古朴的民风,展现龙的传人刚劲雄健、威武豪放、团结拼搏、勇往直前的精神风貌。

让我们擂动太平大鼓,擂动西部大开发的猎猎战鼓。

(本篇于活动期间在表演场地循环播放)

● 黄河之滨团结颂

——2002 年甘肃省第五届少数民族传统体育运动会开幕式方案

（8 月 18 日·七里河体育场）

前 言

第五届民运会开幕式由"序"、"入场式"、"规定议程"、"文体表演"四部分组成。

场景气氛描述：

2002 年 8 月 18 日上午，兰州市七里河体育场披上节日的盛装，彩旗招展，彩球腾空，绿色草坪生机勃勃。

主席台上方悬挂红底白字巨幅会标："甘肃省第五届少数民族传统体育运动会开幕式。"鲜花和红色地毯将主席台装扮得喜庆热烈庄重典雅。

主席台正对面东看台由 4000 名学生组成背景台，在开幕式各议程翻换 8 种不同图案；背景台下，各民族演员盛装分列两旁；5 门礼炮披红挂彩，昂首待放；体育场上空，36 只巨型气球带起巨幅标语迎风飘动；主席台正下方跑道边，设立精致典雅富有民族特色的礼宾台。

序 幕

[8:30 各部门就位，各项准备工作全部就绪；

[8:45 电视转播开机：节目主持人登上礼宾台；身着民族服

装的演员持牛角长号在礼宾台四角和主席台两侧肃立。

解说词：

各位观众，朋友们，早上好！

早上好，各民族的朋友们！

今天，是公元 2002 年 8 月 18 日，这是一个吉祥如意的好日子；

今天，全省各族人民期待已久的甘肃省第五届少数民族传统体育运动会开幕式即将在这里举行；

这是一个充满了喜庆热烈气氛的庆典；这是一次展现各民族团结和友谊的盛会；

本届运动会由甘肃省民族事务委员会，甘肃省体育局主办，由兰州市人民政府承办；有来自我省十四个地州市的十七个少数民族体育代表团出席今天的开幕式，并且参加 4 个大项和 37 个小项的少数民族传统体育项目的比赛；

让我们以热烈的掌声欢迎各民族运动员和教练员到省城兰州来作客！

让我们以热烈的掌声预祝开幕式取得圆满成功！

朋友们，今天的开幕式，由四部分组成：

一、序幕，主要内容有：盛装骑士表演马上礼仪；鸣放礼炮；第五届民运会会歌演唱和大型舞蹈表演；二、运动员教练员入场式；三、运动会开幕式规定议程；四、大型文体表演《相聚在黄河之滨》；请各位观众朋友们入席就座；请出席开幕式的省市领导同志和各届贵宾入席就座；请朋友们安静，开幕式就要拉开帷幕。

[8：55 盛装号手进入表演状态；

[开幕式礼仪主持官员和宣布开幕的省政府首长在礼仪引导

员的引导下登上礼宾台。

解说词：

朋友们，让我们相聚在黄河之滨，高唱一曲民族团结的欢乐颂歌

朋友们，让我们相会在母亲河畔，谱写 56 个民族友谊发展新的诗篇

勇敢的马背健儿，策动你的骏马吧，无边的草原是你飞翔的蓝天

矫健的盛装号手，吹响你的号角吧，嘹亮的号角辉映着西部大开发的世纪风帆

[牛角号手吹响激昂的前奏

[15 名盛装骑手持号角，从主席台正对面骑马一字排开进入场地，整齐地走向礼宾台，在马上吹响高亢嘹亮的前奏曲；5 名少数民族骑士在前奏曲中持会旗成品字形策马奔至礼宾台前，骑兵指挥官抽出礼仪刀向礼宾台首长报告："首长同志：甘肃省第五届少数民族传统体育运动会开幕式各项准备工作准备完毕，请您指示！"

礼宾官员："请甘肃省省长陆浩同志宣布运动会开幕。"

首长宣布："甘肃省第五届少数民族传统体育运动会开幕。"

礼宾官员："鸣礼炮。"

[礼炮鸣 5 响，每间隔 3 秒鸣一次；礼炮声落，五运会会歌起

[省政府首长退场，到主席台就座

[节目一：《相聚在黄河之滨》(约 8 分钟)

[提示：会歌前奏起，由安西路小学 800 名少儿组成的表演队伍持鲜花彩带气球奔涌入场，为会歌伴舞，放飞气球；4 名着少数民族服装的歌手乘花车绕场一周演唱会歌，最后到达礼宾台前继续

演唱,直至结束,少儿表演队伍撤向场地两侧,迎接陪衬将要入场的运动员教练员队伍。

入场式

[礼仪官员待会歌结束后,宣布:"运动员,裁判员入场。"

[军乐队奏乐

[入场顺序为:

1. 国旗方队 8 名武警战士着运动装护卫国旗入场。

2. 会旗方队同上。

3. 会徽、标牌方队,80 名少女簇拥会徽和"增强民族团结,促进繁荣进步"的标语牌健步前进。

4. 军乐方队,由兰州一中 150 名管乐演奏员组成,行进演奏至旗杆下列队继续演奏。

解说词:

观众朋友们:在鲜艳的五星红旗引导之下,裁判员运动员队伍迈着矫健的步伐走进会场。

让我们向国旗致以崇高的敬礼,让我们向少数民族体育健儿表示热烈的欢迎。

五星红旗指引着 56 个民族的儿女,团结一心,振兴中华。

五星红旗带领我们奔向美好的前程。

让热血沸腾,让激情澎湃。

世纪的风刮过天空,唤醒了一个古老的梦。

吉祥的云架起彩虹,地平线腾起东方巨龙。

在五星红旗下集合起十二亿勤劳勇敢的双手。

用汗水和信念建设五十六个民族共同的家园。

5. 裁判员队伍入场。

6. 运动员队伍入场。

[各体育代表团经过主席台,顺序为:.武威、天水、平凉、甘南、白银、合作、庆阳、西北少数民族师资培训中心、西北民族学院、张掖、陇南、定西、金昌、临夏、酒泉、嘉峪关、兰州。

[解说词用各代表团提供的文字稿,节目主持人根据现场行进速度,适当摘要介绍。

[兰州市代表团进入场地就位,乐队演奏停止,静场若干秒。

7. 民族骑手马队入场。

[身着我省 45 个民族服装的 45 名骑手牵马在体育场北门东侧跑道集结,跃上马背,策马由跑道经过主席台前,之后,策马奔驰,绕场一周,表演跳跃翻腾技巧,掀起高潮。

解说词:

现在,策马扬鞭奔驰在表演场地上的骑手,是甘南军分区骑兵连的战士们,他们身穿居住和生活在我省的、包括汉族在内的 45 个民族的民族服装,策马扬鞭,风驰电掣,如蛟龙出海,似猛虎下山,翻腾跳跃,声威雄壮。

所有的希望高高升起,四方的儿女集合在一起。

手握着手拥抱明天,让我们的家园辉煌灿烂。

相聚在黄河之滨,相会在母亲河畔。

让友谊的歌声传遍西部高原,把团结的花儿漫遍千里陇原。

[骑兵表演完毕后由南门退场

规定议程:

礼仪官员主持以下程序:

请全体起立。奏国歌,升国旗

请中共兰州市委副书记、兰州市市长张志银同志致开幕词

请中共甘肃省委常委、省政法委书记、副省长洛桑·灵智多杰同志讲话

请运动员代表宣誓

请裁判员代表宣誓

运动员裁判员退场

大型文体表演《相聚在黄河之滨》演出开始！

文体表演：

［文体表演由五个板块组成：一、鼓舞飞扬迎盛世；二、洁白哈达寄深情；三、陇原盛开民族花；四、西部热土抒豪情；五、中华民族共复兴。五个板块由音乐串接，浑然一体，一气呵成。

一、《鼓舞飞扬迎盛世》(约9分钟)

【节目提示：320名男女鼓手交替表演太平鼓，武威攻鼓子，天水扇鼓等鼓舞，有分有合，相互辉映，构图一体。表演者：兰州文科职业学校　甘肃电力学校学生

解说词：

鼓舞飞扬，飞扬的鼓舞。

以天下第一鼓的名义，以马踏飞燕的名义，

以伏羲女娲的名义，以中华民族的名义，

我们飞扬这盛世的华章，我们迎接这世纪的辉煌。

在劳动和战斗中创造民族的传统。

在生活和创造中锻铸民族的精神。

羲皇故里，飘荡着南国水乡的风情。

桑科绿茵，散发着北国草原的芳香。

祁连山脉，覆盖着雪域高原的神奇。

大河谷地，蕴藏着物华天宝的奥秘。

崇山峻岭锻造我们的气质,大漠戈壁检验我们的体魄。

长河落日接纳的是亚细亚的太阳,大漠孤烟燃烧的是新世纪的期望。

鼓舞飞扬,飞扬的鼓舞。

谱写盛世的华章,创造新世纪的辉煌。

二、《洁白哈达寄深情》(约 14 分钟)

【节目提示:由甘南藏族自治州 300 名业余演员表演艺术化的"锅庄"舞;期间,50 名藏族少女奔上主席台,向嘉宾敬献洁白的哈达。

解说词:

滚滚白龙江的乳汁,哺育着勤劳纯朴的草原儿女。

悠悠洮河水的甘霖,浇灌出悠久独特的甘南碌曲县藏族文化。

洮河挽起白龙江的臂膀,像两条洁白的哈达,捧出了碌曲这块晶莹的翡翠。

今天,碌曲县则岔国家自然保护区民族艺术团为大家献上藏族的圆舞曲——《锅庄》。

碌曲锅庄体现着藏族男子的粗犷和剽悍,表现了藏族女子的妩媚和婀娜。

飘逸的长袖,展现豪放的马背民族洒脱自信的性格。

洁白的哈达,编织成通往幸福吉祥的彩虹,他们的服饰,蕴含着碌曲藏族人民的文化内涵:朴实无华的,素洁实用,体态轻盈;雍容华贵的,五彩缤纷,价值连城。

我们把白云挽成哈达献给你,我们把祝福酿成美酒敬给你。

神奇的郎木寺等你来,迷人的尕海湖邀你来。

沉睡千年的香巴拉,今天,吹响了再造秀美山川的嘹亮螺号。

三、《陇原盛开民族花》(约 10 分钟)

【节目提示:选取广为流传的少数民族民歌进行了再创作,以联唱形式由 600 名各族青年表演。以东乡、裕固、保安、回、藏、蒙古、满族等民族为主。

四、《西部热土抒豪情》(约 12 分钟)

【节目提示:以金昌挖掘的古罗马军团舞为素材,由 300 名男演员表现西部大地的苏醒和在西部大开发的热潮中,我省各族儿女粗犷,剽悍的性格以及昂扬奋进的豪迈气概。由武警四支队战士表演。

解说词:

西部是一片正在苏醒的热土,西部正在崛起神话般的景色。

我们从远古走来,我们向未来奔去。

古老的西部珍藏海纳百川的旷世经典。

广袤的大漠跳动民族团结的炽热情缘。

我的祖先曾经接纳过古罗马的赫赫军团。

我的祖先曾经化剑为犁把各民族的友谊精心浇灌。

西部当然有粗犷剽悍的霹雳闪电,西部也充满了柔情和细雨的缠绵。

格拉丹冬的雪花飘舞出历史的容颜,大开发的朝阳辉映西部一片辉煌灿烂。

此刻,将军柱眺望远去的滚滚波涛,时空和激情一齐涌动难以割舍。

此刻,中山桥点燃七彩的霓虹和万家灯火,演绎着无数民族友好的动人传说。

铺开四十里风情的丝绸和锦绣河山,裁剪出千里陇原五千年的水墨画卷。

四十五个民族兄弟相会在母亲河畔，四十五朵鲜花盛开在黄河岸边。

五、《中华民族共复兴》

【节目提示：由著名演员演唱歌曲《爱我中华》，800名各民族演员表演场面宏大的舞蹈。最后，全体表演人员汇入其中，现场成为一片欢乐的海洋。场地欢声如雷礼花满天。

结束语：

以45个民族的名义，我们把酒杯斟满。

以56个民族的名义，我们把圣火点燃。

以三千万陇原儿女的名义，民族的优秀传统代代相传。

在西部大开发的热潮里，让我们创造更加美好的明天。

【宣布开幕式结束】

（2002年6月18日拟稿）

● 盛世华章世纪坛

——2003 年北京《中华故土地图》落成交接仪式解说词

(2 月 1 日·中华世纪坛)

前　言

公元 2003 年 2 月 1 日·农历羊年春节·中国首都北京·中华世纪坛。

《中华故土地图》落成交接仪式隆重举行。甘肃省以中华民族和中华文明最早的发祥地之一的资格而取得了在全国第一个安放"圣图"的殊荣。甘肃人民欢欣鼓舞,奔走相告,派出政府代表团和规模宏大的艺术表演团参加圣典。

乃作赞歌,山呼万岁,祝祖国国运昌盛,前途似锦。

【甘肃省节目·串联板块之四·上接串联板块之三

【甘肃省领导同志讲话音落;

【兰州太平鼓大旗挥动,扮演伏羲的男演员播响巨型陶鼓,锣镲声起,鼓声大作;

【由 101 位农民组成的鼓队依次表演"三阳开泰""天圆地方""五福临门""黄河激浪""国泰民安"五个阵法。

主持词:

男:鼓舞飞扬

女:飞扬的鼓舞

男:世纪的辉煌

女:盛世的华章

男:辽阔的中国西部,苍茫大地孕育出这陶彩斑斓的"天下第一鼓"

女:人杰地灵的甘肃故土,人文始祖伏羲就诞生在这"羲皇故里"

男:这鼓声,饱含着五十六个民族对华夏故土诚挚的依恋和崇尚

女:这鼓声,蕴藏着华夏儿女对中华大地的无限热爱和颂扬

男:即使以万分的虔诚三拜九叩

也不足以表达我们对中华大地的热爱和颂扬

女:即使以无限的深情亲吻这片热土

也难以表明儿女们对祖国的依恋和崇尚

男:捧起一把故土,这里有伏羲留下的足迹和先民们劳作的汗浆

女:捧起一把故土,女娲补天的五色彩石还涌动着亿万斯年的滚滚热浪

男:结绳记事,结网捕渔——伏羲开创中华文明崭新的历史篇章

女:炼石补天,子孙繁衍——女娲描绘华夏大地一统的天圆地方

男:望——"羲皇故里",这参天的古柏和苍翠的青松,演奏着中华儿女繁衍生息、万代千秋的壮丽交响

女:看——黄河九曲,那滚滚的波涛和奔腾的激浪,翻卷着五十六个民族自强不息的华采乐章

九百六十万平方公里的中华大地啊，回荡着全面建设小康社会的世纪合唱

男：以华夏儿女的名义

女：以中华民族的名义

男：以共和国的名义

女：以承前启后，继往开来的十三亿人民大众的名义

合：我们擂响这撼天震地的太平大鼓

男：我们描绘这全面建设小康社会的世纪宏图

合：我们欢呼——

男：欢呼这世纪新春的国泰民安，天下太平

合：我们祝福——

女：祝福这盛世新年的"三阳开泰"，大地安康

合：我们礼赞——

合：礼赞这《中华故土地图》落成的盛大庆典，举国欢庆，神圣庄严

男：伏维

人文始祖，思我羲皇，龙之渊源，民族发祥。

上古久远，宇宙洪荒，燧人有巢，继之羲皇。

功莫大焉兮，万代仰望，厚德载物兮，大地苍茫。

江山壮丽，神州兴旺，扬尘舞蹈兮，拜我羲皇。

政通人和兮，盛世华章，山呼万岁兮，国运盛昌。

钻木以取火兮，华夏辉煌，结网以捕鱼兮，人民安康。

结绳以记事兮，文明开创，结偶以婚配兮，伉俪欢畅。

作甲历兮以定四时，造琴瑟兮始创乐章。

演八卦兮思辨天地,观河图兮慧悟阴阳,

抟黄土兮族祚绵长,出成纪兮民归众望。

(注:成纪:古地名,今甘肃省天水地区,伏羲诞生地)

龙之源兮华夏根,人之祖兮文之初。

华夏图前忆羲皇,千秋万代恋故乡。

世纪坛映神州旺,万代千秋颂羲皇。

我谨高歌歌一曲,盛世百合鼎辉煌。

(注:兰州盛土容器为"百合鼎"造型)

解说词:

女:朋友们,我们现在看到的是由甘肃省兰州市永登县一百零一位农民兄弟组成的"中国兰州太平鼓艺术团"表演的具有浓郁中国风格和民族特色的"兰州太平鼓";在表演场地中央摆放的这面巨型大鼓,是根据在当地出土的被称为中华鼓之"鼻祖"的史前彩陶鼓放大后制作而成的;扮演人文始祖伏羲的表演者身着想象中的上古先民部落首领的服装,演绎着五千多年前的历史场景;上下翻飞的大鼓就是名扬天下的"兰州太平鼓";"兰州太平鼓"从诞生迄今已经有上千年的历史了;今天,农民兄弟们擂响这震天动地的大鼓,为《中华故土地图》落成交接仪式喝彩助兴,表达中华儿女对祖国母亲的眷恋热爱之情,表达亿万中国人民全面建设小康社会的壮志雄心。

男:甘肃,是中华人文始祖伏羲氏的故乡,也是中华民族最早的发祥地之一。一九九二年,江泽民同志视察甘肃大地,在甘肃天水市欣然命笔题词:"羲皇故里。"今天,在《中华故土地图》的落成交接仪式上,甘肃得到了第一个安放"圣图"的殊荣,让我们为地处祖国西部的甘肃人民祝福,让我们为全中国的老百姓祝福。

合：让我们为中华神州大地祝福；让我们为伟大的祖国母亲祝福。

[舞蹈 《敦煌飞天妙音》 表演 兰州歌舞剧院

主持词：

女：五千年的灿烂

男：八千年的文明

合：汇成了一条辉煌的中华历史长河

男：在这条流光溢彩的历史大河之中，盛开着色彩斑斓的文明之花

女：在这条璀璨夺目的大河文明里，涌动着中国风格的优秀文化

男：这块土地，养育着世世代代、生生不息的中华民族

女：这块土地，孕育出辉煌灿烂、福泽天下的华夏文明

男：敦煌，横空出世

女：敦煌，飞天降临

男：敦者，大也

女：煌者，辉也

男：敦煌，以她辉煌盛大的文明记载，举世瞩目、万众仰望

女：敦煌，以她独具特色的千古绝唱，为我们铸造了中华民族瑰丽的文化宝藏

男：鸣沙山起舞

女：月牙泉吟唱

男：《飞天妙音》在首都世纪坛奏响

女：西部开发的旋律在全中国传唱

男：让我们以虔诚的心，触摸这梦里的记忆

女：让我们以崇敬的情，体会这梦里的憧憬

解说词：

女：朋友们，我们现在看到的这组美妙绝伦的舞蹈，叫做《飞天妙音》，取材于甘肃敦煌飞天壁画，由兰州歌舞剧院舞蹈团青年演员表演，飞天神女婀娜多姿的仪态，将我们带入那神话般的梦里境界，的确是《大梦敦煌》啊；

男：甘肃，这片神奇的高原大地，曾经诞生了中华人文始祖伏羲，奏响了中华民族由蒙昧走向文明的第一个音符；

女：甘肃，这片神奇的西部热土，女娲的传说也在这里诞生。辉煌盛大的敦煌宝藏与神奇动人的伏羲女娲传说相映成辉，诉说着中华文明的源远流长；

男：今天，中华民族高举"三个代表"重要思想的伟大旗帜，沿着先进文化的前进方向阔步迈进；

女：今天，华夏儿女万众一心，群情振奋，在中国这片神奇的土地上创造崭新的人间奇迹；

男：今天，华夏儿女承前启后，继往开来，在这个蓝色的星球上与全世界人民携手共进，共同创造和平繁荣的美好未来；

女：嘹亮的钟声，激荡着亿万华夏儿女胜利的喜悦和奋进的豪情；

男：隆隆的鼓声，催动着中华民族全面建设小康社会、开创中国特色社会主义新局面的伟大进军；

女：千帆竞发，万舸争流；

男：政通人和，人和政通；

女：波澜壮阔的伟大时代啊，激励勤劳勇敢的甘肃人民创造西

部大开发更加辉煌的业绩;

男:博大精深、源远流长的中华文明啊,激发兰州儿女全力打造更加灿烂的"文化兰州";

女:今天,中华民族的伟大复兴展现出光辉灿烂的前景;

男:今天,我们肩负起中华民族伟大复兴的庄严历史使命;

——让我们:

合:万众一心,奋发图强,共同创造我们的幸福生活和美好未来,把中国特色社会主义伟大事业不断推向前进!

合:让我们再一次祝福甘肃父老乡亲;祝福甘肃大地!

让我们再一次祝福兰州兄弟姐妹;祝福兰州热土!

[甘肃节目板块结束;下接串联板块之五——

(2003.1.22 二稿)

● 万众一心抗"非典"

——2003年兰州市抗击"非典"大型电视专题晚会主持词

（5月20日·兰州剧院）

序

主持词：（画外音）

宇宙茫茫，星移斗转。

公元2003年，蔚蓝色的星球如期迎来又一个春天。

华夏大地生机盎然……

【片头提示：宇宙星空、蔚蓝色的地球、中国版图、北京天安门广场，大城市的街景，黄河风情线夜景，航拍的兰州市市容……

【节目1 切进"片花"；

【叠映推出晚会主题词——"万众一心，众志成城，科学防治，战胜非典"

【节目2 开场短片

主持词：（画外音）

这个春天，本来春光明媚，春意盎然

这个春天，本来鲜花烂漫，气象万千

这个春天，我的祖国正在谱写世纪小康的绚丽诗篇

这个春天，亿万人民阔步走在创造辉煌的历史前沿

我的民族，满怀着走向繁荣昌盛的殷切企盼

我的神州，涌动着民族振兴的滚滚洪流与壮阔波澜

我的家园,憧憬着秋天的金黄与夏日的湛蓝

我的旗帜,飘扬着铁锤与镰刀铸就的崇高信念

我们曾经梦想的一切

正在"十六大"绘制的蓝图上徐徐舒展

我们曾经期待的一切

正在五星红旗飘扬的大地上神奇般地实现

东方的这片土地,山川辉映着色彩艳丽的崭新画卷

东方的这个春天,曙光跳跃着七彩斑斓的激越和弦

大地阳光灿烂,人民豪情无限

五千年盼来的祥和与宁静啊

正在这块雄鸡高唱的版图上绵延回旋

五千年梦寐以求的主题——和平与发展啊

正在欧亚大陆的海岸线上解缆扬帆

一切的一切,是如此地令人眷恋,令人情思缠绵

【节目3　舞蹈　《黄河颂》　兰州歌舞剧院

【节目4　主持人出场

主持词:

仿佛料峭春寒,阴雨连绵

仿佛沙尘翻卷,惊涛裂岸

一场严重的灾难在这个春天骤然侵袭我们的家园

一场严酷的战争突然爆发却看不到弥漫的硝烟

这个春天,有一种神秘的杂音在壮丽的交响旋律间忽隐忽现

这个春天, 有一个诡秘的幽灵在祥和与宁静的土地上肆虐流

窜

于是,这个春天的期待多了几分焦虑与不安

于是,这个春天的脉搏渗透进几丝恐惧和震颤

于是, 居住在这颗蓝色星球上的人们疑惑而惊恐地睁大了双

眼

于是,这个被称为"华夏"的民族义无反顾

扑向抗争灾难的阻击火线

我们侧耳倾听,

那个怪异的杂音像是恶魔的喘息悄然逼近我的家园

我们注目凝视,

这个诡秘的幽灵分明闪烁着死神的鬼脸

我的饱经沧桑的中华民族啊

又一次遭遇到最危险的磨难

我的历经艰险的母亲和人民啊

又一回的生死考验是如此地充满了悬念

我的地球村的街坊和邻居们哪

这一次的灾难是需要全人类共同面对的危险

我的祖国,我的家园

我的蔚蓝色的星球啊

我们生命的摇篮

这一次的抗争是人类从未经历过的特殊挑战

这一次的挑战是中华民族魂魄的又一次锤炼

黄河急流翻卷,抗争不畏艰险

波涛汹涌的九十九道险滩啊

淹不没九十九回树起的桅杆

【提示：在《黄河颂》音乐背景下，四位主持人在舞蹈者前方朗诵

【舞蹈接近尾声，歌唱演员上场

【节目5　二重唱　《为了谁》　苏孝林　侯淑琴

【节目6　片花

【节目7　主持人出场

主持词：

这是一次不期而至的遭遇之战

这是一场守护生命的严峻考验

在这个抗争的春天

铁锤与镰刀的旗帜始终屹立在阻击灾难的最前沿

于是，党的总书记发出铿锵有力的宣言

于是，共和国总理挥动的手势坚定果敢

于是，中南海彻夜不眠

于是，全中国紧急动员，构筑起抗争灾难的坚固堤岸

（唱）"把我们的血肉筑成我们新的长城"

在这个抗争的春天

民族魂魄谱就的雄壮旋律更加激动着我们的心弦

民族精神铸成的顽强意志激励我们勇往直前

危难时，中华民族的民族精神再一次燃烧起熊熊的火焰

抗争中，中华民族的民族意志又一次经历着百折不挠的锤炼

【节目8　现场采访定点医院医生）

【节目9　小品《妈妈的生日》　兰州市儿童艺术剧团

【节目10　医护人员短片

主持词：（画外音）

虽然听不到枪炮轰鸣

勇士的辉煌熔铸进默默的风险

虽然看不见刀光剑影

天使的柔情融化在无语的奉献中

我看见白色的火焰是这样的温暖

我看见透明的液体是如此的绚烂

我看见闪亮的手术刀是那样的温柔

我看见无影灯就像看见母亲慈祥的笑脸

白衣天使成为这个春天最可爱的容颜

拯救人间的灾难默默无言无悔无怨

医学勇士与肆虐的病毒零距离接触

古铜色的丰碑矗立在红十字的峰巅

【节目11　主持人出场

主持词：

我们用血肉为全人类筑起一道新的长城

我们以崇高的信念垒出守卫生命的坚固防线

我们万众一心，沉着应战

我们众志成城，抗击"非典"

中国，必将为保护这颗蔚蓝色的星球

谱写不朽的历史新篇

以南丁格尔的名义

以希波克拉底的名义

以爱德华·琴纳的名义

以钟南山院士的名义

以护士长叶欣的名义

以老兵姜素椿教授的名义

以中共党支部书记邓练贤同志的名义

以中国六百万白衣战士的名义

以中华民族的名义

以全人类的名义

以科学的名义

我们解读那个魔鬼舞动的未知数

我们破译那个病毒肆虐的图谱

我们构筑护卫家园的绿色屏障

我们编织勇士凯旋的金色勋章

【节目12　女声独唱　《真情到永远》　张　洁

【节目13　主持人出场

主持词：

我看见：锦涛同志在医院嘘寒问暖

总书记的心与人民血肉相连

我看见：家宝同志日夜巡视在守护生命的堤岸

总理的午餐也只是一份普通的盒饭

我看见：那位杰出的女性接通了汤米·汤普森博士的热线

以大国的风范与国际社会密切交换意见

我看见：开赴"抗非"前线的勇士源源不断

决心书和请战书铸成了春天的抗争、坚固的壕堑

我们众志成城，戮力攻坚

我们万众一心，共渡难关

院士钟南山为解开病毒之谜通宵达旦

科学和理性的精神是赢得这场战争的关键

姜素椿教授把特殊的血清注入自己的血管

大无畏的精神只有勇士才敢于实践

捧读着"提灯女神"的《护士长日记》

我读懂了中国共产党和她忠诚的党员

无数坚强的战士默默守候在阵地前沿

无数无名英雄共同铸造的丰碑光芒耀眼

【节目13　电视采访各行业短片

【节目14　主持人出场

主持词：

我看见：最初的惊慌已经在这片土地上逐渐平静

风筝依然在飘动，天依然很蓝

我看见：最初的茫然已经在我的家园渐渐消散

雪白的鸽子依然翱翔在蓝天

我看见：最初的恐惧已经被崇高的信念所战胜

阳光依然灿烂，花儿依然鲜艳

我看见：最初的无序已经整合为一道道坚固的防线

中南海的灯光照亮着祖国的每一寸河山

【节目15　女声独唱　《生命的呼唤》　禹　虹

【节目16　主持人出场

主持词：

这个春天，我看到的诗篇何止万千

这个春天，我见到那么多感人的场面

隔着医院大门的栅栏，

年幼的女儿眺望妈妈工作的每一个房间

厚重的防护服遮住了妈妈的笑颜

却遮挡不住母亲对儿女们的思念

隔着病房的窗帘,我听到亲人的呼唤

不可以探视,不能够送上花篮

可是我知道:今天的隔离是为了明天的团圆

我看见,我的城市和乡村秩序井然

小鸟依然在"黄河风情线"上撒欢

父亲依然在大河岸边舞动他的龙泉宝剑

母亲依然在草地上挥舞着她的木兰花扇

我的市长和他的"抗非"指挥部却度过了一个个不眠的夜晚

于是,我的城市和乡村迎来了一次次朝霞满天

居民的笑颜依然灿烂,新娘的婚纱依然鲜艳

新郎的花车依然耀眼,"的哥"的诙谐和风趣依然

空姐的微笑和温馨依然,大地的阳光和生命依然

中国的神采和笑容依然灿烂

【节目17 采访市民短片】

主持词:(画外音)

于是,一些词汇如出膛的枪弹般滚烫

却带着天使的温情一次次撞击着我的心弦

于是,一些概念像战士挥动的利剑

以全新的涵义载入这个春天抗争的词典

——消毒、隔离、过氧乙酸

快速检测、紧急搜寻、护士长在前线

疫情报告、控制扩散、小汤山医院——

每一组词汇都包含着无私的奉献

每一个概念都可以谱写出无比壮丽的诗篇

于是,一座历史的丰碑在这片土地上渐渐升起

于是,圣洁的天使化作这个春天的绵绵细雨

于是,纯洁的白颜色在这个春天是如此地绚丽

于是,蔚蓝色的星球可以放心地进入梦里

【节目18　配乐诗朗诵　《筑起我们新的长城》

【节目19　片花

【节目20　主持人出场

主持词:

这个春天的抗争没有硝烟

即使有硝烟也会最终飘散

这个春天的阻击没有枪声

即使有枪声我们也必将胜利凯旋

人类发展的历史曾经遭遇过无数的曲折与磨难

科学探索的脚步却从来也未曾中断

未知数在人类成长的过程中始终相伴

人类却在与自然的搏斗中日益强健

科学和理性终将战胜肆虐的"非典"

不灭的是人类奔向自由王国坚强的信念

我们高举铁锤和镰刀砸碎了一道道有形的锁链

铁锤和镰刀必将继续带领我们粉碎这无形的羁绊

【节目21　现场捐助活动

主持词:

一方有难,八方支援,团结起来,共渡难关

一手抓经济建设,一手抓抗击"非典"

"三个代表"思想指引我们新的实践

向人民交上一份合格的答卷

献上一份执著的爱心,捧出一颗赤诚的肝胆

这就是今天的中国,这就是爱的奉献

【节目22　女声独唱　《爱的奉献》　霍玉焕

【节目23　片花

【节目24　百人合唱　《让世界充满爱》

【节目25　主持人出场

主持词:

这个春天的抗争需要每一个人的参与和奉献

这个春天的战役是人类战胜病魔的又一次鏖战

全中国人民团结起来,全世界人民携起手来

共同探索自然界的奥秘,抗击"非典"

齐心协力护卫我们共同的星球,我们共同的家园

【节目26　市上领导同志讲话

书记:我们的党是坚强的党,我们的政府是对人民高度负责的政府,我们的人民是经得起考验的人民,在党中央国务院的统一部署下,在省委、省政府的正确领导下,我们一定能够取得抗击"非典"这场战斗的最后胜利,把兰州市的各项工作继续推向前进。

市长:中华民族有不畏艰险、勇往直前的光荣传统,兰州340万人民群众在这场战斗中继承和发扬了中华民族的光荣传统,保持了井然有序的工作和生活秩序,临危不惧,敢于拼搏,全市人民迅速动员起来,投入抗击"非典"的斗争,取得了一定的成效。我们要在党中央国务院和省委、省政府的坚强领导下,坚持一手抓经济建设,一手抓抗击"非典"的斗争,以对人民的健康和生命高度负责的态度,继续做好各方面的工作。

盛典礼赞

【节目 27 歌曲 《胜利属于人民》

【节目 28 主持人出场

主持词:

让我们记住公元 2003 年这个抗争的春天

让我们用浓墨和重彩描绘抗争的每一个瞬间

让我们把公元 2003 年的这个春天铭刻心间

让我们用热血和激情,记录中华民族集体创作的这部壮丽诗篇

让我们团圆在明天,迎接勇士们凯旋的盛大庆典

结束语:

朋友们,这场晚会由中共兰州市委、兰州市人民政府主办,由中共兰州市委宣传部、兰州市文化出版局、兰州市广播电影电视局共同组织举行……

朋友们,再见!

（2003.5.13 拟稿）

● 热血激情总动员

——2003 年兰州市抗击"非典"电视新闻专题片解说词
（电视新闻专题节目解说词与分镜头提示）

【以晚会舞蹈《黄河》片段为开头

【参考解说词提示，编辑所采集的各种画面

这是一场特别的电视晚会，这是一次特殊的文艺演出；这是我们熟悉的一些面孔，这是我们熟悉的一组节目。他来了，他来了，她也来了，他们都来了。今天，他们集合在万众一心、众志成城、科学防治、抗击"非典"这面旗帜下；今天，他们聚集在过去人声鼎沸、而现在却显得有些空荡荡的剧场里；今天的剧场没有观众，也没有往日晚会演出时的热闹场面。而他们，却像一首诗里描写的那样：把酒酹滔滔，心潮逐浪高。

兰州电视台所有的摄制器材都搬运到晚会现场。轻易不大动用的这个大家伙（摇臂摄像机）也威风八面地架设了起来；兰州市各个文艺团体的演员们都聚集到这里，参加这次特殊的演出；兰州电视台调动了精兵强将，拍摄这场题为《我们万众一心》的抗击"非典"大型电视特别晚会，为当前正在进行的抗击"非典"斗争献上一份力量。

这场晚会中有不少的节目是我们多次欣赏过的保留节目，他们的歌声和舞姿是我们十分熟悉的。然而，在今天，这些节目却使我们体会到了不同寻常的特别涵义；"波涛浪涌的九十九道险滩哪，淹不没九十九回竖起的桅杆"（采用主持人同期声），这不是在说黄河，而分明是在说民族精神，在说中华民族必将战胜"非典"病毒,打赢这场抗击"SARS"的人民战争。

这个小品(《特殊的生日》片段)从构思排练到演出仅仅用了几天时间,连剧本都是在排练现场现编的,却使得在摄制现场打瞌睡的司机师傅泪流满面,泣不成声;我想,见过无数拍摄场面的电视台司机师傅大概已经不大容易轻易地被一个演出情节所感动了,而今天,他却止不住热泪盈眶,来自生活的真实情节拨动了他的心弦,也拨动着我们的心弦。

在这样一个非常的时期,在这样一种特殊的时间,我们熟悉的节目却产生了巨大的情感冲击力,演员们是用心在演出,用深情在诉说。

(电视台工作人员集体朗诵画面与同期声)

"非典"肆虐,全民动员阻击灾难,全国、全省、全市,各行各业都动员了起来,筑起一道道抗击"非典"的坚固防线;文艺工作者被在"抗非"前沿日夜奋战的勇士们的忘我精神所感动,被白衣天使的无私奉献精神所感动。虽然,他们不可能到病房里去作护理工作,不可能进入实验室作科学研究,寻找"SARS"病毒的奥秘,但是,他们有一支笔,他们有墨汁和颜料,他们有镜头和胶片,他们有歌喉和乐器,他们做到了"以文艺振奋精神"。他们以自己特有的方式加入了这场战斗。

(排练的场面)

于是,一台特别晚会就这样形成了。

现场没有观众,因而也就没有潮水般的掌声,也就没有人献上鲜花,但是,所有参加晚会的演职人员却都饱含着深情,在短暂的时间内排练出了这样一组感人的节目,在几天时间里就完成了晚会的构思和所有的准备工作,在兰州电视台的节目创作历史上又写下了新的一页。

负责这台晚会编排录制的兰州电视台副台长汪小平说：

（采访汪小平画面，同期声）

晚会解说词总撰稿人是兰州市文联副主席兼秘书长岳逢春先生，我了解到，他仅仅用了一天时间，就写出了两百多行充满激情的朗诵诗，并且作为这场晚会的解说词使用。

（采访岳逢春画面，同期声；转切入主持人朗诵镜头）

【注：由于没有见到其他人士被采访的录像素材，请编导人员在此调整结构，加入采访演员、编导以及其他有关人士的画面和同期声。】

这场晚会，得到了市委、市政府领导同志们的关心和支持，市委书记和市长带领着市上二十多位领导同志登上舞台，（合唱镜头）引吭高歌专门为这次晚会创作的歌曲《胜利属于人民》，歌声雄壮有力，表达着全市人民战胜"非典"的决心，表达着党和政府对全市老百姓的关切和关怀。

（书记讲话镜头，或者接受采访的同期声）

排练间隙，参加演出的两百多位演员和摄制组工作人员的午餐也仅仅是一份普通的盒饭。他们在这个"非典型"的特殊时期，参加这场特别的晚会，没有任何人提到出场费、劳务费之类的要求。撰稿人岳逢春说，"如果发给我劳务费，我也会把它投入捐款箱"。这不仅是他一个人的想法，而是全体演职人员的共同心声。

排练间隙，领导同志到现场为大家鼓劲加油。

（杨重琥局长动员讲话镜头，何涛台长镜头）

电视新闻工作者和文艺工作者用热血和激情记录着中华民族集体创作的"抗非"壮丽诗篇，体现着"代表先进文化前进方向"的铮铮誓言，也体现了他们"德艺双馨"的优秀品质。

　　一台具体的晚会也许很快就会被人们淡忘，然而，他们在歌唱中、在舞蹈中、在写作中、在朗诵中所表现出来的民族精神将永远流传下去。

　　　　　　　　　　（2003 年 5 月 26 日兰州电视台摄制播出）

● 大力推广普通话

——2003 年第六届全国推广普通话宣传周开幕式演讲稿

（9 月 2 日·兰州东方红广场）

演讲者

公务员(简称"公")

教师(简称"教")

新闻工作者(简称"新")

窗口行业代表(简称"窗")

合:各位领导,各位来宾,朋友们,大家好!

公:今天,我们在这里隆重集会,举行第六届全国推广普通话宣传周开幕式

教:今天的兰州东方红广场,花团锦簇,彩旗飘扬,万人云集,喜气洋洋

新:今天我们聚集在这里,举行一个盛大的集会,向亲爱的祖国表达亿万儿女共同的愿望

窗:今天,我们聚集在这里,举行一个隆重的仪式,向伟大的祖国表达甘肃兰州人民一份庄重的承诺,发出一个响亮的宣言;

合:我们承诺,我们宣言——说好普通话,使用规范字

公:树立语言规范意识

教:提高民族文化素质

新:大力普及推广普通话

窗:增强中华民族凝聚力

公:我是国家公务员代表,推广普通话,公务员要带头走在前面

教:我是人民教师代表,普通话是教师的职业语言,普通话是校园的通用语言

新:我是新闻工作者代表,新闻媒体要做推广普通话的榜样,使用语言文字一定要做到标准规范

窗:我是兰州"窗口"服务行业代表,说普通话,迎四方客;使用文明规范的文字和语言,把我们的一片真情向您奉献

合:说好普通话,方便你我他;使用规范字,普及靠大家

公:中国,是一个多民族、多语言、多文种的泱泱大国,56个民族使用着70多种语言和50多种文字;各地方言千差万别,蔚为大观。国家的统一,民族的繁荣,需要有统一规范的通用语言文字来凝聚全民族的力量

教:国家用法律的形式确定普通话和规范汉字作为国家通用语言文字的地位,规定国家通用语言文字的社会应用,有利于各民族之间的交往,有利于促进各民族团结,有利于维护国家统一

新:兰州是甘肃省省会城市,是一个典型的移民城市,五湖四海的人们来到这里创业安居, 四面八方的民族兄弟在这里和睦相处,相互交融,"茶马互市"曾经是这个城市的鲜明特色

窗:多民族兄弟在这里聚集生活,多种地域的语言和方言在这里交织融合,相互沟通;说好普通话,使用规范汉字,是时代的要求,更是我们这个城市广大民众义不容辞的神圣义务

合:说好普通话,用好规范字,从我做起

公：说普通话，用规范字，党政机关是龙头，国家机关以普通话和规范汉字为公务用语用字，公务员要严格要求

教：说普通话，用规范字，学校是基础，要从儿童少年抓起，要在下一代身上下工夫

新：讲普通话，用规范字，新闻媒体是榜样，新闻工作者一丝不苟，全力以赴，准确无误

窗：说普通话，用规范字，兰州人民积极响应，服务行业要成为推广普通话的窗口

合：正确使用祖国的语言文字，大力推广普通话，为现代化建设营造良好的语言环境，是我们共同的义务

公：今天，国家教育部和国家语言文字工作委员会把这个隆重的宣传周开幕式交给甘肃省和兰州市人民政府承办，全省人民欢欣鼓舞，兰州人民兴高采烈，无不感到骄傲和自豪

教：兰州，有着普及普通话的良好基础，来自五湖四海的人们对说好普通话有着天然的追求，来自各地的南腔北调正在向标准的普通话靠拢，说好普通话，使用规范字，成为广大人民群众的自觉要求

新：走进兰州的大街小巷，走在风情百里的滨河路上，市民都能够用普通话和你拉拉家常

窗：走进繁华的酒店商场，走进繁忙的车站码头机场，服务员都使用普通话为你解忧帮忙

合：普通话是我们共同的语言，规范汉字是我们沟通的桥梁

公：规范的文字承载着中华五千年的文明，共同的语言传承着中华民族亿万年的亲情

教：普通话以北京语音为标准音

盛典礼赞

新:普通话以北方话为基础方言

窗:普通话以典型的现代白话文著作为语法规范

合:让我们共同说好普通话,大力推广普通话,齐心协力奔小康

公:在这个宣传周里,我们将开展一系列的宣传推广活动

教:举办学校语言文字成果展览,开展课本剧表演和宣传周艺术作品展览活动

新:开展《国家通用语言文字法》和推广普通话的咨询活动,

窗:举行全省首届窗口服务行业普通话演讲比赛活动

公:宣传周今天拉开序幕

教:我们面临着许多艰巨的任务

新:2005 年,兰州要达到全国一类城市语言文字工作评估标准

窗:说好普通话,正确使用规范字,任重而道远

公:世界正在进入信息时代

教:信息社会对使用统一标准的语言文字提出了更高的要求

新:摈弃不规范的用语用字

窗:说好普通话,正确使用标准规范的文字

合:让我们共同努力,让我们一起奋斗

公:兰山钟声悠扬

教:黄河波涛荡漾

新:兰州充满希望

窗:人民斗志昂扬

公:同志们,朋友们,让我们高举邓小平理论伟大旗帜

教:深入学习实践"三个代表"重要思想

新:在以胡锦涛同志为总书记的党中央正确领导下,与时俱进,

开拓创新

窗:为把甘肃兰州建设得更加美丽富饶而努力奋斗!

合:说好普通话,使用规范字,齐心协力奔小康!

(本篇于 2003 年 9 月 2 日在活动开幕式上演讲)

● 什川春赋梨花赞

——2003年首届什川梨花会赋体朗诵文本

　　出金城东北四十里,有人间仙境,飞车宝马一刻即望,曰:皋兰县什川镇是也。此地为黄河环抱之塞上绿洲。大河至此,顿失滔滔,高峡平湖,碧波万顷,西子婀娜,仪态万千,以大小两峡谷电站截流蓄水故也;更有梨园万亩,郁郁葱葱,百年古树,莽莽苍苍,掩映胜景八处,山形水系乃鬼斧神工万年造化之奇观。

　　春和景明之日,万树梨花应时怒放,东风一夜,雪涌蓝关,漫山遍野,银装素裹,巍巍乎,皑皑然,浩浩兮,荡荡哉,蔚为大观也;更有桃花点缀其间,姹紫嫣红,落英缤纷,赏心悦目,香气袭人,实百里黄河风情无尚胜景,乃春日踏青绝妙佳境。

　　值此时,百姓相约,倾城而出,盐什大道,车水马龙,梨园阡陌,熙熙攘攘,游客摩肩,嘉宾接踵,呼朋唤友,络绎不绝,无不兴高采烈,临大河而欢呼,望梨园而雀跃,俱心驰而神往矣。

　　凭观川陆,邀神清渚:东望桃梨争艳,万树吐蕊真绝色;西眺大佛横卧,碧波荡漾称佳境。魁星阁摩天,祈将鳌头独占;太极图浑然,顿悟地黄天玄。千年神驼,映出沙清水静;百年古树,编织万代连心。渔台悠情凤凰舞,垂钓闲情逸致;大峡伟岸观峰奇,泛舟三峡之趣。昔起吊桥千丈,农夫异想而天开;今筑长堤十里,田家退耕而安澜。此什川八景泛泛议耳。

　　或曰:八景以何为最? 则必曰:万树梨花傲霜雪。梨园万亩,苍穹载云,大地载物,大象无形,其之美,无可比肩,必亲临之,方可意会而不可言传矣。

春日梨园,梨花白如严冬飞雪,桃花红似少女胭脂,冰清玉洁,沁人肺腑。百年古树,华盖如云,梨园茶座,遍布农家,挈妻执子,扶老携幼,兄弟燕饮,姊妹合奏。品香茗,描丹青,调素琴,叙闲情,尝鲜果,察民情。三杯水酒,一壶清茶。雅士挥毫,书不尽绿茵茵无边春色;文人泼墨,写不完乐融融小康生活。难得此心旷神怡,其喜洋洋乐悠悠一日清闲者矣。

梨花盛会,由来已久,百年之上,千年以往。清明已过,谷雨在望。刘伯温赶龙点脉,五房祖弥勒颂经。仰观群山,田野徜徉,出高楼而逐水草,避喧嚣而入潇潇,人同此心也。

一言均赋,四韵俱成,请洒潘江,各倾陆海云尔:

春日梨园草青青,万树花开赖东风,白云飞雪谷雨近,绿洲银妆大河清

子规声声久不闻,梨花片片雨蒙蒙,与君相约什川行,今年梨花最可人。

(2003 年 4 月在活动现场朗诵)

● 神州咏叹东方红

——2003 年兰州市纪念毛泽东诞辰 110 周年音乐会
主持词

（12 月 25 日·金城大剧院）

各位领导、各位来宾,同志们、朋友们:晚上好!

今晚,金城大剧院灯火辉煌;

纪念毛泽东诞辰 110 周年大型文艺晚会在这里隆重举行;

出席今天晚会的领导同志有:(名单略)

让我们怀着十分崇敬的心情,共同怀念已经远去的峥嵘岁月

让我们怀着十分激动的心情,一起走进那些难忘的历史画卷

每当朝霞升起在华夏神州巍巍山冈

每当夜色笼罩山川大地浩瀚的海洋

每当我眺望东方五彩斑斓的绚丽霞光

每当我凝视夜色中家乡的灯火辉煌

我常常问自己:是谁把灿烂的阳光洒满了大地

是谁让大地和山川改变了模样

这片土地曾经灾难深重

我的家园曾经百孔千疮

五千年的历史曾经写满了哀怨和惆怅

五千年的命运曾经到处是饥荒与悲伤

虽然——秦皇汉武也曾张扬意气雄心万丈

虽然——唐宗宋祖也曾写下过几篇"盛世"的文章

然而,当大清在十九世纪末叶的风雨中陷入空前的绝望

华夏大地哀鸿遍野四顾茫茫

中国,期待着一位巨人的诞生

中国,企盼着一个伟大的政党

于是,毛泽东披着霞光向我们走来

铁锤和镰刀激荡起中华民族无限的希望

东方的太阳光芒万丈

[节目1　大合唱　《东方红》

这个出生在韶山冲的湖南汉子喜欢写诗

他把大地当作纸张写下了改天换地的不朽诗行

当这首题为《沁园春·雪》的诗词发表的时候

全世界都注视着长城内外看北国风光

虽然,那时黄河上的纤夫们在风雨中的呼号依然悲壮

虽然,苍黄的钟山风雨正在国共两党的谈判桌上酝酿

人们却清楚地看到:

延安的灯光即将照亮天安门广场

百万雄师就要横渡大江

[节目2　男声独唱　《沁园春·雪》

这是二十世纪的世纪绝响

这是华夏大地的千年梦想

诗人毛泽东骑着一匹白马越过如铁的雄关

如海的苍山就为他的航船把风帆张扬

如血的残阳就在酝酿明天的万里霞光

［节目 3　女声独唱　《忆秦娥·娄山关》

作为宣言书,长征把两万五千行精彩的诗篇写在大地和山川

作为播种机，长征使这片土地到处都焕发出蓬勃的生机春意盎然

这不仅仅是一支军队在危急关头的战略转移

也不仅仅是另一支军队围追堵截梦想的彻底破产

这是二十世纪地球上最优秀的人们创造的一个惊人的奇迹

两万五千里红色的飘带使得这颗蔚蓝色的星球从此变得更加壮观

［节目 4　合唱　《七律·长征》

当我伫立湘江橘子洲头

当我看浏阳河水浪遏飞舟

当我沐浴韶山冲清澈的溪流

东方才子少年时代的身影就将我的心弦激烈地弹奏

一百年前,他曾在这里割草放牛

一百年前,他也曾在这里独立寒秋

然而,当他身穿一领灰色的长衫走出这条河流

浏阳河的溪水就洗尽了中华民族全部的忧愁

［节目 5　古筝与女声独唱　《浏阳河》

是的,他的思想是如此的深邃

他的语言虽然带着浓重的湘音却如此的明白

深邃的思想需要我们用毕生的精力去理解

明白的语言即使山坡上放牛的孩子听了也会心潮澎湃

那么,就让我们把他的话儿永远地记在心上

那么,就让我们把他的思想永远地刻在胸怀

［节目 6　女声独唱　《毛主席的话儿记心上》

那是黎明前一段最黑暗的时光

寒风中萧瑟的人们盼望着太阳的光芒

大地在默默地等待灿烂的曙光

苦难的民众企盼着救星共产党

［节目 7　舞剧　《白毛女》合唱选段　《太阳出来了》

［节目 8　配乐诗朗诵　《毛泽东之歌》

东方的太阳,光芒万丈

旭日东升,照耀四方

海不扬波,百舸翱翔

大地光辉,万代无疆

［节目 9　领唱与合唱　《太阳最红,毛主席最亲》

是的,他已经离开我们远去

然而,他的光辉思想却永远滋润着这片土地

是的,他老人家已经安息

然而,他那慈祥而灿烂的笑容却永久地印在我们心里

他和他的战友们为万丈高楼打下了坚实的地基

共和国的大厦成为今天让世界惊叹的奇迹

［节目 10　女声独唱　《咱们的领袖毛泽东》

世纪的风刮过天空

世纪的深情依然在我们心中激烈地涌动

我的中国走过了二十世纪一百年风雨历程

我的家园迎来了又一个阳光灿烂的清晨

崭新的时代我们与时俱进

崭新的中国我们创造辉煌的前程

［节目 11　合唱　《走进新时代》

结束语

同志们,朋友们:

让我们高举马克思列宁主义毛泽东思想、邓小平理论伟大旗帜,学习实践"三个代表"重要思想,在以胡锦涛同志为总书记的党中央正确领导下,坚持立党为公、执政为民的根本宗旨,为实现党的"十六大"制定的战略目标而努力奋斗!

晚会到此结束,朋友们,再见!

(2003 年 12 月 20 日拟稿)

● 黄河之都金城关

——2003 年"万众颂兰州"歌曲征文入选歌词

黄河之都,丝绸之路
四通八达,交通中枢
南来北往,熙熙攘攘
雄汉盛唐,天下名扬
昨日里茶马互市云集商贾
今日里高朋满座四海五湖

骠骑将军歇战马
龙门客栈摆酒宴
兰州人搏浪种下绿色希望
兰州城金汤万里创造辉煌

黄河之都,高原天府
风情百里,雄关漫步
大河滔滔,风光独秀
江山壮丽,花团锦簇
黄河边万紫千红心潮澎湃
黄河上波浪滔天扬起风帆

西出阳关联欧亚
大梦敦煌飞天边

兰州人神采飞扬创造新世界

兰州城金汤万里迎来好时光

黄河之都，塞上明珠

灯火辉煌，流光溢彩

万千气象，辉映山川

大河两岸，景色无限

新天地平沙落雁雁落银滩

新时代黄河母亲绽开笑颜

巍巍兰山耸立云端

大河滔滔奔腾向前

兰州人敞开胸怀奔向新时代

兰州城前程似锦辉煌灿烂

（2003 年 6 月 18 日作）

● 万众歌唱新兰州

——2004 年"万众颂兰州"新年演唱音乐会主持词

（元旦·金城大剧院）

[下午 3:00 主持人出场]

各位领导、各位来宾,同志们、朋友们:大家好!

今天,是公元 2004 年元月 1 日

新的一年开始了!

灿烂的朝霞升起在世界的东方

奔腾的黄河激荡着绚丽的波浪

朝阳升起我们的祖国迎来了又一轮崭新的太阳

灯火辉煌我们的城市辉煌着一个金兰色的畅想

万众颂兰州 2004 新年演唱音乐会在这里举行

让我们怀着喜悦的心情向全市人民致以亲切的问候

表达新年的祝福

让我们放声歌唱欢乐起舞

出席今天演唱会的省市领导同志和各界嘉宾有:

（名单略;宣读名单即可,不再一一请领导同志向观众致意）

让我们以热烈的掌声欢迎领导同志和各界嘉宾的光临

首先,请兰州市市长张志银同志致《新年贺词》

[致词结束,起音乐,主持人出场,朗诵]

谱写盛世的华章

创造世纪的辉煌

巍巍皋兰山起舞舞动新天地的华彩乐章

滔滔黄河水欢笑歌唱新时代的神采飞扬

朋友们：

在刚刚结束的"黄河之都《万众颂兰州》歌曲征集"活动中,组委会办公室共收到省内外各界人士创作的歌词六百余篇,歌曲曲谱两百余首,经过有关专家认真评选,共选出十五篇歌词以及为这些歌词谱写的十六首乐曲参加今天的演出;现在,就让我们共同欣赏这些最新创作的、以歌唱兰州为主题的优美歌曲:

[节目1 《兰州颂》]

首先,请欣赏合唱 《兰州颂》

作词:郑 南 作曲:王学诗

领唱:胡文慧 罗宏毅

指挥:王学诗

[节目2 《相逢正当好时候》]

天下看黄河最美在兰州

放歌风情线万众颂兰州

快来吧远方的朋友

快来吧朋友的朋友

你来了陇上多了一匹骏马日历多了一页长久

你来了举杯多了一份感受身边又多了一个朋友

相逢正当好时候

好歌唱给好朋友

著名歌词作家、广州市文联副主席郑南先生怀着对兰州人民的深情厚谊写下了这首兰州的迎宾曲;兰州歌舞剧院国家一级作曲、指挥谢晶先生激情涌动、特意为这首歌词谱写了两个版本的曲谱,形成两首不同风格的歌曲,现在就让我们共同欣赏这首同工异

曲的歌儿:女声独唱《相逢正当好时候》

第一版本由张洁演唱

第二版本由霍玉焕演唱

指挥:谢　晶

[节目3　《每当我从铁桥上走过》]

古老的将军柱深情地注视着流经我家门前的这条大河

百年的黄河铁桥依然为我们唱着深情的歌

每当我从铁桥上走过,双手都要把你轻轻抚摸

你那美丽的身影,早已传遍了世界的每一个角落

啊,天下黄河第一桥,你和兰州人民是同一样性格

请欣赏:女声独唱《每当我从铁桥上走过》

作词:孙　琳　作曲:朱嘉禾

演唱:邹淑贞

[节目4　《欢聚在美丽的兰州》]

千年的古城亮丽出青春的风采

百里风情线就是那醇厚的美酒

醉在心头美不胜收

让我们欢聚在美丽的兰州

让我们托起高原的锦绣

女声小合唱《欢聚在美丽的兰州》

作词:邵永强　作曲:尚德义

演唱者:刘　芳　居　挺　吴雨芯　李志燕　罗红梅

　　　　杜　梅

[节目5　《兰州风韵》]

你有灿烂的从前

万紫千红总化成我的笑颜

你的美丽曾经留住过往的大雁

白云丹霞辉映在黄土高原

你的无限风韵飞扬在天地间

请欣赏男声独唱《兰州风韵》

作词:梁和平　作曲:朱家农

演唱:张新华

[节目6　《祝福兰州》]

剪一片彩霞给你我的兰州

每一个思念都饱含着温柔

洒一阵细雨给你我的兰州

每一轮新太阳都是我的问候

请欣赏女声独唱《祝福兰州》

作词:尚奋斗　作曲:李晓云

演唱:侯淑琴

[节目7　《太平鼓,擂起来》]

龙腾盛世鼓乐太平

五福临门普天同庆

太平鼓——兰州人民力与美的象征

无数次地擂响兰州人民节日庆典的太平心声

今天,它将插上音乐的翅膀

伴着兰州人的豪迈气概飞向远方

请欣赏:男声独唱《太平鼓擂起来》

作词:王武松　作曲:何云蛟

演唱:韩志国

［节目8 《金城兰州美》］

平沙落雁映春晖

丝路花雨绽新蕊

心流滔滔黄河水

美酒飘香诱人醉

请欣赏女声独唱《金城兰州美》

作词作曲:刘文年

演唱:程　艳

［节目9 《金城无处不飞花》］

金城无处不飞花,装点时代风情画

安宁桃花映彩霞,什川梨花披银纱

苦水玫瑰甲天下,和平牡丹绽奇葩

请欣赏:女声小合唱《兰州无处不飞花》

作词:冷冰鑫　作曲:晓　静

演唱:宋临艳　易文萍　吕友谊等

［节目10 《兰州亲家园》］

黄河水,奔陇原,花常开,天常蓝

撒一把珍珠在两岸,河滨百里展画卷

一座好金城咱们的亲家园

请欣赏:男声独唱《兰州亲家园》

作词:晨　枫　作曲:田晓耕　演唱:陈　兵

［节目11 《黄河母亲》］

人常说不到黄河不死心

我来到黄河边看望好母亲

母亲的爱,母亲的恩,都化作了黄河水,滚滚流不尽

儿女的情,儿女的心,都化作了黄河浪,从古流到今

请欣赏女声独唱《黄河母亲》

作词:李幼容　作曲:刘新民　演唱:李凤莲

[节目 12 《黄河之都》]

这里,是名扬天下的丝绸之路

这里,是花团锦簇的黄河之都

风情百里,雄关漫步

高朋满座,四海五湖

西出阳关,无边的春潮荡漾着文化兰州的滚滚波涛

大梦敦煌,金兰色畅想回旋着文化兰州的进军号角

请欣赏男中音独唱《黄河之都》

作词:岳逢春　作曲:谢　晶　志　平　演唱:孙中伟

[节目 13 《兰兰小妹》]

小妹兰兰,兰兰小妹

你有古典的现代美,又有现代的古典美

要问你家在哪里,不在城东就在城西

不在黄河南就在黄河北,兰州城到处都有兰兰小妹

今天,我们特意邀请了来自北京的著名青年歌手谭晶参加这次演唱会,她将为我们演唱这首由郑南作词、田歌作曲的《兰兰小妹》;同时演唱她的成名作《大团圆》和《西部春色》

[节目 14 《大地如意》]

朋友们:这次万众颂兰州歌曲征集活动得到了省内外许多著名歌词作家和作曲家的密切关注,郑南先生和田歌先生就是其中尤为著名的词作家和作曲家;郑南先生在歌词创作方面具有很高的造诣,他曾经创作了由李双江首唱的《我爱五指山我爱万泉河》

以及由宋祖英演唱的《大地飞歌》等一大批广为流传的优秀歌曲的歌词；田歌先生是一位知名度很高的作曲家，他创作的《草原之夜》被誉为"中国的小夜曲"，他创作的《毛主席的话儿记在我们心坎里》《边疆处处赛江南》等一大批优秀歌曲更为我们所熟悉，他们二位合作默契，特意为兰州举办的这次征歌活动谱写了好几首歌曲。

下面，将要由来自北京的著名青年歌手汤灿为大家演唱《大地如意》，这首歌曲是郑南、田歌在兰州期间创作的；汤灿同时还要演唱她的拿手歌曲《幸福万年长》和《情系人民》；《大地如意》这首歌词中唱道：家乡的大地，多像一把如意，宝地生辉，放眼万事如意。甘肃在祖国地图上的形状如同一柄象征吉祥幸福的"金玉如意"；如果大家留意的话，兰州的地图上也镶嵌着一把金黄色的"水如意"——这就是流过我们城市的黄河在这片土地上留下的形状。现在，让我们隆重请出汤灿，演唱这首《大地如意》

［颁奖仪式］

激情在飞扬，诗人一次次把酒杯斟满

歌声在荡漾，歌手一次次把琴键震颤

一页页优美的诗篇写在金城大地

一曲曲悠扬的歌儿汇入黄河巨澜

朋友们：根据这次征歌活动评委会的意见，今天演唱的这批歌曲暂不评定奖项的等级，而是首先广泛听取社会各界和广大市民朋友们的意见；金奖银奖比不上老百姓的夸奖，金杯银杯不如人民群众的口碑，今天的歌曲哪一首最动听，今天的歌手哪一位最出色，老百姓的检验是标准，人民群众的评价是根本。今天，组委会向现场的部分朋友们发放了 200 份评选意见表，请拿到意见表的朋友们将填写好的表格交给现场工作人员；为了感谢您的积极参与，我们还要给填写了意见表的每一位朋友赠送一份精美的纪念品；本次演唱会结束之后，组委会还将通过各种方式向社会推介这批歌曲，充分征求社会各界和广大市民群众的意见，最后决定这批歌曲的评奖等级。

朋友们：今天首次演唱作品的部分词曲作者也应邀出席这次演唱会，他们是：

[名单略；主持人宣读名单即可，不再一一介绍作者向观众致意]

现在，请他们上台，与朋友们见面；

[乐队演奏歌剧《阿伊达》选曲]

现在，有请出席晚会的领导同志为他们颁发作品入选证书

[乐队继续演奏《阿伊达》选曲；可以根据颁奖时间反复演奏]

[节目 15 《蓝色畅想曲》]

古塔的风铃对我说，春风最爱翻动千秋史册

金城的玫瑰听我说，飞雪也有热心变成花朵

金兰色被世界称为最亮丽的颜色

祝愿金城兰州的文化畅想与时俱进，光耀四方

现在，就让我们共同高歌一曲：《兰色畅想曲》

作词：郑　南　作曲：田　歌

领唱：霍玉焕　张　洁　李静淑　程　艳

指挥：谢　晶

结束语[在歌曲第二轮演唱时进入]

这是新时期的黄钟大吕回应着新时代的悠扬旋律

这是新天地的金汤万里跳跃着新世纪的豪迈步履

这是文化兰州的金兰色畅想曲激荡着兰州人民的风发意气

这是我们奔向小康的金兰色晨曦曙光喷薄在金兰色的天际

七彩斑斓的金兰色音符在兰山之巅腾空而起

五彩缤纷的金兰色旋律在大河上下欢歌笑语

壮丽的乐曲是我们献给母亲的一片心意

深情的诗篇是我们捧给家园的难忘记忆

请把我的歌儿带回您的家里

请把我的情意深藏在您的心底……

朋友们：让我们高举邓小平理论伟大旗帜，深入学习实践"三个代表"重要思想，在以胡锦涛同志为总书记的党中央领导下，与时俱进，开拓创新，为把兰州建设的更加美丽富饶而努力奋斗！

演唱会到此结束，朋友们，再见！

（2003 年 12 月 23 日第五稿）

盛典礼赞

● 五月歌潮花烂漫

——2004 年兰州大型群众歌咏活动颁奖晚会主持词

（5 月 23 日·近水广场）

各位领导、各位嘉宾,同志们、朋友们:晚上好!

今天,是公元 2004 年 5 月 23 日。六十二年前的今天,毛泽东同志发表了具有划时代意义的光辉文献——《在延安文艺座谈会上的讲话》。六十多年以来,中华民族在《讲话》精神指引下,创造了崭新的新民主主义文化和社会主义文化,"五·二三"这个光辉的日子成为一个值得我们永久纪念的光辉的节日。

今天,我们聚集在这里,欢歌起舞,放声歌唱,隆重纪念《讲话》发表六十二周年。

兰州《五月歌潮》大型群众歌咏演唱会闭幕式和《万众颂兰州》征歌活动颁奖晚会在这里隆重举行。

出席今天晚会的省市领导同志和各界嘉宾有:(名单略)

让我们以热烈的掌声欢迎大家光临晚会现场。

首先,请兰州市文化出版局局长,兰州五月歌潮活动领导小组副组长王有伟同志主持闭幕式和颁奖仪式。

1. 请牟少军部长致闭幕词

2. 请赵中东副局长宣布获奖名单

3. 请领导同志颁奖

[仪式结束,起音乐,主持人出场,朗诵

又是一个红色的五月,却带着绿色的湿润震颤我悠扬的琴弦

又是一个红色的五月,却伴着七彩的缤纷放飞我豪迈的诗篇

此刻,我伫立兰山之巅,倾听五月歌潮掀起的滚滚巨澜

此刻,我漫步大河岸边,沐浴五月歌潮飘洒的深情与缠绵

让我们再一次将酒杯斟满,祝福我的祖国

让我们再一次把歌喉舒展,歌唱我的家园

[节目1　大合唱　《兰州颂》《祖国颂》　兰州市人民政府办公厅]

五月歌潮,鸣奏新世纪的黄钟大吕

歌声悠扬,悠扬在五月的晴空万里

五月的风,燃烧着五月的一片火红

五月的歌,祝福兰州锦绣前程五谷丰登

[节目2　大合唱　《人民军队忠于党》《祝福》　兰州武警兰州市支队]

徜徉在五月如海的歌潮

倾听兰兰小妹爽朗的欢笑

如海的歌潮激荡着兰州的骄傲与自豪

爽朗的欢笑荡漾着大地的绚丽和妖娆

[节目3　女声独唱　《兰兰小妹》　张　洁]

伫立在五月爽朗的风中,我们展望大地丰硕的收成

收成在望,望出一片灿烂的风景

伫立在五月温馨的风中,我们编织新世纪的锦绣前程

前程似锦,迎来快乐兰州山丹丹花开一片火红

[节目4　大合唱　《快乐兰州》《山丹丹花开红艳艳》　兰州公交集团]

五月,曾经从风里走来

五月,曾经在雨中跋涉

五月的风雨绽放了万紫千红花红柳绿

五月的歌声飞扬着花团锦簇五彩缤纷

[节目5 大合唱 《兰州无处不飞花》 陈坪乡农民合唱团]

每一个红色的五月,我们都要磨砺镰刀的刀锋

每一个红色的五月,我们都要嘹亮铁锤的颂歌

此刻,我在这里吟诵一首诗篇

五月,以五月的名义,给了我澎湃的激情和沸腾的热血

此刻,我在这里描绘一幅画卷

五月,用五月的热情,渲染着麦苗的色泽和齿轮的欢歌

[节目6 大合唱 《啊!兰州》 兰州市中级人民法院]

五月的风,吹过每一座城市每一个山村

使得每一条河流都激情涌动

五月的风,吹过每一座厂房每一条田埂

让我们每一个人都饱含深情

相逢正当好时候,好歌唱给好朋友

[节目7 女声独唱 《相逢正当好时候》 霍玉焕]

五月的风吹过湛蓝湛蓝的天空

五月的风张扬火红火红的热情

在五月的风里我们加速改革的进程

在五月的风里我们敞开开放的大门

让我们欢聚在美丽的兰州

让我们嘹亮热情的歌喉

[节目8 大合唱 《欢聚在美丽的兰州》 兰州刘诗昆钢琴艺术中心园丁艺术团]

五月,龙腾盛世,鼓乐太平

五月,五福临门,普天同庆

太平鼓——兰州人民力与美的象征

无数次地擂响兰州人民节日庆典的太平心声

今天,太平鼓将插上音乐的翅膀

伴着兰州人的豪迈气概飞向远方

[节目9　大合唱　《太平鼓擂起来》《官兵友爱歌》　甘肃省军区独立营]

是的,五月的色彩如同我血管里的颜色

是的,五月的诗篇写给兰州——我亲爱的家园

五月的热情霞蔚云蒸,五月的歌潮波涛汹涌

[节目10　大合唱　《兰州亲家园》　《灯碗碗开花在窗台》兰州文科职业学校]

是的,五月的风是如此的倔强和赤诚

是的,五月的风是这样的爽朗而温馨

每一座炼塔都在五月的风里攀登

每一副键盘都在五月的风中驰骋

每一条高速公路都向着远方延伸

每一座大桥都化作绚丽的彩虹

大地如意啊,大地舒展着锦绣的前程

[节目11　女声独唱　《大地如意》　侯淑琴]

五月的风,与我们如此地亲近

五月的风,依然顽强而且坚贞

当镰刀和铁锤绣上那面鲜红的旗帜

五月的风就催生了中华民族不屈的魂魄

当铁锤和镰刀锻造出一个崭新的中国

五月的风就凝固成共和国大厦坚实的基座

[节目12　大合唱　《兰州颂》《没有共产党就没有新中国》
中共兰州市委办公厅]

激昂着的五月歌潮啊,让我挽起你的臂膀,创造一个个辉煌的
希望

燃烧着的五月歌潮啊,让我鼓动你的光芒,升腾起一个个火中
的凤凰

让我门走进那个金蓝色的畅想,一起创造新天地的灿烂辉煌

让我们高扬新时代的神采飞扬,共同谱写文化兰州的华彩乐
章

[节目13　大合唱　《蓝色畅想曲》　兰州市文化出版局]

结束语:

朋友们:让我们高举邓小平理论伟大旗帜,认真实践"三个代
表"重要思想,在以胡锦涛为总书记的党中央正确领导下,与时俱
进,开拓创新,为把兰州建设的更加美丽富饶而努力奋斗!

朋友们,再见!

(2004 年 5 月 19 日拟稿)

● 甜蜜事业比蜜甜

——2004 年兰州市人口与计划生育专场文艺演出主持词

各位领导、各位来宾、同志们、朋友们：

计划生育是我国的一项基本国策

控制人口增长，提高人口素质是我们的一项基本方针

少生优生是我国每个公民的义务和责任

为了保障我国经济社会协调发展，国家在城市实行独生子女政策，在农村和少数民族地区实行相关的优惠政策，我国的人口和计划生育政策保证了中华民族人口素质的显著提高

为了保证我国经济社会可持续发展战略的实现，国家提倡和实行计划生育政策已经经过了二十多年的风雨历程

二十多年来，计划生育工作取得了显著的成绩，为民族的强盛和国家的繁荣，为人民的幸福和社会的稳定，奠定了坚实的人口基础

这项政策得到了全体公民的拥护和理解

这项方针得到了全中国人民的称颂和认可

这是一项功在当代、利在千秋的伟大事业

这是一项造福人类、贡献全球的壮丽事业

今天，由中共兰州市委宣传部，兰州市计划生育委员会，兰州市精神文明建设工作委员会办公室，兰州市文化出版局共同举办这场《人口与计划生育专场文艺演出》，欢迎大家光临。

出席今天晚会的领导同志有：（名单略）

朋友们：

茫茫宇宙,星河灿烂

日月交替,星移斗转

人类在地球这颗蔚蓝色的星球上生息繁衍

历史在人类的创造中五光十色生动鲜艳

人类在生产物质财富的过程中同时生产着人类自己

人类在千秋万代的繁衍中逐渐认识生命的规律

[节目1　配乐诗朗诵　《托起明天的太阳》]

周口店的篝火点燃了最初的晨曦

河姆渡的渔网捕捉着遥远的过去

至今我们还在怀念祖先三皇五帝

温暖的家是我们每一个人深情的记忆

[节目2　戏曲小品　《我想回家》]

虽然我们曾经把子孙满堂当作一种幸福

虽然我们曾经把多子多福当作一种追求

然而,当地球再也难以承载急剧增长濒临爆炸的人口

那么，有着十三亿人口的中国就必须做出无畏的牺牲和理智

的选择

[节目3　快板　《计划外的不能要》]

二十年前这支歌家喻户晓

二十年后这首歌风情依旧

熟悉的旋律弹奏事业的不朽

嘹亮的歌喉吟诵祖国的天长地久

[节目4　男女声四重唱　《二十年后再相会》]

地球是人类的摇篮

牛背是牧童的摇篮

牧童在牛背上吹响短笛

杏花村的美酒难道永远喝不完

让我们控制人口的急剧增长

为子孙留下宝贵的生存资源

[节目5 三人舞 《牛背上的摇篮》]

刘皇叔三顾茅庐为的是一统天下

计生干部三叩门为的是落实人口计划

一部小戏演绎的是深刻的哲理

让我们共同欣赏这出小小的戏曲

[节目6 小戏曲 《三叩门》]

生了儿子喜洋洋,生下姑娘愁满肠

自寻烦恼不值得,其实,生男生女都一样

儿子大了能顶梁,女儿大了更亲娘

男女比例要平衡,男多女少失阴阳

娶不着媳妇难道你不发慌

朋友们,据媒体披露,由于传统的重男轻女封建思想作怪,近些年来,我国男婴出生率大大超过女婴出生率,男女比例严重失调,据我国人口和计划生育专家测算,由于男多女少,未来一个时期,将会发生五六千万男青年找不到对象的严重社会问题,这听起来似乎是危言耸听,却不能不引起我们的高度重视。

[节目7 歌伴舞 《生男生女都一样》]

我们生活在黄河两岸

皋兰山下是我们美丽的家园

风情百里铺开画卷

大河滔滔风光无限

[节目8 表演唱 《夸兰州》]

生我养我的亲娘啊,含辛茹苦的亲娘,如今您已是白发苍苍

历尽艰辛的亲娘啊,饱经风霜的亲娘

儿行千里母担忧啊,您依然在村口张望

[节目9 舞蹈 《慈祥的母亲》]

生活越来越好,日子越过越好

这是我们老百姓的自豪

这是我们全民族的骄傲

[节目10 女声二重唱 《越来越好》]

小康的春风刮起来,致富的道路筑起来

辛勤的汗水洒下来,山高水长情满怀

[节目11 表演唱 《小康路上大步跑》]

甜蜜的事业连着万户千家

甜蜜的生活需要精心计划

歌唱我们甜蜜的生活

今夜无眠说说甜蜜的话儿

[节目12 女声四重唱 《我们的生活比蜜甜》《今夜无眠》]

节育是为了更好地生育

控制是为了更好地增长

采取节育措施是为了利益的保障

少生优生的要求要记在心上

[节目13 小品 《流产》]

功在当代,利在千秋,造福人类,贡献全球

计划生育的基本国策实行二十多年以来,中国对全人类的发

展做出了巨大贡献。

正如邓小平同志指出的那样:这些年来,中国有效地控制了人口的增长,保持了社会的稳定,这本身就是对人类社会的巨大贡献,中国的计划生育政策还要继续坚持下去,要在实践中不断地加以完善。

[节目14　音乐剧　《基本国策暖人心》]

我们的生活充满阳光,我们的前程无比辉煌

祝福每一个家庭幸福安康,祝福祖国地久天长

[节目15　女声独唱　《我们的生活充满阳光》《祝福祖国》]

结束语:

朋友们:我们每一个人的幸福都离不开全体人民的幸福,我们每一个家庭的生儿育女,都与民族的强盛和国家的繁荣息息相关,生儿育女是个人的私事,又不完全是个人的私事,我们每一个人都要遵守国家的计划生育政策,少生,优生,让这个十三亿人口的大国成为一个繁荣富强的国家,让这个有着五十六个民族的大家庭欣欣向荣,蒸蒸日上。

朋友们:让我们高举邓小平理论伟大旗帜,用"三个代表"重要思想统领人口和计划生育工作,在以胡锦涛为总书记的党中央正确领导下,为实现全面小康社会的宏伟目标努力奋斗。

(2004 年 4 月 8 日拟稿)

● 希望田野麦浪翻

——2004 年兰州市首届农民艺术节开幕式主持词

(7月2日·永登县影剧院)

各位领导、各位来宾,亲爱的农民朋友们、同志们:大家好!

今天是公元 2004 年 7 月 2 日,现在是上午十点钟;

在庆祝中国共产党成立 83 周年喜庆热烈的氛围中,兰州市首届农民艺术节在永登县隆重举行;

现在,大型农民广场舞蹈表演《小康颂》正在永登县的主要街道神采飞扬,拉开了首届农民艺术节开幕式的帷幕:

欢腾的锣鼓沸腾了田野的希望

欢乐的唢呐圆满着农家的小康

太平鼓鼓舞飞扬——飞扬着中华鼓王豪迈的气象

玫瑰川玫瑰飘香——飘香这盛世小康的美丽芬芳

舞起龙灯,我们祝福庄浪河畔生机盎然的土地和村庄

扭起秧歌,我们歌唱秦王川里丰收在望的喜人景象

龙腾盛世,颂歌小康

农民朋友,欢聚一堂

让我们热烈祝贺兰州市首届农民艺术节隆重开幕

让我们衷心祝愿首届农民艺术节取得圆满成功

朋友们:

出席今天开幕式的领导同志和省内外嘉宾有:(名单略)

我市农村基层先进人物代表,劳动模范代表,农民企业家代表以及参加艺术节活动的各县区代表共一千多人出席在这里举行的

开幕式仪式；永登县数万农民兄弟聚集在县城主要街道，载歌载舞，欢乐开怀，共同祝贺艺术节隆重开幕。

现在，请[领导同志名单待定]同志主持开幕式仪程

[领导同志宣布艺术节开幕]

[节歌大合唱]

[领导致开幕辞]

[领导致欢迎词]

[致词结束，主持人出场，朗诵]

让歌声飞扬

让大地欢唱

把山川和大地织成锦绣的帷幕——徐徐拉开

让繁荣、创新、精彩、圆满的景象纷呈在七月火热的家乡

这是我们农民自己举办的欢乐节日

这是我们农民自己谱写的盛世华章

七月的家乡，盛开民间艺术的绚丽花朵

七月的家乡，沸腾田野乡情的纯朴热浪

把小康的希望写满家乡的大地

把丰收的喜悦撒遍家乡的山岗

东山的世纪晨钟荡漾我们豪迈的情怀

中华鼓王擂出我们发家致富的无限风光

神州的三山五岳送来建设小康的衷心祝愿

兰州的三县五区奔向全面小康的灿烂辉煌

请观看：大型文艺演出《乡情飞腾》

[演出杂技节目《乡情飞腾》；在节目尾声时主持人出场，朗诵]

结束语：

在喜庆的日子里我们欢乐歌唱

在丰收的季节里我们欢聚一堂

五彩缤纷的焰火腾空而起

龙飞凤舞的家乡日益兴旺

我们的节日抒发我们无限的向往

我们的家乡生长我们小康的理想

用勤劳的汗水浇灌家乡富饶的土地

用开放的热情收获小康无限的希望

让我们高举邓小平理论伟大旗帜

深入学习实践"三个代表"重要思想

在以胡锦涛同志为总书记的党中央领导下

向着美好的明天阔步迈进，激情飞扬！

朋友们，再见！

（2004 年 6 月 28 日拟稿）

● 十月放歌颂家园

——2004 年兰州市庆祝新中国成立 55 周年大型文艺晚会主持词

(9 月 29 日·黄河广场)

各位领导、各位嘉宾,同志们、朋友们:晚上好!

又是一度中秋佳节的花好月圆

又是一个国庆之夜的辉煌盛典

我的祖国,走过了新中国五十五周年辉煌的历程

我的家园,创造着一个又一个新时代的光辉灿烂

今天,我们聚集在这里,隆重庆祝中华人民共和国成立五十五周年。让我们欢歌起舞,放声歌唱

今晚,我们欢聚一堂,热烈欢呼党的十六届四中全会谱写宏伟的世纪交响。让黄河的波涛汇聚成我们衷心的祝福,让中秋的明月辉映祖国的繁荣吉祥

朋友们:

今晚,《万众颂兰州》歌曲征集颁奖仪式和获奖歌曲 MTV 光盘赠送仪式,以及《文化兰州》好新闻颁奖仪式和第二届文化兰州论坛征文颁奖仪式同时在这里举行

出席今天晚会的省市领导同志和各界嘉宾有:(名单略)

让我们以热烈的掌声欢迎大家光临晚会现场

又是一个辉煌的十月,十月以十月的激情放飞我豪迈的诗篇

又是一个灿烂的十月,十月以七彩的缤纷震颤我悠扬的琴弦

此刻,我漫步大河岸边,倾听十月的歌声

这歌声,饱含着我对祖国的一片深情和无尽的眷恋

此刻,我伫立兰山之巅,沐浴十月的阳光

这阳光,播洒着祖国母亲对家园的无限深情与缠绵

让我们再一次将酒杯斟满,祝福我亲爱的祖国

让我们再一次把歌喉舒展,歌唱我美丽的家园

[节目1　歌舞　《节日》《乡情飞腾》　兰州市歌舞剧院]

朋友们:

　　由中共兰州市委宣传部、市精神文明建设委员会办公室、市文化出版局、市文联、市广电局等部门主办的"万众颂兰州"歌曲征集评奖活动已于日前揭晓,在这次歌曲征集活动中,评委会共收到省内外词曲作家新创作的以歌唱兰州为主题的歌曲六百多首,经过一年多的群众演唱和专家评选以及群众投票等评选环节,共选出10首歌曲分别获得此次评选活动的各个奖项。

　　获奖者是:(名单略)

　　现在,有请出席晚会的省市领导同志为获奖者颁奖(颁奖领导同志名单略)

　　[节目2　颁奖仪式]

朋友们:

　　为了使这批获奖的优秀歌曲广为传唱,歌曲征集活动的主办部门专门组织力量,邀请了一批歌唱家和优秀歌手,拍摄制作了这10首歌曲的MTV光盘,光盘即将上市发行。今天,这10首优秀歌曲的MTV光盘首次公开与大家见面。让我们先睹为快。请音响师播放光盘片段。

　　请市委宣传部副部长、市广电局局长杨重虓同志,市委宣传部副部长、市文明办主任李培生同志,市文联副主席岳逢春同志,代

表征歌活动组委会,向出席今天晚会的嘉宾赠送《万众颂兰州·优秀歌曲 MTV》光盘。

[赠送光盘仪式结束]

中国的十月,我们引吭高歌,鸣奏新世纪的大吕黄钟

中国的十月,我们歌声悠扬,悠扬在十月的万里晴空

十月的歌声,燃烧着十月的一片火红

火红的十月,祝福祖国锦绣前程五谷丰登

[节目3　歌曲《兰州颂》　陈　虎　胡文慧]

每一个金色的秋天,我们都要磨砺镰刀的刀锋

每一个金色的十月,我们都要嘹亮铁锤的颂歌

此刻,我在这里吟诵一首诗篇

十月,以十月的名义,给了我彭湃的激情和沸腾的热血

此刻,我在这里描绘一幅画卷

十月,用十月的热情,渲染着麦苗的色泽和齿轮的欢歌

十月是你的生日,我的祖国

十月是我的骄傲,我的祖国

[节目4　《相逢正当好时候》《十月是你的生日》　霍玉焕]

十月,龙腾盛世,鼓乐太平

十月,八面威风,普天同庆

太平鼓——兰州人民力与美的象征

无数次地擂响兰州人民节日庆典的太平心声

今天,太平鼓将插上音乐的翅膀

伴随着兰州人的豪迈气概飞向远方

[节目5　男声独唱　《太平鼓擂起来》　刘　涛]

朋友们:

在"文化兰州"建设事业的热潮中,省市新闻界坚持以正确的舆论引导人,不断掀起波澜壮阔的新闻宣传高潮,营造了良好的舆论氛围,使得"文化兰州"这一崭新的理念深入人心,为了表彰在"文化兰州"新闻宣传工作中做出突出成绩的新闻工作者,省市新闻工作者协会和兰州市文化出版局特意组织了2003年度到2004年度"文化兰州·好新闻"评选活动,获得奖励的是:(名单略)

现在,有请省市有关部门领导同志为他们颁奖(颁奖领导同志名单略)

〔节目6 文化兰州好新闻颁奖仪式〕

徜徉在十月如海的歌潮,倾听兰兰小妹爽朗的欢笑

如海的歌潮激荡着兰州的骄傲与自豪

爽朗的欢笑荡漾着大地的绚丽和妖娆

让红旗飘飘,让大地欢笑

〔节目7 女声独唱 《兰兰小妹》《红旗飘飘》 张 洁〕

伫立在十月金色的阳光下,我们展望大地丰硕的收成

收成在望,望出一片灿烂的风景

伫立在十月温馨的色彩中,我们编织新世纪的锦绣前程

前程似锦,迎来快乐兰州,我的朋友,火热的生活火热着一片火红

〔节目9 男声独唱 《快乐兰州》 张新华〕

朋友们:

建设"文化兰州",是市委、市政府具有远见卓识的一个大决策,是我市实践"三个代表"重要思想,努力发展建设先进文化的大举措。这一决策和举措,将在兰州文化发展史上树起一个里程碑。为了将"文化兰州"的理论建设推向深入,兰州市文化出版局举办

了第二届"文化兰州论坛"征文活动,一批优秀的理论文章获得一奖项,他们是:(名单略)

现在,请领导同志为他们颁奖(颁奖领导名单略)

[节目10 颁奖仪式]

十月的阳光,辉映湛蓝湛蓝的天空

十月的收成,张扬火红火红的热情

在十月的阳光里,我们加速改革的进程

在十月的色彩里,我们敞开开放的大门

让我们欢聚在美丽的兰州,让我们嘹亮热情的歌声

[节目8 女声四重唱 《欢聚在美丽的兰州》《我和我的祖国》

刘 芳 居 挺 魏桂生 罗红梅]

是的,十月的信念是如此的倔强和赤诚

是的,十月的阳光是这样的爽朗而温馨

每一座高耸的炼塔都在十月的风里攀登

每一副计算机的键盘都在十月的风中驰骋

每一条高速公路都向着远方延伸

每一座大桥都化作绚丽的彩虹

大地如意啊,如意的大地

我和我的祖国,在十月灿烂的阳光照耀下

舒展这片土地锦绣的前程

[节目11 女声独唱 《大地如意》《祝福祖国》 侯淑琴]

是的,十月的色彩如同我血管里的颜色

是的,十月的诗篇写给我亲爱的祖国

十月的热情云蒸霞蔚,十月的歌潮波涛澎湃

激昂着的十月的阳光啊,让我挽起你的臂膀创造一个个辉煌

的希望

燃烧着的十月的阳光啊，让我鼓动你的光芒升腾起一个个火中的凤凰

让我门走进那个金蓝色的畅想，一起创造新天地的灿烂辉煌

让我们高扬新时代的神采飞扬，共同谱写文化兰州的华彩乐章

让五十五年的收成装满我们的谷仓

让五十五年的辉煌托起明天的朝阳

[节目 13　合唱　《蓝色畅想曲》　侯淑琴　霍玉焕　张　洁　李静淑]

结束语：

朋友们：让我们高举邓小平理论伟大旗帜，认真实践"三个代表"重要思想，在以胡锦涛为总书记的党中央正确领导下，深入学习贯彻党的十六届四中全会精神，坚持立党为公，执政为民，坚持与时俱进，开拓创新，为把兰州建设的更加美丽富饶而努力奋斗！为把祖国建设的更加繁荣昌盛而努力奋斗！

朋友们，再见！

(2004 年 9 月 27 日拟稿)

岳逢春

高贵典雅庄重的诗意抒情　激情澎湃神采飞扬的时代精神

盛典礼赞 ③

——兰州大型文化活动创意策划文案汇编

岳逢春 著

SHENGDIANLIZAN

LANZHOUDAXINGWENHUAHUODONG

CHUANGYICEHUAWENANHUIBIAN

敦煌文艺出版社

目　录

● 劳动之歌五一赞

——2004 年兰州市庆祝五一国际劳动节大型文艺演出主持词

（4 月 28 日·天龙水宫大厅）

各位领导、各位来宾，同志们、朋友们：大家好！

今天，我们欢聚一堂，共同庆祝全世界劳动者的节日——五一国际劳动节

今天，我们欢聚一堂，共同庆祝劳动者自己的节日——五一国际劳动节

今天，演出大厅披上了节日的盛装，花团锦簇，灯火辉煌

今天，演出现场充满着喜庆与吉祥，欢歌笑语，喜气洋洋

五一，是劳动者谱写的壮丽篇章，劳动的旋律慷慨激昂悠扬高亢

五一，是劳动者自己的光辉节日，劳动者欢乐开怀，放声歌唱

由兰州市总工会主办的大型文艺演出《劳动之歌》在这里隆重举行，参加演出者全部是来自我市各行各业、各条战线的普通劳动者

他们将以动听的歌声抒发劳动者豪迈的情怀

他们将用优美的舞姿描绘劳动者光辉的形象

让我们以热烈的掌声预祝演出取得圆满成功。

出席今天庆祝活动的有关方面领导同志有：（名单略）

让我们以热烈的掌声欢迎大家的光临

五月，沐浴着新世纪的绵绵春雨和灿烂的阳光向我们走来

五月,鸣奏着新时代的壮丽乐曲和激昂的旋律向我们走来

飞扬的鼓舞擂响了劳动者慷慨的情怀

翻腾的大鼓飞扬着劳动者豪迈的气概

鼓舞飞扬,飞扬的鼓舞

让我们擂起这惊天动地的太平大鼓

让我们走进这盛世欢歌的花团锦簇

[节目1 舞蹈 《鼓舞太平》 米晓强 王希琛等]

劳动创造了气象万千的人类世界

劳动点燃了熊熊燃烧的文明圣火

周口店的晨曦托起亚细亚灿烂的太阳

巴比伦的晚霞辉映欧罗巴宁静的月光

人人都向往那遥远的地方

人人都希望雪花飘洒在这片美丽的大地上

啊让我们用辛勤的汗水浇灌母亲的这片土地

啊让我们用勤奋的劳动装扮姑娘那美丽的帐房

[节目2 男声独唱 《在那遥远的地方》《我像雪花天上来》
陈润德]

敦煌,在劳动中横空出世

敦煌,在劳动中创造辉煌

莫高神女寄托着劳动者神圣的向往

飞天梦想谱写着全人类共同的愿望

让满天的花雨翩翩起舞

让林中的百鸟放声歌唱

[节目3 敦煌舞 《莫高神女》 杜 芳 谢洁云等]

我们歌唱劳动这是劳动者不朽的功勋

我们赞美劳动这是劳动者无尚的光荣

劳动者用双手创造幸福的生活

日子在劳动中一天天变得红红火火

[节目4　相声　《劳动赞》　程明亮　辛业东]

在我们的劳动中我的祖国天天蒸蒸日上

在我们的耕耘中我的家园日益繁荣兴旺

清晨,我将一群白鸽放飞在蓝天上

问候我的祖国:祖国你好

中国永远收获着希望

[节目5　女声独唱　《祖国你好》《中国永远收获着希望》　孙晓兰]

精卫填海,凝聚着不屈不挠的顽强意志

夸父追日,张扬着敢于拼搏的不屈精神

劳动者追赶日月星辰

天地间沸腾热血激情

[节目6　舞蹈　《追日》　汪　波　杜　芳等]

愚公移山,子孙万代在劳动中日益强健

锦绣高原,大地山川在劳动中改换容颜

这个民族从来都不畏险阻艰难

这个民族永远都勤劳而且勇敢

[节目7　男声独唱　《高原红》《愚公移山》　邢建军]

五月的风拨动诗人的心弦

五月的风吹拂希望的田园

五月,劳动者创造劳动者的诗篇

五月,劳动者歌唱劳动者的心愿

朋友们,兰州市文联副主席兼秘书长、诗人岳逢春先生特意为我们这场大型演出创作了长篇朗诵诗《五月的风》,作为献给五一国际劳动节的节日礼物,下面,让我们共同欣赏这首充满激情的诗

篇。朗诵者:戚文军　卢　薇

[节目8　情景诗朗诵《五月的风》作者:岳逢春　朗诵:戚文军　卢　薇]

五月的风吹过来,五月的激情满怀

大红的灯笼挂起来,高高的戏台搭起来

开心的歌儿唱起来,火红的秧歌舞起来

[节目9　舞蹈　《秧歌情》　赵吉海　李晶晶等]

日子越来越好,生活越来越好

故乡的风光使我梦魂萦绕

北京颂歌唱出民族的骄傲

你的脸上露出甜美的微笑

我的心里涌出江山的妖娆

[节目10　女声独唱　《越来越好》《故乡是北京》　魏　丽]

在改革的大潮中奋进

在开放的蓝天上翱翔

我们,在风雨中经受时代的洗礼

我们,用红旗颂鼓动奋进的光芒

万众一心,我们创造美好的前程

众志成城,我们实现中国的小康

[节目11　舞蹈　《奋进的旋律》　刘志军　周恒宇等]

放开你的歌喉吧,我的朋友

舒展你的舞姿吧,我的朋友

弹奏你的琴键吧,我的朋友

挥动你的画笔吧,我的朋友

在西部的山山水水中,大显你矫健的身手

西部的情歌唱出了你不尽的风流

[节目12　男声独唱　《架线工的号子》《西部情歌》　白山东]

劳动的辉煌是可以创造的

辉煌的创造是可以舞动的

劳动的辉煌写在劳动者的历史上

创造者的辉煌铭刻成历史的篇章

让我们共同锻造劳动者的辉煌

让我们一起走向辉煌灿烂的太阳

［节目13　组舞　《舞动辉煌》　全体演员］

劳动,创造着生机勃勃的人类世界

劳动,孕育了五彩缤纷的火热生活

热爱劳动是劳动者永恒的品格

热爱生活天地间就充满了无尽的欢乐

［节目14　男女声二重唱　曲目人员待定］

五月的风吹过湛蓝湛蓝的天空

五月的风鼓动火红火红的热情

五月的风帆写下了五月辉煌的宣言

五月的灯塔辉映着五月奋进的航船

让我们以劳动者的名义挥洒热汗建设家园

让我们以劳动者的名义祝福祖国国泰民安

［节目15　尾声歌舞　《新的航程》］

结束语:

　　朋友们:让我们高举邓小平理论伟大旗帜,深入学习实践"三个代表"重要思想,在以胡锦涛为总书记的党中央正确领导下,为实现全面建设小康社会的伟大目标,奋勇前进。

　　朋友们,演出到此结束,谢谢各位,再见!

盛典礼赞

（2004年4月19日拟稿）

● 缅怀大师常香玉

——2004 年兰州文艺界缅怀常香玉追思会赋诗

（2004 年 6 月 4 日即席赋诗）

缅怀,是这样一个词汇,这个词汇饱含着千言万语

缅怀,是这样一种情绪,这样的情绪需要我们仔细地经历

缅怀一个人的时候,我们往往把声音尽量地放低

缅怀一个人的时候,我们常常把情感用心地凝聚

而缅怀这个人时,悲痛已经升华为崇高的敬意

而缅怀这个人的时候,这个人的生命成为永远的记忆

这不是哀悼,所以,我们用不着哭泣

这不是葬礼,所以,我们不需要悲啼

因为我们缅怀的这位大师,已经升华为梨园璀璨的星系

中州大地因为她的技艺而充满了欢喜

中华民族由于她的出现而升华了戏剧

她经历了一个艺人所能够经历的全部的风雨

她创造了一个艺人所能够创造的所有的传奇

几乎一个世纪的追求她的舞台因而变得无比绚丽

几乎一生的璀璨德艺双馨构成了令人仰视的高地

一个人开辟了一个剧种的崭新的天地

一个人创造了一种艺人的全新的履历

是的,她是这样一位值得我们深切缅怀的宝贵的玉

是的,她是这样一位值得我们永远纪念的崇高的玉

所以,我们记住了有一种玉称为散发着清香的常香的玉

所以,我们接受了她并且永远接受她品德的永久的激励

● 禁绝毒品在鏖战

——2004 年兰州市"综治禁毒"专场文艺演出主持词

(6 月 15 日·金城剧院)

各位领导、各位来宾,同志们、朋友们:大家好!

在"6·26"国际禁毒日到来之际,我们在这里举行兰州市"综治禁毒"专场文艺演出;

今天的演出,是最近开展的"社会治安综合治理全民动员拒绝毒品"宣传活动的一个重要组成部分,表达着党和政府争取社会治安形势根本好转的坚强决心,表达着广大人民群众"珍爱生命禁绝毒品"的迫切愿望和真情;

社会治安综合治理是中国特色社会治安防控体系建设的一个创举,我市"112 工程"的建设,将把公安政法队伍、保安队伍和社区治安综治员队伍的力量结合起来,将由一万名政法干部和人民警察、一万名专职保安员和两万名社区综治员,构筑维护社会治安稳定的铜墙铁壁,创造一个完善的治安防控体系,为保障人民群众安居乐业尽心竭力。

同时,我们看到,当今世界,毒品问题已经成为一个不容回避的严峻课题,从太平洋彼岸到神州大地,禁毒呼声日益高涨,缉毒斗争潮涌浪翻;

因此,让我们在这场文艺演出中重温联合国关于禁毒的《政治宣言》;

因此,让我们在社会治安综合治理和禁毒斗争中进一步增强我们必胜的信念;

让我们共同行动起来,投身于维护社会治安稳定的神圣激战;

让我们共同努力,创造一个社会治安稳定,人民安居乐业的美好家园!

今天的文艺演出由中共兰州市委宣传部、中共兰州市委政法委、市禁毒委员会、市社会治安综合治理委员会、兰州市文化出版局、兰州市广播电视局六部门共同举办;

出席今天活动的领导同志有:(名单略)

首先,请市委副书记、市禁毒委员会主任哈全玉同志讲话。

【讲话结束主持人出场朗诵】

朋友们:

1987年召开的第42届联合国大会,确定6月26日这一天为国际禁毒日;

从此,当每年的这一天到来的时候,全世界都要响起禁毒《全球行动纲领》的嘹亮钟声;

17年过去了,17年国际禁毒斗争的征途是如此漫长却又这样短暂,中国政府和中国人民在禁毒斗争中做出不懈努力,为国际禁毒事业做出巨大贡献;

17个节日提醒我们,禁毒的道路漫长而且充满了艰险;

17个节日告诉我们,禁毒斗争依然面临严峻的考验;

中华民族曾经饱受外来鸦片烟毒的侵害,中华民族也曾写下过彻底禁绝毒品的历史诗篇。今天,当毒品问题再次袭扰我们的家园,我们的回答只能是:绝不允许毒品祸害的历史重现!

那么,就让我们继续高举禁毒的利剑;

那么,就让我们再一次发出我们坚定的誓言;

【节目1　合唱:1.《人民警察之歌》　2.《我们的队伍向太阳》

市公安局

一百六十多年前虎门炮台的硝烟虽然早已经飘散

一百六十年后的严峻形势却又一次绷紧了我们的心弦

印度洋上的趸船早已经折断了它贪婪的桅杆

肆虐的毒魔却从来也没有放弃它罪恶的梦幻

蓝色星球妖雾重现神州大地又起烽烟

国际禁毒警钟长鸣人类警醒全球动员

【节目2 舞台散文:《真情》 朗诵:姚 睿(红古区)

是的,这是一个难以回避的话题

是的,这是一个不可丢弃的群体

打击贩毒,我们把利剑高高举起

综合治理,我们把关怀深情地送去

【节目3 吉他弹唱 《想要飞》 市公安局强制戒毒所学员

有一种花儿十分妖艳却暗藏着阴谋和凶险

有一种药物被滥用的时候就会造成可怕的灾难

有一种行为虽然被视为卑贱却有人深深地迷恋

有一种交易虽然被唾弃却不断有人铤而走险

于是,蔚蓝色的地球由于罂粟的开放而在绚烂中震颤

于是,我们的母亲因为毒品的泛滥而垂泪心寒

朋友,让我们挽起臂膀,筑成禁毒事业的坚强防线

朋友,让我们携起手来,共同遏制毒品的泛滥蔓延

【节目4 音乐小品 《毒渊》 永登县

生命是宝贵的,健康的生命应该远离毒品

生活是美好的,美好的生活应该拒绝恶习

远离毒品,珍爱生命,生命才会幸福绚丽

盛典礼赞

拒绝毒品,热爱生活,生活才有春风和煦

【节目5　女声四重唱　1.《我和我的祖国》　2.《今夜无眠》

城关区　刘　芳　居　挺　魏桂生　罗红梅

一杆烟枪打得妻离子散

白粉一燃烧尽万贯家产

灵魂在堕落中坠入万丈深渊

幸福在麻醉里化作迷茫的云烟

醒醒吧,我的朋友

远离毒品,挣脱毒魔虚伪的温情阴险的羁绊

【节目6　相声　《法制漫谈》　城关区

黑夜的交易交易着罪恶

黑夜的罪恶教唆出白色的恶魔

警惕锡纸点燃的那一刻吧

万丈深渊却开放着美丽的花朵

【节目7　双人舞　《醒悟》

人类在思索中渐渐清醒

人类在磨难中逐渐认识自己

毒品的蔓延造成一桩桩妻离子散的人间悲剧

毒枭的猖獗引发一件件人格堕落的后悔莫及

母亲的泪水难道洗不尽你无穷的忏悔

亲人的呼唤真的唤不醒你人格的回归

是罪恶,就必须得到严厉的惩罚

要回归,就应该痛改前非

【节目8　小品　《诱惑》七里河区　李　响　张小琪　彭

韧　李俊生　杜林宏

风起云涌的禁毒斗争波澜壮阔

综合治理的战斗中，人民卫士以苦为乐

妻子的牵挂深藏在心里

人民的嘱托化作你深情的颂歌

【节目9　独唱　《妻子辛苦了》

举起你的利剑，我的警官

挥起你的铁拳，我的警官

为缉毒敢闯虎穴龙潭

抓毒贩看我英雄孤胆

【节目10　快板　《端老窝》

记忆犹新的历史我们将长久地铭刻心间

林则徐那掷地有声的誓言至今还在我的心头震撼

丰收的土地绝不容毒雾再次弥漫

温馨的家园岂能让鸦片死灰复燃

【节目11　舞蹈　《洗衣歌》　市公安局强制戒毒所学员　梅燕等

【节目12　女声独唱　《爱的奉献》　兰州歌舞剧院　张　洁

一从大地起风雷便有精生白骨堆

今日欢呼孙大圣只缘妖雾又重来

缉毒方未有穷期勇士辉煌筑丰碑

国际携手除毒害综合治理劲风吹

【节目13　舞蹈　《血与火的洗礼》　市公安局

结束语：

【在节目13　进行到尾声时择机进入朗诵

朋友们：江泽民同志指出："现在不把贩毒、吸毒问题解决掉，从某种意义上说，是涉及到中华民族兴衰的问题，这不是危言耸听，必须提高到这样的高度来认识。"

当今世界，毒品问题已经成为一个世界性的问题，国际禁毒斗争任务艰巨，形势复杂。禁毒斗争任重而道远,6·26,成为一个难忘的日子,6·26,成为一个并不轻松的话题。

在6·26到来之际，让我们切实贯彻落实胡锦涛总书记关于"禁毒工作必须持之以恒,毫不手软"的指示精神,顽强奋战,再创辉煌。

让我们全民动员,参与禁毒,珍爱生命,抵制毒品,展开声势浩大的综合治理斗争。

让我们携起手来,遏制毒品的蔓延和泛滥,为地球的平静与安宁,为人类的繁荣与发展,做出我们应有的贡献。

朋友们,再见!

（2004年6月10日拟稿）

● 金鸡报春迎新年

——2005 年兰州市春节电视文艺晚会创意策划文本

（文学创意策划文本·草案）

前　言

2005 年（农历乙酉年）春节即将来临，根据市委宣传部领导同志指示精神，决定举办 2005 年兰州市春节电视文艺晚会。晚会由市委宣传部、市文明办、市广电局、市文化出版局、市文联五部门联合主办；由兰州电视台承办。

晚会于 2005 年 2 月 4 日（农历腊月廿六）在金城大剧院举行并实况录像，剪辑后于 2 月 6 日（腊月廿八）由兰州电视台选择黄金时段播出。晚会现场进行时间大约 90 分钟，播出时间控制在 80 分钟。

鉴于参加晚会演出的演员和团体将来自外地和省、市区县以及部队等各个方面，目前，晚会演出的文艺节目正在创作排练和选调洽谈阶段，一部分演员和文艺节目尚未最终敲定，因此，本草案仅仅提供晚会的主要创意策划构想和演出基本框架，并对晚会现场氛围进行描述。晚会导演组将根据本草案提出的创意构想继续完善晚会演出和实施方案。晚会现场实施方案将在晚会合成阶段另行提供。

草案文本正文

序幕

【演出当晚，金城大剧院张灯结彩，富丽堂皇，宫灯高悬，花团锦簇，喜气洋洋，一派节日景象，舞台装置与观众席装饰浑然一体，装扮成为庆祝节日的高雅殿堂；宏大的舞台背景渲染出兰州特色和节日氛围,突出显示"金鸡报春晓"的晚会艺术标题,很可能有一只昂首鸣啼的金鸡在画面中出现, 金鸡造型可能是传统的民间剪纸图案,也可能是国画大师的金鸡报晓国画水墨图,比如,李可染的作品放大。舞台美术设计方案将由舞美设计师提供。

【观众入场。观众群由社会各界人士构成,作为一种社会礼遇和政治待遇,名单由市委宣传部确定并分配名额发出邀请,分区域就座。楼座和池座最后五排席位由导演组掌握,分配给提供赞助的企业,组织员工就座。

【在市委主要领导到达剧场时,电视播出已经开始,晚会节目主持人将首先出现在剧院门厅, 展示剧院霓虹灯闪烁的外景和观众正在入场画面,然后在贵宾休息室出镜,并且介绍到场的领导同志名单和各界主要知名人士, 并用画外音分别对应首长和贵宾特写画面。当然,贵宾们一定是在互相拜年,互致节日问候,贵宾休息室一派喜气洋洋。

【主持词:朋友们,今天是腊月廿八,2005 年农历乙酉年春节就要来临,民间谚语说,二十八,白面发,二十九蒸馒头,初一的饺子初二的面, 初三的点心家家转,金城已是一派欢腾喜庆的节日气氛。今晚,我们在这里举行兰州市 2005 年春节电视文艺晚会,共同迎接鸡年春节的到来,金鸡报春晓,金城迎新年,让我们一起走进这欢乐祥和喜庆热烈的节日晚会;出席今天晚会的省市领导同志和各界嘉宾有:(名单略,由市委宣传部提供)

【晚会即将正式开始,首长入席,插入提前录制的片花,很美的音乐

第一板块 吉祥兰州 辞旧迎新的节日

[场灯渐暗,暗到漆黑一片。似乎是黎明前的那一刻。静场。

［音响效果,嘹亮的鸡鸣,一声比一声嘹亮,一声比一声高亢

［雄鸡三唱,场灯渐亮,灯火通明,强烈的音乐

节目1 舞蹈 《春节序曲·金鸡起舞》

［一只金猴,或者一群金猴,翻滚跳跃,很短的时间,依依不舍,挥手与我们说声再见;一只金鸡,或者一群金鸡,闪亮登场,与金猴握别,金鸡起舞,金猴鱼跃翻滚,走入昨日的历史,消逝在时间的长河。金鸡起舞,金鸡也许会扭动大秧歌和跳迪斯科。《春节序曲》是一道好菜,是一首永远新鲜的好曲子,舞蹈当然要新编了。

［主持人出场,诗一般的语言,例如,春风春雨春色盎然,新年新岁新的天地,猴年带着2004农历甲申年的丰硕成果载入历史的史册,金鸡伴着2005农历乙酉年的嘹亮钟声向我们走来,过去的一年,兰州人民高举旗帜,在党的领导下取得了全面建设小康社会的丰硕成果,雄鸡高唱,天高地阔,21世纪的历史画卷又翻开了崭新的一页……

让我们祝福兰州人民……

让我们向金猴说声再见让我们迎接金鸡闪亮登场……

……等等

［高悬的宫灯自动打开,撒下无数花瓣,满天的花雨,剧场一片欢腾

［剧场观众席埋伏着礼花炮手,启动数十个气动礼花炮,又是满天的花雨,又是一片欢腾

节目2 独唱 《高歌一曲唱兰州》 欢快的节日歌曲

［舞台装置的冷焰火喷射出夺目的光焰,伴随歌手的高音掀起又一个高潮。

［祖国的版图像一只昂首振奋的雄鸡,雄鸡的背上托起一柄金铸玉雕的"如意",这就是甘肃大地地图的形象,在这片热土上曾经

传颂着多少关于美好生活的传说和故事,一碗鸡汤,曾是多少母亲的心愿,一只鸡腿,曾是多少少年梦中的理想,在这又一个金鸡年到来之际,让我们追着彩云飞向理想的明天

节目3 舞蹈 《采彩云》 市艺术学校

[我们可以回顾一下关于鸡的传说和故事吧……

节目4 女子独舞或者群舞 舞剧《红嫂·熬鸡汤》片段

[炉中火,闪银光,我为亲人熬鸡汤,烧一把蒙山柴,炉火更旺,添一瓢沂河水,情深意长……

节目5 戏曲折子戏 《时迁盗鸡》

[节目当然经过改编和再创作,幽默诙谐,是今天的人眼中的时迁和鸡的关系,节目可能由市豫剧团或者市秦剧团的优秀青年武丑演员演出

节目6 人体木偶剧 《半夜鸡叫》片段

[节目可以请市儿童艺术剧团编演,参照动画片编一个片段,当然也是今天的视角

[黄河从我的门前流过,黄河滋润家乡的大地,兰州正在走向魂牵梦绕的新时代,兰州正在变成一片梦中憧憬的新天地

节目7 音乐 快板《夸兰州》

节目8 相声 《汪海说鸡》

[节目由汪海、李金辉创作并演出

[在掌声中,冷焰火又一次燃放

[片花闪过银屏

第二板块 欢乐兰州 营造亲民同乐的氛围

[军队是长城,军人是亲人,军民团结一家人,节日迎来子弟兵

节目9 歌舞 军区文工团获奖节目 节目标题待定

节目 10　情景剧　《兰州小吃赞》

节目 11　诗朗诵　《以兰州的名义》

节目 12　市委主要领导同志的《新年献词》

节目 13　《好歌大家唱》　演员与观众互动

节目 14　大腕演员的歌曲

第三板块　祝福兰州　创造灿烂辉煌的美好明天

节目 15　现代舞蹈舞动青春

节目 16　大歌舞祝福兰州

节目 17　尾声灿烂明天

[冷焰火热烈燃放,无数彩色气球从剧场楼上如瀑布般倾泻下来,全场一片欢腾。

结束语

撰稿人说明:

　　此文本目前只是提出一些设想,其作用只是整理了大家讨论的一些思路,为讨论修订方案提供一个案头文本,目前文本只限于导演组讨论参考,切勿外传或者上报领导部门。

　　请小平台长和胡斌、郭宏导演等同仁一阅,提出修改意见,我也需要进一步了解和理解导演意图,了解和消化节目内涵,此后再另行编撰整理出比较成熟的专稿,预期下周末才可能形成上报领导部门的稿子。

　　可在 1 月 10 日前(下周一)反馈意见给我。

(2005 年 1 月 7 日拟稿)

● 祝福兰州换新颜

——2005 年兰州市春节电视文艺晚会实施方案

（2 月 4 日·金城大剧院）

前 言

2005 春节即将临近,根据市委宣传部领导同志指示精神,决定举办 2005 年兰州市春节电视文艺晚会。

晚会由市委宣传部、文明办、广电局、文化出版局等部门联合举办,由兰州电视台承办。

晚会于 2005 年 2 月 4 日(农历腊月廿六·立春)在金城大剧院举办并实况录像,2005 年 2 月 3 日下午进行彩排(演出场地、演出时间如有变动,将另行通知)。

晚会于 2 月 7 日晚由兰州电视台新闻综合频道在黄金时段播出。晚会现场进行时间约 110 分钟,播出时长不超过 90 分钟。

晚会以振奋精神、凝聚人心、亲民同乐为主旨;以热爱兰州、欢乐兰州、祝福兰州为主题;以歌舞、小品、相声、音乐快板、情景剧、诗朗诵等文艺节目为具体表现形式。在晚会高潮时段请市委主要领导同志发表《新年献词》。晚会气氛热烈、喜庆、欢乐,节目丰富多彩,力求出新、出彩。力求展现"统一思想、凝聚人心、振奋精神、加快发展"的兰州发展新思路,表达"创业实干打硬仗"的发展勇气和决心,力争做到让党和政府满意,让领导同志满意,让广大人民群众满意。

节目阐释与主持词

序幕

　　电视短片与舞蹈　《冬去春来》　市艺校

　　[静场、灯暗、收光

　　[现场大屏幕播放电视短片:冰雪消融、大地复苏、嫩芽初绽、春意盎然、水滴叮咚、溪流潺潺、春回大地、万物复苏。金城大地层林尽染,绿色春潮希望无限。

　　[典雅、优美的音乐如一溪清泉流过每个人的心田

　　[舒缓、幽雅的舞蹈展现春回大地、万象更新的冀盼

　　(采用静场方式开场,以电视大屏幕展示春天景色优美画面,伴以舒缓幽雅的舞蹈,意图将观众早已熟悉的热闹形式避开,使观众在意外感受中不自觉地进入晚会氛围,还观众以思考、以惊喜)

　　主持词(画外音):

　　春天来了。春天来了!

　　又是一个明媚的春天,这个春天乘着和煦的春风向我们走来。

　　又是一个崭新的春天,这个春天伴着清新的气息向我们走来。

　　春天的脚步走过冰雪消融的山涧,春回大地,万物复苏,溪流潺潺,春意盎然,仿佛有一溪清泉汩汩流过我的心田。

　　春天的笑颜绽开在嫩芽吐翠的杨柳枝头,万紫千红,春光灿烂,一股豪情昂然在我们的心间。

　　无边的春色在这片大地上舒展,舒展出一个灿烂的春天。

　　无言的春雨在这块土地上缠绵,缠绵着一个梦里的期盼。

　　桃花一簇红欲燃,雨中草色绿堪染。

　　春雨随心翻作浪,遍地英雄下夕烟。

我的春色满园的兰州啊,迎来又一个春光明媚的崭新的春天。

我的春光明媚的家园啊,装点新一年风姿绰约的创业与实干。

春的气息是这样的浓郁,崭新的诗篇在这样的春天吟诵我们创业的宣言。

春的色彩是如此地绚丽,全新的画卷在这样的春天描绘家乡发展的关键。

春风把希望洒满大地,大地用绿色的春潮拥抱明媚的阳光。

春色把春潮铺开千里,春潮以澎湃的热情走进明天的畅想。

以项目为纲、以改革为先

以环境为要、以稳定为上

以民生为重、以党建为本

春天的旋律在春风荡漾的大地上回旋激荡。

春天的色彩在春雨滋润的画卷上亮丽辉煌。

这是一个怎样的春天啊,金鸡报晓,钟声嘹亮,兰州的早晨神采飞扬。

这是一片怎样的春光啊,雄鸡三唱,小康在望,发展的思路通向远方。

朋友,让我们走进这无边的春色,拥抱这无限的春光。

朋友,让我们迎接这明媚的春天,创造那骄人的业绩与事业的辉煌。

朋友,你看啊你看,一个春光明媚的春天,正在风姿绰约地向我们走来……

[金鸡报晓,象征春天的钟声响起。舞台放大光明,象征各民族的大型节庆舞蹈上场。灯笼、彩绸、鞭炮挂(道具)全场舞动,焰火飞瀑、礼花满天,一派欢腾景象,全场喜气洋洋,观众精神为之一振。

女声独唱演员出场。

1. 歌伴舞《合家欢》 海政歌舞团女高音歌唱家 刘玮;伴舞:市艺校

[四位节目主持人出场。精神饱满,神采奕奕,带着抑制不住的激动神色]

主持词:

春天来了。(每人朗诵一遍,声调音色各有千秋,逻辑重音各不相同,表达内涵丰富多彩)

春天迈着欢快的脚步向我们走来,黄河绚丽多姿,翻卷五色缤纷的浓墨重彩

春色挥舞绚丽的画笔向我们走来,兰山云蒸霞蔚,激荡欢天喜地的激情澎湃

春雨飘洒着温馨的情思向我们走来,江山秀丽,人民豪迈

春意弥漫着无边的风情向我们走来,走进一个崭新的时代

挥挥手,向过去的日子说声再见,我们风雨兼程,迎来了新的一年

春雷涌动,春雨潇潇,春色无边,这个春天春意盎然

金鸡报晓,雄鸡三唱,新年新岁新气象,新的思路新畅想

舞起春风,喜气洋洋,春节春分好春光,春色满园新篇章

朋友们:《祝福兰州·2005年兰州市春节电视文艺晚会》在这里隆重举行,今天的晚会由中共兰州市委宣传部、兰州市精神文明建设办公室、兰州市广播电视局、兰州市文化出版局联合主办,由兰州电视台承办。

在海政歌舞团著名女高音歌唱家刘玮女士优美的歌声中,晚会已经拉开帷幕。

各位朋友:(齐)晚上好!

今晚,我们在这里欢聚一堂,迎接农历乙酉年新春佳节的来临。新春伊始,万象更新,我们欢欣鼓舞,神采飞扬。我们在这里给全市人民:(齐)拜年了!

今晚,我们在这里举行一个盛大的晚会,表达兰州人民创业实干、加快发展的强烈愿望,在奔向小康的征途上,我们精神振奋,意气奋发,斗志昂扬。

四海翻腾,五洲风雷激荡,我的祖国在中国特色社会主义的道路上扬帆远航

踏遍青山,风景这边独好,我的祖国在建设全面小康社会的旗帜下慷慨激昂

走进我的城市,满眼都是创业实干的勃勃生机

走进我的家乡,到处都是加快发展的繁忙景象

采一束鲜花给你,我的兰州,唱一曲赞歌给你,我的兰州

(齐)祝福你,我们的兰州

2. 男高音独唱 《高歌一曲唱兰州》 张新华

[伴舞;大屏幕切兰州风貌]

主持词:

春节是团圆的日子,春节是喜庆的日子,家家户户张灯结彩,户户家家团团圆圆。

春节又是繁忙的日子,春节又是紧张的日子,春节还是加班加点的日子。

在节日期间,许许多多的劳动者依然坚守在工作岗位上,为我们度过一个欢乐祥和的节日无私奉献着。文艺工作者为我们带来欢歌笑语,使我们的节日充满喜庆与快乐。

著名演员李嘉存先生带着最新创作的节目，风尘仆仆从北京赶来，为我们的晚会增添一道亮丽的风景。您知道李嘉存吗？他就是:嗨,牙好,胃口就好,吃嘛嘛香,身体倍儿棒。

请欣赏,由李嘉存先生和他的搭档××先生表演的小品《红灯记新传》

3. 小品 《红灯记新传》 表演者:著名演员 李嘉存 × × 等

主持词:

这个春天充满阳光的气息,这个春天的色泽是如此地艳丽

这个春天把希望带给这座城市, 这个春天的花朵开遍这片土地

4. 少儿舞蹈

[大屏幕切现场;舞蹈风格轻柔雅致、优美欢快、喜庆热烈]

主持词:

一方水土养一方人,一些风俗浇灌着我们的根,儿时的记忆是这样的深沉, 故乡的节日是这样的迷人, 回到生我养我的小巷市井,喝一碗灰豆子吃一块饼,每逢佳节倍思亲。

5. 情景剧 《欢欢喜喜过大年》 甘肃省话剧团

[以兰州小吃街景一角,展示兰州过年场面。往来群众、各种小吃、小卖的叫卖展示一派欢欢喜喜过大年的景象,台湾老人和孩子表现团圆的企盼]

6. 配乐诗朗诵 《以兰州的名义》 朗诵:吴 琦 雷 钰

[背景音乐:《红旗颂》;展示各县区特色;冷焰火升空]

主持词:

以兰州的名义,阳光洒满大地,

以兰州的名义,发展的思路明确而清晰

我的兰州,从来没有如此的清醒

我的兰州,从来没有这样的振奋

建设创业型城市,打造创业型社会

在播种的季节播下希望的种子

在收获的季节收获发展的硕果

现在,让我们隆重有请省委常委、兰州市委书记陈宝生同志发表《新年献词》

7. 陈宝生书记《新年献词》

主持词:

激情在飞扬,飞扬的激情

谱写盛世的华章,创造世纪的辉煌

此刻,我们展开一幅宏伟的蓝图登高远望

激情与憧憬像黄河一样浩浩荡荡

此刻,我们在这全新的命题前扬帆远航

扑面而来的春风演奏创业实干的壮丽交响

8. 女声独唱 《欢天喜地》 程 艳

9. 音乐快板 《说喔也》 表演 辛业东 伴舞 市艺校

[兰州方言快板与音乐融合,从衣食住行等方面赞美兰州;伴舞形式活泼,神态可爱,与快板表演相映成趣,气氛热烈]

主持词:

旌旗飘扬,骠骑将军在这里歇息他的战马

杨柳依依,平沙落雁在这里寻觅绿色的家园

大河滔滔,这里风光独秀

雄关漫步,这里花团锦簇

走遍大河上下,可曾见黄河钟情于一个城市是如此缠绵

翻遍万卷史册,谁见过大河像今天这样充满着生机与绚烂

西出阳关,无边的春色就在眼前

东望海岸,金兰色的春潮不再遥远

10. 舞剧 《红色娘子军》选段　市艺校

主持词:

兰山的钟声唤醒了每一个带着露水的清晨

滨河的夜色辉映着每一个充满温馨的窗棂

七彩缤纷的焰火正在腾空而起

满天的花雨飞舞那梦里的情景

让我们拨动琴弦,吟诵我的家园

让我们放开歌喉,歌唱我们的明天

11.《好歌大家唱》

[曲目:《好日子》《爱我中华》《五星红旗》《常回家看看》等;请一些兰州名人与歌手和观众同唱大家都耳熟能详的优秀歌曲精彩片断,让大家在参与中体验快乐,在回味中激起共鸣。乐队现场伴奏,三位女歌手演唱]

主持词:

这里是名扬天下的丝绸之路

这里之花团锦簇的黄河之都

这里,四通八达,沟通欧亚

这里,熙熙攘攘,云集商贾

雄汉盛唐,南来北往,茶马互市托起了开放的兰州

宋元明清,万里金汤,天下雄关护卫那辽阔的边疆

我们在飞天客栈摆下酒宴,以兰州的名义迎接四海宾朋

我们在镇远桥边搭起彩门,以西部的热情欢迎五洲嘉宾

12. 相声 《夸兰州》 汪 海 陈立伟

13. 歌曲 《送给你》 黄 伟 陈敏文

[场上场下互动,歌手在观众中间演唱,并将祝福的礼物随机送给现场观众,全场一片欢腾,歌手要有较强的感染力,鼓动观众把气氛推向欢乐的高潮。漂亮的礼仪模特配合歌手向观众赠送礼物,伴舞气氛热烈喜庆]

主持词:

我们用《读者》的文字谱写优美的诗篇

我们用百合花的芬芳将生活的画卷渲染

我们用牛肉拉面的清香点燃每日的炊烟

我们用创业实干的火炬照亮每一张笑脸

飞天的畅想璀璨这黄河之都的梦幻

发展的新思路飞扬着前进的坚强信念

14. 舞蹈 《飞天畅想》

主持词:

日出东方,百里黄河风情线在朝霞的旋律中神采飞扬

春色宜人,我的城市在"创业实干打硬仗"的风采里英姿飒爽

这是兰州人民演奏的一曲动人心弦的壮丽交响

这是兰州百姓期待的一次热血沸腾的情感激荡

让我们共同创造那风姿绰约的城市形象

让我们一起拥抱那流光溢彩的夜色与朝阳

15. 女声独唱 《中国喜事多》 海政歌舞团 刘 玮 伴舞 市艺校

16. 尾声歌曲 《灿烂明天》

结束语：

朋友们：

灿烂的诗篇正在黄河两岸纵横舒展

辉煌的经典正在大河上下激扬翻卷

那么，就让我们一起到大河岸边流连忘返

那么，就让我们一起到黄河浪里挥桨扬帆

朋友们：

让我们高举邓小平理论伟大旗帜，在"三个代表"重要思想指引下，紧密团结在以胡锦涛同志为总书记的党中央周围，统一思想、凝聚人心、振奋精神、加快发展，创业实干打硬仗，拥抱兰州的春天，拥抱祖国的春天，迎接灿烂的明天。

晚会到此结束，朋友们，再见！

(2005 年 1 月 20 日拟稿)

● 精品社火花枝展

—— 2005 年兰州市新春"社火精品"展演活动现场主
持词

表演单位序列与现场解说词

时间:2005 年 2 月 23 日(农历正月十五·元宵节)上午 11:00——
下午 1:00

地点:兰州市东方红广场

【上午 10:30 表演队伍集结完毕,主持人开始播音,随机播出
"前言"。

前　言

各位父老乡亲、各位市民朋友:新年好!

今天,是 2005 年 2 月 23 日,农历乙酉年正月十五。

今天,也是我们中华民族的传统节日——元宵佳节。

今天的东方红广场,彩旗招展,锣鼓喧天,万人云集,激情飞
扬,整个广场正在成为一片欢乐的海洋。

今天的金城兰州,群情振奋,慷慨激昂,江山秀丽,人民豪迈。
在党的领导下, 兰州人民正在建设全面小康社会的道路上阔步迈
进。

新年新岁新气象,新春佳节好春光。

今天,我们在这里举行"兰州市 2005 年新春社火精品展演和
甘肃省 2005 年'文化春节'社火表演比赛兰州赛区活动"。

今天的社火表演活动由中共兰州市委、兰州市人民政府主办,

由市委宣传部、市文化局、市广播电视局、市公安局、市财政局、市建委承办，由城关区、七里河区、西固区、安宁区、红古区、永登县、榆中县、皋兰县政府和兰州电视台、兰州日报社等部门和单位协办。

现在，来自我市三县五区的社火表演队伍正在城区主干道庆阳路集结，表演队伍绵延不断，规模宏大，队伍一直延伸到南关十字一带。我们看到，沿途数十辆彩车花团锦簇，满载着春天的祝福；高跷和铁芯子相映成趣，带来了春天的问候；太平鼓鼓声震天，擂动着春天的韵律；龙灯和舞狮子神采飞扬，舞动这春天的春风；腰鼓和秧歌春意盎然，渲染着无边的春色。这是春天的问候，这是春天的祝福。精彩纷呈的社火表演节目，为金鸡报春的新春佳节增添着无边的春色。

朋友们，上午 11 点到下午 1 点，表演队伍将依次通过庆阳路和广场主席台、沿民主西路到盘旋路十字做行进表演，请市民朋友们沿途观看。

［11:00 请领导同志宣布活动开始

朋友们，现在，请××同志宣布社火表演活动开始。

［领导同志宣布:我宣布:兰州市 2005 年新春社火精品展演暨甘肃省 2005 年文化春节社火表演比赛兰州赛区活动正式开始！

表演单位序列与解说词

1. 西固区

解说词:

春天来了。春天来了!

又是一个明媚的春天,这个春天乘着和煦的春风向我们走来。

又是一个崭新的春天,这个春天伴着清新的气息向我们走来。

春回大地,春意盎然,

万紫千红,春光灿烂。

无边的春色在这片大地上舒展,舒展出一个灿烂的春天。

无言的春雨在这块土地上缠绵,缠绵着一个梦里的期盼。

春色满园的兰州啊,迎来又一个春光明媚的崭新的春天。

春光明媚的家园啊,装点新一年风姿绰约的创业与实干。

朋友们,现在,西固区的表演队伍正在通过主表演区。西固区33万父老乡亲向全市人民群众拜年,为全市人民祝福。

桃花一簇红欲燃,雨中草色绿堪染。

春雨随心翻作浪,遍地英雄下夕烟。

春天的气息是这样的浓郁,崭新的诗篇在这样的春天吟诵我们创业的宣言。

春天的色彩是如此的绚丽,全新的画卷在这样的春天描绘家乡发展的关键。

春风把希望洒满大地,大地用绿色的春潮拥抱明媚的阳光。

春色把春潮铺开千里,春潮以澎湃的热情走进明天的畅想。

以项目为纲、以改革为先

以环境为要、以稳定为上

以民生为重、以党建为本

春天的旋律在春风荡漾的大地上回旋激荡。

春天的色彩在春雨滋润的画卷上亮丽辉煌。

2. 皋兰县

朋友们，现在通过主表演区的是皋兰县农民朋友组成的表演队伍，皋兰县父老乡亲向全市人民群众拜年，为全市人民祝福。

春天迈着欢快的脚步向我们走来，黄河绚丽多姿，翻卷五色缤纷的浓墨重彩。

春色挥舞绚丽的画笔向我们走来，兰山云蒸霞蔚，激荡欢天喜地的激情澎湃。

春雨飘洒着温馨的情思向我们走来，江山秀丽，人民豪迈。

春意弥漫着无边的风情向我们走来，走进一个崭新的时代。

挥挥手，向过去的日子说声再见，我们风雨兼程，迎来了新的一年。

春雷涌动，春色无边，春雨潇潇，这个春天春意盎然。

金鸡报晓，雄鸡三唱，新的思路激荡新的畅想。

舞起春风，喜气洋洋，春色满园谱写新的篇章。

这是一个怎样的春天啊，金鸡报春，钟声嘹亮，兰州的早晨神采飞扬。

这是一片怎样的春光啊，雄鸡三唱，小康在望，发展的思路通向远方。

朋友，

让我们舞起龙灯，走进这无边的春色，拥抱这无限的春光。

朋友，

让我们擂起大鼓，迎接这明媚的春天，创造那骄人的业绩和事业的辉煌。

朋友，你看啊你看，一个春光明媚的春天，正在风姿绰约地向我们走来……

3. 安宁区

朋友们,现在通过主席台前的是安宁区社火表演队伍,全区 21 万父老乡亲向全市人民群众拜年,为全市人民祝福。

今天,我们在这里欢庆新春佳节,新春伊始,万象更新,我们欢欣鼓舞,神采飞扬。

今天,我们在这里闹起红红火火的新春社火,表达兰州人民创业实干、加快发展的强烈愿望。在奔向全面小康的征途上,我们精神振奋,意气奋发,斗志昂扬。

四海翻腾,我们的祖国在中国特色社会主义的道路上神采飞扬。

踏遍青山,我们的兰州在建设全面小康社会的旗帜下慷慨激昂。

走进我们的城市,满眼都是创业实干的勃勃生机。

走进我们的家乡,到处都是加快发展的繁忙景象。

春天来了,春天充满阳光的气息。

这个春天,这片土地的色彩是如此的艳丽。

春天来了,春天把希望带给这座城市。

这个春天,勤劳致富奔小康的誓言响彻了这片土地。

4. 榆中县

朋友们,榆中县社火表演队正在通过主席台前,全县 42 万父老乡亲向全市人民群众拜年,为全市人民祝福。

激情在飞扬,

飞扬的激情。

我们用"创业实干打硬仗"的豪情谱写盛世的华章。

我们用建设全面小康社会的热情创造世纪的辉煌。

此刻,我们展开一幅宏伟的蓝图登高远望,

激情与憧憬像黄河一样浩浩荡荡。

此刻,我们在这全新的命题前扬帆远航,

扑面而来的春风演奏创业实干的壮丽交响。

金城关前,战旗飘扬,骠骑将军曾经在这里歇息他的战马。

黄河两岸,杨柳依依,平沙落雁在这里寻觅绿色的家园。

大河滔滔,这里风光独秀。

雄关漫步,这里花团锦簇。

走遍大河上下,可曾见黄河钟情于一个城市是如此的缠绵。

翻遍万卷史册,谁见过大河像今天这样充满着生机与绚烂。

西出阳关,我们创业实干,无边的春色就在眼前。

东望海岸,我们挥桨扬帆,金兰色的春潮不再遥远。

5. 七里河区

朋友们,现在通过主席台前的是七里河区社火表演队伍,全区
父老乡亲向全市人民群众拜年,为全市人民祝福。

这里是名扬天下的丝绸之路,

这里是花团锦簇的黄河之都,

这里,四通八达,沟通欧亚。

这里,熙熙攘攘,云集商贾。

雄汉盛唐,南来北往,茶马互市托起了开放的兰州。

宋元明清,万里金汤,天下雄关护卫那辽阔的边疆。

我们在飞天客栈摆下酒宴,以兰州的名义迎接四海宾朋。

我们在镇远桥边搭起彩门,以西部的热情欢迎五洲嘉宾。

兰山的钟声唤醒了每一个带着露水的清晨。

滨河的夜色辉映着每一个充满温馨的窗棂。

七彩缤纷的焰火正在腾空而起,

满天的花雨飞舞那梦里的情景。

让我们拨动琴弦,吟诵我美丽的家园。

让我们放开歌喉,歌唱我们美好的明天。

6. 红古区

朋友们,红古区社火表演队伍正在通过主席台前,全区 14 万父老乡亲向全市人民群众拜年,为全市人民祝福。

日出东方,百里黄河风情线在朝霞的旋律中神采飞扬。

春色宜人,我的城市在"创业实干打硬仗"的风采里英姿飒爽。

这是兰州人民演奏的一曲动人心弦的壮丽交响。

这是兰州百姓期待的一次热血沸腾的情感激荡。

我们用《读者》的文字谱写优美的诗篇。

我们用百合花的芬芳将生活的画卷渲染。

我们用牛肉拉面的清香点燃每日的炊烟。

我们用创业实干的火炬照亮每一张笑脸。

让我们共同创造兰州那风姿绰约的城市形象。

让我们一起拥抱那流光溢彩的夜色与朝阳。

7. 永登县

朋友们;永登县社火表演队伍正在通过主席台前,全县父老乡亲向全市人民群众拜年,为全市人民祝福。

飞天的畅想璀璨这黄河之都的梦幻,

发展的新思路飞扬着前进的坚强信念。

灿烂的诗篇正在黄河两岸纵横舒展,

辉煌的经典正在大河上下激扬翻卷。

那么,就让我们一起到大河岸边流连忘返,

那么,就让我们一起到黄河浪里挥桨扬帆。

8. 城关区

朋友们，最后经过主席台前的是城关区社火表演队，城区广大市民朋友向全市人民群众和城乡父老乡亲拜年，为全市人民祝福。

以兰州的名义，创业实干打硬仗，灿烂的阳光洒满大地。

以兰州的名义，勤政爱民奔小康，发展的思路明确而清晰。

我的兰州，从来没有如此的清醒，

我的兰州，从来没有这样的振奋。

建设创业型城市，打造创业型社会，培育创业型市民。

在播种的季节播下希望的种子，

在收获的季节收获发展的硕果。

采一束鲜花给你，我的兰州，

我们用亿万朵鲜花编织对你的深情和依恋。

唱一曲赞歌给你，我的兰州，

我们用千万首乐曲谱写对你的依恋和缠绵。

（齐）祝福你，我们的兰州！

〔下午1:00左右，社火表演接近尾声，适时请领导同志宣布活动结束〕

结束语：

朋友们：让我们高举邓小平理论伟大旗帜，在"三个代表"重要思想指引下，紧密团结在以胡锦涛同志为总书记的党中央周围，统一思想、凝聚人心、振奋精神、加快发展，创业实干打硬仗，拥抱兰州的春天，拥抱祖国的春天，迎接更加辉煌灿烂的明天。

社火表演到此结束，朋友们，再见！

（2005年2月18日拟稿）

● 中国语文·兰州韵律

——2005 年兰州市城市语言文字工作巡礼电视专题片解说词

【片头：奔腾不息的黄河,百里黄河风情线,中山桥,黄河母亲城雕,龙园,平沙落雁,水车,白塔远眺兰州城市风光,高楼林立,立交桥环绕……在黄河波涛上叠映彩陶花纹和滚动的文字图像:甲骨文,大小篆,隶书,汉简,魏碑,楷书,西夏文字,行书,草书,欧王颜柳字帖,王羲之《兰亭序》书法,《三希堂》法帖等等,五彩缤纷的计算机字体……

【音乐

【推出片名

解说:

语言和文字是人类最重要的交际工具和信息载体，也是人类精神文明成果最为重要的载体之一。如同流经这座城市的这条大河一样,千百年来,各民族的语言和文字逐渐形成了一道道潺潺溪流,最终汇成了中华民族语言文字体系的滔滔长河。如同小溪选择大河一样,中华大地上繁衍生息的 56 个民族在保持自己民族语言和文字的基础上，将汉语普通话和规范汉字当作这个国家的通用语言文字。国家推广使用规范汉字和汉语普通话。汉语和汉字成为中华民族最终的选择,成为中华人民共和国通用语言文字。推广使用规范的汉字和汉语普通话,成为各级政府的重要职责。

中华民族的母亲河——黄河从这座城市中间缓缓流过，千百年前,古丝绸之路也曾经从这里经过。作为古丝绸之路上的一座重镇,"茶马互市"曾经是这座城市的典型特征。许多年来,五湖四海的人们汇聚在这里,在这块被称为"兰州盆地"的土地上共同创造着美好的生活,共同建设着这座美丽的城市。来自五湖四海的人们曾经操着不同地域的方言,用南腔北调渲染着这座城市独具特色的语言韵律。然而,现在他们许多人都可以使用普通话交流。

【来自不同省区的兰州市民用比较标准的普通话说:我是上海人,我是山东人,我是广东人,我是四川人……说普通话,写规范字,是我们共同的选择。

这座城市是一个十分典型的移民城市,多数市民由祖国各地迁移而来。20世纪五十年代中期,在支援大西北的社会主义建设浪潮中,数十万人从祖国各地迁居兰州,五湖四海的方言在这里汇聚成了南腔北调的语言之海,四面八方的语言韵律在这里融会演变,于是,接受和使用汉语普通话,成为这座城市先天的选择;使用统一而规范的语言文字,成为人们自然的和内在的要求。

几十年过去之后,在这座城市里,许许多多的市民养成了使用普通话交流的习惯,普通话的普及程度达到了比较高的水平。于是,从这座城市走出了一批优秀的普通话使者。

【剪辑中央电视台部分主持人的播音镜头和画外音:水均益,李修平,朱军,张丽,裴新华……以及著名电影演员:周里京,罗海琼等等

【剪辑李阳·克里兹《疯狂英语》场面,李阳用普通话说点什么

是的,这是我们十分熟悉的一些明星,他们,都接受过这座城市语言环境的影响,接受过这座城市的汉语普通话教育。他们带着一口标准的汉语普通话从这里走出,走向更广阔的天地,登上了普通话示范的舞台,给大众以更多的标准的汉语普通话语言的影响。

的确,这座城市有着海纳百川的语言气度。坚持以人为本,构建社会主义和谐社会,语言文字工作的重要性在这座城市得到了普遍的认同。

在这座城市,从市委书记到普通市民,从市长到一般公务员,从空姐到街头摊贩,使用普通话交流,现在已经蔚然成风。

让我们听听这座城市的市委书记和市长讲普通话讲得怎么样。

【现场采访陈宝生书记和张津梁市长,或者剪辑其标准的普通话讲话片段。

兰州市副市长、兰州市语言文字工作委员会主任马琦明是这样评价兰州的语言文字工作的:(现场采访马市长,特写,说一段话;衬以"分镜头"草表列出的各种镜头)

马市长讲话大意:

兰州市是甘肃省省会城市,按照国家关于语言文字工作的要求,省会城市要达到语言文字一类城市评估标准,2005年是一个达标的时间界限。实现这个目标,是国家的要求。市政府非常重视这个目标的实现。市政府已经把语言文字工作特别是实现一类城市达标工作列入政府议事日程。这是我们一个重要的目标任务。

2003年9月,兰州市大张旗鼓地开展了"第六届全国推广普通话宣传周"活动,兰州市是这届推普周开幕式的承办城市。全国人大常委会许嘉璐副委员长对兰州市的推普周活动给予了高度评价,教育部副部长、国家语委主任袁贵仁出席开幕式后,对兰州留下了非常深刻的印象。在全国同时举办推普周活动的城市中,兰州市的推普周活动可以说是规模最大、影响力最强、社会反响最好,是语言文字工作做得很好的城市之一, 第六届推普周活动是一个显著的标志。作为市语言文字工作委员会主任，我认为兰州市的语言文字工作和推广普通话的工作是令人基本满意的。我们的语言文字工作很有成效。去年的推普周活动、公务员普通话测试启动仪式以及一系列的普通话测试活动搞得都非常出色。

《中华人民共和国国家通用语言文字法》已经颁布四年多了。通过这一段时间的贯彻落实，也需要我们认真总结一些经验，有针对性地开展这方面的专题调研和集中整治。首先要对重点行业进行专题调研和集中整治，这是国家规定的一类城市语言文字工作的重点。第一是党政机关，第二是新闻媒体，第三是学校教育单位，第四是窗口服务行业。一个城市把这四个行业抓好了，这个城市的语言文字工作的整体水平就会上一个台阶。所以我说，首先要对这四个行业的语言文字工作狠抓落实，带动全体市民说普通话，用规范字。

【政府常务会研究语文工作

【语委会工作会议

市政府已经将兰州市在 2005 年达到语言文字工作一类城市标准，通过国家评估验收列入重要议事日程。对于兰州市语言文字工作委员会来说，将这座城市打造成为一个普通话普及程度很高，规范用字蔚然成风的现代化的文明城市，是题中应有之事。

【市政府政务大厅，公务员用普通话接待市民。采录规范的接待用语镜头

在市级国家公务员的公务活动中，使用普通话已经成为大多数人的自觉意识和行动。在一次随机抽样调查中，我们得出的数据是：市级国家公务员在工作中常用普通话的人员比例达到了 86%。

【公务员普通话测试启动仪式，测试考场

盛典礼赞

截至目前，全市公务员队伍中已经有人接受了普通话水平测试，其中，达到二级甲等以上水平的有××人。这个数字占到全市公务员队伍的×%；

【新闻单位

新闻单位是推广普及汉语普通话，正确使用规范汉字，做出表率的重要方面。兰州人民广播电台和兰州电视台的大多数节目主持人，都持有一级乙等以上的普通话水平测试合格证书；在报社，平面媒体对文字的规范化工作更加重视，我市新闻媒体各个单位的语言文字工作已经比较规范，形成了制度，《兰州晚报》规定，记者和编辑在使用汉字时出现明显的语言文字错误，将受到一定的处罚。各新闻单位都成立了语言文字工作机构，基本上普及了普通话，达到了使用语言文字基本规范的要求，起到了良好的示范作用。

【学校

各级各类学校是语言文字工作的基础，幼儿园和中小学学校，是普及普通话教育的前沿阵地。教师和学生共同营造一个良好的语言环境。兰州市各中小学92%的教师和学生在平时工作、学习中经常使用普通话。

【学生社会实践镜头

动员全社会参与普及普通话的活动，养成正确使用规范汉字的良好习惯，是语言文字工作的群众基础。兰州许多学校都通过张贴宣传画、散发宣传材料、组织学生上街宣传说普通话、用规范字，或者开展社会实践，采用查找公共场所的错别字等形式开展正确使用祖国语言文字的宣传活动。

【学校成果展示

学生们撰写的有关语言文字规范化的论文，颇有见地，受到了有关专家的好评；一些学校还组织开展校园广播播音员选拔赛、年级辩论赛、系列征文、演讲活动，培养调动学生说普通话的意识和兴趣。

【火车站、民航、候车大厅、公交售票员、医院、银行、邮局、电信营业大厅、书店……

在社会公益性服务行业，大多数工作人员都可以使用普通话办理业务。兰州市公共服务行业职工在日常工作中说普通话的人员达到了84%。

【闪回四大行业镜头

截至2005年8月，党政机关、新闻媒体、学校和公共服务行业这四个重点方面的从业人员接受普通话测试的平均率达到了51.5%。

【教育局领导同志研究语言文字工作，语委办公室工作，各成员单位活动，县区活动

在上世纪90年代初期，兰州市就成立了语言文字工作委员会，委员会办公室设在市教育局，配备了专职和兼职工作人员，逐步全面展开了"双推"工作。

语委各成员单位将语言文字工作纳入本系统工作计划，并落实到相关处室，指定专人负责。一些部门和单位主动与市语委联系，积极配合支持语委展开工作。

市委宣传部举办全市新闻媒体编辑、记者、播音员、主持人普通话大赛，邀请市语委派专家担任评委；

市园林局要求下属各公园、单位进行自查规范用字情况，并做出安排，举行了首届全市园林系统职工普通话演讲比赛，各公园、

苗圃、绿化站职工踊跃报名参赛，市语委派出专家担任评委，配合工作，提供评分标准等专业性资料，取得了很好的效果。

市财政局大力保证语言文字工作的专项经费；

市人事局对推动国家公务员的普通话水平培训测试工作给予了积极协调，并对本部门接受普通话水平测试人员进行了前期培训；

市商贸委根据城市评估工作的要求，对各大商场的指示牌、标签、发票等方面的不规范用字进行整顿，制定并推行服务行业从业人员在语言文字使用方面的规范要求，把普通话作为窗口行业服务人员上岗的一项基本要求；

工商局、文化出版局、交通局等部门都对本部门和本系统的用语用字进行了自查自评，开展了以增强本系统职工语言文字规范意识为目的的各种活动。

各县区也开展了许多活动，将语言文字工作列入县区政府重要议事日程，予以落实。

【专家委员会会议，有关制度规定文本，"分镜头"草表列出的有关镜头

为做好我市语言文字工作，创建语言文字达标城市，2004 年 8 月，兰州市又成立了"语言文字专家咨询委员会"，聘请了数十位大中学校校长、大学教授、报社编辑、广播电台电视台播音员、中小学特级教师担任专家组成员，制定了《兰州市语言文字工作专家咨询委员会工作职责》，组织专家研究制定全市语言文字工作规划，确定全市语言文字工作科研项目，参与推广普通话宣传周活动，并且指导全市创建语言文字达标城市的工作，为普通话水平测试、培训工作出谋献策，充分发挥语言文字专家学者和测试员队伍的作用，

促进全市语言文字工作向科学化、规范化、制度化迈进，从而提高了语言文字工作的整体水平和工作质量。

一个语言文字工作的大气候已经在这座城市形成。

说普通话，用规范字，在这座城市已经蔚然成风。

2003 年 9 月在兰州举行的"第六届全国推广普通话宣传周开幕式"昭示着兰州的语言文字工作登上了一个全新的平台，进入了一个全新的阶段，必将开创一个崭新的局面。

【第六届推普周开幕式场面；剪辑"四大行业"代表朗诵片段

新：2005 年，兰州要达到全国一类城市语言文字工作评估标准

窗：说好普通话，正确使用规范字，任重而道远

公：世界正在进入信息时代

教：信息社会对使用统一标准的语言文字提出了更高的要求

新：摈弃不规范的用语用字

窗：说好普通话，正确使用标准规范的文字

合：让我们共同努力，让我们一起奋斗

公：兰山钟声悠扬

教：黄河波涛荡漾

新：兰州充满希望

窗：人民斗志昂扬

公：同志们，朋友们，让我们高举邓小平理论伟大旗帜

教：深入学习实践"三个代表"重要思想

新：在以胡锦涛同志为总书记的党中央正确领导下，与时俱进，开拓创新

窗：为把甘肃兰州建设得更加美丽富饶而努力奋斗！

合：说好普通话，使用规范字，齐心协力奔小康！

【国家语委有关领导同志和专家学者在兰州活动的镜头

兰州的金秋,秋高气爽,风和日丽,瓜果飘香,我们迎来了国家教育部和国家语言文字工作委员会评估检查组各位尊敬的领导同志和专家学者,兰州人民期待自己生活的这座城市达到一类城市的标准。

【语委办达标"迎评"准备工作,自查自评等

为迎接这次评估检查活动,兰州市语委会办公室做了大量前期准备工作,开展了自查自评、初评检查、中期评估检查、整改提高以及模拟评估验收等活动。

结束语:

我们将以扎实的工作和真诚的热情,来迎接语言文字一类城市达标工作的评估和验收。

谢谢各位领导和各位专家学者。祝各位在兰州度过一段美好的时光。

【音乐

【部分片头镜头,大河滔滔,文字绚丽多彩

【职员表:监制、策划、撰稿、解说、摄像、剪辑,等等

(本篇于 2005 年 7 月由兰州市教育局·电教中心摄制播出)

● 先进文化花烂漫

——2005 年兰州市西固区争创国家级文化先进县 (区) 工作纪实电视专题片解说词

序　言

在祖国西部, 有一块热土被称为西固。

这是一个以石油、化工、机械、冶金为主的新型石化工业基地。

这里曾经诞生了共和国第一个"五年计划"当中的两个大型石油化工企业。至今, 人们还深情地将当年的"兰炼"和"兰化"称为"共和国长子"。伴随着这些大型国有企业的改革发展, 西固, 在社会主义先进文化的建设进程中不断迈进, 创造着丰硕的成果。

甘肃省兰州市西固区位于甘肃省省会兰州的西边, 总面积 385 平方公里, 行政辖区在农村设 6 个乡 (镇) 和 49 个村委会; 城区设 9 个街道和 71 个社区, 有人口 33 万 6 千余人。是一个典型的城乡二元结构的行政区域。

新时期以来, 区委、区政府高举邓小平理论伟大旗帜, 实践"三个代表"重要思想, 坚持社会主义先进文化的前进方向, 不断探索具有石化工业基地特色的文化建设工作, 使得这片黄河母亲滋润的土地, 在文化建设方面呈现出一派欣欣向荣、蒸蒸日上的繁荣景象。

根据国家和省、市有关建设国家级文化先进县 (区) 工作的安排部署, 西固区干部群众紧紧围绕发展这个第一要务, 做文化建设的大文章, 在兰州市委、市政府提出的"文化兰州"建设规划的宏观关照下,发扬"创业实干打硬仗"的精神,在近几年内,完成了全部6个乡镇和9个街道标准化文化站的建设任务,其中,有2个乡镇文化中心(站)通过了"省级标准化示范文化站"验收,13个文化站(社区)做到了省级达标,建成了2个"省级示范村书库"和1个"国家级文化活动先进社区",以及148个图书室和阅览室。街道社区建成136处文化活动场所,142个职工之家,以及2所老年大学。全区有81个群众文艺团体常年开展活动。活动形式有企业艺术团、农民艺术团、中老年艺术团、少儿艺术团、业余京剧团、太平鼓队、秧歌队以及书画协会、收藏协会、摄影协会、文学写作社团等。

主要由国有企业建设的闭路电视台共有21家,网络覆盖了城区百分之九十以上的家庭。

近几年,西固区多次受到上级有关部门表彰奖励,先后获得"全省星级文化工作先进集体";省、市"三下乡"先进集体;全省"扫黄打非先进集体"等荣誉称号,获得"甘肃省群星艺术节"、"兰州市农民艺术节"优秀组织奖;获得文化部"文化先进社区"奖。

改革开放的春雨洋洋洒洒,西固文化建设的风景日新月异。

让我们走进西固,走进西固"争创国家级文化先进县区"建设的壮丽风景。

一、领导重视规划发展

新世纪的朝阳正在冉冉升起,灿烂的阳光普照大地。当我们刚刚跨入21世纪的第一年,西固区就被甘肃省委、省政府命名为"全省文化先进县(区)",这是党和政府对西固33万人民群众坚持先进文化前进方向,积极开展精神文明建设活动的充分肯定。一个新的目标随之确定:与时俱进,开拓进取,争创"国家级先进文化县

（区）”。区委、区政府结合“建设西部经济强区，打造新型石化城”的经济社会发展规划，制订出“西固工业区特色文化建设规划”，确立了创建“国家级文化先进县（区）”的奋斗目标。根据西固是一个工业区的特点，“规划”立足区情，统一规划，突出了社区文化建设的重点，确定建设“福利路文化示范一条街”、“西固东、西路具有工业区特色文化的丝绸之路文化长廊”、“滨河南路黄河沿线旅游风情一条线”等区域建设规划，将这个“一街一廊一线”“规划”和建成十个“网络示范文化基地”、“十项特色文化活动项目”构成的“双十”工程，作为创建“国家级文化先进县（区）”的“大文章”来做。这篇“文章”内容具体，有政策、有目标、有措施，促进全区文化事业建设得到了全面、健康、快速的发展。

为了做好这篇“文章”，区委每年都要召开几次常委会专题研究文化建设工作，并且成立了由区委、区政府分管领导同志挂帅的“社区文化建设领导小组”，对遇到的实际问题分类指导，逐一落实解决。为了切实搞好争创文化先进县（区）工作，区上选派了60名优秀青年干部担任社区党政领导，他们带着社区文化建设的任务走马上任，制订了一系列社区文化建设的具体计划和工作方案，并且层层签订目标责任书，确定专人管理文化活动场所，挑选文艺活动积极分子组织开展各种文化艺术活动，形成了全民共建、安定和谐、文明健康的文化环境，形成了“艰苦创业、地企共建、开拓进取、务实争先”的“西固精神”。一个争创国家级先进文化县（区）的工作格局和良好氛围正在西固出现。

二、加大投入，改善设施

按照全国文化先进县（区）“一街一廊一线”和“双十”文化项目

《实施规划》的要求,经费的投入是设施建设的核心问题。为此,区委、区政府根据西固区情,提出"区域共建、资源共享"的文化设施建设思路,提倡"财政拨款、企业投入、社会集资、个人捐助"等多渠道投资办法,调动社会资金,积极投入文化设施建设,形成了以财政投入为主,国家、集体、个人一起上的多渠道投资局面。

1998年,政府投资600万元,新建了总面积为3800平方米、藏书4万册的区文化馆和区图书馆,配备了较为完备的排练、培训、演出场所和办公场所。

兰州五〇四厂在抓好企业改革,提高经济效益的同时,于2002年投入425万元建成了面积为2200平方米的"老年之家"活动中心,配备了棋牌、台球、乒乓球、阅览室、会议室和多功能设施。2003年,又投入2100万元新建了面积为13800平方米的文化音乐广场,彻底改变了辖区居民的生活和文化环境,为创建文明社区奠定了良好的基础,2004年该社区被评为全国文化先进社区。

兰炼一中新建了3000多平方米的图书大楼,建成我省首家400平方米的鸟类生物标本展览室;自来水公司加大投资在厂区内建成花园式工厂,集垂钓、休闲娱乐、职工文化活动中心为一体的文化园林企业;

八盘峡水电站创造了环境优美、管理规范、现代化工业物流程序,不仅为本企业职工,甚至为兰州市区的市民都提供了良好的旅游观光去处。

由群众集资40多万元建成的"西固柳泉群众文化碑林"为新型的工业区增添了一处人文景观,这是继兰州白塔山碑林之后的又一处保存优秀书法作品的文化宝库。

改革开放以来,西固区累计投入文化事业经费达10亿元,近3

年来,文化事业经费投入增长幅度不低于财政收入增长幅度,达到每年区财政收入的1%以上。

区上还先后启动十类共340个示范文化基地建设,把"双十"基地建设落实到各个乡镇街道,促进了全区文化事业的发展。"双十"建设中十个示范文化基地的建设目前已经初具规模。

三、健全网络,发展基地

在"三个代表"重要思想的实践中,西固区干部群众认识到,建设先进文化与发展先进生产力是车之两轮、鸟之两翼,必须形成合力,建成网络,靠全社会的共同努力,形成一个具有号召力的社会体系。选拔优秀干部,培养专业人员,开展培训活动,发挥区域优势,健全组织网络,是题中应有之义。统筹协调企业文化、校园文化、社区文化、家庭文化以及军营文化,成立摄影协会、书画协会、奇石协会、舞蹈协会以及业余剧团、民众乐团,开展多种文化活动,是坚守社会主义文化阵地的重要举措。

在网络和基地建设中,涌现出一批值得称赞的积极分子,正是他们,把"三个代表"重要思想化作了具体的行动。

柳泉乡文化中心户陈守文先生现已年过七旬,他三十年如一日,坚持用楷书记日记,笔耕不辍地记录乡间的所见所闻,就是他,创建了柳泉乡文化碑林,开设了青少年书法培训班,成为全市闻名的文化中心户的典型。

几年前,陈守文遵从父亲陈世坤和老艺人陈大海两位老人的临终遗愿,以他们捐献的200元钱为基础,成立了柳泉乡文化站"世大"基金会,又多方筹资倡导建成"西固柳泉群众文化碑林"。近几年,他首创的家庭"文化拜年"和梨花诗会活动,为改变乡村旧习俗发挥了重大作用,成为传播文化的带头人,受到政府和群众的一致赞赏,2002年被评为"兰州市农民艺术家",他的家庭2003年评为"全国优秀文明家庭"。

不久前,日本艺术家组谷真一先生专程来兰访问陈守文先生,欣然题词"柳泉不远",表达了中日友好之情,并动员九位日本文化艺人加入了柳泉乡书法协会。

目前,西固区各乡镇、街道文化干部队伍稳定,编制落实,文化活动骨干积极热情,基本形成了区、乡、村(社区)户四级文化网络。

四、突出特色,打造品牌

在争创国家级文化先进县(区)工作中,西固在"双十"规划中确定了十个特色项目,这些项目具有西固工业区的鲜明特色,将工业文化与民间文化、历史文化结合起来,着力打造十大品牌。即:春节太平鼓社火、西固之夏音乐会、西固职工艺术节、八盘峡旅游龙舟节、西固戏曲、柳泉群众文化碑林、黄河奇石、书法绘画、焰火灯会、工业旅游等十个项目。

为创建这十大品牌项目,西固区自1986年至今,连续举办了十六届"西固之夏"广场文化文艺调演活动,在连续举办了九届灯会花展的基础上,从1999年开始,每年举办"西固迎新春"系列活动,从2002年起,连续三年举办迎新春大型焰火燃放活动,吸引几十万群众竞相观赏,营造了喜庆祥和的节日气氛。经常举行的多种形式的文艺汇演和运动会,使西固区到处呈现出欢乐、祥和、团结的气氛。

在许多人看来,划龙舟这种在江南才有的民间文体活动,在大西北不大容易开展,而现在,八盘峡旅游度假村也开发了这个项目,举办了"兰州西部首届龙舟节",让今天的西北人也能感受到江南特色。2002 年 8 月 1 日,"龙舟节"在黄河上游的八盘峡库区拉开战幕,随着一声发令枪响,四条龙舟像出水的蛟龙一样向终点冲刺,一时间,岸边看台上鼓声震天,龙舟上锣鼓齐鸣,挂着各种彩旗的龙舟,在人们的欢呼和呐喊声中你追我赶,在黄河上呈现出一派龙舟竞赛的空前盛事。如今的八盘峡水库库区全长 20 公里,两岸风光旖旎、芦苇飘荡,遍布着大小鱼塘,连续三年举办龙舟节,已经成为人们垂钓、度假、休闲的理想去处。

近几年,西固区还连续举办书法、摄影、黄河奇石、民间工艺品、收藏品展览、经济文化建设成就展 30 余次,展出作品 5000 多件。成功举办了西北五省交谊舞大赛和两届全国性奇石大展,奇石展邀请了 500 余名省内外收藏家参展,并创办了专业刊物《赏石信息》,加强文化交流,涌现出专画黄河奇石的杨德仁、陈登勇等省市闻名的专业画家,出现了新滩村等八个奇石采集、加工、销售一体化的奇石文化特色村,形成奇石市场等产业链条。

五、加强管理,净化环境

社会主义市场经济的不断发展完善,极大地促进了文化市场的繁荣发展。但是一些腐朽落后的文化现象也干扰着市场的正常秩序。区委、区政府清醒地认识到了这一点,坚持"一手抓繁荣、一手抓管理"的方针,不断净化文化市场,规范经营秩序。

区文化局广泛开展调查研究,结合西固区的实际情况不断完善管理制度,强化市场管理,加强法制宣传和教育,同时不断加大执法力度,做到依法行政,违法必纠,使得市场环境不断得到净化。管理部门还从市场的布局、结构、经营等方面进行规范化建设,采取各种措施提高经营者整体素质。

在文化市场建设中，区上各级领导和有关部门特别对未成年人思想道德建设给予极大关注，成为西固区文化市场建设的一项重要活动。区文化馆设立少儿艺术培训中心，成立少儿艺术团；区图书馆开设少儿阅览室、少儿英语班。兰化、兰炼及区属二十多所中小学和乡镇成立多种少儿文化艺术培训场所，在全区300多个文化娱乐场所中广泛开展争优创先竞赛活动，开展争创绿色网吧，学生家长、群众满意网吧活动，先后建成20家"文明娱乐示范场所"。为全面促进少儿德、智、体、美发展起到了积极作用。

六、保护遗产，薪火传承

兰州是古丝绸之路上的重镇，黄河穿城而过，母亲河千年流淌，黄河两岸的儿女们，在几千年的文化传承中创造了积淀深厚的黄河文化，许多优秀的文化遗产被继承发扬光大。

近些年，西固区根据文物保护法要求，建立健全了文物保护管理机构，在乡街、村、户配备文物保护员，建立文物保护网络，按照文物保护"四有"、"五纳入"要求，加强野外文物保护和馆藏文物管理。对96处古建筑、古墓、烽燧、古长城等景点逐一登记建档，新征集文物145件，其中国家二级文物5件，国家三级文物9件，并对全区民间艺术遗产分类收集整理，汇编成册印刷出版，对青石津古渡口、黄河水车等野外重点文物加以保护，多年来未发生毁坏丢失事故。

这架老水车坐落在新城镇下车村，已经有400多年历史。这架400多岁的黄河水车，是黄河兰州段现在仅存的一架保持了原貌的黄河水车。2002年，这架水车被确定为省级文物保护单位。上世纪四五十年代,黄河两岸兰州境内曾经有 250 多架水车,随着岁月的流逝,这些承载着历史信息的古老水车逐渐被拆除,水车的材料散落各处,制造技术也已经很少有人能够掌握了。而西固人把这架水车当作祖传家业一直保护了下来,因为他们知道,这架水车不但是他们寄托对祖先怀念之情的圣地,更是民族的遗产。政府每年都要投入数万元进行维修保护。这架负载着兰州百年历史的古老水车,现在依然光彩独具,引来无数游客。经过几百年的轮回旋转,向游人们诉说着黄河风情历经的沧桑。西固人通过这架古老的水车不断延伸着"水车文化"。他们建成了水车公园,以水车为题材,开展各种摄影比赛和美术创作活动。甚至建成了"兰古水车厂",整理水车历史资料,加工制作水车以及水车模型,使之成为一项文化产业,增加了当地群众的收入。

七、文化旅游,前景喜人

春光明媚,百花争艳。在新世纪阳光雨露辉映下,西固区争创国家级文化先进县(区)的工作,迎来一个明媚的春天。30 多万西固儿女在改革大潮的风雨中顽强拼搏,引入竞争机制,实施地方和企业携手共进,坚持全民共建,在发展西固工业区特色文化建设工作中取得了长足进步。适应社会主义市场经济要求的文化产业悄然兴起,并已初具规模。

碧波荡漾、游舟点点,这里是新开发建设的青狮滩公园,已建成旅游度假、民俗风情、水上风情等水上项目。距离西固城区 13 公里,总面积近万亩的关山绿色森林旅游区,是集文俗、旅游、观光艺术为一体的省级森林公园。佛光日出、神泉涌瀑等关山四大景观风光独秀。泉神庙、石碑、金花仙姑的传说广为人知。观音庙、显灵祠流光溢彩，极具古典建筑风格，具有"红尘飞不到、只有飞禽鸣、深山藏古寺、骄歌怨楚音"的仙境神韵。

紧靠西固南山的石头坪森森公园，是兰州市唯一的集种植、绿化、休闲、娱乐为一体的城郊绿色经济生态区省级森林公园，每天有数千人到这里晨练或旅游观光。

现在西固区已形成了以西固公园、元峁山森林公园、关山森林公园、石头坪森林公园等为主线的南山旅游线；以八盘峡为龙头的集甲滩、青狮滩、黄河水车等为主线的黄河旅游线；以石化企业工业观光旅游为新开发项目的新景点。这些旅游资源的结合，已经形成了自然风光、历史遗存、人文景观、文物古迹相融合的文化旅游的良好环境。

抚今追昔，群情激奋，西固区干部群众紧密团结，齐心协力，坚持"依靠文化办产业、办好产业促文化"的思路，勇敢探索，积极实践，采取多种经营形式，激活文化产业，进一步加强文化阵地建设，完善文化网络建设，推进社区文化产业化发展，尽快实现争创国家级先进文化县(区)的目标，让西固乘着先进文化的春风，在构建社会主义和谐社会的伟大事业中，走向更加美好的明天。

（本篇于2005年3月由兰州电视台摄制播出）

● 金兰畅想健儿颂

——2005 年兰州市第五届运动会开幕式策划方案

(7 月 23 日·黄河风情线·近水广场)

第一部分 幕前解说词

[开幕前 15 分钟,幕后播音]

各位来宾,朋友们,大家晚上好!

今天是 2005 年 7 月 23 日,这里是兰州百里黄河风情线近水广场。

兰州市第五届运动会开幕式将在这里举行。

今晚的近水广场花团锦簇,灯火辉煌,彩球腾空,彩旗飘扬。黄河两岸充满着喜庆热烈的节日气氛,朋友们喜气洋洋,神采飞扬。

今晚,黄河两岸绿草如茵,鲜花盛开,表演场地装饰一新,两岸聚集了数万名热情洋溢的市民朋友,翘首企盼一个辉煌时刻的临近。

这是一次体育的盛会,这是一个城市盛大的节日。

一个独具特色的盛大的开幕式已经准备就绪,即将拉开帷幕。

朋友们,在黄河两岸举行盛大的运动会开幕式,是一次全新的尝试,因此,敬请大家自觉遵守会场纪律,自觉维护会场秩序,服从会场工作人员的指挥和引导,注意安全,不要在场内随意走动,也不要拥挤,更不要随意到黄河水边逗留玩耍,避免发生事故。

[随机朗诵]

号角即将吹响,战鼓就要擂动,优异的成绩期待选手创造,灿烂的金牌等待健儿摘取。

我市第五届运动会各项赛事已经在前不久陆续展开，我市体育健儿顽强拼搏，奋发进取，创造了优异的成绩。今天，他们将以昂扬的斗志和奋发的精神参加开幕式，展示体育健儿的精神面貌，为迎接2008年北京奥运会的到来努力奋斗。

[开幕前2分钟]

朋友们，请各位入场就座，请各界贵宾到主席台就座，开幕式就要开始了。

[开幕时刻到，主持人盛装出场]

幕前致词：

各位领导，各位来宾，市民朋友们，大家晚上好！

今天是2005年7月23日，现在是傍晚八点四十分。

这里是兰州百里黄河风情线近水广场。

兰州市第五届运动会开幕式在这里举行。

出席今天开幕式的省市党政领导同志、驻兰部队首长和各界贵宾有：

（名单略）

来自我市三县五区和各个行业的体育代表团的运动员、教练员、裁判员代表也将出席今晚的开幕式

热情洋溢的市民朋友们早早来到会场。现在，近水广场已经成为一片欢乐的海洋

让我们以热烈的掌声欢迎大家的光临

夕阳渐渐落下，晚霞升起在遥远的天边

这绚丽多彩的景色使得我们每一个人都神清气爽，心潮激荡

夜幕徐徐降临，星光照耀奥林匹克的五环旗

这熠熠生辉的夜色让我们大家都进入了一次梦幻般的畅想

星光闪耀,闪耀着体育健儿的更高、更快、更强

灯火辉煌,辉煌这金城兰州的创业、实干、硬仗

百里黄河绚丽多姿,低吟浅唱,吟唱一曲金兰色的畅想

近水广场花团锦簇,烟雨苍茫,渲染一部金兰色的辉煌

长河的落日是这样的圆润,亚细亚的太阳在西部翱翔

绚丽的晚霞是如此的迷人,新兰州的颂歌在东方嘹亮

朋友们:

今晚的开幕式由两大板块组成

一、运动会开幕式约定仪式

二、大型文体表演《金兰色的畅想》

整场晚会大约进行 80 分钟

首先,有请[礼宾官员]主持开幕式仪式。

第二部分　开幕式仪式

礼宾官员:

一、兰州市第五届运动会开幕式现在开始

[奥林匹克号角吹响,礼炮轰鸣 5 响,彩球腾空,飞鸽翱翔]

二、运动员、教练员、裁判员入场

[奏响《五环旗进行曲》;国旗会旗彩旗队、花束队,运动员和裁判员队伍分乘十数艘游轮快艇出现在黄河水面,聚光灯光照射水面船只,黄河上一片欢腾]

[节目主持人解说词:

朋友们,请大家把目光投向中华民族的母亲河

白马浪前,波涛激荡,金城关下,百舸争流

来自我市三县五区和各个行业的体育健儿们乘着快艇劈波斩

浪、逆流而上

千帆进发,船队浩浩荡荡

中流击水,黄河飞渡,体育健儿们神采飞扬,开幕式拉开了精彩的序幕

兰州——得天独厚的黄河之都

金城——风姿绰约的创业城市

从城市中间穿行而过的这条大河啊,养育了世世代代一个家

从我们心中流过的这条大河啊,哺育了祖祖辈辈万代人

水面上流动着我们澎湃的激情

河流中涌动着母亲慷慨的馈赠

这是一条多情的大河,这是一条欢乐的大河

这是一条精彩的大河,这是一条沸腾的大河

今天,浪漫的黄河无比瑰丽,呈现出一派勃勃生机

今天,奔腾的黄河这样含情脉脉而又神采奕奕

让我们欢呼雀跃,心潮追逐那汹涌的波涛

让我们放声欢笑,激情伴随这创业的自豪]

[奏响《凯旋进行曲》,旗帜及运动员队伍下船上岸,列队经过主席台前,在表演场地肃立]

[队伍经过主席台前时,简要介绍各县区以及参加运动会的情况,请组委会提供材料,由主持人随机解说]

三、请全体起立——升中华人民共和国国旗,奏中华人民共和国国歌

四、升兰州市第五届运动会会旗、奏运动会会歌

五、请[组委会主任委员]致开幕词

六、请运动员代表宣誓

七、请裁判员代表宣誓

八、请[贵宾]点燃兰州市第五届运动会火炬

[八个县区的火炬由各县区代表从四面八方送到表演区。]

[节目主持人解说词：

朋友们，采自我市三县五区的火种从四面八方向我们走来。

这火种，象征着全市 300 万人民群众创业实干打硬仗的决心和热情

这火种，展现着体育健儿勇攀高峰的勇气和决心

这火种，燃烧的是我们迈向全面小康的期望和憧憬

这火种，照亮的是我们建设和谐社会的蓝图和美景

八方的火焰燃烧着一颗心，

八面的威风拧成一股绳

八千年的薪火凝聚民族的魂

八百丈的豪情创造同一个梦

[贵宾启动点火装置；火种呼啸着飞向黄河北岸主火炬塔，点燃主火炬；火焰熊熊燃烧，辉映大河两岸]

朋友们：

火种飞越黄河，正在向主火炬塔飞去。

火种点燃了火炬，火焰熊熊燃烧，辉映大河两岸。

燃烧吧，奥林匹克的火焰，

闪耀吧，黄河之都的灿烂。

九、请[到场最高首长]宣布兰州市第五届运动会开幕

[首长话音落，五枚礼花弹腾空而起，音乐震撼人心，北岸字幕烟火燃放]

十、请运动员、教练员、裁判员退场……

——开幕式大型文体表演《金兰色的畅想》演出开始

第三部分　文艺表演·金兰色的畅想

[大屏出字幕;主题音乐;500 枚中空礼花弹腾空]

[主持人上场]

主持词:

今夜无眠,今夜我们一起走进一个辉煌的庆典

今夜无眠,今夜我们共同打造一片壮丽的河山

奔腾不息的黄河从这座城市中间穿流而过

写下了多少动人的诗篇,传颂千年

古老的水车见证着华夏民族的生息繁衍

芬芳的百合花诉说着古金城巨大的变迁

太平鼓的回声回响着兰州人民的希望和期盼

白马浪的浪花跳跃着金城百姓的心愿和热恋

我们的城市在创业的诗篇中一天天改变

创业的诗篇伴随着城市日新月异蓬勃的发展

我们的城市在今夜盛开万紫千红的金兰色梦幻

我们的心头绽放"创业、小康、和谐"的美好祝愿

[北岸冷焰火燃放,似黄河之水天上来]

今夜,我们营造一个如诗的梦幻

今夜,我们放飞一个衷心的祝愿

充满着希望,古老的大地百花争艳

洋溢着激情,澎湃的黄河浪花飞溅

燃烧吧,奥林匹克的火焰

闪耀吧,黄河之都的灿烂

第一章 大地如意

[节目 1 舞蹈 《大地之舞》]

主持词:

古金城,金汤万里

新兰州,新的天地

充满生命力量的泥土,黑黝黝,黄澄澄

涌动创造力量的泥土,沉甸甸,莽苍苍

大地,养育了我们世世代代生生不息

大地,哺育着我们祖祖辈辈薪火传递

这片古老的土地满怀着激情走进新的世纪

这座崭新的城市

满怀着"创业实干打硬仗"的坚强信念走向希望的晨曦;

大地,跳跃着奥林匹克更高、更快、更强的体育精神

大地,激荡着体育健儿顽强拼搏的不屈志气

这是一个城市盛大的节日,让我们擂响新时代的黄钟大吕

这是一片土地奋发的意气,让我们创造新天地的卓越奇迹

让我们祝愿,祝愿家乡的大地万事如意

让我们期盼,期盼母亲的大地万事如意

[节目2　歌曲　《大地如意》]

第二章　快乐兰州

黄河养育了兰州人的性格

黄河造就了兰州人的豪情

快乐的兰州是我们心中的梦

快乐的兰州是我们梦里的情

幽默伴着诙谐,我们享受美好的生活

快乐伴着和谐,我们创造灿烂的业绩

兰州人心里头宽展,梦里也笑得欢

[节目3　歌曲　《快乐兰州》]

［节目4　杂技表演］

奥林匹克风激扬五环旗的英姿飒爽

北京中国印渲染爱琴海的圣火光芒

同一个世界，

同一个梦想

这是体育健儿期待的一次热血沸腾的情感激荡

这是兰州人民演奏的一曲动人心弦的壮丽交响

百里黄河风情线在晚霞的光晕中闪亮登场

我的城市流光溢彩，在第五届运动会的号角中神采飞扬

舞动七彩缤纷的波涛激浪，舞动金牌和银奖的灿烂辉煌

铺开欢天喜地的英姿飒爽，铺开"五环旗"和"中国印"的迎风飘扬

让我们共同欣赏这风姿绰约的城市形象，欣赏体育健儿创造的更高、更快、更强

让我们一起拥抱这流光溢彩的夜色与朝阳，拥抱奥林匹克2008北京谱写的精彩篇章

水车不舍昼夜隆隆旋转，日夜流淌着儿女们对丰收的殷切期盼

羊皮筏子在波峰上起伏，劈波斩浪的豪情激荡着勇士们奋进的心弦

滔滔黄河急流翻卷

勇士拼搏不畏艰险

波涛汹涌的九十九道险滩啊

淹不没九十九回竖起的桅杆

我们用汗水与智慧浇灌一个个神奇的梦幻

我们把金杯和银奖捧给每一位勇士的凯旋

体育,这个世界共同的语言

体育,这个星球最辉煌的诗篇

第三章　兰兰小妹

[节目5　舞蹈　《青春活力》《时代潮涌》]

这座城市充满青春的活力

这座城市播洒青春的阳光

城市的节奏在青春的活力中激荡

城市的律动在青春的脉搏中张扬

城市的形象在青春的创造中一天天变得辉煌

城市的脚步在青春的汗水中一年年走向奔放

城市的歌谣在青春的咏叹中一回回唱出嘹亮

城市的画卷在青春的描绘中一幅幅闪耀光芒

城市的色彩在青春的渲染中一道道散发芬芳

城市的梦想在青春的爱恋中一次次放飞翱翔

起舞在城市的夜色中,兰兰小妹歌声悠扬

欢呼在城市的阳光下,兰兰小妹神采飞扬

[节目6　歌曲　《兰兰小妹》]

第四章　鼓舞太平

[节目7　舞蹈　《太平大鼓》]

鼓舞在飞扬,我们飞扬这盛世的经典华章

飞扬的鼓舞,我们创造这新时代的灿烂辉煌

以天下第一鼓的名义,我们为奥运健儿加油喝彩

以奥运健儿的名义,我们为中华民族加油喝彩

以中华民族的名义,我们为我的祖国加油喝彩

以我的祖国的名义,我们为北京 2008 加油喝彩

擂起这惊天动地的太平大鼓吧

世界的脉搏都在你的律动中跳跃

舞起这翻江倒海的太平大鼓吧

人类的梦想都在你的名字中感动

五环旗,地球村

太平鼓,中国风

同一个世界同一个梦

[节目 8　歌曲　《太平鼓擂起来》]

尾声期盼奥运

[节目 9　歌曲　《期盼奥运》　作词:岳逢春　作曲:谢　晶]

[兰州"奥运歌曲大奖赛"十佳歌手激情出场,演唱歌曲]

附:歌词

蔚蓝色的星球上五星红旗迎风飘扬

黄河两岸金城关前儿女们神采飞扬

期盼 2008 我的祖国迈向又一个梦想

我们一起放飞心中金兰色的畅想

啊,同一个世界,同一个梦想

我们期盼奥运更高、更快、更强

蔚蓝色的天空上奥运圣火闪耀光芒

丝绸之路皋兰山下健儿们雄心万丈

走进 2008 我的祖国成就又一次辉煌

我们一起放飞北京中国印的向往

啊,同一个世界,同一个梦想

我们祝愿祖国更高、更快、更强

[全场欢声雷动,龙腾虎跃,鼓声震天,礼花腾空而起]

结束语

各位来宾,朋友们:

五彩缤纷的焰火正在腾空而起

满天的花雨飞舞着金兰色的畅想

梦里的期盼洋溢着创业实干的城市精神

和谐的社会走向全面小康的壮丽前景

让我们高举邓小平理论伟大旗帜,为建设全面小康社会努力奋斗;

让我们全面贯彻实践"三个代表"重要思想,紧密团结在以胡锦涛同志为总书记的党中央周围,为构建社会主义和谐社会努力奋斗;

让我们发扬创业实干打硬仗的兰州精神,为把兰州建设的更加美好而努力奋斗。

朋友们,兰州市第五届运动会开幕式到此结束。

朋友们,再见!

(2005 年 6 月 20 日拟稿)

● 水车颂歌赋诗篇

——2005 年首届中国水车节开幕式实施方案

(9 月 22 日·兰州水车博览园文化广场)

[演出场地装饰一新,彩球腾空,彩旗招展,会标醒目,会徽灿烂;段续塑像广场太平鼓鼓声震天]

[上午 10 时,"红樱束"女子鼓乐团盛装亮相]

序幕

前奏:"红樱束"鼓乐《龙腾虎跃》

[鼓乐声落;主持人出场]

主持词:

各位领导、各位来宾,女士们、先生们,亲爱的市民朋友们:早上好!

今天,是 2005 年 9 月 22 日。这里是中国兰州水车博览园文化广场。《兰州·首届中国水车节》开幕式暨《水车与风车特种邮票首发式》在这里隆重举行。出席今天这个盛大仪式的贵宾有:(名单略)

让我们以热烈的掌声,欢迎各位光临。

首先,请(领导同志)宣布水车节开幕;

程序 1 领导同志宣布水车节开幕

[领导话音落;水车旋转;礼花弹腾空;黄河水面数艘快艇拖曳数十架羊皮筏子逆流而上,皮筏彩旗招展;张扬中荷两国国旗;百名男女歌手挥舞旗帜,在皮筏和游艇上引吭高歌;"红樱束"鼓乐伴

奏,起音乐,合唱甘肃花儿《白鸽子令》(选自歌剧《向阳川》"左面的黄河哎哟……")旋律铿锵有力,合唱气势磅礴,表现筏子客劈波斩浪与惊涛搏击的意境]

程序2　合唱　《白鸽子令》

[在《白鸽子令》余音中,主持人上场,抒情后,指挥观众起立。]

主持词:

我们是黄河的儿女,祖祖辈辈生活在这里

我们是大河的子孙,世世代代劳作在这里

黄河,给予我们无尽的恩惠

水车,浇灌祖先开垦的土地

虽然,古老的日子早已经成为过去

昨天的韵律珍藏在我们今天永久的记忆

百姓的根啊,扎在黄河浇灌的土地

民族的情啊,系在水车旋转的岁月里

那么,就让我们朗诵一首用深情谱写的诗篇

那么,就让我们向黄河与水车致以崇高的敬礼

请大家——全体起立。

[主持人音落。观众起立,肃静。]

[水流声音效果,水车转动音响效果;

[钢琴协奏曲《黄河颂》起;在前奏大提琴深沉的旋律中,九名装扮为黄河之子的壮汉肩抬三组酒坛子,在九名装扮为黄河女儿,捧着酒碗的少女簇拥下登上舞台,并按照祭祀礼仪之讲究,将酒水陈设预备在黄河岸边。舞台调度和表演形式由编导设计排练]

程序3　钢琴协奏曲《黄河颂》与《祭文》朗诵。

[朗诵者(古称"鸣赞官")出场。

朗诵诗与祭文

赞曰:

大河滔滔,波涌浪翻

江山壮丽,气象万千

此刻,初升的朝阳辉映兰山,兰山苍翠巍峨,风光绚烂

此刻,绚丽的彩霞辉映大河,大河波涛滚滚,情思绵延

风情百里,蔚为大观

金城神韵,崭新画卷

铺开风情百里的花团锦簇和锦绣河山

裁剪古道雄关五千年汇成的水墨画卷

金城关前,是我们世世代代依恋的家园

风情百里,有我们祖祖辈辈无尽的思念

雁舞银滩,明珠璀璨

水车悠悠,德惠家园

万年清流,泽润山川

大河两岸,风光无限

隆隆旋转的大水车啊,你不舍昼夜四百年

滔滔不息的黄河水啊,你奔腾万里浪滔天

丰收,是你殷切的期盼

发展,是你豪迈的宣言

小康和谐,壮阔波澜

创业实干,辉煌诗篇

百合争艳,水笑山欢

黄河之都,锦簇花团

走遍大河上下,可曾见黄河钟情于一个城市是如此的缠绵

翻遍万卷史册,谁见过大河像今天这样充满着生机与绚烂

采一束鲜花给你——我的兰州

我们用亿万朵鲜花编织对你的深情和依恋

唱一曲赞歌给你——我的家园

我们用千万首乐曲谱写对你的依恋与缠绵

吉日良辰,母亲河畔

博园披红,天车梦圆

鸿雁情深,心香九瓣

风调雨顺,国泰民安

[朗诵者语音停顿片刻,但诗篇的神韵不断,音乐继续,余音绕梁]

[礼宾官员陪着主祭人(领导同志或者邀请一位兰州市普通市民)登台;朗诵者待主祭人就位后,接着朗诵]

伏维:

公元 2005 年 9 月 22 日,古历八月中秋

值此良辰吉日,地择母亲河畔,博园披红挂彩,天车神韵飞旋。

敬备:水酒三杯,心香九瓣

祭拜:四百年创造水车之先贤,

九万里壮阔黄河之波澜。

祝愿:我们的家乡风调雨顺

祝愿:我们的祖国国泰民安

[主祭人接过少女捧上的酒杯,将酒杯举过头顶,三拜后,将杯中酒洒向天地大河。众壮汉捧粗瓷大碗将酒洒入黄河波澜,少女将礼花彩弹喷向黄河水面]

［朗诵者高声宣布：

大河尚飨,山高水远

礼成!（礼仪完成）请坐!（示意观众,请坐下）

［主祭人返回贵宾席,落座。主持人出场］

主持词：

大河尚飨,山高水远

风调雨顺,国泰民安

这是一首动人心弦的辉煌诗篇

这是一个真挚虔诚的庄严庆典

现在,请(中方领导同志)致水车节开幕词

程序4　领导致开幕词

朋友们：

今年9月6日,中国国家邮政局与荷兰王国邮政局联合发行《水车与风车·特种邮票》两枚。兰州水车作为中国水车的典型形象,永久地镌刻在了"中国水车"这枚邮票上。隆隆转动了四百多年的兰州水车成为中国水车的形象代表,兰州被誉为当之无愧的"中国水车之都"。

今天,中国国家邮政局选择兰州水车博览园举行《水车与风车·特种邮票》首发式。兰州人民兴高采烈,欢欣鼓舞,百姓奔走相告,誉为盛事。这枚邮票,将带着兰州百里黄河风情线的迷人风采,飞向五洲四海;这枚邮票,将伴随兰州走向世界的和谐步履,将友谊撒满从连云港到鹿特丹的古丝绸之路欧亚大陆桥。兰州的美名,将在水车隆隆转动的豪迈韵律中,传遍世界各地。

让我们再次以热烈的掌声,祝贺邮票的发行和水车节的举办。

三杯水酒代表儿女们献给母亲河的衷心祝愿

一组邮票呈现出金城兰州走向世界的灿烂明天

是的,这不仅仅是一枚值得珍藏的邮票

这是兰州作为一座城市走向世界的名片

是的,这不仅仅是一架四百年旋转的水车

这是兰州三百万民众期盼发展、走向和谐小康的美好心愿

程序 5 请(邮政官员)致词

[“红樱束”鼓乐;河面开来大型游艇一艘,主桅杆升起中荷两国国旗,艇侧布置邮票放大彩喷图案,在黄河边停靠落碇]

程序 6 请(荷兰贵宾)致词

程序 7 “红樱束”鼓乐与《荷兰民间乐曲》演奏
[双方互赠礼品]

[荷兰贵宾致词后,在荷兰乐曲伴奏中,中荷双方互赠礼品;建议荷兰贵宾的礼品为精致的荷兰风车模型。礼品事先布置在舞台上,红绸子覆盖,为演出舞美环境点缀。开幕式结束之后,礼品转交水车博览园永久收藏并展出。中国有关方面回赠的礼品以兰州水车模型为好]

[主持人现场发挥,介绍双方互赠礼品概况]

程序 8 请(国家邮政官员)宣读《邮票发行通告》

程序 9 请(国家邮政官员、荷兰贵宾、本省市官员)为邮票揭幕

[彩带礼花满天,汽笛长鸣,鼓乐喧天]

尾声,水车节主题歌

程序 10　水车节主题歌;领唱与童声合唱;两首现代风格的礼赞,歌词另附。

[在歌曲尾声中,主持人上场]

结束语:

朋友们:水车节开幕式就进行到这里。

下面,请大家继续欣赏誉满中外的"红樱束"女子打击乐团的精彩表演。

在水车博览园各个景点上,正在进行丰富多彩的民族民间文艺活动和各种展示博览活动,请大家观赏;

省市邮政局和集邮公司在现场发行今天推出的《水车与风车》特种邮票,请朋友们观赏收藏。

请中外来宾游览观赏水车博览园其他景点。

朋友们,再见!

(2005 年 9 月 2 日拟稿)

● 水车颂歌声声恋

——2005 年首届中国水车节开幕式主题歌词

九万里黄河波澜壮阔

四百年水车披星戴月

滔滔黄河流过了多少难忘的岁月

悠悠水车灌溉了田野

温暖着家乡的日夜

五千年中国地灵人杰

四百年水车龙腾虎跃

堂堂中国留下了多少动人的传说

悠悠水车创造着和谐

旋转着河山的赞歌

（2005 年 9 月 8 日作）

● 黄河娃娃走天下

——2005 年首届中国水车节童声合唱歌词

黄河边的娃娃最爱我的家

门前有架大水车日夜哗啦啦

娃娃娃娃快长大

我要走天下

水车水车摇摇浇灌我的家

河边长着大柳树天天笑哈哈

娃娃娃娃要长大

明朝走天下

(2005 年 9 月 9 日作)

● 群英荟萃调独弹

——2005年第三届西北五省区秦腔艺术节开幕式方案

案

（8月25日·黄河风情线·近水广场）

幕前致词

各位领导、各位来宾，朋友们，大家晚上好！

今天，是2005年8月25日。

这里是兰州百里黄河风情线近水广场。

第三届西北五省区秦腔艺术节开幕式在这里隆重举行。

来自陕西省、甘肃省、宁夏回族自治区、青海省和新疆维吾尔族自治区的五百多位秦腔艺术家群英荟萃，相聚兰州。从今天开始到9月5日，在历时十一天的日子里，艺术家们将为广大戏迷和秦腔戏曲爱好者奉献16台精彩的秦腔大戏和折子戏。

本届秦腔艺术节由中国戏剧家协会、甘肃省文化厅、甘肃省文联、兰州市人民政府主办；

本届艺术节由甘肃省戏剧家协会与兰州市文化出版局和兰州市秦剧团承办。

古调独弹的秦腔艺苑迎来了又一回精彩纷呈、群英荟萃的梨园盛会。

兰州的金秋呈现出一派百花争艳、繁花似锦的繁荣景色。

让我们以热烈的掌声欢迎来自西北五省区的秦腔艺术家们。

出席今晚开幕式的有关方面领导同志和各界贵宾有：（名单

略）

让我们以热烈的掌声向各位领导和各界贵宾表示衷心的感谢和热烈的欢迎。

今晚,近水广场花团锦簇,灯火辉煌,彩球腾空,彩旗飘扬。

黄河两岸洋溢着喜庆热烈的节日气氛,人们喜气洋洋,神采飞扬。

今晚的开幕式由典礼仪式和大型文艺表演《大河秦声》两部分组成;整个开幕式活动大约进行 70 分钟。

首先,请"第三届西北五省区秦腔艺术节"组委会主任、兰州市副市长马琦明同志主持开幕式典礼仪式。有请马市长——

第一部分　开幕式典礼仪式

【马市长主持词:

第三届西北五省区秦腔艺术节开幕式现在开始

请全体起立。升中华人民共和国国旗,奏中华人民共和国国歌

升第三届西北五省区秦腔艺术节节旗,奏节歌。

请坐下。

请中国戏剧家协会分党组书记、中国剧协副主席董伟同志致开幕词

请兰州市市长张津梁同志致欢迎词

请中国戏剧家协会主席、著名京剧表演艺术家尚长荣同志宣布本届艺术节开幕。

［贵宾宣布开幕;锣鼓齐鸣,礼花绽放］

大型文艺表演《大河秦声》演出开始!

第二部分　文艺表演《大河秦声》

序幕秦韵飞扬

[序幕突出表现打击乐、钢琴演奏秦腔牌子曲效果以及生旦净丑演员表演场面。无解说词]

第一章　千古秦音

[在音乐和打击乐组成的前奏中，主持人幕后朗诵（录音效果），以下相同]

大河滔滔，汇聚中华文明五千年的灿烂辉煌

秦腔豪放，激荡大地神州九万里的气宇轩昂

《千古一帝》神采飞扬

《秦王点兵》慷慨激昂

今夜，历史的回声是这样的令人荡气回肠

此刻，千年的秦音是如此的让我心潮激荡

铿锵的锣鼓擂响这欢天喜地的西部畅想

高亢的板胡演奏那响遏行云的东方嘹亮

听，秦腔牌子曲的旋律在大河两岸演绎流传了几千年的民族交响

看，生旦净丑的神韵在西部的土地上谱写盛世的华章世纪的辉煌

第二章　梅花丽影

梅花开在秦岭山麓，

梅花开在祁连山川，

梅花开在青海湖畔，

梅花开在贺兰山间

梅花开在天山之巅

梅花开遍大地山川

走近万紫千红的梨园剧坛

舞动七彩缤纷的百花争艳

观众的笑声是这样的爽朗

戏迷的笑颜绽放在母亲河畔

如雷的掌声让傲雪的梅花更加绚烂

如潮的欢呼让梨园的花朵更加鲜艳

第三章　古调独弹

大秦之声，古调独弹

大戏之韵，流传千年

秦腔，八百里秦川渲染梨园春色渲染着春光烂漫

秦腔，千里陇原裁剪古道雄关五千年的水墨画卷

秦腔，格拉丹东的雪山也能够品味你的凛冽与甘甜

秦腔，河套平原的黄河水和你一起滋润儿女的心田

秦腔，天山南北的牧歌也融合着你的柔情与热恋

秦腔，你是西部的神韵，东方的火焰

第四章　盛世梨园

今夜无眠，今夜我们打造一个辉煌的庆典

今夜无眠，今夜我们走进一片壮丽的河山

今夜，我们一起营造一个如诗的梦幻

今夜,我们共同放飞一个衷心的祝愿

洋溢着激情,澎湃的黄河浪花飞溅

充满着希望,西部的剧坛百花争艳

这是盛世的梨园,春光无限

这是时代的梦幻,辉煌灿烂

结束语

[主持人出场]

各位来宾,朋友们:

五彩缤纷的焰火正在腾空而起

满天的花雨飞舞着梦里的热恋

秦腔,今夜的畅想构成我们相同的期盼

秦腔,今夜的辉煌打造我们共同的语言

坚持社会主义先进文化的前进方向

我们走向建设全面小康的壮丽前沿

朋友们:

让我们高举邓小平理论伟大旗帜,全面贯彻落实"三个代表"重要思想,紧密团结在以胡锦涛同志为总书记的党中央周围,为构建社会主义和谐社会努力奋斗!

朋友们,第三届西北五省区秦腔艺术节开幕式到此结束。

朋友们,祝各位晚安,再见!

(2005 年 8 月 20 日拟稿)

盛典礼赞

● 大河秦音丝竹弦

——2005 年第三届西北五省区秦腔艺术节闭幕式主持词

（9 月 5 日·兰州·金城大剧院）

幕前致词

各位领导、各位来宾、朋友们，大家晚上好！

今天，是 2005 年 9 月 5 日。

这里是兰州金城大剧院。

2005 年第三届西北五省区秦腔艺术节闭幕式在这里隆重举行。

从 8 月 25 日开始到今天，在历时十一天的日子里，来自陕西、甘肃、宁夏、青海和新疆的五百多位秦腔艺术家群英荟萃，相聚兰州，为广大戏迷和秦腔戏曲爱好者奉献了 16 台精彩的秦腔大戏和折子戏，兰州的金秋呈现出一派百花争艳、繁花似锦的繁荣景色。我们和观众朋友们一起度过了一段难忘的时光。

这是一段好戏连台精彩纷呈的日日夜夜，

这是一次古调独弹群英荟萃的梨园盛会。

让我们以热烈的掌声向来自西北五省区的秦腔艺术家们致以崇高的敬意和深切的谢意。

出席今晚闭幕式的有关方面的领导同志和各界贵宾有：（名单略）

让我们以热烈的掌声向各位领导和各界贵宾表示衷心的感谢

和热烈的欢迎。

首先,请"2005年第三届西北五省区秦腔艺术节"组委会主任、兰州市副市长马琦明同志主持闭幕式仪式。有请马市长——

第一部分 闭幕式仪式主持词

同志们,朋友们:

2005年第三届西北五省区秦腔艺术节于金秋季节在兰州举办,历时共11天。在这段时间里,兰州戏迷朋友和秦腔爱好者度过了一段难忘的时光。在大家的共同努力下,本届艺术节的各项活动十分圆满,是一次成功的梨园盛会。艺术家们为兰州广大观众奉献了精彩纷呈的艺术精品,营造了繁花似锦的繁荣景象,兰州人民大饱了眼福,振奋了精神,这必将促进兰州各项事业、尤其是文艺事业的繁荣发展,我代表兰州市委市政府和本届艺术节组委会,向来自西部五省区的各位艺术家表示深切的感谢,并诚挚地邀请各位艺术家今后常来兰州作客,热情好客的兰州人民将一如既往地欢迎各位的光临。

今晚,我们在这里隆重举行本届艺术节闭幕式,祝愿各位艺术家取得更多更好的艺术成就。祝愿西北五省区的秦腔艺术事业蓬勃发展。

首先,请本届艺术节组委会主席、中国剧协分党组书记、副主席董伟同志宣布本届艺术节获奖名单。

请兰州市市长张津梁同志致闭幕词

请中国戏剧家协会主席、著名京剧表演艺术家尚长荣同志宣布本届艺术节闭幕。

请观看由著名秦腔花旦演员李娟、李颖、柳萍、梁少琴分别表演的秦腔折子戏。

第二部分　演出幕前解说词

灯火辉煌,秦腔高亢

板胡悠扬,粉墨登场

一座沸腾的剧场就是一个大千世界

一个大千世界就是一座沸腾的剧场

舞台上演绎的是人生的哲学

戏剧中讲述的是人类的理想

那么, 就让我们首先欣赏来自陕西省戏曲研究院的著名旦角演员李娟,是如何把一个《三对面》的故事表演得令人荡气回肠,充满遐想。

【节目1　李　娟　《三对面》

走进剧场,我们就走进了一个起伏跌宕的情感海洋

登上舞台,我们就投入了一次百转千回的情绪遐想

虽然,《三击掌》的故事我早已经耳熟能详

虽然,《牌子曲》的旋律我从小就沐浴徜徉

然而,我依然热爱这家乡高亢的声腔

然而,我依然痴迷于家乡这斑斓的盛装

于是,我一次次走进这千年的旋律、心潮激荡

于是,我一次次沉醉在这乡音的亲切和熟悉的爽朗

请欣赏李颖表演的折子戏《三击掌》,她来自青海

【节目2　李　颖　《三击掌》

秦腔,大气磅礴,慷慨激昂

秦腔,细腻婉转,九曲回肠

一副脸谱就是一个人生的影像

一段秦腔就是一回灵魂的酝酿

请欣赏由来自宁夏银川的柳萍表演的折子戏《杀狗劝妻》

【节目3　柳　萍　《杀狗劝妻》】

热爱秦腔,我热爱我的家乡

热爱秦腔,我眷恋我的梦想

家乡的土地生长我和你的茁壮

梦想的天空悠扬你和我的吉祥

那么,就让我们一起走进秦腔

那么,就让我们共同创造辉煌

请欣赏兰州梁少琴表演的折子戏《杀四门》

【节目4　梁少琴　《杀四门》】

结束语

今夜的剧场灯火辉煌

今夜的舞台百花齐放

今夜,我们共同度过一段美好时光

今夜,我们期待再次的相逢,迎接明天的太阳

朋友们:

让我们高举邓小平理论伟大旗帜,全面贯彻落实"三个代表"重要思想,紧密团结在以胡锦涛同志为总书记的党中央周围,为繁荣社会主义文艺事业,为构建社会主义和谐社会的伟大事业努力奋斗。

朋友们,2005年第三届西北五省区秦腔艺术节闭幕式到此结束。

祝各位晚安,再见!

(2005 年 9 月 2 日拟稿)

庆典礼赞

● 梅花西部报春来

——2005 年"梅花奖"艺术团西部行演出主持词

(9 月 6、7 日·兰州·近水广场)

幕前致词

各位领导、各位来宾,尊敬的各位离退休老同志,亲爱的兰州市的父老乡亲,大家好!

今天是 2005 年 9 月 6 日(7 日)。在这个秋高气爽,风和日丽的金秋季节里,由中国戏剧家协会组织的"梅花奖艺术团"来到兰州,在这奔腾不息,气象万千的大河岸边张灯结彩,搭起了舞台。百里黄河风情线近水广场又一次成为欢乐的海洋。

根据艺术团这次"西部之行"的日程安排,今天举行的这场演出活动是专门为兰州地区的离退休老同志、老职工组织的。(9 月 7 日专场,则是专门为进城务工的乡亲们组织的)让我们以热烈的掌声向老同志们致以崇高的敬意和亲切的问候、向今天莅临演出会场的父老乡亲们表示热烈的欢迎!

出席今天活动的领导同志和各界嘉宾有:(名单略)

首先:请兰州市(领导同志)致欢迎词

请中国剧协(领导同志)讲话

演出主持词

朋友们:

中国戏剧梅花奖是中国戏剧界的最高奖项, 这个奖项由中国剧协负责每年评选一次，获得这一奖项的演员所取得的艺术成就，体现了当代中国戏剧艺术所达到的最高水平。从1983年梅花奖设立以来的22年当中，全国各地有400多位戏剧艺术家获得这一奖项。

今天，在梅花大奖获得者、中国剧协主席、著名京剧表演艺术家尚长荣先生和中国剧协分党组书记、副主席董伟同志带领下，由来自全国各地的十四位梅花奖获得者组成的梅花艺术团，将为大家献上一台精彩的演出。让我们以热烈的掌声，欢迎梅花艺术团各位戏剧艺术家的到来。

参加今天演出的十多位艺术家，全部都是国家一级演员，他们曾经分别获得第7届至第22届梅花奖，在他们当中有好几位曾经两次获得这个奖项。他们目前依然活跃在首都和各地的戏剧舞台上以及许多影视作品当中，深受广大观众的热爱和欣赏。为了节省演出幕间的停顿时间，在他们表演的时候，我们就不再一一介绍他们的获奖情况和职称级别了，请朋友们和艺术家们给予谅解。

下面，演出正式开始。

一

走进西部，我们就走进了一部壮丽的诗篇

走进兰州，我们就走进了一片温馨的家园

壮丽的诗篇曾经凝聚了你的智慧与勇敢

温馨的家园依然盛开着你的热恋与企盼

今天，我们将一朵朵梅花的绚烂捧给你的热恋

今天，我们将一缕缕梅花的芬芳献给你的期盼

二

盛开的梅花在枝头烂熳，它的根生长在你的土地中间

迷人的芬芳在舞台回旋,它的花香却是你的汗水浇灌

我用一颗滚烫的心吟诵西部发展的诗篇

你用一腔沸腾的血激荡兰州创业的波澜

兰州的金秋秋高气爽,神采飞扬

兰州的景色色彩绚烂,魅力独放

在这瓜果飘香的金秋九月,我们欢聚一堂,喜气洋洋

在这浩浩荡荡的大河岸边,我们欢歌起舞,笑语爽朗

怀着对西部父老乡亲的深情厚意,我们为兰州人民放声歌唱

怀着万紫千红的喜悦心情,我们欣赏这百花争艳的无限风光

今天,在这波涛滚滚的母亲河畔,红梅怒放,秋色无边

今天,在这花团锦簇的近水广场,风情荡漾,激情无限

金秋九月,是一个这样的季节,五谷丰登,丰收在望

西部兰州,是一个这样的城市,海纳百川,热情奔放

九月,我们在西部高唱一曲丰收的颂歌,慷慨激昂

九月,我们在兰州体验一回友谊的热烈,地久天长

九月,在这滚滚的波涛之间,我仿佛听到一位伟人爽朗的笑声

九月,我们在这滔滔的大河岸边,再现那令人难以忘怀的情景

有请李鼎朗诵《周总理祝辞》

早在1700多年前的魏晋时代,有位诗人就在一首诗中写道:"折梅逢驿史,寄予陇头人,江南无所有,聊赠一枝春。"我在读到这首诗的时候惊奇地发现,诗人是将梅花托"邮递员"寄给远在"陇

头"的朋友。甘肃简称"陇"。那么,"陇头人",不就是甘肃的朋友吗？梅花,象征着友谊地久天长,代表着友情的源远流长。那么,今天,梅花奖的14位获得者来到兰州,亲自将梅花的芬芳献给大家,的确是"挥毫落墨纸痕新,几点梅花最可人","塞北梅花羌笛吹,听唱新翻杨柳枝"。

七

是的,今天的西部天高地阔,进入了一个前所未有的大开发、大发展的历史阶段

是的,今天的兰州安定和谐,开辟了一个从未有过的"创业、实干,打硬仗"的大好局面

兰州人民热情好客热爱生活,梅花艺术团的全体成员感受到兰州人民的纯朴善良,热情奔放

兰州的风情是这样的独具特色,这片山河俏不争春,却山花烂漫,春色无边

八

大河滔滔,这里舒展五千年的历史画卷

梅花朵朵,这里渲染九万里的春色无边

金城关前,我们的家园山花烂漫

黄河两岸,红梅的芬芳春意盎然

九

在领袖毛泽东的一生中,曾经有两位普通的战士让领袖感动,一位是在陕北烧炭的张思德,一位是在东北开车的雷锋。在演员吴军的演艺生涯中,他所扮演的这两位普通战士的形象曾经感动了亿万观众。张思德和雷锋那纯真的笑容,永远地留在我们的心中。《离开雷锋的日子》虽然离我们远去,《张思德》的精神却永远活在

我们的心中。有请影片《张思德》和《离开雷锋的日子》主演吴军。

十

红梅,红灯;铁梅,精神

桃未芳菲杏未红,春寒先已笑东风

看来岂是寻常色,浓淡自在冰雪中

有请虎美玲演唱豫剧《红灯记》选段《做人要做这样的人》

十一

一曲洪湖水,醉了几代人

龙船调优美,波浪翻金城

有请刘月丽演唱歌剧《洪湖赤卫队》选段

十二

评剧《刘巧儿》创作于新中国成立初期,历经半个多世纪,这部剧作的艺术魅力感染了无数人。大家都知道,《刘巧儿》所演绎的故事出自我省陇东庆阳地区。剧中主人公"刘巧儿"这一艺术形象,可谓家喻户晓。生活中刘巧儿的原型——封芝琴老妈妈今年已经81岁,在华池县老家安度晚年。评剧《刘巧儿》经过几代评剧艺术家的打磨,逾演逾新,魅力无穷。让我们欣赏著名京剧和评剧表演艺术家刘秀荣表演的"刘巧儿"。有请刘秀荣女士。

评剧《刘巧儿》《花为媒》选段

十三

这是新时期的黄钟大吕回应着新时代的悠扬旋律

这是新天地的金汤万里跳跃着新世纪的豪迈步履

这是红梅与黄河的协奏曲激荡着兰州人民的风发意气

这是我们奔向小康的金兰色晨曦曙光喷薄在金兰色的天际

十四

七彩斑斓的音符在兰山之巅腾空而起

五色缤纷的旋律在大河上下欢歌笑语

壮丽的乐曲是我们献给母亲的一片心意

深情的诗篇是我们捧给家园的难忘记忆

请把我的歌儿带回您的家里

请把我的情意深藏在您的心底……

朋友们:

让我们高举邓小平理论伟大旗帜,深入学习实践"三个代表"重要思想,在以胡锦涛同志为总书记的党中央领导下,与时俱进,开拓创新,为把兰州建设的更加美丽富饶而努力奋斗!

演出到此结束,朋友们,再见!

（2005 年 9 月 3 日拟稿）

● 豪情满怀兰州人

——2005年甘肃大型文艺晚会戏歌联唱唱词

京剧

巍巍兰山高,黄河水滔滔,金城关下景色无限好

风情百里,江山如画,分外妖娆

故道雄关屹立五千年,大河环绕

气象万千,万千气象,兰州人今天更自豪

陇剧

黄河上云蒸霞蔚水车欢笑

平沙落雁落在黄河天下第一桥

白塔五泉相伴龙园风光真奇妙

亲水平台花团锦簇游客乐逍遥

黄河边万紫千红心潮逐浪高

黄河边西部开发兰州焕新貌

豫剧

大河滔滔,大河滔滔,东流到海流光溢彩

大河滔滔,大河滔滔,西出阳关沟通欧亚大陆桥

大河滔滔,大河滔滔,滋润大地日新月异江山多娇

兰州人敞胸怀,迎来了世纪辉煌新的骄傲,新的骄傲

眉户

母亲河

川流不息过金城,灯火辉煌,激情澎湃盼来了好时光

火红的年代神采飞扬,丝绸之路绵延长

昨日里雄汉盛唐,南来北往,今日里更开放,幸福水流长

秦腔

皋兰山巅看新貌,"三个代表"永记牢

展宏图征程路迢迢,奔小康齐把汗水抛

高举铁锤和镰刀,愿兰州人民辉煌更辉煌,飞跃更飞跃

抒豪情立壮志,小康路上意气奋发更自豪

(2005 年 6 月 13 日作)

● 大河涛声波浪翻

——2006 年中国水车节开幕式主持词与朗诵诗

（8 月 25 日·兰州水车博览园文化广场）

[演出场地装饰一新,彩球腾空,彩旗招展]

[晚 8:30 时,主持人盛装登场]

主持词:

各位领导、各位嘉宾,女士们、先生们,亲爱的市民朋友们:晚上好!

今天,是 2006 年 8 月 25 日。

这里是中国兰州水车博览园文化广场。

第五届黄河风情文化周暨第二届兰州·中国水车节开幕式在这里隆重举行。同时将举行盛大的焰火晚会与"大河之声"文艺演出活动。

出席今天这个盛大活动的各界贵宾有:(名单略)

让我们以热烈的掌声,欢迎各位光临。

首先,请(领导同志)宣布文化周和水车节开幕;

程序 1　领导同志宣布水车节开幕

序幕

前奏:钢琴协奏曲《黄河·第一乐章》

[领导话音落,起音乐;水车旋转;五枚礼花弹腾空;中立桥焰火,河对岸焰火,水面焰火燃放。]

［在《黄河·第一乐章》前奏音乐中，领导同志退场，主持人幕后抒情］

主持词：

来吧，黄河的儿女，我们从四面八方汇聚在这里

来吧，大河的子孙，我们从天南地北相会在这里

今夜，大河上下风光无限，激情无限

今夜，黄河两岸情意绵绵，山高水远，

第一章　古韵之声

程序2　舞蹈《陶鼓祭》

程序3　舞蹈《傩面舞》

［在舞蹈表演过程中，主持人幕后抒情朗诵］

朗诵词：

大河滔滔，激起我们心中的万丈狂澜

激流翻卷，激动我们无尽的遐想与长久的思念

水车悠悠旋转，旋转着远去的难忘岁月，

黄河滔滔奔涌，奔涌着今天的崭新生活

是的，我们是黄河的儿女，儿女的根，扎在母亲河滋润的土地上

是的，我们是大河的子孙，子孙的心，跳动在黄河浪永远的深情里

那么，就让我们追寻远去的岁月，用古老的方式走进这五千岁的深情

那么,就让我们礼赞今天的祖国,用满腔的热情欢呼这八千年的结晶

程序4　诗朗诵《大河颂》

[乐队演奏《黄河·第二乐章·黄河颂》;舞蹈演员造型,祭拜母亲河]

[钢琴协奏曲《黄河颂》前奏起;在大提琴深沉舒缓的旋律中,男女两位朗诵演员盛装出场,激情朗诵抒情诗《大河颂》]

[九名装扮为黄河之子的壮汉抬三组酒坛,在九名装扮为黄河女儿,捧着酒碗的少女簇拥下出现在舞台。演员舞台调度和表演形式由编导设计排练,以人体剪影雕塑形式表现朗诵诗的意境,把握非舞蹈化的动作节奏和形体韵律特点]

附:《大河颂》(作者:岳逢春　朗诵:边城)

我来了,我的万年不老的母亲河

我来了,我的魂牵梦萦的大水车

此刻,我就伫立在你这雄伟宽阔的堤岸

此刻,我正仰望着您那古朴沧桑的容颜

抚摸这滔滔河水,我的心,真的激起了万丈狂澜

仰望这悠悠水车,我的情,真的翻卷着波浪滔天

江山壮丽啊,气象万千

大河两岸哪,风光无限

那是,喜马拉雅落下的一片雪花

那是,格拉丹冬滴出的一泓清泉

当初升的朝阳照耀兰山，这座城市便舒展着黄河风情百里的
蔚为大观

当绚丽的晚霞辉映大河，古道雄关就裁剪出了五千年汇成的
水墨画卷

奔腾不息的黄河水，是缓缓地、缓缓地从我家门前悄悄流过
日夜旋转的大水车，是静静地、静静地在我的心上轻轻划过
我儿时的顽皮是这条大河见证
我童年的欢乐是这架水车转成
大河波涛滚滚、情思绵延、水笑山欢
兰山苍翠巍峨、景色绚烂、明珠璀璨

是的，这条大河，浇灌着我们世世代代依恋的家园
是的，这架水车，转动着我们祖祖辈辈无尽的期盼
隆隆旋转的大水车啊，你不舍昼夜四百年
滔滔不息的黄河水啊，你奔腾万里浪滔天
翻遍万卷史册，谁见过大河像今天这样充满着生机与绚烂
走遍大河上下，可曾见黄河钟情于一个城市是如此地缠绵

那么，就让我——
铺开这风情百里的花团锦簇与锦绣河山
舒展此刻金城关前那迷人的风采和创业实干的豪迈宣言

那么，就让我——
激荡这大河上下辉煌的历史诗篇和振兴中华的壮阔波澜

实现五湖四海今天的这和谐社会与小康生活的百年夙愿

这是一个多么美好的日子啊
这是一个多么吉祥的时辰
我将金城的神韵继续谱写新时代的崭新画卷
我以大河的波涛再次闪亮新兰州的明珠璀璨
愿我们的家乡:风调雨顺,神州万里、太平安然
愿我们的祖国:和谐安康,天南地北、盛世永远

那就让我,捧起水酒三杯,礼赞这个情真意切的辉煌庆典
那就让我,献上心香九瓣,编织一个地久天长的国泰民安

[一位少女领舞演员捧主祭酒杯,将酒杯举过头顶,三拜后,将杯中酒洒向天地大河。众壮汉捧粗瓷大碗将酒洒入黄河波澜。礼花彩弹喷向黄河水面,"水上芭蕾""红地毯"等焰火品种在河面燃放]

第二章　和谐之声

程序5　交响乐诗《都市童谣》

[乐队演奏《黄河·第三乐章》]

[主持人幕后抒情]

这是黄河浪花飞溅的都市童谣
这是富春江水吟诵的采茶小调
雁荡山听得懂花儿的高亢
中山桥舞动楠溪水的妖娆

西子湖的柔情吹拂左公柳,柳絮飘飘

金城关的风铃激动钱塘江,江水滔滔

小康的生活要我们用汗水打造

和谐的社会是大家共同的骄傲

程序6　歌舞《花儿》《采茶舞曲》《快乐兰州》等节目连续表演

第三章　文华之声

［主持人幕后朗诵］

吹响文化兰州的号角

舞起兰州文化的自豪

将《西出阳关》的回声化作《大梦敦煌》的春潮

以《古调独弹》的韵律激荡《黄河之声》的波涛

看《丝路花雨》昨日独领风骚

品《读者》杂志今天分外妖娆

古老的土地拥有的不仅仅是一份远去的古老

年轻的金城创造的恰恰是今天的丰收与富饶

程序7　秦腔表演唱《文化兰州印象》

程序8　杂技魔术表演《千手观音》等

第四章　奋进之声

［乐队演奏《黄河·第四乐章》］

程序9　交响乐与太平鼓表演《奋进》

［主持人幕后朗诵］

这是一曲慷慨激昂的华彩乐章

这是一首感天动地的壮丽交响

擂出太平盛世的百花齐放

鼓动盛世太平的万丈光芒

程序 10　歌曲《大地如意》

尾声

［在歌曲尾声中，主持人上场，结束语］

朋友们：

今夜的大河流光溢彩、壮丽辉煌

今夜的金城多采多姿，风光无限

让我们留住今夜，留住我们今夜的激情与热恋，

让我们期待明天，期待我们明天的辉煌和灿烂

第五届黄河风情文化周和第二届水车节开幕式文艺演出就进

行到这里。

朋友们，再见！

（2005 年 3 月 19 日拟稿）

● 金城飘起红丝带

——2006 年兰州市"行动起来·遏制艾滋"主题电视晚会主持词

(11 月 23 日·金城大剧院)

各位领导,各位来宾,电视机前的观众朋友们,大家好!

从 1988 年开始,每年的 12 月 1 日不再是一个平常的日子

18 年前,世界卫生组织将这一天确定为世界艾滋病日

艾滋病,曾经是我们难以启齿的一个概念

过去,我们大家都不太愿意谈论这个话题

中华民族,与艾滋病问题的距离,曾经是那样的遥远

那仿佛是一个与我们无关的天方夜谭

地处祖国西部的内地兰州,也曾经是一片净土

过去,我们说到艾滋病,大家心中都非常坦然

的确,艾滋病,曾经离我们确实是十分遥远

然而,当我们今天知道了这样一组数据的时候

我们就不能够再继续掉以轻心、处之漠然:

联合国预防艾滋病规划署和世界卫生组织在"2006 艾滋病流行最新情况"报告中指出:现在,全世界每天有 1.1 万人感染艾滋病病毒(HIV)病毒。这就是说,现在,地球上平均每 8 秒钟就有一人感染艾滋病病毒(HIV)。与此同时,每 24 小时,就有 8000 名感染者在痛苦中死去。预防艾滋病规划署执行主任彼得·皮奥特在新闻发布会上说:"有证据表明这一全球流行病感染情况正在各地增多。与

盛典礼赞

此同时,今年新增的 430 万名患者中,有 40% 为 15 岁至 24 岁的年轻人。"

中国国家卫生部与联合国预防艾滋病规划署和世界卫生组织联合发布的《2005 年中国艾滋病疫情与防治工作进展》报告显示:

我国现有艾滋病病毒感染者和患者约 65 万人

而且,还有相当多的艾滋病病毒感染者,目前尚没有被发现

在我们这座城市里,截至目前,也已经有上百例艾滋病病毒感染者和患者被确认,并且已经有数十人因为身患艾滋病而失去了宝贵的生命

因此,我们必须立即行动起来,遏制艾滋病在这片土地上的传染和蔓延

今天,我们在这里举行"兰州市·2006·行动起来·遏制艾滋"主题电视晚会

——让红丝带在兰州、在我们的家园飘动起来

出席今天晚会的各界嘉宾和领导同志有:(名单略)

朋友们,[示意舞台背景红丝带标志]大家也许已经知道了这个标志的含义

这个标志,就是"全世界关心艾滋病患者行动"的标志

红丝带鼓励我们大家充满爱心,伸出关怀之手,奉献友爱之情,来帮助那些深受艾滋病折磨的不幸的人们

关怀并帮助他们,就是关心和爱护我们自己

那么,在今天的主题晚会上,首先,就让红丝带飘起来吧!

节目 1　歌舞《红丝带飘起来》

主持词：

"红丝带"象征着希望：

希望艾滋病给整个社会造成的巨大压力能够得到有效地缓解

希望有一天,遭受艾滋病折磨的朋友们都能够恢复健康,心情舒畅

希望在将来的那一天,

人类能够彻底结束艾滋病给全世界的人们造成的苦难与忧伤

让我们相互关爱,共享生命

让这颗蔚蓝色的星球到处都充满明媚的阳光

节目 2　女声独唱

主持词：

艾滋病的医学名称是获得性免疫缺陷综合症,英文名称缩写为"AIDS"

在人类目前的医学条件下,医生们还没有发现有效的治疗手段

一旦不慎感染了艾滋病,必然导致患者最终的不幸死亡

从 1981 年国外发现第一例艾滋病感染者的死亡病例到目前,

全世界累计已经有六千万艾滋病发病者被确认,

其中,三千多万人已经遭遇了死亡的不幸。

这是一个让全世界都觉得不可思议的血色数据

这是一种让全人类都感到忧心忡忡的诡秘幽灵

它的传播速度,比我们曾经预料的,来得要快

它的巨大危害,比我们能够想象的,来得要猛

因此,我们决不能掉以轻心

因此,我们一定要高度警惕

节目3 舞蹈《神话》

主持词:

过去,我们对艾滋病传播渠道的认识有一个误区

过去,我们对艾滋病感染者的态度常常是嗤之以鼻

我们曾经将艾滋病与某种不良的生活方式联系在一起

我们往往用道德修养的判断去测量艾滋病与我们之间的距离

当温家宝总理胸佩"红丝带"握住了艾滋病患者的双手

当胡锦涛总书记在北京"爱心家园"嘘寒问暖的时候

我们明白了这样一个问题

我们懂得了这样一个道理

艾滋病病毒感染者绝不是一种不能接纳的异己,

他们仍然是我们血肉相连的姐妹兄弟

感染了艾滋病绝不是一种不可饶恕的罪行,

祖国母亲不会将她的儿女们遗弃

节目4 小品《爱的代价》

主持词:

战胜艾滋病是全人类共同的愿望

遏制艾滋病是全中国一致的向往

让我们胸佩"红丝带",打造人道主义的爱心和希望

让我们舞动"红丝带",普照和谐社会的温暖阳光

这块版图从来都不怕那魑魅魍魉雨暴风狂

中华民族永远都高扬着降妖伏魔的精神力量

节目5 舞蹈《军傩舞》

主持词：

朋友们，作为一种严重危害人类健康的传染病，艾滋病的传播蔓延速度之快，是其他任何流行性疾病所不可比拟的。在我国，从1985年发现首例病人到目前，短短的21年间，全国31个省市（区）都发现了艾滋病病毒感染者，我国将近一半的县里，都有艾滋病病毒感染者被确诊，而且每年都以极快的速度在增长。

艾滋病在我国传播的初期，它的传播渠道比较单一，主要是通过一些不规范的采血造成感染。而发展到目前，艾滋病传播途径中的——血液感染、性行为传播和母婴传播——这三个主要渠道都存在了。而且出现了从高危人群向一般人群蔓延和女性感染艾滋病比例上升的显著特点。

广大医务工作者和疾病预防控制专业人员日夜奋战在预防艾滋病的第一线

让我们向他们表示最崇高的敬意

节目6 歌曲《感恩的心》

节目7 诗朗诵《心声》

主持词：

这片土地，不再是远离艾滋病的世外桃源

这片土地,防治艾滋病的形势不容过于乐观

专家预测,如果不采取积极有效的预防措施,到 2010 年,在中国,艾滋病病毒感染者的人数,将很可能超过 1000 万

这就是说,平均每 130 个中国人当中,就有可能出现一个艾滋病患者

这决不是危言耸听——2010,近在咫尺

节目 8　小　品

主持词:

治疗艾滋病,目前还缺乏有效的药物和手段。但是,预防艾滋病的传播蔓延,却有了世界公认的一些有效方法和措施。

开展广泛的宣传教育活动,在民众中间普及艾滋病预防知识,动员全社会参与预防和救治活动。

远离毒品。倘若毒瘾一时难以戒断,在注射过程中,就一定要注意避免与他人共同使用同一个注射器,防止通过血液感染艾滋病病毒。

个人的性生活要洁身自爱。在正常的夫妻关系之外,与他人发生非正常关系的性行为时,推广使用安全套。

发扬"红丝带"精神,树立"患者无罪,染病无辜"的人道主义观念,满腔热情地关心、关怀、爱护艾滋病患者。在社会生活中,绝不能歧视和排斥艾滋病患者。

——当然,还有第六、第七、第八等等。限于时间关系和晚会的容量,我们不能逐一详细介绍。希望朋友们关注 12 月 1 日媒体的报道,登录"红丝带""红树林"等预防艾滋病专题网站,了解这方面的知识,积极投入到"红丝带"行动中来。

节目 9　男声独唱

节目 10　歌舞《和谐中国》

结束语［在歌曲尾声中进入］

朋友们：

党的十六届六中全会制定了构建社会主义和谐社会的伟大纲领

我们的祖国正在走向中华民族的伟大复兴

国家富强、民族振兴、人民幸福的和谐社会需要我们全民族的共同奋斗

让我们携起手来，正视艾滋病问题，最大限度地减少不和谐因素，将我们共同的家园建设得更加美丽，让我们的生活更加和谐美满，幸福安康

朋友们，今天的主题晚会由兰州市卫生局、兰州市文化局和兰州市疾病预防控制中心举办。

朋友们，再见！

（2006 年 11 月 23 日拟稿）

● 创业兰州吹号角

——2007 年兰州市新年音乐会幕前主持词

(2006 年 12 月 30 日·金城大剧院)

各位领导、各位来宾;女士们、先生们:

大家晚上好!

今天,是公元 2006 年 12 月 30 日。

今晚,中共兰州市委、兰州市人民政府在这里举行 2007 年新年音乐会。

出席今晚音乐会的各界嘉宾和领导同志有:(名单略)

首先,有请甘肃省省长助理、兰州市市长张津梁同志发表《新年献词》(文稿略)

【致辞关键词:

值此 2007 年元旦佳节到来之际,我谨代表中共兰州市委、市人大、市政府、市政协,向全市人民致以新年的祝福! 向所有关心支持兰州发展的各界朋友致以诚挚的问候和衷心的感谢! 在 2007 年元旦即将到来之际,我衷心地希望大家在新的一年里在各自的岗位上,为我们这座悠久而美丽城市的发展做出新的贡献! 衷心地祝愿每一个家庭都能和睦、康泰、平安! 衷心地祝福每一位市民都愉快、健康、幸福! 兰州的明天一定会更加美好!

【节目主持人:

谢谢津梁市长。

风雨送春归,飞雪迎春到。再过两天,我们就要迎来新的一年。

激情燃烧的 2006 年即将离我们远去；

团结奋进的 2007 年已经敲响了拂晓的钟声。

刚刚闭幕的中共兰州市第十一次代表大会全面规划了兰州发展的美好前景；

今晚的音乐会表达着兰州人民迎接新时期、新阶段和新发展的喜悦心情。

让我们吹响号角,擂动鼓点；

让我们团结奋进,创业实干。

今晚的音乐会,由兰州交响乐团担纲演出。

今晚的音乐会,共演奏六首曲目

一、《轻骑兵序曲》

二、《匈牙利舞曲》

三、《蓝色多瑙河》

四、《太阳出来喜洋洋》

五、《大梦敦煌·飞天舞曲》

六、《春节序曲》

指挥:特邀中央歌剧院常任指挥王燕

乐队首席:李建国

现在,让我们以热烈的掌声,有请指挥王燕先生。

(演出开始)

结束语

朋友们:

2007 新年音乐会到此结束。

让我们高举旗帜,面向未来,更加紧密地团结在以胡锦涛同志为总书记的党中央周围,在省委、省政府和市委、市政府的正确领

盛典礼赞

导下,坚定地站在时代发展的潮头。团结全市各族人民,为构建"和谐兰州",建设区域性现代化中心城市而努力奋斗!

朋友们,晚安!

岳逢春

高贵典雅庄重的诗意抒情　激情澎湃神采飞扬的时代精神

盛典礼赞

——兰州大型文化活动创意策划文案汇编

SHENGDIANLIZAN

LANZHOUDAXINGWENHUAHUODONG

CHUANGYICEHUAWENANHUIBIAN

岳逢春 著

④

敦煌文艺出版社

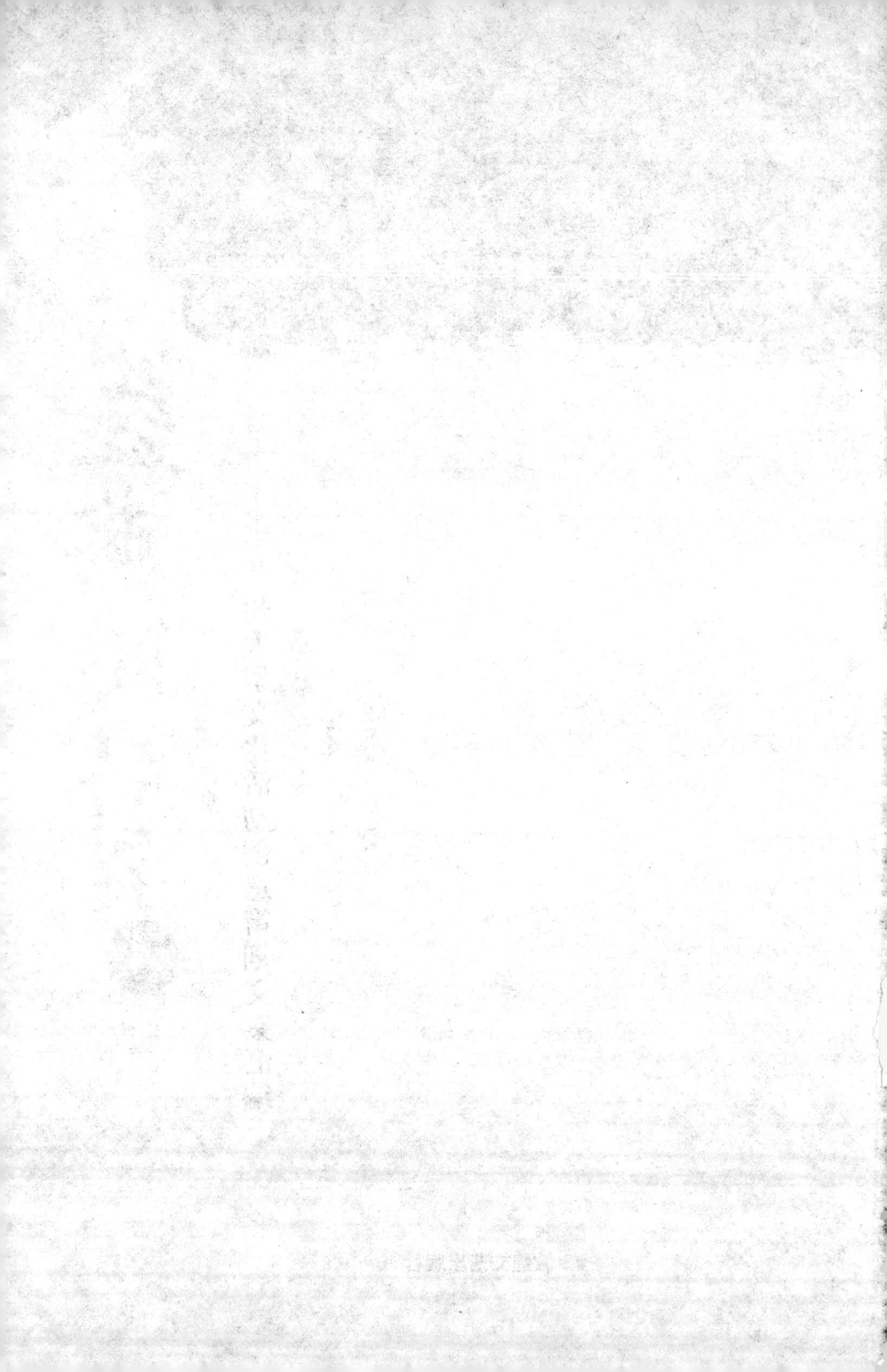

目　录

● 和谐兰州谱新篇

——2007年兰州市春节晚会主持词及节目提示

(1月26日·金城大剧院)

[幕启;舞台花团锦簇,灿烂辉煌

[黄钟大吕、鼓乐齐鸣、满堂灯火、放大光明

第一篇章　春天之舞

节目1　舞蹈　《春天之舞》　兰州艺术学校

[在节目尾声中,主持人盛装登场

主持词:

各位领导,各位来宾,电视机前的观众朋友们:

大家春节好!

这里是2007年兰州市春节文艺晚会演播现场,您刚才看到的这组舞蹈拉开了晚会的序幕

洋溢着无边春色的春天之舞将我们带入了一片春光明媚的灿烂春天

演奏着和谐之声的春节序曲让我们领略这和谐兰州的美好心愿

又是一年星移斗转

又是一年星光灿烂

又是一年春风拂面

又是一年春色无边

在市委、市政府的正确领导下,兰州,又走过了充满创新精神和创造激情的一年

在广大干部群众创业实干打硬仗的顽强拼搏中,兰州,跨入一个春光灿烂的崭新春天

让我们许下一个春天的心愿

让我们立下一个春天的誓言

让我们朗诵这部春天的诗篇

让我们歌唱这首春天的宣言

出席今天晚会的领导同志和各界嘉宾有:

省委常委、市委书记陈宝生同志;省长助理、市委副书记、市长张津梁同志和市委、市人大、市政府、市政协以及市上各部委办局主要领导同志;县区主要领导同志;各民主党派、各人民团体领导同志和社会各界部分知名人士;还有普通市民代表和有关方面人士。

驻兰州市的解放军部队首长和武警部队首长也出席今天的晚会。

首先,有请省委常委、市委书记陈宝生同志发表《新年献词》。

节目2 首长致词 (致词书面文本另附;注意为首长即席讲话录音)

[首长致词毕;主持人出场]

主持词:

过去的一年,兰州人挥汗如雨,创业实干

过去的一年,兰州城风雨兼程,改革发展

过去的一年,我们高举旗帜,加强党建,阔步向前

过去的一年,我们在继承中创新,在创新中发展

"一把手"上电视,官民连心、热线不断、动人心弦

"治庸计划"大浪淘沙、波澜壮阔、波涌浪翻

创业实干的"兰州精神",已经不再是一个普通的概念

治政理事的"兰州模式",包含着那么多、那么多睿智的判断

那么,就祝愿幸福和欢乐与你同在

那么,就祝愿鞭策和激励与您常伴

节目3　男声独唱　《愿幸福快乐与你同在》

演唱:黄　伟　伴舞:兰州艺术学校

节目4　民歌联唱　《卓玛》《祝酒歌》《雪域踢踏》《裕固欢歌》等

演唱:萨尔组合　伴舞:兰州艺术学校

主持词:

朋友们:

前不久召开的中国共产党兰州市第十一次代表大会、全面规划了兰州未来发展的宏伟目标

当前, 全市广大干部群众正在我市第十一次党代会精神鼓舞下,向着新的目标阔步迈进

历史赋予我们神圣使命,人民寄予我们殷切的期望

时代要求我们加快发展步伐, 老百姓盼望宏伟的蓝图演奏出一部壮丽的交响

300 多万兰州各族儿女对美好的未来充满了热切的向往

就让我们用这欢快热烈、神采飞扬的鼓声,表达发展与奋进的

强烈愿望,谱写创业与实干的时代乐章

节目 5　鼓舞表演　《创业之情》　演出:兰州石油化工公司艺

术团

节目 6　《城建与管理成果片》

第二篇章　创业之情

主持词:

朋友:

兰州正在崛起,然而崛起的不仅仅是一些漂亮的楼盘

兰州正在发展,然而发展并不仅仅是一些道路被一条条拓宽

崛起的是兰州人创业实干打硬仗的坚强信念

发展的是建设创业型和创新型城市的全新局面

望"南升北拓",看"东扩西展"

走"四方六边",建"大兰州经济圈",

节目 7　女声独唱　《节日》　曹　娟　伴舞:兰州艺术学校

节目 8　小品　《市长热线》

主持词:

市长很忙,老百姓的柴米油盐都担在肩上

市长很忙,老百姓的冷暖饥寒都放在心上

三九天了,困难户家里的炉火旺不旺

要过年了,低保户米缸里还有多少存粮

孩子的学费有没有着落

老人在医院里过得是否安康

和谐社会,和谐兰州,离不开普通百姓的温饱和日常生活的小康

节目9 《国企改革成果片》

节目10 采访 周 兵

节目11 张 楚 表演

第三篇章 和谐之美

主持词:

建设和谐社会,让这个世界变得更美

建设和谐兰州,让这座城市充满了爱

打造和谐社会,离不开你、我、他

打造和谐兰州,离不开我们大家

建设一个和谐小康的美好家园,要靠我们大家

节目12 舞蹈 《和谐之美》 表演:兰州艺术学校

主持词:

每天早晨,我都要走过门前的那片广场,来台里上班。每天,都有许许多多市民在广场上晨练,他们挥舞着宝剑翩翩起舞,脸上的笑容是那样的灿烂。早晨的太阳正在冉冉升起,辉映着剑穗的色彩是那样的鲜艳。这座城市,充满了活力。那天,我问一位大妈,您怎么这么高兴啊?大妈说,日子一天比一天好了,这一年过的真是有滋有味啊。那么,就让我们举起这杯琥珀色的葡萄美酒,祝福兰州,

祝福金城!

节目13　配乐诗朗诵　《三杯美酒敬兰州》

作者:张恩奇　朗诵:孙晓云　黄金妮

节目14　女声独唱　《祝福歌》《人间真情》

演唱:马晓晨　伴舞:兰州艺术学校

主持词:

张保和这个名字,大家一定不陌生,保和从兰州出发,走进了北京,走向了全国。今天他特意赶回兰州,要将一首他最新创作的快板书《八荣八耻歌》献给家乡的父老乡亲。这个快板节目被中宣部确定为推荐保留节目,今天是首次在舞台上亮相。现在,有请著名曲艺艺术家、武警总部文工团副团长张保和大校为大家表演精彩的快板节目。

节目15　张保和快板

主持词:

敦煌,是甘肃的宝藏

敦煌,是中华民族的宝藏

敦煌,是"千手观音"的故乡

敦煌,是世界瞩目的大——敦煌

节目16　舞蹈《千手观音》

走向世界,是我们多年的愿望

拥抱世界,是我们曾经的向往

今天,维也纳金色大厅高扬着兰州乐团的交响

今天，巴士底大剧场上演着兰州的经典——《大——梦——敦——煌》

让我们连线大洋彼岸

听一听兰州歌舞剧院回旋在法兰西的大梦成真的辉煌交响

节目17　连线《大梦敦煌》剧组

第四篇章　希望之歌

主持词：

西部,广阔而雄浑

西部,深沉却充满着激情

兰州,跳跃着"提前、升位、两位数"的节奏

金城,涌动着"区域性现代化中心城市"的追求

听起来,这不过是一些浓缩的词汇和简化的概念

看上去,这不过是一些常用的汉字,笔画很简单

却有着三天三夜也说不完的深刻内涵

展示着一年又一年辉煌的巨大变迁

让我们在西部放歌——高歌一曲唱兰州

节目18　男声独唱　《西部放歌高歌一曲唱兰州》　张发猛

节目19　缤纷戏曲,甘肃省京剧团马少敏等

主持词：

新的一年来到了。在这个崭新的春天里,我们大家满怀希望

希望兰州成为"和谐发展、和谐创业、和谐生活"的新兰州

希望兰州"站在新的起点上向更高的目标迈进"

今天,有许多市民朋友来到晚会现场,他们人人都有一个祝福兰州的心愿。现在,有请市民代表上台,发表祝福兰州的美好心愿。

节目20　市民祝福

节目 21　舞蹈《希望之歌》

节目 22　结束，大场面舞蹈(祝福兰州的市民不下台，融入欢乐的场面中)

结束语：

朋友们：兰州的现代化建设已经进入一个新的发展阶段。我们将站在新的历史起点上向更高的目标迈进。让我们更加紧密地团结在以胡锦涛同志为总书记的党中央周围，在省委、省政府的正确领导下，在市委、市政府的带领下，坚定地站在时代发展的潮头，勇敢地肩负起加快发展的历史重任，在市第十一次党代会精神鼓舞下，为建设全面小康社会，加快"和谐兰州"建设的步伐，为把兰州建设成为区域性现代化中心城市而努力奋斗！晚会到此结束。

朋友们，晚安！再见！

(2007 年 1 月 26 日拟稿)

附件：

2007 年春节晚会·市委陈宝生书记献词

(送审稿)

同志们、朋友们：

新春伊始，万象更新。

充满喜庆和谐气氛的 2007 年春节来到了。在这金城欢腾、喜迎新春的美好时刻，我谨代表中共兰州市委、兰州市人大常委会、兰州市人民政府和政协兰州市委员会，向全市人民拜年！向驻兰州的人民解放军指战员和武警部队官兵致以节日的问候和崇高的敬礼！向兰州籍的海外侨胞和港澳台同胞致以节日的祝贺！向在节日期间坚守工作岗位的广大干部职工群众表示亲切的问候！

2006年是兰州人民和广大干部群众激情奋斗的一年。在过去的一年里，全市上下认真贯彻省委"两高举一加强"和"两抓两放"的战略举措，进一步把握兰州市情，在继承中创新，在创新中发展，树立了"创业实干打硬仗"、"建设创业型城市"的工作指导思想。通过党务政务公开、重大决策征求群众意见、民主评议机关、实施"治庸计划"、"无震荡国企改革"和"一把手"上电视等举措，使得领导机关和人民群众的创新精神融入政府决策程序，开创了治政理事的"兰州模式"，全面促进了我市民主政治建设和经济建设的健康发展。我市国民经济持续快速科学发展，基础建设成效显著，生态环境建设力度空前，市场体系日益完备，城乡居民收入较快增长，精神文明建设成果丰硕，政治文明建设有序推进，各级党组织的凝聚力和战斗力明显增强。人民生活水平有了新的提高，生活条件进一步改善。兰州，站在了历史发展新阶段的新起点上。

回顾过去的一年，我们激情满怀；展望新的一年，我们意气风发，精神振奋。面临全面实现"十一五"规划的重要战略机遇期，兰州大有可为。兰州，正站在新的起点上。面对历史赋予我们的重任，兰州，必须在解放思想中抢抓机遇，在科学发展中增创优势，在重点突破中整体推进，在改革创新中破解难题，全力推进经济结构战略性调整和经济增长方式的转变，努力提高自主创新能力，加快工业化、城镇化、市场化、信息化进程，在完成"提前升位两位数"工作任务的进程中，全面完成"十一五"规划所确定的各项奋斗目标。

朋友们，同志们：前不久召开的兰州市第十一次党代会和人大、政协"两会"描绘了未来五年兰州经济社会发展的宏伟蓝图。全面完成未来五年的奋斗目标和工作任务，这不但是历史的选择，更是人民的重托。让我们进一步团结起来，动员起来，汇聚才智，凝聚力量，更加紧密地团结在以胡锦涛同志为总书记的党中央周围，在省委、省政府的正确领导下，坚定地站在时代发展的潮头，全面贯彻落实科学发展观，勇敢地肩负起加快兰州发展的历史重任，在建设全面小康社会的历史任务中迈出新的步伐，在构建和谐社会、建设"和谐兰州"的事业中取得了重大进展，为实现兰州经济社会的全面、快速、科学发展而共同努力奋斗，为把兰州建设成为区域性现代化中心城市和"创业型"、"创新型"城市而共同努力奋斗！

值此新春佳节到来之际，我祝愿全市城乡各族群众和广大干部职工节日愉快、身体健康、合家幸福！

谢谢！

(2007 年 1 月 27 日拟稿)

● 和谐之春又一年

——2007 年兰州市春节文化庙会社火表演解说词

[2007 年 2 月 27 日(农历正月初十·)上午 10∶00—12∶00]

[兰州东方红广场;主席台披红挂彩;表演场地锣鼓喧天;社火队列队完毕]**解说词**:

各位领导,各位来宾,市民朋友们、电视机前的观众朋友们:

大家春节好!

又是一年星移斗转

又是一年春风拂面

又是一回正月里的新春祝愿,东方红广场又一次热闹非凡、锣鼓喧天

又是一回春天里的祝福拜年,金城兰州又一次欢乐开颜、喜迎新的春天

又是一年阳光灿烂

又是一年春色无边

今天,是 2007 年 2 月 27 日,农历丙戌年正月初十,这里是兰州东方红广场;

"和谐之春——第五届兰州市春节文化庙会和甘肃省 2007 年民间文化艺术展演月兰州市活动闭幕式以及春节社火表演活动"在这里举行;

本届文化庙会从腊月三十拉开序幕到今天，在五泉山、白塔山、隍庙、张掖路步行街和东方红广场"三点一线一面"上展开了丰富多彩的春节文化活动。在"和谐文化"的浓郁节日氛围中，全市人民群众度过了一个欢乐和谐，喜气洋洋的新春佳节。

在省委、省政府和市委、市政府的正确领导下，兰州，又走过了充满创新精神和创造激情的一年。

在广大干部群众创业实干打硬仗的顽强拼搏中，兰州，跨入一个阳光灿烂的崭新春天。

今天，在广场主席台与广大市民朋友们一同观看表演的省市领导同志有：(名单略)

首先，有请[领导同志]致词

满怀激情，我们擂响这天下第一的太平大鼓

满怀希望，我们舞动这金城兰州的龙飞凤舞

走进春天，我们走进一片龙腾虎跃的创业热土

走进兰州，我们创造一幕波涌浪翻的实干宏图

皋兰县的太平大鼓拉开了今天社火表演的序幕

七里河区的一百头雄狮舞出这个春天的衷心祝福

西固区的军傩舞演绎着兰州历史的悠久与前进的脚步

太平大鼓洋溢着和谐之声，带着我们走进了这片春光明媚的西部热土

雄狮和军傩,舞动着的无边春色,激励我们一起为这"和谐兰州"的今天和明天热烈欢呼

规模宏大的城关区社火队敲锣打鼓,彩旗招展,浩浩荡荡,神采奕奕地进入了广场主表演区。今天的社火队,是由城关区所辖的24个街道社区组成的。这支浩浩荡荡的社火队,将依次进入广场,表演精彩的社火节目。

首先进入广场的是六条彩龙。虎跃龙腾,祖国昌盛。画龙点睛,龙飞凤舞,让我们有请:(领导同志名单略)为彩龙"点睛"。

以下,解说人把握时机,随机重复朗诵以下解说词;同时现场发挥,简要介绍通过广场的各社火队情况(各街道提供的参考材料略)

过去的一年,兰州人挥汗如雨,创业实干

过去的一年,兰州城风雨兼程,改革发展

过去的一年,我们高举旗帜,加强党建,阔步向前

过去的一年,我们在继承中创新,在创新中发展

中国共产党兰州市第十一次代表大会,全面规划了兰州未来发展的宏伟蓝图

当前,全市广大干部群众正在党代会精神鼓舞下,向着新的目标阔步迈进

让我们许下一个和谐春天的美好心愿

让我们立下一个创业春天的坚强誓言

让我们朗诵这部和谐春天的美丽诗篇

让我们歌唱这首创业春天的兰州宣言

历史赋予这片土地神圣的使命

人民寄予这片土地殷切的期望

时代要求我们加快发展的步伐,

百姓盼望宏伟的蓝图演奏出一部壮丽的交响

兰州300多万各族儿女对美好的未来充满了热切的向往

四方八面的朋友们已经使这片土地成为创业、崛起、发展的第二故乡

这雄浑壮丽、神采飞扬的鼓声震撼大地,表达着发展与奋进的强烈愿望,

这激情荡漾、神采奕奕的秧歌锣鼓喧天,谱写着创业与实干的时代乐章

过去的一年,兰州,创造了时代的辉煌

过去的一年,金城,描绘着历史的风光

"一把手"上电视,官民连心、热线不断、百花齐放

"治庸计划"大浪淘沙、波澜壮阔、纲举目张

创业实干的"兰州精神",激励兰州人奋发图强

治政理事的"兰州模式",带领兰州城走向新的辉煌

建设和谐社会,让这个世界充满如意吉祥

建设和谐兰州,让这座城市更加发达兴旺

打造和谐社会,春天的温暖春风荡漾

打造和谐兰州,和谐的风尚传遍城乡

兰州正在崛起,然而崛起的不仅仅是一些漂亮的楼盘

兰州正在发展,然而发展并不仅仅是一些道路被一条条拓宽

崛起的是兰州人创业实干打硬仗的坚强信念

发展的是建设创业型和创新型城市的全新局面

望——"南升北拓",看——"东扩西展"

走——"四方六边",建——"大兰州经济圈",

我有一百面铜锣,要用一千倍的热情歌颂兰州的发展

我有一千面太平大鼓,要用一万次的律动欢呼崛起的家园

我有一万个衷心的祝愿,要用十万次的奋斗将家园装点打扮

我们有三百万双勤劳勇敢的大手,要用千万滴汗水将这片土地
开垦浇灌

繁荣富强的祖国在祝福这片土地

雄浑广阔的西部在祝福这个春天

金城,跳跃着"提前、升位、两位数"的创业激情

兰州,涌动着"区域性现代化中心城市"的创业心愿

三天三夜的诉说也说不尽这些词汇的深刻内涵

一年又一年激励我们创造家乡辉煌而巨大的变迁

让我们在广阔的西部放歌

让我们在和谐的家乡发展

让我们在发展的兰州创业

让我们向更加美好的新的一年发出亲切的召唤

新的一年伴随着春天的脚步来到了

新的春天高唱着和谐的旋律来到了

在这个和谐的春天里,我们满怀激情,热切企盼

在这个崭新的春天里,金城壮怀激烈,波涌浪翻

兰州,就要建成"和谐发展、和谐创业、和谐生活"的美好家园

兰州,正"站在新的起点上向更高的目标迈进",跨越,发展

兰州,正在创造"和谐"与"小康"的全新局面

兰州,将写下更加辉煌壮丽的历史新诗篇

朋友们:

兰州的现代化建设已经进入一个新的发展阶段。

新的历史起点擂响了向更高目标迈进的奋斗鼓点。

让我们更加紧密地团结在以胡锦涛同志为总书记的党中央周围,在省委、省政府的正确领导下,在市委、市政府的带领下,坚定地站在时代发展的潮头,勇敢地肩负起加快发展的历史重任,在市第十一次党代会精神鼓舞下,建设全面小康社会,加快"和谐兰州"建设的步伐,以优异的成绩迎接党的十七大的胜利召开! 为把兰州

建设成为区域性现代化中心城市而努力奋斗！

市民朋友们，今天的社火表演活动到此结束。朋友们，明年春节再见！

（2007 年 2 月 26 日·正月初九第二稿）

● 火树银花不夜天

——2007年元宵节安宁区大型焰火晚会解说词

[3月4日(农历丙戌年元宵节)20：00—21：30]

[安宁区焰火晚会主会场]

序　幕

[19：40　播放乐曲《喜洋洋》《步步高》《茉莉花》《新春乐》等]

[19：50　在背景音乐中,播放"朱衡、郁海滨录音光盘"]

解说词

各位领导,各位来宾,各界朋友和父老乡亲们,大家好!

今天,是公元2007年3月4日,农历丙戌年正月十五,我国传统的元宵佳节。

今晚,我们欢聚一堂,一起观赏2007年元宵节安宁区焰火晚会。

朋友们,今晚的焰火晚会由安宁区委、区政府和兰州经济技术开发区党工委、管委会主办,由甘肃蓝科石化设备有限责任公司赞助。焰火燃放从晚八时开始到九时三十分结束,燃放时间共90分钟,分别以:西部明珠喜迎四方宾朋;绚丽烟花谱写创业篇章;彩虹瀑布映照黄河雄风;花彩靓影展现美好未来四个篇章分时段燃放。将燃放上万种高空和中空礼花、组合礼花、精品盆花等高科技焰火,形成火树银花不夜天的壮丽场景。晚会气势磅礴,盛况空前,朋友们将度过一个令人难忘的元宵之夜。

火树银花不夜天,争看安宁灯万盏

元宵夜放花千树,和谐创业谱新篇

[录音播放暂停;解说员现场宣读名单]出席今晚焰火晚会的省市领导同志和各界嘉宾有:

[名单略,宣读完毕后,继续播放以下录音]

今夜,十里桃乡铺开一片锦绣河山

今夜,流光溢彩渲染安宁魅力无限

今夜,万盏礼花绽放美好祝愿

今夜,山水新区映照花好月圆

安宁区委书记俞敬东、区人大主任王永生、区长严志坚、区政协主席马玲嫒、代表区委、区人大、区政府、区政协和兰州经济技术开发区党工委、管委会,向各界来宾和父老乡亲们拜年。恭祝大家新年大吉,合家幸福,身体健康,万事如意!

[录音播放暂停,解说员现场宣读以下两位领导名单]

[工作人员邀请发射信号弹的领导同志到发射位置就位,就位后,8:00整]:

首先,有请[到场最高首长]宣布焰火晚会开始;同时有请[约定领导同志]发射信号弹。

[首长话音落,信号弹升空;继续播放"朱衡、郁海滨录音光盘",钢琴协奏曲《黄河》音乐起;第一批礼花彩弹腾空而起]

第一篇章　西部明珠喜迎四方宾朋

解说词(录音光盘)[钢琴协奏曲《黄河》为背景音乐]

来吧,五湖四海的老朋友

来吧,五洲四海的新朋友

来吧,黄河之水的波澜与激流

来吧,美不胜收的春风和杨柳

让我捧出三杯美酒

为安宁的腾飞祝福加油

赞美交往的真诚与友情的深厚

欢呼今夜的聚会和良宵的神州

这第一杯酒

献给五洲四海的新朋老友

祝福我们的友谊天长地久

这第二杯酒

献给创业者的英姿与风流

祝福这片土地花团锦簇,河山锦绣

这第三杯酒

献给父老乡亲的热切追求

祝福这片土地年年都有硕果累累的金秋

让我举起这三杯美酒,献给我的安宁,我的兰州

祝愿家乡和谐发展,安宁创业,力争上游

[录音播放暂停]

[在以上解说完毕后,邀请来宾起身,到冷焰火燃放区观看"特色冷光瀑布""桃花烟火"等焰火品种,之后,来宾返回主会场贵宾席就座]

[继续播放录音]

我来了,我的桃花盛开的仁寿山

我来了,我的车水马龙的十里店

我来了,我的流光溢彩的金银滩

我来了,我的硕果累累的梨花园

今夜,这里的景色争奇斗艳

今夜,这里的夜空辉煌绚烂

此刻,黄河涌动无尽的波澜

此刻,桃园绽开花枝的招展

五彩缤纷的焰火正在腾空而起

花团锦簇的大地跳动七彩斑斓的和弦

在这波浪翻滚的黄河北岸,点燃我创业实干的火焰

在这灼灼其华的万亩桃园,燃放我腾飞发展的心愿

第二篇章　绚丽烟花谱写创业篇章

[播放配乐诗朗诵《走向辉煌——安宁交响诗》专业版光盘,另

附]

(作者：岳逢春；朗诵：朱衡、郁海滨)

[本章以交响乐《红旗颂》为背景音乐]

【诗作全文如下：

又是一年星移斗转

又是一片星河灿烂

星移斗转!

星河灿烂!

又是一年春风拂面

又是一年春光灿烂

又是一首创业的诗篇

又是一篇安宁的宣言

创业诗篇! 安宁宣言!

安宁宣言! 创业诗篇

当新年的钟声将春色渲染

当新年的春色把激情点燃

当点燃的激情奔腾成奋进的火焰

当奋进的火焰燃烧成创业的诗篇

此刻，我难以抑制诉说的意愿

此刻，我不能按捺激动的心弦

那么,就让我描绘一幅关于创业与实干的壮丽画卷

那么,就让我朗诵一首关于安宁与发展的灿烂诗篇

让我们用儿女的忠诚为家乡写下崭新的辉煌和灿烂

让我们用集体的智慧和汗水打造一个和谐的安宁家园

打开这幅蓝图,我心驰神往,浮想联翩,满园春色激起无尽的波澜

铺开这幅画卷,我激情荡漾,笔墨飞溅,飞溅的笔墨描绘出愿景的彩练

走过这片安宁田野,我的思绪在翱翔,大地鼓动一派沸腾的火焰

登上这座仁寿山岗,我的目光充满了眷恋,眷恋这崛起的家园,色彩斑斓

有位诗人说:

为什么我的眼里常含着泪水

因为我爱这片土地爱得深沉

安宁! 这是一个多么令人心驰神往的和谐概念

安宁! 这是一块多么让人深深依恋的创业地盘

安宁! 这是一道多么令人骄傲的全新风景线

安宁! 绝对是一部让人看不够读不尽的大诗篇

朋友,你看!

从沙井驿到十里店,奔跑的是创业在安宁的豪迈宣言

朋友,你看!

从仁寿山到黄河边,飞翔的是发展在安宁的真诚心愿

朋友,你看!

从银滩大桥到"生命之源",洋溢的是安宁诗篇的辉煌与灿烂

朋友,你看!

站在培黎广场眺望八方四面,跳动的是安宁人实现小康的和谐心弦

我看见!"安宁精神"比如火的桃花还要鲜艳

我看见!"安宁速度"比奔驰的骏马还要领先

我看见!田野里崛起的不仅仅是一些漂亮的楼盘

我看见!黄河北岸不仅仅是一些街道被一条条拓宽

崛起的——是安宁人创业实干打硬仗的坚强信念

拓宽的——是安宁人安宁和谐奔小康的美好心愿

打好一张牌,让这个世界得到一个双赢的答案

构建两个平台,平台上总有创业的精彩和灿烂

总部经济,汇总的是友谊和财富的时代波澜

区区合一,合并的是千载难逢的历史机缘

和谐拆迁,五昼夜时间,安宁就创造了一个奇迹

整区开发,开发出一片辉煌的大河北岸

跨越式发展,发展祖祖辈辈几千年来的热切期盼

"白+黑"的色彩是如此地迷人而且绚烂

"5+2"的组合为百姓编织着幸福的摇篮

进沟、上山、抢滩、登岸、一区、两带、三圈、四园

听起来,这不过是一些浓缩的词汇和简化的概念

看上去,这不过是一些常用的汉字、笔画很简单

却有着三天三夜也说不完的深刻内涵

描绘着三百六十天日新月异的巨大变迁

你看,区委的灯光彻夜不眠,党委成员正在为一个决策激烈争辩

你看,人大会场里神采飞扬,人民代表用神圣的一票做出正确的判断

你看,政府大楼正在埋头苦干,走廊里步履匆匆的,是人民的勤务员

你看,政协委员走进开发区深入调研,桃花映红的不仅仅是孩子们的笑脸:

行政中心西迁已经在蓝图上波涌浪翻

迎宾大道扬起了奔向世界的远航风帆

时代的列车将在这里再次编组,车轮飞转

和谐兰州正站在历史的新起点上又一次跃马扬鞭

朋友啊,此刻,我朗诵的不仅仅是一首诗篇

朋友啊,此刻,我歌唱的不仅仅是一个家园

朋友啊,此刻,我描绘的不仅仅是一幅画卷

朋友啊,此刻,我渲染的不仅仅是一些心愿

我有一百首诗歌

要用一千行诗句歌唱安宁的心愿

我有一千幅画卷

要用一万枝画笔描绘安宁的家园

我有一万亩桃园

要用十万朵桃花将家园装点

我们有十万双勤劳的大手

要用千万滴汗水将这片土地开垦浇灌

这是我们自己的家园

这是我们自己的心愿

这是二十三万亲人的召唤

这是新时代奋进的呐喊

这是科教文化新区,十里桃乡已经铺开了一片锦绣河山

这是重要的经济增长极,万里长风正在鼓动这艘远洋的航船

和谐创业,科学发展观为和谐兰州扬起了远航的风帆

全新的创业理念必将加快安宁的崛起和全新的发展

啊，我的朋友，此刻，我的心中充满了万语千言

啊，我的朋友，此刻，我的思绪是如此地活跃纷繁

啊，我的朋友，此刻，我的心弦是这样的激烈震颤

啊，我的朋友，此刻，我的脉搏跳动着一个里程碑的呼唤

那么，就让我用和谐创业的信念发出和谐兰州的誓言

那么，就让我用儿女的真诚朗读这篇工业强市的宣言

那么，就让我用激情描绘这幅"提前升位两位数"的壮美画卷

就让我们挥动二十三万双勤劳的大手，

用创新型城市四方六边的蔚为大观

——打造这座桃花盛开的美丽家园

——迎接这片山水新区的灿烂明天

安宁！我的家园

安宁！你的家园

安宁！他的家园

安宁！我们的家园

愿你展翅腾飞，跨越！发展！

第三篇章　彩虹瀑布映照黄河雄风

[播放"朱衡、郁海滨录音光盘"；背景音乐为小提琴协奏曲《梁

祝》(俞丽拿版)]

解说词

　　我来了,我的万年不老的仁寿山

　　我来了,我的魂牵梦萦的桃花园

　　此刻,我就伫立在你这五彩缤纷的辉煌夜晚

　　此刻,我正仰望着您那星光灿烂的俏丽容颜

　　仰望这桃花映红的笑颜,我的心,真的激起了万丈狂澜

　　抚摸这如诗如画的夜晚,我的情,真的翻卷着波浪滔天

　　桃园锦绣啊气象万千

　　大河北岸哪风光无限

　　那是,桃花园绽开的千万朵花瓣

　　那是,仁寿山奔涌的一泓泓清泉

　　当腾空的烟火照耀桃园这片土地便舒展着创业实干的水墨画

卷

　　当绚丽的光色辉映大河安宁堡就要裁剪出五千年汇成的蔚为

大观

　　奔腾不息的黄河水,是缓缓地、缓缓地从我家门前悄悄流过

　　生生不息的桃花情,是静静地、静静地在我的心上轻轻划过

　　母亲河波涛滚滚情思绵延水笑山欢

　　仁寿山苍翠巍峨景色绚烂明珠璀璨

你今日的奋斗，将写下这条大河见证的诗篇

你明日的崛起，要铸就这片桃园收成的经典

是的，这条大河，浇灌着我们世世代代依恋的家园

是的，这片桃园，生长着我们祖祖辈辈无尽的期盼

滔滔奔流的黄河水啊，你奔腾万里浪滔天

生生不息的桃花园啊，你不舍昼夜三千年

翻遍万卷史册谁见过大河像今天这样充满着生机与绚烂

走遍大河上下可曾见黄河钟情于一片土地是如此地缠绵

那么，就让我——铺开这风情百里的花团锦簇与锦绣河山

舒展此刻仁寿山下那迷人的风采和创业实干的豪迈宣言

那么，就让我——激荡这大河上下辉煌的诗篇和壮阔波澜

实现山水新区今天的这小康和谐与振兴中华的百年夙愿

这是一个多么美好的日子啊

这是一个多么吉祥的时辰

我用安宁的神韵继续谱写新时代的崭新画卷

我以大河的波涛再次闪亮新安宁的明珠璀璨

愿我们的家乡：风调雨顺；神州万里太平安然

愿我们的祖国:和谐安宁;五湖四海盛世永远

那就让我,再一次捧起水酒三杯,礼赞这个情真意切的良宵月圆

那就让我,真诚地献上心香九瓣,编织一个地久天长的国泰民安

第四篇　华彩靓影展现美好未来

[播放录音光盘,背景音乐为德沃夏克《新大陆交响曲》]

解说词

这是黄河浪花飞溅的都市梦想

这是桃园绿茵吟诵的新区向往

仁寿山听得懂银滩波浪的高亢

深安桥舞动安宁百里的桃花飘香

梨园的柔情吹拂左公柳——柳絮飞扬

金城关的风铃激动丝绸之路——通向四面八方

魅力新区谱写太平盛世的华彩乐章

活力新区创造新世纪的灿烂辉煌

实力新区舞动新时代的神采飞扬

生态新区歌唱新天地的气宇轩昂

和谐新区朗诵和谐社会的百花齐放

今夜的大河流光溢彩,壮丽辉煌

今夜的安宁如意吉祥,激情荡漾

今日的兰州奋发图强,无限风光

今天的中国容光焕发,光芒万丈

这是一篇慷慨激昂的华彩乐章

这是一首感天动地的壮丽交响

让我们燃放太平盛世的慷慨激昂

让我们鼓动盛世太平的万丈光芒

今夜无眠,今夜我们打造一片壮丽的河山

今夜无眠,今夜我们高歌一曲灿烂的诗篇

让我们留住今夜,留住我们今夜的激情与向往,

让我们期待明天,创造我们明天的灿烂和辉煌

(光盘播放暂停,音乐继续,等待焰火结束时间。到焰火尾声,

继续播放录音光盘)

朋友们:

安宁区新城区建设已经进入一个新的发展阶段。

新的历史起点播响了向更高目标迈进的奋斗鼓点。

让我们更加紧密地团结在以胡锦涛同志为总书记的党中央周

围,在省委、省政府和市委、市政府的正确领导下,在区委、区政府

的带领下,坚定地站在时代发展的潮头,勇敢地肩负起加快发展的

历史重任，为建设全面小康社会，加快"山水新区"建设的步伐，以优异的成绩迎接党的十七大的胜利召开！为把安宁区建设成为新兰州崭新的新城区而努力奋斗！

朋友们，2007年元宵节安宁区焰火晚会就进行到这里。

朋友们，再见！

（2007年3月1日丁亥年正月十二第二稿）

● **丝绸之路颂千年**

——2007年联合国新丝绸之路城市文化周开幕式主
持词

(7月1日·兰州水车博览园中心会场)

【晚7:30开始,舞台大屏幕播放各城市形象宣传片

【8:00太平鼓起舞,结束后;主持人盛装出场

主持词

尊敬的各位领导,各位嘉宾,女士们,先生们,市民朋友们:

今天,是2007年7月1日;这里是中国·兰州·水车博览园。

"2007联合国新丝绸之路城市文化周"开幕式,以及兰州"第六届黄河风情文化周"和"第三届兰州·中国水车节"开幕式,将在这里隆重举行。

今晚,皋兰山绽放七彩笑颜,母亲河激荡九色波澜。欢欣鼓舞的320万兰州人民张开双臂,欢迎来自五洲四海的宾朋好友。

新丝绸之路——这条地球上长达10800公里的"金丝带",又一次舞动友谊合作的辉煌与灿烂。从连云港到鹿特丹,欧亚大陆桥渲染这友谊与合作的美好祝愿。

那么,就让我们敲锣打鼓,举行盛典。

那么,就让我们欢歌起舞,放飞心愿。

请欣赏:由兰州歌舞剧院演出的裕固族舞蹈《春雨》

[节目1　舞蹈　《春雨》

春雨潇潇,柳絮飘飘,大河上下,涌动春潮,丝路花雨,友谊之桥

请欣赏,由甘肃敦煌艺术剧院演出的舞剧经典《丝路花雨》选段——《霓裳羽衣曲》

[节目2 舞蹈《霓裳羽衣曲》

这是一片广袤的土地,大漠红柳有着顽强的生命力。

这是一条舞动的金丝带,丝绸之路连接着人类的友谊和情意

舞动红柳,舞动友谊,舞动生命的意义

请欣赏,由兰州歌舞剧院演出的舞剧《西出阳关》片段——《红柳》

[节目3 舞蹈 《红柳》

[节目结束,主持人出场

朋友们:

此刻,在"新丝绸之路"中国段最东端的连云港和日照市已经是华灯初上,夜色灿烂;而西部的乌鲁木齐和伊宁却仍然是艳阳高照,彩霞满天;中国境内4100公里的"新丝路"上,到处都鸣奏着构建和谐社会的辉煌乐曲、灿烂和弦。

此刻,沿途各城市都在注视着这个隆重的庆典。

出席今晚典礼的贵宾有:(名单略)

出席今晚典礼的贵宾还有:来自21个国家的国际友人和连云港、日照、徐州、洛阳、郑州、三门峡、西安、宝鸡、兰州、西宁、乌鲁木齐、伊宁12个新丝绸之路沿线城市的来宾。让我们以热烈的掌声,欢迎国内外各位嘉宾。

［礼宾号角吹响］

现在，请兰州市副市长周丽宁女士致《欢迎词》

［礼宾号角吹响；周丽宁副市长在礼宾小姐引导下出场］

［致词完毕；礼宾号角再次吹响］

主持人：

让我们隆重有请：联合国计划开发署、北京代表处项目总官员、侯伟泰先生宣布文化周开幕。

［礼宾号角再次吹响；侯伟泰先生在礼宾小姐引导下出场］

侯伟泰：我宣布，"2007联合国新丝绸之路城市文化周"在中国兰州隆重开幕！］

［侯先生退场；音乐大作；礼花满天］

［焰火告一段落；主持人出场］

各位来宾、朋友们：

五彩缤纷的焰火正在腾空而起，绚丽多姿的城市洋溢着风发意气。

4100公里沿线的每一个城市和村庄，都是这条新丝绸之路上的璀璨明珠，无不闪耀着迷人的灿烂光彩。参加本次文化周的12个城市，都带来了丰富多彩的文艺节目，今晚，一个盛大的文艺晚会将在这里举行。

现在，从这里向黄河上游望去，在不到两公里的黄河岸边的好几个文化广场上，也同时上演着一台台精彩的文艺晚会。

你看，这架古老的水车已经按捺不住诉说的意愿，郑州、西安、西宁、乌鲁木齐演出团也已经准备就绪。

现在,有请郑州市表演团,演出精彩的文艺节目……

[以下依次邀请各地表演团演出,主持人现场发挥,介绍情况;节目单另附]

[外地节目结束。兰州节目《丝绸之路颂》]

主持词:

丝绸之路,友谊之路

丝绸之路,合作之路

让我把一千首深情的颂歌唱给你,让我把一万个美好的祝愿送给你

祝愿你永远都充满吉祥和幸福

祝愿你永远都洋溢和平与友谊

请欣赏:由兰州歌舞剧院演出的舞蹈《丝绸之路颂》

结束语:

今晚,从连云港到鹿特丹,欧亚大陆桥尽情渲染这友谊与合作的美好祝愿。

让我们祝愿,新丝绸之路——这条地球上长达 10800 公里的"金丝带",永远都舞动友谊与合作的辉煌灿烂。

各位来宾,朋友们,"2007 联合国新丝绸之路城市文化周"开幕式文艺演出到此结束。

朋友们,再见!

(2007 年 6 月 25 日拟稿)

● 丝路明珠新风采

——2007年联合国新丝绸之路申报明珠城市演讲仪式主持词

(7月3日·兰州水车博览园中心会场)

【晚7:30开始,仪仗队礼兵列队,军乐队奏迎宾曲,迎接来宾

【8:00 舞台表演《太平鼓韵》

【8:10 主持人盛装出场

主持词

尊敬的各位领导,各位嘉宾,女士们,先生们,市民朋友们:

今天,是2007年7月3日;这里是中国·兰州·水车博览园。

7月1日晚上,我们在这里隆重举行了"2007联合国新丝绸之路城市文化周"开幕式。三天来,大河两岸灯火辉煌,兰州人民喜气洋洋,文化周为兰州披上了浓郁的节日盛装;这座城市洋溢着一派喜庆热烈的节日气氛。

今晚,将在这里隆重举行文化周的重要项目——2007联合国新丝绸之路申报明珠城市市长演讲仪式。来自新丝绸之路沿线的连云港、日照、徐州、洛阳、郑州、三门峡、西安、宝鸡、西宁、乌鲁木齐、伊宁和兰州等12个城市的市长,将在这里一展风采,发表演讲,申报新丝绸之路明珠城市的崇高荣誉。

出席今晚演讲仪式的贵宾有:(名单略)

让我们以热烈的掌声,欢迎国内外各位嘉宾和各位市长!

首先,让我们隆重有请:联合国计划开发署、北京代表处项目总官员、侯伟泰先生宣布演讲仪式开始。

[礼宾号角吹响;礼兵就位;侯伟泰先生在礼宾小姐引导下出场]

侯伟泰:我宣布,2007联合国新丝绸之路申报明珠城市市长演讲仪式现在开始!

[音乐;鸣礼炮12响,代表12个城市。

[侯先生退场]

主持词:

诗人艾青说:为什么我眼里常含着泪水,因为我爱这土地爱得深沉。是的,也许没有什么人比一个市长更了解他的城市,更没有什么人能够像一个市长那样,准确地代表他的城市所发出的声音。市长的演讲,一定具有那座城市特有的音色,市长的演讲,一定代表着那个城市激越的心声。那么,就让我们聆听每一位市长的演说,欣赏每一座城市迷人的风采吧。

今天的演讲顺序,将按照新丝绸之路从东到西各个城市所在的自然地理位置的顺序排列。首先,有请连云港市市长某某先生发表演讲。

[以下,按照组委会提供的12位市长名单依次分别宣布;名单略]

[最后一位市长演说结束。

各位来宾、朋友们,让我们以更加热烈的掌声,向12位市长的精彩演说,致以崇高的敬意! (鼓掌)

市长演说真精彩,妙语连珠情满怀。明珠璀璨丝绸路,浓墨重彩向未来。

12 座城市,12 颗明珠,12 篇演讲,12 幅鸿图

此刻,作为这座城市多少有些艺术经历的文艺节目主持人,我已经找不到合适的语言来表达我此刻激动的心情,我更找不到恰当的语言来评价市长们的精彩演说。古人说"言之不足,则歌咏之,歌之不足,则手之舞之,足之蹈之"。那么,就让我们敲锣打鼓,向今天这个夜晚表达我们五彩缤纷的喜悦心情;让我们欢歌起舞,向 12 位市长和 12 座城市的数千万朋友们、向 10800 公里欧亚大陆桥沿线的所有城市,表达兰州人浓墨重彩的崇高敬意吧。

请欣赏优美的音乐和热情的舞蹈!

[节目

1.《红柳》

2.《霓裳羽衣曲》

3.《丝绸之路颂》

结束语:

各位来宾,朋友们,2007 联合国新丝绸之路申报明珠城市市长演讲仪式和文艺演出到此结束。明晚,将邀请各位来宾观赏由兰州歌舞剧院演出的国家舞台精品工程剧目——大型舞剧《大梦敦煌》,让我们共同期待。

[音乐、焰火、鼓乐齐鸣]

朋友们,再见!

(2007 年 7 月 1 日拟稿)

盛典礼赞

● 童心不泯贺寿诞

——2007 年祝贺董有道先生八十寿诞赋诗

（2007 年 6 月 13 日于兰州悦宾楼祝寿酒会即席而作）

将八十支红蜡烛点燃,将八十年的岁月点燃

此刻,我在祝福一位耄耋老人的八十寿诞

此刻,我在品味一位艺苑名流的人生内涵

分明有不少皱纹刻进了他的容颜

然而,此刻,他却像一个天真的孩子

笑容是如此的迷人,笑声是这样的灿烂

分明有许多白发想让他步履蹒跚

然而,此刻,他却像一个阳光的少年

神情是这样的爽朗烂漫,依然如青年般风度翩翩

他的舞台永远燃烧着激情澎湃的火焰

他的人生堪称一部奉献与投入的经典

说起来,他不过是一个豫剧丑角演员

看上去,他只一个身材矮小的孬老汉

可在这座城市,认识他的人却有一大半

一大半的人都认识这位开朗真诚幽默的孬老汉

看过他演的戏,你会高兴很多天

把一切忧愁都抛向九霄云边

跟他说说话,你会受到真情的感染

把一切烦恼都化解在一转身的瞬间

不,他是一个酿酒的大师,他酿成的幽默醉倒了观众万千

不,他是一个高明的厨师,他烹调的诙谐让人生笑声不断

从中原大地到黄河岸边,从狮吼剧团到中州戏院

虽然扮演的多是一些小人物,却场场让观众笑得人仰马翻

是的,八十年,他将多少笑声撒向了人间

是的,八十年,他将多少欢乐留给了剧坛

他将丑角的丑推向了美的峰巅

他将艺术的美夸张为人生的狂欢

让我们举起酒杯

祝福这位真诚开朗幽默的豫剧丑角大师

——这座城市人见人爱的尕老汉

● 心中火焰你点燃

——2007 年豫剧表演艺术家常香玲先生八十寿辰庆典主持词

（8 月 26 日·北岸艺术馆）

各位来宾、女士们、先生们、各位同学、各位师兄弟、师姐妹们：

大家好！

今天，是 2007 年 8 月 26 日，恰逢兰州解放 58 周年纪念日，秋高气爽，阳光灿烂，大河奔流，风光无限。我们大家聚集在这里，为我们的老师、著名豫剧表演艺术家和戏曲教育家——常香玲老师祝寿；同时，举行一个小型的庆祝兰州解放 58 周年以及怀念并重温我们青少年时代友谊的聚会活动。

为常先生祝寿、纪念兰州解放、重温我们的友谊——这是今天这次聚会活动的三个主题，希望这三个主题能够和谐展开，演奏出激动各位心弦的美好旋律和动人的乐章以及壮丽的交响。各位：参加今天活动的来宾有：（名单略）

让我们以热烈的掌声，互相致以兄弟姐妹般的亲切问候和祝福。

让我们以更加热烈的掌声，向其他在座的老师和来宾致以崇高的敬礼。

兰州解放已经 58 周年了，58 年前，8·26 的炮声驱散了黎明前的黑暗，就在我们眼前的这座天下黄河第一桥上，曾经燃烧起了迎接这座城市走向光明的熊熊火焰。常先生他们这一代人，亲身经历了那个光荣伟大的解放的日子。他们为这座城市的文化建设贡献了一切。在这座城市里已经住了大半辈子了，可以说已经是兰州人了。我想说，他们是值得我们十分尊敬的前辈。

首先，请允许我代表各位，向常先生致以亲切的问候和八十大寿的热烈祝贺。

常先生已经步入耄耋之年，但是，身体依然康健，精神依然矍铄。

再过几天，到今年九月，常先生就是满八十周岁的老人了。八十岁寿辰，称为"耋寿"和"大寿"。今天，我们这些当年曾经接受过常先生教诲和指导的学生，以个人的名义祝贺常先生的八十大寿，大家心里一定都有千言万语想要表达。

我想，千言万语，也许都写在这幅墨宝之中了。首先让我们欣赏陶一鸣先生题词并特意请我省著名书法家李雪峰先生书写的祝寿中堂。请陶一鸣先生朗读墨宝内容——"高德雅量，永寿嘉福"

常先生品德高尚，待人和蔼可亲，当年在教导我们这批学生的时候，的确做到了一视同仁，不分薄厚，她对我们每一个人都诚心相待，视如己出，这是非常难能可贵的。但是，她老人家毕竟还是有所偏爱的。当然这也是人之常情，可以理解。我说的偏爱，其实是一件功德无量的好事情。常先生促成了豫剧团两位美女和原青年京剧团两个帅哥的两对美满姻缘，大家都知道是怎么回事情，我就不饶舌了。

我提议，现在请师妹周桦和秦兰婷代表大家，向常先生献上祝寿的生日大蛋糕。并为常先生"加冕"。让我们一起高唱生日快乐歌。

各位，据我了解，还有准备给常先生敬献礼物的学生和好友。那就请献上你们的一片心意吧。（唱名，介绍礼物）

现在，请大家将酒杯斟满。

首先，让我们共同举杯，祝福祖国、祝福兰州、祝福我们生活在其中的这座美丽城市，干杯。我想，之所以有今天这个聚会，一定是常先生高尚的人格和崇高的品德召唤使然。让我们举起第二杯酒，祝福常先生身体健康，心情舒畅，福祚绵长。干杯！

各位，我们曾经共同度过了我们的青春岁月，结下了深厚的、亲如兄弟姐妹的友情。那就请大家举起第三杯酒，祝福我们自己。祝福大家都平安健康。干杯！

宴会现在开始！请大家开怀畅饮。

（来宾纷纷起立，互相敬酒。大约五分钟后，再次掀起波澜）

各位，酒过三巡菜过五味，宴会气氛渐入佳境。我刚才说了，大家一定有千言万语要表达。那么，首先就请大家倾听长篇抒情诗《是您点燃我心中的火焰》。这首诗由岳逢春先生执笔创作，由国家一级演员、甘肃省话剧院齐宝泉副院长朗诵。

让我们有请宝泉，大家鼓掌。

（朗诵，交响乐《红旗颂》音乐伴奏）

下面请国家一级演员、省话剧院朱衡副院长朗诵陶一鸣先生的大作《祝寿赋》。

周彦斌朗诵作品。

(以下,看情况掌握表演节目)

附件:

● 是您点燃我心中的火焰

祝贺豫剧表演艺术家常香玲先生八十寿并献给我的
老师们

(抒情诗)

这是公元 2007 年 8 月的一天

秋高气爽,阳光灿烂

大河奔涌,风光无限

这里,是黄河北岸

这里,正在举行一位耄耋老人寿辰的庆典

蜡烛已经点燃

酒杯已经斟满

一切,都变得如此的美好

一切,都显得这样的甘甜

一切,仿佛都回到了许多年以前

一切,都唤醒了沉睡在心底里的昨天

这一切,都是为了表达一种祝福的心愿

这一切,都是由于这位老人高尚品德的召唤

此刻,我正在酝酿一些语言

此刻,我的思绪是这样的纷繁

此刻,我已经难以抑制诉说的意愿

此刻,我的心潮如这黄河的波涛

滔滔不息、激流翻卷、波浪滔天

那么,就让我挽起这大河的波涛

朗诵一首用时间和真诚打磨的诗篇

那么,就让我的思绪

跟随这大河的激流奔涌翻卷

将一次倾诉渲染成一回生命的呼喊

是的先生,很长时间您都见不到我一面

是的先生,我不做您的学生已经有许多年

是的先生,过去我与您的交往不算很长

可也并不能称为短暂

但是先生,"一日为师,终身为父"的古训

不但我——我想在座的人肯定都铭记在心间

于是,我来了

并且带来了一首我为您写的诗篇

于是,我想说

我真的有很多话埋藏在心底许多年

许多年了,只是在春节期间

我和您有一点礼节性的短暂会面

可那不过是工作和职务的原因使然

理由不过是慰问剧协的老演员

而你每次都嘱咐我，要注意身体，

没事情还要练练功夫，一定要少抽点烟卷

这让我的心里常常充满了真诚的感念

这让我的情感往往变得神圣而又很自然

于是，过去的年代常常让我魂萦梦牵

于是，远去的岁月每每在我脑海里浮现

忘不了，三十八年前

您风华正茂，身手矫健，已经誉满梨园

而我，还只是一个十来岁的懵懂少年

虽然少不更事

却向往着舞台的辉煌与灿烂

崇拜着老师您的艺术成就和大家风范

真的幻想着成为一个名扬天下的大演员

是您，为我启蒙

是您，为我示范

是您，教我踢腿下腰练空翻

您曾挥汗如雨，亲手扶着我，

在骄阳如火的三伏天，

将"串翻身爬虎"练了足足有一万遍

在您的目光注视下

在您的严格教练下

我学会了窜毛、抢背、飞脚、旋子、

虎跳、蹁子……一直到"云里翻"

从此,我懂得了,什么叫做勤学苦练

从此,我知道了,什么才是千锤百炼

从此,我明白了,做人一定要坚忍不拔

成才,必然要经历千万次的磨炼

于是后来,我没有接受不了的磨难和考验

于是后来,我没有战胜不了的苦难与艰难

是的,那时候,我只是

一个不懂事的懵懂少年

是的,那时候,我不过是

一个坐井观天的戏曲学员

是您,将一颗自强不息的火种

种在了我那稚嫩的心田

点燃了一个少年追求理想的熊熊火焰

伴随我走过了后来的三十八年

一直走到了今天

可是我的先生

真的令人很不满

真的让我很遗憾

您的大家风范

您的技艺非凡

却几乎没有人可以承传

我常常在梦中看见舞台的灿烂

离开它却已经整整二十三年

练功的皮肉之苦的确早已经是过眼云烟

那些高难度的技巧对于今天的我而言

已经没有多少意义，只留下一些美谈

今天的我，却在经常反思并且大悟恍然：

——身教言传，耳濡目染

口传心授，悉心指点

梨园，从来讲究师承关联

舞台，怎能缺少名师指点

可是，那个可以诅咒的年代，

把许多优秀的传统都毁灭了

可是，那个应该唾弃的运动，

将多少宝贵的名流都遗弃了

您，只能战战兢兢地

教我一点"样板戏"的技巧

您，只能躲躲闪闪地

露出几手令人神往的绝招

不小心说了一句：

"金少山可是你们的师爷啊"

居然就要招来一阵猛烈的批判

毕竟,我做过您的学生

毕竟,您当过我的先生

可是我们,居然从来就没有师徒的名分

为什么我们,只能以"同志"相称

荒诞的是——在那个荒诞的年代,

就连"师傅"和"徒弟"这样的称呼

都被砸烂了

可悲的是——在那个悲剧的岁月,

想学一点真玩艺儿居然是那样的艰难

于是,我虽然心向往之却不能如愿

想在舞台创造辉煌的理想只能在梦里出现,

于是,我虽然心比天高却命比纸薄

明星的璀璨于是与我无缘

梨园的光环已经成为一个不可企及的梦幻

十几年的苦练

只留下一地鸡毛和废墟一片

让我再一次诅咒那个蹉跎了青春的"样板"

让我再一次唾弃那个不堪回首的十年动乱

好了,不说这些令人伤感的事情了

让我把眼泪擦干

好了,不谈那些已经远去的岁月了

让我们把酒杯再次斟满

远去的岁月,已经难以改变

今后的生活,还要迈步向前

虽然,我的青春少年蹉跎了一点

但我对生活依然充满着热情的眷恋

您教给我的坚韧的品格一定会终身相伴

是的先生,我们真的不常见面

但是人格的火种就是这样递传

是的先生,我们也许都模糊了彼此的容颜

可是宝贵的精神就是这样的续延

是的先生,您的八十寿诞

的确不能够称其为一个大场面

但是,有这样多的学生

自发地为您祝寿、加冕

这应该是这世界上最可珍贵的桂冠

两百行诗句怎能描述对您的真诚感念

四十双真诚的眼睛为您献上最真诚的祝愿

想必,您这一生,已经不会太过遗憾

今天,您的笑容,是这样的灿烂

啊,我的同学,我的昨日的伙伴

借着先生的寿诞

我们又一次相聚在黄河北岸

迎接纪念这个城市解放的这一天,

我们对前辈仍然充满了深深的依恋

让我们记住今天,记住 8 月 26 日,

兰州解放 58 周年的这一天

在黄河北岸,我们为一位耄耋老人

举行了一个简朴却充满真情的生日庆典

(2007 年 8 月 24 日作)

● 奥运盛鼎刻铭文

——2007年兰州市赠送奥组委礼物"大鼎"铭文文本

铭曰：

北京奥运盛世华章

同一世界同一梦想

江山壮丽国运盛昌

神州梦圆华夏泱泱

奥林匹亚玉嵌金镶

五环圣火神采飞扬

点燃激情传递梦想

陇原鼎沸金城举觥

和谐之旅万邦共享

注：

1. 2007年4月11日，兰州市人民政府副秘书长王俊东先生电话指示，嘱本人为省政府捐赠给2008北京奥运会的礼物——"奥运盛鼎"撰写铭文。本人欣然受命，遵嘱拟词，以尽绵薄之力。

2. 铭文创意充分考虑了有关北京奥运会宣传策划定位，铭文词句涵盖北京奥运会的有关主题、理念、口号。用世界眼光、国家立场和时代精神观照整篇铭文。并用"陇原鼎沸，金城举觥"隐喻甘肃省政府献鼎、兰州市政府铸鼎的盛举，表现盛世铸鼎的创意动机和整体构思意境。（觥：酒器，与鼎为同一类器物）

3. 铭文力求文辞壮丽优美，音韵响亮流畅。充分意识到阅读与朗诵的双重效果，即阅读时看得懂，朗诵时听得懂。以便在将来举行的"献鼎仪式"上，由我省献鼎官员致词朗诵。

4. 铭文考虑到翻译为英语的语言对应关系。

5. 铭文充分考虑了按照古代汉语书写习惯和词句在鼎腹内竖式排列镌刻之后的阅读效果，即从上到下每四个字为一节，每八个字为一列，可以回环往复阅读，即从任何一句开头，不论向左或者向右读过去，都不会产生歧义并可以顺理成章。铭文每节四字，隐喻"四海"；共排九列，寓意"一言九鼎"。铭文环形排列镌刻在鼎腹内，具有来自五洲四海的朋友们团聚北京，中国承诺"一言九鼎"的涵义。

（2008年7月此篇文字铭刻于"奥运盛鼎"鼎腹内。该鼎现安放北京朝公园体育广场）

● 金色秋天丰收歌

——2007 年兰州第二届农民艺术节开幕式主持词及节目提示

(9 月 7 日·榆中县体育中心)

【晚 8:00 主持人盛装出场】

第一部分　开幕式仪式

主持词

各位领导、各位来宾、亲爱的农民朋友们,榆中县的父老乡亲们:大家晚上好!

今天,是 2007 年 9 月 7 日,这里是兰州市榆中县体育中心。第二届兰州农民艺术节开幕式和大型焰火文艺晚会《金色畅想》在这里隆重举行。让我们以热烈的掌声,欢迎各位的到来。

今夜,星光灿烂

今夜,激情无限

今夜,兴隆山绽开迷人的笑颜

今夜,苑川河演奏动人的琴弦

这是一首让人浮想联翩的壮丽诗篇

这是一个令人激情澎湃的美好夜晚

这是一次我市农民艺术家展示才艺的盛宴

这是全市农民兄弟欢歌起舞,欢庆丰收的一次盛大的联欢

出席今晚活动的省市县区领导同志和各界嘉宾有:(名单略)

首先,有请(领导同志)主持开幕式仪式

领导同志:

一、2007·第二届兰州农民艺术节开幕式各代表团入场仪式现在开始。请各县区代表团乘彩车入场!

[各县区彩车入场,绕场一周,在指定位置停放;大屏幕播放各县区宣传短片;各县区彩车入场就位]

二、请全体起立!奏中华人民共和国《国歌》;升国旗

三、奏农民艺术节节歌,升艺术节节旗(升旗毕);请坐下

四、请中共榆中县县委书记胥波同志致欢迎词

五、请省长助理、兰州市市长张津梁同志致开幕词

六、请省委常委、中共兰州市委书记陈宝生同志宣布艺术节开幕

[陈宝生:我宣布,2007·兰州第二届农民艺术节开幕!]

[音乐大作,锣鼓喧天,礼花腾空,焰火四溅]

第二部分 大型焰火文艺晚会《金色畅想》

[主持人出场]

第一章 丰收歌

主持词:

这是金色秋天演奏的壮丽交响

这是丰收硕果编织的金色畅想

丰收的喜悦回旋在希望的田野上

丰收的畅想荡漾在我们每个人的心坎上

把丰收装进粮仓

让希望奔向小康

太平盛世的鼓声是如此的响亮

盛世太平的希望是这样的辉煌

[节目1　鼓舞　《太平鼓舞庆丰收》

[节目2　舞蹈　《丰收歌》

第二章　丰收乐

主持词：

这真的是一个美好的夜晚

这真的是一首壮丽的诗篇

你看啊你看

秋天的夜色花好月圆

秋日的田野满心喜欢

你看啊你看

秋天的收成满眼都是这样的璀璨

秋天的庄稼到处都是如此的饱满

那就让我们去看一场大戏

那就让我们欣赏张保和的快板

那就让我走进这个动人心弦的美好夜晚

那就让我渲染一次美酒飘香的热情狂欢

[节目3　戏曲舞蹈　《看大戏》

〔节目 4 张保和快板

第三章 丰收韵

主持词：

兴隆山下，我们欢庆这个丰收的秋天

苑川河畔，我们擂出的鼓声动地震天

热恋这片天空下的秋色是如此的辉煌灿烂

热恋这片土地上的家乡是这样的色彩斑斓

让《千手观音》用一千双巧手描绘这个金色的秋天

让《陇上荷香》用一万缕清香渲染这个秋天的热恋

丰收的韵律不能不激动我的心弦

丰收的情感不能不使我心潮翻卷

兴隆山的松涛按捺不住倾诉的意愿

苑川河的波浪正在翻卷一次《金色畅想》的壮丽诗篇

〔节目 5 舞蹈 《鼓声震荡》

〔节目 6 杂技 《千手观音》

〔节目 7 舞蹈 《陇上荷香》

第四章 丰收情

主持词：

北京 2008 奥运会正在向我们走来

全世界的目光都注视着 2008·8 月 8 日这一天

让我赞美中华,赞美北京:

北京奥运,盛世华章,同一世界,同一梦想

江山壮丽啊,国运恒昌,神州梦圆哪,华夏泱泱

奥林匹亚,玉嵌金镶,五环圣火呀,神采飞扬

点燃激情哪,传递梦想,陇原鼎沸啊,金城举觞

金色的畅想,秋日的辉煌,和谐之旅啊——万邦共享

［节目8 歌曲 《金城儿女期盼奥运》

主持词:

这是金色的秋天,阳光这样灿烂

捧出十七幅画卷,渲染神州五千年的期盼

金风送爽啊,水笑山欢

十七座丰碑,燃烧着中华新世纪的火焰

金色秋天啊,波涌浪翻

十七次的丰收,激动华夏亿万儿女的心田

金风荡漾啊,绚丽诗篇

十七次跨越,实现祖国繁荣昌盛的期盼

啊！五千年的呼唤,新世纪的火焰

新世纪的火焰,五千年的期盼

我们高举旗帜走向和谐小康的明天

朋友们,党的第十七次全国代表大会就要在北京隆重召开,让我们高举旗帜,走向未来,紧密团结在以胡锦涛为总书记的党中央周围,迎接中华民族的伟大振兴!

［节目9 歌舞 《金色秋天的畅想》

结束语：

　　朋友们，2007 兰州第二届农民艺术节开幕式暨大型烟火文艺晚会《金色畅想》演出到此结束。

　　朋友们，晚安！

（2007 年 9 月 2 日拟稿）

● 金风送爽新画卷

——2007年兰州农民运动会开幕式主题歌词

金色秋天，阳光灿烂。

十七幅画卷

渲染神州五千年的期盼。

金风送爽，水笑山欢。

十七座丰碑

燃烧中华新世纪的火焰。

啊！五千年的期盼，新世纪的火焰。

新世纪的火焰，五千年的期盼

我们高举旗帜走向和谐小康的明天

金色秋天，波涌浪翻

十七次丰收

激动华夏亿万儿女的心田

金风荡漾，绚丽诗篇

十七次集合

实现祖国繁荣富强的期盼

啊！五千年的期盼，新世纪的火焰。

新世纪的火焰，五千年的期盼

我们高举旗帜走向和谐小康的明天

（2007 年 9 月 3 日作）

● **策马扬鞭歌舞欢**

——2007 年甘肃玛曲赛马节开幕式主持词

（8 月 8 日·玛曲县赛马节主会场）

【上午 9：30，主持人盛装出场

序　　幕

解说词（幕后）：

扎西德勒，朋友们，早上好！

今天，是公元 2007 年 8 月 8 日，这是一个吉祥如意的好日子

今天，全县人民期待已久的玛曲赛马节开幕式在这里举行

这是一个充满了喜庆热烈气氛的隆重庆典

这是一次展现玛曲人民精神风貌的盛大集会

美丽的草原披上了节日的盛装

蓝天白云谱写着藏族儿女的如意吉祥

让我们鼓动热烈的掌声，祝贺赛马节取得圆满成功！

让我们献上洁白的哈达，欢迎四面八方的朋友们到玛曲来作

客！

请各位观众朋友们入场就座；

请出席开幕式的领导同志和各界贵宾入席就座；

请朋友们安静，开幕式就要拉开帷幕

第一篇章　远古的呼唤

［牛角号手吹响激昂的前奏，音乐

［节目1　敬酒仪式

解说词(幕后)：

来吧，草原的儿女，我们从四面八方相会在这里

来吧，格萨尔的子孙，我们从牧场和草山汇聚在这里

让我们相聚在九曲黄河第一曲，弹唱一首民族团结的悠扬乐曲

让我们相会在格萨尔王发祥地，颂扬56个民族的团结和友谊

让我捧出三杯美酒，祝福朋友吉祥如意

让我捧出三杯美酒，祝福草原吉祥如意

让我捧出三杯美酒，祝福祖国吉祥如意

美丽的卓玛端出滚烫的奶茶

健壮的扎西献上洁白的哈达

老阿妈跳起热情的锅庄

老阿爸请一碗香甜的糌粑

朋友啊，今天，格萨尔王的故乡热情欢迎你

朋友啊，今天，九曲黄河的源头深情拥抱你

朋友啊，今天，格桑花盛开的草原真诚挽留你

朋友啊,今天,玛曲县四万三千父老乡亲祝福你

请开怀畅饮,朋友,黄河九曲流淌的都是青稞美酒

请策马畅游,朋友,欧拉草原酿成的友谊天长地久

今天,玛曲草原风光无限,激情无限

今天,九曲黄河情意绵绵,山高水远

[鼓声涌动

[节目2　舞蹈　《远古呼唤》

解说词:

矫健的盛装号手,吹响你的号角吧,向须弥山一样稳重的尊贵的客人致敬

虎豹般剽悍的草原骑手,策动你胯下的骏马吧,广阔的草原是你飞翔的蓝天

雄鹰一样勇猛的马背健儿,挥动你手中的马鞭吧,无垠的蓝天是你驰骋的草原

驰骋你雪山雄狮的勇敢

驰骋你草原雄鹰的矫健

驰骋你和谐小康的心愿

驰骋你对玛曲草原的深情无限

驰骋来自格萨尔故乡的远古的呼唤

[舞蹈结束;主持人盛装登场

主持词:

尊敬的各位领导，尊贵的远方来宾，玛曲县亲爱的父老乡亲们，朋友们：大家好！

今天，是公元 2007 年 8 月 8 日，这是一个吉祥如意的好日子；

今天，我们期待已久的 2007 年玛曲赛马节开幕式在这里举行；

这是一个充满了喜庆热烈气氛的隆重庆典；

这是一次展现玛曲人民精神风貌的盛大集会；

从格萨尔王远古的呼唤中我们走到一起

在今天和谐小康的热切企盼中我们欢聚在玛曲

今天，美丽的欧拉草原披上了节日的盛装

今天，格拉山峰谱写着藏族儿女的吉祥如意

玛曲，这是一片神奇的土地

玛曲，这是一个动人的传奇

玛曲，是"格萨尔王的发祥地"

在玛曲县一万多平方公里的草原上，密集分布着与格萨尔王传说有关的风物遗存多达七十余处。

前不久，十一世班禅大师秉承九世、十世班禅大师对"卓格·岭地"的厚爱，亲笔为玛曲赐写了"天下黄河第一弯，格萨尔发祥地兴旺发达"的题词。

今天，我们在这里举行一年一度的玛曲赛马节开幕式，祝愿甘南草原更加兴旺发达。

出席今天活动的来自省内外的各界嘉宾和我省以及甘南藏族自治州和玛曲县的领导同志有：(名单略)

首先,有请[领导同志]致词。

[领导致词]

请(领导同志)宣布赛马节开幕

[领导同志:我宣布:2007年玛曲赛马节开幕!]

[鼓乐大作,礼花满天,百人藏族弹唱出场]

主持词:

让激情澎湃

让热血沸腾

格拉雪山的风刮过天空,唤醒一个古老的梦

吉祥的云彩架起了彩虹,欧拉草原一片欢腾

捧一碗奶茶捧出一颗滚烫的心

献一条哈达献上对朋友的一片深情

让友谊的歌声在九曲黄河流淌万年

让玛曲草原的祝福响彻西部高原

[节目3 藏族百人弹唱

[节目4 歌手贡加演唱

第二篇章 草原的祝福

主持词:

这里是辽阔的草原,一望无边

这里是格萨尔的故乡,历史久远

这是草原的祝福,祝福草原牛羊肥壮,和谐美满

这是玛曲的心愿,祝愿朋友吉祥如意,策马扬鞭

把白云挽成哈达

用祝福酿出美酒

玛曲当然有粗犷剽悍的霹雳闪电

玛曲也充满了柔情和细雨的缠绵

格拉丹冬的雪花飘舞着格萨尔王的笑颜

和谐社会的朝阳辉映草原一片辉煌灿烂

〔节目5　舞蹈　《草原的祝福》

〔节目6　青龙组合

主持词：

神奇的欧拉草滩邀你来,迷人的宗格尔石林等你来

黄河源头的潺潺清泉,哺育着勤劳纯朴的草原儿女

悠悠黄河水的甘霖,浇灌出甘南玛曲县藏族文化的悠久历史传统和独特风格

黄河挽起格拉山峰的臂膀,如同两条洁白的哈达,捧出了玛曲这块晶莹的翡翠

今天,玛曲县民族艺术团为大家献上独具特色的藏族服饰展示表演

玛曲藏族服饰体现着藏族男子的粗犷和剽悍,表现了藏族女子的妩媚和婀娜

他们的服饰,蕴含着玛曲藏族的文化内涵

展现马背民族自信、豪放、洒脱的性格

朴实无华的:素洁实用,体态轻盈;雍容华贵的:五彩缤纷,价值连城。

[节目7　民族服饰展示与电提琴演奏

[节目8　歌手卓玛加演唱

第三篇章　奔腾的草原

主持词：

雄鹰展翅,草原充满激情

骏马奔腾,草原激荡动感

展开玛曲绚丽的画卷

描绘玛曲今天的灿烂

春天的明媚,夏日的激情,汇成玛曲舞动的草原

[节目9　歌舞 《动感草原》

[节目10　歌手央金拉毛演唱

主持词：

玛曲是一片正在苏醒的土地

玛曲正在神话般地在西部崛起

我们从远古走来

我们向未来奔去

古老的西部珍藏海纳百川的旷世经典

广袤的草原跳动民族团结的炽热情缘

相会在黄河之源

相聚在玛曲草原

以玛曲的名义,我们把酒杯斟满

以玛曲的名义,我们把篝火点燃

四方的儿女集合在一起

手握着手拥抱明天

让我们的草原辉煌灿烂

让我们的祖国腾飞永远

祝福你：中华大家园

[节目 10　舞蹈　《中华大家园》]

结束语

螺号声声，我们创造这草原的辉煌

马蹄阵阵，我们飞扬这盛世的华章

谱写和谐社会的灿烂诗篇

奔腾玛曲百姓的小康心愿

谱写草原盛世的和谐交响

创造明天玛曲的灿烂辉煌

朋友们，让我们高举邓小平理论和"三个代表"重要思想的伟大旗帜，紧密团结在以胡锦涛同志为总书记的党中央周围，深入贯彻科学发展观，为构建社会主义和谐社会，实现建设全面小康的伟大历史任务，为把玛曲草原建设的更加繁荣兴旺而努力奋斗！

朋友们，2007 玛曲赛马节开幕式到此结束。

朋友们，再见！

[乐曲持续，开幕式结束，草原万马奔腾]

盛典礼赞

（2007 年 7 月 26 日拟稿）

● 辉煌历程五十年

——2007 年庆祝兰州兽医研究所成立五十周年文艺晚会主持词

（6 月策划文本）

各位领导、各位来宾、同志们、朋友们：

大家好！

今天，我们欢聚一堂，隆重庆祝中国农业科学院兰州兽医研究所成立五十周年。

今天的会场，灯火辉煌、彩旗飘扬、欢歌笑语、喜气洋洋，洋溢着一派欢乐喜庆的节日气氛。

五十年前，在社会主义建设高潮中，国家在兰州成立了中国农科院兰州兽医研究所。去年一月，国家又将"中国动物卫生与流行病学中心兰州分中心"的牌子挂在兽医研究所。这里，已经成为我国一个重要的动物医学科研基地。

五十年来，兽医所承担了不计其数的重要的科研项目，为我国动物医学研究事业做出了突出贡献。今天，兰州兽医研究所声名远播，在国内外都享有很高的声誉。

五十年峥嵘岁月

五十年顽强拼搏

五十年风雨历程

五十年的无私奉献写下了一部辉煌灿烂的发展诗篇。

出席今天晚会的领导同志和各界嘉宾有:[名单略]

首先,请[兽医所领导同志]致词

[致词完毕]

今天,我们在这里回顾兽医所五十年的风雨历程

今天,我们在这里庆祝兽医所五十年的世纪华诞

每个人的心里,都激荡着一个美好的祝愿

每个人的情怀,都跳动着一份吉祥如意的呼唤

那么,就让我们欢歌起舞

那么,就让我们共同祝愿

[节目1 舞蹈 《吉祥颂》]

从秀丽的徐家山下出发

我们走向大地山川

从神秘的研究所出发

我们走向八方四面

从祁连山下到甘南草原

从河西走廊到陇东高原

从裕固帐篷到白龙江畔

兽医所铺出了一条五彩的天路

让草原牛羊肥壮

让大地地久天长

[节目2 女声独唱 《天路》]

五十年,兽医所从未停顿前进的脚步

五十年,兽医所人一直守望着科学研究的最前沿

忘不了公元 1964 年的大面积口蹄疫疫情蔓延

忘不了新世纪之初的"非典"和"禽流感"

兽医研究所夜以继日、日夜奋战

兽医所人用科学精神和苦干的热情冲锋在最前线

昨天,我们曾经跃马扬鞭

今天,我们还要再谱新篇

[节目3　竹笛独奏　《扬鞭催马》]

这座城市,是我们可爱的家园

这片土地,写满我们对家园的热恋

在这片土地上默默奉献

在这座城市里守望大地的平安

我们研究的是病毒、疫情、感染……

我们奉献的是责任、成果、安全……

[节目4　舞蹈　《建设者的脚步》]

五十年了,已经是半个世纪

五十年了,已经是岁月远去

五十年,老一辈科学家的白发苍苍铭刻在我们心里

五十年,兽医所的日日夜夜鸣奏继往开来的辉煌乐曲

让我们向几代人的承前启后致以崇高的敬意

让我们向五十年的峥嵘岁月说一声:敬礼!

[节目5　男声独唱　《千百年后谁还记得谁》]

将阳光聚焦在显微镜下,我们寻找通向成功的路径

将月色溶化在酒精灯里,我们点燃照亮答案的星辰

奋战在实验室中

用科学的精神迎来一次次不眠的黎明

工作在兽医所里

用五十年的奋斗打造人类与自然的和谐与安宁

你看，月亮之上

有我们兽医所人酿造的桂花飘香

［节目6　女声独唱　《月亮之上》］

五十年，曾经有过许多风雨苍茫

五十年，我们开辟了科研事业的大路宽敞

"863"计划，有我们参加的神采飞扬

"973"项目，有我们写下的华彩篇章

用康定情歌优美的旋律

抒发新世纪我们的畅想

［节目7　藏族舞蹈　《溜溜的康定情》］

兽医研究所——

这是一条看不见的战线

看不见刀光剑影却隐藏着许多风险

流行病学中心——

这是一个没有硝烟的战场

听不到炮声却搏斗着生死较量

每一只试管里,都可能隐藏着一个秘密

每一只酒精灯,都可能点燃一种新的希望

五十年,500项科研成果记录着兽医所的成长

五十年,20项国家大奖铸造了兽医所的辉煌

［节目8　小品　《明星辅导站》］

［节目9　女子乐坊　《阿拉木汗》］

甘肃省兰州市城关区盐场堡徐家坪11号

——这里是黄河北岸

中国农科院兰州兽医研究所

——这里是挂着十多个牌子的国家重点科研大院

黄河,从门前静静地流过

水车,记录着悠悠岁月

快乐兰州,是你和我的快乐

快乐兰州,是我们大家共同的快乐

［节目10　男声独唱　《快乐兰州》］

今夜,我们在这里回顾五十年的悠悠岁月

今夜,我们在这里品味半个世纪的辉煌成果

让千手观音舞动我们今夜的欢乐

让世纪风采铭刻五十年不息的拼搏

［节目11　舞蹈　《千手观音》］

回首往事,我们感慨良多

展望未来,我们激情似火

从事农业科学,我们守得住无声的寂寞

献身兽医研究,我们经得起岁月的蹉跎

千万次试验的沉默

千万次不屈的探索

那一次的科研突破

必将震惊整个世界

［节目 12　女声独唱　《欢天喜地》］

走进这座大院,就意味着一生的默默奉献

走进这座大院,就一定有辉煌的凤凰涅槃

你看,500 项科研成果燃烧着 500 束火焰

你看,500 束火焰照亮五十年的成就灿烂

［节目 13　印度舞蹈　《巴拉女神》］

［节目 14　劲歌联唱　《霸王别姬》］

今夜无眠,今夜我们共同庆祝兽医所五十岁的生日华诞

今夜无眠,今夜我们一起畅想兽医所未来的辉煌与灿烂

五十年风雨兼程,我们无悔无怨

五十年岁月峥嵘,我们意志更坚

［节目 15　歌伴舞　《和谐中国》］

结束语:

　　各位来宾,朋友们:让我们紧密团结在以胡锦涛同志为总书记的党中

央周围,高举旗帜,展望未来,顽强拼搏,无私奉献,为构建社会主义和谐社会而努力奋斗。

庆祝中国农科院兰州兽医研究所成立五十周年文艺晚会到此结束。

朋友们,再见!

(2007年6月19日拟稿)

● 奥运盛鼎释内涵

——2008 年甘肃省政府赠送奥组委礼物"圣鼎"形制内涵阐释文本

公元 2008 年 8 月，第 29 届国际奥林匹克运动会在中国首都北京隆重举行。

甘肃省人民政府向本届奥运会组委会敬献"奥运盛鼎"一尊，以襄盛会，以赞盛典。

奥运盛鼎为三足双耳圆形青铜宝鼎，鼎禁为四方立体青铜基座。

鼎禁正面镌刻中华人民共和国国家主席胡锦涛关于中国北京举办第 29 届奥运会的"百字"讲话原文；

鼎禁背面镌刻甘肃省人民政府捐赠、兰州市人民政府制作及捐献年号时间等有关说明文字；

鼎禁两侧镌刻主题图案一组两幅，左侧图案名曰"灿烂-歌古"；右侧图案名曰"辉煌-颂今"。

鼎禁图案纲举神州西部八千年文明传承发展主线，目张甘肃陇原经典文明形象和特色文化符号。图案立意与盛鼎主题珠联璧合，为奥运盛会锦上添花。

图案贯穿黄河精神之意象，采集陇原大地黄河两岸古今典型景观为背景、摩写伏羲文化传承之渊源，辉映马家窑新石器文明肇始色彩之斑斓，描绘丝绸之路风情画卷以传神、赞颂航天城航天英雄之伟岸。

图案左为"灿烂-歌古",从右至左依次布设：琵琶反弹、大漠驼铃、伏羲八卦、马踏飞燕、拉卜楞寺、天马行空、敦煌瑰宝、彩陶之乡、嘉峪雄关、西域商旅、大雁北飞、骠骑戍边、长河落日十三组形象。

图案右为"辉煌-颂今",从右至左依次布设：丰收硕果、时代列车、白鸽翱翔、声讯万里、城市崛起、水车悠悠、太平鼓声、柳杨白塔、百年铁桥、花儿高吭、旋鼓激荡、黄河母亲、炼塔高耸、科技兴国、祁连绵延、钻塔林立、大坝雄姿、航天英雄、西部朝阳十九组形象。

图案以黄河波涛编纬，以上述三十二组形象织经，编织出一幅蔚为壮观的神州西部陇原大地古今历史画卷，歌吟古代优秀传统文化之辉煌灿烂，赞颂今日西部大开发陇原大地之气象万千。

图案主题思想立意深远，文化内涵丰富多彩，美术设计风格独具，观瞻效果气势磅礴。

图案以青铜浅浮雕工艺制作，珠联奥运，璧合盛鼎，千秋万代，与世长存。

公元 2008 年 8 月·甘肃省人民政府立

（本篇文字用于礼物随赠品和新闻宣传背景资料）

● 民主团结和谐颂

——2008 年兰州市政协专场文艺晚会策划方案

（概念策划文本）

2008 年 2 月下旬,兰州市政协第十二届二次会议召开。

市政协常委会决定在会议期间举办专场文艺晚会。

晚会主题:民主团结·和谐奋进

晚会宗旨:展示政协成就,塑造政协形象,展现委员风采,凝聚各界力量,活跃会议气氛,振奋代表精神,促进事业发展。

一、组织领导

主办:中国人民政治协商会议兰州市委员会

总策划:请政协主要领导担任

监制:请政协分管领导担任

策划:请政协副秘书长宁辉东和有关领导担任(名单略)

艺术顾问:特邀市文联副主席岳逢春担任

嘉宾邀请与接待工作

嘉宾邀请和餐饮接待工作由大会会务组负责

1. 邀请省市有关领导出席晚会

2. 邀请社会各界有关知名人士出席晚会

3. 邀请参加兰州市"两会"的全体代表出席晚会

4. 邀请省市新闻界有关记者参加活动并报道晚会（是否对晚

会整场演出做电视录像并播出,请政协领导酌定)

5. 邀请其他有关方面人士出席晚会

——邀请嘉宾出席晚会时间为下午 6:00(请柬注明的时间),嘉宾于晚
6:00 开始入场。主要贵宾先到首长接待室稍事休息,6:30 入席就座。

——嘉宾就座的观众席为"圆桌"。由来宾接待组(政协会务人员组成)根据观众人数布设足够的席位。每桌 10 人。摆放适量冷餐、饮料、果酒。主宾席增设鲜花摆放,点缀会场环境,营造节会气氛。晚会开始后,陆续增上适量菜品。

演出活动的组织

晚会文艺演出活动由演出公司负责组织。

1. 晚会地点:天龙水宫大厅

2. 晚会时间:2 月某日(待定)晚 6:30—8:00(含就餐时间;演出节目 20 个左右,时间总长度控制在 90 分钟。)

3. 晚会场景氛围:

——晚会艺术风格定位为"联欢晚会"。

——舞台高悬节日宫灯,五彩缤纷,灯火辉煌。

——搭建电子大屏幕。提前制作有关晚会主题短片和片花。突出"民主·团结·和谐·奋进"以及"热烈祝贺兰州市政协第十二届二次会议胜利召开"等会议主题词字样。标明主办单位名称。录制"两会"会议活动现场片段及与会代表神采飞扬镜头和兰州风光片段,配合舞台演出节目适时播放。

——预设舞台冷焰火电子控制系统，适时燃放，烘托演出气氛。

——舞台美术效果图另附。

4. 演出公司特邀岳逢春先生为本场晚会总撰稿人。

5. 晚会总导演：名单待定

二、晚会文艺节目流程

晚6:00演出各部门就位。播放背景音乐，欢迎来宾入席

6:30 舞台放大光明，主持人盛装出场，欢迎政协领导陪同主宾入席就座

主持人前言(说明晚会主旨，欢迎各界来宾，介绍到场贵宾，营造晚会气氛，调动观众情绪。节目主持词详细文字待拟，下同)

开场歌舞

政协主要领导简短致词

舞蹈(专业演员。下列不特别说明的节目，均为专业演员表演)

歌曲

器乐

颁奖仪式(表彰政协委员优秀《提案》)

歌曲(政协委员表演)

舞蹈

戏曲(政协委员表演)

曲艺

喜剧小品

书法与剑术(政协委员书法家现场表演书法，外请青年武术运

动员配合表演剑术)

戏曲(请政协委员中的戏剧家表演,如周桦、赵凤兰女士等)

舞蹈(政协委员中的舞蹈家表演独舞,如田青女士等)

少儿节目(歌曲或舞蹈)

配乐诗朗诵 (特邀岳逢春专门为本场晚会创作歌颂政协的朗诵诗《人民政协礼赞》(暂名);邀请我省著名话剧演员朗诵。)

歌曲(联唱或组合)

歌曲(政协少数民族委员的"花儿"演唱)

杂技与魔术

戏曲(京剧大场面表演)

歌曲

歌舞(结束)

(以上节目待选定并确认后,重新调整出场顺序。由演出公司设计制作装潢精美的节目单,交大会会务组在观众席位摆放)

有关问题说明:

——本策划方案为"概念策划文本",勾画了晚会总体框架和活动主线,待主办方原则同意后,在此基础上修改制订实施方案(含主持词)文本。

——在文艺节目当中,由政协委员表演的节目占晚会节目总量的三分之一,关系到晚会氛围营造和演出效果,体现"联欢晚会"的风格定位。请政协推荐并提供人员名单和有关资料,由演出公司具体联系并最终选定。

——专业演员节目由演出公司邀请,节目应为省内"顶级"艺术家的精品节目,主办方可提出有关意见和建议。演出公司充分尊重主办方意愿要求。

——演出场地的使用事宜请政协办公厅给主管单位"打招呼",由演出公司联系落实。

——晚会主持词是整场演出活动的"灵魂",撰稿人将通过主持词撰写阐释晚会宗旨,营造晚会氛围。主办方如有需要特别说明的晚会要素,请及时告知撰稿人,以便在主持词中得以准确阐释和充分展示。

——晚会总撰稿人为演出公司特邀。撰稿人对策划文本享有著作权,晚会主办方享有建议修改终审权。撰稿人充分尊重主办方提出的意见,并执笔对文本修改至主办方满意为止。

——演出公司享有此文本的有偿使用权。

晚会总撰稿人特别声明:

本场晚会特邀总撰稿人是我市资深文艺工作者,曾为九十年代以来我市举办的 100 多场大型文化活动撰写活动方案和主持词。鉴于本场晚会具有一定的政治影响,总撰稿人对方案文本的政治标准和艺术水准负责,除政协有关领导同志和晚会总导演外,谢绝他人对此文本的文字进行修改。

(2008 年 1 月 28 日拟稿)

● 魅力新城颂安宁

——2008年春节安宁区团拜会策划方案

时间:1月21日(星期一)(农历丁亥年腊月十四)

下午3:30-4:00 游艺、分组活动

4:00-6:30 团拜晚会

6:30- 篝火晚会

地点:安宁区都市春天生态园游艺活动区

安宁区都市春天生态休闲酒店大厅

3:30 各部门就位,播放音乐《步步高》《喜洋洋》《春节序曲》等经典曲目

【区上主要领导在大门口迎接各界嘉宾,机关百名干部群众代表站立迎宾道两旁鼓掌迎宾。市上领导到临时休息室候场;参会来宾在"贵宾签到处"签到后由礼仪人员为贵宾佩戴红花标志。礼仪工作人员做好接应、登记名单等服务工作,引导参加团拜会的各界嘉宾陆续入场就座;

【机关千名干部和慰问车队(1500人)在分会场指定区域内待令出发;

【4:30晚会主持人盛装出场

各位来宾,朋友们,大家新年好!

今天,是2008年1月21日,星期一,农历丁亥年腊月十四。这里,是兰州市安宁区都市春天生态休闲酒店大厅。由中共安宁区

委、安宁区人民政府和兰州经济技术开发区党工委、管委会联合举办的《民生·2008》——安宁区2008春节团拜会暨"百名干部回访、千名干部进万家"活动启动仪式在这里举行。

让我们以热烈的掌声欢迎出席今天团拜会及启动仪式的省市领导和各界嘉宾。

（礼宾号角吹响；在区上领导陪同下，省市重要贵宾走过红地毯通道，在贵宾席入席就座；贵宾落座后，礼宾号角结束）

1. 开场歌舞《舞动春天》

各位领导，亲爱的朋友们：

风雨送春归，飞雪迎春到，繁花似锦的2007年渐行渐远

改革促发展，和谐花烂漫，我们迎来了充满希望的2008年

由中共安宁区委、安宁区人民政府和兰州经济技术开发区党工委、管委会联合举办的《民生·2008》——安宁区2008年春节团拜会暨"百名干部回访、千名干部进万家"活动启动仪式在这里举行。

又是一年星移斗转；又是一年星河灿烂

又是一年春色满园；又是一年春光无限

在党的十七大精神鼓舞下，在区委、区政府的带领下，安宁，走过了充满创新精神和创造激情的2007年，全区广大干部群众紧紧围绕打造"五个新区"的奋斗目标，全面贯彻落实党的十七大精神，顽强拼搏，无私奉献。

安宁，跨入了2008——这个春光灿烂的崭新春天

出席今天团拜会的省、市、区领导同志有：

出席今天团拜会的还有创业者代表、驻区各重点企业代表、文教科技战线代表、农民群众代表、政法维稳战线的代表、支持"两区"经济和社会事业发展的代表、安宁区近年来建设和发展中涌现出来的"拓荒牛"等。

参加今天团拜会及活动的各界朋友共 1500 多人。

让我们相互致以节日的亲切问候和崇高的敬意！

夜以继日、埋头苦干、安宁新区在这片热土上拔地而起

创新、创业、瞄准一流打造新区,实现"两区"建设跨越式发展

精英荟萃,星河灿烂

让我们以热烈的掌声欢迎大家的到来！

朋友们：

过去的一年,在省市委、政府的正确领导下,经济区党工委、经济区管委会带领全区广大干部和人民群众团结一心、奋力拼搏,经济和社会各项事业取得了显著成就,这一成绩的取得,得到了省市的充分肯定,让全区人民振奋。在这辞旧迎新的时刻,让我们以热烈的掌声欢迎安宁区委书记俞敬东致《新年贺词》。

2. 俞书记致词。(大屏播放安宁发展镜头)

朋友们：为了深入学习宣传、贯彻落实党的十七大精神,切实关注社会民生问题,用具体行动落实胡锦涛总书记在十七大报告当中提出的"发展为了人民、发展依靠人民、发展成果由人民共享"的要求,区委、区政府决定启动"百名干部回访、千名干部进万家"活动。节日期间,我区各级干部将深入千家万户,与群众一起过年,为老百姓排忧解难,帮助群众解决实际问题,努力营造春节期间喜

庆祥和的节日氛围,进一步丰富人民群众的节日文化生活。从而确实做到立党为公,执政为民,权为民所用,情为民所系。

"百名干部回访、千名干部进万家"这一重要举措,必将进一步密切党群干群关系,推动社会主义和谐社会建设步伐,形成全区党员干部群众建设"两区"的核心价值体系和精神支柱,形成全区人民共建"山水新区、魅力新城"的良好局面。

接下来,我们将画面切换到启动仪式分会场。

3. "百名干部回访、千名干部进万家"活动启动仪式;

(主、分会场屏幕切换;分发任务表后由马永福报告;一切准备就绪▮请领导指示!

出席晚会的主要领导宣布:安宁区"百名干部回访、千名干部进万家"活动正式启动!安宁区直机关各慰问分队现在出发!(分会场慰问干部、慰问车辆物品依序全部出行)

这是一篇慷慨激昂的华彩乐章

这是一首感天动地的壮丽交响

让我们燃放太平盛世的慷慨激昂

让我们鼓动盛世太平的万丈光芒

今夜,这里是一片和谐的家园

今夜,这里涌动着亲情的温暖

让我们留住今夜,留住我们今夜的激情与向往

让我们期待明天,创造我们明天的灿烂和辉煌

4. 歌伴舞 《欢聚一堂》

近年来,驻区的各企业积极贯彻落实中央和省、市、区委、区政

府关于下岗再就业工作的精神,切实关注民生,为配合政府解决下岗职工再就业采取了有效举措,他们以"就业帮扶"的形式对全区部分下岗职工进行了重新安置,新年伊始,全区100家企业将承诺再安排300名下岗职工实现重新就业。

现在让我们以热烈的掌声有请:

兰州小二黑食品公司　娄秀玲　总经理

北京华联超市安宁店人力资源部　姜丽华　部长

兰州华星家具有限公司　张希华　总经理

兰州和盛堂药业有限公司　姚　华　副总经理

兰州金路交通设施公司人力资源部　郭体功　经理

兰州金安新包装有限公司　汪伍银　总经理

甘肃明珠胶业公司　朱久新　总经理

都市春天生态休闲观光园　崔承红　总经理

甘肃东方乐服装有限公司　李凡成　总经理

兰州众邦电线电缆集团　邵占勇　常务副总经理上台，他们将代表百家企业与安宁区政府副区长王慧玲签订"就业帮扶协议"(背景音乐起、礼仪小姐献花)

5. 百家企业代表解决就业签字仪式

(签协议　播放背景资料　音乐起)

朋友们,在2008新春佳节到来之际,区委、区政府决定拿出240套廉租房来解决最低收入和低收入住房困难家庭的实际问题,凡是符合条件的安宁区城镇居民,均可以申报租用廉租房。现在,请安宁区委常委、区政府邢磊副区长宣布申请廉租房的有关规定。

6. 区委、区政府宣布 240 套廉租房向社会公开的决定

7. 歌曲联唱 《贺新春》

朋友们，寒门学子大学毕业后的就业问题是全社会关注的重要问题，解决大学毕业生就业，应该是全社会的责任。安宁区在这方面正在探索新的方式和方法，多层面的拓宽就业渠道，重点解决家庭生活困难，急需就业的一些大学生的就业岗位。近日已有 7 名贫困大学生招聘进入社区工作，并根据以后的现实表现和工作业绩，再实行择优安置。现在，请安宁区人事局副局长林松同志宣布 7 位大学毕业生名单。

8. 7 名贫困大学生就业安置仪式

(台上)林松公布名单：

在今天的团拜会上，驻区许多企业也都准备了节日慰问金和慰问品，送给我区生活暂时有困难的家庭。现在，让我们以热烈的掌声欢迎

甘肃众友医药集团公司　冯德春　总经理

华润雪花啤酒(甘肃)有限公司　宋占民　总经理

兰州天智石油机械有限公司　李鑫　总经理

兰州矿场石油机械有限公司　黄东立　副总经理

兰州和盛堂药业有限公司　田建华　总经理

兰州众科石油机械制造有限公司　张禄合　总经理

兰州交大科技产业园　李军旗　处长

兰州华升置业有限责任公司　李新春　总经理

兰州实创园区开发有限责任公司　杨项东　总经理

兰州东安房地产开发有限责任公司　李　军　董事长

安宁二建沙井驿土方工程项目部　吴延国　经理

甘肃红旗建安公司沙井驿泥麻沟整治工程项目部　何振江经理

兰州毅兴物资有限公司　蒋　毅　总经理上台捐赠。

请安宁区民政局局长段生玉代表安宁区慈善协会接受捐赠。

9. 企业向慈善协会捐赠仪式

（企业代表携带礼单依序亮相排列，接受献花毕，向民政局局长段生玉交付礼单后由礼仪小姐引导下台。）

（起音乐；大屏幕同时转播全区干部进入百姓家中慰问、送"福"场景。）

10.《山歌唱安宁》

兰州正和房地产开发有限公司是我区的一家重点房地产开发企业，多年来，为安宁区经济建设和社会发展做出了突出贡献。这家企业的董事长贾仲瑚先生更是一位优秀的企业家，他不但带领企业全体员工做出骄人的业绩，更为我区和谐社会的建设做出了积极贡献。在新春来临之际，贾董事长将捐资150万元为全区21位五保户老人修缮专门的养老四合院，并资助这些孤寡老人的衣食住行和日常生活，为老人们安度晚年提供必要的条件，这无疑是一种难得的慈善之举，让我们向贾仲瑚先生表示崇高的敬意。

现在，我们以热烈的掌声请安宁区政府严志坚区长与兰州正和房地产开发有限公司董事长贾仲瑚先生上台签定协议。

（签字毕，接受献花和亮相）

主持人:严区长、贾董事长请留步。借此机会,我们想对二位做一个简短的现场采访。

请问贾董事长:您作为一个企业家,一下子拿出 150 万元资金,为五保户老人们修建养老四合院。这笔资金实际上是无偿提供给社会的,也不会产生利润和经济效益,请问您资助这些老人的初衷是什么? 您是怎样考虑这件事情的。

(背景屏幕:贾仲瑚和"五保户"老人团聚场景)

请问严区长:我们作为节目主持人,注意到今天的团拜会以"民生"作为主题,团拜会的活动内容中,有许多关于解决民生问题的活动项目。请问严区长,区委、区政府是怎样考虑这方面的问题的。

(严区长讲话)

11. 舞蹈 《奶奶、姐姐和灯》

朋友们:安宁"两区"建设,得到了省、市、区和中央驻兰各新闻单位的密切关注。一年来,各新闻媒体对安宁区社会发展和经济建设进行了大量有深度的宣传报道,涌现出一大批引人注目的好新闻,展示了安宁人奋发向上的精神风貌,极大地提高了安宁区的知名度,区委、区政府决定对一批好新闻和做出突出成绩的记者朋友们进行表彰奖励。现在请区委常委、宣传部部长王耀宏宣读 2007 年度宣传安宁好新闻获奖名单(略),请获奖的作者代表上台领奖,让我们有请(颁奖嘉宾名单略)为他们颁奖。(礼仪小姐献花)

12. 区委、区政府为 2007 年度好新闻颁奖

朋友们:有一首歌唱得好,"众人划桨开大船",俗话也说,"众

人拾柴火焰高"。兰州经济技术开发区(安宁区)的发展离不开各方面的关心与支持。为了进一步促进"两区"的发展建设,兰州市安宁区政府、兰州经济技术开发区管委会决定聘请德高望重、经验丰富的老领导和资深专家担任"两区"建设的经济顾问、规划建设顾问、管理顾问、文化顾问和法律顾问。现在,请安宁区人民政府区长、兰州经济技术开发区管委会主任严志坚同志宣读《关于聘请李文治、岳逢春等同志为两区建设顾问的决定》。

今天,我们兰州经济技术开发区(安宁区)能够有幸请到这些高规格、高层次、高水平的"两区"建设顾问,必将对"两区"建设的跨越式发展起到重要的推动作用。让我们以热烈的掌声表示衷心的祝贺!

13. 配乐诗朗诵 《祝酒歌》

主持人:朋友们,安宁的发展,离不开各界的关心和支持。在座的许多朋友也许还记得,在去年的春节团拜会上,区上四大班子领导登台朗诵了一首激情满怀的诗篇。当时,区上特别邀请了国家一级演员、中国戏剧最高奖"梅花奖"获得者、著名话剧表演艺术家朱衡先生来做艺术指导,他指导的这个节目得到大家称赞。

今天,我们特别邀请朱衡先生和青年话剧表演艺术家、著名节目主持人郁海滨女士,来为我们表演节目,为安宁区广大干部群众送上新春的祝福。他们下面要朗诵的这首《祝酒歌》,是由区上刚刚聘请的文化顾问、兰州市文联副主席、著名作家岳逢春先生特意为今天的团拜会创作的。

让我们欢迎朱衡先生和郁海滨女士。

（《红旗颂》音乐起;外请专业演员男女各一人朗诵下列诗歌，大屏幕播放安宁风光镜头）

《祝酒歌》

来吧,五湖四海的老朋友

来吧,五洲四海的新朋友

来吧,黄河之水的波澜和激流

来吧,美不胜收的春风与杨柳

这里,是一个都市的春天,涌动着创业的激流

这里,是一个安宁的家园,舒展着创新的锦绣

让我捧出三杯美酒

为安宁的腾飞祝福加油

赞美交往的真诚与友情的深厚

欢呼今夜的聚会和良宵的神州

这第一杯酒

献给五洲四海的新朋老友

祝福我们的友谊天长地久

这第二杯酒

献给创业者的英姿与风流

祝福这片土地花团锦簇,河山锦绣

这第三杯酒

献给父老乡亲的热切追求

祝福这片土地年年都有硕果累累的金秋

此刻,我的心底涌动着一种温柔

此刻,我的胸中跳跃着一股暖流

"河汇百流,九曲不回,创新创业,和谐共进"

——兰州精神,是我们共同的追求

让我,奏响和谐社会的美妙音符,将辉煌的 2007,深情地、深情地,送走……

让我们,用坚强的信念和宏伟的蓝图,预约 2008 年,安宁"五个新区"建设的全面丰收

让我举起这三杯美酒,献给我的安宁,我的兰州

让我献上这千杯美酒,祝福亲人,祝福朋友

祝愿家乡和谐发展,山河锦绣

祝愿安宁创新创业,力争上游

14. 节目　魔术表演

15. 女声独唱　《节日》　杨　春　（歌伴舞）

（分会场篝火点燃）

高点定位,强势投入。2007 年,安宁经济建设和社会发展保持了又好又快健康发展的势头。这得益于一大批骨干企业的顽强拼搏和无私奉献。让我们有请华润雪花啤酒(甘肃)有限公司总经理宋占民先生代表驻区企业致词。

16. 企业精英代表发言

驻区工业企业,如同一颗颗璀璨的明珠,将安宁打扮得风姿绰约,楚楚动人,一个崭新的安宁,正在这片热土上崛起。到"十一五"末,安宁,将全面达到经济高效发展,人民安居乐业,建设管理一流,生态环境和谐的总目标。

让我们向驻区各企业职工表示节日的问候和崇高的敬意！

17. 女子乐坊表演《步步高》《康定情歌》

18. 舞蹈 《祝福吉祥》

朋友们，兰州经济技术开发区和新城区建设已经进入一个崭新的发展阶段。新的历史起点擂响了向更高目标迈进的奋斗鼓点。让我们更加紧密地团结在以胡锦涛同志为总书记的党中央周围，在省委、省政府和市委、市政府的正确领导下，在区委、区政府的带领下，坚定地站在时代发展的潮头，勇敢地肩负起加快发展的历史重任，为全面建设小康社会，加快"山水新区、魅力新城"建设的步伐，以优异的成绩贯彻落实党的十七大精神！为把安宁区建设成为具有现代化、生态化、人文化的山水新区和魅力新城而努力奋斗！

朋友们，安宁区 2008 年春节团拜会就进行到这里。

朋友们，再见！

现在请各位领导、各位嘉宾参加篝火晚会。

（2008 年 1 月 20 日第 11 次修改）

● 灯火辉煌亮北岸

——2008 年春节安宁区亮化工程巡礼电视艺术片文学本

这里，是中国西部。九曲黄河在这里放慢了她奔腾不息的脚步。

这里，是黄河的上游。黄河流经这里时，吟诵着一首悠扬而舒缓的小夜曲。

黄河深情地亲吻了北岸这片安宁的家园之后，依依不舍地继续向东奔流而去。

这里是甘肃省兰州市安宁区。

这里是一片桃花盛开的神奇的土地。

这里是国家级兰州经济技术产业开发区。

这里是兰州市正在开发、开放中的一个新城区。

以日新月异的速度，一个山水新区、魅力新城，正在黄河北岸的仁寿山下神奇般地崛起。

白雪皑皑，花枝招展，这块土地迎来了公元 2008 年的新春佳节。

华灯初上，夜幕降临，这片家园披上了节日的盛装。

灿若星河的彩灯，营造出一片梦幻般迷人的神话意境。

此刻，这片安宁的家园，显得如此地宁静而又充满了温馨与热情。

此刻,这片以独特的山水演绎着无限魅力的新城,充满了节日的喜庆。

今夜,我在这兰州百里黄河风情线上最美的一段旋律中徜徉。

今夜,我在这安宁区 2008 迎春灯会营造的梦幻世界里流连忘返。

那么,就让我们从"2008"这个数字开始今夜的梦境吧。

那么,就让我们随着这光影组合出的彩色瀑布,奔腾不息地走向一个梦境的深处。

这分明是西部的一个冬夜,丁香花浓郁的芬芳却弥漫在节日的夜空。

这分明是一片银装素裹的冰天雪地,盛开的桃花却舞动着春天的气息。

这分明是滴水成冰的腊月寒冬,春天的旋律却在这绿翡翠的草丛中奏鸣。

这分明是一条"天上的街市",浓墨重彩、霓虹闪烁、灿烂辉煌、恍若梦境。

捧出这大块大块的水晶。

点亮这大串大串的红灯。

舞动着大片大片的祥云。

让这火红的桃花盛开在飞雪迎春的美景中。

安宁的庭院,再现王羲之的曲水流觞,

用浓墨重彩,书写一篇全新的《兰亭序》。

这是一些多么美好的文字啊，——安——宁。

这是一个多么吉祥的词汇啊——平安——宁静。

是的，这就是家园的含义——"发展为了人民"

是的，这就是开放的动力——"发展依靠人民"

是的，这就是发展的目的——"发展成果由人民共享"

是的，这就是安宁"两个新区"迷人的夜色和绚丽的风景。

奥林匹亚山的火种，点燃2008——中国年的热情，

奥林匹克广场的彩灯，辉映北京2008福娃的笑容。

荷塘的月色，涌动着安宁"创业实干打硬仗"的干劲和激情。

剪出一朵1500平方米的窗花，打开一扇走向世界的窗棂。

扎出一条2008米的巨龙，腾飞起小康和谐的安宁。

画出一幅86.93平方公里的图画，崛起一个山水新区，一座魅力新城。

跳动起23万安宁区父老乡亲强健的脉搏，

在这东经103°和北纬36°的交汇点上，银滩大桥拨动琴弦，正在演奏一部壮丽辉煌的时代交响。

春天的舞台，因为创业者的歌唱而绚丽多彩。

新时代的安宁区，因为创业者的全新理念而腾飞巨龙。

"突出亮点、整体推进、营造氛围、塑造灵魂"

2008，安宁区正在走向一个崭新的未来。

走进这条华灯辉煌的河流，流光溢彩的家园，今夜，美不胜收。

驶入这片彩灯灿烂的海洋，光影绚丽的安宁，今天，力争上游。

以理顺关系为重点,建设科学管理型社区;

以提升功能为重点,建设满意服务型社区;

以强化措施为重点,建设安全稳定型社区;

以加强整治为重点,建设和谐优美型社区;

以繁荣文化为重点,建设文明祥和型社区。

和睦相处、团结互助、一个融洽和谐的大好局面正在安宁区形

成。

你看,这绿翡翠的树丛,

这水晶般的迎宾大道,

这火红的傲雪盛开的桃花,

正在这片热土上渲染这梦幻般的意境。

你看,这拔地而起的精品楼盘,

这运筹帷幄的企业总部,

这奔腾不息的黄河激流,

这双手托起的生命之源,

正在这片土地上描绘最新最美的图画。

啊,我的朋友,此刻,我的心中充满了万语千言

啊,我的朋友,此刻,我的思绪是如此地活跃纷繁

啊,我的朋友,此刻,我的心弦是这样的激烈震颤

啊,我的朋友,此刻,我的脉搏跳动着一个里程碑的呼唤

那么,就让我们放飞这航天的梦想

那么，就让我们舞动这嫦娥的广袖

摘取满天的星光

闪耀今夜的辉煌

实现安宁区跨越发展的世纪梦想。

今夜，我徜徉这流光溢彩的迎宾大道，安宁新区，美不胜收。

今天，我留恋这五彩缤纷的山水新区，魅力新城，力争上游。

让我们留住今夜，留住山水新区今夜的梦幻和绚烂

让我们走向明天，走向魅力新城明天的灿烂和辉煌。

● 问渠哪得清如许

—— 2008 年兰州威立雅水务集团对外宣传工作策划方案

(方案代号:珍惜·2008)

主题词:

水是宝贵的,水是珍贵的,水资源是有限的,自来水成本是昂贵的,兰州自来水供给是高品质的,在兰州使用自来水是幸福的。因此,对自来水价格进行适当调整是可以理解的,调整后的价格是市民能够承受的。

本方案内涵阐释:

水是生命之源,自来水是城市的"生命线",同时,也是一种特殊意义上的商品。

近年来,物价指数逐渐上涨,但兰州自来水价格长期保持原有价格不变,已经给作为公用事业的本集团(公司)之可持续发展造成极大困难。

兰州市虽地处黄河上游,自来水资源相对而言比较安全。但"兰·威"集团作为兰州市自来水生产的唯一"公益事业"之企业,在实现中外合资战略的进程中,其供水安全系数应不断予以提高。因此,在吸纳外资进入企业发展进程以及争取政府政策支持的同时,发挥市场机制之优势,采用价格杠杆之动力,保证兰州市自来水供给的安全、健康、可持续发展，不断提高其安全系数，保持并不断促进"兰·威"水务集团的稳健发展步伐，从根本上保证兰州市民用水利益和用水"幸福指数"的最大化，是《"珍惜·2008"宣传工作方案》的核心主题与战略目的。

本方案的执行采取"内外有别，外松内紧"之战略指导方针实施。做到舆论先行，润物无声，树立形象，春风化雨，努力争取广大市民充分认识到本集团(公司)与广大市民的关系是密不可分的利益共同体；充分了解本集团(公司)自来水生产和供给任务之艰巨；关注并理解自来水并非"自来"。力求逐步转变广大市民在计划经济体制下形成的"传统"用水"意识"和用水"习惯"。逐步接受在市场经济体制条件下，自来水供应的"特殊商品"销售规则，从而在实施《珍惜·2008方案》的过程中，树立企业良好形象，密切本企业与广大市民的情感联系，为年内兰州市自来水供应"价格调整平稳过渡计划"做好思想宣传和舆论引导以及各项准备工作。使得广大市民最终理解并平稳接受自来水"价格调整"这一重大举措，继续保持我市自来水供应安全、稳定、健康的生产秩序和供给氛围，为保持我市社会安定、稳定、和谐的良好局面而努力奋斗。

2008年是集团公司实行中外合资经营的开局之年，也是中外合资企业融合发展的重要一年，本企业面临十分繁重的改革发展和供水安全生产以及"抄表入户"改造工程准备等各项艰巨任务。全公司上下应齐心协力，努力工作，积极创造条件，争取年内水价调整的重要工作目标顺利实现，为企业发展提供更为扎实的基础条件。为此，积极做好今年的宣传工作，特别是对外宣传工作，营造良好的社会舆论环境,具有重要的积极意义。

一、对外宣传工作的总体思路和目标

1. 坚持科学发展观,构建和谐社会。突出宣传国家加强环境保护和经济社会可持续发展的基本国策,紧紧围绕本企业今年工作重点,把宣传工作重点融入到建设节水型城市的大背景下展开,落实到企业认真贯彻国家发展战略要求,推进城市供水事业安全健康发展上来。

2. 通过公共传媒广泛介绍世界范围水资源状况;介绍我国水资源分布情况;阐释兰州自来水生产及供应情况。宣传口径不但要注意"合理、合法",而且要做到"合情",符合"国情、省情、市情"。不但要做到"依法治水""以理服人",更要注重"以情动人""以情感人"。争取广大市民群众对本集团(公司)了解程度和理解系数的最大化。

——大力宣传本集团(公司)为确保城市安全供水,维护市民日常生活正常运转,为广大市民提供安全、优质、充足的自来水所做出的不懈努力。使得广大市民充分了解本集团(公司)的"公益事业性质"和"非营利性"企业运作模式,树立企业良好的社会形象。

——大力宣传本集团(公司)积极引进外资,在国内自来水供水行业率先起步,领先实现跨越式发展的改革成果。因而,为保证我市自来水供给安全,必须参照国际惯例,积极转变传统管理模式,加快推进自来水企业实施现代化管理制度的步伐。使得广大市民充分理解本集团(公司)的改革发展成果并非本公司独享,而从根本上和实际上来说，本公司发展成果与市民的切身利益息息相关。从而尽可能地形成理解并支持"兰·威"集团改革发展即是为市民自己谋福利的舆论氛围。

——大力宣传水资源的"宝贵性"，自来水的"珍贵性"，自来水生产成本的"昂贵性"，各地自来水水质的"差异性"，兰州自来水水质的"高品质性"，以及兰州人使用、饮用自来水的地域"优越性"和"幸福指数"。让市民意识到，如果将自来水比喻为城市的"命脉"和"血液"，自来水企业则是保证城市"血液"流畅，保持城市旺盛生命力的"心脏"。自来水管道是城市生产生活的"生命线"。爱护自来水企业，就是爱护市民群众自己。宣传工作要采用"春风化雨""润物无声"的迂回战术，从而委婉地达到本方案之核心战略意图，即在年底自来水"价格调整方案"实施时，广大市民在情感上认同了"兰·威"集团的公益性，将"兰·威"集团当作"自己人"，从而能够较为平稳地接受价格调整的"合理性"和"合法性"，达到价格调整"平稳过渡，不起波澜"的政府听证会预期。同时实现"兰·威"集团改革发展之阶段性战略目标，最终实现本公司全心全意为兰州市民谋福利的根本宗旨和发展目的。

——开展优质供水服务活动，集团下属各部门、各单位、各班组都应结合各自工作性质，积极开展优质服务活动，并及时向集团公司上报典型事例和先进人物事迹，由公司组织力量予以宣传报道，扩大影响，营造声势。

二、对外宣传的方式和阶段性重点任务

1. 联系《兰州日报》《兰州晚报》、兰州广播电视总台,同时联系省内其他各新闻媒体,以及有关部门管理的广告宣传牌等媒体,充分发挥各种宣传工具的作用,集中力量开展宣传活动。分期、分批刊发、播发在本方案指导下撰写、录制、制作的宣传品。争取报纸每月发表3–4篇主题文章,电视台和广播电台播发3–4条有关本公司改革发展的正面消息报道。

2. 有重点、相对集中地开展对外宣传工作,形成较强的社会舆论关注点。

全年宣传战役分三个阶段进行。

第一阶段:4月1日至7月30日

宣传重点是:

(1) 加强环境治理,保护水环境,珍惜水资源的重要意义。

(2) 国际环境保护与水资源合理开发利用的现状和借鉴。

(3) 水资源短缺在黄河流域经济发展全局中的影响和对策。

(4) 内陆干旱地区城市建设中加强水资源管理和节约用水的有效途径。

(5) 澄清模糊认识,保护水资源,使节约用水成为广大市民的自觉行动。

(6) 兰州水资源的紧缺性,宝贵性,珍贵性,昂贵性,自来水"幸福指数"。

(7) 自来水与城市,自来水与市民。

第二阶段(7月1日至10月30日)

宣传重点是:

(1) 改革开放三十年兰州供水事业的发展与成就。

(2) 重点工程解决边远高坪地区用水困难。

(3) 榆中供水工程为兰州东扩经济发展提供良好基础。

(4) 生产优质城市自来水,保障市民身体健康。

(5) "三条输水生命线",城市供水更安全。

(6) "96766"用户连心桥,服务在身边。

(7) 户表改造积极稳妥,有序推进。

(8) 加强节水意识宣传,运用经济杠杆推进节水型城市建设。

(9) 适度调价对保障市民根本利益的现实意义和长远意义。

(10) 自来水不是"自来"的,自来水与瓶装水的价格对比,自来水与其他生活物资的价格对比。

第三阶段(11月1日至年底,价格听证会期间)

宣传重点为解疑释惑,解答问题,营造安定平稳的"价格调整方案公布实施"氛围。

三、宣传品制作和宣传活动的组织

1. 约请理论界专家学者从理论上阐释"水"的有关问题(春风化雨)。

2. 约请写作界热心作家从情感上抒发有关"水"的感悟(润物

无声)

3. 组织摄影界现场采访本集团,拍摄厂区景色艺术照片,举办有关"水"的摄影展览。

4. 制作大型广告牌,在市区醒目位置展示。制作宣传资料,广为张贴、散发。

5. 组织专家、作家、摄影家以及市民代表参观厂区,耳濡目染,撰文抒发感想。

6. 摄制专题电视片。

7. 配合年底"价格听证会",开展集中宣传活动。

8. 在适当时机举行大型晚会,庆祝"兰·威"集团成立一周年。

9. 选择合适时机,在《兰州晚报》开展有奖"问卷调查"活动,编写有关自来水问题的试题整版刊登,发动广大市民积极参与活动,扩大"兰·威"集团影响,造成宣传声势。

约请专家、作家撰写专题稿件,本公司将付给作者稿酬,标准从优。文稿可由本公司统一递交报刊发表,作者拥有自行发表稿件的自由。

约请专家、作家采风,约请摄影家拍摄专题作品,本公司承担采访费用,作者拥有版权,本公司拥有使用权。本公司赞助有关摄影组织举办摄影作品展览活动。

四、组织保障

1. 加强组织领导

成立"兰·威"集团(公司)"珍惜·2008"对外宣传活动组织领导小组

【注:成员名单略

2. 工作任务分解(略)

五、工作要求

1. 集团(公司)宣传部门要加强与《兰州日报》、《兰州晚报》、兰州广播电视总台和其他新闻媒体的联络沟通。争取各媒体积极配合支持,逐步开展各项宣传活动,争取做到报纸月月有文章、电视有影像、电台有声音。

2. 公司所属各有关责任单位和部门要按照宣传活动的整体方案,强化工作责任,细化工作目标,高标准、高质量地完成所承担的各项宣传任务,为企业发展尽心竭力。

3. 供水服务对外一线窗口单位要努力做好本职工作,抓住今年公司高层管理部门积极开展对外宣传,全力开展树立企业良好形象活动的契机,加强管理、健全制度、规范服务,进一步提升为用户服务的质量和水平,以优异的工作业绩,努力为树立企业良好形象,保证今年企业宣传活动的全面、顺利开展,为"兰·威"集团又好又快地发展进步做出应有贡献。

【附件:东方红广场广告牌标语

兰州·威利亚水务集团城市·高品质生活源泉

珍惜·每一滴幸福资源节约·自来水命脉相连

2008 年 3 月 24 日

(本文为水务集团特约策划撰写)

岳逢春

高贵典雅庄重的诗意抒情　激情澎湃神采飞扬的时代精神

盛典礼赞

——兰州大型文化活动创意策划文案汇编

SHENGDIANLIZAN

LANZHOUDAXINGWENHUAHUODONG

CHUANGYICEHUAWENANHUIBIAN

岳逢春 著

⑤

敦煌文艺出版社

目 录

盛典礼赞

● 和谐之旅火种燃

——2008年奥运火炬兰州传递活动创意策划文学本
（讨论送审稿）

前 言

公元2008年6月30日，北京奥运会火炬接力境内传递经过甘肃省会兰州市。

遵循《北京奥运会火炬接力境内传递组委会指导文件》精神，根据省、市有关方面要求，制订本方案。

北京奥组委定于3月24日在希腊奥林匹亚古遗址采集奥运火炬火种，将于8月8日在北京点燃开幕式主火炬。火炬接力传递到我市的时间恰值奥运会开幕倒计时第39天。可以预见：届时，北京奥运舆论宣传活动声势必将进一步加大力度，必将在世界范围内掀起新一轮宣传高潮。届时，CCTV将向全球现场直播火炬传递兰州起跑仪式和晚间庆典活动；兰州电视台将从清晨7:30开始到晚间9:00全程直播火炬传递活动13.5个小时，兰州必将成为国内外关注的焦点。

因此，本方案的策划与实施，将在世界视角的宏观关照下进行。应抓住这一千载难逢的机遇，竭尽全力呼应北京奥运倒计时第39天的国内外舆论宣传氛围，扩大我省、我市在国内外的影响，弘扬甘肃精神，塑造甘肃形象，全力打造省会兰州"黄河之都"、"水车之都"、"山水城市"、"黄河明珠"的良好城市形象，进一步提高甘肃、兰州的知名度。

本方案总体构思定位于"西北领先、国内一流"的标准,力图贯彻省委常委、兰州市委书记陈宝生同志提出的关于"在黄河岸边,以两山为背景,广泛开展群众性文化展演活动,邀请国际演出团体、体育界人士到兰州来,举办国际赛事和演出,开启一条新的发展路子,把黄河两岸建成一个具有国际影响力的河段","打文化牌",在百里黄河风情线做足做好文章的指导思想。紧密结合省会城市特点和兰州市城区自然地理环境以及我省、我市人文特色风格,精心策划构思各项活动内容和表现形式。在严格展开"组委会规定活动程序"的前提下,组织丰富多彩特色鲜明的庆祝活动,充分展示我省丰厚的文化底蕴,以期营造浓郁热烈的奥运火炬传递氛围。

本方案部署了上午起跑仪式和晚间庆典活动的全部程序,提出了活动主题定位和重要的关键环节,描述了会场氛围,渲染了各项活动的思想内涵,并为电视直播和新闻宣传提供了精彩的活动场面以及丰富准确的报道理念、概念等关键素材。

本方案共分四个部分:

一、上午起跑仪式

二、晚间庆典活动

三、任务分工和实施要求

四、工作进度安排

第一部分　接力起跑仪式

关键词提示

百年奥运,百年梦想。百年铁桥,百年期盼。点燃激情,传递梦想。

时间：6月30日上午7：30—9：00

地点：中山铁桥和铁桥南北广场、白塔山公园及兰州港至近水广场黄河水面。

场景布设：整体美化活动区域。白塔山绿树成荫，彩旗招展，彩球腾空。

北岸桥头划出迎接火炬活动范围。以白塔山公园照壁为背景，布设"接炬台"。从"接炬台"开始到桥面直至南岸"点火台"铺设大红地毯通道，将两岸活动区域连接为一个整体。

白塔山公园一台布设礼炮12门，预备29响。安装大功率音响设备。

用"火炬传递城市景观专用旗帜"装饰中山桥，桥梁护栏插满"火炬传递城市景观专用旗帜"。桥上张灯结彩。桥面红地毯两侧由98名礼兵组成仪仗队，每隔5米肃立一名。

数十艘游轮及游艇在铁桥下游兰州港黄河水面适当位置待航，船、艇彩旗招展。

南岸桥头"将军柱"广场按照《指导文件·起跑仪式功能区划分参考图》之规定，座南朝北布设"点火台"。（布局图见附件一略）

第一单元　入城仪式——黄河古渡喜迎圣火

氛围提示：庄重、神圣、典雅、简洁、安全、有序

【上午：7：30　参加活动的各单位演员、工作人员、武警战士全体就位，各部门准备就绪。

【7：40　兰州电视台开始现场直播。

【省上主要领导派出的代表（拟为兰州市市长，以下简称"省长代表"）提前于7点40分在北岸桥头等候。同时安排15个"福娃"

造型的少年儿童,在区域内候场。

【北岸桥头"接炬台"活动区域内实施"真空管制",禁止闲散人员入内,控制范围通透、敞亮、安全。

【8:00 北京"火炬使者"和"圣火护卫人员"(以下简称"使者团队")携带"火种灯"乘车准时到达北岸桥头。(奥组委规定:火炬运行车队由13辆汽车和6辆摩托车组成,本方案简称为"火炬车队")。

【8:00 CCTV开始现场直播,切入画面。

【8:00 火炬车队缓缓开到桥北"接炬台"前。使者团队下车。

【省长代表迎上前去,与"火炬使者"握手,陪同"使者"登上"接炬台",火炬护卫手捧"火种灯"在"接炬台"正中间肃立。

【礼宾仪仗队指挥官正步向前,面向省长代表和使者敬礼。放声报告:

——报告首长,奥运圣火到达兰州,入城仪式准备完毕,请首长指示!

【省长代表下令:

——欢迎奥运会火炬使者进城!

【指挥官转身,面向铁桥下令:

——敬礼!鸣礼炮29响!欢迎火炬使者进城!

【在桥面上通道两侧肃立的武警仪仗队礼兵敬礼;礼炮轰鸣29响。桥面上除特许电视摄像记者之外,无其他人员。庄严、神圣、通透、简洁、安全】

【礼兵仪仗队指挥官引导;仪仗队12位运动员分为两组,每组6人,依次分别平铺展举"国旗"和"火炬旗帜"与肩齐,从"接炬台"前两侧正步出发,上桥后改便步走。"火种灯"跟进。省长代表陪同

"使者团队"牵着15个"福娃"的小手步行过桥(用时3分钟),有关工作人员随行过桥。

【听到礼炮轰鸣后,数十艘游轮游艇汽笛长鸣,劈波斩浪,逆流而上,从桥下穿过,游轮上百名少年手持花束彩旗欢呼雀跃,向正在通过桥面的礼宾队伍致意。百舸争流,欢声笑语,气势磅礴,场面壮观。

【8:15　"使者团队"步行到达南岸广场

第二单元　规定程序——点燃激情传梦想

氛围提示:隆重,喜庆,热情,热烈,热闹,安全,有序

关键词提示:

北京奥运	盛世华章	同一世界	同一梦想
奥林匹亚	威猛志强	五环圣火	传递八方
山河壮丽	国运亘昌	中华复兴	神州梦翔
陇坂金城	羲皇故乡	肇始文明	华夏泱泱
点燃激情	传递梦想	和谐社会	万邦共享

南岸"将军柱"广场按照《指导文件》要求布设会场和"点火台"(布局图见附件二略);

根据《北京2008奥林匹克火炬接力景观技术手册》有关要求和场地实际情况进行景观环境布设,与北岸环境浑然一体,从宏观上考虑总体效果。"点火台"面积适中,形象典雅,功能实用。

【7:40　领导同志和各方面嘉宾全部就位(不设坐席,按划定区域站立会场)。

【8:00　南岸节目主持人出场;以充满激情的解说词介绍北岸活动情况。介绍活动程序。

【北岸礼炮轰鸣声中,南岸百面"太平鼓"擂响。由将赴北京参加奥运开幕式的"百人太平鼓队"表演。200名各族青年载歌载舞营造氛围,拉开序幕。

【预计8:15 使者团队出现在南岸视线中。

【"百岁老人"带领数名盛装各族服饰的女青年迎上去,为使者团队全体成员和参加礼仪活动的省、市领导献上鲜花花环,每人一个,置于嘉宾"颈部"。

【省委书记和省长及省市有关方面主要负责人(名单由综合组提供并引导领导同志列队)在南岸桥头迎接"使者团队";陪同"使者团队"步入会场,在贵宾区按标识位置就位。

8:20—8:35 规定程序:(15分钟规定时间)

以下程序根据《指导文件》规定进行(由省政府官员登上"点火台"主持仪式,主持词另拟):

我省、市主要领导讲话致词

北京奥组委代表讲话

点燃火炬

【礼仪官员宣布:火炬接力传递开始!(鸣礼炮一响)

【会场两侧中山宾馆和司法局大楼平台施放"日观焰火"。百人太平鼓再次擂响。各族青年载歌载舞。

第一名火炬手起跑

【鼓乐齐鸣,花雨满天。

【约9:00 起跑仪式现场活动结束

第二部分　黄河祝福北京——晚间庆祝活动

氛围提示:隆重,精彩,凝练,特色,安全,有序

时间:下午 6:00—晚 9:00

其中:6:00—6:35 为序幕时间段,即《指导文件》规定的"等待圣火到达期间";

6:30—7:30 为规定程序活动时间段,CCTV 现场直播活动实况;

7:30—9:00 为活动延续及燃放烟火时间段。

地点:水车博览园文化广场

第一单元　序幕——陇原大地,喜迎圣火

序幕(6:00—6:30)本单元为等待圣火到达 30 分钟氛围营造。

展示甘肃重点人文元素;

播放奥运宣传片;

当日传递活动精彩镜头回放;

歌手演唱奥运歌曲;

【关键词提示

夕阳渐渐落下,晚霞升起在遥远的天边

这绚丽多彩的景色使得我们每一个人都神清气爽,心潮激荡

夜幕徐徐降临,星光照耀奥林匹克的五环旗

这熠熠生辉的夜色让我们大家都进入了一次梦幻般的畅想

星光闪耀,闪耀着体育健儿的更高、更快、更强

灯火辉煌,辉煌这金城兰州的创业、实干、硬仗

百里黄河绚丽多姿,低吟浅唱,吟唱一曲点燃激情的畅想

水车之都花团锦簇,烟雨苍茫,渲染一部传递梦想的辉煌

长河的落日是这样的圆润,亚细亚的太阳在西部翱翔

绚丽的晚霞是如此地迷人,新兰州的颂歌在东方嘹亮

燃烧吧,奥运火炬,黄河母亲祝福北京

第二单元　规定程序——黄河母亲,祝福北京

本单元完成"规定程序"并举行大型文艺晚会

【下午6:20,火炬团队乘车到达水车园。

【组织表演团体,在水车博览园大门前和"段续广场"营造热烈的欢迎气氛。

【6:20　大屏出活动主题字幕;奏响主题音乐;主持人上场】

【关键词提示:

金汤万里,放飞梦想

兰州,得天独厚的黄河之都

金城,风姿绰约的创业城市

水面上涌动着我们澎湃的激情

波澜中激荡母亲河慷慨的馈赠

这是一条多情的大河,这是一条欢乐的大河

这是一条精彩的大河,这是一条沸腾的大河

今天,浪漫的黄河无比瑰丽,呈现出一派勃勃生机

今天,奔腾的黄河这样含情脉脉而又神采奕奕

让我们欢呼雀跃,心潮追逐那汹涌的黄河波涛

让我们放声欢笑,激情伴随这2008北京的自豪

让我们热烈鼓掌,迎接光荣的火炬手,迎接神圣的奥运火炬

中流击水,黄河飞渡,体育健儿们神采飞扬,今晚的庆典拉开

了精彩的序幕

[6:30　火炬团队进入会场;CCTV开始直播;切入画面。]

【奏响《凯旋进行曲》;火炬手队伍跑步入场;在表演场地肃立】

6:35　"与队伍拉开一定距离的最后一名火炬手"到达现场,
跑上舞台。

庆祝活动正式开始。

第一章　圣火之舞

本章展示奥运圣火点燃新世纪世界和平、和谐之火。

规定程序1-(1):

6:35　最后一名火炬手到达现场,跑上舞台,点燃"圣火盆"。

【施放彩烟29柱,彩烟腾空而起,预祝第29届奥运会圆满成
功】

【节目1　舞蹈　《圣火之舞》】

【编排表现这一元素的歌舞节目,渲染圣火盆熊熊燃烧的情感
氛围。

主持词提示:

奥运圣火,燃烧着体育健儿顽强拼搏的不屈志气

中华大地,激荡着奥林匹克更高、更快、更强的体育精神

这是一个城市盛大的节日,让我们播响新时代的黄钟大吕

这是一片土地奋发的意气,让我们创造新天地的卓越奇迹

让我们祝愿,祝愿家乡的大地万事如意

让我们期盼,期盼母亲的大地万事如意

规定程序1-(2):

火炬手讲话(在圣火之舞表演中)

【以下"规定程序2-6"由市政府官员主持,主持词另拟】

省上主要领导讲话

市上主要领导讲话

播放火炬接力宣传片

北京奥组委代表讲话

北京奥组委向甘肃省、兰州市政府赠送火炬。

第二章　陇原欢歌

本章重点集中展示甘肃精神和我省特有的少数民族文化元素

【节目2　舞蹈　《陇原欢歌》

【节目3　歌舞　《东乡"花儿"》

【节目4　舞蹈　《保安腰刀》

【节目5　歌舞　《裕固欢歌》

【节目6　歌舞　《快乐兰州》

主持词提示:

今夜无眠,今夜我们一起走进一个辉煌的庆典

今夜无眠,今夜我们共同打造一片壮丽的河山

奔腾不息的黄河从这座城市中间穿流而过,写下了多少动人的诗篇,传颂千年

古老的水车见证着华夏民族的生息繁衍

芬芳的百合花诉说着古金城巨大的变迁

太平鼓的回声回响着兰州人民的希望和期盼

白马浪的浪花跳跃着金城百姓的心愿和热恋

人一之,我十之,人十之,我百之

河汇百流,九曲不回,创新创业,和谐共进

五彩缤纷的焰火正在腾空而起

满天的花雨飞舞着陇原大地的欢声笑语

梦里的期盼洋溢着顽强拼搏的甘肃精神

和谐的社会走向全面小康的壮丽前景

第三章　走进奥运

主持词提示：

奥林匹克风激扬五环旗的英姿飒爽

北京中国印渲染爱琴海的圣火光芒

同一个世界

同一个梦想

这是体育健儿期待的一次热血沸腾的情感激荡

这是中华民族演奏的一曲动人心弦的壮丽交响

百里黄河风情线在晚霞的光晕中闪亮登场

我的城市流光溢彩，在奥运火炬的光芒中神采飞扬

舞动七彩缤纷的波涛激浪，舞动金牌和银奖的灿烂辉煌

铺开欢天喜地的英姿飒爽，铺开"五环旗"和"中国印"的迎风飘扬

让我们共同欣赏这风姿绰约的城市形象，欣赏体育健儿创造的更高、更快、更强

让我们一起拥抱这流光溢彩的夜色与朝阳，拥抱奥林匹克北京2008谱写的精彩篇章

【节目7　歌曲《兰州走进奥运》岳逢春　词　谢晶　曲　10位歌手与主持人等的轮唱合唱

歌词：

蔚蓝色的星球上五星红旗迎风飘扬

黄河两岸金城关前儿女们神采飞扬

期盼 2008 我的祖国迈向又一个梦想

我们一起放飞心中金兰色的畅想

啊,同一个世界,同一个梦想

我们期盼奥运更高、更快、更强

蔚蓝色的天空上奥运圣火闪耀光芒

丝绸之路皋兰山下健儿们雄心万丈

走进 2008 我的祖国成就又一次辉煌

我们一起放飞北京中国印的向往

啊,点燃激情,传递梦想

我们祝愿祖国更高、更快、更强

规定程序7　熄灭圣火台

【在歌声中,北京奥组委圣火礼仪护卫人员将圣火从圣火台引回火种灯,并将火种灯交给奥组委"圣火使者"向现场观众展示,圣火台熄灭。

【全场欢声雷动,龙腾虎跃,鼓声震天,燃放地面焰火,高空礼花腾空而起,花雨纷飞

主持词提示:

点燃激情,传递梦想

今夜,我们传递圣火,营造一个如诗的梦幻

今夜,我们传递圣火,放飞一个衷心的祝愿

充满着希望,古老的大地百花争艳;

洋溢着激情,澎湃的黄河浪花飞溅

闪耀吧,黄河之都的灿烂;

燃烧吧,奥林匹克的火焰

我们用汗水与智慧浇灌一个个神奇的梦幻

我们把金杯和银奖捧给每一位勇士的凯旋

明天,奥运圣火将前往我国航天事业的基地——甘肃酒泉卫星发射中心。

2008,北京奥运,这个世界共同的语言

2008,北京奥运,这个星球最辉煌的诗篇

点燃激情,传递梦想

让我们祝福北京,祝福2008,和谐之旅,北京好运。

【官方活动结束。群众文艺庆祝活动继续

【北岸焰火燃放,似黄河之水天上来

第四章　快乐兰州

本章重点塑造兰州城市形象

关键词提示:

古金城,金汤万里

新兰州,新的天地

这座城市充满青春的活力

这座城市播洒青春的阳光

城市的节奏在青春的活力中激荡

城市的律动在青春的脉搏中张扬

城市的形象在青春的创造中一天天变得辉煌

城市的脚步在青春的汗水中一年年走向奔放

城市的歌谣在青春的咏叹中一回回唱出嘹亮

城市的画卷在青春的描绘中一幅幅闪耀光芒

城市的色彩在青春的渲染中一道道散发芬芳

城市的梦想在青春的爱恋中一次次放飞翱翔

起舞在城市的夜色中,点燃激情,歌声悠扬

欢呼在城市的月光下,传递梦想,神采飞扬

【节目8　舞蹈　《红柳》】

【节目9　舞剧　《丝路花雨》片段】

【节目10　舞蹈　藏族《锅庄》】

【节目11　杂技　《敦煌神女》片段】

【节目12　舞剧　《大梦敦煌》片段】

尾声　鼓舞太平

营造太平盛世的和谐氛围,与前四章在逻辑理念和氛围上相呼应。

【继续燃放高空烟火】

【节目13　舞蹈　《鼓舞太平》】

主持词提示:

鼓舞在飞扬,我们飞扬这盛世的精彩华章

飞扬的鼓舞,我们创造这新时代的灿烂辉煌

以天下第一鼓的名义,我们为奥运健儿加油喝彩

以奥运健儿的名义,我们为中华民族加油喝彩

以中华民族的名义,我们为我的祖国加油喝彩

以我的祖国的名义,我们为北京 2008 加油喝彩

擂起这惊天动地的太平大鼓吧

世界的脉搏都在你的律动中跳跃

舞起这翻江倒海的太平大鼓吧

人类的梦想都在你的名字中感动

五环旗,地球村

太平鼓,中国风

同一个世界,同一个梦

让我们高举中国特色社会主义伟大旗帜,为全面建设小康社会努力奋斗;

让我们全面贯彻实践党的十七大精神,紧密团结在以胡锦涛同志为总书记的党中央周围,为构建社会主义和谐社会努力奋斗;

让我们发扬创业实干打硬仗的兰州精神,为把兰州建设的更加美好而努力奋斗。

朋友们,北京 2008 奥运会火炬接力境内传递兰州市活动到此结束。

朋友们,再见!

[晚 9:00 之前,活动结束]

第三部分　任务分工和实施要求

在组委会庆典仪式组领导下,成立编导演出组、综合协调组、舞美工程组、活动环境组,具体分工负责庆典活动的组织实施。

一、编导演出组:

负责活动总体方案的制订和实施,组织参演队伍,负责编导排

练,指导舞美制作,指挥合成彩排及庆典仪式的进行和其他相关任务。

总导演:赵中东　市文化出版局副局长

总撰稿:岳逢春　市文联副主席

电视总编导:汪小平　市广电总台副总台长

演出总监:敬国欣　市文化出版局文艺处处长

音乐总监:付国良　市歌舞剧院演奏员

　　　　　霍玉焕　市歌舞剧院演员

总　剧　务:方军虎　市戏曲剧院副院长

编　　　导:位　波　市歌舞剧院院长

　　　　　冯一帆　市戏曲剧院导演

　　　　　胜　利　市文化出版局文艺处干事

　　　　　周莉平　市文化馆副馆长

　　　　　李维阳　市文化馆编导

　　　　　付　林　市文化馆编导

二、综合协调组:

负责协调上报、审定编导、舞美等方案,申请落实经费,协调与庆典活动相关的事宜。

组长:韩德才　市委宣传部副部长

副组长:曾月梅　市委宣传部文教处处长

　　　　付松华　市体育局副局长

　　　　康清荣　市旅游局副局长

　　　　李永忠　市城市管理行政执法局副局长

　　　　高生军　市政府文教处处长

郭民辉　市文化馆书记

三、舞美工程组：

负责场地氛围营造、舞台搭建、焰火施放，灯光、音响、服装、游轮游艇租赁，道具及部分服装制作等其他舞美工作任务。

组　长：杜义军　市文化馆馆长

副组长：徐　军　市戏曲剧院副院长

四、场地环境组：

负责中山桥及南北广场、白塔山公园、水车园等场地的美化、保洁、环境维护，配合舞美工程施工，保障排练、合成、彩排、演出场地、供电等有关工作。

组　长：李永忠　市城市管理行政执法局副局长

　　　　马益平　市园林局副局长

　　　　康清荣　市旅游局副局长

以上各组工作人员根据工作需要从各单位抽调，人员由各组组长确定。

安全保卫工作由组委会安保组负责，本方案不再单独设组。

第四部分　工作进度安排

4月1日—30日：修改、完善、审定方案

5月1日—31日：进行舞美设计，编导构思，组织参演队伍；终审确定编导和舞美方案。

6月1日—15日：分单元进行排练，舞美开始制作

6月15日—24日：审看参演项目，舞美进行施工

6 月 25 日—28 日:合成排练

6 月 29 日:实时整体彩排

6 月 30 日:起跑仪式和晚间庆典活动正式举行

(2008 年 3 月 12 日第一稿)

● 烛光祈福忆汶川

——2008 年兰州"烛光祈福"大型活动长篇朗诵诗

序

怀仁堂前旗半展,全国哀悼泪涟涟

我今长歌歌一曲,烛光祈福梦魂牵

一

茫茫宇宙,星移斗转。山川呜咽,大地震颤。

这片土地又一次陷入深重的灾难;这个民族再一次遭遇严峻的考验。

春日的冰雪刚刚消融,激情的火炬刚刚点燃。中华大地沸腾着迎接"祥云"的热切期盼,初夏的震颤却又一次震撼着中华民族的心弦。

此刻,全世界的温情都聚焦蜀水巴山。此刻,全中国的血脉都牵挂着阿坝汶川——位于北纬 31 度与东经 103 度交汇点上的这个县城——汶川。

在中华版图上,这只是用放大镜才能搜索到的一个坐标圆点,可是, 公元 2008 年 5 月 12 日这一天, 刚刚过了 28 分钟的下午 2 点,她,骤然间放大了一万倍,扑入我们的眼帘……她,猛然间就遭受了一场巨大的灾难,疼痛着中华儿女的情感……

二

雨在下,心在颤,山在抖,地在陷,天要塌,魂要散。一切,都在晃动,一切,都在震颤。一片茫然……一阵慌乱……一声声呼唤!

刚刚响过上课的铃声,朗朗的读书声却骤然中断。分明是午后晴朗的天,大地却陷入了一片深沉的黑暗。房屋,轰然间就垮了。道路,骤然间就断了。家园,一瞬间就毁了。妈妈,忽然就不见了!孩子在撕心裂肺地哭喊。废墟上,弥漫着令人恐惧的悲痛和黯然……

这就是我的家园?——废墟一片。

这就是我的汶川?!——仿佛承受了四百次核裂变。

妈妈啊,您怎么紧闭双眼,听不到孩子的呼唤。

孩子啊,你在哪里?妈妈的心,在抖颤……

谁能料到,一个巨大的灾难就在此刻突然爆发——爆发在巴山蜀水的汶川。

谁能想到,一个巨大的考验就在此时忽然降临——降临在中华民族13亿人民的面前。

——汶川?——汶川?!——汶川!!!

你听,废墟中,传出生命顽强的呼唤。你看瓦砾上,挣扎着血肉模糊的呼喊。

汶川,断了炊烟。汶川,翘首以盼!汶川,呼唤着全中国的救援……

三

雨在落,云很厚,风在吼,心在颤,却拦不住那只穿云破雾的银燕——那只从中南海起飞的银燕。狭小的机舱承载着整个中国的挂牵,简短的话语包涵着全民族的惦念。堂堂中国的总理啊,你甚至来不及将讲话稿——打印在书面。忧心如焚的家宝同志啊,您只能在赶往灾区的途中匆匆发言:——"只要有一线希望,我们就要尽百倍的努力!"

仅仅两个小时,共和国的总理啊,您就赶到了灾区最前沿。(这是一个诗人在这场灾难中看到的第一幅画面)全力以赴,争分夺秒,救人为先!

于是,全民族的血脉都涌向了汶川。于是,全中国的激情都沸腾在汶川。于是,全人类的心弦都跳跃在汶川,全世界的同情都聚焦在汶川。

四

紧急集合,立即出发。上将直接率领列兵,目的地——汶川。

急行军,快挺进,中将亲自驾着战车,目的地——汶川。

大军火速开进,道路却被阻断。那就逢山开路,遇水搭桥,涉水冲锋,奋勇争先。

直升机起飞了。眺望,搜索,盘旋——飞机却无法降落在地面。于是,这位空降兵大校第一个跃出了舱门。于是,15个伞兵一起扑向了大地,扑向了生命最崇高的极限。

降落点——汶川!

这是多么惊人的场面——八千米的高空,四千米"盲视"的跳伞。即使下面布满刀山,中国伞兵也敢于勇往直前。即便前方一片火海,中国军人也勇于战胜千难万险。

十万大军一起开进,扑向同一个阵地——曾经默默无闻的——汶川。

——这似乎不是一场战争，你看战士们没有人携带枪弹。

不！——这就是一场战争，你看陆海空三军旌旗招展，将军的神色是这样的威严。三军将士以集团军的建制火速奔赴抗震救灾最前沿。是的，这就是一场战争！是的，这就是一场空前的鏖战。全中国紧急动员，支援汶川！驰援汶川！拯救汶川！

五

这是多么惨烈的场面——废墟一片。

这是多么罕见的灾难——受灾人数上千万。

这是多么骇人的局面——补天的女娲啊，也只能发出一声长叹……

瓦砾下，垂危的生命在呻吟。废墟上，绝望的乡亲在企盼……每一秒，都会有生命在离去，每一分，都颤抖着痛苦的呼唤……

大地终于看见了啊看见了，——看见了从中南海起飞的那一只只银燕。乡亲终于盼到了啊盼到了——盼到了那熟悉的草绿色军装和不那么熟悉的橘红色"地震救援"……

这是多么令人揪心的画面——山依然在摇，地仍然在颤，余震不断，我们的战士就闯进了那一片一片的断壁残垣。他的身上，就是那摇摇欲坠千钧一发大块大块的水泥预制板。

老师，张开臂膀，用生命护佑自己的学生——老师的双臂——天使的双翼。

妈妈的手机留下的是来自天堂的祝福——三个月的婴儿将铭刻一百年的记忆。

获救的孩子，在担架上致敬。少先队员的敬礼，在此刻是如此的动人心弦。

铁打的男儿双膝跪地，祈求的却是，将危险留给自己，将生命揽在怀里。

"警察妈妈"的乳汁绚丽了九个婴儿的哭啼。"震宝宝"进入了香甜的梦里。一位女警察雪筑玉琢的乳房，在今天，升华着这个世界为之感激的最崇高的美丽。

民族的血，总是热的。血库告急——告急的却是容量的有限，告急的却是容积的爆满。义务献血，又一次不需要动员。

——这是多么经典的一次救援：上千支救援队伍，十几万人披荆斩棘，迅速到达汶川，不惜代价，救人为先。72 小时的极限无极限，13 亿人的挂牵不放弃，于是，160 小时之后，依然有人奇迹般地生还。

——这是多么壮观，多么令人激动的画面：无数巨大的红色箭头，以前所未有的迅速——指向汶川。这一天全中国的紧急总动员，一起聚集在了汶川。这一天，全民族的血液，澎湃着涌向了汶川！

那么，这些画面，一定会成为中华民族记忆的经典。那么，这些故事，一定会载入史册，万古流传！

六

雨在落，云很厚，夜已深，衣湿透，中南海的灯光握住了汶川的手。人疲倦，总理瘦，不眠夜，来问候。几十万顶帐篷温暖着倒塌的楼。崎岖的路，却擦破了总理的手。殷红的血，和灾区百姓一起流。这是多么感天动地的一回首啊，这是多么可歌可泣的热泪流。这一定会成为中华民族千秋万代的——曾记否！

七

朋友啊,你看:铁锤与镰刀的旗帜迎风招展。四面与八方的救援源源不断。朋友啊,你看:草绿色和橘红色的身影冲锋在前,白衣天使用生命将生命呼唤。朋友啊,你听,全中国发出一个声音——众志成城,抗争灾难。

你看啊——你看:聚原中学的废墟依然让我们的心经受着熬煎,川北的滑坡和泥石流还在撞击着我们的心弦。跳出舱门的伞兵已经降落在——降落在我们的心间。共和国总理的热泪湿润了,湿润了我们的心田。

"任何困难都难不倒英雄的中国人民!"——总书记铿锵的语言坚定着全中国的信念,燃烧着奋力抗争的火焰,一片废墟上一定要重新伫立起一个崭新的汶川!

八

啊,我的朋友,让我的心绪稍稍平静一点吧。啊,我的朋友,让我的笔锋暂时停顿一下吧。让我们把目光转向那簇正在中华大地上传递的火焰吧。一个地名, 就在此刻跳上我的笔端——江西龙岩。在火焰的热烈中,有一分钟的默哀——默哀在灾难中遇难的同胞。在圣火的庆典中,有一分钟的悼念——悼念在灾难中逝去的生命。在传递的仪式中, 有百亿万元的募捐——捐助亲同手足的汶川。这一刻,激情化作了温情。这一刻,热烈化作了思念。这一刻,火焰放射着眷恋。这一刻,火炬燃烧着信念。那么,奥运的火炬,就一定能够在中华大地不断递传。那么,民族的火焰,就一定会在这片土地上继续盛燃。

九

是的,朋友,那一天,我们这里不过是摇了一摇。是的,朋友,那一天,我们这里不过是晃了一晃。是的,朋友,那一刻,我们大家只是有一点紧张。是的,朋友,那一天,我们幸运地躲过了这场意外的灾难。那就让我们点燃红烛吧,让我们为汶川祈福。

你看啊——你看:聚原中学的废墟依然让我们的心经受着熬煎。川北的滑坡和泥石流继续撞击着我们的心弦。跳出舱门的伞兵已经降落在——降落在我们的心间。家宝总理的热泪湿润了——湿润了我们的心田。总书记铿锵的语言坚定了全中国的信念。一片废墟上一定要重新伫立起一个崭新的汶川。

作为一个公民我有理由相信——一个全新的汶川一定会在灾后重建!

作为一个公民,我们有责任一起呐喊,一起呼唤——支援汶川!

那么,就让我们的万语千言汇成一个词——

那么,就让我们将百感交集变成一句话——

众志成城,抗震救灾!众志成城,人定胜天!——人定胜天!

2008 年 5 月 15 日含泪急就章

5 月 19 日全国哀悼日垂泪再改

(注:本篇在活动现场朗诵并由兰州人民广播电台六位主持人录制配乐朗诵节目循环播出)

盛典礼赞

● **奥运圣火激情燃**

——2008 年北京奥运火炬传递兰州市活动实施方案

前　言

公元 2008 年 7 月 7 日，北京奥运会火炬接力境内传递经过甘肃省会兰州市。

遵循《北京奥运会火炬接力境内传递组委会指导文件》精神，根据省、市有关方面要求，制订本方案。

本方案部署了上午点火起跑仪式和中午火炬回收仪式活动的全部程序，提出了活动主题定位和重要的关键环节，描述了会场氛围，渲染了各项活动的思想内涵，并为电视直播和新闻宣传提供了精彩的活动场面以及丰富准确的报道理念和关键词概念等统一的宣传口径等背景素材。

本方案共分四个部分：

一、上午起跑仪式

二、中午庆祝活动程序

三、任务分工和实施要求

四、工作进度安排

第一部分

北京 2008 年奥运会火炬接力甘肃省兰州市起跑仪式

时间:2008 年 7 月 7 日上午 8 时至 8 时 20 分

地点：兰州中山桥将军柱广场

主持人：

1. 仪式主持人（礼宾官员）：中共甘肃省委常委、省委宣传部部长励小捷

2. 文艺节目主持人（司仪）：甘肃电视台主持人陈立伟（男）牟婕（女）

关键词提示：

百年奥运，百年梦想。百年铁桥，百年期盼。点燃激情，传递梦想。抗震救灾，重建家园。

控制时间：7月7日上午 7:00—8:30

控制地点：中山铁桥和铁桥南北广场、白塔山公园及兰州港至近水广场黄河水面。

场景布设：整体美化活动区域。白塔山绿树成荫，彩旗招展。黄河铁桥划出迎接火炬活动范围，桥上张灯结彩。用"火炬传递城市景观专用旗帜"装饰中山桥，桥拱护栏挂满"火炬传递城市景观专用旗帜"。桥面直至南岸"点火台"铺设大红地毯通道，将活动区域连接为一个整体。桥面红地毯两侧由武警礼兵组成仪仗队。场地适当位置布设有关抗震救灾标语口号。

南岸桥头"将军柱"广场按照《指导文件·起跑仪式功能区划分参考图》之规定，座北朝南布设"点火台"。安装大功率音响设备。

序幕——黄河古渡迎圣火

氛围提示：庄重、神圣、典雅、简洁、安全、有序

【铁桥以及广场活动区域内实施"封闭管制"，禁止闲散人员入内，控制范围通透、敞亮、安全、有序。

【上午7:00 参加活动的演员、工作人员、武警战士等各演出单位入场完毕。

【从7:10 开始,现场循环播放《北京2008奥运火炬接力歌曲和音乐》"专用光盘"音乐与歌曲。播放《抗震救灾歌》。

【7:30 全体就位,各部门准备就绪。

【7:40 本地省市电视台开始现场直播。

【7:40 北京"圣火护卫人员"携带"火种灯"和"火炬"准时到达桥面"接炬点"区域。(指定专人负责引导)

【7:50 现场开始播音

文艺节目主持人(司仪)解说词:

各位来宾、各位朋友,女士们、先生们:

今天,是公元2008年7月7日。这里是黄河岸边的兰州中山桥"将军柱"广场。

北京2008年奥运会火炬接力甘肃省兰州市起跑仪式在这里隆重举行。

此刻,历经百年的中山桥装扮一新,神采飞扬,广场花团锦簇,气氛热烈。

两千六百万陇原儿女和330万兰州市民在这里迎接奥运圣火的到来,举行隆重的点火起跑仪式。

【7:50 第一棒火炬手(田宇)到达仪式会场"候场位置"等候(专人引导就位,安保组负责调动警卫人员警戒)

节目主持词:(7:59 按照现场总指挥周丽宁下达的指令,准确掌握开始时间)

现在,仪式马上开始。

让我们热烈欢迎北京2008奥运会圣火使者。

请仪仗队指挥员下达口令。

【礼宾仪仗队指挥员登上点火台。转身,面向铁桥下令:敬——礼!

【在桥面上通道两侧肃立的礼宾仪仗队礼兵敬礼。

【省市"四位首长"(省委书记、省长、省委宣传部部长即礼宾官员、市长)陪同北京奥组委"圣火使者"(屠铭德先生)从桥北出发,走过铁桥,前往点火台。(由兰州市常务副市长,市委、市政府秘书长迎接并引导。在桥上的行进速度由现场专门配备的礼仪人员引导并控制)

【桥面上除特许电视摄像记者之外,无其他人员。庄严,神圣,通透,简洁,安全

【在"首长团队"行走时,节目主持人朗诵:
北京奥运,盛世华章,同一世界,同一梦想
江山壮丽,国运盛昌,神州梦圆,华夏泱泱
奥林匹亚,玉嵌金镶,五环圣火,神采飞扬
点燃激情,传递梦想,陇原鼎沸,金城举觞
陇南加油,甘肃崛起,和谐之旅,万邦共享

【起音乐,会场百面"太平鼓"播响;290名各族女青年载歌载舞营造氛围,拉开序幕。

节目主持词:
点燃激情,传递梦想
我们传递圣火,营造一个如诗的梦幻
我们传递圣火,放飞一个衷心的祝愿
充满着希望,古老的大地百花争艳
洋溢着激情,澎湃的黄河浪花飞溅

我们面前的这条大河,以 13 亿朵浪花飞溅这衷心的祝愿

我们面前的这条大河,将 13 亿中华儿女的祝愿汇入奥林匹克的火焰

闪耀吧,黄河之都的灿烂

燃烧吧,奥林匹克的火焰

("首长团队"登上"点火台")

我们用汗水与智慧浇灌一个个神奇的梦幻

我们把金杯和银奖捧给每一位勇士的凯旋

2008,北京奥运,这个世界共同的语言

2008,北京奥运,这个星球最辉煌的诗篇

点燃激情,传递梦想

让我们祝福北京,祝福 2008,和谐之旅,北京好运。

【"首长团队"在听到节目主持人朗诵:"闪耀吧,黄河之都的灿烂;燃烧吧,奥林匹克的火焰"时,从舞台西侧登上点火台。五位首长按照标识位置分别站立第一层台面。

【仪仗队指挥官下令:礼毕!

【音乐渐弱——

规定程序——点燃激情 传递梦想

关键词提示:庄严,隆重,热情,热烈,安全,有序

氛围提示:南岸"将军柱"广场按照《指导文件》要求布设会场和"点火台";根据《北京 2008 奥林匹克火炬接力景观技术手册》有关要求和场地实际情况进行景观环境布设,与北岸环境浑然一体,从宏观上考虑总体效果。"点火台"面积适中,形象典雅,功能实用。

【7：40 省市"四位首长"（省委书记、省长、省委宣传部部长即礼宾官员、市长)陪同北京奥组委"圣火使者"(屠铭德先生)到达北岸桥头。指定专人引导，掌握上桥时间和行进速度，及时到达"点火台"的"上场门"即舞台西侧出场位置）

【7：45 省市其他领导同志和各方面嘉宾全部就位（不设坐席，按划定区域站立会场。区域分配名单另发，来宾在贵宾区按标识位置就位）

【8：00 CCTV 现场直播，切入仪式现场画面。

【节目主持人主持词：

朋友们，奥运圣火已经到达兰州。让我们热烈欢迎奥运圣火的到来。

出席今天起跑仪式的贵宾有:北京奥组委圣火使者，中国奥委会副主席、北京奥组委主席助理屠铭德先生。

出席今天起跑仪式的甘肃省和兰州市的领导同志有：

中共甘肃省委书记、省人大常委会主任陆浩

中共甘肃省委副书记、省长、甘肃省火炬传递运行指挥部总指挥徐守盛

甘肃省政协副主席、兰州市市长、火炬运行兰州市指挥部总指挥张津梁

【其他领导同志名单略(请省组委会提供，现场核对，以免误差)

现在，我们隆重有请:中共甘肃省委常委、省委宣传部部长、甘肃省火炬运行指挥部副总指挥励小捷同志(礼宾官员)主持"起跑仪式"。

——礼宾官员(励小捷部长)主持仪式：

尊敬的各位领导,各位嘉宾,女士们、先生们:大家上午好!

今天,是 2008 年 7 月 7 日。我们在这里隆重举行北京 2008 年奥运会火炬传递甘肃省兰州市点火起跑仪式。

首先,我提议:全体肃立,向在 5·12 大地震抗震救灾斗争中英勇牺牲的烈士和遇难的同胞默哀一分钟。

……

——默哀毕。

【现场全体人员高呼:抗震救灾,重建家园,点燃激情,传递梦想!(三呼口号)

礼宾官员:

首先,我代表甘肃省和兰州人民,向奥运火炬传递到达兰州表示隆重而热烈的欢迎;向奥组委圣火使者,中国奥委会副主席、北京奥组委主席助理屠铭德先生表示诚挚和亲切的问候。今天,距奥运火炬在北京奥运会开幕式点燃,只有 32 天了。奥运圣火今天在兰州传递,这是全省和兰州市人民的一件盛事。奥运,正在向我们走来,我们,正在向奥运会奔去。让我们点燃激情,传递梦想,精神振奋,在抗震救灾和重建家园中,向着奥运出发,让我们弘扬伟大的抗震救灾精神,弘扬奥林匹克精神!点燃激情,传递梦想!实现奥运火炬和谐之旅的同一个世界、同一个梦想。

朋友们:

1. 首先,请中共甘肃省委书记、省人大常委会主任陆浩同志致词。

【在首长走向讲话位置过程中,号角吹响 4 小节,鼓声擂动,下同

【火炬起跑仪式演练省委领导讲话(送审)稿,以审定稿为准,

下同

同志们，朋友们：

首先，我代表中共甘肃省委、甘肃省人民政府和全省两千六百万各族人民，向奥林匹克圣火致以崇高的敬意！向中国奥委会副主席、北京奥组委主席助理屠铭德先生表示亲切问候。

奥运圣火是北京奥组委送给甘肃人民的一份厚礼，给陇原大地增添了昂扬的激情。奥运圣火在我省兰州、敦煌、嘉峪关三个城市的传递，是陇原大地丝绸之路的激情燃烧之旅，沸腾了甘肃人民企盼奥运、热爱和平的深情厚谊。同时，也展示了甘肃改革开放的灿烂成果和辉煌的发展前景。

圣火传陇原，爱心建家园。当前，在以胡锦涛同志为总书记的党中央坚强领导下，全省各项工作取得了新的进展。我省作为5·12特大地震受灾严重的省区，陇南地区抗震救灾、重建家园的工作正在深入有序地展开。我们要深入学习贯彻胡锦涛总书记和温家宝总理在视察我省受灾地区时的重要指示精神，把思想高度统一到中央决策部署上来。坚定信心，团结一致，顽强拼搏。在做好奥运火炬传递活动的同时，以更快、更高、更强的奥运精神和伟大的抗震救灾精神鼓舞全省各族人民，求真务实，锐意进取，扎扎实实做好各项工作，为北京成功举办有特色、高水平的第29届奥运会做出我省应有的贡献。

全省上下要更加紧密地团结在以胡锦涛同志为总书记的党中央周围，高举中国特色社会主义伟大旗帜，深入贯彻落实科学发展观，万众一心，开拓奋进，努力夺取抗震救灾和经济社会发展的伟大胜利。

奥运圣火即将开始她的下一站"和谐之旅"，我们衷心祝愿北京奥运圣火今天在兰州的传递活动顺利进行!

祝愿北京 2008 奥运会取得圆满成功!

2. 请甘肃省政协副主席、兰州市市长张津梁同志致词。

【市长致词(送审)稿】

各位领导,各位贵宾,火炬手代表,女士们、先生们:大家早上好!

象征着和平、友谊与梦想的北京奥运会圣火今天传递到了兰州市。我们在这里隆重举行火炬接力起跑仪式,共同点燃激情,传递梦想,经历北京 2008 年奥运会火炬接力从雅典到北京的"和谐之旅"中精彩纷呈的一段里程。

北京奥运会火炬接力是兰州市人民的一件盛事。圣火将从这里出发,296 名火炬手将通过手手相传的方式,高举奥林匹克圣火途经南北滨河路"黄河母亲"城雕广场、银滩大桥、安宁庭院、龙源、白塔山下、音乐喷泉等景点,传递 15.6 公里,最终抵达兰州水车博览园,并在那里举行隆重的火炬回收仪式。兰州市 330 万人民有幸参与、分享圣火的传递,见证这一举世瞩目的活动,共享北京奥运会的荣耀,感到无尚的自豪与荣幸。

我希望今天的传递活动能够充分展现兰州市的自然风光、悠久文化、建设成就和人民的精神风貌。也传递兰州人民与地震灾区人民携手同心共渡难关、重建美好家园的无限深情和坚定信念! 我相信,奥林匹克圣火将因今天的传递而更加光彩夺目。

最后,预祝今天的传递活动取得圆满成功!

3. 现在,请圣火护卫人员护送圣火"火种灯"入场。

——礼宾仪仗队指挥员喊口令"敬礼",仪仗队敬礼。

——三位"圣火护卫人员"从桥面"接火炬点"走向"点火台",

从中间通道登上"点火台",站立上层台面。音乐伴奏,播放奥运专用光盘"主题歌"《点燃激情传递梦想》。

4. 现在,点燃火炬。(音乐起)请北京奥组委"圣火使者"屠铭德先生点燃今天第一支火炬,并交给中共甘肃省委书记、省人大常委会主任陆浩同志。

请徐守盛省长接火炬

请张津梁市长接火炬

活动场面提示:

——"圣火使者"(屠铭德先生)登上第二层平台。

——"圣火使者"接过护卫人员点燃的火炬,交给省委书记,书记接火炬,与使者共同高举火炬,展示,之后,交给省长,省长展示后,交给兰州市市长。

——市长展示火炬后,高擎火炬走下台阶,在第一层平台交给火炬手。

5. 请第一棒火炬手、甘肃省抗震救灾英模代表田宇接受火炬。

(第一棒火炬手从舞台正面通道跑上舞台,在第一层台面接火炬,市长将火炬交给第一棒火炬手,火炬手展示后——)

礼仪官员宣布:北京 2008 奥运会火炬接力兰州传递开始! 出发!

【注意:提示领导同志:三次展示火炬都要在 5 秒钟以上,为现场媒体摄影提供足够的拍摄时间和画面。

6. 第一名火炬手起跑。从"点火台"中间跑道跑下舞台,跑至交接点,交给第二棒火炬手、中国工程院院士汤立中,展示后起跑。

【音乐,鼓乐齐鸣。百人太平鼓再次擂响,各族青年挥动旗帜,载歌载舞。

【随运行车队视察的领导上车。其他领导退场,乘车返回。

【文艺节目主持人朗诵:

北京奥运,盛世华章,点燃激情,传递梦想

我们传递圣火,营造一个如诗的梦幻

我们传递圣火,放飞一个衷心的祝愿

充满着希望,古老的大地百花争艳

洋溢着激情,澎湃的黄河浪花飞溅

我们面前的这条大河,以 13 亿朵浪花飞溅这衷心的祝愿

我们面前的这条大河,将 13 亿中华儿女的祝愿汇入奥林匹克的火焰

闪耀吧,黄河之都的灿烂;燃烧吧,奥林匹克的火焰

我们用汗水与智慧浇灌一个个神奇的梦幻

我们把金杯和银奖捧给每一位勇士的凯旋

2008,北京奥运,这个世界共同的语言

2008,北京奥运,这个星球最辉煌的诗篇

点燃激情,传递梦想

让我们祝福北京,祝福 2008,和谐之旅,北京好运。

朋友们,北京 2008 年奥运会火炬接力甘肃省兰州市起跑仪式就进行到这里。朋友们,再见!

【8:20 起跑仪式现场活动结束。

第二部分

北京 2008 年奥运会火炬接力甘肃省兰州市结束仪式

黄河祝福北京

时间：2008 年 7 月 7 日上午 11：43 至 12 时

地点：兰州水车博览园

主持人：

1. 仪式主持人（礼宾官员）：中共甘肃省委常委、甘肃省人民政府常务副省长冯健身

2. 文艺节目主持人（司仪）：甘肃电视台主持人陈立伟（男）牟婕（女）

关键词提示：隆重，精彩，凝练，特色，安全，有序

控制时间：上午：10：30—12：30

11：45—12：00 为规定程序活动时间段，CCTV 现场直播活动实况；

控制范围：水车博览园及园内文化广场

序　幕

【11：00 之前，全体人员就位

【中午 11：30　火炬团队到达水车园大门。

【组织表演团体，在水车博览园大门前和"段续广场"营造热烈的欢迎气氛。

【11：30　奏响主题音乐；节目主持人上场

【主持词提示：

金汤万里，放飞梦想；滔滔黄河，传递梦想

兰州,得天独厚的黄河之都

金城,流光溢彩的创业城市

黄河上涌动着我们澎湃的激情

波澜中激荡母亲河慷慨的馈赠

这是一条多情的大河,这是一条欢乐的大河

这是一条精彩的大河,这是一条沸腾的大河

今天,浪漫的黄河无比瑰丽,呈现出一派勃勃生机

今天,奔腾的黄河这样含情脉脉而又神采奕奕

让我们欢呼雀跃,心潮追逐那汹涌的黄河波涛

让我们放声欢唱,激情伴随这 2008 北京的自豪

让我们热烈鼓掌,迎接光荣的火炬手,迎接神圣的奥运火炬

【火炬团队到达会场,奏响“主题音乐”。

【CCTV 于 11:00 开始第二时段直播,切入火炬手传递现场画面。

【11:43 “最后一名火炬手”到达现场,于 11:45 准时跑上舞台。活动正式开始。

规定程序 1-(1)点燃“圣火盆”:

11:45 最后一名火炬手朱军到达现场,跑上舞台,点燃“圣火盆”。

【节目 1 太平鼓舞渲染“圣火盆”熊熊燃烧的情感氛围】

规定程序 1-(2)采访火炬手:

最后一名火炬手采访提纲(奥组委规定范本)

节目主持人:请留步。作为今天的最后一名火炬手,在所有人的注视下点燃“圣火盆”的一瞬间,你的心情如何?

火炬手:我的心情格外激动。在奥林匹克圣火从希腊奥林匹亚

传递到北京的旅程中，火炬手是奥林匹克理想的承载者，肩负着传递圣火、传播奥林匹克精神、传递友谊与和平信息的使命，点燃人们对北京奥运会的激情。成为火炬手是千百万人的梦想。能够幸运地成为北京奥运会火炬手，尤其是成为今天的最后一名火炬手点燃"圣火盆"，这对我来说是一种荣耀，我将一生珍藏这段难忘的经历。

主持人：我们知道北京奥运会火炬手的选拔标准体现了奥林匹克"希望、梦想和激励、友谊和公平竞争、奋斗为乐"的普遍价值，选拔程序非常严格。有幸成为火炬手之后，将来有什么新的计划？

火炬手：……（最后引入抗震救灾主题，倡议火炬手捐款，并组织火炬手现场捐款）

【在太平鼓舞表演中，采访火炬手结束。

【现场设募捐箱，捐款开始。

节目主持人解说词（在捐款过程中）：

亲爱的朋友们：

5月12日发生在四川汶川的特大地震，是自1976年唐山大地震以来中国遭受的最严重的自然灾害，这场千年不遇的巨大灾难，夺去了成千上万人的生命，造成了巨大的财产损失。举世为之震惊，全民族为之落泪。

这场罕见的灾难，是对中华民族的又一次磨砺。悠悠华夏曾度过了无数惊涛骇浪，战胜了无数艰难险阻。一方有难、八方支援，多难兴邦，是中华民族优秀的历史传统和高尚品格。在灾害面前，让我们挺起脊梁坚持抗争，众志成城一起面对！团结就是力量，坚持意味着新生！

地震发生之后，全中国紧急动员，展开了一场史无前例的救援行动。全中国,全民族,全世界都伸出援助之手,帮助灾区展开灾后重建。在此,奥运火炬手们满怀深情再次伸出援助之手,为灾区人民献上一份爱心!用真诚为灾区人民祈福!

祝愿圣火与梦想同在,爱心与重建共鸣。点燃圣火梦想不熄,重建家园希望永生。

(捐款结束,继续解说)

朋友们:

经过四个小时的传递,奥运火炬已经到达传递活动的结束仪式现场。

下面,我们举行火炬传递兰州站的结束仪式。

现在,我们隆重有请领导同志登上圣火台。

出席火炬接力传递兰州市结束仪式的贵宾有:

北京奥组委圣火使者、中国奥委会副主席、北京奥组委主席助理屠铭德先生

出席仪式的省市领导同志有:

中共甘肃省委书记、省人大常委会主任陆浩

中共甘肃省委副书记、省长、甘肃省火炬传递运行指挥部总指挥徐守盛

甘肃省副省长、北京奥运会火炬接力甘肃省传递组委会副主任、甘肃省火炬传递运行指挥部副总指挥郝远

甘肃省政协副主席、兰州市市长、火炬运行兰州市指挥部总指挥张津梁

【其他领导同志名单略(请省组委会提供,现场核对,以免误差)

现在,我们隆重有请中共甘肃省委常委、常务副省长、北京奥

运会火炬接力甘肃省传递组委会主任、甘肃省火炬传递运行指挥部副总指挥冯健身同志主持仪式。

【冯健身副省长(礼宾官员)主持词】
尊敬的各位领导、各位嘉宾、各位火炬手,女士们、先生们:大家中午好!

今天,陇原大地沸腾着奥运激情。2600万甘肃儿女翘首企盼的一刻终于到来。北京2008年奥运圣火从兰州市中山桥将军柱广场出发,传递15.6公里,转场11.4公里,行程共27公里,现在,顺利抵达兰州水车博览园。我们在这里隆重举行北京2008年奥运会火炬接力甘肃省兰州市结束仪式。

"北京奥运,盛世华章,同一世界,同一梦想,点燃激情,传递梦想",奥运圣火不仅传递着和平友谊的愿望,也传递着坚强上进的信念。2600万甘肃儿女,将永久铭记这一神圣的时刻,在奥运精神的鼓舞下,积极投身到地震灾区的重建工作中,投身到我省全面建设小康社会的伟大事业中。

让我们祝福北京,祝福奥运,祝福中国,祝福甘肃。

1. 现在,请中共甘肃省委副书记、甘肃省人民政府省长徐守盛同志致词。

省长致词范本(送审稿)
尊敬的各位领导和贵宾,火炬手代表,女士们、先生们:大家中午好!

今天,对于兰州市来说是一个值得纪念的日子。奥林匹克圣火首次在兰州市点燃,将她的光芒照耀在这片"黄河穿城而过"的土地上。296名火炬手高擎圣火,将友谊与和平的信息传遍大街小巷,将奋斗为乐、无私奉献的精神播撒在每个人的心中。330万兰州市民有幸通过火炬传递近距离地拥抱奥运圣火,亲身感受奥林匹克运动带来的欢乐与激情。

在此，我希望大家能与我一起庆祝北京奥运会火炬接力在我市的成功举办，共同欢度这一激动人心的历史时刻。

再过 32 天，第 29 届奥林匹克运动会就要在北京开幕了。在此，我们祝所有体育健儿都能在比赛中发挥优异水平，也希望我省的运动员取得好成绩。

当前，在党中央国务院亲切关怀下，我省陇南地区抗震救灾，重建家园的工作正在全面深入地展开。我们要大力发扬抗震救灾精神，全力支援灾区重建，迎接更加美好的明天。

最后，衷心祝愿北京 2008 奥运会取得圆满成功！

2. 请北京奥组委圣火使者、中国奥委会副主席、北京奥组委主席助理屠铭德先生致词。

圣火使者致词（模拟稿）

女士们，先生们：

北京奥运火炬今天在兰州市的传递活动取得了圆满成功。在这里，我代表北京奥组委向中共甘肃省委、甘肃省人民政府，兰州市委、市政府和参加这次圣火传递的全体火炬手，以及热情的兰州人民表示衷心的感谢。

奥运火炬在兰州的传递，得到了甘肃省委省政府，兰州市委市政府的高度重视，得到了兰州人民的热情支持，各项组织工作井然有序，体现了西部地区有力的指挥运行系统和高效的工作秩序。给世界显示了一个充满生机、充满希望、充满爱心、充满激情、充满梦想的城市所具有的风采和活力。

奥运中国，魅力兰州，让我们点燃激情，放飞梦想。祝福北京，祝福中国，祝福 2008 北京奥林匹克运动会取得圆满成功。

谢谢各位!

3. 请北京奥组委圣火使者屠铭德先生代表北京奥组委，向甘肃省兰州市人民政府赠送火炬并颁发传递城市证书。

（礼仪人员上台，将火炬和证书依次交给圣火使者）

请甘肃省政协副主席、兰州市长张津梁先生代表兰州市人民政府接受赠送。

（市长接火炬，展示，交给随行礼仪人员；接证书，展示，交给随行礼仪人员，与使者握手。紧接下一个程序——引回圣火火种）

【节目2　歌曲　《兰州走进奥运》岳逢春　词　谢晶　曲　6位歌手的轮唱与合唱】

歌词：

蔚蓝色的星球上五星红旗迎风飘扬
黄河两岸金城关前儿女们神采飞扬
期盼2008我的祖国迈向又一个梦想
我们一起放飞心中金兰色的畅想
啊，同一个世界，同一个梦想
我们期盼奥运更高、更快、更强

蔚蓝色的天空上奥运圣火闪耀光芒
丝绸之路皋兰山下健儿们雄心万丈
走进2008我的祖国成就又一次辉煌
我们一起放飞北京中国印的向往
啊，点燃激情，传递梦想
我们祝愿祖国更高、更快、更强

节目主持人朗诵(在歌曲演唱同时):

奥林匹克风激扬五环旗的英姿飒爽

北京中国印渲染爱琴海的圣火光芒

同一个世界,同一个梦想

这是体育健儿期待的一次热血沸腾的情感激荡

这是中华民族演奏的一曲动人心弦的壮丽交响

百里黄河风情线在朝霞的光晕中闪亮登场

我的城市流光溢彩,在奥运火炬的光芒中神采飞扬

舞动七彩缤纷的波涛激浪,舞动金牌和银奖的灿烂辉煌

铺开欢天喜地的英姿飒爽,铺开"五环旗"和"中国印"的迎风飘扬

让我们共同欣赏这生机勃勃的城市形象,欣赏体育健儿创造的更高、更快、更强

让我们一起拥抱这流光溢彩的朝霞与阳光,拥抱奥林匹克北京2008谱写的精彩篇章

4. 熄灭圣火盆

礼宾官员(冯健身副省长)主持词:

——请圣火护卫引回圣火。

——请展示火种灯。

【在歌曲尾声中,北京奥组委三位圣火护卫人员登上舞台,将圣火从圣火盆引回火种灯,并将火种灯交给奥组委圣火使者向现场观众展示,圣火盆熄灭。

礼宾官员:现在,我宣布北京2008年奥运会火炬接力兰州市传递活动圆满结束。

【圣火使者和三位圣火护卫人员及舞台上的领导,从舞台右手

(西侧)退场,乘车返回驻地。官方活动结束,群众文艺活动继续。

【节目3 舞蹈鼓舞 《太平》】

节目主持人朗诵:

鼓舞在飞扬,我们飞扬这盛世的精彩华章

飞扬的鼓舞,我们创造这新时代的灿烂辉煌

以天下第一鼓的名义,我们为奥运健儿加油喝彩

以奥运健儿的名义,我们为中华民族加油喝彩

以中华民族的名义,我们为我的祖国加油喝彩

以我的祖国的名义,我们为北京2008加油喝彩

擂起这惊天动地的太平大鼓吧

世界的脉搏都在你的律动中跳跃

舞起这翻江倒海的太平大鼓吧

人类的梦想都在你的名字中感动

五环旗,地球村

太平鼓,中国风

同一个世界同一个梦

让我们高举中国特色社会主义伟大旗帜,为全面建设小康社会努力奋斗;

让我们全面贯彻实践党的十七大精神,紧密团结在以胡锦涛同志为总书记的党中央周围,为构建社会主义和谐社会努力奋斗;

让我们发扬河汇百流、九曲不回、创新创业、和谐共进的兰州精神,为把兰州建设的更加美好而努力奋斗。

让我们发扬伟大的抗震救灾精神,为重建美好家园共同奋斗!

朋友们,北京2008奥运会火炬接力境内传递兰州市活动到此结束。

朋友们,再见!

[约 12:10 活动结束]

第三部分:任务分工(略)

第四部分:安排进度(略)

(2008 年 7 月 5 日定稿)

● 我在央视做嘉宾

——2008 年奥运火炬兰州传递中央电视台演播室实录

时间:2008 年 7 月 7 日上午

地点:CCTV-5 奥运频道第一演播室

栏目:《与圣火同行》

主持人:华北　晓萌(CCTV-5 奥运频道节目主持人)

特邀嘉宾:岳逢春(兰州市文联副主席)

第一时段:上午 8:00-9:00

【《与圣火同行》18 秒片花片头;切入演播室。

华北:观众朋友早上好,欢迎收看中央电视台奥运频道为您带来的《与圣火同行》。昨天,祥云火炬已经完成了在嘉峪关的传递,也实现了祥云火炬在国内与长城的第一次亲密接触。那今天呢,祥云火炬将在甘肃省的省会兰州市进行传递。我们也将在一会儿为您直播传递的情况。

晓萌:在今天的演播室,我们也请来了一位特殊的嘉宾。这位嘉宾就是兰州市文联的副主席,也是一名作家——岳逢春先生。岳老,您好。

岳逢春:您好。

晓萌:岳老来到我们演播室,其实有一个重要的原因,因为他在兰州已经生活了五十多年了。应该说这里是他的故乡。岳老,我想请您谈谈,在您的眼中,兰州到底是什么样子的。

岳逢春:兰州是个好地方。山好,水好,人好,气候好。特别是气候好。

晓萌:对。

岳逢春:真正的冬暖夏凉。夏天非常舒服。欢迎大家夏天到兰州来避暑,过一个舒服的夏天。

华北:尤其是北京最近这大"桑拿天儿"啊。那,夏天的时候到兰州去旅旅游,也不错,啊。那,应该说今天我们这个火炬传递呢,在兰州的这个——叫做中山桥,桥南广场,有一个起跑仪式,而且这个火种出来的时候,会有一个很特殊的仪式,是吧。

岳逢春:对,我们以最高的礼遇,来欢迎奥运圣火使者。

【切入仪式现场画面。桥上大红地毯。几位领导同志的远景

晓萌:大家看到的就是火炬的护卫手,手持火种灯,和领导人一起,从桥北把火种灯护送到桥南。

岳逢春:这是中山桥广场,这里是一个百年老桥。我们设计的活动理念呢,就是百年铁桥,百年企盼,百年奥运,百年梦想,现在,梦想终于成真,啊,大家都非常高兴。

【现场画面,领导同志在桥上行走,中景,礼仪引导员近景。

华北:这个跟在引领员后面的,是这个甘肃的……

岳逢春:——领导同志。这边是省委书记,省长。这边是兰州市的市长,还有常务副省长、宣传部长。陪着奥运圣火使者,这是屠铭德先生,走过这个铁桥。两边是礼宾仪仗队。这应该是一种最高的礼仪吧。我们专门在这个桥上铺设了大红的地毯,张灯结彩,插满了奥运会专用的各种彩旗,铁桥是装扮一新。

华北:这个中山桥的总长度是多少

岳逢春:268 米

华北:啊,也是一个很吉祥的数字,嘛。

岳逢春:对,我们放了96名礼兵,每隔5米一名,大概是这样一个数字。这个铁桥呢,是我们兰州的一个名片。看到这个铁桥,就知道这是兰州——看到这座山。

【陆浩书记登上圣火台

岳逢春:这是省委书记

【徐守盛省长登上圣火台

岳逢春:这是省长

【现场画面,背景同期声:女主持人牟婕:2008,北京奥运,这个星球最辉煌的诗篇……

【男主持人陈立伟:好,尊敬的各位领导,各位来宾,尊敬的朋友们,奥运圣火已经到达兰州,让我们热烈欢迎奥运圣火的到来。

【女主持人牟婕:现在,请允许我们隆重地向大家介绍出席今天起跑仪式的领导和来宾。他们是,北京奥组委……

华北:嗳,岳老师,您看啊,刚才我们看到的这个位置啊,省领导朝我们走的这个方向,应该是桥南?

岳逢春:由北向南,步行过桥。

华北:那,刚才那个镜头,应该说,就是说,那广场的背面,就应该是居民区吧。

岳逢春:广场的背面是黄河嘛。黄河的北面是公园,白塔山公园。

华北:啊

岳逢春:旁边,两边,现在都是文化风情区。展示甘肃独有的这些文化,叫做金城关文化风情区。

【现场全景,铁桥、白塔山。

岳逢春:咱们现在看到的画面,右侧是居民楼,住宅楼。这个方向是——画面的上面是北边,左手是西面,黄河向东流去。现在可以看到黄河向东流去。

【现场反打镜头,司法局大楼。

华北:现在我们看到的这个景观就是生活区了。

岳逢春:啊。对。这是城市的主城区。城市的主要建筑都在桥南。

晓萌:我们看到的这个全景,在这个桥的画面的最远端,有一个小的尖儿,这个尖儿,就是白塔。

岳逢春:白塔。对。

晓萌:这个白塔山和这个桥加起来,就是兰州的一个名片。

岳逢春:对。这也是兰州的一个典型的形象。看到这个画面,就知道这是兰州——相当于天坛之于北京啊。

【现场全景,摇臂摄像。贵宾席位。主持人介绍……姜信治……

岳逢春:场面色彩还是非常好看的啊。场景很漂亮,非常美丽。

晓萌:黄河水。还有那边有火红的火炬。

岳逢春:有铁桥。

华北:在今天兰州传递的路线呢,是这样的。八点钟的时候,也就是现在,先在中山桥桥南广场举行起跑仪式,围绕着闻名遐迩的南、北滨河路,黄河风情线进行传递活动,经过黄河母亲雕塑、生命之源,龙源公园,等等,在安宁庭院做短暂的休息之后呢,奥运圣火呢,最后将抵达极具特色的水车博览园,举行结束仪式。总长度呢,为27公里,其中手手相传将达到15.6公里。

【现场,主持人陈立伟同期声……张世珍,兰州军区副司令员……武警甘肃总队……

华北:你看兰州这个各级领导啊,各方面都是比较重视这次活动的。

岳逢春:是。省市领导非常重视这次活动。我们的省委书记,一把手,专门召开,几次召开会议,看我们演练的录像片,他提出一个要求,细节决定成败,就是细节决定你这次活动是否能搞得好。要求我们的工作做得非常细致。群众的热情也非常高。两边的欢迎队伍,都是群众自发组织,自发地来训练。当然我们加以"归置"加以组织吧。他们都是自己每天到训练场地去练习舞蹈,练习呼口号。这里待会儿我们有几句口号,他们呢,要呼喊出来。到跟前咱们再说。

【活动现场画面,仪式主持人励小捷部长,特写。

岳逢春:这是省委宣传部部长,是今天仪式的主持人。我们叫做礼宾官员,也叫官方主持人。

【励小捷:……我们在这里,隆重举行北京奥运火炬传递,甘肃省兰州市点火起跑仪式,我代表甘肃省和兰州市人民……

华北:您看。今天早上我手里头拿到一份资料。它说,我们昨天在节目里也给大家介绍了,说,兰州是古丝绸之路上的一个重镇,嗬,这历史和大自然给大家留下了很多名胜古迹,拥有省级文物保护单位是 16 处,文物点达到了五百多处。

岳逢春:对。

华北:那今天在火炬的传递过程当中呢,会不会有。那,我们想让岳老师和大家共同来分享一下兰州的名胜古迹。

岳逢春:好。这个中山桥就是一个最有代表性的文物保护单位,历史有 101 年了,1907 年造成的。

华北:啊。

岳逢春:——这是在清末了。

【励小捷特写。现场同期声:首先,我提议,向在5·12大地震中英勇牺牲的烈士们和遇难的同胞们默哀一分钟……

【现场,摇臂摄像全景。全场静默。

【励小捷:默哀毕。

【镜头切换,返回演播室

华北:由于甘肃是汶川大地震中,除了汶川之外受灾最严重的地区,所以说,在这一次兰州传递的时候呢,就把这个抗震救灾啊以及灾后重建呢,紧密地给结合起来,与圣火同行。

岳逢春:对。这次我们搞活动呢,就是两个主题,一个是更高更快更强的奥运会主题,奥林匹克精神,一个是伟大的抗震救灾精神。这是我们在设计活动程序的时候,特意把这两个主题融为一体。所以在甘肃呢,就是有这样一个特点。特别是在兰州市的这个活动当中,要展示出咱们甘肃是仅次于汶川的,啊,甘肃陇南是仅次于汶川的这样一个地震的受灾重灾区。这个地区的伤亡人数虽然少一些,但是,财产的损失也是非常重大的。我们陇南距离汶川也就是一百多公里二百公里。隔着一条河,过去就是四川,受灾也是非常严重的。现在,那里的老百姓正在自力更生,进行自救,重建家园……

晓萌:好,我们现在来看一看今天兰州的天气情况

【插播兰州天气预报短片

华北:那刚才我们在观看起跑仪式的时候呢,当时我和岳老师也在交流一个问题,就是兰州呢,也是一个古遗迹非常多的,你看我手里这份资料,刚才,我已经说过,省级文物保护单位有16处,文物点五百多处,古遗址有250多处,古城12处,古建筑达到了50

余处,应该说,古风情给我们留下深刻印象。

晓萌:对,在稍后的节目当中,我们也请岳老师来给我们具体地讲解一下啊,那我们先通过一个小片子,来了解一下兰州。

【插播兰州风光短片。

【切回演播室。

晓萌:看了这个片子呢,我们对兰州就有一个大致的了解了。其实在这里呢,我想问一下岳老师,在昨天交流的时候呢,您告诉我们,说,我们对兰州呢,可能在这个我们中国的地理位置呢,有一个小小的误解。

岳逢春:对。

晓萌:——认为我们兰州在版图的西北部,但是,其实它是我们的正中心。

岳逢春:是的。在人们的理念当中,意识当中,总觉得兰州是偏僻的西北地区。但是您仔细看中国地图的话,兰州这个点呢,正是在中国的中心,我们把它叫做地理几何中心,或者叫做几何地理中心。在兰州作为一个点,画一个圆,或者打一个十字交叉,然后画一个方框,兰州呢,正好就在这个,在中间这个"点"上。所以,我们兰州人很自豪地说,我们是在祖国的心脏,中国的中心,啊……(笑)

华北:哦……

晓萌:而且今天这个火炬传递到兰州啊,也有一个特殊意义。刚才我们看到黄河,我们的母亲河了。其实兰州也是我们的母亲河黄河流经的唯一一个省会城市。

岳逢春:对。黄河五千多公里,流经的省会城市就是兰州,其他城市都是从城北啊,或者从城南经过,在兰州呢,它是穿城而过。我们说,它穿城而过,使得这座城市呢,得到了黄河的充分的滋养。黄河在兰州段呢,是非常美丽,非常漂亮的。我觉得,我走过黄河全国各地的这些城市,五千多公里,很多城市都去过。我觉得呢,黄河在兰州呢,是最典型的黄河,它浩浩荡荡,这个水流看起来有一种气势,真是一种浩浩荡荡的气势,非常美丽。在黄河上有船,在黄河边上来游览呢,沿着黄河风情线呢,感觉黄河确实是……我自己,有一个诗意化的比喻吧,黄河在兰州呢,是一个美丽的少妇。当然她在上游,她是少女,在下游,在龙门这一带,他就是一个壮汉了吧,再下边,就更成熟了,啊……我觉得,黄河兰州段是非常美丽的,很有这种诗意,你到黄河去看兰州,到兰州段去看黄河,就觉得这个黄河真是有看头,你真的不免诗兴大发……

华北:岳老师,是这样的,就是像我们吧,我不知道晓萌去没去过兰州,我是没有去过啊,在兰州这个黄河边上,比如说,我们要到那儿去旅游,应该重点去看什么?

岳逢春:我们黄河边上有很多游园,就叫公园吧,我们那边叫做小游园,而且有雕塑,一会儿咱们会看到的。沿路都有很多雕塑。都有它的主题,有咱们龙文化的主题,有黄河母亲的主题,植树种草的主题,生命之源的主题,就是展示黄河文化和甘肃独特文化的主题,丝绸之路文化在这个黄河两岸都能够看到的,民族文化,都能够看到的。

晓萌:嗯。稍后呢,岳老师也会给我们讲解。在今天,传递过程当中,路线,刚才华北已经给大家简单地介绍了一下,其实我们今天的这个路线呢,最主要的,大家可能也听出来了,是围绕着黄河,也是向大家展示黄河文化……

【画面切回活动现场,背景音乐。火炬护卫人员走在桥上……登上圣火台。

晓萌:好。我们现在看到火炬护卫手已经手持火炬,走上这个中山桥。

岳逢春:这里,我们专门设立了一个礼仪台。火炬护卫从正中,从台子上走下来,然后再走到我们说叫圣火台吧——工作用词叫点火台,严格说起来它叫圣火台——由北向南走到这个圣火台,登上高层台子。我们特意设计了两层,给这个圣火火种灯和火炬以最高的礼遇。

华北:这个我们看到的是火种灯。那一会儿呢,第一棒火炬手呢,是陇南市抗震救灾英雄田宇。

【活动现场,励小捷同期声:现在,请北京奥组委圣火使者屠铭德先生,点燃今天的第一支火炬。

【现场特写:火种灯护卫人员点燃火炬。

岳逢春:这是火炬护卫队员点燃圣火灯——从圣火灯里引出火种,点燃火炬。

晓萌:好。今天兰州的第一支火炬已经点燃了。马上就要交给我们的第一棒火炬手田宇,进行兰州段的传递。

【现场画面,屠铭德将火炬交给陆浩

岳逢春:这是省委书记陆浩同志接火炬。

【现场,陆浩展示火炬

岳逢春:这很激动人心啊。

晓萌:那,岳老师看了这个画面,我相信是更激动。因为今天岳老师来到我们演播室,还有一个非常非常特殊的原因,因为整个兰州段的这个起跑仪式的策划,和线路整个的设计啊,还有文稿的这个策划定稿,都是由岳老师一手完成的……

岳逢春:——哪里,哪里。不、不、不……参与……

晓萌：……来参与的，完成的，付出了很大心血……

岳逢春：我是其中之一，恭逢盛典，参与其中。**总导演付出了很大努力，提出了很多很好的策划意见……**

【现场：张津梁市长接过火炬

岳逢春：这是兰州市市长，政协副主席——省政协副主席。

【现场，励小捷同期声：请甘肃省抗震救灾英模代表田宇接受火炬。

【田宇跑上圣火台。接过火炬，展示。

华北：田宇在 5·12 地震中呢，在自家房屋倒塌和家人刚刚去世的时候呢，田宇呢，是带领民兵抢救出群众 8 名，粮食达到了三千余斤，物品有两千多件，学生课桌有四十多套，学生的教学器材有二十多件，搭了帐篷 168 顶，安置受灾群众达到一千一百多人，架设自来水管 2.6 公里。那么，田宇呢，也被中宣部的抗震救灾英模事迹报告团评为其中的代表之一。

晓萌：好。兰州段的火炬传递已经正式开始了。我们看到，我们的母亲河黄河呀，映衬着这个熊熊燃烧的火炬。现在手持火炬的是我们的第一棒火炬手田宇，我们的抗震救灾英雄。在这个中山桥还有白塔山之前传递奥运圣火，确实有着相当重大的意义。

【田宇跑在贵宾通道上。

【节目主持人牟婕同期声：点燃激情，传递梦想。我们传递圣火，营造一个如诗的梦幻，我们传递圣火，放飞一个衷心的祝愿……

【现场俯瞰全景

华北：岳老师，这个火炬从中山桥桥南广场出发之后，是向哪个方向？

岳逢春：是向西跑。这里有它的某种寓意呢。古丝绸之路是沟通东西方，沟通欧亚大陆，通向西方。我们是先向西跑，然后向东——当然，这样安排也与自然地理的环境有关系。

华北：那，这条线路就是一直沿着黄河沿岸走了？

岳逢春：对。一直都在黄河边上。我们叫"百里黄河风情线"。黄河流经兰州行政区划150多公里。在城区要有……，确切地说，要有47公里经过主城区。最初设计的时候，叫做40公里黄河风情线，40公里，这是测量上的概念。后来，咱们当时任兰州市市长的一位领导同志就提出，叫做"百里黄河风情线"。40多公里，就是"百里"嘛。

晓萌：今天这个田宇作为第一棒火炬手，应该是当之无愧的。

岳逢春：对。

晓萌：因为作为这个甘肃陇南地区啊，也是这个5·12地震发生之后，也是一个受灾非常严重的地区。

岳逢春：所以我刚才讲了，就是突出抗震救灾精神，伟大的抗震救灾精神，突出这样一个主题。所以，我们特意选了抗震救灾英模代表，来做第一棒火炬手。

【田宇、汤中立交接火炬

晓萌：但是呢，比较值得庆幸的是甘肃陇南地区虽然财产损失比较严重，但是人员伤亡很少。

岳逢春：相对少一些。

晓萌：这比较幸运。

岳逢春：这是第二棒火炬手，是中科院院士，科学家，大科学家。

晓萌：汤中立。

岳逢春:这样,抗震救灾英雄把火炬传给中科院院士,这样安排也有意义。我们抗震救灾是为了重建家园,重建家园是为了振兴中华,建设祖国,强大祖国。

华北:第三棒火炬手是高雄厚。他是获得国家科技进步二等奖一次,省部级科技成果二等奖6次,在国内外期刊发表论文达到37篇,获发明专利28件。应该说,对我国这种专利啊,做出很大贡献。

岳逢春:第三棒火炬手是石油化工方面的代表,这也就是代表兰州市呢,兰州这个地区是一个石油化工基地,咱们的石化工业非常发达。

晓萌:第四棒火炬手,丁慧茹,是一名回族火炬手。

岳逢春:嗯,她是武术运动员。

晓萌:体工大队的党委副书记。好。李元珍。我们看到他戴着白帽,也是回族的火炬手。

岳逢春:这是民族特色。

晓萌:其实,陇南地震当中,人员伤亡比较少,也有当地的一些原因?

岳逢春:对。据我了解,或者说了解到的一些情况吧,当时,陇南地区还实行的是夏时制,孩子们还没有进……中午的时候,孩子们还没有进学校,这样,伤亡自然就少一些。另外,这里的劳动人民非常勤劳,很多地方都有这个早上出去,中午不回来的习惯,就带点干粮,在地里辛勤劳作,干活儿。下午,晚上才回家。很多人都在室外活动,在田野里劳作。这样呢,人员伤亡自然就相对少一些。

华北:岳老,还与他们当地这个房屋建筑有关系吧?

岳逢春:房屋建筑。嗯。平房多一些。土质的房子多一些。

晓萌:倒塌了之后好抢救。

岳逢春:好抢救一些。钢筋水泥压住,那就很费劲。

晓萌:我们说,这次整个的抗震救灾,抢险救灾过程中,我们也看到了甘肃人民的这种顽强的精神。今天看到兰州的这个传递,天气真是不错。

岳逢春:兰州是个天气非常好的地方。刚才咱们开始就说了。气候非常好。现在火炬手们跑,他不会说是大汗淋漓,满身是汗。天气非常好。今天看这个样子,天气是非常舒适的。

华北:您看他们在这个没有遮荫的地方,暴晒在阳光下,这种情况会不会很热呀。

岳逢春:不会。不很热。你看现在是早上吧,咱们那里中午比较热。这阵子正是八点多钟。早上八点多钟,兰州不是很热的,不会感觉到暴晒。因为它这个时区有差别。我现在意识到咱们现在是在北京,现在天气已经很热了。兰州它比北京的时间要晚一个多小时呢。北京早晨四点多钟,五点钟,天就亮了。兰州比北京的日出要晚一个小时呢,早上是比较凉快的。

晓萌:就是早晚温差……

岳逢春:嗯,温差比较大。

华北:我记得您昨天跟我们说过,这个,在兰州住的那个地方啊,即使是温度很高,如果说有个……

岳逢春:对。有个荫凉地儿,马上就凉快了。你进到屋子里头,你不用开空调。回到家里就是凉快的,窗户打开,非常凉快的。您在树荫子底下,坐下喝茶啊,喝啤酒,非常惬意的。

晓萌:晚上还要盖棉被。

岳逢春:哎。晚上睡觉,一年四季,夏天,也得盖着,不盖,可能就要着凉了。

晓萌:我们好像感觉在西北地区啊,是一个比较干燥的地方,但其实好像不是。

岳逢春:对。没有人们想象得那么干燥。当然,比起南方来它还是干燥的。我们在兰州生活时间比较长了,从来也感觉不到特别干燥。

晓萌:也比较适应了。

岳逢春:你突然去,会感觉到有点儿干燥,但也不是人们想象的那种在沙漠里没有水喝,口干舌燥,绝对不会有那种感觉。兰州它是一个避暑的非常好的地方,你夏天到兰州来,那真是舒服得很。

华北:其实您看,岳老师是这样的,您看啊,我估计呀,有很多没有到过兰州的朋友,真的是有您刚才说的那种印象呀。

岳逢春:真是产生一种误会。咱们有一句词儿,叫"以讹传讹"嘛。你要亲自去看一看。

晓萌:这是黄河的画面。

华北:刚才这个大全景,城市是很漂亮。

岳逢春:对。非常漂亮。

华北:而且这黄河从城市中间穿过去,这黄河北岸是一个很有名的旅游景点。

岳逢春:我有一篇文章里头,有这样两句话嘛,叫做"日观两岸,灿烂高楼林立,恰似东方曼哈顿"。

晓萌:哈哈哈。

华北:哦。

岳逢春:"夜登兰山,辉煌万家灯火,宛如维多利亚湾。"

晓萌:啊。

华北:嗯。

岳逢春:这个是一点都不夸张的。前面说这个兰州城市像曼哈顿,是咱们过去一位原任的中央的部级领导,很有名的,当然这里不方便说名字啊,他登上兰州白塔山,他说,这,很像曼哈顿嘛。兰州这里高楼很多了,这改革开放三十年来,真是发生了翻天覆地的巨大变化。过去呢,兰州跟这个全国都一样嘛,兰州这个地方没有多少好的建筑,最高的楼房也就六层。现在,几十层,三十层,四十层的高楼,全都有了。当然,高楼是一个城市变化的主要标志,虽然对楼房有不同看法啊,这就不解析了,但它毕竟是一个现代城市的标识啊。

晓萌:其实我们可以想像啊,这个黄河水流经兰州整个城市,我们这个兰州气候也不会差到哪儿去,因为有水的地方,这个气候就是湿润的。

岳逢春:是湿润的。兰州有一个特点,就是空调不怎么太用。你一年四季用空调的时间……真是没有空调,完全可以非常舒服地过一个夏天。

晓萌:本身就是"空调城"。

岳逢春:嗳。天地自然空调,自然天地空调。

华北:好。现在我们看到火炬已经传递到了第17棒,杨传浩。他在体育局系统工作了三十多年,任男子曲棍球领队教练员期间呢,获得了全国比赛的冠军和亚军各一次,两次被评为全国优秀群众体育工作者。

晓萌:今天我们传递的起点呢是中山桥,这个将军柱广场,在这个传递过程当中,也要经过黄河母亲的雕像,是吗,雕塑。

岳逢春:对。快到了,前面就是。她,马上就到了。是一定会看到的。我相信。

晓萌:很大吗?

岳逢春:不是很大。做得非常精致,主题好,形象也非常好。待会儿咱们肯定会看到的。

华北:我们现在看到第20棒火炬手姚振华,他是开始传递了。姚振华呢,他著有《血染的风采》《年轻的开拓者》等书……

晓萌:这是第19棒火炬手祝林,姚振华是第20棒火炬手。

华北:那,过一会儿,姚振华将会出现。

晓萌:对。

华北:其实我想说的是,像这个《血染的风采》这些书呢,估计有很多读者都读过。

晓萌:是。

华北:我们看到第20棒火炬手现在已经出现。

晓萌:这个,岳老应该与这个姚振华有过接触?

岳逢春:哎。有过接触,但是不是很熟悉。

华北:姚振华呢,曾经主编过《五四月刊》连续五年被评为全国十佳优秀团刊。

晓萌:第21棒火炬手高世成。是甘肃省残疾人体育协会的一名工作人员,在全国第七届残疾人运动会上,代表残会,获得奖牌44枚,其中金牌18枚,高世成也为此做出了巨大贡献。

华北:嗳,岳老师,你刚才,咱们说,今天火炬传递主要是在这个黄河沿线传递,那黄河沿岸是不是有很多像中山桥这样的桥啊?

岳逢春:像中山桥这样的桥,仅此一座。但是黄河上新的桥,兰州段有17座。中山桥现在已经作为游览观光桥,不通车了,但是绝不影响南北两岸的通行。在黄河上有17座桥梁,40公里,17座桥梁,基本就够用了。现在还在设计,距离中山桥不太远,大概有个一公里,上游,还要架一座桥。

晓萌:这17座桥都是方便两岸市民交通用的?

岳逢春:是。

晓萌:而中山桥现在已经作为文物来收藏,来观光。

岳逢春:作为文物保护单位保护起来,就是步行桥。

晓萌:中山桥也有……

岳逢春:101年历史。

华北:100年历史,那它怎么来进行维护啊,加固啊。

岳逢春:市政工程方面啊,每年都有修补路面,进行维护,加固,缺损的地方修补一下啊,隔几年刷一次漆啊,刷防锈漆。它这个是工程技术方面的事情。

华北:第25棒火炬手。他是人民满意的公务员,全国青联工作者,劳模,全省优秀共产党员。

岳逢春:兰州火炬手的构成,与全国火炬手的构成,大概都差不多。来自社会各个阶层,各个年龄段,都有火炬手,充分地代表了兰州各个方面吧。

晓萌:我们今天的这个传递过程当中,我们看到兰州这条路非常的宽。我想问问岳老师,今天的传递路线主要是在兰州的新城区,还是老城区。

岳逢春:新城区,老城区,都有传递。

晓萌:都有啊。

岳逢春:城关区、七里河区、安宁区,主要是在这三个区。安宁区是新城区,高新技术产业开发区,七里河区与城关区只是在行政区划上有区分,进了兰州城,你看不出来哪个是七里河,哪个是城关,都是在城市里。

晓萌:今天的这个传递路线,除了有这个黄河文化的特点之外,还有就是刚才岳老师给大家介绍的,现在是由东向西跑,一会儿呢,可能我们还会转从西向东跑,这样有一个寓意就是……

岳逢春:东西方文化的交流,融汇。

晓萌:对。

岳逢春:你看过去去西方,古丝绸之路去西方,都是从刚才咱们说的那个中山桥的渡口渡过黄河。几百年前,六百年以前,那时是浮桥,主要靠摆渡吧,羊皮筏子,船,来摆渡过河。玄奘取经,就是从这一段过去的。法显,玄奘,就是唐僧嘛,唐三藏,去取经……我们这条路旁边有一个雕塑,就是《西游记》故事,师徒四人,从这个地方渡河过去。传说这个白马过黄河的时候,踏出了浪花,这个地方就叫白马浪。你去看黄河这段这个河里的水花,翻着白色的浪花,就叫做"白马浪"。

华北:现在看我们的火炬手跑到什么位置了。

岳逢春:这现在已经快到《黄河母亲》雕塑了。这是,七里河与城关区的交界处。

晓萌:刚才岳老给大家介绍了这个《西游记》雕塑啊,位于白云观的对面,在1992年兰州市举办首届中国丝绸之路节的时候落成,应该也在这里。

岳逢春:对,就在这里。那次节会突出了丝绸之路这个主题,也是促进兰州改革开放的一个很重要的,重大的活动。

晓萌:说到兰州啊,还有一个非常好玩的短信,所以说这个在兰州城内广泛地流行。

岳逢春:呵呵。

晓萌:岳老,您能够给大家解读一下。

岳逢春:对。这个,兰州人也比较谦虚,但是呢,兰州人也很自信。

晓萌:通过这个短信就能看出来。

岳逢春:兰州人有一些个说法,就是,兰州啊,没有什么可吃的,但是呢,它有一碗牛肉面,这个牛肉面,在外地叫兰州拉面,在兰州就叫牛肉面,这个已经是很有名的了。说,兰州呢,没有什么书,但是呢,有一本《读者》杂志。兰州呢,没有什么有名气的人,但是,中央电视台的主持人出了很多,啊,我想你们都知道。

晓萌:朱军也是今天的最后一棒火炬手。

岳逢春:对,朱军。还有,像:水均益、李修平、耿萨、张莉、裴新华,这都是在——他们的青少年时期,都是在兰州度过的。

晓萌:嗯。

岳逢春:在兰州成长,在兰州工作。现在是中央电视台的著名主持人,全国人民都认识。兰州人引以为豪,引以为自豪。……嗯,这个短信还有……你提醒我一下,啊。

晓萌:嗯,嗨嗨。

岳逢春:牛肉面,这个《读者》杂志……啊,没有什么风景,但是有一条黄河百里风情线,有黄河母亲,《黄河母亲》雕塑啊。甘肃没有什么历史,但是有八千年的"大地湾"遗址。

晓萌:看,这就是黄河的一个 S 湾啊,好像。

岳逢春:对,这就是一个转弯,转了一个小湾的地方。

华北:好。现在,我们看到传递现场,第 36 棒火炬手,是严亮。他呢,在省第七届残运会上取得金牌三枚,并打破了两项省残运会的纪录。他是视力有些残疾。

晓萌：火炬传递每一站和每一个城市都会有残疾人和残障人士参与到火炬传递当中来。其实，我真的是想送给这些残疾人一句话，就是，他们的残疾，残障遇到他们的坚强的时候，我们真的是可以感受到他们生命的力量和他们生命的精彩，没有什么可以阻挡他们前进的步伐，而且，他们在传递火炬的过程中，真的每一步，踏出的每一步，都非常的坚定。

【电视画面"左飞字幕"……

岳逢春：啊。看到这个，这叫"左飞字幕"吧

晓萌：嗯。

岳逢春："做西部文章，创全国一流。"啊，对，看到《大梦敦煌》了。说，咱们甘肃兰州啊，没什么戏，没啥节目，但是有《丝路花雨》，有《大梦敦煌》，这都是非常著名的舞剧，进入国家舞台艺术精品工程名录，这个是世纪经典。

晓萌：其实这个短信也是把兰州这个整个的风貌，都"有什么"突出出来了。

岳逢春：对。这在修辞上，它应该是一个"反衬"吧。

晓萌：刚才我们看到的是第 38 棒火炬手，穆涛。现在是汪海洋。刚才这个穆涛火炬手是东乡族的火炬手。说到这个民族啊，在兰州有三个非常特殊的民族，而且这三个民族是只有在甘肃有。

岳逢春：对，是独特的少数民族。

晓萌：是哪三个？

岳逢春：叫做独有的民族。东乡族、裕固族、保安族。这三个少数民族，都在兰州附近生活。

晓萌：刚才那个穆涛就是东乡族的。

岳逢春：对，东乡族。我看她是一个共青团干部。这一次共青团

组织青年,组织团员参加活动,也出了力,推动了大家参加活动,热情非常高。

晓萌:因为在这个兰州啊,兰州大学非常有名,在这里呢,学生也很多,来自世界,来自全国各地的这个学生……

岳逢春:你说来自世界各地也对,也有外国留学生。

晓萌:都在这里汇集了很多的我们的有志的青年。所以说,他们也会参与今天的活动,参与到见证火炬传递的活动中来。

岳逢春:他们见证火炬在兰州的传递。

华北:在兰州最有名的大学应该就是兰州大学了吧。

岳逢春:兰州大学应该是教育部直属的院校吧。这是很有名气的大学。当然,其他大学也都在全国有一定的影响,像西北师范大学,铁道学院,铁道学院现在叫交通大学,铁路的设计,铁路方面的工程技术人员,这个学校毕业了不少。青藏铁路的修建,他们出了很大的力,进行设计,模式的实验。

晓萌:我们现在看到有很多,这就是昨天岳老给我们说的那个群众自发的那个……

岳逢春:晨练的队伍。这叫"木兰扇",这是他们在锻炼。这应该是城关区,或者是七里河区的队伍。

晓萌:群众用这种方式来迎接圣火。在今天整个的兰州站的传递过程当中,沿途有很多的这样的民间的自发的群众,来用这种方式,平时健身的方式,然后,他们自己想到的一些独特的方式,来迎接圣火。

岳逢春:咱们叫做载歌载舞,敲锣打鼓嘛。

晓萌:今天整个火炬传递是 27 公里。

岳逢春:对。行程 27 公里。

华北:好。现在,我们看到的是第45棒火炬手,她是高亚萍,她从事体育工作有35年。曾经做过垒球运动员。她当运动员的时候呢,多次获得过国内大赛的冠军,曾经荣获"全省集体三八红旗手"称号。

晓萌:我们还是能够看到很多的年轻人跟着火炬在跑啊。

岳逢春:热情非常高。老百姓还是,真是翘首以盼。我们在6月30号演练,那时候人就很多了。

晓萌:6月30号就开始演练了。

岳逢春:嗯。我们就做了一次整体的演练,发现问题,解决问题。这个黄河风情线就是改革开放以后,进入21世纪提出的一个建设的思路。就是,南北两山搞绿化,黄河两岸搞文化,南北两山,这个过去,南山基本上没有什么树,现在已经是郁郁葱葱了,植树造林取得了很大的成果。

晓萌:在兰州,刚才我们说,随便找一个树荫啊,都非常凉快,那这个树荫也,从这个绿化看……

岳逢春:来之不易。我们过去像这个山上,水上不去啊,提灌设备受当时的这个技术条件,经济条件制约,影响,水上不去。兰州人民是背冰上山哪。冬天……

晓萌:背冰上山?

岳逢春:嗳。冬天,从河里把这个冰,冰块,凿下来,背上,放到山上去,当作水嘛,冰,就是水嘛,融化了之后,滋润山上的这个草木。

晓萌:啊。

华北:我们说现在人们乘凉,我觉得……

岳逢春:前人种树,后人乘凉,这在兰州呢,是实实在在的一件事情。

华北:对,对对对。所以说,我们今天如果到兰州去旅游的话,你坐在树下很凉快,喝着啤酒,很舒服的时候,应该想想这些树来之不易。

岳逢春:来之不易。

晓萌:昨天啊,在这个嘉峪关传递,还有前天啊,在这个传递的当中啊,都有这个向戈壁要绿地的这样的英雄,他们在当地也是做了这些绿化的贡献,那在兰州也一样。

岳逢春:也有。我认识的一位教育局的同志,就常年住在他的绿化基地。

【活动现场画面,《黄河母亲》雕塑广场,摇臂摄像镜头。

华北:现在,我们看到第52棒火炬手朱雪明。

岳逢春:这是黄河母亲,到达黄河母亲了,《黄河母亲》雕塑。这里特意安排了一个交接点。

晓萌:《黄河母亲》雕塑应该也是我们兰州的一个标志性的建筑,而且也是黄河的一个标志性建筑……。

岳逢春:你刚才问我有多大,她就这么大。这个形象非常美。

晓萌:真是很慈祥的。

岳逢春:是一个慈祥的母亲和一个可爱的小孩子。我们就是黄河的儿女,中华民族的儿女,也是黄河的儿女,都是黄河母亲的儿女。她就体现这样一个主题。这是1987年在这里落成的。是改革开放以后,在这里做的。现在已经成为一个著名的景点,风景区。

【黄河母亲雕塑广场,火炬手交接火炬。

【画面返回演播室。

岳逢春:在这里呢,我就有一个体会和启发,就是现在,我们也应该创造一些能够流传下去的文化。那么,我们看三百年前古人留下的东西,啊,这个东西真好。现在,我们也应该创造,三百年后,后人也会看现在的东西。我们应该好好地研究,创造这样的精品,力作。

晓萌:今天我们看到的中山桥、白塔山、还有母亲雕塑,都是要留给后辈的。

华北:岳老师,刚才我们看到的这些母亲雕塑啊,就是黄河经过兰州这一段,它是属于那一部分的,中间?

岳逢春:上游啊,黄河上游。兰州是黄河的上游啊。

华北:就是,我是说,母亲雕塑在兰州的中间位置?

岳逢春:中间,是很珍贵的地段,我们叫黄金地段。

晓萌:刚才,我们说,啊,看……

【插播《黄河母亲》雕塑风光专题短片。

华北:我们来欣赏一下啊。

晓萌:母亲,哎呀,还有一个小婴儿,趴在母亲怀里,母亲的旁边啊。刚才我没有看清楚,啊,就是这样的一个雕塑,感觉非常平静。

岳逢春:是那样的慈祥,那样的宁静。

晓萌:刚才啊,岳老师给我们形容,说这个黄河啊,像一个少女……

岳逢春:——少妇。我觉得她在兰州段,她像少妇。少女应该是在上游,在青海她是少女。

晓萌:然后,刚才我们也看到了是非常慈祥的一个母亲雕塑。我们称黄河为母亲河,所以,说黄河给我们的感觉在壮阔之余更多的是柔美。

岳逢春:对。在兰州段,柔美的成分更多一些。

华北:另外,刚才我们在传递过程当中啊,正在看到那个两边郁郁葱葱的树木,真是打破了很多没有到过兰州的人原来对兰州的一些看法啊。

晓萌:啊,绿化非常好。稍后呢,我们将给大家带来几位火炬手的故事。先休息一下。

【插播可口可乐、中国重汽、中华立领等广告片。

【返回演播室。

华北:5·12汶川地震,甘肃陇南也是受灾比较严重的地区,那这次火炬传递为了凸显抗震救灾重建家园的这么一个主题,所以说,在传递第一棒,刚才我们也看到了,就是抗震救灾英雄田宇。

晓萌:田宇在地震发生之后,和很多抗震救灾英雄一样,也是顾不上自己家人的安危,第一时间冲到了前线,组织人们进行转移,也实现了自己的一个人生价值。

【插播火炬手田宇专题片。

晓萌:在今天的火炬传递当中,还有一个学生,他是刚刚经历了高考,他也作为今天的火炬手,其实呢,这个学生不仅是学习成绩优异,而且也是多才多艺的一位学生。

华北:是啊,更主要的是他一直有一个奥运梦,一直就想成为一名火炬手,现在,终于梦想成真,那现在就让我们一起来认识一下这位年轻的火炬手,他叫马重。

【插播火炬手马重专题片。

晓萌:看到马重呢,我们真的觉得他是一个非常幸运的学生。哎,其实在5·12地震发生时,之后,很多小学考初中,初中考高中,和经历高考的这些学生,都是经历了一段非常大的考验,所以我觉得,他们在经历这些事情的过程当中,都有很大的收获,都是成长了。

华北:是啊。

晓萌:那,我们今天的传递活动,经过母亲河,我相信也给我们所有的人一种全新的感受,而且是一种鼓励。那,我就想问问岳老师,在看到我们早上的这个传递过程当中,在您的故乡兰州的传递,看到了母亲河这样美丽,您有什么样的感受呢?

岳逢春:我觉得,有两句话吧。嗯,古金城,战略地位之重要,是不言而喻的。新兰州,虽然地处内陆,同样要扬帆远航。要往前走,要建设我们的家园。今天的传递呢,给我的一个感受呢,就是抗震救灾,重建家园,点燃激情,传递梦想,同一个世界,同一个梦想。

华北:那现在这个火炬传递呢,应该说是还没有结束,我们岳老师呢感受就是如此深刻,那今天传递之后呢,我们的岳老师不知是怎么样的一个感受。那,刚才呢,通过前一段传递,我们已经看到了这个中山桥,看到了,啊,《黄河母亲》雕塑,那接下来的传递当中,岳老师,还有什么样的景点值得我们去看?

岳逢春:嗯。下一个起点是银滩大桥,之后,经过新城区,高新技术产业开发区,那个地方是魅力新城,山水新城。沿途景点,还有生命之源,有龙源,还有一些个新的景点,还要经过白塔山下,过去是音乐喷泉,过黄河大桥,最后进入水车博览园,举行结束仪式。

华北:好。那么,再过一会儿,也就是十一点一刻的时候呢,我们将为您带来后半段的传递情况,同时在传递当中,我们也将同岳老师共同一起来分享一下兰州的优美景色。

晓萌:一会儿见。

【起跑仪式精彩镜头闪回;可口可乐广告片。

【演播室休息两小时；央视播放足球比赛节目。

【第二时段 11：00—12：00

【《与圣火同行》18 秒片花片头；切入演播室。

华北：观众朋友们，上午好。欢迎您在收看了中国国奥队的热身赛之后，继续关注我们《与圣火同行》节目，那接下来，我们为您继续直播的是祥云火炬在兰州传递后半段的情况。

晓萌：今天上午八点，我们就开始给大家直播祥云火炬在兰州传递的情况了。在今天的演播室里跟我们一同见证火炬传递的是一位嘉宾，给大家介绍一下，兰州市文联的副主席，也是一位作家，岳逢春先生，您好。

华北：欢迎您。

岳逢春：主持人好，大家好。此时此刻，让我们共同关注祥云火炬在兰州的传递活动。兰州人民向全国人民问好，向全世界关心和支持北京奥运会的朋友们，同时问好。谢谢主持人，谢谢大家。

华北：今天的起跑仪式是设在兰州的中山桥桥南广场，而且呢，今天也许您看了早上的这个直播之后呢，就会发现这个火种出现在大家面前的时候，有一个很特别的仪式，受到了一个最高的礼遇。

晓萌：嗯。那我们赶快回顾一下今天上午的传递过程。

【插播早晨起跑仪式精彩镜头短片。

晓萌：那，在今天上午的直播过程当中，我们经常会看到这样的全景，就是黄河在兰州穿城而过。其实兰州是我国的省会城市当中惟一的一个这个黄河流经的城市。

岳逢春：对，穿城而过。

晓萌:穿城而过的省会城市。今天呢,这个传递过程当中,整个的路线设计,包括起跑仪式,都是以这个黄河文化这个元素为特色的。

岳逢春:对。突出了这样一个主题。

晓萌:没错。

岳逢春:先向西跑,然后经过银滩大桥,经过我们的高新技术开发区,安宁区,然后再向东跑。先是逆流而上,然后顺流而下。条条江河归大海嘛。

【切入传递现场画面。城关黄河大桥桥上。

华北:这个传递呀,他要包括火种灯出来的仪式,穿过一次这个黄河中山大桥,然后要折返一次,又穿过黄河其中的一座大桥。

岳逢春:这个,第一次穿过的是银滩大桥。

华北:穿过银滩大桥。然后呢,在黄河的北岸走。

岳逢春:在北岸向东走。

华北:然后呢要再经过一次大桥。

岳逢春:再经过一次呢,就是现在经过的这座桥。

华北:这个桥是什么桥。

岳逢春:这是城关黄河大桥,这是 1980 年建成的。

晓萌:银滩大桥已经过去了吧。

岳逢春:银滩桥已经过去了。高新区是一个非常美丽的新城区,城市建设也搞得非常好。那里的干部群众的干劲非常足,他们的口号是"五加二""白加黑",五天工作日加两天休息日,白天加黑夜,努力地在建设这个新城区。

华北:现在火炬已经传到了 247 棒,他的名字是卢浩照。

晓萌：啊，今天上午呢，岳老师给我们带来了很多关于黄河的文化，关于兰州的历史的文化和沿途的一些景点，最让我感触最深的，除了这个黄河桥、白塔山之外是我们兰州的名片象征，还有就是这个《黄河母亲》雕塑。

岳逢春：对。城市雕塑。

晓萌：啊，城市雕塑。非常的柔美。啊，今天接下来的这个传递过程当中，我相信，也会有很多兰州特色的景致，呈现给我们。

华北：不过呢，我们看到这个传递的时间呢，已经接近中午的时间了。在这儿呢，特别想给观众朋友们通过岳老师的口，给大家介绍一下兰州的这个小吃。其实一说到兰州吃的东西，晓萌你最先想到的是什么。

晓萌：那肯定是兰州拉面。因为，在北京，我没去过兰州，但是在北京有一个非常有名的，叫马兰拉面，非常有名。我不知道啊，可能岳老师没有吃过吧，这个北京的兰州拉面是不是和兰州的拉面……

岳逢春：马兰拉面还是很地道的。

晓萌：对，很地道的。

华北：其实呢，说到兰州这个拉面啊，它可以追溯到清末光绪年间。说啊，当时有一个叫马保子的厨师，创造了这个面食，后来呢，后辈们代代推陈出新，将面食文化发展到极致，吃出了名扬天下。我们说这个兰州拉面呢，叫做一清二白三红四绿五黄。

岳逢春：对，有这个口诀。严格说起来，应该叫做兰州牛肉面，我们在兰州都叫牛肉面，我们在兰州不叫拉面。

华北：那它是怎么个清、白、红、黄。

岳逢春：一清是汤清啊，是鸡汤和牛肉汤，牛骨头熬成的汤，非常的清。一清二白，白是面白，面非常白。也有一种说法萝卜片是白的。三红，红是油泼辣子，辣椒面，拿油，滚烫的油，把它煎了吧，这是三红。四绿呢，有蒜苗，芫荽苗，就是香菜，香菜末，放在汤里头，非常提味，好吃。你刚才说五黄，也有一种说法，说面是黄的。我想，在中央电视台，应该说一清二白三红四绿——五香。一清二白三红四绿，全是看的，是视觉，那么，吃食应该有"香"，说这个东西很好吃，香得很，很香。我想它应该说，一清二白三红四绿，五香，这样就全了。光看，你不吃不行。

华北：啊。

晓萌：作为牛肉面还有一个小问题，就是我们吃牛肉面，有的是片儿的牛肉，有的是块儿的牛肉，正宗的兰州牛肉面应该……

岳逢春：对，吃法应该是这样的，放在汤里的是块儿，切成四方小块儿，像小指甲盖，啊，小指头肚大小的小块儿，小四方墩，小四方"丁儿"，比"丁儿"大一点。切成片儿的是单独给你上，放在盘子里，给你上。

华北：啊，这是正宗的吃法。

岳逢春：对，是正规的一种吃法。放在碗里的那点儿小肉丁儿，你还吃不过瘾，再给您来一盘。

华北：啊，哈哈哈哈。

晓萌：那今天的这个火炬传递结束之后，是不是很多市民，很多火炬手，是不是都会去吃牛肉面啊。

岳逢春：对。我想应该是。第一反应，大部分人的第一反应：进牛肉面馆。直奔牛肉面馆吃今天中午这顿饭，就是牛肉面。而且，今天早上大家起来都比较早,应该是五点多钟六点钟就开始入场了,这时候还来不及吃一碗牛肉面。这个活动一结束,所有的人,所有的工作人员,跟着跑的群众,肯定是进牛肉面馆。在兰州,这个牛肉面馆……

晓萌:太多了。

岳逢春:可以供应得上,工艺上也很快。

华北:特别快啊。

岳逢春:速度非常快,几乎不用你排半天队,一碗一碗一碗,大概就是一分钟,几十秒,就能出一碗。

晓萌:所以说这个兰州牛肉面便宜,就是上小店去吃啊,但是确实是,这么多年大家的这个口味从来就没有变。是这样的一个美食。

华北:中国特色快餐。

岳:对,中国特色的快餐。

华北:那大家就没有必要去吃那些洋快餐了。这是咱们的国产。

岳逢春:这是咱们的特产,吃起来特别过瘾。有面,有肉,有汤,吃起来特别过瘾,有一碗很好喝的汤,吃一碗,能顶一早上。

华北:对。

岳逢春:估计这些火炬手今天早上来不及吃……

华北:一会儿,咱们也吃一碗去啊。要是他那牛肉块儿和牛肉片儿不正规的话,咱们就告诉他,你这不正规……

岳逢春:哈哈哈哈。

晓萌:那说起兰州的这个饮食啊,兰州的瓜果啊,各方面也有很丰富的品种。

华北:对。因为呢,我了解,是不是这样的啊,岳老师,因为咱们那个黄河穿城而过。

岳逢春:对。

华北:因为咱们这个黄河穿城而过,带来的相应的气候,包括湿度等等,适合这些瓜果梨桃的生长。

岳逢春:是的。兰州,它局部气候很好。兰州是个盆地,但是这是地理意义上的盆地概念,你在兰州市你感觉不到是在盆地里,而是大都市的气派,大城市的气派。这个瓜果梨桃长得确实是很好,它的日照足嘛,特别是沙地里种这些瓜果梨桃……

华北:啊,对对对,沙地里种,特别甜。

岳逢春:特别甜,糖分特别高。白兰瓜,啊,西瓜也很好,桃,白凤桃。刚才我介绍的安宁区,就出这种白凤桃。

华北:吃这白凤桃,听我们同事说啊,他上大学的时候在那边读大学,他说那儿的桃子如果摘下来之后三天不吃,就是说你稍微碰一下的话,这桃子可能就会坏掉了。

岳逢春:保鲜问题现在正在解决。这个桃子吃起来就像一包蜜一样,它是软的,不像那种绿桃子,"咔嚓,咔嚓"嚼着吃,怎么说,就像那个……

华北:薄薄的一层皮。

岳逢春:一包蜜。

晓萌:这么一说,就像华北这么说,有点像《西游记》里的人参果了。

岳逢春:这么说着,人的口水都要下来了。每年桃子下来的时候,你可以到桃园去吃。而且还有桃花节,现在叫蟠桃节,春天的时候,可以赏花,秋天的时候,吃桃子。他那个地方就叫十里桃乡嘛。

华北:好。我们看到现在回到火炬传递现场。

岳逢春:现在已经进入到……快到终点了。现在是市民广场前边。

晓萌:现在是263棒火炬手了。

岳逢春:已经从城关黄河大桥上传下来了,已经快到兰州市人民政府门前了。旁边,对面是市民广场。

晓萌:今天兰州的天气真是不错,艳阳高照。但是,通过岳老师的介绍,现在火炬手跑起来,还是非常舒服的,因为,在兰州即使是这样跑,或者是在太阳下边站着,也不会出汗。

华北:好。我们来看看,现在是第264棒火炬手,慧霞。她是一名大学生。刚刚跑的这一棒火炬手,她是一名大学生。本身,她家境贫寒,但是经过勤工俭学,长期资助10名孤儿。

【传递现场画面,第265棒火炬手,周丽宁。

岳逢春:这是我们的副市长,这是周丽宁,也是这次我们的起跑仪式结束仪式的总指挥,总策划。她带领我们设计了这个活动。过去也是非常优秀的共青团干部,现在是我们兰州市的副市长。

华北:第266棒火炬手,叫刘勇,多次被省市评为优秀教练员和先进体育工作者,曾经担任过1990年北京亚运会的火炬手。这样呢,岳老师,我们在一边收看火炬传递情况的同时,继续……怎么一到中午就有想要吃的感觉啊……咱们继续说兰州的这个水果。因为呢,在今天上午的时候,我了解了一下,咱们这个兰州啊,你像这个有很多有特色的水果,包括什么百合,黑瓜子儿,这些个东西。嗳,这个黑瓜子儿是什么东西,是我们吃的那个瓜子吗?

岳逢春:这个大板瓜子,黑瓜子,出在"籽瓜"里面,在兰州,就叫"籽瓜子",它就专门生产这个,专门吃这个"籽儿",一般的西瓜籽儿很小,这个籽瓜子儿有大拇指指甲盖那么大,经过加工,非常香。一般,我们过去小时候都到瓜地里去吃。你可以白吃瓜,吃完,你必须把籽儿给人留下,因为这瓜太多了,他去掏这个籽,他费劲,你替他把这个瓤儿吃了,你把籽儿给留下,替他把工作做了。

华北:啊。这瓜每年几月份熟啊。

岳逢春:就是七八月份,就是现在。

华北:就这个月啊。

岳逢春:七八月份你到兰州来,就是瓜果之乡。

华北:要不是因为现在这个工作太忙。这两个月到那儿去好好吃,直接扎到瓜地里,吃瓤儿,然后替农民分忧解难,然后,我们还饱了口福。

晓萌:我相信,今天不论是当地的这些火炬手啊,还是从其他地方到兰州传递的这些火炬手,朋友们也好,都会尝到兰州的这些美味。

岳逢春:对。我估计,接待单位一定会招待他们的。白兰瓜,籽瓜,现在都有了,已经下来啦。嗯,白兰瓜已经有了,我前两天到组委会去办事情,吃工作餐,已经有了白兰瓜了。

晓萌:还有华北刚才说的这个百合。它是算一种……药品,还是算补品呢?

岳逢春:应该是补品。它……啊,百合是归在药材类里边的,但是,兰州的百合不是药品,它就是一种食品,你说它是蔬菜,它不是蔬菜,你说它是粮食,它也不是粮食,它就是一种食品,出在我们七里河区的西果园乡,西部的果园之乡,叫西果园乡。

晓萌:这也是当地的一种特产。

华北:啊。这个百合是不是在其他地方也能种呢?

岳逢春:能种。但是品质没有咱们这里的好,其他地方的"个儿"小,味道是苦的,咱们这里的个儿大,肉厚,发甜,面,香,可以有各种这个做法,像蜜汁百合,西芹百合,可以炒着吃,煮着吃,炖着吃,蒸着吃,可以熬汤,两分钟就熟了,可以做早餐,加点糖,润肺。

晓萌:百合在夏天吃也相当好,而且不只是夏天,一年四季都非常好。

岳逢春:它比较好保存,放起来,放很长时间,它都是原模样。

华北:我比较好奇啊,您刚才说这个,就是说,咱们在兰州这个百合之乡种出的百合个儿大,又甜,其他地方产出的这个百合,同样是这个产品,可能味道会苦,原因是什么呢?

岳逢春:嗯,土质嘛,跟土质有关系。咱们七里河这地方是黄土高原上的这么一块地方,这和土质,和气候,温度,降水量都有关系。

晓萌:现在是第272棒火炬手,马艳萍,熟悉体育的朋友们都知道,她曾经参加过悉尼奥运会和雅典奥运会,五次获得亚洲山地自行车锦标冠军。

岳逢春:咱们国家的自行车训练基地就在甘肃,就在兰州。他们的自行车就驮着几百斤的粮食在山地上跑,在公路上跑,这很锻炼人的。

华北:这是中央电视台《你就是火炬手》的节目的总导演,是我们，向波，也成了兰州的一名火炬手。

岳逢春：这是奥组委派到兰州，为我们兰州增光添彩的火炬手。

晓萌：就在我们刚才这个转播间隙的时候呢，说火炬是经过了银滩大桥，其实呢，从银滩大桥过去，就是兰州的高新技术开发区了，在那儿，岳老师好像也有的说，因为，有大片的桃林。

岳逢春：那个地方叫十里桃乡。过去叫十里桃乡，现在，就是高新技术区了，是魅力新区，山水新城。它的北边有仁寿山，南边就是黄河，面临黄河，而且北滨河路在安宁区有很长的一段，十几二十公里的一个路段，现在建设的非常好。

晓萌：原来是一个农业的……

岳逢春：以农业为主的一个区，现在就是高新技术开发区，有很多的高新技术企业已经进驻了。全国各地都有这样的高新技术开发区嘛，就不用解释了，高新技术开发区是干什么的，就不用解释了，大家都知道。

晓萌：刚才岳老师也说了，五加二，白加黑，是那里的一个口号。

岳逢春：干部们的，党政干部的工作口号，一种精神，就是五天工作日加两天休息日，白天加黑夜，就是顽强拼搏，奋斗，要把这个新城区建好。

晓萌：所以岳老师还有一句，非常美的一句话，来形容他们的这种精神，就是"白加黑的色彩是如此地绚烂"。

岳逢春：对。——这您还了解。

晓萌：您昨天跟我说过，记得很清楚。

岳逢春：白颜色，黑颜色，本身不是什么色彩，但是在安宁区是非常绚丽的非常绚烂的——这种色彩。

华北：今天，在兰州传递呢，火炬手一共是 296 名。

晓萌：整个传递的公里数是 27 公里……

华北：现在呢，传到了 279 棒，陈熙萌，他是甘肃省核学会副理事长，甘肃省核物理学会常务理事。

晓萌：他是在兰州大学工作。

岳逢春：我们兰州是咱们国家核物理研究和航天事业的一个后方，很大的基地。510 所，兰州大学核物理研究所，都对我国的航天事业做出巨大的贡献。咱们的卫星就是在酒泉的卫星基地发射的，"神五"，"神六"，咱们兰州的这些科研机构都做出了巨大贡献。

华北：我记得昨天您跟我们说过，在兰州，在甘肃这个地方，没有什么太有名的基地，只有一个什么……

岳逢春：咱们这个航天基地，在酒泉这一带。

华北：这是一种比较谦虚的说法，实际上是最有名的啊。

岳逢春：甘肃呢，远有八千年的大地湾文化遗址，秦安的大地湾古人类文化遗址，现在，有航天事业基地，当然，航天事业是咱们国家的航天事业，有幸选择了咱们西部的这么一块地方来建设，我们也感到很光荣。

晓萌：其实兰州呢，也是一个移民的移居城市。

岳逢春：对。五湖四海的人。

晓萌：五湖四海的人。很多人都说，你是当地的兰州人吗？其实很多人都是从其他地方迁移的。

岳逢春：像我们这一代人，我今年五十多岁，像我们这一代人，大部分人的父母亲都是五十年代支援大西北到兰州安家落户的。兰州是一个很典型的移民城市。

晓萌：所以说它是一个融合性非常强的城市。

岳逢春：过去，语言是南腔北调的，东北话、河南话、上海话、天津话，都是市面上大家都在说的话，现在，普通话比较……这个叫做普及率，比较广泛了。我们兰州现在已经是被评为国家一类普通话达标城市了。

晓萌：所以说有那么多有名的主持人，您的普通话也非常好。还有，兰州有没有当地的语言呢？

岳逢春：当地语言也有，就叫兰州话。这里的兰州话不像陕西话、河南话、重庆四川话流播得那么广，因为兰州过去人口比较少，现在，有330万人口，我没有算过这个比例，反正很大比例是外来的移民，它在古代就是一个移民城市。

华北：虽然说这个兰州咱们是推广普通话，有些地方的方言还是比较有特点。您比如说，咱这个兰州话说兰州拉面，怎么说？

岳逢春："牛肉面嘛"（脱口而出，兰州方言语音）

华北：啊，哈哈哈哈。

岳逢春：兰州人不说兰州拉面，就是，"牛肉面"，"吃个大碗起"（兰州方言语音）就是吃一个大碗面。"来个二细""拉个毛细"，这是兰州话，您听不懂的。

晓萌：听不懂。

岳逢春：这是说面条的粗细，第二档次的粗细。

华北：刚才我听说是说"儿媳"呢。

晓萌：这里，兰州牛肉面也分成很多种，通过那个宽窄啊。

岳逢春:有"牛肚带",只拉两下,就跟皮带一样。大宽、二细、韭叶子,韭菜叶子那么宽,嗳,毛细,很细了,牙口不好,就吃毛细。

【传递现场画面,269棒外籍火炬手与268棒火炬手交接,展示"大雁飞"动作。

晓萌:我们看一下这个现在火炬传递,像大雁飞的一个动作。

岳逢春:对,就是这里。我看这里就是到平沙落雁了。

晓萌:平沙落雁。

岳逢春:过去这个地方就是一个荒滩,雁滩,就是大雁南飞北飞,在这个地方路过,叫雁滩。

晓萌:不知道这两个火炬手在做这个动作的时候是不是与这个地方有关系啊。

岳逢春:他们应该看到这个地方有个雕塑,就叫"平沙落雁"。大概是了解了这个地方的文化内涵。

华北:现在,火炬已经传到了288棒,王润生。

晓萌:我们的火炬手现在是越来越有经验了,心里想在传递过程中给大家留下深刻印象。把这些动作,我们要有时间,给他编成一个短片,也是非常有意思的。

华北:对。以往我们看有跳芭蕾的,有练武的,翻跟头的,还没有看过这个学大雁的,将这个地方的名字结合起来。

岳逢春:我想应该是,学大雁嘛。

晓萌:平沙落雁。

华北:好。现在火炬传递呢已经接近了终点。最后一棒火炬手呢,将是我们中央电视台的主持人朱军。

岳逢春:朱军主持了我们火炬进入甘肃的第一站,敦煌的,咱们叫做起跑仪式的主持人吧。

晓萌：朱军主持了敦煌站火炬传递的起跑仪式。

岳逢春：我们特意把他请过来，作为第一站的主持人。而且敦煌在他主持的时候呢，在交接火炬，颁发证书的时候，天上确实出现了一朵祥云。我在兰州，那天晚上，他们打回来电话，说天上确实出现了一朵祥云，蓝天上，就是与咱们这个火炬祥云一样的一朵白云，出现在九间楼的上空。

华北：说明这个地方就是一个福地啊。

岳逢春：是，非常吉祥。

晓萌：今天的这个火炬传递的终点，是兰州的水车博物园。

岳逢春：——博览园。

晓萌：啊，博览园。这也是当地非常有名的一个景点。

岳逢春：这是我们建设黄河风情线的时候，进入新世纪提出来的创意。

华北：岳老师，您看他们现在拐弯了。现在是什么方向。

岳逢春：已经到水车园了，马上到水车园门口了。刚才那一小段是向北拐。

华北：啊。向北拐。

岳逢春：一小段路是向北拐。

华北：那刚才我们这段路也是由西向东在进行传递。

岳逢春：啊。刚才那个是由西向东，对。

华北：等于是说，已经回到了黄河的南岸。

岳逢春：回到黄河南岸了。

华北：啊。

岳逢春:现在马上就要进入水车园了,水车博览园了,就是这次活动结束仪式举行的地方。

华北:那现在就要进入水车博览园了,那来给我们介绍一下这个水车博览园的情况。

岳逢春:水车博览园是建设黄河风情线的时候,选的一个点。这个地方呢,过去就有古老的水车,四百年前就有水车,叫"水北门"嘛,当然后来用不着这东西了,也就自然损坏了。进行建设黄河风情线呢,就在这个地方把这个水车恢复起来,作为观赏景物。兰州也有别名,就叫水车之都。2006 年,咱们国家邮政局发行一套邮票,叫做《水车与风车》,那张邮票上的水车的形象,就是我们兰州的水车,过去浇灌着两岸的良田,起了很大的作用,已经有四百多年的历史了。是明朝的一个官员,从南方做官回来,学到了南方的这个水车以后,回到家乡兰州,进一步地加工研究,造了这种巨大的水车,待会儿,咱们会看到的。

晓萌:现在,我们看到的这是兰州倒数第二棒火炬手,295 棒,张建明,在 5·12 大地震当中也是解救出了 29 名学生,自己也身负重伤。

【传递现场画面,朱军接过火炬。

华北:好的。现在,朱军,接过了最后一棒火炬。

岳逢春:这就是已经到了水车园里边了。

晓萌:第 296 棒火炬手朱军,兰州的,也是甘肃的最后一棒火炬手,即将点燃圣火盆。

【背景音乐。节目主持人同期声:燃烧吧,圣火……

岳逢春:这就又回到黄河边了。

晓萌：嗯。从黄河出发，又回到黄河边上。

岳逢春：充分展示黄河兰州段的美丽壮观。

晓萌：让我们领略了母亲河的虽然不是全貌，是一个段落，但我们也看到了母亲河……

岳逢春：很精华的一段。

晓萌：对，很精华的一段。

岳逢春：这马上就要登上圣火台了。

晓萌：朱军呢，作为今天最后一棒火炬手，也很有意思。因为呢，他马上就要在主席台上呢，除了点燃圣火盆之外，还要跟自己的一个老战友，原来的搭档，相见，这个人就是这个结束仪式的主持人，原来朱军在兰州的搭档……

【现场同期声：陈立伟：金汤万里，放飞梦想……

岳逢春：对。他们原来在兰州军区文工团，战斗歌舞团曲艺队工作的时候，在一起说相声，他们是一对搭档，经常下部队演出，他们都在一起。我想，他们俩见面，肯定会有自己的话要说。

【现场画面与同期声。陈立伟：朋友们，现在，最后一棒火炬手，中央电视台著名主持人朱军，已经到达了我们的圣火点燃现场。

【牟婕：有请朱军点燃圣火盆。

【陈立伟：有请。

【朱军亲吻火炬，点燃圣火盆。

晓萌：朱军深情地亲了一下火炬。

华北：是啊。这个火炬，圣火能够来到自己的家乡，也是……

晓萌：朱军点燃了圣火盆。

【现场。陈立伟：好，朱老师，请留步。朱老师，今天呢，作为我们甘肃省兰州市传递的最后一棒火炬手,点燃圣火盆,我想,问问您,此时此刻,您最想说的是什么?

【朱军:非常激动。首先,感谢家乡的父老乡亲,感谢奥组委,把甘肃圣火传递最后一棒这样一个殊荣给了我。点燃圣火盆的一瞬间,我们也是点燃了激情,点燃了梦想,点燃了陇原儿女对北京奥运会最深切的祝福和期盼。我想呢,圣火进入甘肃第一站,也就是公元 2008 年 7 月 5 号,千年敦煌九间楼的上空,祥云瑞现,这正是,在中国共产党英明领导下,全体中国人民万众一心,抗震救灾,众志成城,办好奥运的信心和决心,感动着天地,感动着整个世界。

【陈立伟:啊。我们知道,在 5·12 大地震发生以后,在 5 月 18 号,中央电视台的赈灾义演的直播当中呢,您捐款 3 万元,其后呢,您又专程到咱们甘肃驻京办事处,为家乡的父老乡亲们又捐款 5 万元,其后,在全国青联,全国政协呢,又陆续捐款高达 20 万元。那么,今天,在这个特殊的令人激动的时刻,您是不是还有爱心向家乡的人民表达。

【朱军:是的。首先感谢您刚才说了那么多,我觉得,那是我应该做的。灾区的重建是一个长期而漫长的过程,所以,这次来呢,我协同香江社会救济基金会陈瑶秘书长一起来到这里,为家乡首批捐助 20 万元,用于家乡的教育事业。那么,在家乡灾区重建的过程当中,我们也将继续为灾区贡献我们的爱心,表达我们的心意。

【陈立伟:好,有请陈秘书长。

【陈秘书长与朱军共同高举写有 "香江朱军爱心图书室 20 万元"的捐助标牌。

【陈立伟:好。朱老师。我们相信,在您的带动下,我们现场的火

盛典礼赞

炬手,还有我们的各个优秀企业,都要在这里进行爱心的奉献。

【朱军:在这里要感谢所有的社会爱心人士,对灾区,尤其是对我家乡灾区的援助……

【现场特写镜头:水车在旋转,黄河上游轮在游弋,圣火盆在熊熊燃烧……

【画面切回演播室。

华北:嗯。随着圣火盆的点燃,那么,今天祥云火炬在兰州的传递呢,也圆满地结束了。

晓萌:稍候呢,我们给大家带来火炬手的故事。

【插播火炬手周丽、丁贵华专题片。

【切回演播室。

晓萌:今天的火炬在兰州传递已经圆满结束了,给我们感受非常深刻的就是起点和终点,啊,我感觉起点就是白云蓝天映衬下的黄河水,还有这个中山桥和白塔山,之前的熊熊燃烧的火炬,在终点呢,我们刚刚说到这个水车博览园,很漂亮的水车,当然,我还看到当时在广场上有很多的民众跳起了,打起了太平鼓,这也是兰州的一个传统?

岳逢春:是。我想,今天的传递活动,场面非常壮观,你们中央电视台给的画面,也非常美丽。我们自己在兰州呢,觉得兰州是个好地方,是个美丽的城市,通过中央电视台的这个镜头一看呢,就更加美丽了。您刚才说到太平鼓,我们特定为"兰州太平鼓",因为全国各地都有太平鼓,我们这个就是"兰州太平鼓",它有它的特点,是桶状的鼓,而且重量,分量不轻,就是甩起来打,跳起来打,蹲下打。它有各种打法,具体的打法,这里没有时间了,咱们就不细说了。这是兰州独有的一种独特的文化,已经进入国家非物质文化保护这样一个名录里边了。在兰州,打太平鼓也非常这个,普遍,节庆活动一定要打,这是没有问题的。

华北:一般说来,就是过年的时候打得比较多一些。

岳逢春:春节。春节社火进城,肯定要有太平鼓队。

华北:是吧。所以说,这个平常的时候,不是说七八月份你到那儿去,吃瓜果梨桃,在过年的时候,你也可以到兰州去,体会一下他们当地的那个……

岳逢春:兰州的年味儿,兰州也有兰州的年味儿。

晓萌:到了兰州都有的看。其实说完这个太平鼓啊,兰州还有一个非常传统的,就是这个彩陶之乡,您简单地给我们介绍一下。

岳逢春:彩陶之乡。彩陶是五千年前的马家窑文化,半山文化,齐家文化的原始人的生活器具吧。甘肃叫做彩陶之乡嘛,大部分彩陶都是从甘肃这个地方出土的,反映了古代远古的一种文化。专业、学者们可以从上边采集到很多这种远古的信息,文化的信息。当然,作为我们普通人来看,就是一个器物嘛。它那个花纹里边带着很多的密码信息,专业研究工作者在研究它们的时候,就能看出很多东西来,我们看,就是一个陶罐,很好看,很古朴,啊。咱们这一次这个太平鼓与这个彩陶也有联系,他们的服装呢,就是采用了这个彩陶的花纹,而这个彩陶鼓,啊,彩陶里面也有陶鼓,就是鼓的鼻祖,就是用陶土烧成的鼓桶,这个叫鼓桶,然后蒙上皮子,和咱们这个太平鼓,形制上很相像。这就是您刚才提到的兰州的这两个特点,远古的文明和古代的文化和现代的文化结合起来。

晓萌:对。我们也希望兰州的这两个传统文化能够继续延续下去,流传下去。

华北:也希望电视机前的观众朋友们通过这次祥云火炬在兰州的传递,您对兰州也有一个更深刻的认识,也欢迎大家到那儿去,亲眼看看。

岳逢春:我们兰州人民热情好客,欢迎大家到兰州来。

晓萌:欢迎大家。明天,我们的奥运圣火呢,将会继续传递,将来到呼和浩特,我们也将在明天早上为您现场直播呼和浩特的传递盛况,欢迎大家到时收看。

华北:嗯。谢谢。

晓萌:明天见。

岳逢春:谢谢大家。

【兰州传递活动精彩场面回放 20 秒。

【叠印字幕:中央电视台甘肃电视台

【12:00 结束

(本篇根据央视播出实况记录整理)

● 黄河祝福火炬燃

——2008 奥运火炬兰州传递电视专题片策划文本

【城市的黎明

解说词(下同,不再标注):

公元 2008 年 7 月 7 日,北京奥林匹克火炬传递到达兰州,这座城市成为一片激情的海洋。黎明时分,城市就开始沸腾了。

【大河滔滔

黄河,波涛滚滚,川流不息,浩浩荡荡,激情翻卷。中华民族的母亲河,今天格外显得风姿绰约,容光焕发,神采奕奕。母亲河深情地亲吻了兰州这座"水车之都"、"黄河明珠"之后,依依不舍地穿城而过,缓缓向东流去。

【火炬手集结

清晨,296 名光荣的火炬手穿上了崭新的专用服装,整装待发。他们,人人心里充满了期盼已久的庄严与神圣,个个胸中洋溢着无比的兴奋与自豪。

【火炬手现场感言

激情满怀,溢于言表。今天,他们共同拥有一个崇高而精彩的名字——"北京 2008 奥林匹克火炬手"。这的确令人感到骄傲和自豪,也令所有的人羡慕不已。

【将军柱广场现场

大河南岸,"将军柱广场"披红挂彩,花团锦簇,彩旗飘扬,鼓声震天,福娃雀跃,乐声悠扬,显得热闹非凡。成千上万的群众一大早就来到这里,井然有序地列队集结,载歌载舞。南、北滨河路百里黄河风情线上划出的长达 27 公里的火炬传递路线两侧,十数万市民群众挥舞彩旗,激情荡漾,盛装出场。参加迎接火炬活动的人们花枝招展,兴高采烈,敲锣打鼓,翩翩起舞,尽情地释放着酝酿了一百年的激情。

【群众呼口号

"抗震救灾,重建家园"的口号声震百里。

"中国加油,奥运加油"的呐喊更是响彻云天。

【中山桥,将军柱

白塔山下,这条长达 296 米的红色地毯横跨大河两岸,为中山铁桥穿上了隆重的礼服。五颜六色的奥运彩旗拥抱着鲜艳的五星红旗,将这座具有 100 年历史的桥梁装扮一新。历经百年沧桑的中山铁桥,将用一百年的岁月,来见证百年期盼的这个辉煌时刻。

已经有 600 岁高龄的"将军柱"也闻鸡起舞,舒展身姿,显得精神矍铄,神采奕奕,它将以深厚的文化底蕴和饱含深情的诉说,来讲述今天即将发生的这个"和谐之旅"的精彩故事——奥运火炬传递兰州起跑仪式,将在这里隆重举行。

【会场旗杆,圣火台

大河彼岸,高高竖起的旗杆上,五环旗和"中国印"簇拥着国旗迎风招展,高高飘扬。广场上,这座临时搭建的圣火台,庄重典雅,高贵醒目。奥运圣火,将在这里点燃。第一棒火炬手将高擎祥云火炬从这里出发,将母亲河深情的祝福,传递给北京,传递给世界,传递给全人类。同时,也将公元 2008——7 月 7 日这个精彩的日子,永久地镌刻在这座城市的记忆中。

【仪式现场,欢腾的群众,太平鼓起舞

人们摩肩接踵,熙熙攘攘,激情满怀,翘首以盼,等候着奥运圣火的到来。誉满天下的"中国·兰州太平鼓"上下翻飞,神采飞扬。再过29天——8月8日这天傍晚,兰州太平鼓将精彩亮相北京奥运会开幕式主会场"鸟巢",终于要将一个多年的梦想化为现实。

上午7点40分,为火炬传递起跑仪式喝彩助兴的文艺表演就开始了。

圣火台两侧,上千名少年儿童挥舞彩旗,身着各民族服饰的舞蹈队欢歌起舞,独具兰州特色。

【节目主持人陈立伟、牟婕出场,朗诵开场词,主题音乐背景"燃烧吧,圣火……"

8点整,壮丽的音乐回荡在大河两岸。

【礼兵指挥官口令——"敬礼!"

武警礼宾仪仗队向贵宾庄严敬礼,这是一个城市给予奥运圣火的最高礼遇。

【省市领导同志步行过桥画面

在中共甘肃省委书记、省人大常委会主任陆浩同志和省委副书记、省长、省火炬传递运行指挥部总指挥徐守盛,省委常委、宣传部部长励小捷,省政协副主席、兰州市委副书记、市长、市火炬接力组委会总指挥张津梁陪同下,北京奥组委圣火使者屠明德先生健步走过中山桥,神采奕奕地登上圣火台。

【节目主持人介绍出席嘉宾

火炬传递兰州市起跑仪式正式开始了。

【励小捷主持仪式(同期声;仪式实况,领导致词等现场全部程序)。

【圣火护卫走向圣火台

点燃激情 传递梦想 陇原鼎沸 金城举觞 和谐之旅 万

邦共享

在圣火护卫人员护卫下，象征"和平、友谊与梦想"的北京奥运圣火出现在圣火台上。

北京奥组委圣火使者屠明德先生点燃了圣火，高高举起"祥云火炬"。

这激动人心的时刻终于来到了。

【四位首长交接火炬

北京奥运，盛世华章，神州梦圆，华夏泱泱

奥林匹亚，玉嵌金镶，五环圣火，神采飞扬

同一世界，同一梦想，江山壮丽，国运盛昌

【田宇跑上主席台，接过火炬，开始传递。

火炬手田宇，是我省抗震救灾英模代表，他担任第一棒火炬手，充分表达了全省人民抗震救灾，重建家园的坚强决心。今天，抗震救灾，重建家园与圣火同行。

【火炬手传递火炬，引燃火炬，火炬手在奔跑

我们传递圣火，营造一个如诗的梦幻

我们传递圣火，放飞一个衷心的祝愿

我们面前的这条大河，以13亿朵浪花飞溅这衷心的祝愿

我们面前的这条大河，将13亿中华儿女的祝愿汇入奥林匹克的火焰

闪耀吧，黄河之都的灿烂

燃烧吧，奥林匹克的火焰

我们用汗水与智慧浇灌一个个神奇的梦幻

我们把金杯和银奖捧给每一位勇士的凯旋

2008，北京奥运，这个世界共同的语言

2008,北京奥运,这个星球最辉煌的诗篇

【《黄河母亲》雕塑交接点

火炬,在大河两岸传递,激情,在黄河之滨激荡。

让我们稍稍平静一下激动的心情,来回顾一下火炬传递筹备工作的日日夜夜。

【闪回,领导视察画面,组委会工作画面,会议画面

2007 年 10 月,兰州市组成火炬接力传递工作领导小组。并组成了省、市、区三级指挥、协调、运作系统。陆浩、徐守盛、刘伟平、励小捷、冯健身、郝远等省上领导同志多次听取汇报并实地视察,做出指示,促进各项工作有效落实。

2008 年 2 月 27 日,元宵节刚过,火炬传递甘肃省组委会副主任、副省长郝远听取了兰州市传递筹备工作情况的汇报,原则批准了火炬兰州传递策划方案,充分肯定了兰州方案围绕黄河文化做文章的主题构思,并通过了起跑仪式在中山桥将军柱广场举行,庆典仪式在水车博览园举行的策划方案。

随后,兰州市将领导小组调整为由市委陈宝生书记和张津梁市长担任主任的火炬接力传递活动组委会,下设八个工作小组。

为策划筹备这个百年梦想的实现,组委会和下设的八个小组,夜以继日地为火炬在兰州市成功传递尽心尽力地工作着。

当筹备工作进入倒计时,进一步调整组成火炬传递指挥部,由张津梁市长任总指挥,市委、市政府有关领导同志和兰州警备区首长分别任副总指挥,对火炬传递全程线路和三个区实行包区包片包段负责。强有力地保证了传递活动顺利进行。

市委常委会、市政府常务会多次专题研究火炬传递筹备工作。

市组委会每周召开一次工作例会,协调解决火炬传递筹备工作有

关问题。

【抗震救灾,"烛光祈福"《我们在一起》活动镜头。

伴随着突如其来的5·12大地震,中华民族经历了一次前所未有的磨难和锤炼。共和国经受了一场慷慨悲歌的严峻考验。我省作为重灾区之一,对火炬传递策划筹备工作做了及时调整,融汇了抗震救灾、重建家园的活动主题。

火炬传递的奥运梦想与鼓舞重建家园的勇气,这两个主题同时展开。

【奥组委先遣组官员数次协调会,会议讲话,现场视察

北京奥组委火炬传递组委会对我市火炬传递工作给予了高度重视,进行了具体指导。

【领导考察线路,路线示意图

我市传递路线的制定,按照充分解读黄河文化内涵的策划构思展开,围绕黄河风情线进行传递,充分展示了兰州黄河之都,水车之都,山水名城的壮丽风光。

为充分展示黄河文化的博大内涵和沿途壮丽景色,实现"让世界了解兰州,让兰州走向世界"的理念,组委会领导同志带领工作人员多次进行实地测试,最终确定了27公里的传递线路,其中火炬手传递15.6公里,车辆转场11.4公里。实践证明,这是一条最科学、最合理、最具兰州特色,最能够展示兰州壮丽风光的传递路线。

【市容整治

火炬传递筹备工作与创建全国文明城市工作同步推进,集中开展了市容环境整治"百日大会战"活动,修补油路近7万平方米,拆除各类违章建筑6万多平方米,对城市四区主次干道楼宇外立面进行了统一保洁清理,努力创造良好的城市环境。营造优美的城

市形象和迎奥运的浓郁社会氛围。

各有关部门都全力以赴，做好环境整治、后勤保障、医疗保障等方面的工作。

【交通、电力、气象、通讯、医疗救护、食品安全

交通、电力、气象、通讯、卫生等部门都做到了服务准备充分、保障措施完善、应急措施到位，全面而扎实地落实了各项准备工作。

【宣传工作会议，媒体记者报道镜头

为了营造浓烈的奥运氛围，兰州市各媒体对火炬传递筹备和迎奥运活动给予集中报道，掀起了市民参与迎奥运活动的热潮。进入火炬传递冲刺阶段后，《兰州日报》《兰州晚报》、兰州电视台等媒体开设专栏，连续报道火炬手事迹，营造了浓郁的迎奥运氛围。甘肃广电总台和兰州广电总台也调集精干队伍，做好了中央电视台和中央人民广播电台现场直播的技术协调准备工作。

【"三区"准备工作

城关、七里河、安宁，是火炬传递经过的三个区，区委、区政府给予高度重视，装扮景点，美化环境，组织好了群众欢迎队伍。做好了充分的准备。人们翘首企盼圣火的到来。

【安保工作，安检镜头

为确保火炬传递安全有序，万无一失，兰州警方制订了详细周密的安保工作方案，调动充足的警力维护传递活动秩序。

【群众排练，仪式演练

为充分展示兰州人民良好的精神风貌，文化部门全力以赴，积极组织参加庆祝仪式的文艺表演队伍认真开展排练活动，精心策划，精心设计，精心打造每一个节目，力求做到精益求精，精彩纷

呈。

【倒计时,29日演练场面

6月29日,火炬兰州传递进入倒计时"读秒"。

【30日演练场面

6月30日,组委会决定举行一次实地演练。

【采访周丽宁副市长。

【圣火火种团队抵达中川机场,

7月6日,圣火火种抵达兰州。

【团队驻地,团队入住

火炬传递团队下榻友谊宾馆。为高水平地接待好火炬团队,宾馆制订了详细的接待方案,为火炬传递团队提供了优质服务。

【7月7日的早晨

万众翘首企盼的这一天终于到来

【镜头回放,领导同志在中山桥红地毯上走过,火炬护卫手登上圣火台……

【北京圣火使者屠铭德先生点燃火炬,交接火炬

【第一棒火炬手田宇举起火炬,跑出会场

【火炬手汤中立接火炬

【火炬手在奔跑,银滩大桥、生命之源、龙源、黄河大桥

我们传递圣火,营造一个如诗的梦幻

我们传递圣火,放飞一个衷心的祝愿

我们面前的这条大河,以13亿朵浪花飞溅这衷心的祝愿

我们面前的这条大河,将13亿中华儿女的祝愿汇入奥林匹克的火焰

让我们共同欣赏这风姿绰约的城市形象,欣赏体育健儿创造

的更快、更高、更强

让我们一起拥抱这流光溢彩的朝霞与阳光，拥抱奥林匹克北京 2008 谱写的精彩篇章

【精彩的群众访谈，激情澎湃的语言，沿途的热烈场面

【精彩的火炬交接画面；具有代表性的重点的火炬手镜头

【水车园，朱军跑过黄河之滨，登上圣火台

【水车园结束仪式的全部流程实况，剪接火炬手捐款镜头

奥运圣火在兰州的传递活动主题鲜明，构思巧妙，场面宏大，结构完整，程序流畅，色彩丰富，亮点耀眼，组织严密，秩序井然。仪式的场景特色尤为突出，文化内涵极其丰富，不但充分展示了黄河文化深厚的底蕴，也将一个生机勃勃充满希望的新兰州展示在世人面前。"让世界了解兰州，让兰州走向世界"，圣火在兰州的传递活动取得了圆满成功。

【央视主持人晓萌、华北与嘉宾岳逢春直播镜头

中央电视台奥运频道对火炬兰州传递活动分两个时段进行了现场直播。进一步宣传了兰州，扩大了兰州的影响，提高了兰州的知名度，实现了"让世界了解兰州，让兰州走向世界"。这也是中央电视台首次对我市举办的大型活动进行现场直播。

【水车，游轮，滔滔黄河，银滩大桥……美丽的兰州风光……

金汤万里，放飞梦想

滔滔黄河，传递梦想

金城，得天独厚的黄河之都

兰州，神采奕奕的创业城市

水面上涌动着我们澎湃的激情

波澜中激荡母亲河慷慨的馈赠

这是一条多情的大河,这是一条欢乐的大河

这是一条沸腾的大河,这是一条精彩的大河

今天,浪漫的黄河无比瑰丽,呈现出一派勃勃生机

今天,奔腾的黄河这样含情脉脉而又神采奕奕

让我们欢呼雀跃,心潮追逐那汹涌的黄河波涛

让我们放声欢唱,激情伴随这 2008 北京的自豪

【圣火盆在燃烧,

燃烧吧,奥林匹克的火焰

闪耀吧,黄河之都的灿烂;

我们用汗水与智慧浇灌一个个神奇的梦幻

我们把金杯和银奖捧给每一位勇士的凯旋

2008,北京奥运,这个世界共同的语言

2008,北京奥运,这个星球最辉煌的诗篇

点燃激情,传递梦想

激情澎湃,走向明天

祝福北京,祝福 2008,和谐之旅,北京好运。

【字幕:职员表(略)

奥运火炬传递兰州市组委会

兰州电视台

2008 年 7 月 7 日

(本篇由兰州电视台编辑播出专题片)

● 圣火传递金城关

——2008年奥运火炬兰州仪式主题歌词

蔚蓝色的星球上五星红旗迎风飘扬
黄河两岸金城关前儿女们神采飞扬
期盼2008我的祖国迈向又一个梦想
我们一起放飞心中金兰色的畅想

啊,同一个世界,同一个梦想
我们期盼奥运更高、更快、更强

蔚蓝色的天空上奥运圣火闪耀光芒
丝绸之路皋兰山下健儿们雄心万丈
走进2008我的祖国成就又一次辉煌
我们一起放飞北京中国印的向往

啊,同一个世界,同一个梦想
我们祝愿祖国更高、更快、更强

● **安宁之歌星空赞**

——2008 年为安宁区桃花节创作的主题歌词

仰望星空,激情澎湃

安宁精神时代风采

脚踏实地,桃花盛开

安宁家园人民豪迈

山水新区敞开怀

欢迎朋友四方来

魅力新城放光彩

万众一心大步迈

河汇百流,创业成才

九曲不回走向未来

和谐家园,火红年代

仁寿山下豪情满怀

山水新区新时代

滔滔黄河归大海

魅力新城新风采

高举旗帜向未来

(2008 年 4 月 10 日)

● 崇高敬礼妇联赞

——2008 年兰州市妇女代表大会少先队员致辞朗诵诗

各位亲爱的妈妈

各位敬爱的阿姨

今天,你们集合在一起,召开一次十分重要的会议

今天,你们欢聚在一起,飞扬一个城市无比的欣喜

亲爱的妈妈,今天,您容光焕发

敬爱的阿姨,今天,您神采奕奕

我看见:会场里人才济济

我看见:代表们热情洋溢

请接受你们的孩子最崇高的敬意

请接受少先队员最崇高的敬礼!

(敬礼)

今天,我的妈妈,您是这样的意气风发

今天,我的阿姨,您是这样的端庄美丽

您带着参政议政的睿智来到这里

您满怀创业发展的心愿出席会议

让我们祝贺您,亲爱的妈妈

让我们欢迎您,敬爱的阿姨

祝贺兰州市第十五次妇女代表大会隆重召开

欢迎来自各行各业的巾帼英雄们欢聚在一起

盛典礼赞

···105···

深情厚谊,在这里团结凝聚

人才济济,在这里热情洋溢

巾帼建功的妈妈啊,创业的路上,有您闪光的足迹

英姿飒爽的阿姨呀,发展的成果,有您光辉的业绩

夜以继日,挥汗如雨,慈母手中线,您甘为人梯

早出晚归,辛勤劳作,游子身上衣,您奋斗不息

事业和家庭,都担在您柔情似水的肩头

祖国和人民,都离不开您坚忍不拔的勇气

是的妈妈,您敢于承担所有的艰难困苦,默默奉献

是的阿姨,您勇于战胜一切的艰难险阻,豁达乐观

当你们聚集在一起,就将母亲大地深厚的力量凝聚

当你们集合在一起,就是我们的母亲——坚实的大地

今天,我站在这里朗诵一首诗篇,我懂得了"妇联"这个词汇的

涵义

今天,我登上讲台向你们敬礼,我明白了"妇女大会"的重要意

义

妇联!

妇联!

您是半边天,您以母亲般的影响力,维护妇女儿童的合法权益

您是一面旗,您以百折不挠的奋斗和努力,奏响男女平等最美

好的旋律

您是百花园,您以英姿飒爽的新风采,绚丽巾帼建功的朝霞和

晨曦

您是新女性,您以继往开来的新观念,洋溢着和谐社会的神采奕奕

妈妈,我想对您说,您的热情和英姿,是我心中永远的记忆

阿姨,我要对您说,您的关怀和爱护,是我生命中永远的甜蜜

今天,你们欢聚在这里举行一个重要的会议

今天,你们集合在这里讨论一些重要的议题

我知道,这是属于妈妈和阿姨们的会议

我知道,这是祖国和人民交给你们的议题

那么,阿姨,请您舒展您的飒爽英姿

那么,妈妈,请您飞扬您的神采奕奕

自尊

自信

自强

自立

您在大会上的发言,必将使得这片土地上的花朵更加绚丽

你在大会上的提案,必将使得我们的家园和生活更加美丽

祝愿妇联事业跨越发展,走向新的辉煌

祝福阿姨和妈妈们永远幸福,永远安康

请接受您的孩子最崇高的敬意

请再一次接受少先队员最崇高的敬礼!

(敬礼)

(2008 年 6 月 3 日应兰州市妇联邀请拟稿)

岳逢春

高贵典雅庄重的诗意抒情　　激情澎湃神采飞扬的时代精神

盛典礼赞 ⑥

——兰州大型文化活动创意策划文案汇编

SHENGDIANLIZAN

LANZHOUDAXINGWENHUAHUODONG

CHUANGYICEHUAWENANHUIBIAN

岳逢春 著

试笔开新篇

繁星舞蹁跹

奇葩第一枝

大鼓进北京

飘起金丝带

艺术院师风

夺目耀京华

长火燃激情

机遇推佳作

敦煌文艺出版社

目　录

盛典礼赞

● 我爱兰州征文篇

——2008 年《我爱兰州》大型征文活动系列文本小辑

征文启事

为纪念我国改革开放 30 周年，充分展示 30 年来兰州发展成果和巨大变迁，见证并记录这段辉煌而难忘的历史，弘扬"河汇百流、九曲不回、创新创业、和谐共进"的兰州精神，中共兰州市委、兰州市人民政府与中国散文学会联合举办"纪念改革开放 30 周年《我爱兰州》"征文活动。

恭请国内外、省内外和本市文学界及社会各界人士，将您有关兰州 30 年来发展变迁的所见所闻、所知所感、所思所悟倾注笔端，诉诸文章，赐予我们。我们将推荐稿件在省内外和本市有关报刊开设专栏、专版予以发表。届时将聘请国内文学界名家对发表作品进行评选并对优秀作品给予奖励。组委会将选择部分优秀稿件汇编出版并付给入选作品作者稿酬。汇编的出版物版权归组委会所有。作者拥有在各媒体自由投稿和发表的权利。

收稿时间：2008 年 3 月 20 日至 6 月 30 日

稿件要求：写作体裁为散文、随笔、诗、词、赋作品；作品应为作者原创；自由投稿限 2000 字以内；特约名家专题写作的文稿不限字数。

投稿方式：

来信请寄：甘肃省兰州市南滨河东路 735 号；邮编：730030

中共兰州市委宣传部文教处

盛典礼赞

《我爱兰州》征文活动办公室收

电子稿件邮箱:(略)

联系电话:0931-8425475

兰州市纪念改革开放30周年

"我爱兰州"征文活动组委会办公室

2008年3月12日

《我爱兰州》征文活动汇报提纲

一、基本情况

为纪念改革开放三十周年,市委、市政府主办《我爱兰州》大型征文活动

这次征文活动,由原市委书记陈宝生同志亲自提议立项

由市委宣传部牵头实施,牟少军部长亲自指导,谢鹏、韩德才副部长亲自上手抓

联合了中国散文学会、光明日报、省作协、甘报、等几家共同主办

宣传部、文明办、文联、作协、文化局、广电总台、日报、晚报承办

从3月20日刊登启事,并开始发稿,6月30日结束,历时72天,共收到作品865篇,发表211篇。

其中,《光明日报》4篇,《甘肃日报》17篇,《兰州日报》71篇,《兰州晚报》119篇。

活动有三个特点:

1. 一是主办者规格高,领导重视,市委、市政府主办,宣传部领

导亲自抓，散文学会和林非、王宗仁、石英、周明，《光明日报》和陈宗立，省作协和魏珂、省报黄绿等。联办单位阵容强大，与中国散文学会建立了密切联系，为兰州文学界今后走出去发展奠定了基础。

二是作者规格高，省人大领导，原来兰州市领导，文化界主要领导，知名老作家积极参与：程有清红叶第一篇，马琦明五千字文章，高平情真意切，苏孝林说大梦敦煌，等等，主办者抓住了时机，营造了氛围，扩大了影响。

2. 广泛动员了作家，参与作者多，是近年来兰州文学界搞征文活动参与人数最多的一次，作家积极性高，各行各业涉及面广，作者来自省内外，作协和媒体将联系一大批作者，形成队伍，将会产生辐射效应和后效应，为今后的发展建立并组织了新的写作队伍。

3. 稿件质量普遍很好，文章主题鲜明，作者感情真挚，文笔流畅，作品文风丰富多彩，产生了一大批好文章，为宣传兰州积累了资源，汇编出书将成为很好的对外宣传品，社会各个方面以及参与活动的作者对此次活动评价很高。

作为组织者，我们也很好地完成了任务，达到了预期目的。

感谢各个方面的支持配合。

这是工作汇报，就不过多地从文艺理论上展开评论作品了。

二、评审规则和工作程序

评奖工作由评委会负责

评委会下设"征文活动和评奖组织工作办公室"，负责提出"获奖作品(初审建议)名单"

评委分散阅读，集中评论，发表意见，举手表决，签字认定评奖因特殊情况不能亲自到会的评委,通过书面和电讯征求意见。

评委审读作品表达意见后举手表决,少数服从多数。

最终结果上报评委会主任签发文件认定,报市委、市政府发文,颁发证书和奖金。

评委会主任享有终审权。

三、奖项设置和评审标准

特别荣誉奖 10 件,颁发给积极参与活动的副地级以上领导同志和文化部门现职主要和重要的领导同志以及社会知名度较高的老同志,著名老作家。

一等奖 5 件,主题鲜明,思想深刻,文笔优美,具有很好的文才

二等奖 11 件,主题突出,思想端正,文笔流畅,具有较好的文才

三等奖 20 件,围绕主题,思想正确,文笔通顺,具有一定的文才

优秀奖 22 件,涉及主题,思想无误,文笔尚好,具有写作积极性,

(优秀奖的颁发适当照顾有关方面的意见和建议,以保护联办协作关系和作者的积极性)

共评出 68 件获奖作品(名单略并宣读)。

比例为:占征集到的全部作品 (865) 的 12.7%;占发表作品(211)的 31%,比例合适。

评审标准所说"主题"系此次活动"我爱兰州"的主题,所说"思想"指作品的思想内涵。

"文笔"和"文才"标准的掌握是评委会授予每位评委的个人权力,由评委根据个人文学经验和个人观点自行掌握。

评委个人的观点可能有分歧,(尺子、秒表、磅称)但集体做出的评价是公正的。

2008 年 12 月 18 日·友谊饭店贵宾楼四楼中会议室·岳逢春汇报

《我爱兰州》征文获奖作品选集序言

公元 1978 年 12 月 18 日至 22 日,党的十一届三中全会在北京隆重召开。

这次会议,实现了新中国成立以来我们党历史上具有深远意义的伟大转折,开启了我国改革开放历史新时期。从此,党领导全国各族人民在新的历史条件下开始了新的伟大革命。

三十年来,中国共产党带领全国各族人民,以一往无前的进取精神和波澜壮阔的创新实践,谱写了中华民族自强不息、顽强拼搏,与时俱进,科学发展的壮丽篇章和辉煌史诗。

中国的命运和中华民族的命运发生了翻天覆地的历史性巨变。中华民族的面貌、社会主义中国的面貌、中国共产党的面貌发生了崭新的历史性巨变。

与全中国和全民族一样,地处祖国西部的黄河明珠兰州,也伴随着祖国前进的脚步一路走来,实现了伟大的历史转折和巨大的历史性进步,取得了中国特色社会主义建设的伟大成就。

为纪念改革开放 30 周年,充分展示 30 年来兰州的发展成果和巨大变迁,弘扬"河汇百流、九曲不回、创新创业、和谐共进"的兰州精神,中共兰州市委、兰州市人民政府举办"纪念改革开放 30 周年《我爱兰州》"征文活动。

国内外、省内外和兰州文学界及社会各界人士,将有关兰州30年来发展变迁的所见所闻、所知所感、所思所悟倾注笔端,诉诸文章,采用文学写作的形式见证并记录这段辉煌而难忘的历史,营造了浓郁的纪念活动氛围,社会各个方面和作者们对此次征文活动给予了很高的评价。

此次活动征集到的八百多篇稿件全部是作者原创文章,写作体裁为散文、随笔、诗、词、赋作品,这批稿件主题鲜明,思想深刻,作者感情真挚,文笔流畅,作品文风丰富多彩,产生了一大批好文章,全方位立体化地叙述和描写了兰州三十年来的巨大变迁,抒发了作者对兰州的热爱之情,是纪念改革开放三十周年的一次盛典礼赞。同时也积累了丰富的文学资源,为宣传兰州打造了一张难能可贵的文化名片,必将为宣传兰州,塑造兰州作为黄河明珠、水车之都的良好城市形象产生深远影响。

三十年再回首,我们激情荡漾。三十年走过的路,对一个人的生命史来说,不算很短,沐浴改革开放的化雨春风,三十年来,我们一起走在改革开放的大路上,对日新月异的新时期的方方面面都有着切身的体验,作者们充满激情地表达了这种体验。对有着五千年文明史的中华民族来说,三十年走过的路,不算很长,但是,这三十年来,中国人民写下的天翻地覆的历史故事,中华民族创造的灿烂辉煌的历史诗篇,是书之不尽的。此次征文活动,应该是兰州文学界见证、记录、解析这三十年巨大变迁的一次有益尝试,应该是一个开端。我希望有更多的更厚重的描写三十年发展变迁的历史画卷式的文学巨著产生。

让我们高举中国特色社会主义伟大旗帜,认真学习贯彻落实胡锦涛总书记在“纪念十一届三中全会召开30周年大会上的讲话"精神,更加紧密地团结起来,全面贯彻实践科学发展观,坚定不移地沿着党的十一届三中全会以来开辟的中国特色社会主义道路奋勇前进。继续解放思想,坚持改革开放,推动科学发展,促进社会和谐,为夺取全面建设小康社会新胜利、开创中国特色社会主义事业新局面、实现中华民族伟大复兴而团结奋斗。

让我们继续发扬光大"河汇百流,九曲不回,创新创业,和谐共进"的兰州精神,为把兰州建设的更加美丽而奋斗。继续发扬"人一之,我十之,人十之,我百之"的甘肃精神,为夺取我市社会主义建设事业的新的更大胜利而努力奋斗。

征文活动组委会将部分获奖优秀作品汇编出版,嘱我作序。

祝贺征文活动取得了圆满成功。祝贺这部作品选集出版。

是为序

编者后记

为纪念改革开放三十周年,在 2008 年春夏之交,中共兰州市委、兰州市人民政府联合中国散文学会、光明日报、甘肃省作家协会、甘肃日报等单位共同举办了《我爱兰州》大型征文活动。

这次活动,由市委宣传部组织实施。市文明办、市文联、兰州市作家协会、市文化出版局、市广电总台、兰州日报、兰州晚报、兰州新闻工作者协会等单位承办了此次活动。

征文活动从 2008 年 3 月 20 日开始到 7 月 1 日截稿。在历时 103 天的征文活动中,组委会共征集到以散文、随笔、诗词赋为体裁的稿件 865 篇,其中有 211 篇作品分别在《光明日报》《甘肃日报》《兰州日报》《兰州晚报》和《中国·兰州网》陆续发表。

这批文学作品,激情歌颂了改革开放三十年来,兰州社会主义建设所取得的伟大成就和城市的深刻变迁。作品紧紧围绕活动主题,抒发了作者对家乡兰州的热爱之情。作品感情真挚,文笔流畅,文风丰富多彩,为宣传兰州做出了积极贡献。社会各界对此次活动和所发表的文章给予了高度评价。

经过评委会评选,有68篇优秀作品分别获得特别荣誉奖和一二三等奖以及优秀作品奖。编辑成册,是献给祖国改革开放三十年的一份诚挚的心意和崇高的祝福。

兰州市文联副主席、兰州市作家协会常务副主席、本次征文活动和评奖工作办公室主任、本书编辑岳逢春先生将获奖作品的篇名连缀编排成了一首优美的散文诗,题为《我爱兰州》,更加鲜明、更加集中地表达了"我爱兰州"的主题思想,再一次激情澎湃地歌颂了兰州。

附录在此,作为本书后记:

《我爱兰州》——大型征文获奖作品篇名连缀成文:

我,捡起一片《红叶遐想》,《品读黄河风情线》,我《能不爱兰州》吗?

《兰州:挟山跨河之城》在吟诵着《兰州之歌》。

《母亲河的呼唤》让《敦煌:翩跹舞梦三十年》,这是《兰州精神黄河礼赞》啊。是的,《爱,需要理由》,这肯定源于《两尊塑像的机缘》。

于是,我写下一篇《兰州赋》,来激荡《羊皮筏子划过的岁月》,来描述《半个兰州和一个兰州》的故事。在《春天,给农民巷改个名字》,让《挂在阳台上的黄河》奔流。

的确,《我曾经有个名字叫兰州》。《水车博览园记》里洋溢着《兰州的雨》在《南关十字》飘落。《那条街、那些人》,那些激情也在

《登山临水之间》荡漾。

我明白，这是一座《临河之城》。《兰州太平鼓》涌动着《黄河涛声》，《浴火的凤凰》用三十年《行走在山河相依的城市》，《母亲河之歌》一直在歌唱《兰州鼓的人格气象》。

忘不了《兰州之美拉面为魁》，这是《不屈的品格》沸腾了《红红火火的兰州砂锅》。《兴隆山情韵——红叶》也让《音乐兰州撩拨心弦》。

《喝不够的故乡水》啊，如同《兰州人的饮酒文化》和《岁月深处的兰州往事》。

《兰州美、酷、爽》，我《伴着兰州一块长大》《就这样热爱》《来兰50年变化几重天》的《兰州话》。

《那年、那城、那人》绝对是《别样的风景》。《爱一个城市的理由》则是《寻找双城门的院子》。那就再写一篇《兰山赋》吧，说一说《兰州的后花园：什川》，说一说《金城：山高水长的春天》，沿着《一条路的变迁》走来，我就《像风融入了云里》。

《几度梦回兰州》，梦见我的《似水流年兰州情》。

写下《游桃花园记》之后，我想了想《兰州餐饮：三十年的风景》和《蓝天下的变迁》。那么，《人生的风景》就《不是外滩胜似外滩》了。

《兰州，如兰之城》！你的风景常常展现着《春到安宁》的风情，这说明《兰州是座有灵性的城市》。

我更不能忘记《兰州水车》以及《外国友人眼中的兰州》《只存在一种魅力情愫》那就是《城雕"黄河母亲"写意》，写意着《兰州：心灵的栖息地》，展示着《金城朴素自然之美》。

那么《兰州：优雅而美丽》是确切无疑的了。

——《摆脱精神桎梏兰州突飞猛进》。

——衷心感谢参加征文活动的全体作者和广大读者。

——编者

公元 2008 年 12 月 18 日

（作者注：此次大型征文活动全部文稿都由我执笔撰写，类似的工作，我做过不少了，编入此篇，以备参考）

● 辉煌历程三十年

——2008 年兰州市纪念改革开放三十周年音乐会主持词

（2008 年 12 月 30 日·金城大剧院）

总策划:牟少军　孙若风　策　划:范　文　敬国华　韩德才
赵中东

总监制、艺术总监:赵中东　总导演:苏孝林　总撰稿:岳逢春

演出总监:方建华　指挥:蒋燮斌　节目主持人:陈立伟　于
紫菲

序　幕

【交响乐队阵容庞大,120 人合唱队神采奕奕

【主持人盛装出场

主持词:

朋友们,今天,是公元 2008 年 12 月 30 日,这里是兰州金城大剧院

今天，我们在这里隆重集会，举行纪念改革开放三十周年暨 2009 年新年交响音乐会

今天,我们放声歌唱,抒发改革开放三十年的壮志豪情,举行一个喜气洋洋的盛典礼赞

出席今晚音乐会的领导同志有:

中共甘肃省委常委、兰州市委书记陆武成同志

甘肃省政协副主席、兰州市委副书记、市长张津梁同志

兰州市人大常委会主任哈全玉同志

兰州市政协主席左灿湘同志

我市党政部门各级领导同志和解放军、武警驻兰部队首长和有关方面负责同志。

以及我市社会各界嘉宾和"兰州市纪念改革开放三十周年《我爱兰州》征文活动"的部分获奖作者代表,共一千二百多人出席今天的晚会。

让我们以热烈的掌声,欢迎大家的光临。

预祝晚会取得圆满成功。

首先有请甘肃省政协副主席、兰州市委副书记、市长张津梁同志发表《新年献词》

【首长致词

谢谢津梁市长。

朋友们,今晚的音乐会由著名的"兰州交响乐团"演出交响乐系列。我们特意邀请了海政歌舞团著名表演艺术家于紫菲女士与我共同主持今晚的节目。我是甘肃电视台主持人陈立伟。让我们欢迎于紫菲老师。

谢谢陈老师。朋友们,今晚,我们特意邀请了著名指挥家蒋燮斌先生担任指挥,有请蒋燮斌先生。

第一章 《春天的故事》

【乐队指挥神清气朗,风度翩翩,闪亮登场

请听,交响乐《红旗颂》

【起音乐

【节目1 交响乐 《红旗颂》 大屏幕播放《今日兰州》影视资

料

主持词:(在音乐背景中朗诵)

公元 1978 年 12 月 18 日至 22 日,中国共产党第十一届三中全会在北京隆重召开。

这次会议,实现了新中国成立以来我们党历史上具有深远意义的伟大转折,开启了我国改革开放历史新时期。

从此,党领导全国各族人民在新的历史条件下开始了新的伟大革命。

中国的命运和中华民族的命运发生了翻天覆地的历史性巨变。

中华民族的面貌、社会主义中国的面貌、中国共产党的面貌发生了崭新的历史性巨变。

三十年来,中国共产党带领全国各族人民,以一往无前的进取精神和波澜壮阔的创新实践,谱写了中华民族自强不息、顽强拼搏,与时俱进,科学发展的壮丽篇章和辉煌的史诗,与全中国和全民族一样,地处祖国西部的黄河明珠兰州,也伴随着祖国前进的脚步一路走来,实现了伟大的历史转折和巨大的历史性进步,取得了中国特色社会主义建设的伟大成就。

三十年走过的路,很长很长,春风化雨,我们一起走在大路上

三十年走过的路,不算长,三十年写下的故事,灿烂辉煌

【音乐继续,直至结束

三十年走过的路,不算长

三十年流淌的汗,不能忘

春天的故事,我们再回想

畅想新的时代,祖国再辉煌

和谐的中国,人气旺

灯火辉煌啊,喜气洋洋

【节目2 交响合唱 《春天的故事》

【大屏幕播放邓小平出席重大活动和改革开放初期影视资料

三十年的故事万紫千红百花盛开

新世纪的辉煌传颂千秋万代

啊,和谐的中国闪耀着新世纪的新光彩

啊,锦绣的中华奔向全面小康的新时代

【节目3 二胡独奏 《骏马奔腾》 演奏:陈 军

仰望星空,激情澎湃,

东方明珠,时代风采

巨人的足迹跨过了河流与山脉

中国的故事传诵千秋万代

改革开放,与时俱进,

科学发展,继往开来

【节目4 女声独唱 《东方之珠》 演唱:张 洁

第二章 走进新时代

【大屏幕播放江泽民出席重要活动和全党落实“三个代表”重

要思想的影视资料

唱响春天的故事,中华民族激情澎湃,

闪亮东方之珠,中国向着未来

亲爱的祖国沸腾着振兴中华的热切期待

新时代的畅想带领我们奔向美好的未来

啊,高举旗帜创造那繁荣富强的新时代

啊,滔滔江河奔向那和谐社会的新未来

【节目 5　交响合唱　《走进新时代》　领唱:宋乃娟

三十年的岁月,很长很长

风风啊雨雨我们一起扛

任凭它电闪雷鸣,任凭它雨暴风狂

任凭它地震海啸,任凭它雨雪洪水掀风浪

英雄的儿女,向前闯

改革开放,不可阻挡

【节目 6　小提琴与乐队　《引子与回旋随想曲》　小提琴独奏:朱　丹

【节目 7　管弦乐　《爵士圆舞曲》

第三章　创造新辉煌

【大屏幕播放胡锦涛春节在兰州和视察省内各地画面,以及春季雪灾、抗震救灾、奥运会、载人航天等重要历史背景的影视资料

三十年再回首,我们激情荡漾

万众一心,继往开来,九曲不回,向着前方

传递奥运圣火,中国实现了百年梦想

高举伟大旗帜,人民斗志昂扬

创造那新的辉煌,我们一起上

【节目 7　交响合唱　《走进西藏》　编配:张小平

河汇百流,九曲不回

创新创业,和谐共进

三十年的辉煌令我们豪情满怀

新天地的画卷在我们手中展开

【节目8 管弦乐 《进行曲》

你是我的大哥,我是你的兄弟,全家人口十三亿,风风雨雨在一起,

忘不了"非典"的突袭,忘不了冰雪的春季,忘不了矿井的汗滴,忘不了汶川的废墟

想起了春天的故事,想起了炕头的除夕,想起了航天的崛起,想起了梦中的火炬

想起了啊想起了,中南海青松神采奕奕

辉煌中国十三亿,地久天长在一起,我们永远永远在一起

朋友们,为纪念改革开放三十年来我们走过的辉煌历程,由兰州市文联副主席、著名作家和诗人岳逢春先生作词,由著名指挥家、作曲家王学诗先生作曲,特意为本场晚会创作了交响合唱歌曲《永远在一起》,今天,这首歌曲是首次公开演出。我们特意邀请著名歌唱家幺红女士担任领唱。

【节目9 交响合唱 《永远在一起》

领唱:幺 红 作词:岳逢春 作曲:王学诗

第四章 金城畅想曲

【大屏幕播放中央、省市领导深入我市基层,亲民爱民,关注发展以及兰州改革开放三十年来的巨大变化影视资料

【节目10 交响乐 《大梦敦煌》组曲(连续演奏)

1.《大梦敦煌·军团》

2.《大梦敦煌·爱情主题》

【节目10 朗诵 《兰州赋》 与节目10同时进行。作者:岳逢春 朗诵者:著名演员陆树铭

附:《兰州赋·节选》朗诵稿(在大屏幕出文章字幕)。

兰山巍峨,守望黄河穿城而过;

万仞山峦,白云托起孤城一片。

此地,乃黄河明珠、水车之都——甘肃省会兰州市是也。

五千年彩陶肇始——文明之光,

九百载羌笛游牧——鹰飞草长。

西汉谓之曰:金城。

汉元狩以降,便为西北战略要塞;

隋开皇之后,即成陇右政治中心。

城南大山,名曰"皋兰",含高峻挺拔之意,隋文帝因之命名兰州。

市中大河,名曰"黄河",显浩浩荡荡之势,母亲河钟情独厚得天。

古金城,战略地位之重要不言而喻,

新兰州,地处内陆同样要远航扬帆。

汉张骞出使西域,揭开华夏外交第一篇;

霍去病仗剑挥鞭,骠骑饮马城南五泉山。

朱洪武浮桥镇远,将军柱铁锁天堑;

明段续翻卷巨轮,四百载灌溉良田。

龙飞凤舞,草圣张芝开一代风气,

浓墨重彩,名士唐琏绘万卷风情,

林则徐下榻沙井驿,金城康佑锡福,

左宗棠手植左公柳,福荫子孙百代。

马五爷打造金城全景图,画匠堪称大师;

满保本架起黄河第一桥,百年风雨不摇。

兰山书院书声朗朗,培育探花之郎;

至公堂内人才济济,遴选状元青苗。

座中四联,通达八方,海纳百川,九曲安澜。

自古茶马互市,从来兼容并蓄。

休说,民俗彪悍,醉卧沙场对酒当歌;

但知,民风纯朴,自立自强热情好客。

热血抗战看"八办";沈家岭上乌云散,

八方支援大西北,四面来风红旗展。

历史积淀深厚,可谓深不可测;

文化传统优秀,已成蔚然大观。

地灵人杰,酒好不怕巷子深;

人才辈出,凤凰当然要涅槃。

美丽端庄,黄河母亲倾倒游子;

劈波斩浪,羊皮筏子亚赛军舰。

一清二白三红四绿,兰州拉面五洲飘香;

九章八音七弦六彩,读者佳酿《读者》月刊。

誉满天下有《大梦敦煌》,《丝路花雨》乃世纪经典。

英才杰出,翱之翼展,鹏举扶摇,"神七"飞天。

两山夹一河,捧出西部聚宝盆;

大河穿城过,奔腾万里赴征程。

重粒子,轻水堆,高科园,辐照站,510所——看航天。(注,读:

五幺零所)

绵延滨河大道,三十年描绘新画卷;

黄河风情百里,新时代渲染大变迁。

有客来兰州,客来皆赞叹:此乃兰州乎?——黄河明珠赛江南!

日观两岸,灿烂高楼林立,恰似东方曼哈顿;

夜登兰山,辉煌万家灯火,宛如维多利亚湾。

河汇百流,九曲不回,创新创业、和谐发展,

改革开放,地覆天翻,与时俱进、辉煌灿烂。

祖辈祈愿——五千载;盛典礼赞——三十年。

一言既赋,四韵俱成,请洒潘江,各倾陆海——云尔:

黄河远上白云间,一片孤城万仞山。昔日羌笛怨杨柳,春风早度金城关。

皋兰山巅高千丈,大河滔滔谱新篇。和谐社会千秋颂,唱我兰州一万年。

主持词:

朋友们,刚才,陆树铭先生满怀激情朗诵的这篇作品题为《兰州赋》。获得《我爱兰州》征文一等奖,作者:岳逢春。作品感情真挚,音韵铿锵,文采飞扬,为我们展开了一幅金城兰州的历史画卷,引起我们的强烈共鸣,的确是动人心弦、感人肺腑的一篇好文章。

请陆先生(朗诵演员)给兰州市民说几句话好吗?

【演员即兴致词:"关老爷"给大家拜年了……

主持人:

为纪念改革开放三十周年,在今年春夏之交,中共兰州市委、兰州市人民政府联合中国散文学会、光明日报、甘省省作家协会、

甘肃日报等单位共同举办了《我爱兰州》大型征文活动，这次活动，由市委宣传部组织实施。市文明办、市文联、兰州市作家协会、市文化出版局、市广电总台、兰州日报、兰州晚报、兰州新闻工作者协会、中国兰州网等单位承办了此次活动。

征文活动从今年3月20日开始到7月1日截稿。在历时103天的征文活动中，组委会共征集到稿件865篇，其中有211篇作品分别在《光明日报》和《甘肃日报》《兰州日报》《兰州晚报》以及《中国兰州网》陆续发表。经过评委会认真评选，有一批优秀作品分别获得特别荣誉奖和一、二、三等奖以及优秀作品奖。

【节目11 《我爱兰州》征文颁奖仪式。

【乐队适时演奏《波尔卡》等营造气氛的曲目

现在，我们隆重有请市委常委、市委宣传部部长、《我爱兰州》征文活动组委会主任牟少军同志代表市委、市政府，宣布表彰决定。

【宣读表彰决定

【颁奖仪式

现在，请领导同志为获奖作者颁奖，请获奖作者代表上台领奖。

《我爱兰州》征文获奖名单刊登在今天的《兰州日报》和《兰州晚报》上，今天未能亲自前来领奖的作者，请到市委宣传部文教处领取证书和奖金。

这批获奖作品，激情歌颂了改革开放三十年来，兰州社会主义建设所取得的伟大成就和城市的深刻变化。作品紧紧围绕活动主题，抒发了我们对家乡兰州的热爱之情，作品主题鲜明，感情真挚，文笔流畅，文风丰富多彩，为宣传兰州做出了积极贡献。社会各界对此次活动给予了高度评价。

结束语：

朋友们，让我们高举中国特色社会主义伟大旗帜，认真学习胡锦涛总书记在"纪念十一届三中全会召开30周年大会上的讲话"，更加紧密地团结起来，全面贯彻实践科学发展观，坚定不移地沿着党的十一届三中全会以来开辟的中国特色社会主义道路奋勇前进。

让我们继续解放思想，坚持改革开放，推动科学发展，促进社会和谐，为夺取全面建设小康社会新胜利、开创中国特色社会主义事业新局面、实现中华民族伟大复兴而团结奋斗。

让我们继续发扬光大河汇百流，九曲不回，创新创业，和谐共进的兰州精神，为把兰州建设的更加美丽而奋斗。

让我们继续发扬人一之，我十之，人十之，我百之的甘肃精神，为夺取我市社会主义建设事业新的更大的胜利，努力奋斗。

朋友们，晚会到此结束。祝大家晚安。

朋友们，再见！

(2008 年 12 月 27 日)

● 我们永远在一起

——2008 年兰州市纪念改革开放三十周年晚会主题歌
词

一

你是我大哥，我是你兄弟

全家人口十三亿

风风雨雨在一起

风雨风雨我们在一起

忘不了非典的突袭

忘不了冰雪的春季

忘不了矿井的汗滴

忘不了汶川的废墟

忘不了啊忘不了

中南海窗前灯光熠熠

啊，你是我大哥，我是你兄弟

全家人口十三亿

我们风风雨雨在一起

风雨风雨我们在一起

——风雨在一起

二

你是我大哥，我是你兄弟

全家人口十三亿

地久天长在一起

天长地久我们在一起

想起了春天的故事

想起了炕头的除夕

想起了航天的崛起

想起了梦中的火炬

想起了啊想起了

中南海青松神采奕奕

啊，你是我大哥，我是你兄弟

辉煌中国十三亿

我们永永远远在一起

永远永远我们在一起

——永远在一起

（2008 年 11 月 16 日作）

● 创造辉煌新业绩

——2008 年兰州市纪念改革开放三十周年晚会独唱

歌词

仰望星空,激情澎湃

巨人的足迹跨过了河流与山脉

改革开放,与时俱进,科学发展,继往开来

三十年的故事写出百花盛开

新世纪的辉煌传颂千秋万代

啊,和谐的社会闪耀着新世纪的新光彩

啊,锦绣的中华奔向全面小康的新时代

点燃火炬,敞开胸怀

美丽的北京升腾起世界的豪迈

万众一心,前程锦绣,你的容颜,时代风采

三十年的历程跨过汪洋大海

新天地的画卷我们手中展开

啊,滔滔江河奔向那和谐社会的新时代

啊,高举旗帜创造那繁荣富强的新未来

春天故事,人民豪迈

亲爱的祖国沸腾着振兴的期待

河汇百流,创业实干,九曲不回,向着未来

三十年的辉煌我们豪情满怀
新时代的畅想我们奔向未来
啊,滔滔江河奔向那和谐社会的新未来
啊,高举旗帜创造那繁荣富强的新时代

(2008 年 11 月 16 日作)

● 春天故事再回想

——2008 年兰州市纪念改革开放三十周年晚会合唱
歌词

灯火辉煌,灯火辉煌,

灯火辉煌,灯火辉煌……

三十年走过的路,不算长

三十年流淌的汗,不能忘

春天的故事,再回想

新时代畅想,记心上

和谐的中国,人气旺

灯火啊辉煌,喜气洋洋

啦啦啦啦……

灯火啊辉煌,人气旺

和谐的中国,喜气洋洋

三十年的岁月,很长很长

风风啊雨雨我们一起扛

任凭它雷鸣,和雨狂

任凭它海啸,掀风浪

改革啊开放,往前闯

英雄的儿女,不可阻挡

啦啦啦啦……

英雄的儿女,往前闯
改革啊开放,不可阻挡

三十年再回首,激情荡漾
创造那新辉煌我们一起上
万众啊一心,继往开来
九曲啊不回,向前方
传递那圣火,火焰旺
高举起旗帜,志气昂扬
啦啦啦啦……
传递那圣火,火焰旺
高举起旗帜,志气昂扬

灯火啊辉煌放光芒
和谐的中国向前方

(2008 年 11 月 16 日作)

● 安宁情怀唱银滩

——2009 年安宁区春节团拜活动流程和主持词

时间:2009 年元月 23 日(农历腊月廿八;星期五)下午 4:30

地点:安宁区都市春天生态园

活动主题:和谐社会,关注民生,"五个新区"建设取得丰硕成果。全区干部群众豪情满怀,喜迎新春,迎接新中国成立 60 周年。

序　幕

(1)开场歌舞　《鼓韵安宁》　演出单位:安宁区文化馆

主持人出场(甘肃电视台流云、刘钊)

主持词:

各位领导,各位嘉宾,亲爱的朋友们,大家新年好!

今天,是 2009 年元月 23 日,农历腊月廿八。

风雨送春归,飞雪迎春到,都市里的春天春风和煦,激情荡漾,新的一年来到了。

"子鼠""丑牛",金牛喜春,在这新春佳节即将到来之际,我们大家欢聚一堂,喜气洋洋,在这里隆重举行"兰州市安宁区 2009 年春节团拜会暨民生工程和亮化工程启动仪式"。让我们以热烈的掌声欢迎大家的到来!

我是甘肃电视台主持人刘钊;我是甘肃电视台主持人流云

我们在这里,给大家拜年了。朋友们,大家过年好!

出席今天团拜会的各界嘉宾有:省市有关领导同志,安宁区委、区人大、区政府、区政协领导同志,驻区部队首长,区直部门和街道有关负责同志,驻区部分企事业单位代表,驻区大专院校嘉宾,以及辖区困难户、五保户、军烈属等社会各界群众代表,共三百余人。让我们相互致以节日的亲切问候和崇高的敬意!

让我们以热烈的掌声,欢迎各界贵宾入席。(本区参会干部全场起立,鼓掌欢迎。各界贵宾入席,接受少儿献花后落座)

出席今天活动的主要领导同志和各界贵宾有:(名单略)

首先,让我们隆重有请:兰州高新技术开发区党工委书记、兰州国家经济技术开发区党工委书记、中共安宁区委书记俞敬东同志致《新年贺词》。

(2) 俞书记《致新年贺词》(播放配乐图景、图片,与致词内容同步展示)

谢谢俞书记,请入席。

上篇　回顾与情怀

主持词:

朋友们:

公元2008年,是点燃激情、传递梦想的一年。

公元2008年,是极不寻常、极不平凡的一年。

这一年,中华民族披荆斩棘,经历了前所未有的磨难与锤炼。

这一年,共和国激情荡漾,创造了史无前例的辉煌和灿烂。

安宁人夜以继日、创业发展,在这片热土上,安宁新区建设蓬勃兴旺,创造着辉煌的业绩。2008年,是赢的辉煌的一年。一个个强势项目效益明显、一条条全新道路整洁宽敞、一座座新建厂房拔地而起、一幢幢楼盘小区如繁星闪闪,在安宁区熠熠生辉。

黄河北岸的这片土地上焕发出勃勃生机与活力。创新、创业、瞄准一流打造新区,实现两区建设跨越式发展,今天,安宁区精英荟萃,星河灿烂。

在党的十七大精神鼓舞下,在区委、区政府的带领下,安宁,走过了充满创新精神和创造激情的2008年,全区广大干部群众紧紧围绕打造"五个新区"的奋斗目标,全面贯彻落实党的十七大精神,安宁"五个新区"建设取得了辉煌的业绩。

安宁,跨入了公元2009——这个春光灿烂的崭新春天

在这片土地上,有一大批创业者发扬光大"拓荒牛"精神,精心开垦这美好的画卷,全力创造着动人的业绩。

今天,区委、区政府特别邀请受到表彰的25位"拓荒牛"来到会场。让我们以热烈的鼓掌,欢迎他们登台亮相。

他们是:

(按照区委《表彰决定》安党发【2009】4号文件排名排序)

中共安宁区质量建党领导小组副组长、安宁区机关规范化领导小组副组长:黎望海。——质量建党,规范服务,人民的利益高于一切。

中共安宁区质量建党领导小组成员、安宁区机关规范化领导小组副组长:揣元利。——抓好党建工作,做好规范,全心全意为人民服务。

安宁区发改委主任、经济区经发局常务副局长:潘从虎。——开放搞活,促进发展,两区建设,无私奉献。

安宁区教育局局长:王汝平。——百年大计,桃李芬芳,为家乡培养优秀的下一代。

安宁区司法局局长:高志勇。——以法律为准绳,公平、公正、公开。维护安定团结的大局。

安宁区财政局局长、经济区财政局常务副局长：刘嘉新。——满腔热情，让纳税人的每一分钱都用在两区建设的刀刃上。

安宁区国土局局长、市国土局经济区分局常务副局长：芮文刚。——规划好安宁区这片热土，就是规划明天的辉煌。

安宁区建设区局长、经济区建设房地产管理局常务副局长：高增新。——城市建设，千秋大业，市民安居乐业是我们的追求。

安宁区文体局局长：张萧兰。——打造先进文化，促进体育事业，安宁充满阳光。

安宁区招商局局长、经济区招商局常务副局长：韩刚。——创造招商引资的良好条件，谋求双赢的美好局面。

安宁区生态局局长：魏兴玉。——山水新区，魅力新城，人与自然和谐相处。

培黎街道党工委书记：丁发岳。——心系千家，情暖民心，街道工作是基础。

刘家堡街道党工委书记：达朝荣。——心系千家，情暖民心，街道工作是基础。

兰州新城投资建设发展公司总经理：柴克庆。——用双手托起安宁新城区建设的今天和明天。

安宁区委宣传部副部长、区文明办主任：苏晓燕。——以正确的舆论引导人，以高尚的精神塑造人。

甘肃国美电器物流有限公司总经理：汪棣。——让物流在安宁汇成财富的海洋。

甘肃蓝科石化设备有限公司总经理：张延丰。——发挥石化优势，建设安宁小康。

兰州亚华石油化工公司总经理：王士保。——扎根安宁，创造新的辉煌。

华润雪花啤酒西北总公司总经理：丁小兵。——国优品牌与安宁共创辉煌。

兰州正和房地产公司董事长、总经理：贾仲瑚。——安宁庭院,安祥宁静的家园。

兰州众邦电线电缆集团有限公司董事长：金银强。——金水湾金银满仓,安宁区和谐安宁。

兰州中和投资创业集团董事长：洪涛。——在安宁区投资创业是一个明智的选择。

兰州天居房地产开发有限公司总经理：黄向群。——天上人间,居住在安宁是最好的选择。

安宁第二建筑公司总经理：柴学毅。——为安宁老百姓建造最好的居住环境。

兰州林峰石油机械制造有限责任公司董事长、总经理：郭文林。——用"拓荒牛"的精神,为安宁发展做出新的贡献。

好,朋友们。区委、区政府表彰的2008年安宁区"两区建设拓荒牛"已经登台亮相。在这里,他们将代表区上表彰的"20个两区建设先进单位、95位先进个人和10个纳税先进单位",向全区人民致以新年的问候,表达对安宁各项事业蓬勃发展的热切期盼,表达创业实干奋发向上的满怀豪情。

安宁区"两区建设"文化顾问、兰州市文联副主席、著名作家和诗人岳逢春先生特意为今天的团拜会创作了抒情诗《拓荒牛之歌》,"拓荒牛"们将激情澎湃地朗诵这篇精彩的抒情诗。

我们还特意邀请了甘肃省话剧院副院长、著名话剧表演艺术家、中国戏剧梅花奖获得者朱衡先生和著名话剧演员郁海滨女士担任领颂。

现在,让我们有请朱衡院长和郁海滨女士闪亮登场。

(3)配乐诗朗诵《拓荒牛之歌》作者:岳逢春

表演者:安宁区2008年"拓荒牛"荣誉获得者。领颂:朱衡、郁海滨【配乐播放岳逢春作词、谢晶作曲的《安宁之歌》伴奏音乐。大屏幕播放安宁风光和建设成就资料片】

附件:

● 拓荒牛之歌
——为安宁区 2009 春节团拜会而作
(配乐抒情朗诵诗)
岳逢春

【区上表彰的"拓荒牛"闪亮登场

【播放《安宁之歌》伴奏音乐

(男领):在这个世界上,有一个词汇特别响亮,这就是——

(众和)——拓荒

(女领):在这个世界上,有一种精神值得赞扬,这就是——

(众和):——拓荒

(男领):这里,是我安宁的家乡。昨天,我来到这里——

(众和):我们在这里创业,在这里拓荒

(女领):这里,是我亲爱的故乡。今天,我扎根在这里——

(众和):我们在这里奉献,在这里成长

(男领):求真务实,敢为人先,桃花盛开,激情荡漾

(女领):现代化、生态化、人文化的山水新区,银滩桥起舞,仁寿山歌唱

(众):拓荒——

(女):我们坚忍不拔,大胆创新,解放思想

(众):拓荒——

(男):我们自加压力,抢抓机遇,拼搏顽强

(女):"五个新区"的优势栽下了梧桐,引来了凤凰

(男):"五加二""白加黑"的精神将拓荒的事业开创

(众):山水新区,魅力新城

(女):美丽的环境创造出一片广阔的疆场

(众):和谐社会,科学发展

(男):优惠的政策奔跑出一路事业的辉煌

(众):在这片土地上,拓荒牛耕耘事业的理想

　　　在这片土地上,拓荒牛实现创业的梦想

(甲):这是一片神奇的土地,拓荒牛的精神在这里地久天长

(乙):这是一个沸腾的家乡,拓荒牛移山造地,打造人间天堂

(丙):这是一个创业的时代,拓荒牛开创出崭新的《西部印象》

(丁):这是一组辉煌的梦想,拓荒牛耕耘出"显山,露水,透绿,靓丽,通畅"的九大园区和无限的向往

(男):坚忍不拔,挥汗如雨,拓荒牛无私奉献

(女):埋头苦干,顽强拼搏,拓荒牛神采飞扬

(甲):我是拓荒牛,因为我在安宁发展,所以我心情舒畅

(乙):我是拓荒牛,因为我在安宁落户,所以我激情荡漾

(丙):我是拓荒牛,因为我在安宁建厂,所以我金银满仓

（丁）：我是拓荒牛，因为我在安宁创业，所以我大道坦荡

（男）：是的，有了你们的发展，安宁的日子蒸蒸日上

是的，有了你们的落户，安宁的魅力美丽无双

（女）：是啊，有了你们的建厂，安宁的发展神采飞扬

是啊，有了你们的创业，安宁的成就灿烂辉煌

（众）：拓荒，我们张扬远航的风帆，奔向小康

拓荒，我们铺就通天的大道，走向辉煌

你是拓荒牛，我是拓荒牛，他是拓荒牛，我们大家都是拓
荒牛

昨天的拓荒创造了今天的辉煌

今天的辉煌要托起明天的太阳

（众）朋友啊，你看，

（男）迎宾大道敞开胸怀，通达八方，安宁的日子蒸蒸日上

（众）朋友啊，你看，

（女）魅力新区婀娜多姿，放声歌唱，安宁的魅力美丽无双

（众）朋友啊，你看，

（男）山水新城环境宜人，碧波荡漾，安宁的发展神采飞扬

（众）朋友啊，你看，

（女）十里桃乡桃花盛开，丰收在望，安宁的成就灿烂辉煌

（众）发扬拓荒牛的精神

塑造拓荒牛的形象

闪亮"1355"新的成就

创造两区建设新的辉煌

（男领）在这个世界上，有一个词汇特别响亮，这就是——

（众和）——拓荒

（女领）在这个世界上，有一种精神值得赞扬，这就是——

（众和）——拓荒——拓荒——拓荒

（男）我们拓荒——

（众）奔向全面小康

（女）我们拓荒——

（众）走向新的辉煌

（男女合）——走向——辉煌！

主持词：（大屏幕配乐播放资料图景）

公元2008，安宁人继续创造辉煌的一年。

公元2008，创业奉献与硕果累累的一年。

2008，全区上下激情飞扬，创新创业、凝心聚力谋发展。奥运精神和伟大的抗震救灾精神激励我们奋勇向前。"甘肃精神"、"兰州精神"和"安宁精神"谱写着崭新的诗篇。

回首2008，大事多、喜事多、难事也多。我们点燃激情，传递梦想。我们万众一心，奋勇向前。创业实干的精神升华张扬，中华民族百炼成钢。

安宁人顽强拼搏，无私奉献，不畏艰辛，勇攀高峰，实现了许多"全省第一"和"全市第一"，许多工作和建设项目都名列全省和全市前茅，不少新的经验在全省和全市得到推广。2008，是值得安宁人骄傲和自豪的。

朋友们，在2007和2008年，安宁区委、区政府启动了民生工程，筹措资金建设了一批廉租房。在去年，也就是2008年新春佳节到来之际，区委、区政府决定拿出240套廉租房来解决最低收入和低收入住房困难家庭的实际问题，凡是符合条件的安宁区城镇居民，都可以申报租用廉租房。

我记得,在 2008 年春节团拜会上,区委、区政府宣布了申请廉租房的有关规定。一年过去了,区委、区政府实现了去年春天做出的承诺,今天,有一批居民获得入住资格,现在,请区委、区政府领导同志为全区首批获得入住资格的群众代表发放"准入证"。

(4)区上领导同志为首批获得廉租房入住资格的群众发放"准入证"

关注民生,关怀弱势群体,关心困难群众,是区委、区政府重要的议事日程和重点工作安排。

接下来,区委、区政府将为我区部分困难群众代表发放救济金。

请领导同志上台,请部分困难群众代表上台领取救济金。

(5)领导同志为困难群众送温暖,发放救济金

朋友们,寒门学子在校读书的生活和毕业后的就业问题是全社会关注的重要问题。保证寒门学子顺利完成学业,关注他们毕业后顺利就业,应该是全社会的责任。安宁区在这方面正在探索新的方式和方法,重点解决家庭生活困难的大学生在校期间的生活补助问题,多层面拓宽就业渠道,是区委、区政府重点关注的问题。现在进行救助贫困大学生爱心捐助和资助活动。

(6)救助贫困大学生爱心捐助、资助活动(现场采访一名大学生)

主持人:这位同学请留步。请问,你是哪里人,在哪个学校就读。

学生:(某县人,某某学校,某年级,某专业)

主持人:刚刚接受了赞助,你的心情如何,有什么感受和感想,能说说吗?

学生：感谢区委、区政府和赞助我们的好心人。在校大学生当中，确实有不少人的家庭生活是比较困难的，但是，有党和政府的关心关怀，有社会各界的关心支持，我们的日常生活是温暖的，学习生活是顺利的、稳定的。在安宁区学习生活，我们是幸福的。我们一定要好好学习，努力刻苦地完成学业，将来报效祖国和人民。谢谢。

朋友们，为了深入学习宣传、贯彻落实党的十七大精神，切实关注社会民生问题，用具体行动落实胡锦涛总书记在十七大报告当中提出的"发展为了人民、发展依靠人民、发展成果由人民共享"的要求，从2006年开始至今，区委、区政府已经连续四年组织实施"百名干部回访、千名干部进万家"活动。"百名干部回访、千名干部进万家"这一重要举措，进一步密切了党群干群关系，推动社会主义和谐社会建设步伐，形成全区党员干部群众建设两区的核心价值体系和精神支柱，形成全区人民共建"山水新区、魅力新城"的良好局面。

节日期间，我区各级干部将深入千家万户，与群众一起过年，为老百姓排忧解难，帮助群众解决实际问题，努力营造春节期间喜庆祥和的节日氛围，进一步丰富人民群众的节日文化生活。从而确实做到立党为公，执政为民，权为民所用，情为民所系。

请导播将电视画面切换到活动仪式分会场。

（7）"百名干部回访，千名干部进万家"活动现场实况报道。

（现场采访严志坚区长）。

主持人：严区长，2008年，安宁区各方面工作都创造了值得称赞的业绩，在这新春佳节到来之际，您有何感想，您对2008年有何评价，在2009年，区上有什么重要打算和举措，请您讲几句话好吗?

严区长发表感言:……

谢谢严区长。

(8)舞蹈 《向着太阳》

(9)男声独唱 《滚滚长江东逝水》 《我爱歌唱》 演唱:孙中伟

(10)器乐演奏 女子乐坊 《新疆组曲》

下篇 展望与欢庆

朋友们:安宁"五个新区"建设,得到了省、市、区和中央驻兰各新闻单位的密切关注。一年来,各新闻媒体对安宁区社会发展和经济建设进行了大量有深度的宣传报道,涌现出一大批引人注目的好新闻,展示了安宁人奋发向上的精神风貌,极大地提高了安宁区的知名度和美誉度,区委、区政府决定对一批好新闻和做出突出成绩的记者朋友们进行表彰奖励。现在请区委常委、区委宣传部王耀宏部长宣读 2008 年度宣传安宁好新闻获奖名单(名单略)。

请获奖作者代表上台领奖。

有请领导同志(名单略)为他们颁奖。

(11)区委、区政府为"好新闻"颁奖

朋友们:在安宁这片热土上,近年来涌现出一大批自主创业的先进模范人物,在市场经济体制不断完善的形势下,他们不等、不靠,凭着自己的聪明才智,创造出骄人的业绩,现在,请区委、区政府领导同志为他们颁奖。

(12)区委、区政府对自主创业的模范代表进行表彰奖励

和谐社会,科学发展,慈善救助,伸出援手。在安宁区,有一大

批经常慷慨解囊,踊跃捐助社会公益事业的企业,他们为安宁区社会事业的建设和发展做出无私奉献,每年都拿出数额可观的资金。无偿投入全区各类公益事业建设项目,赞助金额常常达到数十万元,数百万元,体现着和谐社会、和谐发展的时代精神。现在,请领导同志(特邀省市领导颁奖。名单待定)为他们颁发表彰奖励证书。

(13)领导同志为两区建设慷慨解囊、踊跃资助的辖区企业代表颁奖。

主持词:

多难兴邦,玉汝于成。2008 年,是考验与成长的一年。

2008 年,我们在艰难中度过,也在激情和希望中度过,自强不息、顽强奋进的民族精神注入了时代最强音。

朋友们:大家知道,去年下半年以来爆发的国际金融危机对全球经济活动产生了巨大的负面影响,这种影响也波及到了我国部分地区和行业。去年 12 月 21 日至 22 日,温家宝总理在重庆考察工作时,语重心长地对企业老总们说,现在,我们遇到了暂时的困难,我们要挺起脊梁,努力转危为机,企业不要轻易裁员,要千方百计稳定就业。在当前金融危机的严峻形势下,就业和生存压力对于企业的每一个员工来说显得尤为急迫和重要,员工一旦被裁,可能涉及到一个家庭的幸福。——从这个角度而言,温总理对生产企业道出的这番语重心长的话,让人感受到的是党和政府在冬日里送来的温暖和阳光。

在区委、区政府领导下,安宁区驻区企业有战胜暂时困难的坚强决心,他们承诺:不裁员、不减薪,保障企业员工有活干,有工做,收入稳定,生活安定,共渡难关。

现在,有请在安宁区的部分企业代表上台签订"承诺书"

（14）驻区企业代表集体承诺签字仪式（现场采访企业老总代表）

（15）现在，我们有请众邦电信电缆有限责任公司董事长金银强先生接受采访并发表感言。

主持人：金董事长，请问您，温总理在重庆视察企业时的讲话您注意到了吗？您是怎样理解总理的讲话精神的，请您讲几句话好吗？

金银强：总理的话不仅仅是讲给重庆企业的老总们听的。而是讲给全中国企业的老总们听的。我们确实受到了国际金融危机的影响，这种影响来自多方面，但是，在社会主义的中国，我们是社会主义的企业，企业老总和企业员工是一家人，我们不能仅仅关注到企业的利润，我们更要关注民情、民心和民生，所以，我们应该把企业员工的根本利益和生活安定放在重要位置，企业宁肯少挣一点钱，甚至赔上一些钱，也不能把员工的利益和企业的社会责任丢到脑后。所以，我承诺，在这场金融危机面前，我这家企业决不裁员，也不减少企业员工的正常收入，我呼吁全区企业老总们，让我们积极响应总理的号召，团结起来，携起手来，共渡难关。我相信，有党和政府的坚强领导，我们一定能够战胜这场危机，企业一定会继续发展壮大，我们一定能够为安宁"五个新区"建设做出新的更大的成绩。谢谢。

主持词：

和谐抓民生，收获新成果。2007年，区委、区政府筹措资金办成了12件实事，2008年又投资4500多万元，确保为民兴办的十件实事件件掷地有声，事事群众满意。2009年又确定继续为群众办好十件实事，认真解决群众关心的住房、就医、上学、文化生活、卫生服务、小区建设等方面的各种难题,积极开创新区建设新的局面。

日历一页页翻过,明天的挑战依然严峻,明天的机遇必然并存,安宁人将继续坚定信心、保持清醒的头脑,努力奋发有为。

2009,共和国将迎来她60周年的华诞,中华大地依然飞歌,中华民族将继续回应那远古的呼唤。

(16)女声独唱 《大地飞歌》

演唱:方然(广州星海音乐学院声乐研究生)

(17)女声独唱 《青藏高原》 《吉祥酒歌》

演唱:仁青卓玛(第十三届CCTV全国青年歌手电视大奖赛甘肃赛区民族唱法金奖获得者,兰州军区战斗文工团青年歌手)

(18)京剧演唱 《梨花颂》

演唱:马少敏(甘肃省京剧院当家花旦,梅花奖得主)

伴舞:甘肃省京剧院

(19)歌伴舞 《今夜无眠》

演唱:魏娜(甘肃省歌剧院青年歌手) 伴舞:兰州市电力学校

主持词:

今夜无眠,这块土地迎来了公元2009年的新春佳节。

华灯初上,夜幕降临,这片家园披上了节日的盛装。

今夜,我在这兰州百里黄河风情线上最美的一段旋律中徜徉。

今夜,我在这安宁区2009迎春灯会营造的梦幻世界里流连忘返。

那么,就让我们从"2009"这个数字开始今夜的梦境吧。灿若星河的彩灯,营造出一片梦幻般迷人的神话意境。

那么,就让我们随着这光影组合出的彩色瀑布,奔腾不息地走向一个梦境的深处。

(20)安宁区 2009 年春节亮化工程启动仪式

朋友们,现在,我们隆重有请区委俞敬东书记和严志坚区长陪同各位嘉宾前往"安宁区 2009 年春节亮化工程启动仪式"现场,俞书记将在现场宣布亮化工程启动仪式正式开启。

请大家集体前往亮化工程开灯仪式启动现场。请嘉宾在会场大门口统一乘车。我们热情邀请各位嘉宾观赏亮化工程主要景点。

结束语:

今夜,我徜徉这流光溢彩的迎宾大道,安宁新区,美不胜收。

今天,我留恋这五彩缤纷的山水新区,魅力新城,力争上游。

让我们留住今夜,留住山水新区今夜的梦幻和绚烂

让我们走向明天,走向魅力新城明天的灿烂和辉煌

让我们以更加骄人的成绩,迎接共和国成立 60 周年的盛典大庆。

朋友们,兰州市安宁区 2009 春节团拜会到此结束。

祝大家新年愉快,万事如意。朋友们,再见!

● 波澜壮阔新诗篇
——2009 年元宵节兰州市大型焰火晚会解说词

时间:2009 年 2 月 9 日(农历己丑年元宵节)20:30-21:00
地点:安宁区银滩桥焰火晚会主会场

序　幕

【20:15　播放乐曲《喜洋洋》、《步步高》、《茉莉花》、《新春乐》等

【20:20　在背景音乐中,省市各界嘉宾观赏灯会景点后步入会场,入席落座

【20:25　节目主持人出场

主持词:

各位领导,各位来宾,各界朋友和父老乡亲们,大家好!

今天,是公元 2009 年 2 月 9 日,农历己丑年正月十五。

今天,是中华民族传统的元宵佳节。

今晚,我们欢聚一堂,共同观赏 2009 年元宵节兰州市焰火晚会。

朋友们:今晚的焰火晚会由中共兰州市委、兰州市人民政府主办。由安宁区委、区政府和兰州经济技术开发区党工委、管委会承办。

晚会分别以:魅力兰州、梦幻兰州、活力兰州、和谐兰州四个篇章分时段燃放。今晚,将由湖南源明烟花公司燃放上万种高空和中空礼花、组合礼花、精品盆花等高科技焰火,形成火树银花不夜天

的壮丽场景。

焰火燃放从晚八时三十分开始到九时结束,燃放时间共 30 分钟。

晚会气势磅礴,盛况空前,朋友们将度过一个令人难忘的元宵之夜。

火树银花不夜天,争看明珠灯万盏

元宵夜放花千树,小康和谐谱新篇

出席今晚焰火晚会的省市领导同志和各界嘉宾有:

[名单略]

让我们以热烈的掌声,欢迎大家的到来。

安宁区委、区人大、区政府、区政协和兰州国家级经济技术开发区党工委、管委会,向各界来宾和父老乡亲们拜年。

恭祝大家新年大吉,合家幸福,身体健康,万事如意!

今夜,黄河明珠铺开一片锦绣河山。今夜,流光溢彩渲染兰州魅力无限。

今夜,万盏礼花绽放美好祝愿。今夜,山水新区映照花好月圆。

在市委十一届四次全会精神鼓舞下,兰州,加快发展,率先发展,科学发展,跨入了崭新的 2009 年。

[8:30 工作人员邀请发射信号弹的领导同志到发射位置就位]:

首先,有请[到场最高首长]宣布焰火晚会开始;

同时有请[约定领导同志]发射信号弹;

【首长话音落,彩色信号弹升空;

[播放钢琴协奏曲《黄河》音乐;第一批礼花弹腾空而起]

第一篇章　魅力兰州

【钢琴协奏曲《黄河》为背景音乐】

朗诵词:

第一篇章　魅力兰州

来吧,五湖四海的老朋友;

来吧,五洲四海的新朋友

来吧,黄河之水的波澜与激流;

来吧,美不胜收的春风和杨柳

让我捧出三杯美酒,为兰州的腾飞祝福加油

赞美交往的真诚与友情的深厚

欢呼今夜的聚会和良宵的神州

这第一杯酒

献给五洲四海的新朋老友

祝福我们的友谊天长地久

这第二杯酒

献给创业者的英姿与风流

祝福这片土地花团锦簇,河山锦绣

这第三杯酒

献给父老乡亲的热切追求

祝福这片土地年年都有硕果累累的金秋

让我们举起这三杯美酒,献给我的家乡,我的兰州
祝愿家乡和谐发展,兰州创业,力争上游

我来了,我的桃花盛开的仁寿山
我来了,我的车水马龙的十里店
我来了,我的流光溢彩的金银滩
我来了,我的硕果累累的桃花园

今夜,这里的景色争奇斗艳
今夜,这里的夜空辉煌绚烂
此刻,黄河涌动无尽的波澜
此刻,兰州绽开花枝的招展

五彩缤纷的焰火正在腾空而起
花团锦簇的大地跳动七彩的斑斓
在这波涌浪翻的黄河北岸,点燃我们"开放、放开、放权、放活"的熊熊火焰
在这灼灼其华的万亩桃园,燃放我们"团结拼搏、开拓创新、真抓实干、努力奋进"的真诚心愿
夜空中,彩光摇曳,万花争艳
夜色中,盛事辉煌,前景灿烂

第二篇章　梦幻兰州

[交响乐《红旗颂》为背景音乐]

朗诵词：

第二篇章　梦幻兰州

又是一年星移斗转,又是一片星河灿烂

又是一年春风拂面,又是一年春光灿烂

这是一首创业的诗篇,这是一篇发展的宣言

新年的钟声将春色渲染

新年的火焰把激情点燃

点燃的激情奔腾奋进的火焰

奋进的火焰燃烧成创业的诗篇

此刻,我难以抑制诉说的意愿

此刻,我不能按捺激动的心弦

那么,就让我们描绘一幅关于创业与实干的壮丽画卷

那么,就让我们朗诵一首关于兰州与发展的灿烂诗篇

让我们用儿女的忠诚为家乡写下崭新的辉煌和灿烂

让我们用集体的智慧和汗水打造一个梦想无边的兰州家园

打开这幅蓝图,我心驰神往,浮想联翩,满园春色激起无尽的波澜

铺开这幅画卷,我激情荡漾,笔墨飞溅,飞溅的笔墨描绘出愿景的彩练

走过这片万里金汤,我的思绪在翱翔,大地鼓动一派沸腾的火焰

捧出这颗黄河明珠,我的目光充满了眷恋,眷恋这崛起的家园,色彩的斑斓

新兰州!这是一道多么令人骄傲的全新风景线

新兰州!绝对是一部让人看不够读不尽的大诗篇

朋友,你看!

兰州新城区奔跑的是"一个中心、三个率先,五个加快,五个加强"的豪迈宣言。

朋友,你看!

兰州新城区飞翔的是"保增长、扩内需、强基础、调结构,促和谐"的发展主线。

朋友,你看!

得山独厚,得水独秀,山水新区,魅力新城,梦幻兰州,五彩斑斓。

迎宾大道扬起了奔向世界的远航风帆

兰州新城区已经在这片土地上波涌浪翻

时代的列车将在这里再次编组,车轮飞转

梦幻兰州正站在历史的新起点上又一次跃马扬鞭

啊,我的朋友,此刻,我的心中充满了万语千言

啊,我的朋友,此刻,我的思绪是如此地活跃纷繁

啊,我的朋友,此刻,我的心弦是这样的激烈震颤

啊,我的朋友,此刻,我的脉搏跳动着一个里程碑的呼唤

第三篇章　活力兰州

[小提琴协奏曲《梁祝》(俞丽拿版)为背景音乐]

朗诵词:

第三篇章　活力兰州

我来了,我的万年不老的仁寿山

我来了,我的魂牵梦萦的桃花园

此刻,我就伫立在你这五彩缤纷的辉煌夜晚

此刻,我正仰望着您那星光灿烂的俏丽容颜

仰望这桃花映红的笑颜,我的心,真的激起了万丈狂澜

抚摸这如诗如画的夜晚,我的情,真的翻卷着波浪滔天

新城锦绣啊　气象万千

大河北岸哪　风光无限

兰州活力绽开千万朵花瓣

活力兰州奔涌一泓泓清泉

腾空的烟火照耀黄河两岸　这片土地舒展着创业实干的水墨画卷

绚丽的光色辉映大河波澜　这片土地裁剪出五千年汇成的蔚为大观

奔腾不息的黄河水,是缓缓地、缓缓地从我家门前悄悄流过

生生不息的桃花情,是静静地、静静地在我的心上轻轻划过
母亲河波涛滚滚　情思绵延　水笑山欢
皋兰山苍翠巍峨　景色绚烂　明珠璀璨
滔滔奔流的黄河水啊,你奔腾万里浪滔天
生生不息的桃花园啊,你不舍昼夜三千年

是的,这条大河,浇灌着我们世世代代依恋的家园
是的,这片土地,生长着我们祖祖辈辈无尽的期盼

翻遍万卷史册　谁见过大河像今天这样充满着生机与绚烂
走遍大河上下　可曾见黄河钟情于一片土地是如此的缠绵

今日的奋斗,将写下这条大河见证的诗篇
明日的崛起,要铸就这片土地收成的经典

那么,就让我——铺开这风情百里的花团锦簇与锦绣河山
舒展此刻黄河岸边下那迷人的风采和创业实干的豪迈宣言

那么,就让我——激荡这大河上下辉煌的诗篇和壮阔波澜
实现山水新区魅力新城今天的小康和谐与振兴中华的百年夙
愿

我用黄河明珠的神韵继续谱写新时代的崭新画卷
我以大河的波涛汹涌再次闪亮新兰州的明珠璀璨
愿我们的家乡:风调雨顺;神州万里,太平安然

愿我们的祖国:和谐安宁;五湖四海,盛世永远

那就让我们,再一次捧起水酒三杯,礼赞这个情真意切的良宵月圆

那就让我们,真诚地献上心香九瓣,编织一个地久天长的国泰民安

第四篇章　和谐兰州

【德沃夏克《新大陆交响曲》为背景音乐】

朗诵词:

第四篇章　和谐兰州

这是黄河浪花飞溅的都市梦想

这是桃园绿茵吟诵的新区向往

仁寿山听得懂银滩波浪的抒情高亢

银滩桥舞动百里风情线的美酒飘香

梨园的柔情吹拂左公柳——柳絮飞扬

金城关的风铃激动丝绸之路——通向四面八方

魅力兰州谱写太平盛世的华彩乐章

梦幻兰州创造新世纪的灿烂辉煌

活力兰州舞动新时代的神采飞扬

和谐兰州鸣奏和谐社会的百花齐放

黄河明珠歌唱新天地的气宇轩昂

今夜的大河流光溢彩,壮丽辉煌

今夜的银滩如意吉祥,激情荡漾

今日的兰州奋发图强,无限风光

今天的中国容光焕发,光芒万丈

这是一篇慷慨激昂的华彩乐章

这是一首感天动地的壮丽交响

让我们燃放太平盛世的慷慨激昂

让我们鼓动盛世太平的万丈光芒

这是一个多么美好的日子啊

这是一个多么吉祥的时辰

今夜无眠,今夜我们打造一片壮丽的河山

今夜无眠,今夜我们高歌一曲灿烂的诗篇

让我们留住今夜,留住我们今夜的激情与向往,

让我们期待明天,创造我们明天的辉煌和灿烂

【音乐继续,等待焰火结束时间。到焰火尾声,节目主持人出场。

【结束语

朋友们:"一个中心带动,三个率先发展,构建兰州都市经济圈"的崭新蓝图和新的要求在激励着我们。兰州,已经进入一个新的发展阶段。新的历史起点擂响了向更高目标迈进的奋斗鼓点。

让我们更加紧密地团结在以胡锦涛同志为总书记的党中央周

盛典礼赞

围,在省委、省政府和市委、市政府的正确领导下,坚定地站在时代发展的潮头,全面贯彻落实中共兰州市委十一届四次全会精神,进一步解放思想,振奋精神,坚定信心,攻坚克难,充满激情搞建设,只争朝夕谋发展,以优异的成绩迎接共和国成立六十周年,迎接兰州解放六十周年,为新兰州的灿烂明天而努力奋斗!

朋友们,2009 年元宵节兰州市焰火晚会就进行到这里。

祝朋友们新春大吉,万事如意。

朋友们,再见!

(2009 年 2 月 4 日拟稿)

● 大河交响健儿颂

——2009年兰州市第六届运动会开幕式实施方案

(7月25日·近水广场)

开幕式策划指挥机构

总 策 划： 王 冰　　中共兰州市委常委、宣传部部长

戈银生　　兰州市政府副市长

策　　划： 王俊东　　市政府副秘书长、政务大厅主任

范　文　　市文化出版局局长

刘立川　　市体育局局长

赵中东　　市文化出版局副局长

傅松华　　市体育局副局长

艺术总监： 苏孝林　　兰州大剧院院长

总 导 演： 赵中东　　市文化出版局副局长

总 撰 稿： 岳逢春　　市文联副主席

时间：2009年7月25日晚8：26

地点：黄河风情线近水广场(西广场为表演区；东广场为演职人员候场区；对岸北滨河路南人行道控制200米，为音乐焰火发射区)

开幕式流程

第一部分　开幕前解说词

【开幕前营造气氛,幕后随机朗诵：

各位来宾,朋友们,大家晚上好!

今天,是公元 2009 年 7 月 25 日,这里是兰州百里黄河风情线近水广场。今晚,兰州市第六届运动会开幕式在这里隆重举行。

在全市人民喜迎新中国成立六十周年和兰州解放六十周年的日子里,近水广场花团锦簇,灯火辉煌,黄河两岸充满着喜庆热烈的节日气氛。

夕阳渐渐落下,夜幕徐徐降临

星光闪耀,闪耀着体育健儿的更高、更快、更强

灯火辉煌,辉煌金城兰州的全面、协调、可持续发展

百里黄河风情线绚丽多姿,吟唱一部"1355"规划的壮丽畅想

近水广场花团锦簇,鸣奏一曲"1355"辉煌的交响

这是一次体育的盛会,这是一个城市盛大的节日。

在前不久,我市第六届运动会各项赛事已经陆续展开,选手们创造了优异的成绩,灿烂的金牌等待健儿摘取。**体育健儿顽强拼搏,奋发进取。**今天,他们将以昂扬的斗志和奋发的**精神**参加开幕式,迎接兰州解放六十周年和新中国成立六十周年光辉日子的到来。

朋友们,请各位入场就座,开幕式就要开始了。

一个独具特色的盛大的开幕式已经准备就绪,即将拉开帷幕。

【开幕时刻到,节目主持人盛装出场

幕前致词:

尊敬的各位领导,各位来宾,市民朋友们,大家晚上好!

今天是公元 2009 年 7 月 25 日,现在是晚上八点二十六分。

这里是兰州百里黄河风情线近水广场。

在全市人民喜迎新中国成立六十周年和兰州解放六十周年的日子里,兰州市第六届运动会开幕式在这里隆重举行。

出席今天开幕式的省市党政领导同志、驻兰部队首长和各界贵宾有：（名单略）

来自我市三县五区和各个行业体育代表团的运动员、教练员、裁判员代表也将出席今晚的开幕式。让我们以热烈的掌声欢迎大家的光临

朋友们，今晚的开幕式由两大板块组成：

一、兰州市第六届运动会开幕式

二、大型文艺表演《大河交响诗》

首先，隆重有请：某某先生（礼宾官员）主持开幕式仪式。

【奥林匹克号角吹响

第二部分　开幕式仪式

礼宾官员：

（1）兰州市第六届运动会开幕式现在开始！请运动员、教练员、裁判员入场！

【奏响《五环旗进行曲》；国旗、会旗、彩旗队，运动员和裁判员队伍依次入场。

飘扬着会旗和各代表团旗帜的十数艘游轮快艇在黄河水面逆流而上，黄河上一片欢腾。

【节目主持人解说词：

朋友们，请大家把目光投向中华民族的母亲河

白马浪前，波涛激荡，金城关下，百舸争流

来自我市三县五区和各个行业的体育健儿们劈波斩浪、浩浩荡荡

中流击水,黄河飞渡,体育健儿们神采飞扬,开幕式拉开了精彩的序幕

【各体育代表团列队经过主席台,在表演场地列队肃立

【队伍经过主席台前时,简要介绍各县区以及参加运动会的情况,请组委会提供材料,由主持人随机解说

【运动员入场完毕

【礼宾官员(继续):

(2) 请全体起立;升中华人民共和国国旗,奏中华人民共和国国歌

(3) 升兰州市第六届运动会会旗、奏运动会会歌

(4) 请坐下。请(组委会主任委员)同志致开幕词

(5) 请运动员代表宣誓

誓词:我代表全体运动员宣誓,为了体育的光荣和本队的荣誉,我们将以真正的体育精神,参加本届运动会比赛,尊重和遵守各项规则。

(6) 请裁判员代表宣誓

誓词:我代表全体裁判员和工作人员宣誓,在本届运动会上,我们将以真正的体育精神,尊重遵守运动会一切规则,公正无私地履行自己的职责。

(7) 点燃兰州市第六届运动会火炬

【运动员代表——亚洲射击冠军乘羊皮筏子顺流而下,在河面聚焦点举枪扣动扳机,枪口喷出火光,点燃北岸主火炬塔,火焰熊熊燃烧,辉映大河两岸。

【节目主持人解说词:

八千年的薪火凝聚民族的魂,八百丈的豪情创造同一个梦

火炬熊熊燃烧,辉映大河两岸。大河流光溢彩,营造绚丽梦幻

燃烧吧,奥林匹克的火焰。闪耀吧,黄河之都的灿烂。

【礼宾官员:

(8) 请领导同志[到场最高首长名单待定]宣布兰州市第六届
运动会开幕

【首长话音落,六组礼花弹依次腾空而起,音乐震撼人心,燃放
兰州市第六届运动会会徽造型焰火。

(9) 运动员教练员裁判员退场;

【退场完毕

(10)请大家欣赏开幕式大型文艺表演《大河交响诗》!

【礼宾官员退场;节目主持人出场

第三部分　文艺表演·《大河交响诗》

第一章　鼓舞太平

【节目 1　《太平鼓舞》

【节目介绍:这是一组由 108 人组成的鼓队,曾参加北京奥运
会开幕式表演活动,于 2008 年 8 月 8 日在"鸟巢"做精彩表演,向
全世界展示了兰州太平鼓的神韵。节目编排简洁明快,气氛热烈,
场面壮观。

【主持人随机朗诵

古金城,金汤万里

新兰州,新的天地

这是一个城市盛大的节日,让我们擂响和谐社会的黄钟大吕

这是一片豪情满怀的大地,让我们创造小康生活的卓越奇迹

太平鼓的回声回响着兰州人民的希望和期盼

白马浪的浪花跳跃着金城百姓的心愿和热恋

今夜无眠,今夜我们一起走进一个辉煌的庆典

今夜无眠,今夜我们共同打造一片壮丽的河山

今夜,我们营造一个如诗的梦幻

今夜,我们放飞一个衷心的祝愿

第二章　大河寻梦

【节目2 《一品·十三绝》

【节目介绍:特邀享誉世界的中国杂技团演出大型情境杂技系列节目《一品·十三绝》。开幕式考虑演出场地基本条件和气象、风速等制约因素,演出其中大部分节目:《喧歌嬉调·转碟》《侠骨傲风·抖轿子》《俏花旦·抖空竹》《穿尘跃阵·钻地圈》《踏紫拈红·车技》《腾韵·顶碗》以及《邀月弄影·对手顶》。整套节目品位高雅,气势恢宏,色彩缤纷,惊险刺激,精彩绝伦,代表着中国杂技艺术的最高境界。这是黄河之滨上演的一场空前的视觉盛宴。

【随机朗诵:

这是体育健儿期待的一次热血沸腾的激情激荡

这是兰州人民演奏的一曲动人心弦的壮丽交响

百里黄河风情线在晚霞的光晕中闪亮登场

我的城市流光溢彩,在第六届运动会的号角声中神采飞扬

舞动七彩缤纷的波涛激浪,舞动金牌和银奖的灿烂辉煌

让我们一起拥抱这流光溢彩的夜色与朝阳，拥抱新中国六十年谱写的精彩华章

第三章　大河风采

【节目3　燃放高科技音乐烟火，《大梦敦煌》主旋律音乐伴奏

【节目介绍:邀请曾赴西班牙国际焰火表演大会的单位燃放高科技音乐烟火。舞台中央场地由140名武警战士组成160平方米的图案方阵,展示巨大的兰州市运动会会旗和兰州风光等图案。大河两岸高空、中空焰火五彩缤纷,音乐动人心弦,具有强烈的观赏效果和梦幻般的震撼力。

【主持人随机朗诵,阐释主题,营造氛围

这里,是名扬天下的丝绸之路

这里,是花团锦簇的黄河之都

这里,四通八达,沟通欧亚

这里,熙熙攘攘,云集商贾

雄汉盛唐,南来北往,茶马互市托起了开放的兰州

宋元明清,万里金汤,天下雄关护卫那辽阔的边疆

我们在飞天客栈摆下酒宴,以兰州的名义迎接四海宾朋

我们在镇远桥边搭起彩门,以西部的热情欢迎五洲嘉宾

这是黄河浪花飞溅的都市梦想

这是桃园绿茵吟诵的美好向往

白塔山的风铃听得懂银滩波浪的抒情高亢

银滩桥的彩练舞动百里风情线的美酒飘香

梨园的柔情吹拂左公柳——柳絮飞扬

金城关的波浪激动丝绸之路——通向四面八方

今夜的大河流光溢彩,壮丽辉煌

今夜的银滩如意吉祥,激情荡漾

今日的兰州奋发图强,无限风光

今天的中国容光焕发,光芒万丈

这是一篇慷慨激昂的华彩乐章

这是一首感天动地的壮丽交响

让我们燃放太平盛世的慷慨激昂

让我们鼓动盛世太平的万丈光芒

第四章　大河交响

【节目4　主题歌演唱,大型歌舞,全体演员出场,领唱与重唱、合唱

【六运会主题歌《大河交响诗》　作词:岳逢春

【附歌词

大河滔滔,奔流(着)我们的畅想

长城巍巍,崛起(在)亚洲的东方

啊,我的祖国六十年(来)激情荡漾

啊,亿万儿女六十年(来)创造辉煌

人民至上,体质健壮

祖国永恒,繁荣富强

兰山绵绵,闪耀(着)西部的辉煌

金城浩荡,鸣奏(着)和谐的乐章

啊,黄河儿女六十年(来)拼搏顽强

啊,黄河明珠六十年(来)实现梦想

人民至上,体质健壮

祖国永恒,繁荣富强

【全场欢声雷动,龙腾虎跃,鼓声震天,礼花再次腾空而起;歌曲尾声,节目主持人出场

结束语

五彩缤纷的焰火正在腾空而起

满天的花雨飞舞着西部的辉煌

梦里的期盼洋溢着 1355 规划的城市精神

和谐的社会走向全面小康的壮丽前景

河汇百流,九曲不回,创新创业,和谐发展

改革开放,地覆天翻,与时俱进,辉煌灿烂

公元 2009,中华巨龙飞龙在天

公元 2009,金城兰州奋勇向前

让我们留住今夜,留住我们今夜的激情与向往,

让我们期待明天,创造我们明天的辉煌和灿烂

"一个中心带动,三个率先发展,五个推进,五个加强"的崭新蓝图和新的要求在激励着我们。兰州,已经进入一个新的发展阶段。

朋友们,让我们更加紧密地团结在以胡锦涛同志为总书记的党中央周围,坚定地站在时代发展的潮头,以科学发展观统领全局,全面贯彻落实省委、省政府"四抓三支撑"的总体思路。努力贯

彻落实市委十一届四次全会精神，进一步解放思想、振奋精神、创新实干、开拓奋进，全面加快和推进兰州经济社会又好又快发展。以优异的成绩迎接新中国成立六十周年，迎接兰州解放六十周年。兰州市第六届运动会开幕式到此结束。

朋友们，再见！

（2009 年 6 月 21 日第四稿）

● 大河交响动心弦

——2009年兰州市第六届运动会主题歌词

大河滔滔,奔流(着)我们的畅想
长城巍巍,崛起(在)亚洲的东方
啊,我的祖国六十年(来)激情荡漾
啊,亿万儿女六十年(来)创造辉煌
人民至上,体质健壮
祖国永恒,繁荣富强

兰山绵绵,闪耀(着)西部的辉煌
金城浩荡,鸣奏(着)和谐的乐章
啊,黄河儿女六十年(来)拼搏顽强
啊,黄河明珠六十年(来)实现梦想
人民至上,体质健壮
祖国永恒,繁荣富强

● 鲜花盛开五大洲

——2009 年兰州国际民间艺术节开幕式主持词

(8 月 15 日·水车博览园)

【开幕时刻到,节目主持人盛装出场

尊敬的各位领导,各位来宾,女士们、先生们:大家晚上好!

今天,是公元 2009 年 8 月 15 日,这里是兰州水车博览园文化广场。

今晚,2009·中国(兰州)国际民间艺术节开幕式在这里隆重举行。

在全市人民喜迎国庆六十周年和兰州解放六十周年的日子里,黄河两岸充满喜庆热烈的节日气氛。

今天,黄河两岸绿树成荫,鲜花盛开,传诵着友谊与和平的颂歌。

今晚,百里黄河风情线绚丽多姿,欢迎来自五大洲的朋友们和民间艺术大师。现在,水车博览园花团锦簇,即将鸣奏一曲友谊与和平的交响。欢迎朋友们的到来。

出席今天开幕式的各国贵宾和艺术团有:(名单略)

出席今天开幕式的省市党政领导同志、驻兰部队首长和各界贵宾有:(名单略)

让我们以热烈的掌声,向各国贵宾和各界来宾致以崇高的敬意。

让我们以热烈的掌声欢迎大家的光临。

朋友们,今晚的开幕式由来自比利时、加拿大、克罗地亚、以色列、波兰、泰国以及兰州歌舞剧院、兰州群星艺术团演出精彩的焰火晚会《环球风采》。首先,有请中共兰州市委常委、宣传部部长王冰先生主持开幕式仪式。【迎宾号角吹响;王冰部长主持词:

女士们先生们,欢迎各位来到美丽的中国兰州,为我们送来友谊,送来节日的祝福。

一、首先,请中国群众文化学会会长、CIOFF中国委员会副主席郭沫勤先生致开幕词

二、请省政协副主席、兰州市市长张津梁先生致欢迎词

三、请省委常委、兰州市委书记陆武成宣布艺术节开幕

四、请观看开幕式文艺演出《环球风采》

【演出节目,主持人现场简要介绍演出团和节目

结束语:朋友们

五大洲的鲜花盛开在黄河岸边, 全世界的激情澎湃在金城关前

朋友们手拉手创造美丽的盛宴,手拉着手走向美好的明天

四大洋的波浪涌起那星光灿烂, 全人类的情怀激荡在我们心间

朋友们手拉手谱写和谐的诗篇,手拉着手走向美好的明天

五彩缤纷的焰火正在腾空而起, 满天的花雨飞舞着西部的辉煌

梦里的期盼洋溢着友谊与和平, 和谐的社会走向全面小康的壮丽前景

这是一个多么美好的日子啊,这是一个多么吉祥的时辰

今夜无眠,今夜我们打造一片壮丽的河山

今夜无眠,今夜我们高歌一曲友谊的诗篇

让我们留住今夜,留住今夜的激情与向往,

让我们期待明天,创造明天的辉煌和灿烂

祝朋友们身体健壮,万事如意。

朋友们,2009·中国(兰州)国际民间艺术节开幕式到此结束。

祝朋友们晚安,再见!

(2009 年 8 月 12 日拟稿)

● 手拉手谱和谐篇

——2009年兰州国际民间艺术节开幕式主题歌词

五大洲的鲜花盛开在黄河岸边
全世界的激情澎湃在金城关前
朋友们手拉手创造美丽的盛宴
手拉着手走向美好的明天

四大洋的波浪涌起那星光灿烂
全人类的情怀激荡在我们心间
朋友们手拉手谱写和谐的诗篇
手拉着手走向美好的明天

（2009年8月4日 8:26:43 作）

● 陇东记忆信天游

> ——2009 年甘肃陇东地区文化遗产系列电视片文学
> 策划文本

【总片头

【古老深邃、广袤无垠、生机勃勃的甘肃庆阳董志塬

【民间歌手原生态同期声,高亢的民歌:

——"大青山高来,卧老山低,一十(那个)三省,我就挑下的你
……"

【推出总片头字幕

【解说:

在一亿五千万年之前,恐龙曾经主宰这片土地的生命秩序。

那个空间和那段时间,在地质学上被称作侏罗纪。

【环江翼龙龙骨和复原图;叠印字幕:(1978 年·庆阳地区庆城
县环江岸边出土)

【黄河古象化石;叠印字幕:黄河古象化石(1973 年 3 月·甘肃
省庆阳地区合水县出土)

【解说:

这,就是地质学和考古学的证据。

大约二十万年前,这里就有了人类生息繁衍的踪迹。

【子午岭,秦直道,采访车行驶,记者从摄像机向车窗外眺望

《诗经》记载:七千多年前,为了躲避夏王朝的暴虐和专制,周
人的先祖"不窋"在一个晚霞夕照的傍晚,率领族人来到这片土地,
开始了新的生活。后来,周人建立了延续八百多年的周朝,"不窋"

的嫡孙,就是《诗经》里所说的"公刘"。

【叠印字幕《诗经·公刘》:"笃公刘,逝彼百泉,瞻彼溥原。迺陟南冈,乃觏于京。京师之野,于时处处,于时庐旅,于时言言,于时语语……"

【解说:

——也许,中华民族的文明史,就从这里开始了。

这里,就是本片将要讲述的甘肃陇东庆阳地区。

【民歌变奏,本片主题音乐旋律,辉煌壮丽的交响乐

【切换字幕

第一集　信天游·不断头

【历史纪录片资料:陇东边区或南泥湾八路军开荒生产、纺线织布画面

【《军民大生产》原生态歌曲:"解放区呀嘛嗬嗨,大生产呀嘛嗬嗨……"

【解说:

七千多年过去了。历史,走进了公元二十世纪三十年代末和四十年代初期。

一支穿着草鞋的队伍,经过了两万五千里的艰难跋涉,也来到了这里。

他们,与另一支同样穿着草鞋,并且在这里建立了苏维埃地方政权的队伍汇合了。

历史,将这次汇合称为:"三大主力红军胜利会师。"

【南梁根据地典型地貌和代表性的建筑

这里,史称:陕甘宁边区。而所谓"陕甘宁"这组词汇当中的

"甘",就是我们眼前的这片土地——甘肃陇东庆阳地区。

胜利会师后的这支队伍在这里建立了巩固的革命政权和根据地,将那些被称呼为"小鬼子"的侵略者驱逐于国土之东,也将另一些继承了封建王朝专制统治和暴虐作风的人们赶跑了。在这里,这支队伍"自己动手,丰衣足食"。

中华民族自强不息的高尚精神和艰苦奋斗的顽强作风, 如同砺石,磨砺着他们的刀锋。

他们的刀锋在这里磨砺了十三年之后, 天安门广场升起了五星红旗。

【开国大典,天安门广场

【毛泽东:"中华人民共和国中央人民政府, 于今日, 成立了!……"

中华民族的历史,进入了一个崭新的时代,中华人民共和国诞生了。

【典型的历史影像镜头,那位摘下草帽鞠躬的老人

【叠映原生态民歌歌手:高楼万丈平地起……

【依次叠现最少五六位歌唱家的演唱片段。诸如:阎维文、腾格尔、刘欢、彭丽媛等等,每人演唱一句即可。

【解说:

"高楼万丈平地起, 盘龙卧虎高山顶"——这支高亢而嘹亮的民歌曾经传唱在黄河之滨, 后来响彻了大江南北,传遍了全中国。

【一位歌唱家在维也纳金色大厅引吭高歌

这一天, 这支歌漂洋过海,穿透了维也纳金色大厅的穹顶。

对这首歌曲,中国人, 人人耳熟能详。

外国人,也认为这是一首典型的中国汉族民歌。

然而，许多人却并不了解，这首歌曲，就诞生在甘肃陇东庆阳老区。

【采访音乐家同期声，谈话大意：

——有三支民歌，被不少人误认为是陕北民歌，其实，它们是在甘肃陇东革命老区诞生的。这三首歌曲分别就是《高楼万丈平地起》《军民大生产》和《绣金匾》。应该说，这几首歌曲的原生态，都是"陇东民歌"。

【采访当地老人或者歌手，谈话大意：

——1943 年冬天，延安召开劳动模范大会，毛主席在杨家岭的中央大礼堂请劳动模范们吃饭，接见了我们陇东分区的一个劳动英雄，他叫孙万福，孙万福握住了毛主席的手，老孙一激动，开口就唱：高楼万丈平地起……，那是我们陇东道情的调调嘛。

【电脑，上网，输入关键词"陇东民歌"搜索：页面豁然：《高楼万丈平地起》演唱：阿宝。

【视屏：阿宝一段比较完整的演唱，大约 30 秒。

【音乐家同期声：

——在陇东道情里，的确有这样的旋律（模拟旋律）。我们都知道，在传统的民歌当中，大部分歌词主要是表达爱情的主题。民歌，其实就是情歌。（唱）："高楼万丈平地起，方圆百里我挑下个你……"

【外景，山梁，民间歌手：高楼万丈……

陇东，也是民歌"信天游"的故乡之一，千百年来，老百姓创造了不计其数的民间歌曲。当地流传的口诀说："信天游，不断头。断了头，穷人就没法解忧愁。"在劳动中，老百姓创造了艺术，享受着艺术，传承着艺术。歌曲的创作和传承，也不例外。

【《军民大生产》音乐再起，现实"打夯"的镜头

这首歌曲，原本就是劳动号子。陇东庆阳人在建筑房屋，修筑道路的时候，一般都使用石夯来夯筑地基。人们用"叫号子"方法来统一劳动节奏，消除疲劳，消解打夯时动作单一的单调和乏味。打夯的领头人和指挥者被称为"夯把式"，夯把式领唱，众人应和。

【采访民俗专家同期声：

——其实，在庆阳地区，尤其是在陇东华池县这一代，这种旋律的"打夯歌"、"叫号子"，早已经流传了千百年。过去唱"使起劲来嘛，嗬嗨，往起闪呀嘛嗬嗨……莫坏个良心，淅沥沥沥嚓啦啦啦，嗦噜噜噜哒，表兄哥呀嘛吆嘿。"——他唱的，是表兄弟。

【音乐舞蹈史诗《东方红》"大生产"演出片段

1942 年，八路军 385 旅 770 团和"抗大"七分校驻扎在陇东华池县东华池镇，开荒生产，战士们听到这种劳动号子朗朗上口的旋律，就以大生产运动为背景，即兴填了词。

【音乐专家：最初的词是：(唱)：四二年那么嗬嗨，大生产呀么嗬嗨……也叫做《十唱边区》一共有十段号子，在陕甘宁边区很快传唱开来。后来，著名的革命音乐家张寒晖——就是《我的家在东北松花江上》的词曲作者——张寒晖对这首劳动号子做了改编和整理，歌词凝练为五段，第一句改为"解放区呀嘛嗬嗨……"

【切换场景，解说画外音

一曲劳动号子，演变成了一首经久不衰的经典革命歌曲。演唱风格也随着时代的变迁而不断地与时俱进。

【崔健的摇滚乐；"黑鸭子音乐组合"画面和演唱同期声

而另一首歌曲，也曾震颤了十亿中国人的心灵，令中华民族泪流满面。

【郭兰英《绣金匾》

这首歌，也诞生在陇东庆阳这片土地上。

人民艺术家——郭兰英女士，是享誉世界的中国著名歌唱家，而她演唱的这首歌曲的原生态的作者，却是生活在二十世纪三四十年代甘肃陇东的一个木匠。

【木匠的作坊，木匠在做活儿，刨花像瀑布般流淌，凿子在斧头的击打下深入木料

汪庭有，一位不识字的木匠，却酷爱民歌，并且可以即兴填词作曲。汪庭有18岁时，父母相继去世。1936年，他辗转来到了陇东边区，落户在新正县马栏三乡。在做木匠活儿的时候，他常常哼哼着《五更道情》《五哥放羊》和《绣荷包》等民歌小调。

【情景再现：一个陇东女子在绣荷包，朴实而不乏俏丽

【木匠回家，擦汗休息，木匠与陇东女子的幸福生活

边区安定温暖的新生活令他感到满足和幸福。民歌，却让他找到了表达情感，宣泄情绪的方式。这位不识字的木匠给陇东民歌《绣荷包》填上了新词，歌颂领袖和边区的新面貌、新生活。

【歌谱文字影像

著名的诗人艾青，将这首歌曲取名为《十绣金匾》，从此传唱开来。

1944年，在陕甘宁边区召开的文教英雄大会上，王庭有获得"甲等文教英雄"的光荣称号，受到边区民主政府表彰。就这样，这位普普通通的民间木匠，登上了中华民族的历史舞台，载入了中国文艺发展史。

【历史资料，延安的报纸，今日的研究资料

【《2006年第五届庆阳香包节·民歌万人大联唱》精彩场面和同

期声

【解说：

上万人在同一个时间、同一个地点歌唱同一首歌曲。如此壮观的民歌演唱活动，在这个世界上是罕见的。这才是名副其实的《同一首歌》。

信天游，不断头，信天游，水长流。

陇东庆阳民歌，是中华民族诗歌海洋的一股涓涓溪流。当她汇入了民族诗歌的海洋，便永不枯竭，蔚为大观。

甘肃陇东，文化传统源远流长。

周原庆阳，历史血脉底蕴深厚。

【民间歌手，高亢嘹亮的歌唱，五六七八人依次叠现……

【文化工作者收集的民间文化遗产等作品资料图像

【乡村赶集的场面。快节奏展示"庆阳五绝"典型作品，为本片延续埋下伏笔

【镜头在一幅剪纸作品上定格，推近，图案渐渐充满画面

【解说：

下期节目请看，系列电视专题片《庆阳印记》第二集《黄土塬·剪刀情》

【职员表

第二集 黄土塬·剪刀情

【总片头(略)

【《诗经·公刘》(叠印字幕)

"笃公刘，逝彼百泉，瞻彼溥原。迺陟南冈，乃觐于京。京师之野，于时处处，于时庐旅，于时言言，于时语语……"

【解说:

——也许,中华民族的文明史,就从这里开始了。

这里,就是本片将要讲述的甘肃陇东庆阳地区。

【民歌变奏,本片主题音乐旋律,辉煌壮丽的交响乐

【快节奏的"庆阳五绝"作品

【庆阳剪纸作品特写·叠印片头字幕

【乡村赶集的场面,熙熙攘攘的陇东董志塬集市

【民间艺术作品集中陈列的摊位,一位民间剪纸艺人在创作作品

【镜头推进,艺人像变戏法一般,将一张普通的纸张变成了一幅艺术作品

【一个或一群外宾乃至一大群人在观看,记者在采访摄影

【解说:

在中华大地的许多地方,都存在着剪纸这种艺术作品的创作形式。

早在西汉初年,中国人就发现了用麻类植物制造纤维纸的方法。

1986 年,在甘肃陇东放马滩西汉古墓中,出土了绘有地图的麻纸。据考证,这些麻纸制造的年代为公元前 179 年到前 141 年之间,而这个时间段,正是史称"文景之治"的西汉早期。纸,终于替代了简牍和缣帛。纸,主要被用来书写文字,渲染景物。纸张大量生产以后,纸,被派上了另一种用途。

【农村妇女在剪纸,作品浏览

这些目不识丁的民间艺术家,用剪刀将纸裁剪出各种栩栩如生的形象,抒发着丰富的情感,美化着自己的生活环境。在纸张出

现之后，从汉代开始，甘肃陇东庆阳地区就渐渐形成了剪纸的习俗。

【窗花剪影

大约五千年前,周人就在庆阳这一带繁衍生息。

在《诗经》中,有许多诗篇,都在歌颂生活在这里的周人先祖。在《诗经·公刘》的时代,"周道之兴"已经开始了。《诗经》中很具体地描写他们"陶复陶穴""于橐斯馆",这说明,五千年前的周人已经懂得了在黄土塬上开掘窑洞。

在纸尚未发明的史前时期,周人将树叶、兽皮、布帛裁剪为各种形状,来遮风避雨、布设窑洞,美化生活环境。

【窑洞窗户上精美的剪纸窗花

应该说,周人发明并传承下来的窑洞民居习俗是剪纸的温床,更是展示剪纸作品的园地,从剪纸中,我们可以推论出上古时期的文化遗存。在《诗经》的《生民》以及《豳风·七月》等篇章中,周人先祖热爱劳动,祭祀自然神明的激情,往往转化为载歌载舞的歌谣,同时,这种激情也转化为剪纸活动。纸被发明之后,便产生了剪纸这种工艺,这一剪,就剪了两千年。庆阳剪纸作品的农耕文化因素和田园生活气息非常浓郁,具有内在的音乐律动,那种跳跃着的生活气息,与《诗经》所呈现的气韵是完全相同的。

剪纸,最初起源于生产活动,继而演变为日常生活的重要组成部分,最终成熟为一项艺术创造活动。

【采访民俗专家同期声(大意)

我不大赞成什么艺术形式都出自宫廷这种艺术起源说。

我推理,第一个拿起剪刀创作剪纸作品的人,应该是一位社会底层的老百姓。

我们都知道秦始皇用兵马俑殉葬，那是动用国家力量来实现的一个浩大工程，而秦始皇的祖先们，就曾经生活在陇东这一带，殉葬的习俗也在这里一代一代延续下来。大概陇东的这位底层老百姓没有能力用实物财富来殉葬和祭奠先人，他，也许是一个男人，她，也许是一个女子，便拿起剪刀剪出了一些纸马人形，或者用手撕出形象，用来殉葬，烧纸，祭奠先人。我认为，也许这才是剪纸成为一种艺术创作活动的最初和最早的起源。

【村子里的街道，大门，门神，窗花

【解说：

传说，在唐朝，庆阳这一带就有在屋门上贴剪纸的习俗，用来表达一种驱避鬼神、祈求平安的愿望。剪纸作品的形象就是传说中的门神，也就是唐太宗李世民麾下的两员大将：秦叔宝和尉迟恭。这两员被神化了的将军至今仍然守护在千家万户的大门上。

后来的宋、元、明、清历朝，庆阳的剪纸活动渐成规模，几乎家家户户都有人在进行这种艺术创作，成为这一带老百姓的日常生活内容。对老百姓来说，与其说剪纸是一种艺术创作活动，不如说剪纸就是他们的一种生活方式。

【一位老婆婆坐在炕上剪纸

【到处都是剪纸作品

在庆阳民间，每逢节日，或者婚嫁典礼，满月祝寿，喜事盈门，妇女们都要洒扫庭除，裱糊墙壁，再用五彩缤纷的剪纸作品将居室妆扮得花花绿绿，喜气洋洋，热热闹闹。贴在门上的叫"门花"，贴在窗上的叫"窗花"，贴在炕头墙壁上的叫"炕围花"，贴在顶棚上的叫"顶棚花"。剪纸，成为她们抒发情感，美化生活的重要方式和手段。

【剪纸作品特写

在庆阳,一切题材都可以成为剪纸题材。

这是"人头鱼"、"娃娃鱼",这里,保存着上古图腾文化的遗迹。

这是"髽髻娃娃",这里,鲜明地表达着古代阴阳互补的哲学观。

这是"八卦娃娃",被誉为珍藏在民间并流传至今的远古文化的"纸化石"。

这是"回娘家",三条腿的毛驴,阐释着汉民族独特的审美意识。

【快速闪过无数作品,字幕:

《二龙戏珠》《骆驼进宝》《麻姑献寿》《吉兽图》《孔雀戏牡丹》《喜鹊踏梅》《鲤鱼钻莲》《老虎下山》《狮子滚绣球》《送福娃娃》《武松打虎》《王祥卧冰》《谷穗》《麦穗》《玉米》《瓜果》《梨桃》……

【解说:

深厚的文化积淀,热情的生活观念,质朴凝练、巧妙夸张的艺术表达手段,流传了两千年。在庆阳,老一辈剪纸艺人多是目不识丁的农村妇女,但是,她们却无愧于"民间艺术大师"的称号。

【几位年事已高的剪纸大师特写,姓名,字幕,展示精彩的作品

史料明确记载:1930年,庆城县剪纸女艺人胡仙川的剪纸作品《五福捧寿图》就漂洋过海,被欧洲的《波兰画报》发表。

【古元的版画木刻作品

1942年,陕甘宁边区政府曾动员专业艺术工作者采集整理庆阳地区的剪纸艺术,著名的雕刻家古元从中获的灵感,创作了许多反映边区生活的木刻作品,产生巨大影响。

【女孩跟着奶奶学剪纸

现在,许许多多的接受了文化教育的女孩子继续拿起了剪刀,

从小就跟着奶奶和妈妈学剪纸，"二八闺秀学针线，巧剪花样百家传"，不少年轻人已经登堂入室，创造着新的成果，取得了新的成就。

【几位走向国际的庆阳剪纸艺术大师，字幕，画面

【荣誉牌匾和授牌仪式场面，照片，庆阳领导同志参加活动的特写和形象

2002 年 6 月，庆阳市被中国民俗学会命名为"中国民间剪纸之乡"。当然，庆阳珍藏和流行的珍贵文化遗产并不仅仅是剪纸。庆阳皮影，也是值得我们鉴赏的民间艺术瑰宝。

【剪纸图案转化为皮影图案

接下来请看，系列电视专题片《庆阳印记》第三集《皮影戏·道情魂》

【职员表

第三集　皮影戏·道情魂

【总片头(略)

【民歌变奏，本片主题音乐旋律，辉煌壮丽的交响乐

【皮影背景，叠印片头字幕

【陇东民间皮影戏表演，模拟演示一个妃子和皇帝的缠绵与悲伤

【叠印字幕：齐方士少翁，乃夜张灯烛，设帷帐，陈酒肉，而令上居他帐，遥见好女如李夫人之貌，还幄坐而步，又不得就视。——《汉·司马迁·史记》

【解说：

从太史公司马迁的历史巨著《史记》的这段记载中，我们可以

想象,皮影戏这种艺术表演形式,在汉代,就已经出现了。

大约公元前100多年的那段时间里,汉武帝刘彻宠爱的妃子李夫人辞世,刘彻茶饭不思,夜不能寐。古诗吟诵:"北方有佳人,绝世而独立,一顾倾人城,再顾倾人国。宁不知倾城与倾国,佳人难再得!"这里所说的倾国倾城的佳人,就是这位仪态万方的皇妃李夫人。

【《李广利》雕塑或图片形象

这位李夫人的弟弟,就是闻名遐迩的贰师将军李广利。李将军看到姐夫刘彻愁容满面,无精打采,也无可奈何。

【情景再现

这时候,从远方来了一位游方道士之类的艺术表演人才,自称可以让汉武帝看见李夫人的身形容貌。这位叫做少翁的方士搭起帐幔,点燃蜡烛,在帐幔上投影出了李夫人的影像,刘彻的思念之情总算是得到了一些慰藉。

假设齐方士"少翁"表演的就是皮影戏的话,那么,在距今两千多年前的刘彻的时代,皮影艺术,已经成熟了。

也许,这就是现代电影的老祖宗,它们,都是用光线和影像来表现人物,讲述故事。

【电影机在转动

两千年之后,电影,被西方人发明出来。

1893年,美国人爱迪生发明电影视镜并创建了"囚车"摄影场。

1895年12月28日,在法国巴黎卡普辛路14号的一间咖啡馆,卢米埃尔兄弟成功放映了《火车进站》的短片,现代意义上的"电影时代",来临了。

然而,在庆阳这片土地上,皮影,已经传承延续兴盛流行了两千多年。

【展示皮影道具，老百姓在兴致勃勃地观看演出，高亢的伴奏与声腔

庆阳皮影戏，是庆阳老百姓不可或缺的精神食粮。

在皮影中，他们获得了历史知识，得到文化观念的认同，形成了相同的民族情感和文化意识。皮影，承载着教化民风民俗的历史责任，对陇东民间风俗的养成，也起到了不可替代的重要作用。在许多年以前，皮影，确实是老百姓日常生活的一部分。可以想象，在电影和电视机普及之前，人们在观看皮影戏时的精神状态一定是极为亢奋的。

【采访当地老百姓或民俗学者，同期声，大意：

我小时候看皮影，走十几里地，饭都顾不上吃，追着皮影戏班子跑，感觉比后来看电视，看电影还要过瘾。

【解说：

庆阳皮影，既是非物质文化遗产，也是物质文化遗产。

有一个误会，许多人都把庆阳皮影叫做"驴皮影"，其实，庆阳地区并不使用驴皮来制作皮影道具，而是使用上好的牛皮制作。

【制作皮影工艺流程展示

就这样，一件工艺品制作完成了，一件精美的艺术作品也就诞生在这个世界上了。

【各种类型的人物造型和飞禽走兽，山石花卉，金殿宝帐，亭台楼阁，鱼鳖海怪，神鬼妖仙，案几桌凳等等道具和布景五彩缤纷
【解说：

制作皮影的艺人们构图设计所具有的丰富的想象力是神奇的，而奇妙异常的雕刻制作技巧，更令人叹为观止。人们，将皮影当

作装饰品陈列在居室。皮影，现在也成为一种收藏品。

【古代典型皮影道具特写

这件清代流传下来的皮影价值不菲，据说，可以换一辆小轿车。

放在箱子里，这只是一些没有生命的牛皮，一旦支起帷幕，张灯结彩，点起灯光，艺人们就赋予了这些牛皮栩栩如生的生命，观众，就被吸引了，陶醉了。

【皮影艺人在架设演出场地

这就是庆阳皮影戏演出的"舞台"，俗称"亮子"。艺人们用长方形的木框，绷上薄绵柔韧的白纸或白布，一幅银幕，或者一个"显示屏"就搭建而成。

【皮影班子的乐队，乐器演奏的特写，乐手如醉如痴的表情

这是一门综合的艺术活动，音乐和唱腔，同时营造着演出的氛围。

庆阳皮影戏的音乐旋律和唱腔，具有独具特色的西部陇东风格，人们称之为陇东道情。有些表演剧目，也采用秦腔、眉户等西北地方剧种来演唱伴奏。

【高亢的演唱

如果说，皮影道具是形式的话，那么，道情的音乐旋律和声腔艺术，便是这种艺术活动的灵魂。在中国的许多地方，都上演着皮影戏，皮影道具大同小异，但演出的音乐伴奏和声腔旋律却各具特色，迥然不同。寥寥数人，就营造出一个完整的艺术空间和虚拟的世界，这个世界，恰恰是现实世界的缩影。

作为陇东黄土高原民间艺术的一枝奇葩，皮影戏，受到了庆阳城乡人民的钟爱，也越来越受到国内外专业艺术家们的关注。庆阳

皮影,确实已经踏出国门,走向了世界。

【艺人们出国演出的影像资料

1987年,庆阳皮影艺人曾经应邀前往欧洲演出,他们前往意大利,在罗马、米兰、威尼斯、佛罗伦萨等地出尽了风头。欧洲人说,这是来自东方的魔术般的艺术家。

【外宾对庆阳皮影的评价,同期声

【采访展示著名的皮影艺人和皮影戏班子,同期声

【山间小路上行走的戏班子,毛驴、摩托,载着戏箱在行走

【迪斯科舞厅,青年人在光影中狂舞,网吧,年轻人在上网,电子游戏

【长庆油田的钻井台

【切入典型的庆阳"香包"镜头

在现代文明飞速发展的这个时代,皮影,是老祖宗珍藏并传给我们的一件珍宝,我们要珍惜。在庆阳,我们也看到了另一种传统的文化遗产,同样堪称珍宝,这就是庆阳香包。

接下来请看,系列电视专题片《庆阳印记》第四集《双塔风·香包愿》

【职员表

第四集 香包愿·双塔风

【总片头(略)

【广袤无垠、古老深邃、生机勃勃的甘肃庆阳董志塬

【民歌变奏,本片主题音乐旋律,辉煌壮丽的交响乐

【香包特写背景,叠印片头字幕

【华池县双塔,字幕:甘肃庆阳地区华池县双塔寺

公元 2001 年，文物工作者在修缮这组姊妹双塔的过程中，在塔顶的宝鼎当中，发现了一些文物藏品。其中，一只保存完好的香囊引起人们的极大兴趣。

【金代香包特写

这只香囊色泽艳丽如新，散发着浓郁的香味。香囊用黄褐色锦缎精工缝制，用彩色丝线绣出海棠花，并穿坠玛瑙宝石项链。香囊做工精美，令人爱不释手。

【双塔细节

华池县双塔寺修建于金世宗大定十年，也就是 1170 年。在这片土地上，双塔已经矗立了八百三十多年。于是，藏在宝鼎中的这只香囊，便被命名为"千岁香包"。今天，我们已经难以判断这只千岁香包出自何人之手，但是，我们却可以感受到制作者那份虔诚的心愿。

【字幕，伴音：

"千岁香囊藏佛塔，万针刺就海棠花，巧手绣出花藏界，诚心敬献净土刹"。

【今日庆阳香包作品。琳琅满目、目不暇接

最初的香包，具有很实际的使用价值，祛病驱瘟是它最初的实际功用，香包里装入中草药，可以清醒空气，净化人们的生活环境。早在公元前三千年左右的黄帝时代，生长于庆阳的医药大师、岐黄之祖——岐伯，就创立了中医药学。香包，就是岐伯教给人们用来防病治病的一种措施和手段。千百年来，香包渐渐演变为一种艺术作品。

【端午节庆阳香包大展销

从妇女们今天制作的这些香包当中，我们可以深切地感受到庆阳香包制作历史的源远流长。琳琅满目，目不暇接，令人如醉如痴的这些香包作品，蕴含着这块土地的无限风情，也寄托着母亲和姐妹们对生活的美好祝愿。

香包，古称香囊，大部分地方都称为"荷包"，在庆阳，人们亲切地称呼它为"绌绌"（音："出出"）"绌儿"、"耍活儿"，这应该是庆阳香包的乳名，散发着浓郁的乡土气息。"绌"这个词，生动而形象地表述了庆阳香包的制作工艺和手法。

【民间艺人用"绌"的技法制作香包。

【解说：

这就是"绌"。庆阳香包所表达的题材和思想以及情感是极为丰富多彩的，这个世界上的一切事物都可以被母亲和姐妹们的飞针走线纳入香包。艺术作品是现实生活的艺术表达，庆阳妇女则喜欢用自己熟悉的动物和植物形象来表达心愿。在这里，家养的牛羊猪犬，野生的狮虎猴兔，水中的鱼龙龟蛇，山里的瓜果桃梨，大大小小，形态各异，包罗万象，无所不有，寄托着辟邪祈福的愿望，表达着平安健康的祈求。色彩缤纷的香包，凝聚了她们的爱心。

【一群全身挂满香包的小孩

【戏水的孩子，胸前挂着一个花裹肚。裹肚上，绣着各种各样的花鸟虫鱼。

一年一度的端阳节到了，在这几天，不论城市与乡村，都成为了香包艺术的博览会。

这些孩子，简直就是香包博览会展示作品的载体，他在向人们展示奶奶或者母亲的刺绣手艺，这种习俗，大概已经延续了上千年了吧。

【老爷爷的烟荷包

这位老大爷腰间插的葫芦型的绣花烟荷包却是永远都不离身的。

【依次展示香包实物以及制作场景

庆阳香包制作的材料十分简单，不过一针一线加一布一珠而已。布料多采用丝绸或彩布，线絮全为五颜六色的彩线。刺绣手法却繁复多样，有纳绣、套绣、锁绣、补绣、挑绣等。

缝制过程大约要经历剪样、锁边、打结、绣样、吊絮、穿珠等工艺流程。民俗民间文化研究者将庆阳香包的类型总结为五种：

一、头戴：一般在端午节戴在头上，驱邪护身。

二、肩卧：将猛虎雄狮飞禽走兽缝在孩子们的肩上，驱避邪恶。

三、胸挂：表达祈求幸福，五谷丰登的心愿。

四、背负：蛇、蝎、蜈蚣、蜥蜴、蜘蛛这类具有毒性的昆虫的图样被刺绣成"五毒背心"，表达了古人"以毒攻毒"的哲学观念和保护孩子不受侵害的心愿。

五、脚蹬：飞禽走兽的头部图样做成虎头鞋、猫头鞋、蝴蝶鞋等等，蕴含着古代阴阳平衡的哲学观，也包含着成双成对、左右对称、并蹄腾飞的美好祝愿。

庆阳香包以其质朴古拙、富有原始文化遗存信息和奇特的表现手法而区别于国内其他地方的荷包。

【典型香包展示

庆阳香包有两个显著的特点：

一是具有浓郁的原始生态文化意味。庆阳位于黄河流域，是华夏民族最早繁衍生息的地方，远古文化积淀深厚。民间工艺刺绣中，大量蕴藏着人类童年期的多神崇拜和以"龙蛇虎鹿"为图腾的原始文化痕迹。驱邪祈福,是庆阳民俗文化的永恒主题。很多香包中渗透着巫神文化和古代阴阳平衡的哲学观念。如用绿布卷成盘蛇,再扎上几个梅花,便是龙的化身。这反映着龙蛇崇拜和以龙蛇为图腾的原生态文化在民间刺绣中的遗存。

二是表现手法奇异多样。多采用托物言志、比喻象征的创作手法。如借老虎狮子的勇猛威武,祛除邪恶。借鱼儿钻莲暗喻男欢女爱。借葫芦、石榴多籽,盼望多子多福。借大枣、花生、桂圆、莲子之名,取谐音"早生贵子"。刺绣手法则变化多端,不大讲究焦点透视,不求比例均衡;不追求形象具体准确,只求意到神似;如肩头狮虎,头比身子大,有爪无腿,既不是真实形象,又不合形体比例,完全由刺绣艺人随艺术感悟和率性感觉来制作。

庆阳香包,集中体现着在这片土地上生活的人们的独特审美观念。

【猫吃老鼠香包

民间艺人们着眼于物质生活,却又从主观意念和艺术直觉出发,采用夸张的意象和率真的创作手法,造型无不幻化姿态。他们的艺术创作与专业美术创作的规矩有着天壤之别。他们创作的许多作品,在不少专业美术家看来,是难以理喻的。你看,猫吃掉老鼠后,老鼠居然还活在猫肚子里。在庆阳民间艺术家看来,这种艺术构思和表现手法,是合情合理的、自然而然的事情。

【典型的香包制作销售公司

改革开放的新时期以来,庆阳香包制作已不再受时令季节的限制,它逐渐演变为独具特色的手工艺商品,走向了市场,并且逐步形成了大规模的产业化生产。

香包,曾经是庆阳地区昔日的一个文化符号,而现在,香包已经被进一步打造成为一张精美的名片。在机关办公室、在宾馆饭店大厅、在商场柜台,处处都装饰着精美的香包。

庆阳香包已经走出这片黄土高原,走出了国门,走向了世界。

庆阳香包制作手法独特、作品造型独特、思想内涵独特,赢得了社会各界和国内外专家们的一致赞誉。不少知名人士都挥毫泼墨,为庆阳香包题词。

【中央美术学院教授、民俗学家靳之林题词条幅"正宁香包香天下","正宁香包全国第一"。

2002年端阳节,在这里隆重举办了"首届中国庆阳香包民俗文化节"

来自国内外的近百位民俗学研究者深入庆阳民间采风调研,并且赞誉:庆阳不愧为民俗文化的博物馆。中国民俗学会命名庆阳市为"香包刺绣之乡"。

【定格:薄一波题词:"庆阳香包甲天下。"

【职员表

第五集　寒梅俏·飞针线

【总片头(略)

【广袤无垠、古老深邃、生机勃勃的甘肃庆阳董志塬

【民歌变奏,本片主题音乐旋律,辉煌壮丽的交响乐

【庆阳刺绣精品·特写背景,叠印片头字幕

【"万红绣坊","百梅图",各种绣品

说起刺绣,许多人不禁会联想到苏绣、湘绣和蜀绣。在不少人看来,精细雅致、巧夺天工的刺绣,总是和细雨缠绵、碧波荡漾、青山绿水的江南水乡联系在一起。而西部人的粗针大线和黄土高坡

的粗犷雄浑与精巧的刺绣艺术,似乎难以成为姊妹。

【博物馆的骨针

【庆阳民间刺绣艺人飞针走线

其实,在距今五千年前的新石器时代,居住在这片黄土高坡上的人们就已经懂得了用兽骨磨成针来缝制皮革。针线的发明,使得刺绣这种工艺成为可能。

【字幕:"蚕月桑条,取彼斧斨,以伐远扬,猗彼女桑""载玄载黄,我朱孔阳,为公子裳。"——《诗经·豳风·七月》

【解说:

《诗经·豳风·七月》描写了三千年前北豳(音:宾 bīn),也就是今天陇东庆阳这一带妇女们劳动的情形:阳春三月,养蚕的日子来到了,将桑树的枝条砍下来,把柔嫩的桑叶捋下来喂蚕。将蚕丝染上鲜艳的色彩,做成五颜六色的丝线,为子女们刺绣美丽的衣裳。

从这些描写当中,我们可以想像,当时的北豳桑林茂密,蚕丝业非常兴盛。

蚕丝业的发展,必然促进刺绣工艺的进步和盛行。

【刺绣作品

传承着先祖文明的古老农耕传统,庆阳民间刺绣底蕴深厚,工艺精湛,非常普及。

【龙袍或者高级的刺绣衣裳

《诗经》中还说:"我觏之子,衮衣绣裳"(衮,音:演 yǎn)"衮衣"就是古代王公贵族穿着的绣有蟠龙图纹的衣裳。当时的北豳,刺绣工艺昌盛,能工巧匠辈出。庆阳刺绣也被称为陇绣,散布在庆阳百姓生活的各个角落。

【村舍街景

茶余饭后，老人们三五成群在聊天，他们的旱烟杆上，都吊着一个绣花的烟荷包。古朴别致、绚丽多彩、充满着生活的情趣。

【河边、山间、街上的孩子

夏日炎炎，这些戏耍的顽皮孩童胸前的花裹肚，绣着各种各样的花鸟虫鱼，红如火焰，艳似彩霞。

【一群妇女

她们肩上的披肩，腰间百褶裙上，绣满各种吉祥如意的图案。

【妇女们在刺绣

现在，农村妇女依然是刺绣活动的主体。她们身边最常见的花卉草木，鸟兽虫鱼，依然是最丰富的刺绣对象，而日月风云，楼台亭榭，人物故事，几何图案，也是常见的刺绣题材。

世世代代的口传心授和民间风俗养成了她们的审美观念，而她们也把刺绣当成一项比赛心灵手巧的竞赛活动。手艺精湛的姐妹，会得到人们的尊敬和爱戴。

【一场婚礼

娶媳嫁女更是庆阳刺绣艺术品的大展览。陇东民歌唱道："八岁学针线，十三进绣房。进入绣房绣鸳鸯，百样故事都绣上。"七八岁时，女孩子们就开始穿针引线，十来岁开始绣鞋垫、袜垫，练习针上的功夫。绣出的针脚要求"左看是行行，右看是样样"。十五六岁，姑娘便要为自己做嫁衣裳，在披肩、裹肚、枕头、鞋面上绣画刺花。出嫁时，姑娘打扮得花枝招展，一身嫁衣从里到外都是精美绝伦的刺绣艺术品了。欣赏庆阳刺绣，便感悟到陇东女子精神世界和情感世界的丰富多彩。

【魅力十足的新娘

姑娘出嫁，一定穿双绣花鞋，俗称"上马鞋"。

虽然今天的新娘已经盛行洁白的婚纱了,但是,绣花鞋、绣花枕、绣花鞋垫、绣花袜底和为新郎家人制作的绣花裹肚、绣花烟荷包却是不可缺少的嫁妆。

【满月庆典

新生的孩子过"满月",刺绣品就更是琳琅满目,令人目不暇接了。

左邻右舍、亲戚朋友们都要给孩子贺喜,人们争先恐后地拿出自己刺绣的礼品。

威风凛凛的虎头鞋,红花绿叶的荷花帽,描龙绣凤的花裹肚,狮子枕、虎头枕、金鱼枕、龙头枕、凤凰枕等等。摆在喜桌上,请大家观赏、评论。几乎就是一次艺术展览和研讨会了。

过去,只给男孩做满月,现在,男孩女孩都一样过满月,但男女有别。给男孩的礼品,绣的多是"望子成龙"、"马上封侯"、"状元进宅"、"二龙戏珠",有石榴、桃、鹿、鸡、鱼这类动植物,象征着多子多福,大福大贵;送给女孩的绣品,则以"丹凤朝阳"、"莲生太子"、"胖娃坐莲"居多,还有荷花、牡丹、凤凰、百鸟等,寓意子孙绵延,永保安康。

【玩耍的儿童

刺绣品不但是儿童的衣着,也是玩具,满足了儿童的好奇心和求知欲,发展了孩子的想象能力、培养了他们的审美能力。

肚兜上绣个壁虎,是希望孩子像猛虎一样勇敢。

荷包上绣个蛇蝎,是要让鬼魅邪气逃之夭夭。

精心绣出的枕头、鞋垫、袜底,是姑娘在向男朋友表达爱情。

鞋上绣一只喜鹊,站在梅花枝头,象征喜上眉梢。

枕头上绣一对龙凤,比喻青年男女和睦相亲,白头偕老。刺绣,表达着对美好生活的热切向往。庆阳人勤劳纯朴,乐天向上的精神风貌,生动地体现在这些刺绣作品当中。

【文化产业,政府官员调研活动

跨入 21 世纪以来,庆阳市明确提出了做大做强民俗文化产业的发展思路,坚持将发展民俗文化产业作为打造文化特色大市的突破口和主攻方向。现在,以香包为代表的陇东民俗文化产业项目,已经成为庆阳市具有鲜明特色的地域文化名片。

庆阳市委、市政府不断加大对民俗文化产业发展的宏观指导力度,全力搭建展销平台,不断加大推介力度。从 2002 年开始,已经连续成功举办了六届庆阳香包节,并且组织民间艺人和文化产业公司参加法国巴黎经济文化交流展销活动,参加深圳文博会,大力开展"走出去、推出去、推上去"的文化交流活动。

同时,一大批以香包、剪纸、皮影为龙头的重点文化产业项目基地相继建成,有力地带动了产业链条的发展壮大。民俗文化人才培养规划也已经展开实施,政府不断增加智力投资、加大人才培训力度、全力打造一支集研发、生产、销售为一体的民俗文化专业人才队伍。

庆阳市政府制定了非物质文化遗产的抢救和保护的规范标准,对香包、剪纸、皮影等传统民俗文化产品的收藏整理给予了全力支持,整理出版了一大批民俗文化专著,注册了有关民俗文化产品的商标和工艺标准,为保护这些珍贵的文化遗产奠定了坚实的基础,同时,也有力地促进了庆阳民间民俗文化产品实现经济效益的持续增长和良性循环。

【刺绣工艺大师王万红及"万红绣坊"作品展示

祖祖辈辈、世世代代"只为自己做嫁衣"的女子们,现在,开始走向了市场。她们精心制作的刺绣艺术品,已经传遍大江南北,走向世界各地。民间工艺美术公司应运而生,并且打出了自己的刺绣品牌。许多庆阳人走州过县,从事刺绣品的商业经营,足迹遍布全国。

大气磅礴,精美绝伦、巧夺天工的陇东刺绣,堪称"庆阳五绝"之冠。

生活在这块黄土地上的庆阳人,将延续了数千年的陇绣制作工艺发扬光大,民俗民间优秀文化血脉在这片土地上继续传承着、涌动着、发展着……

【董志塬、子午岭、南梁、秦直道,陇东万水千山……

【闪回:"庆阳五绝"——民歌、剪纸、皮影、刺绣和香包代表作品

【职员表

【结束

第六集　秦直道·彩云间

【总片头

【蓝天白云,阳光灿烂的庆阳大地。晚霞夕照。

【解说

这是一片神奇的土地。这里蕴含着中华民族灿烂的文化传统。

走进庆阳大地,我们就将经历一次魅力独具的梦幻旅程。

【推出片名

【秦直道。华池县乔河乡。打扮梁。汉代烽燧。

【"昭君出塞"的影像资料或图片。

【解说

公元前54年，一个著名的历史故事在这里诞生了。

肩负着护送王昭君出嫁的神圣使命，汉元帝派出的这个外交使团沿着秦直道一路风尘仆仆地来到这里，在边境线上的这个驿站休息了一天。使节们恐怕没有料到，这一天，他们将创造一个流传千古的"昭君出塞"的故事。

在这里，王昭君度过了她远嫁塞北、离开祖国时的最后一个夜晚。

第二天清晨，昭君梳洗打扮得漂漂亮亮，向南拜别了故土，准备接受匈奴部落首领呼韩邪单于的迎接仪式。这里，便被后人称为"打扮梁"。

这里曾经是西汉早期匈奴部落与大汉帝国实际控制线的交界处，王昭君跨过这条交界线，也就意味着她离开了汉朝的土地。所谓"昭君出塞"，"打扮梁"应该就是这个动人故事中的"塞"了。

在今天，这个地方被称为庆阳市华池县乔河乡，而"打扮梁"这个地名，已经延续了两千多年。

【秦直道

与许多人的想像不同，王昭君从汉朝首都长安出发前往塞北，一路上其实是十分顺利的。"昭君出塞"的旅途，是在秦朝就筑成的一条"高速公路"上完成的。"昭君出塞"的故事发生的时候，这条"高速公路"已经存在了150多年了。今天，我们称之为"秦直道"。

【直道两侧的秦汉烽燧遗址，秦砖汉瓦

在陇东子午岭的山梁上，今天仍然依稀可见这条"高速公路"留下的遗迹。而有一些路段在今天，仍然是人们通行的道路。在这条道路上，不但留下了许多建筑遗迹，也留下了无数的历史故事和神奇传说。其中的许多故事，在中国历史典籍中都有着明确的记载,而有一些传说,也已经被考古发掘所证实。

唐朝诗人杜牧对昭君去世后埋藏的青冢也有描写,诗人说"青冢前头陇水流,燕支山下暮云秋。"我们应该特别注意到诗中的"陇水"这个词。

【字幕或《史记·蒙恬列传》字迹:"始皇欲游天下,道九原,直抵甘泉,乃使蒙恬通道,自九原抵甘泉,堑山湮谷,千八百里。道未就。"

【秦直道示意图

司马迁在《史记·蒙恬列传》中说:秦始皇准备游历天下,从今天的陕西咸阳向内蒙古的包头一带画了一条直线,命令大将蒙恬负责修通这条道路,路途达到一千八百里。蒙恬劈山开路,填平沟壑,仅用了不到两年时间,就完成了这条道路的第一期工程。

【秦始皇灵柩车马在道路上颠簸影像资料。

在外出视察时,秦始皇死在了沙丘。秦二世胡亥护送遗体沿着这条尚未完全修好的道路返回咸阳途中,亲身经历了道路的颠簸,便继续调集人力,历经数年,终于完全修通了这条道路。

【今天道路上的景色。

这条以陕西咸阳为起点,抵达内蒙古包头一带为终点的秦直道,里程总长约900公里,穿越了14个县,路面一般宽20米,最宽的地方达到了60米。

唐朝初年编纂的《括地志》记载,庆州华池县西四十五里的子午山上有秦时故道。

《元和郡县图志》中也说:秦故道,在县东八十里子午山,向九原抵云阳,即此道也。

【电脑三维地图显示的子午岭

1980 年，中国科学院地理研究所编制的卫星导航图片（Operational Navigation Chart）也显示出陇东子午岭山脊上确有一条绵延不绝的古道路存在，这应该就是《括地志》和《元和郡县图志》所说的"秦故道"——也就是秦直道。

经过 20 多年历史地理学者和考古工作者多次实地调查，虽然在细节上仍然存在学术性争议，但秦直道的具体走向和经由路线已经很清楚了。在庆阳境内，这条道路经过了正宁、宁县、合水、华池四个县，全长 290 多公里，约占秦直道总长度的三分之一，沿途发现了 20 多处城垣、驿站、关隘等古遗址，烽燧土墩遗存有一百余座。这说明，秦直道对陇东的政治、经济、文化、军事等方面都曾经有过巨大的影响。

陇东人也称呼这条道路为"皇上路"或"圣人条"。

【随机采访当地老乡

【老乡同期声："叫个皇上路""也叫圣人条""秦直道"。

【子午岭上秦直道

在秦汉时期的庆阳子午岭，这条道路上的繁忙景象是可以想见到。

那时，子午岭一带，森林茂密，郁郁葱葱，莽莽苍苍。今天，子午岭上依然生长着面积将近 500 平方公里的茫茫林海。

【古代骑兵奔驰在直道上

一代名将蒙恬率军出征驱逐匈奴，曾多次在直道沿线行军。

为完成秦军直抵阴山下的战略目标，经过一年多考察，蒙恬就确定了这条出兵征战塞北的最佳路线和捷径，这的确是一件不可思议的事情。

秦直道一期工程完工后，蒙恬对已经基本畅通的道路进行了全程考察,当他谋划二期工程时,却遭到诬陷迫害。秦始皇三十七年,即公元前210年,秦二世胡亥登基后,蒙恬在监狱中服毒自杀。

秦始皇的长子扶苏也因为表示了对焚书坑儒的不满,被派到上郡监督蒙恬修筑直道。

秦始皇死后,宦官赵高勾结丞相李斯扶持胡亥当了皇帝。他们伪造了秦始皇的遗诏,逼迫扶苏自杀,扶苏虽然很愤怒,却也无可奈何,绝望之后,便在秦直道上自刎身亡了。那么,帝国的秦二世政权,也就丧失了存在的合法性。

秦朝灭亡以后,秦直道仍然发挥着重要的作用。公元前110年,汉武帝封禅泰山,巡幸天下,返回的时候,也选择了经过秦直道抵达长安。太史公司马迁参加了这次视察活动,他在《史记》中明确记录了秦直道的状态,并对秦朝开辟直道的利弊得失进行了历史总结。

【《汉书·武帝纪》影像或字幕(元封元年)武帝"自泰山复东至海上,至碣石,自辽西历北边九原,归于甘泉"。

司马迁随汉武帝沿秦直道经过千里之地,领略了子午岭上美丽的风光。在视察途中,他看见了宽阔的直道和坚固的关隘与烽燧,却对蒙恬主持的这个宏大工程提出了批评。司马迁认为,修筑规模如此宏大的道路,工程过于浩大——"固轻百姓力矣"——也太不把老百姓的劳苦当回事儿了。然而,太史公的这个论点,却从另一个角度,让我们知道了当时秦直道工程的雄伟壮观。

西汉时期,秦直道对防御匈奴南下起到了重要作用,汉帝国对秦直道的维护也加大了力度。《汉书·地理志》记载,当时在秦直道子午岭段的南北两端,增设了"直路县"和"除道县",显然,这样的行政设置,就是为了加强对秦直道的控制。

盛典礼赞

公元前127年，西汉帝国的骠骑大将军卫青多次指挥大军经过直道，重创匈奴，解除了匈奴对北部边界的威胁。

汉武帝刘彻多次沿秦直道巡视朔方，炫耀武力。他曾亲率劲旅，勒兵十八万骑，君临北河，行自云阳，北历上郡、西河、五原，出长城，至朔方登单于台，旌旗千余里，威震匈奴……

正是凭借着秦直道这条"高速公路"的机动功能，汉帝国的飞将军李广才能够突然出现在匈奴骑兵面前。"但使龙城飞将在，不叫胡马度阴山"，说的就是飞将军经过秦直道出兵塞北，令匈奴闻风丧胆的战略机动能力。

东汉末年，另一个关于女性的故事也在这里诞生了。在战乱中，绝代才女蔡文姬被匈奴俘虏，嫁给了匈奴左贤王。文姬被匈奴人带往塞北时，走的也是秦直道。后来，蔡文姬思乡心切，却无法回来。曹操闻知此事后，便统帅大军沿秦直道直逼匈奴边界，匈奴首领迫于压力，只好同意文姬归汉。

曹操派使节前往北地迎接蔡文姬。在塞外度过了12年的蔡文姬被曹操思慕贤才的真诚所感动，毅然离别丈夫子女，沿着秦直道返回了中原。后来蔡文姬继承父业，参与了《续汉书》的编撰工作。在秦直道上留下了"文姬归汉"的动人传说。

在唐朝，突厥骑兵雄峙漠北，频繁南侵关中。唐贞观年间，突厥十万铁骑进犯，兵锋曾威逼长安，直抵渭河岸边。后来，唐太宗转守为攻，出兵秦直道，再夺河南地，控制了阴山防线，秦直道联系北部军政要塞的作用仍然显而易见。

在以后的宋、元、明历代，秦直道仍旧是一条通衢大道，只是到了清朝初年，才渐渐沉寂了下来。

【清代乾隆年编撰的《正宁县志》字幕："此路一往康庄，修整之则可通车辙。明时以其道直抵银、夏,故商贾经行。今则塘汛废弛,通衢化为榛莽。"

【解说

在清代乾隆年间编撰的《正宁县志》当中记载:这条道路过去一直是康庄大道,修理一下仍然可以通车。明代这条路直抵宁夏银川,所以,经商的人们都走这条路,只是现在洪水泛滥,这条大路也就废弛了,道路上长满了草木荆棘。

【红军长征

1936 年 11 月,经过两万五千里长征的中国工农红军劈荆斩棘来到陇东,在这片土地上写下了一系列声威雄壮的凯歌。

【环县山城堡战役纪念塔

为了彻底粉碎国民党反动派的围追堵截,1936 年 11 月 16 日至 22 日, 红军在环县山城堡断马崾岘举行了著名的山城堡战役,消灭国民党军队两个团。这次战役对巩固陕甘宁抗日根据地,增强红军各个方面军的团结,发展红军与东北军的统一战线,促进逼蒋抗日方针的实现,都具有非常重要的历史意义。

山城堡战役的胜利,在中国革命史上写下了重要的篇章。此次战役结束后仅 20 天——12 月 12 日, 对中国历史进程具有重要意义的"西安事变"发生了。

【采访正宁县刘家店子和石门关老人

当地老人们回忆说,在抗日战争和解放战争时期,石门关曾经驻扎着陕甘宁边区根据地的后勤部队,设有大型储粮仓库,凤子梁更成为转运军需粮草的大路。

在新中国成立初期,刘家店子林区的古道一直通向陕北定边县,子午岭上的凤子梁从石门关至马莲河的那段道路,正是关中向北地运输棉花的必经之路。每当运输季节,道路上驴马骡驮,车水马龙,络绎不绝。散落的棉花挂在路边的树枝草木上,如梨花盛开,柳絮飞扬。

自唐代以后,随着国家政治经济文化中心的东移,西北地区的交通格局发生了巨大变化,但是,在沟通陕甘宁和内蒙古几个省区的交流方面,秦直道仍然发挥着一定的作用。历朝历代断断续续的修补和利用,正是秦直道遗迹得以保留至今的重要原因。

秦直道的辉煌已经成为一个遥远的过去。但我们是从这条路上走来的,子午岭上是彩云间,渲染着我们这个民族两千多年的记忆。

【今日车水马龙的庆阳高速公路

今天,庆阳地区的交通状况发生了巨大变化,国道211,省道202两条主干线纵穿南北。309国道,303省道横贯东西,构成了"两纵两横"的公路主框架。县乡公路直通全市各乡镇,已经实现了村村通公路的道路交通建设目标,形成了密如蛛网的道路交通网络。

古老的秦直道,默默地守望着远去的岁月。

崛起的新庆阳,将它永久地保存珍藏在自己的怀中。

这是祖先留下的遗产,因为它非常古老,所以十分珍贵。

【职员表

第七集　董志塬·窑洞暖

【总片头

【蓝天白云,阳光灿烂的庆阳大地。晚霞夕照。

【解说

这是一片神奇的土地。这里蕴含着中华民族灿烂的文化传统。

走进庆阳大地,我们就将经历一次魅力独具的梦幻旅程。

【推出片名

【千山万壑。董志塬。窑洞民居。

【解说

女娲炼石补天的神话,中华民族家喻户晓。而女娲抟黄土创造人类的传说,更透露出在上古时期这个民族的祖先,是来自黄土高坡这样一种文化信息密码。表明了中华民族与黄土地的密切关系,

登上董志塬,一望无际的平原令人眼前豁然开朗。民间有谚语说,八百里秦川,比不上董志塬一个边边。这,可能是秦川人的自谦,也可能是董志塬的自豪。第一次来到这里的人们,常常会感到心灵的震撼。在群山莽莽中,居然会有这样一块辽阔的平原。

在庆阳,黄土地与人类的关系更是密不可分。

窑洞,则是几千年来陇东人居住的基本方式。

在清代乾隆元年编撰的《甘肃通志》当中记载说:庆阳府人"好稼穑,务本业,有先王遗风,陶复陶穴以为居,于貉为裘以御寒"。我们注意到,"陶复陶穴以为居"这句话,就清楚地表明,在清代,窑洞仍然是陇东人居住的基本方式。

其实,"陶复陶穴以为居"的这种生活方式,在《诗经》中就有所记载。《诗经·大雅·绵》篇中说:"古公亶父,陶复陶穴,未有家室。"而古公亶父,正是周人的先祖,今天的庆阳人,正是古代周人的后裔。

古代窑与陶相同,有了窑洞,人们就不再苦于野兽袭击,安全有了保障,开始定居生活,农业才因此而大力发展,窑洞便是农耕家园。在上古时期,周人根据不同的地理条件和居住环境,创造出两种不同形式的窑洞。

在沟坡的一侧,依就崖壁开掘窑洞,建筑居室,围上院墙,修上门楼,被称为"崖庄"——这就是"崖庄"。

在塬面平地掘出深达三四丈的方形大坑,在坑壁挖出一孔孔窑洞,这就成为一个下沉式的地下四合院,这叫做"地坑庄"。

今天,在庆阳农村各地,仍然随处可见这种古老的民居建筑群落。尽管不少村民已经盖起了瓦房,但仍然有许多庄户人家选择了窑洞。他们在塬畔沟边,在山坡川道,开掘了无数形制不同,各具特色,功能却非常一致的窑洞院落。

走进董志塬,当你感叹陇东黄土高原是如此雄浑辽阔,一望无垠之时,你也许会忽然看到地面上悠然飘荡出缕缕炊烟,鸡犬之声也从远处传来。当你大惑不解之时,你已经来到农家"地坑院"的跟前了。当地谚语说:"上山不见山,入村不见村。平地起炊烟,忽闻鸡犬声。"几乎就是写实的风情画卷。

这个村庄的窑洞院落重重叠叠,顺着地势建成,庄上有庄,院上有院,形如架板,美不胜收。远远望去,几乎就是一组窑洞构成的楼宇大厦。这就是所谓"架板庄"。这一排排窑洞,如同挂在云雾间的神仙洞府,恰似镶嵌在黄土地上的一串串珍珠。渲染着陇东自然地理、人文历史和民俗风情的浓郁色彩,令人们对遥远的历史油然而生古老的遐想。

这种独特的居住形式和庆阳人的生活方式,自有其妙不可言之处。

首先,开掘窑洞不需要复杂的工程技术条件。古书云:"掘窑,一镢而已。"——开掘窑洞,有一把镢头就足够了。

其次,几乎不需要什么建筑材料。除去门窗,不用耗费一根木材。

第三,居住舒适,冬暖夏凉。

你看,这不就是我们今天提倡的环境保护主义的终极目标吗?

其实,早在数千年前,我们的祖先就达到了环境保护与利用的最高境界。

改革开放以前,90%以上的庆阳农户都居住在窑洞里,至少有100万孔窑洞分布在陇东乡村。现在,大多数平原区农民建起了砖瓦房,而山区大多数农民仍然习惯居住窑洞。现在山区窑洞群落尚有40余万孔。从建筑规模上看:有大、中、小的区别。大窑一般宽5米左右,高近6米,深达10—12米,空间宽敞,气派十足。家境富裕几代同堂的大户人家往往经过几代人的努力而建造这样的窑洞。

在这样的大窑中,往往上演着这样的情景——(皮影戏场面)

中窑多因地势限制或是小户人家修造,紧凑实用是其特点,人们用剪纸来美化环境。

小窑则完全根据用途建造,鸡、犬、猪、羊等家禽家畜都各有其窑,各得其所。

从窑洞布局上看:分为高窑和拐窑。高窑就是在窑上再开小窑,层叠如两层楼房。但高窑并不多见,过去常为贮藏财物预防盗匪抢掠而建造。

拐窑则是窑中所套之窑,在大窑洞内侧另挖一个小窑洞,入内必须拐弯,所以称为拐窑。功能一般用来放置粮食、农具和杂物。

若以用途分类,有客窑、橱窑、牲口窑、磨窑、井窑、柴窑等,功能齐全,无所不包。

陇东人钟情于窑洞,即便是在平地建房,也常常要建成窑洞的模样。"箍窑",就是其代表性建筑。人们用土坯或砖箍成窑洞,顶上起脊铺瓦,外从面看,是一座房屋,入内,则依然是一个窑洞。

庆阳窑洞冬暖夏凉,室温因节气而异。春天,窑洞外风和日丽,草长莺飞,窑洞内春意盎然,一派生机,窑内窑外,都散发出春的气息;夏天,窑洞外骄阳似火,酷暑难当,窑洞内凉意怡人,神清气爽,窑内窑外,俨然两个世界;秋天,窑洞外秋色萧然,秋风透凉,黄土窑里,室温宜人,倍感惬意;冬天,窑洞外朔风凛冽,寒气袭人,窑洞内,温暖如春,热气盈门。清代庆阳学子惠登甲写诗赞叹:"远来君子到此庄,休笑土窑无厦房;虽说不是神仙洞,可爱冬暖夏又凉。"

让我们走进这座"地坑院",去品尝一下陇东小吃吧。庆阳的风味小吃与窑洞一样,也具有深厚的传统和独特的风味。

这是镇原糖油饼。早在民国年间,镇原糖油饼就已享有盛名,现在庆阳各个集市食品摊点上随处可见。其色黄,皮薄,味佳,独具风格,深受欢迎。

合水糖圈圈。合水糖圈圈是以优质面粉、糖稀为原料,加一定量食物油、碱水加工而成的风味小吃,在合水已有三百多年的历史,以其香甜可口、脆酥、色亮黄而经久不衰,在1989年庆阳地区食品展销会上被评为食品展销一等奖,是合水县乃至整个庆阳地区人民待客之传统食品。

荞麦饸饹面。先把荞麦磨成粉,然后做荞剁面或饸饹面,既可凉调冷吃,也可配以各种臊子汤。若配以羊肉臊子汤更是味道鲜美,香味扑鼻。

搅团。定义为"用杂面搅成的浆糊",陕甘宁尤好吃。在水滚时,一手握一棍子搅动,另一手均匀撒各样杂面,否则会结块,棍子顺时针搅几下,逆时针搅几下。

洋芋面。以前人们生活困难时的创造。在面叶子里面加上洋芋块,既好吃又节省粮食。吃在嘴里有一种沙沙的、绵绵的爽感。庆阳

臊子面

庆阳民间传统膳食臊子面,因其太辣,吃在嘴里不断发出嘘嘘哨声,故又称"哨子面"。

臊子面的肉臊子用的是带皮的五花肉,汤是敲碎的大棒骨熬了几个小时的高汤,在汤中加入黄花、木耳、西红柿丁、小豆腐块煮至汤开。将煮好的面条放入碗中,浇汤后再依次放入肉臊子、鸡蛋饼丁、葱花、香菜、油泼辣子而成。庆阳臊子面制作独特,吃法有趣,堪称一绝。正如一首民歌唱到"十八省里(那个)转一遍,好不过咱们庆阳的臊子面"。据传,庆阳臊子面源于明洪武年以后的结婚礼俗,可谓源远流长了。庆阳臊子面做工精细,制作分揉面、擀面、做汤、煮面几个工序。"揉的面银团团,擀的面纸一般,剁的面干条线,下到锅里莲花转,捞到筷子上打秋千,盛到碗里赛牡丹"。做成的臊子面条长如线,细如丝,长而柔韧,细而不断,易于消化,老幼皆宜,因汤料不同可分为臊子面和酸汤面。臊子面喷香美味,酸汤面清爽适口,别具风味。

陇东黄酒。黄酒,是陇东地区历史悠久(有史千年)、工艺简便、香味浓郁、色泽黄亮、营养丰富的低度饮料。饮之,酸中带甜,甜中略带苦味,酸甜适中,有壮阳、健胃、舒筋、活血、益寿延年之功效,实为居家旅行之上等饮品。陇东黄酒在本地区极为普遍,家家户户都可酿造。尤其是庆阳县马岭镇及环县的黄酒最为有名。

庆阳位于陕西和甘肃交界的地方,所以饮食风味带有两地的特点,同时习惯上以面食为主。在第四届中国庆阳香包民俗文化节期间,庆阳市商务局积极组织筹备的"民俗精品小吃"评定活动。共180多个品种进行展示,这些品种是从八县(区)、市直饭店、宾馆逐级推荐产生,经过庆阳市商务局组织本市餐饮行业专家,进行现场评定,共评出 51 个市级"民俗精品小吃";评定出省级名优小吃(名点、名菜)16 个品种;推荐上报国家命名的有 3 个品种

陇东人赋予窑洞以鲜活的生命,黄土窑洞又为陇东人创造窑洞文化和农耕文明慷慨奉献。陇东人终生住窑、爱窑、恋窑,窑洞与陇东人民血脉相连、唇齿相依。陇东人生在窑洞,长在窑洞,结婚是在名副其实的"洞房"里。繁衍生息、农桑衣食都离不开窑洞,甚至老去也要住进"墓窑"里。

黄土窑洞情结是庆阳人永不磨灭的生命记忆。

【职员表

【待续

岳逢春

高贵典雅庄重的诗意抒情　激情澎湃神采飞扬的时代精神

盛典礼赞 ⑦

——兰州大型文化活动创意策划文案汇编

SHENGDIANLIZAN

LANZHOUDAXINGWENHUAHUODONG

CHUANGYICEHUAWENANHUIBIAN

岳逢春 著

敦煌文艺出版社

目 录

盛典礼赞

● 走向辉煌六十年

——2009 年兰州解放六十周年电视政论片策划文本

前　言

——《走向辉煌》的创作思路和文本解读

2009 年 5 月,兰州市委宣传部邀请我担任电视政论片《走向辉煌——庆祝兰州解放六十周年》的总撰稿人,执笔撰写本片的文学策划文本。

我深知这是一项重要的政治性文稿写作任务, 同时也是一次艰巨的文学创作过程。幸运的是,此前,我曾经应邀执笔撰写过三十多部(集)电视片的文学策划文本和解说词脚本,其中包括参加 2009 年法国嘎纳电视节展映的系列电视纪录片《刺杀希特勒》《图坦卡门金字塔》《二战全记录》以及"普及普通话一类城市、兰州达标考核工作"的《中国语文·兰州韵律》和表现庆阳民间文化遗产的《一十三省挑下的你·庆阳印记》等电视专题片,总字数达到 71 万多字,在实践中积累了可以借鉴的心得体会和写作经验。虽然才疏学浅,水平有限,但在党政机关工作将近三十年,曾经起草过大量公文材料的职业经历和几乎持续了四十年的文学作品写作生涯,使得我对完成《走向辉煌的》的撰稿任务充满信心。同时,在国庆六十周年和兰州解放六十年的庆祝活动中, 作为一个在文艺战线工作多年的大型活动策划人和文本写作者, 我也应该贡献一份绵薄之力,而不应该"缺席"。因而,对此我感到十分荣幸,在接受任务的当天,就萌发了难以抑制的写作冲动和创作激情,并立即展开构思写作。

　　政论性电视片策划文本的写作具有特殊的要求，这种特殊性严格地规定着并制约着作品的形态和风格。在这里，思想概念和政治元素是先决性的规制条件，这不仅是政论片必须着力探究的对象，而且也是表现的基本素材。作为即将播出的一档电视节目，《走向辉煌》最终将要面对的是电视机前的广大观众，无论是从传播效果还是从电视传媒的大众化品格来看，理论思维（即政治话语）向电视思维（即具有文学性的解说词和镜头蒙太奇）的转换，是电视政论片创作过程中无可回避的关键性命题。电视片是计算到"秒"的时间艺术，受到时间长度的严格制约，终究不能等同于理论性的研究文章，也不是统计年鉴和学术论文，不可满篇政治术语，更不可能面面俱到而弄成一部"兰州历史大全"。即便是思想理论先行，也要采用适宜电视表述的生动表达方式。形象思维的"左顾右盼""五彩缤纷""海阔天空"必然要冲破逻辑思维的束缚，思想必须诉诸形象，论述更要明确易懂，让专家看了不感到浮浅，老百姓看了不觉得深奥。——虽然撰写政论性电视片文本的这些"门道"尽人皆知，但是，实施起来却并非易事，尤其是，面对论述兰州解放六十周年的历史进程这样重大的政治命题，必须体现出电视政论片应有的政治高度、思想深度和题材广度。要有宏观的政治议论、中观的史实罗列、微观的解读剖析，以及画面的流畅和美感。要运用"电视语言"对具备典型性的创作素材进行全景式的解读与诠释，既要高谈阔论、神采飞扬地说理抒情，又要写真纪实，准确评述，在叙事方式上既要保持和发展电视政论片已经形成的惯例和普遍认可的风格特色，又要融入强烈的思辨性和准确的纪实性，以及鲜明的现实感和兰州的地域特征。必须具有新颖的构思，达到一定的政治水准和艺术品位,从而形成整体的政治感染力和艺术魅力。这,并不是一件轻而易举的事情,确实不像撰写一部寻常的电视片脚本那样轻松,而是一个使用文学语言和艺术构思表达政治思想的艰巨任务。

这类政论性电视片的创作规律告诉我们,其文学策划文本必须先行一步,而文本的核心因素其实是解说词的撰写,在很大程度上,一部政论片的水平高下乃至成败得失,往往取决于解说词是否具有准确表达的思想内涵和独特的语言魅力。但是,这种魅力必然要受到作者所处的话语权力的层次的制约,受到撰稿人所处的叙事平台层次高下的制约。我很明白:在兰州"市"这个层次上制作一部"政论片",其中的"政论"语言必须"得体",必须把握好"发言"的口吻和分寸,话不可说得太"大"、太"过"、太"满",只能在史实与评述、说理与抒情之间维系某种张力,赋予庄严冷峻的政治理念以适当的情感温度,营构语言本身的感染力和冲击力,所谓"在什么山上唱什么歌",应该是比较明智的选择。能够让世界了解兰州,能够将"兰州"的声音融汇到全面、协调、可持续的科学发展全局当中,让兰州在构建社会主义和谐社会的新世纪交响中做一名优秀的"合唱队员",这就足矣——这是我在撰写《走向辉煌》解说语言时所把握的基本原则。

所以,在构思本片策划文本时,我力求汲取以往电视政论文献片的成功之道,同时力避前车之鉴,摒弃高深莫测,力求陈言务去,力争创出新意。首先将本片风格定位为"内涵诗意的具有散文风格的政论性电视专题系列片"。文本写作侧重主观抒情性和主观视觉氛围的营造,明确地从省会中心城市"大兰州"的视角切入,以兰州历史为经,以重要成果为纬、为珠,集中而精炼地展示兰州政治、经济、文化和社会建设所取得的重要成果,经典地展现兰州壮丽山河和人民风貌,力求谱写一曲壮丽辉煌的"兰州颂歌"。因此,我力求该片首先要具有鲜明的兰州地域特色,同时具有深刻的理论思维、独特的结构设计、鲜明的电视创新意识和精湛的细节描写。全片力求思想准确、语言精美、画面震撼、庄重大气、制作精良,用电视艺术形象与文学语言相结合的方式解读兰州的城市形象,力求制作一部集思想性与观赏性为一体,融知识性与抒情感于一炉的电视专题片。力求遵循精品力作的标准,充满激情,绘声绘色地为2009年秋天的兰州电视荧屏渲染出一道亮丽多彩的风景线。

为了增强本片的艺术感染力,在力求准确表述政治概念和思想内涵的同时,我也试图在其中融入一些个人写作特色和主观情感色彩。

其一,在每一集的叙述结构上,尽量做到挥洒自如,避免单纯依照"历史坐标和事件线索延续"的平铺直叙和冗长拖沓,而是围绕本片的主题思想轴心,打破时空界限,根据作者的理解和表述的需要,对史实和论点进行自由的剪裁和组合。

其次,在具有象征意义和深刻历史内涵的素材之间"东拉西扯",运用赋、比、兴修辞方法展开联想,借用某些激发个体兴趣的修辞手段,让观众加深对主题思想的逻辑感知。例如,将清代铁桥的建造与奥运火炬的传递这两大事件联系起来,营造百年梦想,梦想成真的氛围;又比如,从八十年代的"让兰州城里黄土不见天"的举措,到今天兰州市区的主城区的街道院落几乎找不到没有硬化和绿化的场地,来隐喻兰州人是抖落了一身尘土从而走进新世纪的,从而修辞性地诠释兰州"翻天覆地"的神奇变化和文明进步的日新月异。

其三，本片叙事方式既保持了典型的电视政论片的惯例风格，又融入了较强的文学性和抒情感。澎湃的激情和"诗意的歌吟"将成为本片一大亮点。对于一个伟大时代的重要节日来说，在新中国成立六十周年和兰州解放六十周年的日子里，"抒情与歌吟"也许是一种必然的选择。如同戏剧结构，当直白的台词不能够酣畅淋漓地抒发情感时，必然要使用音乐"起过门"，融入一曲"核心唱段"，因而，人们耳熟能详的戏剧中的"迎来春色换人间""雄心壮志冲云天"等核心唱段，必然脍炙人口，经久不衰，流传久远。这表明这种中国化的艺术结构具有某种不可轻视的规律性。所以，在一部75分钟的电视片中，在每集只有15分钟的时间规制下，机智地将政治概念诗意化，采用具有诗意的朗诵语言来高度概括情感，抒发激情，综合性地歌颂兰州，渲染观赏氛围，也许是一个不错的选择。

《走向辉煌》将尽力歌颂并阐释兰州解放六十周年所取得的辉煌成就，表达全市人民壮怀激烈的豪迈心情。同时在技术上探索电视叙述语言和描写手段的创新，力求以时空交错、情理结合的表现手法，力求以史诗般的笔墨描绘兰州解放六十年波澜壮阔的历史进步，以大气磅礴、节奏流畅、音韵铿锵、激情澎湃的语言展望在中国特色社会主义建设事业的进程中，兰州的新境界和新航程。用简洁的语言概括本片的主题思想：热情歌颂中国共产党领导人民顽强拼搏、与时俱进，建设社会主义事业的历史进程。热情讴歌国庆六十周年和兰州解放六十周年来，尤其是改革开放三十年来构建社会主义和谐社会所取得的辉煌成就，浓墨重彩地塑造"山水名城""黄河明珠"兰州的壮丽形象，鼓舞全市人民为建设新兰州而努力奋斗。

本片时间总长度为90分钟，共分为6集，每集15分钟。考虑到 6 集片子既是一个整体，又要独立成章，所以，采用了粗线条，大跨度的叙述方式。第一集《金汤万里》纵跃兰州两千年历史，从公元前 211 年开始，跳跃汉、唐、明、清等几个重要的"历史坐标点"，弹指一挥，抵达"8·26"迎来解放曙光。第二集《河汇百流》重点讲述五十年代和六十年代"支援大西北"的建设成就。第三集《春风杨柳》歌颂十一届三中全会的伟大历史转折和兰州改革开放前期的建设成绩。第四集《兰山钟声》重点抒发迎接新世纪和跨入 21 世纪的澎湃激情。第五集《花团锦簇》重点讲述并歌唱兰州改革开放近三十年来的巨大成就。第六集《走向辉煌》使用诗化的语言，总结性地整体抒情，放声歌唱兰州的今天和明天，创作一部壮丽辉煌的《新兰州交响诗》。——也许有智者会说，电视政论片朗诵诗篇，这样构思和处理，就不像政论片了，但是，在人们津津乐道的"政论片"出现之前，又有多少人能想到"政论片"是什么样子的呢？其实若干年前，也并不存在"政论片"的类型概念。所以，在我们今天做这部电视片时，艺术构思和风格处理上的"创新"，更是一个应该重视的文学创作理念和需要遵循的艺术规律。用艺术的手段阐释政治理念，恐怕更需要创新，更需要突破前人创造的却已经出现"公式化"嫌疑的表达"范式"。倘若《走向辉煌》的结构方式和艺术处理手段以及表达方式出人意料，产生"令人想不到"的观赏效果，也许就是它的成功之道。

最后，创作《走向辉煌》这样一部电视片，对兰州解放六十周年进行全景式的电视解读，作者所面临的挑战性是显而易见的。我清楚地知道，从文学策划文本的第一稿到最终定稿，不但摄制组拍摄工作所依据的策划文本、镜头编辑的导演蒙太奇台本需要反复打磨，解说词也无可置疑地需要经历无数次修改，最终才可能形成编导剪辑和播出脚本。毋庸置疑，这部即将诞生的电视片，必然是名副其实的"集体创作成果"，它必将、也必然凝聚摄制团队每一个成员的智慧、才华与心血。

此外，希望本片后期制作能够融入航拍场面、3D 场景再现、动画特效、立体音效等现代化电视制作手段，那么，当这部电视片最终完成之后，其播出版本精彩的视觉效果和音响效果也许将会成为本片创新的另一大亮点。

近期，该片已经由兰州电视台摄制，我将策划文本全文发表，谢谢各位不吝赐教。

《走向辉煌》文学策划文本

【总片头：

【音乐《共和国之恋》

【电脑卫星三维地图，宏观星球，俯瞰中国，在千山万壑中推进

【巴颜喀拉山，可可西里，黄河源头，涓涓细流

【甘南玛曲草原，黄河溪流

【黄河，龙羊峡、刘家峡、盐锅峡、八盘峡大坝，水流喷薄而出，

【黄河兰州段，银滩大桥、浩浩荡荡的黄河，羊皮筏子，水车，游轮，龙源、黄河母亲雕塑

【解说：

——从巴颜喀拉山涌出的这泓清泉到达这里时，已经波涌浪翻，浩浩荡荡，蔚为大观。

【兰州全景

在习惯上，人们约定俗成，将这里称为"大西北"，或者"中国西部"。

【中国地形图,动画

然而,当我们在这里做一道几何习题,便会惊奇地发现,在中国陆域版图上,这个地理坐标,恰巧就是这道习题所表示的几何圆点中心。这里是北纬36°和东经103°的交汇点。这里,就是"得山独厚,得水独秀"的山水名城、黄河明珠、水车之都——中国·兰州。

【推出总片名

【摇;白塔山看兰州全景

【碑林,"万里金汤"照壁匾额特写

【推出片名

第一集　金汤万里

【电脑卫星三维地图,俯瞰、兰州、中国,在千山万壑中上升为蔚蓝色星球

【航拍兰州

【解说:

这座城市有确切文字记载的文明史可以上溯到公元前211年。

【东岗镇,昔日的烽火台,荒凉的土墩;今天繁华的集市,东岗镇街道门牌特写

当秦始皇统一六国之后,便在这里"悉收河南之地",并在此地设立榆中县,驻军"控河为险"。人们耳熟能详的秦国大将蒙恬曾在这里击溃匈奴骑兵,留下了许多不朽的传说。

【汉代战略地图

【五泉山,霍去病雕塑

公元前121年,也就是汉武帝元狩二年,年仅19岁的骠骑将军

霍去病驱逐匈奴于千里之外,他统帅的大军,曾征战到了居延海一带,千里河西走廊纳入了西汉帝国的版图。这位年轻的将军仗剑挥鞭,策马兰州皋兰山下,留下了五泓清泉的神奇传说。元狩三年,汉武帝正式命名这块土地为"金城郡"。

【博物馆,石器、陶罐

其实,早在一万五千年前,这里就有了人类活动的足迹。

【博物馆、彩陶鼓

这组出土于兰州市永登县乐山坪的陶鼓,被考古界誉为"鼓的鼻祖"。

五千多年前,我们的祖先就擂响了振奋精神,鼓舞勇气的战鼓,鼓声响彻黄土高原。

【今日太平鼓,阵法变幻

【九州台

这里是兰州九州台,在厚达300多米的黄土层上,中华民族的祖先留下了他们生命的印迹。

【白塔山"禹王碑"

传说大禹治水就从这里启程,分天下为九州。华夏九州由此得名。

【皋兰山,三台阁

隋朝开皇元年,即公元581年,隋文帝重新设置了行政区划,将"金城郡"改为"兰州府"。"兰州","如兰之州",一个秀丽的地名就此诞生了,一座历史名城也从此开始了她充满传奇故事的漫漫征程。

【黄河、白马浪,西游记雕塑

张骞出使西域、法显、唐三藏西天取经,马可·波罗东来览胜,成吉思汗征战欧亚,许许多多重要的历史人物从这里渡过黄河,踏上了西去东来的旅途。

【电气机车牵引列车

今天,兰州仍然是欧亚大陆桥上最重要的交通枢纽之一。从连云港到鹿特丹,从鹿特丹到连云港,古丝绸之路上留下了无尽的历史传说,新欧亚大陆桥上传诵着友谊与和平的动人故事。

【省政府,古老的大门、威武的武警礼兵。

【金城览胜图

【图片,清代"辕门上"

史料记载:"有明之初,兰州人自江南迁徙者十之八九。"六百多年前,从明朝洪武三年起,大批江南移民陆续来到兰州。兰州城垣开始了大规模的修葺并不断被扩建。这座城池固若金汤,金汤万里,有着"秦陇锁钥"、"西域咽喉"的别称。

【明代城市模型

【明代的城墙砖瓦

【城郭示意图,《金城览胜图》

【黄河"镇远浮桥"图片,模型

奉明太祖朱元璋之命,明朝开国大将冯胜、杨廉等人,在黄河上架起了这座铁锁浮桥。黄河天堑成为坦途。

【中山桥,将军柱

六百岁的将军柱,至今仍然屹立在大河岸边,向我们讲述着远去岁月的风雨历程。

【来紫堡,肃王墓

在明朝,有九世十一位肃王先后生活在这片土地上。他们去世之后,也都安葬在了这里,这里,被称为"西部小十三陵"。

【古代茶马互市

【今日西关十字

这里，自古就是贸易往来的茶马互市，中外商旅曾经云集西关十字这一带。

一位历史学家认为，汉唐时期，丝绸之路是沟通中西方贸易的主要通道，在对外贸易方面，兰州的地理位置和经济贸易往来的繁荣景色，与今天的广州十分相似，而敦煌，则相当于今日的深圳，是当时最重要的对外贸易口岸。

【黄河风情线杨柳依依

这里，平均海拔 1500 米，却具有盆地城市的鲜明特征。这里气候宜人，冬暖夏凉，很少出现严重的干旱洪涝和大风自然灾害，天地间仿佛有着自然的"空调"，环球世界，鲜有比肩。

【清真大寺，江浙会馆、山西商会……

【西北民族大学，身着各民族服装的学生

兰州，坐中四联，四通八达，海纳百川，胸怀博大，自古以来就是沟通欧亚交通要道的枢纽。这座城市，融汇着中华各民族，有汉族、藏族、蒙古族、满族、回族、东乡族、土家族、撒拉族以及裕固族等 36 个民族共同在这里创造着和谐美好的生活。

【永登，土司衙门

早在明代，民族自治政策就在这里萌芽，"改土归流"的举措得到了一定程度上的施行。这座城市早已经形成了她独具特色的民俗风情与城市品格。

【今日中山桥，历史图片

在清光绪三十三年，即公元 1906 年，这座黄河上第一座具备了现代意义的钢铁桥梁开始设计建造，到清宣统元年，即 1909 年，铁桥正式竣工通车。风雨飘摇中的大清朝,居然在滔滔黄河上创造出了这样一个令人感叹不已的奇迹,世人无不感慨万千。到今天,这座桥梁仍然完好如初,它,已经在这里屹立了整整一百年。

【奥运火炬传递,兰州点火仪式片段

2008年7月7日,奥运火炬在这里点燃,从这里传递。百里黄河风情线成为激情的海洋,金城兰州涌动着"同一个世界、同一个梦想"的澎湃河流。

百年铁桥,百年梦想,百年期盼,今天,梦想终于成真。

【张一悟、宣侠父、秦仪贞、王学礼……无数在兰州留下英雄事迹的革命先烈照片

在二十世纪,为了这片土地的新生,中国共产党人高擎民族独立和人民解放的火炬,进行了前赴后继,坚苦卓绝的抗争。先进的理论和思想、先进的政治理念,先进的文化观念和人类的文明进步,总要战胜野蛮、改造愚昧、荡涤腐朽。

【抗战期间兰州空战

抗战的烽火硝烟也曾经在这片土地熊熊燃烧。

和平的火炬是战胜野蛮而高擎的理想和信念。

【"八办",展览,巡礼

烽烟弥漫的苦难岁月即将过去,新中国的黎明,就在曙光初露的天边破晓。

【图片,兰州战役影像,彭大将军横刀立马,解放军冲上桥头堡

"八·二六"炮声隆隆,大将军横刀立马。人民解放军摧枯拉朽、铁流滚滚。

公元1949年8月26日,解放的曙光照亮了这座城市的黎明。人民解放军在沈家岭上风卷残云,中山铁桥烈火熊熊。

【解放军进入武威、张掖、酒泉,和平解放乌鲁木齐

兰州战役之后,解放大军挥师西进。从这一天开始,西北国土再无大的战事,从此,大西北风平浪静。神州华夏大好河山终于迎来了划时代的新生。

【兰州庆祝解放的日子。图片或影像。

【朝霞喷薄,红日东升。天安门,毛泽东:中华人民共和国中央人民政府,今天,成立了……

【典型的历史影像镜头,那位摘下草帽鞠躬的老人,五星红旗迎风飘扬。

【巍巍兰山,滔滔黄河,壮丽的山河、风驰电掣的列车

中华民族,迎来了新中国新的太阳和灿烂的霞光。金城兰州,迎来了新时代新的太阳和灿烂的霞光。

【职员表

第二集　河汇百流

【总片头(略)

【音乐,交响乐　《红旗颂》

【华林山,烈士纪念塔,浮雕

【风驰电掣的列车

【解说:

新中国的列车,奔驰在新时代的天地之间。

【茫茫戈壁,列车前行

二十世纪五十年代初期到中期,开发大西北的浪潮一浪高过一浪。支援大西北社会主义建设的热潮风起云涌,如火如荼。在这个年代,中国人喊出的最响亮的口号之一,就是"支援大西北","到

祖国最需要的地方去"。

【兰州市人民政府大印(印蜕)

【资料镜头:西去列车上的青年人。贺敬之《放歌集》——《西去列车的窗口》

【解说:

著名诗人贺敬之先生在一首长诗中写道:

在九曲黄河的上游\在西去列车的窗口\是大西北一个平静的夏夜\是高原上月在中天的时候\一站站灯火扑来,像流萤飞走\一重重山岭闪过,似浪涛奔流\一路上,扬旗起落——此刻,满车歌声已经停歇\苏州……郑州……兰州……\婴儿在母亲怀中已经睡熟\呵!在这样的路上,这样的时候\在这一节车厢,这一个窗口……

这首长诗真实地记述了当年举国支援大西北的场景。在第一个五年计划期间,超过六十万人的新移民从祖国各地来到兰州,参加社会主义建设。在人民政府统筹协调下,兰州,迅速医治了战争的创伤,迈开了社会主义建设的豪迈步伐。在国家"一五计划"156项重点工程建设项目中,有十多个项目被放在兰州。兰州城市建设突飞猛进,大批厂房拔地而起,国民经济迅速恢复,社会事业建设快速发展,兰州迅速成长为西北重要的新兴工业化中心城市之一。

【歌曲:嗨啦啦啦,天空出彩霞,地上开红花……我们年轻人有颗火热的心……

1952年,天水到兰州的铁路正式通车,随后,包头到兰州、兰州去新疆、兰州去西宁的铁路相继通车,钢铁大动脉与兰州的脉搏一起跳动。在人民共和国的怀抱中,兰州,一年年成长壮大,兰州,一天天旧貌换新颜。

【兰炼，兰化，知名大型企业。五十年代兰州"十大建筑"

"共和国炼油工业的长子"在这里诞生，"十大建筑"在这里崛起。来自天南地北的人们汇聚在这片热土之上，热血沸腾，豪情万丈。

【2009年新年音乐会，著名演员陆树铭朗诵岳逢春作《兰州赋》节选：

——喜新中国红旗飘飘，夸共和国长子骄傲。八方支援大西北，四面来风汇金城。南腔北调，沟通五湖四海；春风化雨，沐浴当代移民。

【市民自报家门，方言，同期声，快速切换：

【我是东北人，河南人、上海人、天津人、陕西人、山西人、温州的、四川人、广东的啦……

【金兰腔：我爸爸那是上海人，1958年我五岁就跟着来了。其实我就是兰州人一个。等等。

在这里，五湖四海的口音用南腔北调歌唱着社会主义建设的伟大胜利。

天南地北的人们在兰州激情荡漾地贡献着青春和才华。他们用勤劳的双手，改变着山河，创造出一个崭新的世界，崛起了一座美丽的城市。

【兰州大铜火锅，热气腾腾的大烩菜

有位诗人风趣地说，兰州，就是一锅大烩菜。

但是，他又说，大烩菜，不是一道很好吃的菜吗？

是的，今天我们总结的"兰州精神"的第一句话，就是"河汇百流"。

这，的确是这座城市特有的品格和特殊的色彩。

【迁兰企业:图片和外景变幻:悦宾楼、景扬楼、信大祥绸布店、王荣康西服、大众浴池……

一大批沿海先进城市的工业企业和商贸企业陆续整体迁来兰州,支撑起了这座城市经济发展的骨骼。同时也融汇着、改变着这座城市的民俗风情。这里,人们的思想不断得到解放,生产和生活观念也得到了不断的更新。这座城市,从来就不缺乏最新的观念与时髦的风俗。

【光秃秃的山变幻为绿茵茵的山

南北两山,曾是一片荒山秃岭,人们背着冰块儿上山植树种草,终于成就了这一片片绿荫盎然;今天,皋兰山、卧龙山、九州台、徐家山这些昔日的荒山秃岭,已经是满目苍翠。大力植树种草,再造秀美山川。几代人挥汗如雨,百万户梦境醮甜。

【清代"老辕门"图片变换为今日省政府大门,

六百年过去了,弹指一挥间。

【西关十字老图片,变幻为今日南关十字,外景

六十年过去了,这片土地地覆天翻,旧貌换新颜。

【钢花飞溅,机床飞转、农田、商贸经营、上班的自行车洪流、城市的律动

八面来风在这里汇聚,八方的力量拧成一股绳。

八方的火焰燃烧着一颗心,八面的威风凝成一股劲。

八千年的薪火凝聚民族的魂,八百丈的豪情创造同一个梦。

二十世纪五十年代和六十年代初期,兰州社会主义建设事业取得了骄人的成绩和灿烂的成就。

【党和国家领导人视察兰州图片和场景,朱德、邓小平、江泽民、朱镕基、胡锦涛、温家宝……

让我们记住这些场景和画面吧。他们，牵引着，推动着这座古城迈开了走向现代文明的步伐。

【奥运火炬手举起了火炬（奥运火炬兰州起跑仪式资料镜头）

让我们接过他们手中高擎的火炬吧！与时俱进，继往开来，是中华民族固有的品格。

胸怀博大，融汇四海，是这座城市特有的品格。

【白兰瓜、水蜜桃、羊羔肉、百合花、灰豆子、甜醅子……

品白兰瓜，吃水蜜桃，尝羊羔肉，赴百合宴。抖落一身风尘，城市改地换天。

【安宁新城区建筑群。安宁元宵晚会，焰火腾空而起

【雁滩高科技园区

夜以继日"白加黑"，奋力苦干。不度周末"五加二"，创新创业，顽强拼搏。

【昔日公交车图片变换为今日公交车

【昔日马路上的马车变幻为今日立交桥，高速公路

【机场，起落的飞机，涌出航站楼的旅客

【火车站，熙熙攘攘的旅客

在解放初期，这座城市的人口尚不足 20 万人。今天，兰州市 13086 平方公里土地上有来自天南地北的将近 330 万人口共同创造着和谐幸福的新生活。这里，已经是一座区域性的特大型中心城市了。

【中心广场，绿草如茵。西关，张掖路步行街。航拍兰州。

大兰州经济圈，大兰州文化圈，区域性商贸中心城市，创新创业，奋力拼搏，又好又快，科学发展，兰州，正在走向新的辉煌。

铺开百里风情的丝绸和锦绣河山，裁剪古道雄关五千年的水

墨画卷。

【兰山巍峨

大河在这块盆地里选择了一道风景，高原在大河两岸谱写生生不息的壮丽诗篇。

【水车悠悠

水车不舍昼夜描绘着故乡的黄土玄天，羊皮筏子流淌出昨日的思绪和殷切期盼。

【万家灯火，夜色下的兰州

今夜，川流不息的黄河流光溢彩，今夜，灯火辉煌的城市阖家团圆。

【滔滔黄河，飞奔的列车

河汇百流，九曲不回，创新创业，和谐发展，

改革开放，地覆天翻，与时俱进，辉煌灿烂。

【闪回，兰州解放镜头

兰州解放六十年，卧龙九州飞龙在天，兰州解放六十年，金汤万里奋勇向前。金城兰州，将迈开大步，走向新的辉煌。

【职员表

第三集　春风杨柳

【总片头(略)

【乌云密布，大雨滂沱，惊雷闪电。雨过天晴，阳光灿烂

【历史资料镜头：打倒"四人帮"，群众欢庆

讲述改革开放新的历史时期，常常要从这样的场面开始。

公元1976年，十月的惊雷驱散了漫天的乌云，党中央果断地结束了"文革"混乱的局面，一场浩劫终于远去。神州大地雨过天

晴,阳光灿烂。欢天喜地的锣鼓声,从首都北京敲到了全国各地,整个中国都沉浸在喜庆和狂欢的氛围中。

【音乐:施光南《祝酒歌》"美酒飘香歌声飞……"

【飞驰的列车

时代的列车继续向前飞奔。"改革开放"、"振兴中华"的口号响彻云霄。前方的道路,通向祖国繁荣富强、人民小康富足的跨世纪理想。

【北京,人民大会堂,十一届三中全会

公元 1978 年 12 月 18 日至 22 日,党的十一届三中全会在北京隆重召开。这次会议,实现了新中国成立以来我们党历史上具有深远意义的伟大转折,开启了我国改革开放历史新时期。从此,党领导全国各族人民在新的历史条件下开始了新的伟大革命。

【桃花盛开,梨花如雪。"小平你好!"

实践是检验真理的唯一标准。中国共产党领导全中国各族儿女,砸碎了前进道路上的坚冰,开通了走向辉煌的航路,拨乱反正,解放思想,更新观念,扬起了全面改革开放的世纪风帆。

【大河滔滔,水车转动

中国共产党带领全国各族人民,以一往无前的进取精神和波澜壮阔的创新实践,谱写了中华民族自强不息、与时俱进、顽强拼搏,科学发展的新的壮丽篇章和辉煌史诗。

【钢花飞溅、高楼崛起

中国的命运和中华民族的命运发生了翻天覆地的历史性巨变。中华民族的面貌、社会主义中国的面貌、中国共产党的面貌发生了崭新的历史性巨变。

【蒋大为:歌声,在那桃花盛开的地方

在党的十一届三中全会精神鼓舞下,兰州,也进入了全面改革开放的历史新时期。与全中国和全民族一样,地处祖国西部的黄河明珠兰州,伴随着祖国前进的脚步一路走来,实现了伟大的历史转折和巨大的历史性进步,取得了中国特色社会主义建设的辉煌成就。

【黄河边上群众自娱自乐

【费翔:歌声,你就像那冬天里的一把火

【舞厅、酒吧、卡拉 OK,甘南路咖啡街灯红酒绿

【八十年代初期兰州小街巷

在改革开放初期,兰州人曾经做过一件令人不可思议的事情。

【解放初期的"西北大厦"

早在二十世纪五六十年代,兰州就已经被称为"新兴工业城市",然而,那时候的兰州城,其实只是一座由无数的土坯房屋垒起来的"土城"。放眼望去,城市的基本色调灰蒙蒙一片,裸露着黄土的大街小巷使得这座城市看上去更像是一座土苍苍的集镇。

【文革期间人们灰蒙蒙一片的装束,街上人们的神情压抑,呆滞,愚笨

在兰州人的记忆里,这座城市开始大规模地铺设沥青和水泥路面,已经是二十世纪八十年代以后的事情了。八十年代初期,从共青团中央来到兰州担任市长的一位领导同志提出了"让兰州城的黄土不见天"的口号,政府动员全城的老百姓搜集碎砖头,铺设大街小巷的路面,这才缓解了这座城市"无风三尺土,下雨满街泥"的难堪局面,老兰州人至今还对政府便民利民的这一举措津津乐道。

【邓小平南巡,歌曲《春天的故事》

1992 年,《春天的故事》春风化雨,春风杨柳万千条。胆子更大一些,步子更快一些。兰州发展,进入了快车道。兰州,迎来了全面改革开放的大好局面。

【夜市,集贸市场、批发市场、个体摊位

冲破计划经济僵化体制的束缚,兰州经济建设形成了"国家、集体、个人一起上"的热潮,"非公"经济和个体经济快速发展。

【市政工程队在铺设沥青路面

这个场景,似乎具有某种象征意义。

八十年代以来,兰州的经济社会发展突飞猛进,日新月异。

【八十年代以来历次市党代会的图片和影像资料

每一次这样的会议之后,兰州的发展都要取得一批新的成果,跨上一个新的台阶,迈进一个新的境界。一次次这样的会议,实实在在地推动了兰州的政治经济文化和社会建设的全面发展,不断提升了城市的品格,不断改善着人民群众的生活质量。

【罗九公路,"外国人未经允许禁止越过"警示牌。

【情景再现:一个人过来将这块牌子拔起,推倒。

【太平鼓上下翻飞,丝路节盛大的开幕式

1992 年 7 月,国务院批准兰州为内陆开放城市,享受沿海开放城市的优惠政策和省级经济决策权,为兰州的对外开放提供了宽松的政策依据和难得的发展机遇。

【江泽民登上兰山三台阁眺望全城,

【江泽民手书题词,"发挥丝绸之路优势,加快兰州建设步伐"。

【朱镕基种下了一棵树

1992 年 8 月,时任中共中央总书记的江泽民同志亲笔为兰州题词,这极大地鼓舞了全市人民"再造秀美山川"的理想信念,促进了兰州政治、经济、文化和社会事业建设的全面发展。

【大年初一，胡锦涛在西湖公园

科学发展，以人为本。和谐社会，与民同乐。

2007年2月18日，中华民族的传统佳节春节，大年初一，中共中央总书记、国家主席胡锦涛来到兰州小西湖公园，与游园的兰州老百姓亲切交谈。金城兰州，春意盎然。总书记对这片土地充满深情，兰州人像老朋友一样向总书记问好。

【温家宝会见省市领导

【兰州海关，游轮汽笛长鸣

【CCTV兰州籍主持人水均益、李修平、朱军、裴新华、张莉等镜头

兰州，地灵人杰，酒好不怕巷子深。兰州，人才辈出，凤凰当然要涅槃。

他们，是全世界的人们都认识的央视著名主持人，他们的童年和青少年时期都在兰州度过，他们曾经在兰州学习生活多年，这是兰州人津津乐道，引以为骄傲的故事。

【兰州大学、师大、工大等高校校园景色，秦大河、李阳疯狂克立兹、王石、潘石屹……

从兰州高校的校园里，走出了许多杰出的人才。疯狂英语李阳·克立兹曾在这里磨砺；地产大鳄潘氏芒鞋出乡关；南极冰川秦大河鳌头独占。

【本片总撰稿人之子岳翔为西蒙·韦斯特、MaggieQ、刘德华等人做翻译的图片、视频

而这个在兰州长大成人的孩子，也应邀为美国好莱坞著名导演西蒙·韦斯特和妮可·基德曼、尼古拉斯·凯奇、刘德华、MaggieQ

以及濮存昕这样的世界级影视大腕做同声传译。

兰州，英才杰出。兰州，翱之翼展。兰州，鹏举扶摇。兰州，一飞冲天。

【彭丽媛歌曲：希望的田野

这片希望的田野，终于迎来了政通人和，经济发展，社会和谐，人民安居乐业的新时代。

【绿草如茵，百姓悠闲，洒水车过街，红绿灯下人们在等待，绿灯亮了……

社会在进步，城市在发展，人们的心灵在美化，市民的行为准则在潜移默化中悄悄地改变，打开国门，拥抱世界，走向世界，已经不是一个概念性语言，而是实实在在的行动。

【与外商签约，时髦的兰州女孩，滑轮、滑板、飞翔的动力伞……

经过了半个多世纪的沧海桑田，兰州人终于抖落了一身尘土，也抖落了曾经闭塞贫瘠的土地带给人们的种种落后愚昧观念的羁绊。兰州人的生活方式和文化观念发生了翻天覆地的变化，一座现代化的大都市正在中国西部迅速崛起。春风杨柳万千条，六亿神州尽舜尧。

【自行车的洪流变幻为私家车的洪流

兰州人不仅仅抖落了一身尘土，兰州人抖落的其实是几千年来困扰这个民族的一切陈旧的观念。一切可以触摸到的变化，其实都是由于人们的思想观念发生了巨大的变化。一切日新月异的进步，其实都是由于人们的思维方式发生了神话般的改变。

【"深入学习实践科学发展观活动"研讨班，标语，展示板，心得体会……

不断解放思想,不断更新观念,深入学习实践科学发展观,走
向构建社会主义和谐社会的康庄大道。兰州的今天和昨天相比,已
经不可同日而语,我们的明天必将是更加崭新的天地。

【中川机场银燕升空

【和谐号列车呼啸而过

【五彩缤纷的焰火

【职员表

第四集　兰山钟声

【总片头(略)

【皋兰山三台阁,世纪大钟

【世纪庆典

【叠印字幕:公元 1999 年 12 月 31 日夜。

这是这座美丽城市的南山——皋兰山巅。这所庭院,是被称为
兰州十大景观之一的"兰山钟院"。公元 1999 年 12 月 31 日午夜,
中共兰州市委、兰州市人民政府在这里举行盛大的"迈向新世纪·
西部大开发《兰山钟声》庆典"活动。兰州,与全世界全中国一起阔
步迈向公元 2000 年,迈向了新的世纪。

【音乐《爱我中华》青年学生起舞

此刻, 这口重达 6 吨的大钟在静静地等待着新世纪的第一声
轰鸣。兰州,与全中国、全世界共同迎接新千年和 21 世纪的来临。

【历史画面,旧中国、新中国;老兰州,新兰州

公元 1999 正在离去,20 世纪即将结束。兰州人以依依惜别的
深情,记住了祖国母亲在 20 世纪所经历的苦难。兰州人的赤子之
心激烈跳动,跳动着中华儿女在 21 世纪将要创造的辉煌灿烂。

【西部大开发

公元1999年10月,党中央、国务院做出了"西部大开发"的战略决策,世纪之交的前夜,中央发出了"再造一个山川秀美的大西北"的殷切召唤。中国西部,再次掀起奔向四个现代化的狂飙。兰州,扬起了新世纪大发展的强劲风帆。兰州,迎来山川秀美,经济繁荣,社会文明的新世纪辉煌灿烂。

【会议画面

在世纪之交前夜,中共兰州市十届二次全委(扩大)会刚刚闭幕,这次会议全面总结了改革开放二十年来,兰州经济社会发展的成败得失和历史经验,提出了"山川秀美,经济繁荣,社会文明,实现兰州现代化城市全面发展"的总目标。兰州,再次吹响了实现西部大开发战略构想的嘹亮进军号角。全市人民都在为这个宏伟目标欢欣鼓舞,祝愿兰州的明天更美好。

【兰州城市规划图,城市的生产、生活镜头,城市的律动

从1979年党的十一届三中全会确定全面改革开放的大政方针到新世纪前夜,中国,已经走过了20年创业发展的风雨历程。兰州,伴随着祖国前进的脚步,也陆续完成了第六、第七、第八和第九个国民经济发展"五年计划"。

【动画图标,

让我们了解一组统计数字。

1949年,在解放初期,兰州国民生产总值(GDP)只有区区1004万元.

在改革开放初期的1986年,这个指标数字刚刚达到50.79亿元。

到世纪之交的2000年,这个数字指标达到309.4亿元,迈上了

300 亿元台阶。

到了公元 2009 年，在新中国成立六十周年和兰州解放六十周年的今天，全市 GDP 总值已经达到了 846.28 亿元。

【兰山钟声

二十世纪最后二十年和新世纪的前十年，在"体制转轨，社会转型"的过程中，兰州经济实现了大跨度跳跃式的发展，这种规模、速度和质量，是五千年来任何历史时期都无法比拟的。钟声已经敲响，宏声震动山岗，朝阳正在升起，曙光照耀四方，在西部大开发的大进军中，兰州，有着不可替代的许多优势

【剪辑相应素材画面

兰州，有地理区位的优势。兰州，有交通枢纽的优势。兰州，有区域资源富集的优势。兰州，有基础设施的优势。兰州，有加工制造业的优势。兰州，有商品集散中心的优势。兰州，有对外开放的优势。兰州，有科技创新的优势。在 21 世纪，兰州必将成为西部资源加工中心、商贸中心、科技创新中心和区域经济发展的现代化中心城市。在历史上，兰州曾经有过"天下富庶者无如陇右"的记载。在新世纪，兰州必将为中国、为世界、为人类做出新的更大的贡献。(注:《资治通鉴》216 卷记载:(天宝年间)"中国强盛，自安远门西尽唐境万二千里，闾阎相望，桑麻翳野，天下称富庶者无如陇右。")

【航拍兰州

【2000 年 12 月 31 日夜，碑林《世纪庆典》……

今天，330 万兰州人大踏步赶上了时代潮流，稳定走上了奔向富裕安康的广阔道路，中国特色社会主义充满蓬勃生机，在中华民族文明进步的历程中，兰州人以前所未有的激情荡漾，在母亲河畔创造着走向全面小康的新希望。

【歌曲《走进新时代》

【航拍兰州,系列风光镜头

三山五岳翘首企盼,五湖四海激情翻卷。神奇的中国西部,必定有一个辉煌灿烂的明天。让我们向 20 世纪挥手告别,说声再见。让我们张开双臂拥抱明天,拥抱 21 世纪的辉煌灿烂。让我们张开双臂拥抱明天, 拥抱祖国社会主义事业宏伟蓝图实现的历史性峰巅。让我们相约在明天,相约在 21 世纪每一个明媚的春天。让我们相逢在明天,相逢在西部大开发的世纪春天。世界和平,祖国繁荣,祝福 21 世纪,永远充满吉祥与平安。

【兰山钟声敲响了

钟声绵延万里,阵阵钟声不断。这钟声,寄托着我们的企盼。这钟声,充满了我们的祝愿。千百次地撞响他,千百年我们只有一个企盼。千百次地撞响他,千百年我们只有一个祝愿。企盼世界的和平与发展,祝愿祖国的繁荣与强健。

【美酒飘香,鲜花怒放

【2008 北京奥运会开幕式主题歌,刘欢、莎拉·布莱曼《你和我》

这琥珀色的葡萄美酒啊,盛满着我对新世纪的祝愿,伴随我奔向希望的明天。让我们重新把酒杯斟满,把酒临风,其喜洋洋者矣,张扬起新世纪远航的风帆。

【职员表

第五集　花团锦簇

【总片头(略)

【和谐号列车呼啸而来

满载着中国老百姓实现全面小康的期盼,新时代的列车,风驰电掣地跨入了充满希望的 21 世纪。星移斗转,沧海桑田,弹指一挥间。

【庆祝新中国成立六十周年标语,氛围营造,镜头场面

历史,迎来了公元 2009 年。兰州人,迎来了新中国成立六十周年和兰州解放六十周年的喜庆日子。经过六十年顽强拼搏,三十年改革开放,三十年创业发展,兰州,发生了翻天覆地的深刻变化。

【钱其琛在兰州视察

2002 年,国务院副总理钱其琛同志视察兰州,钱先生面对灿若星河的百里黄河风情线,感慨万千,他称赞道:兰州,不愧为黄河上游一颗璀璨的明珠!

【李肇星在兰州视察

2005 年夏天,外交部长李肇星先生参观兰州碑林,他俯瞰黄河两岸的兰州城市风光后感叹道:与美国曼哈顿相比,兰州的城市景观毫不逊色。

兰州解放六十年来,在党中央国务院的亲切关怀下,在省委、省政府的近距离关心指导下,兰州党员干部不断解放思想,更新观念,坚持以思想政治建设为重点,着力强化理论武装,全面加强和改进党的建设,深入开展党的理论创新成果学习实践活动,人民群众风雨兼程,走过了六十年风雨历程,鲜红的党旗熠熠生辉。

【采访市委、市人大、市政府、市政协领导同志,同期声

【制作注解:请主要领导同志全面、高度概括地评述兰州。请市委常委就分管工作领域的发展成就说几句话,编辑到片子里,估计每个人最多有 40 秒的画面和同期声。因而,请各位高度概括地讲几句话。每个人的工作分工不同,讲话的角度不同,但所有的讲话集中编辑在一起,将全面反映兰州政治、经济、文化、科技、教育、城

建、交通、能源、工农业、社会保障、民族政策乃至航天科技、重离子加速器、中科院院士、引大入秦水利工程等各个方面的情况。(注：本单元具体内容待拍摄后根据镜头进行编辑)

【航拍兰州，山川大地，黄河滔滔，景色壮丽

【音乐《红旗颂》节选。画外音朗诵岳逢春《兰州赋》节选：选配相应的影像和图片：

两山夹一河，捧出西部聚宝盆；

大河穿城过，奔腾万里赴征程。

重粒子轻水堆，佛慈街辐照站，近物所高科园。

大漠驼铃博浪丝绸古道；

平沙落雁龙源绿色希望。

百里黄河风情，渲染城市崭新画卷；

大道滨河绵延，描绘家乡深刻变迁。

美丽端庄，"黄河母亲"倾倒游子；

劈波斩浪，羊皮筏子亚赛军舰。

一清二白三红四绿，兰州拉面五洲飘香；

九章八音七彩六弦，《读者》月刊读者佳酿。

世纪经典有《丝路花雨》；

誉满天下是《大梦敦煌》。

日观大河两岸，灿烂高楼林立，恰似东方曼哈顿；

夜登皋兰山巅，辉煌万家灯火，宛如维多利亚湾。

改革开放，顽强拼搏，和谐社会，锦簇花团！

啊，我的兰州，

黄河远上白云间，一片孤城万仞山。

昔日羌笛怨杨柳，春风浩荡金城关。

皋兰山巅高千尺,大河滔滔谱新篇。

和谐社会千秋颂,唱我兰州一万年。

【职员表

第六集　走向辉煌

【总片头(略)

【第六集为电视音乐片,编辑选配与解说词相对应的兰州风光画面,将画外音诗歌朗诵与画面融为一体,宛如一部壮丽辉煌的《新兰州交响诗》。

第一乐章

【钢琴协奏曲《黄河》为背景音乐

来吧,五湖四海的老朋友;

来吧,五洲四海的新朋友。

来吧,黄河之水的波澜与激流;

来吧,美不胜收的春风和杨柳。

这是波涌浪翻的大河奔流,

这是继往开来的盛世风流。

这是创新创业的魅力兰州,

这是充满希望的公元2009。

让我捧出三杯美酒,为兰州的腾飞祝福加油,

赞美交往的真诚与友情的深厚,

欢呼今夜的聚会和良宵的神州。

这第一杯酒,献给五洲四海的新朋老友,

祝福我们的友谊天长地久。

这第二杯酒,献给创业者的英姿与风流,

祝福这片土地花团锦簇,河山锦绣。

这第三杯酒,献给父老乡亲的热切追求,

祝福这片土地年年都有硕果累累的金秋。

让我们举起这三杯美酒,献给我的家乡,我的兰州。

祝愿家乡和谐发展,兰州创业,力争上游。

第二乐章

【交响乐《红旗颂》为背景音乐。

夜空中,彩光摇曳,万花争艳;

夜色中,盛事辉煌,前景灿烂。

这是一首创业的诗篇,这是一篇发展的宣言。

2009 的钟声将春色渲染,2009 的火焰把激情点燃。

华灯初上,这块土地迎来了公元 2009 年的激情翻卷。

夜幕降临,金城大地彩灯灿若星河,

营造出神话般迷人的梦幻意境,

独特的山水之城,演绎着魔幻般无限的魅力,

充满了六十年的喜庆。

这是春天的旋律,

这绿翡翠的草丛奏鸣着神奇的勃勃生机。

这是"天上的街市",

霓虹闪烁,浓墨重彩、辉煌灿烂、恍若梦境。

金城关的夜色啊,如仙山琼阁,阆苑瑶池,金碧辉煌。

兰州城的明月啊,似琼楼玉宇,神仙境界,万家灯火。

大河堤岸流光溢彩,紫电青霜,腾蛟起凤,彩灯绵延。

河中光影碧波荡漾,水墨淋漓,七彩斑斓,气象万千。

两千零九米的巨龙,点燃 2009 中国年奔放的热情。

城关大桥的彩色琴弦,弹奏 2009 中国人澎湃的激情。

中山桥和将军柱神采飞扬,抖擞 2009 年矍铄的精神。

银滩大桥拨动巨大的琴弦,

正在演奏一部壮丽辉煌的时代交响。

黄河两岸激情翻卷,百里黄河风情线神采飞扬。

让我们共同创造这风姿绰约的城市形象。

让我们一起拥抱那流光溢彩的夜色与朝阳。

第三乐章

【小提琴协奏曲《梁祝》(俞丽拿版)为背景音乐。

我来了,我的万年不老的金城关;

我来了,我的魂牵梦萦的皋兰山。

七彩缤纷的焰火正在腾空而起,

满天的花雨飞舞那梦里的情景。

让我们拨动琴弦,吟诵我的家园,

让我们放开歌喉,歌唱我们的明天。

此刻,我就伫立在你这五彩缤纷的辉煌夜晚,

此刻,我正仰望着您那星光灿烂的俏丽容颜

金城锦绣啊,气象万千,大河两岸哪,风光无限。

母亲河波涛滚滚,情思绵延,水笑山欢。

皋兰山苍翠巍峨,景色绚烂,明珠璀璨。

这条大河,浇灌着我们世世代代依恋的家园。

这片土地,生长着我们祖祖辈辈无尽的期盼。

那么,就让我

——铺开这风情百里的花团锦簇与锦绣河山。

舒展此刻黄河岸边

那迷人的风采和创业实干的豪迈宣言。

那么,就让我

——激荡这大河上下辉煌的诗篇和壮阔波澜。

实现金城关下,

今天的小康和谐与振兴中华的百年夙愿。

愿我们的家乡:风调雨顺;神州万里,太平安然。

愿我们的祖国:和谐安宁;五湖四海,盛世永远。

第四乐章

【德沃夏克《新大陆交响曲》为背景音乐

这里,是名扬天下的丝绸之路,

这里,是花团锦簇的黄河之都,

这里,四通八达,沟通欧亚,

这里,熙熙攘攘,云集商贾。

雄汉盛唐,南来北往,茶马互市托起了开放的兰州。

宋元明清,万里金汤,天下雄关护卫那辽阔的边疆。

我们在飞天客栈摆下酒宴,

以兰州的名义迎接四海宾朋。

我们在镇远桥边搭起彩门,

以西部的热情欢迎五洲嘉宾。

白塔山的风铃听得懂银滩波浪的抒情高亢,

银滩桥的彩练舞动百里风情线的美酒飘香。

梨园的柔情吹拂左公柳——柳絮飞扬。

金城关的波浪激动丝绸之路——通向四面八方。

今夜的大河流光溢彩,壮丽辉煌。

今夜的银滩如意吉祥,激情荡漾。

今日的兰州奋发图强,无限风光。

今天的中国容光焕发,光芒万丈。

这是一篇慷慨激昂的华彩乐章,

这是一首感天动地的壮丽交响。

让我们燃放太平盛世的慷慨激昂,

让我们鼓动盛世太平的万丈光芒。

河汇百流,九曲不回,创新创业,和谐发展。

改革开放,地覆天翻,与时俱进,辉煌灿烂。

公元2009,中华巨龙飞龙在天,

公元2009,金城兰州奋勇向前。

今夜无眠,今夜我们打造一片壮丽的河山,

今夜无眠,今夜我们高歌一曲灿烂的诗篇。

让我们留住今夜,留住我们今夜的激情与向往,

让我们期待明天,创造我们明天的辉煌和灿烂。

【国庆六十周年庆典。人民英雄纪念碑。

【威武庄严的礼兵手捧鲜花缓步迈上高高的台阶

【兰州,花团锦簇,大河滔滔,山高水长

【职员表

【全片终

(2009年5月25日作,兰州电视台摄制播出)

● 兰州赋唱五千年

——2009年兰州春节晚会现场朗诵赋体文本

序

兰州,古称"金城",地处中国陆域版图几何中心。历史文化悠久,有丰富的新石器时代马家窑、半山、马厂和齐家文化遗址。夏商周为羌、戎族活动地域。秦设三十六郡,始皇三十三年(前214年)蒙恬驱逐匈奴,设榆中县,属陇西郡,为兰州最初行政建制。西汉武帝元狩二年(前121年)霍去病西征,在兰州西北设令居塞,开始经营河西走廊。昭帝始元六年(前81年)设金城郡。因筑城垣挖出金子,故名金城,亦依"金城汤池"典故得名。开皇元年(公元581年)隋文帝废郡设州,因城南有"皋兰山",故名"兰州",兰州之称,始见于史册。唐宋元明清诸朝,虽郡、州、府、道、省、县数次易名,但兰州一直为经略陇右政治军事经济文化活动的中心。辛亥革命后,于民国二年(1913年)设兰山道。民国三十年(1941年)7月1日,设兰州市。1949年8月26日,兰州解放。现辖城关、七里河、安宁、西固、红古五区和永登、榆中、皋兰三县。总面积1.31万平方公里,总人口314万,其中城市人口160万。是万里黄河从城区流过的唯一省会城市,亦有黄河明珠之称。

赋 曰:

兰山巍峨,守望黄河穿城而过;万仞山峦,白云托起孤城一片[1]。此地,乃黄河明珠、水车之都——甘肃省会兰州市是也。

秦陇锁钥、西域咽喉、避暑胜地、孙文陆都[2]、古丝绸之路重镇、新欧亚大陆桥交通枢纽、中国陆域版图几何中心、瓜果之乡、移民城市,俱其别称也。

五千年马家窑彩陶肇始文明之光,九百载夏商周羌戎游牧鹰飞草长。

秦始皇设县,汉武帝置郡。蒙恬驱逐匈奴,卫青再展雄风,版扩"河南之地",开通"河西走廊"。城池筑,固若金汤;天堑守,金汤万里。西汉谓之曰:金城。

汉元狩以降,便为西北战略要塞;隋开皇之后,即成陇右政治中心。占"毗邻京畿,拱卫关中"之地利;具"控河为险,隔阂羌戎"之强势。

城南高山,名曰"皋兰",含高峻挺拔之意,隋文帝因之命名为"兰州"。

市中大河,名曰"黄河",显浩浩荡荡之势,母亲河钟情此城得天独厚。

古金城,战略地位之重要不言而喻。

新兰州,地处内陆同样要扬帆远航。

张骞出使西域,揭开华夏外交第一篇;骠骑仗剑挥鞭,将军饮马城南五泉山。踏破白马浪,法显、玄奘取经天竺,庄严普照白塔[3];坐镇金城关,冯胜、杨廉守望边疆,庄浪西宁西凉[4]。朱洪武铁锁镇远浮桥,天堑始为通途,将军柱至今矗立巍然;明段续制造巨轮水车,大河灌溉良田,四百载遗迹尚存黄河岸边。龙飞凤舞,草圣张芝开一代风气,笔力影响墨坛两千年;浓墨重彩,名士唐琏绘万卷风情,精品依然珍藏在民间。邹应龙弹劾严嵩,奸相呜呼哀哉;吴柳堂拼得性命,御史岂惧权奸。林则徐下榻沙井驿,佑康锡福兰州;马福祥剑指廊坊站[5],甘军肉搏八国。左宗棠手植左公柳,福荫子孙边陲;制造局锻造七响枪[6],武备万里新疆。马五爷绘制金城揽胜全景图[7],画匠堪称大师;满保本架起天下黄河第一桥[8],百年风雨不摇。兰山书院书声朗朗,培育探花之郎;至公堂中人才济济,遴选状元青苗。历史积淀深厚,可谓深不可测;文化传统优秀,已成蔚然大观。

抗战风烟,神州遍燃;兰州空战,倭寇丧胆[9]。"八办"名流凝聚[10],志士奔赴延安;南关雅士锤炼,文脉香火续延。办事处营救西路军,同志归队;周恩来养伤互助巷,中华幸甚[11]。孝友街转运援华抗战物资[12],开通国际路线;兴隆山客厝成吉思汗灵柩衣冠[13],神器得以保全。中美苏三国金城运筹,相互支援结同盟;法西斯日本折戟兰州,铁壁铜墙大后方。

听"八·二六"炮声隆隆,看大将军横刀立马[14]。沈家岭上风卷残云,狗娃山下挥师西进,中山铁桥烈火熊熊,摧枯拉朽铁流滚滚,西北从此风平浪静,兰州一战河山安定。

喜新中国红旗飘飘,夸共和国长子骄傲[15]。八方支援大西北,四面来风汇金城。南腔北调,沟通五湖四海;春风化雨,沐浴当代移民。南北两山,曾为荒山秃岭,六十载背冰上山,成就绿荫盎然;卧龙九州[16],今已满目苍翠,几代人挥汗如雨,百万户梦境酣甜。大力植树种草,再造秀美山川。品白兰瓜,吃水蜜桃,尝羊羔肉,赴百合宴。抖落一身风尘,城市改地换天。

自古茶马互市,商旅云集西关,沟通贸易达四方;从来兼容并蓄,胸怀博大宽容,融聚中华各民族。休说民风慓悍,对酒当歌醉卧沙场;但知民俗纯朴,热情好客自立自强。气候宜人,空调天地自然;冬暖夏凉,环球鲜有比肩。罕见旱魃作祟,更无洪涝风灾。座中四联,通达八方;海纳百川,九曲安澜。

地灵人杰,酒好不怕巷子深;人才辈出,凤凰当然要涅槃。美丽端庄,"黄河母亲"倾倒游子[17];劈波斩浪,羊皮筏子亚赛军舰。一清二白三红四绿,兰州拉面五洲飘香;九章八音六弦七彩,《读者》月刊读者佳酿。世纪经典有《丝路花雨》;誉满天下是《大梦敦煌》。火种一悟点燃[18],小水高端访谈,修平新闻联播,新华风呼雨唤,朱军艺术人生,张莉红星璀璨[19],燕云琵琶反弹[20],陈元明星耀眼[21]。更有那:兰大校园李阳疯狂克立兹;地产大鳄王石芒鞋出乡关[22]。南极冰川秦大河鳌头独占;大漠戈壁"五一零所"放飞航天船。更喜吾子岳翔[23],居然同声传译好莱坞美利坚。英才杰出,翱之翼展,鹏举扶摇,一飞冲天。

两山夹一河,捧出西部聚宝盆;大河穿城过,奔腾万里赴征程。重粒子,轻水堆,佛慈街,辐照站,近物所,高科园。大漠驼铃博浪丝绸古道;平沙落雁龙源绿色希望[24]。百里黄河风情,渲染城市崭新画卷;大道滨河绵延,描绘家乡深刻变迁。日观大河两岸,灿烂高楼林立,恰似东方曼哈顿;夜登皋兰山巅,辉煌万家灯火,宛如维多利亚湾。

水车不舍昼夜,治庸运筹帷幄,打造执政理事新模式[25];人民自强不息,奋力跨越发展,决心提前升位奔小康。

河汇百流,九曲不回,创新创业,和谐共进。五千载祖辈祈愿,三十年盛典礼赞。日新月异,星移斗转。又好又快,辉煌灿烂。

有客来兰州,客来皆赞叹:此乃兰州乎?真是没想到!岂非小香港!何来骆驼牵?

一言既赋,四韵俱成,请洒潘江,各倾陆海云尔:

黄河远上白云间,一片孤城万仞山。昔日羌笛怨杨柳,春风浩荡金城关。

皋兰山巅高千尺,大河滔滔谱新篇。和谐社会千秋颂,唱我兰州一万年。

注　释:

1. 雷达先生考证:"黄河远上白云间,一片孤城万仞山"这首唐诗为描写兰州景色的佳作。

2. 孙中山《建国方略》曾考虑将兰州建为"陆都",与南京"海都"相呼应。

3. 庄严、普照、白塔:为兰州三座著名寺院,现仅存"白塔"一寺。"普照"可作动词理解。

4. 庄浪、西宁、西凉:为西北地名。联缀成句,"西宁"可作动词。

5. 马福祥:河州(今甘肃临夏市)人。清末将领,曾率甘肃守军勤王,抵抗八国联军,在北京、天津、廊坊等地阻击侵略者。其所率军队称为"甘军"。

6. 制造局:左宗棠建立的开甘肃近代制造业之先河的工业企业。造装填七发子弹新式步枪,大量装备驻守新疆部队,在抵御和威慑沙俄侵略扩张阴谋中起到重要作用。

7. 马五爷:清代兰州画家,作《金城揽胜图》,现有摹本照片存世。

8. 满保本:美国桥梁工程师,光绪三十四年(1908年)在兰州主持建造黄河上第一座近代铁桥。虽历经百年,并曾遭战火洗礼,该桥依然稳固。近年改作步行观光桥。

9. 兰州空战:抗战初期,日本飞机9次袭击兰州,遭中苏空军重创。仅1939年2月20日和23日,就击落日机18架。此役为抗战中击落日机最多的一次空战,我方飞行员无一伤亡。堪称奇迹。

10. 八办：八路军驻兰州办事处。

11. 1939 年 9 月，周恩来经兰州取道新疆前往苏联疗伤，1940 年 2 月回国，均居住兰州"八办"互助巷原址。

12. 孝友街："八办"中后期地址。苏联援华抗战物资在此转运延安、西安等地。

13. 兴隆山：兰州郊外地名。

14. 大将军：彭德怀。时任第一野战军司令员，指挥解放兰州战役。

15. "一五"期间，国家将一批重点建设项目布设在兰州，例如："兰炼"、"兰化"等大型工业企业，被誉为"共和国长子"。

16. 卧龙，九州：兰州城区南北两侧山名。

17. "黄河母亲"：兰州著名城市雕塑，坐落黄河岸边。

18. 一悟：即甘肃第一位共产党员张一悟，创建中共甘肃特别支部，点燃西北地区革命火种。

19. CCTV 主持人水均益、李修平、裴新华、朱军、张莉等人的童年和青少年时期都在兰州度过，并在兰州学习生活多年，兰州人引以为骄傲。

20. 燕云：贺燕云，舞剧《丝路花雨》主演。被誉为"第一位英娘"。

21. 陈元：即陈逸恒，著名影视剧演员，主演电视连续剧《我主沉浮》等。系中国京剧界"四小名旦"之一陈永玲先生之次子，曾在兰州生活工作多年。

22. 王石：毕业于兰州铁道学院。当代中国著名房地产业策划人。深圳"万科"集团董事长。

23. 岳翔：笔者之子。在读英语专业研究生。公派留学美国纽约大学。担任好莱坞著名导演西蒙·韦斯特的英汉双语助理和首席同声传译。2007 盛夏,随西蒙在南京拍摄史诗巨片《南京浩劫》。

24. 均为兰州重要科研机构和城雕名称。

25. "治庸":即"治庸计划",中共兰州市委提出的执政理事模式之一, 极大地促进了兰州干部队伍的作风改进, 在国内反响强烈。

(注:本篇作于 2007 年 8 月,发表于《兰州日报》并于 2009 年兰州春节晚会演出现场由著名演员陆枢铭先生节选朗诵)

● 古调独弹展览馆

——兰州秦腔博物馆展览系列策划文本

秦腔博物馆展示内容设计的指导思想与基础性建议

2005年,中国剧协将兰州市确定为中国秦腔发展基地,随后市政府批准设立秦腔博物馆。目前,建立中国秦腔博物馆这一兰州文化史上的重要事件,已经引起各方面关注。关于戏曲博物馆,迄今,已有北京京剧博物馆、天津戏剧博物馆、苏州昆曲博物馆相继建成并开放。兰州秦腔博物馆的土木工程建设业已竣工。馆内展览陈列被提上重要议事日程并将尽快展开实施。

秦腔艺术丰富遗存是祖先留给我们的宝贵财富,也是中华民族精神家园的重要源泉,更是今日西部令人瞩目的文化亮点和全社会和谐发展的独特基石。随着当代社会经济的快速发展,人们对精神文化生活的需求越来越高,博物馆作为国民继续教育的重要课堂,正日益受到各级政府的重视和普通民众的关注。为此,应该充分合理利用已有的秦腔人文资源,提升人们的精神生活品位,努力将秦腔博物馆建设成为国内一流的戏曲艺术博物馆。

秦腔是我国戏曲重要地方戏剧种,传统源远流长,秦腔博物馆必将引起戏曲界和社会各界极大关注。秦腔艺术可供展示的内容浩如烟海,取之不尽用之不竭,因此,必须有所选择与取舍。设计思路必须关照全局,体现历史面貌,而不可仅仅局限于兰州秦腔之一隅。

秦腔博物馆应以展示秦腔艺术历史成果为核心内容,并大力宣传当下秦腔艺术成果(说明文字必须精准,绝不可使用"秦腔衰落"之类的消极性表述语言)应该为秦腔文化的宣传和研究、传播、振兴,为提高兰州在国内外的知名度鼓劲加油。因此,必须遵循"以人为本"的理念,遵循"科学发展观"为陈列内容设计的指导思想,认真研究博物馆所展示内容的取舍和形式的确定,坚持"实事求是"原则,以古今秦腔艺术家创造的物质文化和精神文化内容为主线,以收集到的秦腔艺术实物为基石,参考和吸收国内外戏曲学研究的丰富资料,以及目前学术界对秦腔文化的最新研究成果,首先严密编写《秦腔博物馆陈列大纲》。陈列内容要尊重客观事实,陈列形式必须开拓创新,在展览中突出观赏性和趣味性,并紧密结合知识性、专业性和必要的学术性,达到雅俗共赏、深入人心的展览要求。

人类创造的所有文化成果可分为物质文化和精神文化两大类。秦腔艺术正是物质文化与精神文化密切结合、不可分割的统一体。秦腔博物馆的陈列展览应该全面展示秦腔文化遗存。基于通俗、重点、科学、创新、特色等要求,将秦腔文物和展品有序组合,穿插场景复原,借助声、光、电以及多媒体等高科技手段,利用语音导览系统等辅助手段,全面、生动地展示历代秦腔艺术家所创造的物质和精神文化方面的巨大成就。让观众饶有兴趣地置身于秦腔艺术世界神秘而又普及的艺术世界中,穿越时光隧道,实现今古心灵的对话。

秦腔博物馆的陈列大纲以"大秦之声"为开端,分为九个部分,以历代艺术家创造的绚丽多彩的文化内容为主线,采用文字解说、图片复原、实物展出,向公众多角度地展示秦腔的全貌,特别要准确地遴选各个时期的著名秦腔艺术家进入展览,展示他们所取得的艺术成就。

《古调独弹》展览陈列大纲

序　幕

1. 展览前言(文字)

2. 戏台楹联(书法)

3. 大秦之声(电视短片)

4. 中国秦腔艺术演出团体(当代)分布图(示意图)

第一部分:秦声越千年

1. 秦腔历史概述(文字)

2. 优孟衣冠、少翁皮影

3. 梨园与琴音

4. 秦王破阵乐

5. 明代传奇抄本

第二部分:辟一新纪元

1. 清代戏曲概况

2. 一代大师魏长生

3. 花雅之争

4. 遍地开花(梆子腔体系、戏曲鼻祖、秦腔流派)

5. 近代重要班社概述

第三部分:烽火硝烟中的秦腔

1. 易俗社

2. 文化社

3. 其他重要班社概述

4. 陕甘边区新秦腔

5. 秦腔新剧目

6. 革命文艺家

第四部分:群星璀璨

历代著名演员 20 人左右(名单略)

第五部分:五彩缤纷大秦腔

1. 角色行当

2. 行头

3. 秦腔脸谱

4. 兰州耿家脸谱

5. 表演特技、绝活

第六部分:动人心弦吼秦腔

1. 唱腔特色

2. 板式

3. 曲牌

4. 文场

5. 武场

6. 作曲家概述、小传

7. 华阴民间老腔

第七部分:梅花香自苦寒来

各地秦剧"梅花奖"演员简介

第八部分:剧目汇编(艺名待我再想想)

剧目标题展示

现存剧本实物展示

剧目分类图表

著名剧作家

第九部分:尾声:(结束语)

附件:已经完成的一部分文字稿初稿(待编辑)

中国秦腔发展基地·秦腔物馆
前　言

中国戏曲,是中华民族宝贵的精神财富。

秦腔,是中国戏曲百花园中的一束奇葩。其剧目蔚为大观,其演员名角灿若星河,其表演艺术特色独具,其演出团体和班社代有杰出。

两千年前,"大秦之声"曾经响彻神州。数百年来,秦腔更是形成了综合性的戏曲结构和成熟的演出模式,广泛流传于祖国西部,曾经有过"名动京师""举国若狂""辟一新纪元"的辉煌灿烂。

秦腔,不但是具有顽强现实生命力的戏曲表演艺术形式,也是一笔宝贵的非物质文化遗产。秦腔,传承着民族精神,激励着民族奋进的勇气。至今,难以计数的秦腔艺术演出团体依然活跃在中国西北城乡的广大地区。因此,建立秦腔博物馆,成为保护与传承中华民族优秀文化遗产的重要措施和历史的必然选择。

中国秦腔发展基地·秦腔博物馆地处中国兰州百里黄河风情线、坐落在白塔山黄河文化风情园内,馆舍面积达20000余平方米,采用全方位立体布设以及三维空间数字化展示模式,全面展示秦腔的发展历史和艺术特色。

中国秦腔发展基地·秦腔博物馆以收藏、整理、保护、传承、发展秦腔艺术、传播秦腔艺术活动为建馆宗旨。以传承保护中华民族优秀文化遗产为崇高使命。

本馆第一期展览重点布设了演员介绍、班社历史、秦腔音乐、剧目统计、舞台美术、演出观赏等篇章,力图使观众全面了解有关秦腔艺术的方方面面。

本馆将逐步扩展秦腔艺术有关文物和资料的收藏整理并不断完善展览陈列布设。

请走进秦腔历史的长河渊源,请观赏秦腔艺术的辉煌灿烂。

大秦之声
(电视短片解说词)

在中华民族的历史长河中,秦始皇统一六国,是一个重要的历史坐标点。秦朝中央政府强制推行"书同文、车同轨"的标准化措施,使得中华民族尤其是汉民族使用的文字得到了统一,而文字的统一，必然使得语言走向同一性与规范化和标准化。在今天，我们虽然已经不可能听到秦朝的中国人发出的声音，但是，却可以从逻辑关系上推断出：秦腔、秦韵、秦声，曾经一定是秦始皇那个时代的普遍流行和使用的语言，那么，作为语言的声音和韵律延伸而来的歌咏、声腔和音乐旋律，想必也带有浓郁的秦地语言特征和色彩。

在秦始皇的时代，秦人的声腔韵律是什么样子，当然也难以考证，但是，我们同样可以想像，当六国一统，嬴政在咸阳皇宫举行庆贺大典的时候，那慷慨激昂、激越阳刚、吼声震天动地的"大秦之声"，一定也带有浓郁的秦地声腔音韵的语言特色。那么，在秦始皇的时代，秦腔，作为戏曲声腔的一种雏形，想必也已经萌芽了吧。

在东汉张衡的著作《西京赋》中，就记载着杂技和歌舞表演的场面，西汉时期的角抵戏《东海黄公》和唐代的歌舞《兰陵王》《踏摇娘》与《秦王破阵乐》等等故事都发生在秦地，也就是中国西部甘陕地区，那么，我们完全有理由相信：当年演出这些故事的时候，演员们所使用的声腔与音乐，想必就是具有"秦国音韵"的"大秦之声"。

经过了宋元时期元曲和杂剧的发展，中国戏曲逐步走向成熟和完善。在清代，秦腔作为一种戏曲表演形式，已经十分成熟了。清代的历史文献，对秦腔的演出活动，已经有了确切的文字表述。

在清代乾隆年间，中国各地的戏曲艺术已经十分成熟，演出活动也已经非常发达，出现了许多被称为"名伶"的戏曲演员。清乾隆三十九年，也就是1774年，著名秦腔演员魏长生来到京城，在戏班"双庆部"演出了《滚楼》这样一出剧目。魏长生男扮女装，将女性的妩媚与风采表演得惟妙惟肖，轰动了京城，"一时歌楼观者如堵"日至千余人，从而在戏曲界出现了西部"秦腔"与江南"昆曲"一争高下的精彩局面,史称"花雅之争"。作为"雅部"的昆曲艺术活动逐渐失去了往日观者如云的热闹场面,而作为"花部"魁首的秦腔,却广受欢迎,从而雄踞于京都剧坛盟主的地位。

在"四大徽班"晋京以前,京剧尚未形成规模之时,魏长生无疑是京都舞台上,具有代表性的著名演员和不可多得的戏曲艺术家,也是观众公认的剧坛艺苑上戏曲表演活动的佼佼者。

乾隆五十三年,即1788年,魏长生南下扬州并游历巡演江南,赢得了"海外咸知有魏三,清游名播大江南"的赞誉。

民国时期,秦腔演出更为成熟,演出活动几乎遍及黄河两岸、传遍大江南北。出现了许多著名的秦腔班社。1912年,随着辛亥革命的爆发与民主进步思想的传播,秦腔演出团体"易俗社"在西安宣告成立。此后近百年来,"易俗社"将秦腔艺术推向了一个又一个历史性峰巅。以"补助社会教育",启发民智,"移风易俗"为宗旨的"易俗社",不但改进了秦腔表演艺术,而且在教化民众、传播先进思想等方面做了大量有益工作。

1924年,鲁迅先生到西安游历讲学,多次观赏"易俗社"的精彩演出。并亲笔题词,捐赠他讲学所得酬金,制作了一块匾额,赠送给了"易俗社"。从此,鲁迅先生题写的"古调独弹",成为对秦腔和"易俗社"最高的而且也是最准确的评价了。

在抗日战争时期,陕西部分地区和甘肃陇东革命老区有一大批秦腔艺术班社加入了革命文艺队伍。秦腔,与时俱进地奔腾在革命文艺的洪流中,许多革命文艺家采用秦腔编演现代题材的剧目,如《血泪仇》《抓壮丁》《中国魂》等著名剧目都在中国革命的历史上留下了深刻印迹。

新中国成立六十年来，秦腔艺术繁荣发展，秦腔剧团遍布西北各地，有的县乡同时有数十个秦腔剧团和班社在活动。并创作和改编了了大批新剧目，仅本馆收藏的剧目名录以及剧本就达到1000余份。

今天，秦腔已经成为西北人民须臾不可或缺的精神活动和娱乐方式，在金城兰州的黄河两岸和五泉山下，随处可见自娱自乐的市民群众在"吼秦腔"，在农村，秦腔艺术更是有着广阔的演出市场。

秦腔，八百里秦川渲染梨园春色渲染着春光烂漫；秦腔，千里陇原裁剪古道雄关五千年的水墨画卷；秦腔，巴颜喀拉的雪山也能够品味你的凛冽与甘甜；秦腔，河套平原的黄河水和你一起滋润儿女的心田；秦腔，天山南北的牧歌也融合着你的柔情与热恋；秦腔，你是西部的神韵，东方的火焰，你传承民族的魂魄，你张扬民族的精神，你是值得中华骄傲与自豪的珍贵遗产。

因此，中国秦腔发展基地·秦腔博物馆以收藏、整理、保护、传承、发展秦腔艺术、研究并传播秦腔艺术活动为建馆宗旨。以传承保护中华民族优秀文化遗产为崇高使命。

本馆将逐步扩展秦腔艺术有关文物和资料的收藏整理并不断完善展览陈列布设。

欢迎您前来中国秦腔发展基地·秦腔博物馆游览，并参观展览。

陇上梅花昆仑雪莲盛开黄河两岸
天山牧歌太白乡情都含大秦之音

陕甘宁青新,粉墨春秋四面八方唱大戏

东西南北中,敲锣打鼓三山五岳吼秦腔

——岳逢春撰联

秦腔历史概述

秦腔,发源于古代秦地的歌舞演出活动。两千年来,经过历代艺人和观众共同创造,逐步生长、壮大、发展以至成熟。

秦腔,萌芽于秦朝,精进于汉代,昌明于盛唐,完备于宋元,成熟于明清,历经衍变,广播天下,蔚为大观,是中国最古老的戏曲剧种之一,甚至,堪称中国戏曲的鼻祖。

秦腔艺术源远流长。唐玄宗李隆基曾设"梨园"吸纳培养专业艺人,演唱宫廷乐舞和民间歌谣。唐梨园首席乐师李龟年原系陕西民间艺人,所做《秦王破阵乐》俗称"秦王腔",简称"秦腔",是为秦腔早期典型乐曲。曾流传于陕西和甘肃东部地区。

明万历年间(1573—1620)戏曲传奇抄本《钵中莲》注有【西秦腔二犯】曲牌的唱词,是为对仗工整的七言体文字,说明"西秦腔"在当时已经形成概念。

其后,受宋词元曲影响,秦腔演出内容与形式日臻完善。

明嘉靖以来,甘陕一带的秦腔演变为梆子戏。因以木质梆子击打演唱旋律之节奏,又称"梆子腔"。梆子击节,发出"恍恍"声,亦俗称"桄桄子"。

自周代以后,关中地区简称"秦",秦腔由此而得名,是学术观点之一种。但,秦腔成熟于中国古代政治经济文化中心——长安,却是不争的事实。

秦腔多有表现华夏历史上抵御外族侵略、讲述忠奸抗争、讽喻

盛典礼赞

权贵愚昧、表现生活情趣等题材的剧目。秦腔音乐则反映了西部国人耿直爽朗、慷慨侠义的典型性格，表现百姓敦厚淳朴、勤劳勇敢的民风，且较早形成适宜表现人物情绪变化的板腔体音乐体制。在表演方面，历代秦腔艺人创造并逐步形成了完备的表演技巧与表演体系，秦腔班社所到之处，对各地方戏曲都带来很大影响，直接推动了各地梆子腔剧种的形成和发展，堪称梆子腔鼻祖。

清代将昆曲、高腔之外的地方戏曲剧种归入"乱弹"范畴，许多地方戏曲剧种以乱弹命名，如西安乱弹、河北乱弹等。早期京剧亦被称为"乱弹"，但秦腔仍为戏曲梆子腔体系之主要剧种产生巨大影响。

秦腔艺术于清乾隆时期(1736—1795)达到鼎盛。秦腔名角魏长生于乾隆 39 年在北京献艺，轰动京城，对戏曲发展产生巨大影响。全国各地遍布秦腔班社，仅西安就有秦腔班社三十六个，历史文献记载有保符班、江东班、双寨班、锦绣班等班社。

清康乾时期秦腔在北京的盛行，直接影响到京剧的形成。后来出现的京剧【西皮流水】唱段格式即采用秦腔风格的板式。

民国时期，秦腔演出更为成熟，演出活动几乎遍及黄河两岸、传遍大江南北。出现了许多著名的秦腔班社。1912 年，随着辛亥革命的爆发与民主进步思想的传播，秦腔演出团体"易俗社"在西安宣告成立。此后近百年来，"易俗社"将秦腔艺术推向了一个又一个历史性峰巅。以"补助社会教育"，启发民智，"移风易俗"为宗旨的"易俗社"，不但改进了秦腔表演艺术，而且在教化民众、传播先进思想等方面做了大量有益工作。

1924 年，鲁迅先生到西安游历讲学，多次观赏"易俗社"的精彩演出。并亲笔题词，捐赠他讲学所得酬金，制作了一块匾额，赠送给了"易俗社"。从此，鲁迅先生题写的"古调独弹"，成为对秦腔和"易俗社"最高的而且也是最准确的评价了。

在抗日战争时期，陕西部分地区和甘肃陇东革命老区有一大批秦腔艺术班社加入了革命文艺队伍。秦腔，与时俱进地奔腾在革命文艺的洪流中，许多革命文艺家采用秦腔编演现代题材的剧目，如《血泪仇》、《抓壮丁》、《中国魂》等著名剧目都在中国革命的历史上留下了深刻印迹。

中华人民共和国成立之后，秦腔艺术的发展进入崭新的历史时期。六十年来，秦腔艺术繁荣发展，秦腔剧团遍布西北各地，有的县乡同时有数十个秦腔剧团和班社在活动。并创作和改编了了大批新剧目，仅本馆收藏的剧目名录以及剧本就达到1000余份。

今天，秦腔已经成为西北人民须臾不可或缺的精神活动和娱乐方式，不但有"八百里秦川尘土飞扬，三千万儿女齐吼秦腔"的谚语流传，而且在金城兰州的黄河两岸和五泉山下，也随处可见自娱自乐的市民群众在"吼秦腔"，在农村，秦腔艺术更是有着广阔的演出市场。

秦腔，八百里秦川渲染梨园春色渲染着春光烂漫；秦腔，千里陇原裁剪古道雄关五千年的水墨画卷；秦腔，巴颜喀拉的雪山也能够品味你的凛冽与甘甜；秦腔，河套平原的黄河水和你一起滋润儿女的心田；秦腔，天山南北的牧歌也融合着你的柔情与热恋；秦腔，你是西部的神韵，东方的火焰，你传承民族的魂魄，你张扬民族的精神，你是值得中华骄傲与自豪的珍贵遗产。

中国秦腔发展基地·秦腔博物馆以传承保护中华民族优秀文化遗产为崇高使命，必将对秦腔艺术以及有关秦腔艺术品的收藏、整理、保护、传承、发展、研究、传播做出应有贡献。

班社篇

易俗社

西安易俗社,中国现代著名秦腔剧社,1912 年 7 月 1 日,由陕西同盟会会员李桐轩、孙仁玉、王伯明、范紫东、高培之等倡议,在社会各界 160 多名热心戏曲改良的知名人士支持下,在西安创建。

该社以"辅助社会教育,启迪民智,移风易俗"为宗旨,按民主程序制定章程,建立领导机构。主要领导成员由社员民主选举,并规定任期。设立评议部、编辑部、学校部、训练部,招收少年学员,先学初小、高小课程,后上"文史进修班",达标者发给毕业证。同时学习戏曲专业六年,合格者发给戏曲专科学校毕业证书,从事戏曲演出。易俗社将文化教育、戏曲训练、演出实践结合起来,培养了大批秦腔戏曲人才,创作和演出了许多优秀剧目,对秦腔戏曲发展产生了巨大影响,对戏曲改良起到了示范作用。被誉为我国第一个集戏曲教育和演出为一体的新式戏曲艺术团体,与俄国莫斯科大剧院和英国皇家剧院并称"世界艺坛三大古老剧社"。

1924 年鲁迅先生到西安讲学,多次观看易俗社的演出,给予高度评价,亲笔题增"古调独弹"匾额,并将讲学全部酬金大洋 50 元捐赠易俗社,以资鼓励。

易俗社先后聘请陈雨农、赵杰民、党甘亭、唐虎臣、李云亭、刘丽杰、高天喜、王观登等秦腔名家执教,仅在 1949 年前的 37 年中就训练演员 13 期 600 余人。延续至今,共招收培养 15 期学生近千人,毕业者遍及西北各个秦腔剧团。其中有较大影响并形成各自艺术特色的名家包括刘毓中、刘箴俗、王天民、孟遏云、肖若兰、陈妙华、张咏华、全巧民、伍敏中、郭葆华、张保卫、宋百存、任炳汉、毛文德、戴春荣、惠敏利、王科学、冯永安、李淑芳、薛学慧等。

其中多人在各自艺术生涯中形成了独特的风格，被誉为秦腔表演艺术家并深受观众喜爱，得到高度赞誉，如刘毓中被誉为"秦腔须生泰斗"，王天民被誉为"西京梅兰芳"，孟遏云、肖若兰被誉为"秦腔皇后"等等。

在20世纪三十年代初期，易俗社曾两次赴北平演出。1937年6月第二次赴北平时，恰值"七·七事变"前夜，该社演出了新编历史剧《山河破碎》《还我河山》等大型剧目，积极支持抗日救亡和我党的武装革命。五十年代，易俗社曾赴朝鲜慰问志愿军，到福建前线慰问解放军。

在秦腔艺术上，易俗社大胆改革，刻意求新，创编演出的剧目在全国屡获大奖，并被其他地方剧种移植上演。其中《三滴血》《火焰驹》拍摄成戏曲艺术片。在长春拍摄《火焰驹》期间，毛泽东曾亲临摄影棚看望剧组成员。

易俗社的创作机构制定有剧目编写要求，王伯明、李桐轩、孙仁玉、范紫东、高培支、卢缙青、李约祉、李仪祉、王绍猷、李干臣、胡文卿、吕仲南、王辅丞、封至模、冯杰三、樊仰山等剧作家先后创作或改编大小剧本800余本，《三滴血》《火焰驹》《柜中缘》《吕四娘》等大量剧目成为优秀的保留剧目，常演不衰。

1959年《三滴血》进京参加国庆10周年献礼演出，受到了党和国家领导人刘少奇、周恩来的接见。

1979年《西安事变》赴京参演，在全国开创了用戏曲形式塑造周恩来总理等老一辈革命家感人形象的先河，并荣获创作和演出一等奖。1981年该剧赴日本演出，受到日本观众的高度赞扬。

1987年《卓文君》进京演出,主演戴春荣获梅花奖。

1989年,中国唱片总公司评出首届《金唱片》,易俗社剧目榜上有名。

1995年在太原参加文化部举办的第二界"金三角"戏曲汇演,创作演出《日本女人关中汉》荣获八项大奖。

1996年,在全国梆子戏汇演活动中演出的《三滴血》荣获优秀剧目等六项大奖。

1998年,新编电视戏曲小戏《铡美案》《镇台念书》《醉打山门》《司马拜台》等,被中央电视台六次选播。其中《铡美案》改编拍摄为中国五十集地方戏曲精品,受到海内外的赞扬。同年,张保卫、任炳汉、惠敏利等参加西安市艺术团赴大韩民国访问演出。

2000年创作演出的新编秦腔历史剧《女使臣》参演首届"中国秦腔艺术节"获得多项大奖。

2001年,根据陕西铜川市惠家沟村前村支书郭秀明的事迹创作的新编秦腔现代戏《郭秀明》,演出场场爆满,演出录像被中央电视台多次播放。

2004年,与甘肃百通影视发展有限公司合作录制出版了秦腔本戏《软玉屏全本》《蝴蝶杯全本》《打金枝》《貂蝉》《伉俪会师》及折子戏《虎口缘》《庚娘杀仇》《斩姚期》《放饭》《闯新府》《数罗汉》《探窑》《情殇》《八大锤》《杀四门》《马超哭头》《斩颜良》《藏舟》《二堂舍子》《小宴》《放饭》《背舌》等的VCD及DVD光盘。

演员篇

世界上有三种古老的戏剧文化:一是希腊悲剧和喜剧,二是印度梵剧,三是中国戏曲。

中国戏曲以演员为中心，是以演员的唱、做、念、打表演技艺为核心的综合性艺术。千百年来，经过许多著名表演艺术家和数不清的佚名演员的共同创造，积累了丰富的艺术表现手段，形成了完整的戏剧表演体系。

在中国戏曲形成与发展的历史长河中，曾经涌现出许多杰出的演员，他们以自己的聪明才智，在演出实践中创造着、丰富着、发展着戏曲艺术，他们以自己高超的演出技艺使得戏曲艺术熠熠生辉，在观众中激起巨大反响，并造成深远影响，广大观众热爱并敬仰他们，甚至崇拜、迷恋他们。"戏迷"一词，准确地阐释了杰出的演员与观众的密切关系。

秦腔，也不例外。在秦腔发展历史上，也曾诞生过许多优秀的、杰出的"名伶"和演员，我们今天称之为"秦腔表演艺术家"，他们个个身怀绝技，承前启后，独树一帜，推波助澜，创造了秦腔历史上一个又一个难以逾越的艺术高峰，为中华民族留下了一笔又一笔宝贵的文化遗产。

魏长生（1744—1802）字婉卿，四川金堂县人，行三，时称"魏三"。清乾隆时期著名秦腔旦角演员，中国戏曲史上杰出的秦腔艺术大师。魏长生幼时家贫，13岁到甘陕学戏，尤其擅长花旦、彩旦和武旦戏，如《滚楼》苗赛花、《倪俊烤火》尹碧莲、《卖艺》村妇、《卖胭脂》王桂英、《富春楼》陈三两等。亦擅长青衣戏，如《背娃进府》的表大嫂等。

清乾隆年间，经济发展，社会稳定，艺术随之繁荣。以给皇帝和皇太后祝寿为名，各省地方戏曲班社纷纷进京献艺。乾隆三十九年，魏长生进京后，在"双庆部"演出《滚楼》一剧，轰动京师。吴太初《燕兰小谱》记："一时歌楼观者如堵，而昆腔六大班几无人过问，或至散去。"

清初，北京戏曲舞台曾经盛行昆腔(曲)。后来，繁多的地方戏曲班社相继晋京，一时"南腔北调，备四方之乐"。满清朝廷为"正名"，将戏曲分为"花""雅"两大部分。"雅部"特指昆腔，"花部"则专指昆腔之外，亦称"乱弹""梆子戏"的各地方戏曲剧种。

魏长生唱秦腔精彩纷呈，轰动一时，王府戏班亦纷纷搬演秦腔，因而，北京梨园"花部"中开始盛行秦腔戏，致使"雅部"昆腔逐渐衰落。

皇族礼亲王昭木连所著《啸亭杂录》记："魏长生甲午岁入都，名动京师，凡王公贵位，以至词垣粉署，无不倾掷缠头数千百，一时不得识交魏三者，无以为人。"小铁笛道人《月下看花记》："长生于乾隆三十九年始于都，习见其《滚楼》，举国若狂。"由魏长生演出秦腔戏而引发北京梨园的"花雅之争"，实质上是以秦腔为代表的各个地方戏曲剧种与昆曲的精彩较量。日本著名近代戏曲史学家青木正儿著作《中国近世戏曲史》称颂魏长生为"旦色界辟一新纪元的天才，得写实之妙者"。

魏氏艺帜独树，对演出形式多有改进创新，所创造"以胡琴为主，月琴应之""善于传情、动人倾听"的"西秦腔"也有别于其他"以梆子为板"的"乱弹"戏曲流派。加之他对旦角"跷功"加以提炼，改进旦角化妆艺术，将"包头"改为"梳水头贴片子"，使得旦角的舞台形象更加妖媚多姿，因而一鸣惊人。其绝妙的艺术造诣，曾传播到大江南北，许多地方剧种从中得到滋润。他所创新的"西秦腔"，"徽伶尽习之"，曾传遍梨园上下，对百年后"四大徽班"进京并逐渐形成京剧艺术流派，具有"催生"滥觞作用。

魏长生曾一度遭权贵诬陷而离开京城，前往苏州、扬州等地演出。1801 年，魏长生从南方重返京城舞台。次年，在《背娃进府》的一次演出活动谢幕后，逝世于后台。享年 59 岁。其人生故事充满传奇色彩，其艺术生涯造成的巨大影响至今余音绕梁，不绝余缕。

三元官(生卒年代待考)演员艺名(旧时观众对有名望的戏曲艺人称其为"官"，原姓名已轶)甘肃通渭人，清咸丰、同治、光绪时期著名秦腔艺人，对戏曲艺术颇有研究，造诣很深。擅须生戏亦精于净行。能文亦武。代表剧目有《太和城》孙武子、《游西湖》贾似道、《金沙滩》杨继业、《黄金台》田单、《五岳图》黄飞虎、《湘江会》吴起、《血诏带》曹操等。曾为甘肃培养了一大批艺术人才，其中著名者有张福庆(福庆子)、陈德胜(十娃子)等。

史月卿(—1920)艺名八娃子，幼年家贫辍学，拜岳得胜为师，工旦角，后拜陈德胜(十娃子)为师继续深造。清宣统元年在兰州主持万顺班并担任主演，时称"金城四绝"之一。天赋条件好，功底深厚，善意钻研，讲究戏情戏理。唱腔吸收眉户音调，更显俏丽多彩。一生演戏甚多，塑造了很多古代妇女形象。如《走雪》曹玉莲、《三娘教子》玉春娥、《凤仪亭》貂蝉、《下南唐》刘金定、《破洪州》穆桂英、《杀狗劝妻》焦氏、《破滗池》高兰英等。

陈雨农(1880—1942)名嘉训，号雨农，乳名德儿，陕西长安人。秦腔表演艺术家、教育家。幼入私塾读书，在临潼县华清班学艺后，为易俗社延聘，并向易俗社捐赠了价值百金的戏箱。一生改编导演近 300 出剧目，影响较大的有《夺锦楼》《一字狱》《三滴血》《软玉屏》《庚娘传》《韩宝英》《双锦衣》《殷桃娘》《三回头》《镇台念书》《看女》《春闺考试》等，并培养出一大批享誉西北的秦腔演员，由于其在秦腔艺术教育方面的卓著功绩，被誉为秦腔界的"王瑶卿"。

他既有丰富的表演艺术经验，又善于吸收京剧、汉剧等剧种的优秀技巧,经他排练的剧目,在表演、唱腔、化妆、服装等方面都有所创造和发展。陈氏的唱腔设计独具匠心,善于突破七言或十字的僵化唱词格式,创造了重字叠句参差不齐的句式结构。如《双锦衣》的"数罗汉",《燕子笺》《黛玉葬花》等剧目的独特唱段,一唱三叹、缠绵悱恻。时人评论:"其为戏也,落落大方,高雅绝伦,于布景处亦自巧思。故戏曲一经其手,格外生色。陕人称为戏剧界之泰斗。"秦腔剧作家范紫东赞誉:"剧本叫雨农先生一排,就活了。"其唱做俱佳,擅演小旦、花旦、青衣角色。擅长《走雪》《杀狗》《断桥》《送女》《周仁回府》《皇姑打朝》等剧目。时人称其"名誉之隆,为关中第一"。民间亦流传"快走快走,看德儿的《杀狗》""紧走甬歇,看德儿的《走雪》""快跑快跑,看德儿《皇姑打朝》"等口诀。享年62岁。

刘箴俗(1901—1924)乳名平儿,陕西户县人。秦腔表演艺术家。幼年丧母,曾随父在西安卖羊血为生。1913年考入易俗社,改艺名刘箴俗。刘氏聪慧勤奋,为一代"秦腔神童"。戏剧家梅景九题诗:"生小十三上舞楼,窈窕身似女儿柔。只因一曲青梅传,到处逢人说慧刘。"1921年,刘氏随易俗社到汉口演出,轰动三镇,有评论家将其与梅兰芳、欧阳予倩相提并论,誉其为"北梅、南欧、西刘"。刘氏所演剧目多由易俗社陈雨农创造性地谱写唱腔并调度演出场面;由党甘亭从细微处"抠"其表演。陈党二人双璧联手,刘氏如鱼得水,所演剧目各个角色,无不栩栩如生,挥洒自如。署名"鄂痴"的文章评其演出《黛玉葬花》:"予初闻人言,箴俗有过人之才,欧梅之风,是一见,实心许之。将来菊部争辉,梨园杰出,合欧阳予倩、梅兰芳鼎足而三,有厚望焉。"署名"浮萍"的《易俗社与刘箴俗》评论:"刘箴俗能变化声音,迥然超出众员之外,诚百炼钢化为绕指柔也。刘箴俗非易俗社无以传其名,易俗社亦非刘箴俗无以扬其声,二者有不可须臾相离之势也。"在汉口,刘氏曾经得到戏剧大师欧阳予倩言传身教,亲自指导,其表演艺术更臻精湛。

易俗社在汉口演出一年半后载誉返陕。《易俗日报》上刊有王寿炎《评刘箴俗》一文,称:"刘郎幻作女儿身,箴世规人见性真。俗易风移民智启,好将奇技善传神。"王绍猷在《秦腔记闻》中,对刘箴俗有"易俗社最优学生""秦中后起第一标准花衫"之誉。

刘氏擅长剧目有:《女娃劝学》《慈云庵》《忠孝图》《青梅传》《美人换马》等。不幸一代名伶却英年早逝,享年仅23岁。

王天民(1913—1972)字子纯,乳名天贵,陕西岐山人。1924年入易俗社,为第六期学员,初学小生,后改旦角,受业于陈雨农、党甘亭等名家,1926年出科登台并崭露头角。担任剧社领衔演员近30年。新中国成立后,王氏曾参加第一届全国戏曲观摩演出大会并获奖。曾任陕西省政协委员、中国戏剧家协会理事。

王天民唱做俱佳,尤以做功见长,善于运用娴熟的表演技巧,细腻地展示人物的思想感情,刻画鲜明的角色形象。其艺术造诣被广为称赞"面若满月,行若浮云,庄重而不呆板,活泼而不轻佻;喜怒哀乐,能合分际;其声若莺儿、若笙簧,唱工之娓娓动听,为本社历来所未有"。擅演《柜中缘》《会真记》《螟蛉案》《蜜蜂计》《复汉图》《淝水之战》《蝴蝶杯》《颐和园》《三知己》《盗虎符》《少华山》《夺锦楼》《黛玉葬花》等剧目。

1932年,在《新秦日报》举办的"菊部春秋"秦腔演员评比中,他名列榜首,被誉为"西京梅兰芳"。享年59岁。

刘毓中(1896—1982)字秀山,陕西临潼人。秦腔表演艺术家。幼年随父亲刘立杰(艺名木匠红)学戏,16岁入易俗社学须生。初因年龄偏大,嗓音稍逊,默默无闻,经勤学苦练,技艺大进。一次剧社演出《宁武关》主角因故误场,他自告奋勇登台救场,自此一鸣惊人,逐步成为易俗社的台柱。后于1928年离开易俗社担任秦钟社社长兼主演。1932年秦钟社解体后,刘氏另建"新声社"。1946年在"三意""尚友"等社搭班演出。代表剧目有:《卖画劈门》《走雪》《大报仇》《烙碗计》《三回头》《三滴血》《周文送女》《游龟山》《火焰驹》等。

1950年重返易俗社。1952年,在第一届全国戏曲观摩演出大会扮演《卖画劈门》白茂林、《游龟山》胡彦,获演员一等奖。曾任全国文联委员、西安市文联副主席等职务。

刘毓中嗓音宽洪深厚,唱腔酣畅淋漓,善用大段唱腔反映人物内心世界;表演做派大方,身段讲究,文武兼备,尤善衰派老生。京剧大师马连良曾称赞刘氏是"衰派老生中的一绝"。享年86岁。

李海亭(生卒年不详)又称六指子,爪儿,兰州人,清末曾在兰州东盛班学戏,并拜领班"十娃子"为师,主攻毛净、大净。民国以来,在当时相继成立的几个班社中搭班演戏。20世纪二十年代后期,文化社成立后,一直与耿忠义等名家在文化社中演戏,是文化社年龄较大的一位主要演员。他塑造的著名角色有《破滹池》张奎、《战方腊》方腊、《忠八义》拓阳公、《芦花荡》张飞及《火化白鹊寺》达摩祖师等,表现人物性格有其独特之处。如在《忠八义》中,他表演不同的舞台动作和架式,将拓阳公奸恶、阴险的形象表现得淋漓尽致。《火化白鹊寺》达摩祖师,脸相化妆奇特,两耳系下垂棉球,双手合掌,两腿合拢,稳坐于佛桌之上,口诵佛祖真言活灵活现。在《破滹池》和《战方腊》中的表演动作和身段架式与耿忠义相比,亦各有千秋。早年他在东盛班演戏时,还曾扮演过老旦角色。如在《岳母刺字》里扮演的岳母,唱腔稳重,做工细腻,给兰州观众留下极深印象。三十年代末，李海亭年近花甲，其出色的表演及架式仍不减当年。

李正敏（1915—1973）原名正堂，字艺华，陕西长安县人。秦腔旦角演员。11岁入易俗社学戏。师从党甘亭、高登岳等名家，发奋钻研，勤学苦练，技艺进展很快，演出的《五典坡》《玉堂春》和《白蛇传》誉满三秦，家喻户晓，被誉为"李氏三部曲"。在《五典坡》里塑造的王宝钏，尤其深入人心，妇孺皆知，人们一提"李正敏"就要说到"王宝钏"。报纸文赞其"五六年来，夜无虚席，每出一新戏，便为轰动西安，董声秦陇，此虽比之梅氏亦无逊色。"著名戏剧家封至模《陕西四年来之戏剧》文中赞誉："盖李之长在唱，彼时正嗓音完整，精神饱满，兼善运用，每唱一曲，虽大段亦一气呵成，耳音为之一快。"

1935年，李正敏应上海百代唱片公司邀请，赴沪录制《探窑》《赶坡》《二度梅》《断桥》《走雪》《游园》《黛玉葬花》等唱片。自此，"秦腔正宗李正敏先生"誉满秦陇，为国人所晓。

1952年，李正敏到西北戏曲研究院工作，担任该院秦腔剧团团长和演员训练班主任，勤勤恳恳，任劳任怨，为秦腔艺术的改革发展和培养接班人做了大量工作。却不幸于1973年在"文革"中含冤辞世。李氏从艺46年，终年58岁。

苏育民（1917—1966）又名三意，号勇三，原籍陕西商县，生于西安市。秦腔小生兼须生。三意社创始人苏长泰之三子。幼随其兄苏哲民学艺，12岁登台，14岁跟班三意社学艺，演出《花亭相会》《五郎出家》等剧目，受到好评。民国26年出任三意社社长，主理社务，兼任演员，至20世纪五十年代。

苏育民开创了"苏家戏"，与民国年间"何家戏"（旦角何振中）

"敏家戏"(旦角李正敏)齐名。他嗓音清亮宽厚,音韵高昂优雅,道白真假嗓结合,吐字抑扬顿挫、节奏鲜明、凝练考究。唱腔善用"二音子"拖腔,悠扬动听,韵味十足。表演朴实自然,塑造人物形象,神形兼备,性格各异,形成独特的艺术风格。他能戏颇多,并在艺术特色上继承并发展了苏哲民的"贫生"戏,如《折桂斧》《打柴劝弟》《激友》《穷人计》《渔家乐》《坐窑》等。须生、老生戏代表剧目还有《娄昭君》《闯新府》《伐子都》《卧薪尝胆》《赵氏孤儿》《将相和》《苏武牧羊》《鱼腹山》《杀庙》《义责王魁》等。他戏路宽广,技艺文武双全,艺术精湛独到,世称"苏派"。

苏育民性格较为沉稳,一生仪态严肃,人称其"寡言、冷面、行缓"。虽然个头矮小,天资稍逊,幼年被戏称"瞎瞎骨头跛夹腿",但他勤学苦练,善于以勤补拙,特别注重"练私功"超负荷习练功夫。学《打柴劝弟》曾练劈了数根扁担,演《马义滚钉板》脱过几层皮,臂肘结了数层痂,铸就了一身精湛才艺。表演技艺娴熟灵巧,武功运用得心应手,身段干净利落,嗓音清脆甘甜,唱腔悦耳自然,金声玉振,令人百看不厌。

新中国成立后,苏育民曾任第二、三、四届全国政协委员,西安市人大代表。1952年参加第一届全国戏曲观摩演出,扮演《打柴劝弟》陈勋,获演员一等奖。1953年赴朝鲜演出慰问志愿军。1958年饰"李彦贵"拍摄秦腔艺术影片《火焰驹》,享誉全国,走向世界。

1960年,易俗社、尚友社、三意社合并后改编为西安市秦腔剧院,苏氏任副院长。

苏育民生活俭朴,乐以助人。20世纪五十年代,他月薪高达495元,但很少储蓄,绝不吝啬,薪金多用于供养大嫂和侄儿,补贴二哥和亲戚,并经常周济剧作家和同事,其夫妇留用的并不多。每天照例是两顿"粘面"(陕西方言,干面条)一杯薄酒。三年困难期间,他每月都支出一笔钱,用高价买烟酒放在办公室,供大家享用。对学生则谆谆教诲,倾才施教,毫无私心。晚年常在戏中扮演无名无姓的角色,甘为青年演员跑龙套当配角。

1966 年"文革"初期即遭迫害,于 12 月 29 日在西安去世,享年仅 49 岁。

兰州秦腔三杰

郗德育(1891—1942)艺名"麻子红",陕西华县人。民国时期甘肃著名秦腔须生。12 岁时在长安县"双翠班"学艺,师承秦腔名家李云亭(老麻子红),初演《拆书》即负盛名。

民国初年,郗德育来到兰州,为甘肃秦腔独特演技所吸引,曾受业于拜童麟、李夺山、富贵爷等名家,先后在兰州得胜班、化俗社、觉民学社、万和班、三兴社、中兴社、新兴社、文化社及武威福盛社和岷县兴中社等班社搭班演戏。

他天赋聪慧,广征博采,在数十年粉墨生涯中,虚心学习他人之长,励精图治,熔陕甘秦腔精华于一炉,在演技上独树一帜,生、旦、净、丑和文乐、武乐皆通。唱腔柔润隽永,化妆雅致清新,做派洒脱舒展,神态多姿并备。演出诸葛亮《拜台》,运用气血立时变脸,人称"绝活",创造性地发展了秦腔须生行当的表演艺术,形成秦腔史上影响深远、誉满西北的艺术流派——"郗派"。

在 20 世纪三四十年代,他亦孜孜不倦地培养人才,为甘肃秦腔训练班培养了众多梨园弟子,造就了甘肃秦腔界的一批代表性演员,其入室亲传弟子有黄致中、周正俗、周培元、梁培华等。再传弟子有黄晓凌、展学昌等。王斌秦、李发民、王新民、筱美兰等名角曾受其教诲。其门下弟子有数十人享誉剧坛，尊崇他为甘肃秦腔的一代宗师。

他会戏百余本，既演须生，又善演胡子生老生戏。其代表剧目有《抱火斗》《六部大审》《出棠邑》《潞安州》《苏武牧羊》《芦花荡》《群英会》《辕门斩子》《抱烙柱》《九莲灯》《哭秦廷》《烙碗记》《拜台》《葫芦峪》《金沙滩》《击鼓骂曹》《卓坡答话》等。

郗德育不仅是活跃于兰州梨园的甘陕秦腔代表人物，更是著名的"陕甘须生泰斗"。同时亦能兼演净角戏，其《芦花荡》《访白袍》等剧目也赢得满堂喝彩。当时不少观众只知"麻子红"而不知其名。他与耿忠义、文汉臣三人势成鼎足，被誉为兰州秦腔界"三杰"。享年仅 51 岁。

耿忠义（1884—1947）别称"富宝子"，甘肃武山人。学艺于清末秦腔名角"来喜子"（又名麻旦儿）。最初在兰州各秦腔班社主演旦角。改习须生和大净后，一直在兰州"文化社"演出，为该社台柱子之一，在兰州久负盛名，被誉为秦腔"耿家"。

耿忠义长期身居兰州，广闻博见，潜心学习，取百家之长熔于一炉。清末福庆班班主"福庆子"在兰公演的拿手好戏，耿氏都能演出。他身材高大，功架稳重，表演肃穆，道白清晰，唱腔洪亮。扮演《火焰驹》艾谦、《血诏带》曹操、《忠八义》（又名"赵氏孤儿"）赵盾、《游西湖》贾似道等，表演技巧和功架可与"福庆子"相提并论，往往有过之而无不及。扮演《黄华山》闻仲、《阎查山》《柳金蝉》包公、《斧劈老君堂》程咬金等，都有独到之处和特有的功架模式。耿忠义所扮"大净"汲取"南大净"之长，又不同于南方戏曲路子；所演须生用陕西秦腔所长，又有别于陕西戏路子，颇注重人物角色的身份和气质，往往独树一帜。他演《火焰驹》艾谦的"三鞭子"、《战方腊》方腊的"三杆子"、《斧劈老君堂》程咬金的"三板斧"等表演技巧,都有其独创的程式,成为"耿家戏"流派的艺术精髓,给观众留下极为深刻的印象。他与郗德育(麻子红)、文汉臣三人长期鼎足兰州秦腔舞台,被誉为兰州秦腔剧坛"三杰"。

耿忠义所绘的戏剧人物脸谱,造型独特,色彩鲜明,形象美观,在民间广为流传。当时茶馆、酒肆、小食摊等百姓聚集之地,到处都挂有"耿家脸谱"。享年63岁。

文汉臣(1890—1949)又名进财子,陕西三原人。早年即来兰州,是兰州秦腔界"三杰"之一。也是兰州文化社创始人之一。幼年曾习旦角,后改演须生,他会演一些独具特色的剧目,如《乾隆王打宫》《斩李文忠》《十道本》《太白醉写》等。代表性剧目有《伍员逃国》《宁武关》《鸿门宴》《斩韩信》《宫门挂带》《辕门斩子》《渭水河访贤》《双熊梦》(又名《十五贯》)等。

文汉臣于20世纪三十年代初曾赴岷县搭班演戏,抗战爆发前一年返兰。来兰时,正值"四月八"五泉山庙会期间,即在庙会登台演出,并将在陇南拜其为师的须生高俊带到兰州献艺,一时轰动全城。

文汉臣的表演清新俊逸文秀,少有粗犷以致粗糙之习。舞台身架飘逸洒脱,唱腔念白洪亮清晰,尤擅长道白戏,他在《太白醉酒》念大段"表章"和"蛮文"时,视磨墨的杨国忠和抱靴的高力士而不见,神态自若,朗朗诵扬,道白一气呵成,气势磅礴,堪称一绝。饰演《鸿门宴》张良,其神态俊朗,手势优美,确有指点江山、睥睨天下之大气概。

文汉臣品性高尚,心地善良,与世无争,百姓尊为善人。

20世纪四十年代初期,因日军飞机屡次轰炸兰州,正常演出活

盛典礼赞

动受到很大影响,文汉臣即告辞舞台,在城内某街边开一小食店度日,并自称"居士",潜心念经拜佛。终年 59 岁。

陈景民(1903—1964)陕西咸阳人。秦腔旦角演员。幼年在陕西泾阳秦镜社学艺。民国 17 年(1928 年)来兰搭班"文化社",专攻青衣戏。来兰之初,曾在山字石皖江会馆举行首场演出,其饰演《断桥》之白娘子,出场前在幕后一句尖板"与天兵打一仗提心在口"嗓音宏亮,声如银铃,直冲云霄,金城观众为之动容,人人争先恐后,以亲睹其容颜为快事。

陈景民的拿手戏有《斩秦英》《铁兽图》《四贤册》《五典坡》《三娘教子》《双官诰》《赵五娘吃糠》等,尤以《赵五娘吃糠》之表演绝技独尊舞台,三十余年,唯其独有。他演"吃糠"时一边嚼吃"锯末",同时唱腔放声吐字,观众往往不可思议,惊叹不已。他扮演《斩秦英》银屏公主,在唱腔中运用"三拉腔"时,其声腔如山涧溪流,潺潺流水,犹如绿潭碧波荡漾,音韵旋律婉转宏亮,常令观众席鸦雀无声,观者无不静心品味,暗自赞叹。

陈景民于 20 世纪三十年代初期在兰州创办新兴社,社址在城内"三圣庙",后移至双城门外柏道路。新兴社是继文化社之后在兰州城内成立的又一著名秦腔班社,不仅延聘了许多在兰优秀演员,并陆续从西安等地请来一批著名演员,培训出一批青年新秀。当年新兴社生、旦、净、丑行当齐全,老中青演员密切结合,演员阵容及高超演技誉满金城,在兰州艺坛中为一时之佼佼者。

陈景民品性高尚,意志刚烈,重视信义,说一不二,具有坚强毅力和任事精神,在数十年演艺生涯中,一直被观众誉为豪杰之士和秦腔剧坛的"金嗓子"。终年 61 岁。

靖正恭(1912—1995)陕西长安人,秦腔著名小生演员。1925 年入易俗社，师承党甘亭、梁箴、高登岳、王兴博、王德荣等名家，工小生。1940年起，辗转甘肃、新疆、宁夏等地。解放后，曾任兰州新光社和光社社长、市戏校副校长、市秦剧团团长等职。

其唱腔字正腔圆，宽朗高亢，俏丽流畅，清秀雅致、刚柔相济，内涵大美。他与李正敏相互辅佐、联袂主演《白玉楼》《白玉瑱》《白玉梅》《二度梅》等剧目，很早便蜚声西安剧坛，被冠以"双璧"美名。其念白有弹远之功，显明快之妙。在《伯牙奉琴》《详状》《花亭观诗》中的大段念白，底气足、喷口好、吐字清、韵味浓，如珠走玉盘，似核桃滚坡，表演典雅规矩，精稳娴熟，潇洒细腻，个性鲜明，尤以《吃鱼》《木楠寺》《激友》《李亚仙》《穷人计》等"贫生"戏技高一筹，享有"兰州第一文小生"盛誉。一生演戏一百多出，对秦腔小生的唱、做、念、舞、化妆等，都有独具匠心的创造，对秦腔在陕甘宁青新五省区的传播交流和繁荣发展做出积极贡献。其演出的许多剧目由中国唱片社灌制唱片，被观众尊为"秦腔贫生大王"。其饰演须生、红生戏《草坡面理》岳飞、《串龙珠》康茂才，以及反串《断桥》白娘子、《洞房》卢凤英等旦角戏，也精彩纷呈。曾荣获甘肃省第一届戏剧会演演员一等奖。享年83岁。

王义民(1914—1988)陕西长安人。13岁入榛苓社学艺，出科后，先后在西安正艺社、兰州众英社等班社搭班。1947年入新疆，加入新中剧院。他文武兼备，不但擅演《打镇台》《游龟山》《春秋笔》《抱火柱》等官衣戏也能演《破宁国》《出棠邑》《临潼山》等靠把戏，被称为"新疆三王"(其他二王为王北平、王正民)之一。他舞台作风严谨，功底扎实，唱腔苍劲。

著名女演员

郭明霞(1938—1999)陕西高陵人。女,国家一级演员。1960年加入中国共产党。1953年入咸阳市人民剧团学艺,以正旦见长。曾任中国戏剧家协会会员,剧协陕西省分会常务理事,咸阳市剧协副主席,省秦腔艺术研究会副会长,省文学书画艺术院名誉院长,市艺术学校名誉校长,省政协五、六、七届委员,省劳模,省市有突出贡献的专业技术拔尖人才,享受国务院政府津贴。1956年参加省第一届戏剧观摩演出获演员二等奖,1987年参加省首届艺术节获表演一等奖。省首届"金延安"秦腔老中青十佳演员。陕西电视戏曲百佳演员。

从艺四十多年,演出80多个剧目,塑造了各种不同类型的人物艺术形象,如李玉梅、赵梦桃、江姐、秦香莲、王宝钏、王春娥、武则天、姬君等。其中《四贤册》《女皇与公主》被陕西电视台制成电视戏曲艺术片,部分节目被制成盒式带及唱片,秦腔VCD光盘,在省内外发行。

在长期的艺术实践中为使秦腔传统唱腔和发声更加优美动听,刻苦钻研,大胆探索以独具一格的"弹颤音"发声方法进行演唱,逐步形成独自一家的艺术风格,被陕西省文化厅及省振兴秦腔指导委员会誉为"郭派"。

马有仙(生卒年代待考),女,国家一级演员。第七、第八届全国政协委员,第五、第六届全国青年联合会委员;中国表演艺术家协会常务理事;陕西省文联常委,陕西省对外友好协会理事;陕西省秦腔艺术研究会副会长,国务院特殊津贴艺术专家。

从艺五十余年,经过刻苦磨练和舞台实践,逐步成长为誉满西北、蜚声中外的秦腔表演艺术家。在艺术上锐意求新,精益求精,歌喉亮丽,音质清脆,以声带情,声情并茂,具有独特的演唱风格和艺术魅力。演出剧目近百余部,代表作有《断桥》《谢瑶环》《红灯记》《洪湖赤卫队》《窦娥冤》等。多次获得全国及陕西省文艺大奖。经戏曲专家和观众无记名投票评选,其卓有成就的唱腔艺术被陕西省文化厅授予秦腔"马派"证书。

在全国各地,马有仙都受到广大戏迷的拥戴。在北京、上海、甘肃等地,已出版其戏剧专辑盒带及 CD 光碟 40 余盘。在台湾、香港地区以及海外许多国家发行有专辑数万盘。马有仙影视艺术集锦浓缩其艺术人生,其中《三堂会审》《断桥》《窦娥冤》全剧已收录入中国艺术精品库。

肖玉玲(1939 年—)女,国家一级演员,陕西长安人。1952 年春考入原西安三意社学艺,工闺阁旦,是新中国成立后培养的第一代秦腔演员。1990 年调西安市艺术学校任教。曾担任陕西省政协第五、第六、第七届委员,陕西省青年联合会会员,中国戏剧家协会会员,中国演员学会会员,剧协陕西分会理事,剧协西安分会常务理事,陕西省秦腔研究会副会长,西北书画艺术研究院名誉院长等。1956 年参加陕西省观摩汇演获演员三等奖;1858 年在第一部秦腔彩色电影《火焰驹》中扮演女主角黄桂英,受到毛泽东主席的接见;1959 年参加陕西省青年演员汇演获优秀表演奖;1962 年参加西安市现代剧汇演获演员二等奖;1978 年参加陕西省名老艺人会演获荣誉证书;1988 年由肖玉玲主演的戏曲盒式带获中央电视台"通美杯"盒式带"银榜奖";1996 年在西安市优秀传统剧目展演中获导演奖;曾荣获西北"太阳杯"大奖赛最高荣誉奖、西安"石榴花"戏曲大赛"园丁奖",被观众评为"秦腔十佳演员""荧屏百佳演员";1984 年在西安市首届戏剧节中荣获纪念奖；

肖玉玲幼年家境贫寒，从小勤劳淳朴。训练严格的科班教育，为其艺术之路打下了坚实的基础。天赋条件好，秉性纯真，学习刻苦，在名师姚鼎铭等先生的指导下，未曾出科即挑大梁。十四五岁便成为三意社的台柱子。曾扮演《五典坡》王宝钏、《铡美案》秦香莲、《状元媒》柴郡主、《急子回国》宣姜、《火焰驹》黄桂英、《槐荫别》七仙女、《孔雀胆》阿盖公主、《白蛇传》白素贞、《孟丽君》《秋江》陈妙常、《杜鹃山》柯湘、《苦水甘泉》罗大妈等角色，艺术足迹踏遍西部城乡舞台。

肖玉玲扮相秀丽端庄，嗓音激越委婉，表演细腻深邃，动作清逸洒脱，谦恭好学，勤奋多思。从艺五十余年，在一百多部传统与现代剧中扮演主要人物，塑造了诸多栩栩如生的舞台艺术形象。是新中国培养出来的第一代艺术人才中成名最早并保持一生的佼佼者，为人忠厚耿直，待同行如手足，不存芥蒂；对观众如亲人，一丝不苟；视艺术如生命，孜孜不倦。代表剧目《火焰驹》《玉堂春》《五典坡》《三家春》《红珊瑚》《探窑》《三堂会审》等，都拍成电影，制成录音录像和 VCD 光盘，其声腔及表演艺术，自成一家，几近炉火纯青，为众多后学者所师从。"肖派"艺术独特的美学品位名冠三秦，饮誉西北，为秦腔"闺阁旦"行当的发展，起到了超越前人，启迪后辈的作用。

表演体系

秦腔表演艺术具有朴实、粗犷、豪放、夸张的特性。在脸谱、身段、化妆、特技和语言音韵等各个方面都形成了独特风格。

——脸谱如秦始皇的金色正三块瓦花脸、戴一字须。

——身段如趟马、拉架子、担柴担、水担等。

——化妆如旦角改包头为梳水头贴片子。

——特技有吹火、吐火、踩跷等。

——秦腔语言声韵为十四韵,内有入声字。唱腔分为欢音、苦音,唱腔音乐丰富多彩。"唱戏吼起来"被誉为"关中十大怪"之一。

秦腔角色行当

分为四生、六旦、二净、一丑,共计十三门,又称"十三头网子"。即老生、须生、贫生、小生;老旦、正旦、小旦、花旦、武旦、媒旦;大净、毛净;丑角。

生　角:

老生又称胡子生、须生、正生,角色多为具有正义感的文人或日常生活状态下的武士。年龄在 30 岁以上戴黑胡子,50 岁以上戴花白胡子,60 岁以上戴白胡子。胡子生大多以唱工为主要表演技能。如:刘易平、焦晓春的《辕门斩子》,阎更平的《祭灵》等。

红生:特指画红脸的生角。人物多为相貌魁伟,血气方刚,庄重稳健的猛士。如《出五关》的关羽,《斩黄袍》赵匡胤等。角色多唱腔高昂,造型独特。

贫生:主要表现失意潦倒的文人,如《棒打无情郎》莫稽等。

小生:表现年轻人,一般不戴胡子即所谓髯口。又分为:"纱帽生"即有官衔头戴纱帽的文人,如《双罗衫》吕继祖,《三堂会审》王景龙等等;"扇子生"手拿扇子,多表演爱情戏,如《拾玉镯》傅朋等。"武小生"年轻潇洒的武将,如《借赵云》赵云就是武小生。"娃娃生"多扮演小孩角色,如《三娘教子》薛乙哥。"翎子生"帽盔上插翎子,如吕布、周瑜等青年将领形象。

旦　角

　　女性角色统称旦角也称旦行,根据年龄、性格及表演特点,又分正旦、小旦、花旦、老旦、彩旦、武旦六个门类。

　　正旦:主要扮演中年妇女,唱做并重,以唱功见长,讲究神态端庄,动作稳重。如秦香莲、王宝钏、王春娥等。另外,有扮演仪表端庄,刚柔相济的青年少妇或年轻女子,归正旦过老,视小旦却浮,在表演上取正旦之唱功,用小旦之做功,称为正小旦,也属正旦行当。如白素贞、宋巧娇等。

　　小旦:主要扮演未婚的年轻女子,如豪门权贵的小姐多称"大家闺秀",也称"闺阁旦",小康之家和平民百姓的姑娘则称"小家碧玉"或"闺门旦"。要求扮相俊美,嗓音甜润、清脆,如黄桂英、胡凤莲、徐翠莲等。

　　花旦:是小旦行当的另类,扮演天真活泼、性格开朗的少妇或诙谐戏谑、放浪泼辣的少妇。如《杀狗》焦氏。花旦本属小旦行当,因其表演上的泼辣、活泼、大方与小旦的含蓄、温文、憨厚迥然不同,故另立门类。

　　老旦:专扮演年迈苍老和体弱力衰的妇女。如佘太君、《放饭》朱母等。

　　彩旦:即丑旦,亦称"媒旦"或"摇旦"属女性丑角,为表现特定女性人物的行当。如《法门寺》刘媒婆、《玉堂春》鸨儿等。

　　武旦:亦称"刀马旦",多为武戏中武艺超群的女性人物,演员多擅长武打戏。服装有长靠与短扮之分。长靠多表现将帅人物,如穆桂英、刘金定等。短扮多为武将随从,如杨排风等。

净角：俗称花脸、黑头。大净也叫大花脸，副净也叫二花脸。又分文净和武净。以面部勾画色彩脸谱为特征，唱腔浑厚，宽阔，高昂，身架动作粗狂豪迈。

文净：以唱为主。有唱工见长的"铜锤花脸"，如《二进宫》徐彦昭，《铡美案》包拯。还有以工架，唱念为主的"架子花脸"，如《游龟山》卢林等。

武净：大多以武打戏为主，如《金沙滩》杨七郎等。

毛净：如《钟馗嫁妹》的钟馗。

丑角

丑角又称"小花脸"，表演风趣滑稽。在鼻梁上勾抹白色"豆腐块儿"是其面部装饰特点。丑角扮演的人物角色十分广泛，上至皇帝百官，下至旗牌骡夫无所不有，有善有恶，性格各异。历代著名丑角演员创造了许多极为成功的艺术形象。

秦腔行头

秦腔戏里但凡人物出场，不论是随着紧锣密鼓的梆子咣咣声，还是琴阮筝呐的娓娓曲牌过门，只见一个个或翻着筋斗，或婵婵碎步，或搜门抖马，或踩着三锤，或单车匹马，或簇拥列队。首先映入观众瞳孔的是反映不同角色的色彩斑斓的戏装，然后才是演员的"唱，念，做，打"。

戏装也叫"行头"，它和脸谱共同构成了戏剧人物的观感效果。秦腔"行头"在长期的艺术实践中通过不断丰富和发展变化，逐步确立了自己的美学原则，并日趋程式化。各种服饰穿戴都有比较固定的款式和制作方式，用途也不同。按用途划分，秦腔古装戏"行头"主要有冠带、胡须、衣、裤、鞋、靴等。

冠带又称盔头，为头部打扮所用。包括盔、帽、冠、巾等。盔又分为：

帅盔：钟形，顶立三叉戟，缀红缨，后有披风。有金银二色，方园顶二种，分别为主副元帅所戴。

鸡盔：也叫狮子盔或蝴蝶盔。形与帅盔相似，仅前额较高，顶饰金凤，缀网穗，为女帅专用。

相盔：有金、黑两种，没有帽翅的叫金貂。

夫子盔：前圆后披风，有绿、白两种，绿色为关羽专戴，白色为赵云、岳飞所戴。

虎头盔：也叫倒缨盔。圆形，将领所戴，八樗为霸王专用。

燕毡盔：多为武将所用，帝王戴者有双龙。

帽分有：

王帽：又叫皇帽。形圆，顶有一对黄绒球，后有朝天翅，有软硬两种。

纱帽：有方翅，尖翅，圆翅，挑翅之分。

毡帽：衙役帽。

罗帽：有软、硬、花、素四种。

草王帽：草莽王爷用。

和尚帽，大小太监帽和额子，七星额子等。

冠又分有：

平顶冠：即天平冠。大平顶者为性格鲁莽的帝王用，小平顶者为一般帝王所用，配小额者为女皇所用。

紫金冠：又叫太子冠。有金银二种。

凤冠：分大、小、套翅三种，顶有立凤，衔珍珠，两侧各一飞凤。以及状元冠、九龙冠、王佛冠、独独冠、道冠、麻冠等。

巾:有高生巾、贫生巾、文生巾、武生巾、软扎巾、硬扎巾、解元巾、鸭尾巾、相巾、员外巾等。

胡须:又叫髯口。老生,须生,净与丑角都挂有胡须。颜色有黑,白,红白,紫红,麻五种。有显明的写意性,借以表达人物的思想情感。从形状分有多种形式,有满(又叫礳礳胡子),一撮,五撮,三绺,五绺,一字,八字,吊塔,倒八字等。

衣:有帔(对襟、大领、宽袖,有男帔、女帔、老旦帔)、蟒(圆领、大襟、宽袖、长袍,又叫龙袍、蟒袍),袍,铠,靠,褶子,箭衣,官衣,袄,宫装,开氅等等。因角色不同,在颜色,图案,形制上也不同。裤:下身着装,色泽不同。

鞋靴:鞋有云子鞋、彩鞋、麻鞋、软底绣花鞋等。靴有朝靴、快靴、战靴等,白靴底高两寸多,黑缎统。还有无统的靴子等。

秦腔古装戏的服饰不论从尺寸质地,纹饰,还是色泽,颜色都有着比较稳定的寓意,而且约定成俗。

尺寸质地的寓意:

宽,大,长,直寓意文,富;短,小,窄,曲寓意武,贫;厚,重,硬,滑寓意文,富;轻,薄,软,素寓意武,贫。

纹饰的寓意:龙,虎,山,石,完整寓意刚强;花,鸟,虫,鱼,零乱寓意智慧;静物,花朵,简单寓意善良;狼,狗,鹰,雕,复杂,纷乱寓意凶猛;蝶,花草,细小,素寓意美丽、窈窕。

色泽的寓意:深,素,暗,寓意年老,贫穷;浅,艳,明寓意年少,富裕。

颜色的寓意:

白色寓意公正,纯洁,端庄,正直,少壮;

黑色寓意清廉,凝重,严肃,粗豪,愚蠢,贫寒,愁苦,微贱;

红色寓意伟大，热诚，忠耿，喜庆，可怕，危险；

绿色寓意鲁莽，倔犟，乖谬，谄诈；

粉色寓意聪明，活泼，少艾，风流，浪漫，荒唐，妖艳，淫荡，轻佻；

蓝色寓意青春，敏锐，朝气，正派，义气，轻快；

紫色寓意森严，持重，忍耐，果断；

灰色寓意软弱，不定，两可，冷淡；

雪青寓意优美，秀丽，柔和，舒适；

葱绿寓意智慧，宁静，沉默，安详；

香色，古铜色寓意老迈，慈祥，苍劲，周密，等等。

秦腔脸谱

戏曲脸谱因剧种不同，勾法和谱式也各具特色。秦腔有整脸、三块瓦脸、四大块脸、五花脸、旋脸、斜皮脸、通天柱脸、老脸、两膛脸、象形脸、标志脸、两面脸、巴巴脸、大白脸、二白脸、半截脸及花三块、花四块等。汉调二簧有红花脸、十字脸、麦子脸、起旋脸、五花脸、六分脸、吊膛脸、元宝脸、蝙蝠脸、瞎子脸等。

整脸：用黑或白勾画人物的眉、眼、鼻、口的轮廓，面部其余部分只用一种色彩涂绘，以红脸、白脸、黑脸居多。如红脸关公、白脸曹操、黑脸包公等。

三块瓦（窝）脸：用黑色勾出眉、眼、鼻窝及嘴角轮廓，两边面颊和前额形成三大块构图谱式。另一说是以两眼窝和鼻嘴窝形成的三块窝构图，又称为三块窝脸，如《破宁国》常遇春、《姬家山》武三思等。

四大块脸（又称十字门脸）：以通天柱、冲天纹将前额分成两半。加上眉毛以下,鼻梁两边的面颊勾成四大块构图。如《御果园》中的尉迟敬德、《斩姚期》中的姚期。

五花脸:由三种以上色彩,构成具有复杂花纹图案的谱式。因两颊色彩的不同又分为:黑色为主的称黑花脸,如《过巴州》中的张飞;以绿色为主的称绿花脸,如《玉虎坠》中的马武;以鼻梁为界线,面颊两边构图对称的称碎脸,如《四平山》中的李元霸;两边不对称,形成肌肉和嘴眼扭曲的称歪脸或斜皮脸,两颊或额头图案里呈旋状的又叫"起旋脸",如《斩单童》中的单雄信、《推涧摘梅》中的侯上官。

象形脸:在花脸中加上动物图案谱式,寓意人物的特殊身份和特异本领,如《苟家滩》王彦璋,用青蛙图纹,象征深谙水性。

标志脸:用器物星相等标志人物奇特智能的构图,如《黄河阵》中的三教主,用日月八卦图纹,象征他有神机妙算的本领。

老脸:以粉色勾画两颊,表示其年迈,如《黑叮本》中的徐彦昭。

两面脸:一边为俊扮,一边为净扮的构图,如《武采桑》中的钟无盐。两膛脸:以眉毛为分界,上下形成两半截谱式,如《游西湖》中的廖寅。西府秦腔中将两张脸谱上下套画为一幅的构图,以及眉毛斜劈而分画两半者,均属此类勾法。其斜画者,称为斜脸。如半红半白的刘谨、斜脸刘彪,两张套画的巨灵神等面谱。

巴巴脸:又称娃娃脸,是不戴髯口的花脸,如《斩秦英》中的秦英。

吊膛脸:汉调二簧特有面谱,脸形窄长,眼须下垂,谱式别致。

特殊人物脸谱,另有勾法,如西府秦腔《上元驿》李克用勾独眼;《黄河阵》燃灯佛勾金脑,画蝴蝶纹,用棉花贴成燃灯。

丑角多为三花脸谱式,面勾豆腐干、枣核、蒜头、老鼠等图案。

关中有些地区还有用鸡蛋壳贴脸勾绘的特形脸谱,图形奇特。

秦腔脸谱粗犷、豪放、色彩艳丽、火爆,对比鲜明,直线条勾画较少。如《大郑宫》秦始皇勾金色正三块瓦脸,戴一字髯,揭示出怒囚生母,杀死亲弟的凶狠性格。同州梆子《破宁国》常遇春,勾黑脸揉油绿色,挂黑一字髯,戴黑扎巾,展现出草莽英雄剽悍善战的大将形象;《庆顶珠》萧恩勾粉红老脸,挂白满。戴草帽圈,作渔民打扮,突现出江湖好汉的老练形象。汉调二簧脸谱着色鲜明,构图细腻,线条讲究"直线须直,圆线须圆""黑的一条线,白的一大片"。称大块构图的为"大笔脸",细笔描绘的叫"小笔脸"。《红逼官》司马师既勾红脸,又把左眼画成破目,表现其目有瘤疾,黑髯中加一绺白红髯,以示其眼流浓血污染所致,构成了别具一格的独特谱式。同一人物不同年龄,脸谱亦有不同画法。如《截江救主》张飞勾灰十字花脸,眉上各有一朵红心葵花;《鼓滚刘封》张飞则勾粉红十字脸,表示人物已届暮年。

兰州秦腔有独具特色的耿家脸谱(待辟专章,另行介绍)

秦腔演技绝活

秦腔表演中有许多技艺堪称绝活,如吹火、顶灯、甩发翎子功、弹须、闪帽翅、水袖、耍牙、玩帕、玩扇等。

吹火:多用于有妖、鬼魂出现的剧目中。系用粉细的松香末做成小包,含在嘴中对火一吹,松香末则燃之。传统吹火有直吹、斜吹、仰吹、转身吹、连吹、一条龙、串子火等技法;秦腔艺人马蓝鱼在《游西湖》《游西湖·鬼怨》用此技。能隔桌吹火引燃桌子另一端的蜡烛;能引燃远离的火炬,引燃的火团随着她转动的身子而移动,在转吹的过程中火团不熄,为一时绝唱。

顶灯:演员将一盏油灯点着,置于头顶,耍出各种动作。

打碗:将一碗掷于空中,用另一只碗飞出,两碗同在空中粉碎。

鞭打芦花:演者用鞭子将芦花打出,象征棉花飞絮。

踩跷:清乾隆时名伶魏长生用此技,后为全国各剧种旦角普遍效仿。

耍麻鞭:表演者用麻鞭打鬼魂妖邪,打出各种特技花样。

鞭打靠旗:秦腔须生特技。一鞭将背旗全部打落下来。

火流星:武术性技巧。角色用于表现江湖卖艺。

帽翅功:剧中人物在做沉思状时常用此技。常用于着官衣戴纱帽的须生和小生。最难者为一翅不动、一翅闪动。另外有以指夹须鬓一缕,甩至帽翅,又用帽翅闪弹归胸前,左右交替频出,须不乱,闪有节,非苦功十年不能熟练也。艺人李爱琴能用脚靴踢拾落在地上的乌纱冠带在头上,又能反甩帽由后肩斜上端戴于头上的技艺,是秦中戏界叹嘘不息之绝活。

耍牙:系取野猪獠牙二枚或四枚,以黄蜡或铅封牙管中空部分,纳线为引,演出时含口中,以舌控线,以线导牙出入口中,此表演形式现在已经不多见。

翎子功:除一般武将常见之执翎法之外,还有如单翎直立等绝技;例如在《貂蝉·小宴》中,吕布乍见貂蝉时头动而翎静止不动,描写出吕布被貂蝉美貌所惊呆的心情,偷看貂禅时,翎颤,描写心跳急促心情。当吕布细看貂蝉时(貂蝉亦偷看他)头动、翎颤摆,描写喜出望外心情,貂蝉故意欲擒故纵,在撩逗起吕布的心情后,一躲之下,恢复一本正经,吕布用翎梢拂其脸、扫其鬓,时两人分布桌左右,吕布端坐,而头不动,翎梢自动伸向貂蝉,貂蝉欲走脱,吕布遂之以翎左拦右挡,而吕布时头不动,目视地而双翎互换,及貂蝉视时机成熟,顺水推舟,则吕布欢喜不定,这时双翎随头而牵、随身而转,把翎子功推向一个高潮,艺人张保玮能承此技,幸不失秦中。许多剧种有演员常来秦讨习,今已非仅限秦腔一剧独步天下。秦腔传统剧目《时迁偷鸡》重于做打功,描写时迁准备簸米下锅,突闻鸡叫,于是提身一个箭步飞出查看后,捉鸡扭死。然后亦欲将鸡蛋全部偷走,噙一卵于口,夹二卵于左右腋窝,夹二卵于左右腋下,提死鸡继续簸米,忽听到惊动声,一个"倒提"从三张高的桌上翻下,米不撒,蛋不打。据传秦腔花脸华启民有此盖世绝活。仅见文献,今已无人能传承此技。

水袖功:用水袖做出表现各种内心活动和增强形象感的舞蹈动作。

秦腔流派

秦腔因其流行地区不同,衍变为不同流派:

东路秦腔:流行于关中东部渭南地区大荔、蒲城一带,也叫老秦腔、东路梆子、同州绑子。

西路秦腔:流行于关中西部宝鸡地区的凤翔、岐山、陇县和甘肃省天水一带。又称西府秦腔、西路梆子。

南路秦腔:流行于汉中地区洋县、城固、汉中、沔县一带,又称汉调桄桄、汉调秦腔、桄桄戏等。

中路秦腔:流行于西安一带,又称西安乱弹。

各路秦腔受各地民间音乐和方言影响,在语音、唱腔、音乐等方面,都出现较大差异。秦腔各流派入乡随俗,对各地方戏的发展产生巨大影响。其西路入川后成为川梆子,后成为川剧;东路在山西为山西梆子,现为晋剧;入河南后成为河南梆子,现为豫剧;入河北后成为河北梆子,现为评剧流派之一。因此,完全可说秦腔是各地方戏的鼻祖。

秦腔剧目

秦腔所演剧目多取材于"列国""三国""杨家将""说岳"等英雄传奇和悲剧故事,也有神话、民间故事和公案戏,剧目成千逾万,剧目之丰富,居我国三百多剧种之首,但年代久远,颇多散佚,据统计,现存剧本约4700多种。本馆藏有1000余种名录和剧本。

著名秦腔剧作家(待续),建议确定人选后编写。如果秦腔编剧不讲述封至模、陈雨农,约等于话剧不提曹禺、老舍。

音乐篇

秦腔唱腔音乐属于板式变化体系范畴,唱腔分"欢音"和"苦音",前者长于表现欢快、喜悦的情绪,后者多用于抒发悲愤、凄凉之情感。由演员或导演、作曲家根据戏剧故事情节和塑造人物性格之需要而有选择地分别使用。

板式秦腔创造了中国戏曲的板腔体结构,板式有慢板、二六、带板、起板、尖板、滚板和极具特色的花腔及拖腔。主伴奏乐器为板胡,发音清脆尖细。其板式可分为六类:

一、【慢板】多用于抒情,属一板三眼(4/4拍)

二、【二六板】抒情性、叙事性较强,属一板一眼(2/4拍)

三、【带板】长于表现激越、紧张等情绪。可细分为【叮板】【紧打慢唱】【喝场】等属有板无眼(1/4拍)

四、【垫板】长于表现谈话悲壮等情绪,属无板无眼的自由节奏

五、【二倒板】一般只唱一个上句,属一板一眼(2/4拍),常用于唱段或转板的"引句"

六、【滚板】用于哭诉与吟诵性的唱腔,唱词有五字句,有字数不定、不论韵辙、不讲平仄的散句,属无板无眼

秦腔各类板式除基本唱腔外,还有用假声演唱的各类"彩腔",如[苦中乐][麻鞋底][三拉腔][三环]软、硬[三滴水][倒板序]等。

曲牌秦腔所用弦乐,笙管唢呐演奏的传统曲牌共有二百多种,其代表性的弦乐曲牌为 [小开门][点花开][小桃红][钻烟洞][扭门栓][跳门坎][梗生芽][永寿庵][纺线曲][杀妲己]等。秦腔乐器分文场与武场,文场乐器有:二弦子、板胡、二胡、笛子、三弦、瑟瑟、扬琴等;音乐除笛子外,还有唢呐、海笛、管子、大号(喇叭)等;1949年以来除以本剧种长期演奏用的乐器为基础外,秦腔乐队还吸收其他民族乐器和西洋乐器,以丰富其音乐表现力。武场乐器有:暴鼓、干鼓、堂鼓、勾锣、小锣、铙钹、铰子、云锣、碰铃等;主要击节乐器有梆子、牙子(俗称:板,又称三页瓦)

秦腔打击乐乐谱,大致可分为三类:一是配合演员舞台动作击打;二是结合剧情接引唱板和曲牌;三是用于各种开场锣鼓即打击乐套曲等。秦腔的打击乐,丰富多彩,名目繁多,不可尽数。

以下项目内容待续;

秦腔音乐家介绍

中国革命与秦腔艺术概述

秦腔新剧目和梅花奖演员介绍

● 魅力城关夸首善

——2009年兰州市城关区大型画册系列诗歌文本

前　言

公元2009年,新中国迎来了六十周年华诞;兰州,也迎来了解放六十周年纪念日。

在科学发展观指引下,甘肃省省会兰州市的中心城区——城关区确立了"率先科学发展,建设首善之区"的发展目标定位,确立了构建社会主义和谐社会、建设"大城关"的发展理念。区委、区政府以更广阔的视野、更宏大的气魄、更宽阔的胸襟,更坚强的信念,全面谋划城关区发展的新思路、新举措、新实践,致力于发展、创新、提高,力争各项工作能够走在全市乃至全省前列。

作为兰州市"首善之区",城关区在大兰州发展格局当中,具有居中四联的地理区位、得天独厚的政治资源、相对较强的经济实力和高度富集的文化科技智力资源,以及需求旺盛的市场布局等独特优势。实现城关区又好又快全面发展,在落实市委、市政府"1355"战略部署的进程中做出应有成绩,是全区干部群众义不容辞的现实使命和崇高的历史责任。

城关区在各个方面都具有自己的特色,而特色就是创新力、就是影响力、就是魅力。彰显特色,渲染魅力,提升外宣工作的艺术品位,是题中应有之义。

兰州,"得山独厚,得水独秀",被誉为"山水城市、黄河明珠",其自然地理特征和社会发展在城关区具有最明显的特质和最特殊的区段,以及最具形象代表力的先天禀赋,这本画册,就集中而鲜明地展示着城关区的特色形象和独特魅力。

摄影家张润秀先生的镜头充满了深度艺术思维和形象感染力,诗人岳逢春先生的笔触更是激情澎湃、蕴涵丰富、音韵悠扬、节奏铿锵,诗情画意可谓珠联璧合、相得益彰,图文并茂地渲染着"首善之区"的无限魅力。

这本精美的画册,是献给国庆六十周年和兰州解放六十周年的一份诚挚的心意。

让我们走进城关,走进梦幻……

山　水

兰山巍峨,守望黄河穿城而过,

万仞山峦,白云托起明珠一颗,

——此地,乃甘肃省省会兰州市是也;

——此处,乃兰州市首善之区——城关区是也。

海拔两千米,得山独厚,皋兰山耸立城南,

奔腾四十里,得水独秀,黄河浪风情无限。

白塔山秀,柳笛金城关,抒情五湖四海,

九州卧龙,积淀黄土塬,堪称世界第一。

古金城,金汤万里望神州;

新兰州,聚焦城关看锦绣。

一线、两山、三坪、四区、六路、五园。

发展、创新、特色、率先、和谐、首善。

兰山烟雨濛濛,

泰和铁钟悠悠,

自古茶马互市,商旅云集,沟通贸易达四方,

从来兼容并蓄,胸怀博大,融聚中华各民族。

拓展发展空间,提升城关形象,

创新体制机制,彰显城市特色,

夯实基层基础,打造城区新样板。

休说民俗剽悍,对酒当歌醉卧沙场;

但知民风纯朴,热情好客自立自强。

城关山水母亲河,

首善之区第一歌。

夜　色

五彩缤纷,百里黄河低吟浅唱,

花团锦簇,亲水平台烟雨苍茫。

长河的落日是这样的圆润,

亚细亚的太阳在西部翱翔。

夕阳西下,晚霞如火,

夜幕降临,灯火辉煌,

星光闪耀,闪耀金城兰州六十年的畅想。

夜色迷人,迷幻城关街市两千年的梦想,

日观大河两岸,灿烂高楼林立,恰似东方曼哈顿;

夜登皋兰山巅,辉煌万家灯火,宛如维多利亚湾。

景色绚丽多彩,令人神清气爽,心潮激荡,

夜色熠熠生辉,城市进入了梦幻般的遐想。

城关的夜晚是如此地绚烂,

新兰州的颂歌在城关悠扬。

城　雕

大漠驼铃、博浪、丝绸古道；

平沙落雁、龙源、绿色希望。

美丽端庄，黄河母亲倾倒游子；

劈波斩浪，羊皮筏子亚赛军舰。

灰豆子、刻葫芦、醉八仙，

水客子、甜醅子、牛肉面。

汉张芝挥毫狂草墨宝，

画龙点睛，笔力穿越千年，

明段续制造巨轮水车，

明珠璀璨，灌溉万亩良田。

百里黄河风情，渲染城市崭新画卷；

大道滨河绵延，描绘家乡深刻变迁。

旅　游

通西域之咽喉要地，

走中原则必经之路。

骠骑挥鞭，水滴石穿驻马五泉，

水车悠悠，白塔风铃悠扬千年。

气候宜人，环球鲜有比肩，

冬暖夏凉，空调天地自然。

罕见旱魃作祟，更无洪涝风旋。

绿荫如画看两山，黄河最美兰州段。

一清二白三红四绿，兰州拉面五洲飘香；

九章八音七彩六弦，《读者》佳酿读者月刊。

誉满天下有《大梦敦煌》，《丝路花雨》乃世纪经典。

通达八方，座中四联，海纳百川，九曲安澜。

西部战略枢纽地，

丝绸之路第一站。

风　景

聚焦神州版图中心，

崛起滔滔黄河上游。

是西部商贸之重镇，

乃华夏文明之源流。

景色如画，气度不凡，

雄浑壮阔，雄关浩瀚，

五泉清韵，兰山雨烟，

白塔风铃，水车之冠，

铁桥横卧，风雨百年，

大河滔滔，风情无限，

塞上绿洲捧出黄河明珠，

山水新城吟诵和谐兰州。

黄河远上白云间，

一片孤城万仞山。

昔日羌笛怨杨柳，

春风早度金城关。

桥　梁

以天下黄河第一桥的名义，
以六百岁将军铁柱的名义，
以六百年前镇远桥的名义，
以母亲河奔腾万里的名义。

我见证这块土地两千载的风雨，
我铭刻这片天空六百岁的记忆，
我叙述这条大河浩荡的波澜九曲，
我亲吻这座城市六十年创造的奇迹。

伸出手触摸大河两岸的土地，
捧出心倾听大河演奏的乐曲，
看金城关描绘中山桥的设计，
听将军柱讲述铁锁链的传奇，

每一座桥墩都守望着金汤万里
每一根钢梁都谱写壮阔的旋律
每一朵浪花都歌唱彩虹的绚丽
每一次脉搏都跳动着崇高的敬礼

以一个普通市民的名义
以共和国公民的名义
以黄河儿女的名义

我期待一座桥梁一百岁的典礼

我期盼一个城市新世纪的崛起

让我弹起六弦琴歌唱——

歌唱首善之区高擎的火炬

歌唱每一座桥梁挽起的瑰丽晨曦

文　化

遴选探花之郎，

培育状元青苗。

有多少故事在这里变成了传奇——首善之区

有多少决策在这里鸣响了汽笛——首善之区

有多少蓝图在这里形成了决议——首善之区

这是多么令人自豪的崇高荣誉——首善之区

六千年的彩陶风韵延续

六百年的城垣骨骼崛起

六十年的硕果神采熠熠

百万儿女的拼搏感天动地

城关，人才济济

城关，智力密集

城关，奋发意气

城关，创新崛起

水车不舍昼夜隆隆旋转，

日夜流淌着儿女们对丰收的殷切期盼。

羊皮筏子在波峰上起伏，

劈波斩浪的豪情激荡着勇士们奋进的心弦。

滔滔黄河急流翻卷，

勇士拼搏不畏艰险。

波涛汹涌的九十九道险滩啊，

淹不没九十九回竖起的桅杆。

我们用汗水与智慧浇灌一个个神奇的梦幻，

我们把金杯和银奖捧给每一位勇士的凯旋。

历史积淀深厚，可谓深不可测，

文化传统优秀，已成蔚然大观，

率先发展，这个城市共同的语言，

科学发展，这块土地辉煌的诗篇。

商　贸

让所有的物流都在这里汇合

让所有的贸易都在这里签约

东张雁滩五里集散地

西望亚欧世纪步行街

熙熙攘攘的超市

来来往往的顾客

琳琅满目的色泽

欢天喜地的言说

这不仅仅是柴米油盐的溪流与江河

这是支撑一个城市崛起的铮铮骨骼

特　产

兰州的白兰瓜很甜

兰州的冬果梨很甜

兰州人的生活很甜

兰州城的风格很甜

兰州姑娘的笑容很甜

人们称赞兰州是瓜果城市

人们向往兰州的夏天和秋天

随意抓一把"大板黑瓜子"

悠然地刮着"三炮台"碗子

馋了，来一盘"酿皮子"

饿了，凉面浇上热卤子

品白兰瓜，尝羊羔肉

吃水蜜桃，赴白合宴

兰州有许多特产

兰州特产有说不完的概念

而这一切，首善之区占了一大半

兰州城市特色，在城关区五彩斑斓

兰州城市精神，在城关区涌动彰显……

科　技

两山夹一河，捧出西部聚宝盆

大河穿城过，奔腾万里赴征程

重粒子，轻水堆

佛慈街,辐照站

近物所,高科园

南极冰川鳌头独占

"510所"放飞航天船

地灵人杰,酒好不怕巷子深

人才辈出,凤凰当然要涅槃

英才杰出,翱之翼展

鹏举扶摇,一飞冲天

文　明

每一位城关市民都是这座城市的名片

每一张名片都闪耀着这座城市的璀璨

产业强区,科教兴区

环境塑区,文化活区

和谐安区,"五大战略"建设首善之区

率先发展,城市繁荣

环境优美,人民普惠

社会和谐,政治安定

服务均等,保障完善

诉求畅通,管理高效

首善之区特色鲜明

核心之区和谐自然

河汇百流,九曲不回,创新创业,和谐发展

改革开放，地覆天翻，与时俱进，辉煌灿烂

公元2009，中华巨龙飞龙在天

公元2009，"首善之区"奋勇向前

（作于2009年4月并编入《魅力城关》大型画册）

● 铁骨钢梁百年颂

——2009 年兰州黄河铁桥百年庆典程序与主持词

时间:8 月 26 日上午 10:30

地点:兰州中山铁桥桥南"将军柱"广场

【铁桥装饰一新;96 名武警礼兵伫立桥面两侧;红绸覆盖《铁桥百年赋》石碑;

【兰州交响乐团严阵以待;各部门准备就绪。

【播放背景音乐;参加活动的各界群众陆续入场,就位。

【10:30,乐团演奏《迎宾曲》

【将军柱广场布设主席台坐席。领导同志入场就位。

【节目主持人陈逸恒、于紫菲盛装出场

主持词:

尊敬的各位领导,各位来宾,市民朋友们,大家早上好!

今天,是公元 2009 年 8 月 26 日,这里是兰州中山铁桥——桥南"将军柱广场"。

今天,中共兰州市委、兰州市人民政府在这里隆重举行纪念兰州解放六十周年暨黄河铁桥建成百年庆典和《黄河铁桥百年赋》石碑落成揭幕仪式。

在全市人民热烈庆祝中华人民共和国成立六十周年和兰州解放六十周年的喜庆日子里,中山铁桥披上了节日的盛装,铁桥广场花团锦簇,六百岁高龄的"将军柱"神采飞扬,红绸覆盖的《黄河铁桥百年赋》石碑,也在静静地等候着精彩亮相、横空出世的这个庄严喜庆的历史时刻。

百年风雨,百年沧桑,百年期盼,百年梦想。

一百年,我的祖国走过的路令人心潮激荡。

一百年,这座城市走过的路让人热泪盈眶。

铁桥,见证了这个世界一百年的风雨沧桑。

铁桥,见证着新中国、新兰州今天的灿烂辉煌。

让我们以热烈的掌声,拉开今天庆典活动的序幕。

出席今天庆典活动的省市领导同志和各界贵宾有:(名单略)

让我们以热烈的掌声,欢迎各位的到来。

首先,有请省政协副主席、兰州市市长——张津梁先生主持庆典仪式。

【张津梁市长主持仪式。

张津梁市长:各位领导,各位来宾,女士们、先生们:今天,我们在这里隆重举行纪念兰州解放六十周年暨黄河铁桥建成百年庆典和《黄河铁桥百年赋》石碑落成揭幕仪式。

我宣布:中山铁桥建成100周年庆典活动开始!

【礼炮轰鸣,礼花满天

首先,请省委常委、中共兰州市委书记陆武成同志致词。

【陆武成书记致辞(附致词文稿)

各位领导,各位来宾,同志们、朋友们:

今天,我们怀着无比激动和喜悦的心情,在白塔山下、黄河之滨、铁桥之前隆重集会,共同庆祝中山铁桥建成100周年。在此,我代表中共兰州市委、兰州市人民政府和全市330万各族人民群众,向前来参加庆典活动的各位领导、各位来宾表示热烈的欢迎!向所有关心、支持兰州建设和改革发展的各界人士表示衷心的感谢!

中山铁桥是1906年9月由兰州道彭英甲、甘肃布政使丰伸泰、甘肃按察使白遇道与德商天津实业泰来洋行经理喀佑斯洽谈签约。1907年1月，陕甘总督升允奏请清政府，1908年2月得到批准，同年5月正式动工修建，由比利时人林阿德、美国人满宝本、德国人德罗做技术指导，1909年8月建成通车。这是黄河上架起的第一座铁桥，是甘肃与西方近代经济、技术、文化碰撞、交流融合的结晶和产物，是兰州对外开放的历史见证。铁桥的建成，不仅改写了黄河上没有永久性桥梁的历史，也为古丝绸之路增添了新的连接通道，在推进兰州乃至甘肃对外开放和经济文化交流中发挥了重要作用。1928年，为纪念孙中山先生，黄河铁桥改名中山桥。新中国成立后，中央和省、市政府先后三次拨出专款，对中山铁桥进行全面的维修加固。1989年，中山铁桥被列为市级重点保护文物；2005年被列为省级重点保护文物，2006年被列为国家级重点保护文物。

百年铁桥，记录的是历史，承载的是精神，给我们的是启迪。中山铁桥建成以来，虽然经历了百年风雨沧桑，中山铁桥仍以其厚重的历史文化价值，成为弘扬兰州精神的鲜活教材，成为百里黄河风情线上一道靓丽的风景和最具知名度的标志性建筑！

回顾历史，我们思绪万千，豪情满怀。展望未来，我们责任重大、使命光荣。站在新的历史起点上，我们一定要在省委、省政府的坚强领导下，深入贯彻落实科学发展观，按照市委、市政府确立的"一个中心带动、三个率先发展、五个加快推进、五个加强建设"的"1355"总体发展思路，进一步解放思想，凝心聚力，开拓创新，真抓实干，全力推动兰州加快发展、率先发展、科学发展。我们坚信，有省委、省政府的坚强领导，有社会各界的大力支持，有全市广大干部和各族人民群众的共同奋斗，我们的目标一定能够实现，兰州的明天一定会更加美好！谢谢大家。

【彩色日观烟火升腾;颁奖仪式。

张津梁市长:

下面,宣布《黄河铁桥百年赋》征文活动获奖名单。

在黄河铁桥建成 100 周年的日子里,为弘扬"河汇百流,九曲不回,创新创业,和谐共进"的兰州精神,中共兰州市委、兰州市人民政府举办了面向全国的《黄河铁桥百年赋》征文活动,在此期间,有 16 个省市的各界人士精心撰稿并踊跃投稿,评奖办公室共征集到 86 篇佳作。经过评委会评选,共有六位作者的 6 篇优秀作品分别获得一二三等奖。

兰州市人民政府特别邀请获奖作者出席今天的庆典活动,他们是:三等奖获得者:陈乐道先生——他是甘肃省档案馆馆员、中华诗词学会会员、中国楹联学会会员。韩邦亭先生——他是山东省枣庄市陶然诗社社长、中国楹联学会会员、中华辞赋家联合会副主席、山东省楹联艺术家协会理事。岳逢春先生——他现任兰州市文联副主席和兰州市作家协会常务副主席, 他是中国散文学会会员和甘肃省作家协会会员,也是今天庆典活动的总撰稿人。二等奖获得者:胡健先生——他在重庆市綦江县发改委工作,是中华辞赋家联合会理事。张景平先生——他是清华大学历史系在读博士生。一等奖获得者:马建勋先生——他是辽宁省散文学会会员,沈阳市自由撰稿人。

现在,请领导同志(颁奖领导名单略)代表中共兰州市委和兰州市人民政府,向他们颁发获奖证书。

【礼仪引导员引导六位作者上台领奖。

张津梁市长:朋友们:兰州市委、市政府决定,此次征文一等奖作品,镌刻在石碑上,长期展示,永世流传。现在,《黄河铁桥百年

赋》石碑已经落成,静静地等待着揭幕时刻的到来。现在,请中共甘肃省委常委、兰州市委书记陆武成同志宣布石碑落成、揭幕,

【陆武成书记宣布:——我宣布,《黄河铁桥百年赋》石碑落成、揭幕!

【礼炮轰鸣,礼花漫天

【钢琴协奏曲《黄河》

第一乐章

张津梁市长:现在,请领导同志和贵宾(名单略)为石碑揭幕。

【陆武成书记引领省市有关领导同志和贵宾为石碑揭幕。揭幕后归座。

【静场

节目主持人:

朋友们:在100年前,兰州人敞开胸怀,吸纳国外先进生产力,积极促进中外合作,建起了黄河上这第一座现代化钢铁桥梁。

100年前的建桥工程,曾经得到两位比利时人的鼎力相助,这两位比利时人,就是当时的比利时国驻华参赞——林阿德先生和他的父亲林辅臣先生,他们父子都曾经在甘肃和兰州生活多年。

林阿德先生就出生在甘肃酒泉,他的母亲,是中国人。长大成人以后,林阿德先生长期生活工作在兰州,并与一位姓张的兰州姑娘结为夫妻,缔结了一段美满的跨国婚姻。

更令人赞叹的是,林阿德先生的两个弟弟——瑞米和约翰,也分别迎娶了两位姓张的兰州姑娘为妻。今天坐落在小沟头的天主教堂原址,就是当年由瑞米的岳父张子厚先生所捐建的——这事情说来话长,请朋友们关注新闻媒体的报道。

今天,应兰州市人民政府邀请,林阿德先生的比利时直系后辈亲属不远万里,来到兰州出席这个盛大的百年庆典,他们是:(名单略)

让我们以热烈的掌声,欢迎他们到兰州来做客。

朋友们,林阿德先生在兰州的亲家——兰州人称为"外爷家"——即张家姑娘——林阿德夫人的娘家后辈亲属也应邀出席这个盛大的百年庆典,他们是:(名单略)

让我们以热烈的掌声,欢迎他们出席今天的庆典活动。

朋友们:中国和比利时两国人民的传统友谊源远流长,一百年的牵挂今天梦想成真。我们衷心祝愿这几位比利时贵宾在兰州度过一段愉快的时光。现在,请张津梁市长代表市委市政府,向比利时贵宾颁发荣誉证书并赠送礼物。

【乐队奏乐。比利时贵宾上台,市长颁发证书,赠送礼物。贵宾回赠礼物,市长接受礼物。宾主归座。

节目主持人:

朋友们,这次《黄河铁桥百年赋》征文活动征集到的86篇作品字字珠玑,篇篇精彩。其中获奖的六篇作品更是集中而凝练地表述了兰州黄河铁桥作为"天下第一桥"的历史内涵,张扬了中华民族自强不息的时代精神。

获得一等奖的作品已经被镌刻在石碑上,这将成为兰州百里黄河风情线上的又一个特色景观。这充分反映了兰州这座城市"海纳百川"的博大胸怀,也印证了这座城市"河汇百流"的城市精神。

现在,我们有请:著名表演艺术家,曾经在兰州生活、工作多年的陈逸恒先生朗诵镌刻在石碑上的这篇《黄河铁桥百年赋》

【协奏曲《黄河》

第二乐章

【陈逸恒先生朗诵《黄河铁桥百年赋》(附马建勋撰文,吴辰旭修改的文稿)

白塔耸峙,黄河东逝;古关静穆,楼映半空。一桥彩虹临波,百年流云飞渡。今逢盛世,毋忘尘忆,唯吾兰州,矢志创新,兹镌铭为念。

昔陇府金城重镇,绾丝路而通三秦,唯一河而成南北之堑。年及洪武,浮桥颤渡,然夏汛漫卷,冬凌凝寒。迨至清末之岁,始行建桥议案。遂集中西合璧以成,倾全省之力赴艰。柱砥中流,铁梁横空;终成勋业,蔚然景观。三边利济,商旅荣繁;通衢信步,九曲安澜,诚以"天下黄河第一桥"之隆誉,易名中山之佳话,谱写兰州解放之新篇,见证中华民族复兴之沧桑巨变

噫唏哉,百年古桥,风流永瞻;大河雄奔,虹影如幻。人文标志,独秀新天。带风情百里,襟绿涛两山;历史名胜,风光无限。夫若无祥风以润,金瓯之磐;铁石纵固,斯桥何延?是以国之发展,和谐为先;市之富强,稳定乃安。炎黄族裔,永承天眷;祺我兰州,康乐尽阗。

【《黄河》第二乐章结束;第三乐章音乐起;
节目主持人:

——拟美文大书百年情怀,颂诗篇襄赞百年庆典。

——朋友们:铁桥诞辰百年,值此吉日,恰逢良辰,兰州人民恭行庆祝大典。在这个盛大的庆典活动中,我们谨备水酒三杯,敬献心香九瓣。谨诚纪念:一百年前艰辛施工的华工刘永起等百千造桥工匠。更怀念六十年前统帅大军解放兰州并主持修复受损桥梁的

彭德怀、张宗逊、任震英等诸位先贤。深切怀念一百年以来维护修缮桥梁而默默佚名的无数前辈。

当然,我们也应该铭记清代主持建桥事宜"造福地方"的陕甘总督升允先生,铭记"一手经理,以竟全功"的兰州道彭英甲先生,以及恪守信誉的德商泰来(天津)洋行及其经理喀佑斯先生,铭记美籍桥梁工程师满保本、德国桥梁工程师德罗,以及鼎力协助造桥工程的比利时参赞林阿德诸君。

【在协奏曲演奏过程中,两位节目主持人交替诵读岳逢春《铁桥赋》节选:

想秦汉古渡,铭汗青辉煌。命将军镇远,造浮桥守望。

涌滔滔大河,筑万里金汤。盼九曲安澜,架铁骨钢梁。

织锦簇花团,绘百里风光。名黄河之都,耀明珠光芒。

逢百年盛典,邀金城举觞。颂和谐社会,奔全面小康。

祈国泰民安,献九瓣心香。知千流归海,愿万代颂扬。

第三乐章 尾 声

节目主持人:

朋友们:

历经百年岁月风尘洗礼,黄河铁桥至今固若金汤,继续见证着祖国前进的步伐,继续见证着兰州这座城市大力构建和谐社会,全面建设小康社会的历史进程。

岁月沧桑,时代辉煌,钢琴协奏曲《黄河》又一次在大河岸边奏响。演奏:兰州交响乐团。指挥:张艺。钢琴演奏:华裔德国钢琴家陈小童。

第四乐章

节目主持人：

河汇百流，九曲不回，创新创业，和谐共进。万年巨澜，浩浩荡荡，铁骨钢梁，自强不息，兰州精神，谱写盛世华章。

让我们再次走过这座桥梁，让母亲河再次激荡我们的豪情万丈。

让我们传承祖先涌动的血脉，让我们激荡这座城市的神采飞扬。

有请各位领导和各界嘉宾再次步行走过这"天下黄河第一桥"，走进兰州美好的明天，走向祖国六十年创造的灿烂辉煌。

有请各位领导和嘉宾登桥——

【武警指挥员口令："敬礼——！"——礼兵敬礼。

【礼仪引导员引导领导同志和贵宾过桥，交响乐团继续演奏……

【节目主持人复诵：——想秦汉古渡，铭汗青辉煌。命将军镇远，造浮桥守望……继续营造会场氛围

【黄河，百舸争流，千帆竞发……

【铁桥，铁骨铮铮，雄姿英发……

【庆典活动余音绕梁……

（2009 年 8 月 20 日拟稿）

● 铁桥百年山河赋

——2009 年黄河铁桥百年庆典活动现场朗诵赋体文本

（8 月 26 日·铁桥将军柱广场）

前　言

夫黄河者中华之血脉，发源于巴颜喀拉雪山之巅，归流于茫茫渤海之湾，经九省区，过一百二十余市县。具有滋润亿兆生民之大泽惠，亦为横亘难渡之古天堑。然则，其利泽被九州，其恩高于九天。神州尊母亲河之敬，华夏执儿女辈之礼。或曰：黄河万里何处为母亲河最典型之形象，其必曰：金城兰州是也。

更有中山铁桥跨越天堑，钢梁五孔架起长虹，将军铁柱守望万年巨澜。铁骨钢梁，自强不息，阳刚阴柔，清纯宁静，浩浩荡荡，天人合一，是为胜景。黄河乃鬼斧神工造化，铁桥为人功伟力铸就，珠联璧合，锦上添花，花开"天下黄河第一桥"。

公元 2009 盛夏，恰逢铁桥百岁诞辰，民众躬行庆祝大典，亦堪称蔚然大观。余自诩文人墨客，乃做辞赋一阕，恭题赞歌一首，撰稿庆典程序文本一篇，以纪盛事，以襄盛典。

赋　曰：

涌巴颜喀拉清泉，乃茫茫渤海渊源。走万里而奔腾，至金城却舒缓。大河钟情兰州，得天独厚；母亲千载眷恋，得水独秀。倚仗自然造化，凿开天河涌巨澜；凭借人功伟力，飞架坦途彩虹现。彩虹名曰：天下黄河第一桥——兰州中山铁桥是也。展华舆，夺目明珠璀璨;观版图,城隍鲜有比肩。

波涛滚滚越千年,岁月弹指一挥间。

旧石器鬼斧,一画开天;新石器神功,文明承传。九百载羌戎,曾望雄鹰翅展;五千年息壤,已绘彩陶惊艳。出大禹以分九州,奔洪流而称天堑。始皇六国一统,蒙恬功著河南。汉武帝版扩河西走廊,纪元狩简牍漠北居延。看滔滔大河横亘,夸骠骑将军挥鞭。狄青骅骝,饮马瀚海,踏遍青山;秦汉烽燧,唐宋守望,增固城垣。开通丝绸之路,城筑万里金汤。疆域陇佑金城县,大道直抵古阳关。

黄河远上白云间,孤城一片博浪难。自古茶马互市,从来坐中四联,商旅云集客栈,不免望河兴叹。大河滔滔穿城过,黎民百姓盼安澜。冰封严冬走冰桥,盛夏洪峰雁惊寒。黄河古渡赖皮筏,波激浪翻皮筏颠。白马浪前起桅杆,奈何荡荡浪滔天,朱洪武浮舟架浮桥,将军柱臂挽铁锁链。金城览胜名镇远,百丈铁缆三百年。

有清末代,风雨如磐。痛金城关前春日冰崩,凌汛裂岸,百姓落难。惜水北门外铁柱力竭,雨暴河漫,浮桥冲断。春架浮舟,冬拆耗散,河水流银,何止万千。中华蓄力,亟待改辙更弦;举世皆昏,不乏独醒才干。顶戴花翎,亦存廉吏清官;品尊大员,理当造福民间。华夏风骨,血脉不斩,民族精神,一脉承传。左季高动议,伏笔暗埋,祈愿一劳永逸;兰州道奏折,合同草签,期冀九曲安澜。打开国门、洋务开办、吸纳先进生产力;中外合作、实业兴建、打造黄河第一桥。恰逢德商喀佑斯来兰,会晤道台彭英甲铁函。有满保本者,籍属美利坚,签约泰来洋行,设计蓝图典范;有刘永起者,华夏小鲁班,率领神州工匠,不分昼夜施建。历时一暑寒,钢梁镇巨澜。光绪驾崩,难阻黄河水流水常东;宣统继位,方知铁桥钢梁已竣工。

一桥飞架南北,天堑变通途,神女应无恙,当惊世界殊。

更有史料明鉴,令人浮想联翩。如此浩浩工程,纹银堆积如山。然则,竹杠红包好处费,难渎先贤铁算盘。三十万两白银,督造未闻墨贪;一百年来清誉,清风铭印档案。

抗战烽烟,神州遍燃。东洋小鬼,铤而走险。日寇黑鸦,云遮雨弹,狂轰滥炸,经年不断。炸起水柱冲天,铁桥依然笑谈。兰山鸣警,黄河呐喊,九州卧龙,倚天磨剑。中流砥柱,雷池铁坚。中苏雄鹰,起飞迎战,雄鹰九天唱凯旋,野鸦烟缕化火团。兰州空战,堪称经典。黄河铁桥,屹立巍然。风烟滚滚来天半,国际通道生命线,铁壁铜墙大后方,万里金汤铭中山。"黄河自古没盖子",中华从来不胆寒。

听八·二六炮声隆隆传,看独裁政权大溃散。白塔遥望红旗展,中山桥上烈火燃。烈火金刚大将军,能工巧匠任英贤,雄鸡三唱天下白,大河两岸硝烟散,彩虹旧貌换新颜——五环钢梁奏七弦。

波涛滚滚又百年,弹指岁月一挥间。

值此吉日,恰逢良辰,铁桥诞辰百年,恭行庆祝大典。谨备水酒三杯,敬献心香九瓣。诵读于大河之畔,拜祭于铁桥之前。望河汇百流,看利济三边,誓创新创业,愿和谐发展,谱盛世华章,抒锦绣笔端。

谨诚纪念:一百年前艰辛施工之华工刘永起等百千造桥工匠。更怀念六十年前统帅大军解放兰州并主持修复受损桥梁之先贤:彭德怀、张宗逊、任震英诸君及百年以来维护修缮桥梁而默默佚名之前辈。亦铭记"造福地方"主持建桥事宜之陕甘总督升允,"一手经理,以竟全功"之兰州道彭英甲以及恪守信誉之德商(天津)泰来洋行经理喀佑斯,美籍桥梁工程师满保本,德国桥梁工程师德罗,为造桥工程助力之比利时参赞林阿德诸君。

读史实震撼心弦,抒激情赋颂诗篇,循圭臬求是原则,诚写照唯物史观。今勒石百字于"将军柱"膝下,以襄盛事,以赞大典,以铭史实,以传万世。

铭　曰:

想秦汉古渡,筑万里金汤。命将军镇远,造浮桥守望。

涌滔滔大河,铭汗青辉煌。看九曲安澜,架铁骨钢梁。

逢百年盛典,邀金城举觞。织锦簇花团,绘百里风光。

祈国泰民安,献九瓣心香。名黄河之都,耀明珠光芒。

颂和谐社会,奔全面小康。知千流归海,愿万代无疆。

(注:本篇于庆典现场由著名演员陈逸恒、于紫菲节选朗诵)

岳逢春

高贵典雅庄重的诗意抒情　　激情澎湃神采飞扬的时代精神

盛典礼赞 ⑧

——兰州大型文化活动创意策划文案汇编

SHENGDIANLIZAN

LANZHOUDAXINGWENHUAHUODONG

CHUANGYICEHUAWENANHUIBIAN

岳逢春 著

敦煌文艺出版社

目　录

● 百年铁桥颂诗篇

——2009年黄河铁桥百年庆典活动散文文本

一

黄河,发源于巴颜喀拉雪山,归流于茫茫渤海之湾,流经中华大地九省区一百二十余市县。这万年巨澜浩浩荡荡,奔腾不息,如中华民族的血脉滋润着亿兆生民。但在古代,却也是横亘难渡的天堑。然而,黄河的利润泽被九州,对中华民族有大恩大惠。于是,中华民族将黄河尊敬为"母亲河",华夏民族也称自己是"黄河儿女"。那么,黄河万里波涛滚滚,在什么地方,她最像温柔宽厚、和蔼慈祥的"母亲河"呢?我以为,倘若你能到兰州来亲近黄河金城流域的壮丽景象,你就会感悟到:"母亲河"确是最贴切的一种修辞比喻。你看,呼啸万里的黄河奔腾汹涌,流经兰州时,却放慢了浩浩荡荡的脚步,万年巨澜顿时显得舒缓而从容。大河钟情金城,确实得天独厚。有"母亲河"两千余载的眷恋眷顾,兰州也就"得水独秀"了。

在这"得水独秀"的山川河谷中,有一座"中山铁桥"跨越天堑,钢梁五孔架起了一弯长虹,铁桥的清纯依偎着大河的宁静安然入梦,确是一幅魅力无穷的城市胜景。黄河,是鬼斧神工的造化;铁桥,却是人功伟力的成就。钢铁的阳刚与流水的阴柔相映成辉,珠联璧合、天人合一、锦上添花——这花,就开在百里黄河风情线"天下第一桥",其壮丽的景色无疑是天下胜境、亦堪称蔚然大观。倘若把黄河看成是兰州的护城河的话,那么,所有的"城隍"都显得逊色了——"隍"的本意,就是护城河。

二

早在新石器时期，中华早期文明的印迹已经在这片土地上显现。秦汉以前，现在的兰州这片土地是羌戎族游牧之地。那时，这里水草丰美，林木茂密、雄鹰翅展。传说"大禹治水"就在兰州"九州台"指点江山，所以"华夏"又称"九州"。秦始皇统一六国的那个阶段，大将蒙恬驱逐匈奴，开辟了"河南之地"，兰州这片疆域归属于秦王朝版图。汉武帝刘彻则继续向河西走廊进发，开通古丝绸之路，兰州城这一带被命名为陇西郡"金城县"。在古代，洪流滚滚的黄河确实是难以逾越的天堑，然而从此处渡过黄河，沟通欧亚大陆的丝路大道则直抵塞外古阳关。纪年"元狩"的简牍记载着汉武帝曾亲征西部居延海，想必也曾在金城驻跸下榻。而当时才仅仅19岁的少年骠骑将军霍去病则随之跃马扬鞭，剑指漠北祁连，在兰州留下了"五泉山"的美丽传说。

唐宋元明清历代，秦汉时期筑成的金城，仍然是守望边疆的西部要塞。明代"肃王"主政兰州时期，则进一步增固了兰州城垣，史称"金城雄关"，美誉"万里金汤"。兰州，自古以来就是茶马互市和贸易中心，地理位置坐中四联、四通八达。古时候，南来北往与东进西出的商旅常常云集"金城关客栈"，却不免望大河而兴叹，黄河古渡只能依赖皮筏——兰州人称为"羊皮筏子"。黄河波激浪翻，皮筏随波逐流，上下颠簸，那真令人惊心动魄，心弦震颤。

明朝洪武年间，铁的冶炼锻造技术已经很成熟了，镇守兰州的冯胜、邓愈、杨廉等大将军就在黄河两岸竖起四根铁柱，牵引两条长一百二十多丈、粗如巨蟒的铁链，连接缆绳揽住数十艘木船，并联成一座横跨黄河的浮桥。当年，这座浮桥被命名为"镇远桥"，巨大的铁柱则被称为"将军柱",黄河天堑终于开通了去往西域的坦途。今天,仍然有一根"将军柱"屹立在黄河南岸,成为沧桑历史"边徼之要津、千古之伟观"的实物见证。百丈铁缆固定着镇远桥漂浮了四五百年,但是,架设这座浮桥要耗费大量的人力物力——每年春天架起浮舟,到冬天又要拆散,耗费的银钱粮禾如黄河东流,永无休止,令人唏嘘感叹。那时候的冬天,黄河是结冰的。金城关前冰封河面俗称"冰桥",车马行人畅通无阻。但到春日冰消雪化,河面凌汛裂岸,冰桥崩塌,往往有冒险过河的老百姓落难。每逢盛夏期间,雨暴河漫,洪水滔天,洪峰激流涌来,巨大的将军铁柱也不堪重负,浮桥铁缆屡被洪水冲断,平沙落雁都会心惊胆寒。现在想来,那时候真是太艰难了。

三

晚清,国力衰朽,神州风雨如磐,但华夏民族精神的血脉却是斩不断的。神州涌动"变法图强"思想观念和"改辙更弦"的进步呼唤,中华民族实际上是在积蓄力量,期待着又一次的凤凰涅槃。你看满朝昏庸的顶戴花翎当中,也不乏独醒的廉吏才干。咸丰年间,督办陕甘军务征战西北的钦差大臣左宗棠期冀一劳永逸地解决军民顺利渡过天堑的问题,提出在黄河兰州段架设一座永久性现代化桥梁的动议。但当时条件尚不成熟,建桥之议被暂时搁置下来,却为建造铁桥埋下伏笔。

在左宗棠建桥动议近四十年后,德国商人喀佑斯于光绪末年来兰州游历,会晤了兰州道彭英甲(字铁函)。此时,恰逢举国上下涌动开办洋务、兴建实业的热潮,于是,国门被打开了一条缝隙。兰州人敞开胸怀吸纳国外先进生产力,积极促进中外合作,开始打造黄河第一铁桥。德国泰来洋行聘请美国桥梁工程师满保本设计了铁桥蓝图。被誉为"华夏小鲁班"的天津工匠刘永起率领大批华工不分昼夜施建，仅用一年多时间，"天下黄河第一铁桥"便彩虹飞架，横空出世，钢梁终于镇住了巨澜天堑。

现存甘肃省档案馆的清代建造兰州黄河铁桥工程资料保存非常完整，其中有资料显示：1910年即宣统二年四月二十五日，陕甘总督长庚上奏清廷：修建铁桥工程款合计"实用库平银三十万六千六百九十一两八钱九分八厘四毫九丝八忽。"——如此浩大的工程，并未发现项目负责官员有任何贪渎行为，支出库银账目居然计算到"忽"这样的计量单位，相当于计算到了小数点之后6位数。这不能不令人感慨万千。这笔银子囊括"德商包造价"、材料"运价"以及"送喀佑斯银贰仟两，为酬工程师来往盘川之项"乃至为庆祝铁桥竣工和兰州织呢局告成，于宣统元年六月初十宴会"公请洋人，需用酒席及各项人役口食等项"费用支出"壹佰捌拾两玖钱柒分玖厘"。此次外交宴会报销费用清单极为详细，其中记载有"买桃子、杏子、西瓜、吕宋烟"支出细目，赏"马夫两名钱肆百文"等会计科目，更令人唏嘘感叹，思绪万千。

1928年是黄河铁桥建成第19年。为纪念民主革命先驱孙中山先生，铁桥正式冠名"中山桥"，而连接桥梁的通衢大道，则被命名为"中山路"，并一直沿用至今。

我想，这项工程完全可用毛泽东大气磅礴的诗句来称颂："一桥飞架南北，天堑变通途，神女应无恙，当惊世界殊。"

四

在抗日战争中，烽火硝烟燃遍神州大地，两山夹一河的金城兰州奋力倚天磨剑。当时，中山铁桥是转运苏联援华抗战物资的国际通道生命线。抗战初期，日军飞机连续9次空袭兰州，铁桥成为日军轰炸的重要目标，尽管云遮雨弹炸起水柱冲天，铁桥却一直固若金汤，谈笑自若。当时，驻扎在兰州的中国空军和苏联援华抗日航空队一起作战，中苏雄鹰并肩起飞迎战日寇敌机，仅1939年2月23日一次战役，就击落日机18架。此役为抗战中，中国空军击落日机最多的一次空战，我方飞行员无一伤亡，堪称抗战历史上的奇迹，兰州则成为铁壁铜墙大后方。兰州百姓俗语"黄河自古没盖子"，那么，中华民族从来就不胆寒。黄河铁桥不愧"中流砥柱""雷池铁坚"，见证了中华民族争取独立自由与解放的历史进程。

"八·二六"兰州解放炮声响起的时候，独裁政权土崩瓦解，兵败如山倒。中山铁桥迎来了解放的黎明，却被溃兵弹药车爆炸后燃起的大火损坏了。然而，在烈火金刚大将军彭德怀主持下，解放军调集能工巧匠数百人奋力抢修八天九夜，迅速恢复了通车。解放大军铁流滚滚向西挺进，一路摧枯拉朽、直接抵达新疆，中国西部再无大战。大河两岸硝烟散尽之后，铁桥伴随旭日东升如雨后彩虹——那五环钢梁奏响新中国走向辉煌的七弦琴，见证这座城市解放六十年来写下的灿烂诗篇。

五

公元2009年8月19日，恰逢铁桥百岁诞辰。在兰州解放六十周年纪念日的喜庆氛围中，兰州市人民政府于8月26日在桥南"将军柱广场"隆重举行铁桥百年诞辰庆典。作为庆典活动的总撰稿人，我参与策划组织了这项活动，并执笔撰写了庆典议程和活动主持辞，却仍然热血沸腾、激情澎湃、意犹未尽，便满怀激情地写下这篇文章、做了这首赞歌,深刻铭记铁桥百岁诞辰这个重要的历史坐标,激情襄赞神采飞扬的这个百年盛典。

我谨备水酒三杯,拜祭百年铁桥,并将这篇文章诵读于大河之畔,敬献于"将军柱"座前。我想,在这个盛大的庆典活动中,我们应该谨诚纪念一百年前艰辛施工的华工刘永起等百千造桥工匠。更怀念六十年前统帅大军解放兰州并主持修复受损桥梁的彭德怀、张宗逊、任震英等诸位先贤,深切怀念百年以来维护修缮桥梁而默默佚名的无数前辈。当然,我们也应该铭记主持建桥事宜"造福地方"的清代陕甘总督升允,铭记"一手经理,以竟全功"的兰州道彭英甲,以及恪守信誉的德商泰来(天津)洋行及其经理喀佑斯先生,铭记美籍桥梁工程师满保本、德国工程师德罗、以及鼎力协助造桥工程的比利时参赞林阿德诸君。

为策划庆典活动,我再次查阅了大量的历史资料,从而更清楚地了解了以上所列举的历史人物和历史事实。但令我思绪万千特别感动的却是,我知道了比利时参赞林阿德先生就出生在甘肃酒泉,而他的母亲——他父亲林辅臣先生的夫人,居然是一位中国女子。林阿德长大成人以后,曾在兰州长期生活工作。后来,与他的父亲一样,林阿德也缔结了一段美满的跨国婚姻:他与一位姓张的兰州姑娘结为夫妻。更令人赞叹的是,林阿德先生的两个弟弟——瑞米和约翰,也分别迎娶了两位兰州姑娘为妻。今天坐落在兰州城市西南方向繁华地域的天主教堂原址,就是当年由瑞米的中国岳父张子厚先生所捐建的——这已经有确切的文字资料和照片可以考察了。

这真的不禁令我感慨万千——人类历史,中外交往史,绝不是非此即彼、非红即黑那样一分为二的黑白分明的绝对化与简单化。

在人类的血肉联系与和平友谊爱情的向往面前，国界与国籍，一定不是难以逾越的天堑和鸿沟。你看，早在清代，兰州姑娘就勇于接受比利时人的求婚，缔结美满婚姻并生儿育女。一百年前，兰州人的心胸就如此之开阔，真是令人赞叹不已。

在庆典举行这天，应兰州市人民政府邀请，林阿德先生远在澳大利亚的孙子弗兰克，在加拿大的孙女安基娜，瑞米的孙女安妮等几位直系后辈亲属不远万里漂洋过海，来到兰州出席这个盛大的百年庆典，而他们的祖母和曾祖母都是兰州人。在活动现场，我曾与这几位有着八分之一或六分之一中国血统的外国友人攀谈，并一起登上典礼台接受了市长颁发的荣誉证书。

六

我精选了一百个汉字铭刻心底，并以《铁桥颂》为题联缀成章，以襄盛事，以赞大典，以铭史实，吟颂千秋——想秦汉古渡，铭汗青辉煌。命将军镇远，造浮桥守望。涌滔滔大河，筑万里金汤。盼九曲安澜，架铁骨钢梁。织锦簇花团，绘百里风光。名黄河之都，耀明珠光芒。逢百年盛典，邀金城举觞。颂和谐社会，奔全面小康。祈国泰民安，献九瓣心香。知千流归海，愿万代颂扬。——令我特别欣慰的是，这次庆典特邀的节目主持人、著名表演艺术家陈逸恒先生和于紫菲女士，在现场朗诵了这首诗词。那么，我诚挚的情感，也汇入了面前这条被尊为"母亲河"的滔滔大河。

（本篇发表于《甘肃日报》2009 年 8 月 31 日《百花》副刊，发表时有删节）

盛典礼赞

● 眷恋乡音黄河颂

——2009 年甘肃省文化馆黄河豫剧团成立贺辞

这是公元 2009 年 7 月的一天。

这一天,天高云淡,阳光灿烂,大河东去啊,波涌浪翻。

这里,分明是滔滔黄河的"北岸",却洋溢着"河南"乡音的温暖。

这里,正在绽放一束绚丽的花瓣;这里,正在举行一个热烈的庆典。

锣鼓喧天,花枝招展,欢声笑语,乡音回旋……

——同乡聚会啊,血脉相连;老乡见面哪,泪湿衣衫。

朋友啊你看,黄河波涛弹奏着琴弦;老乡啊你看,巍巍白塔露出了笑颜。

在座的每一个人啊,心弦上都翻腾着炽热的情感——豫剧!——河南!

这是我阔别多年的梦中故乡啊,这是我血液里沸腾的万丈狂澜。

我们面前的这条大河,见证了过去的每一天,令人心弦震颤。

我们看见的这座铁桥,铭记着过去的许多年,让我思绪万千。

我的爷爷告诉我:民国二十七年(那是 1938 年 6 月的"花园口"啊)惊涛裂岸洪水滔天。就在那一年,爷爷来到兰州逃难。虽然,全部的家当只剩下一根扁担在肩头震颤,梦中却依然迷恋着河南的"老越调"和故乡的"二夹弦"。

我的父亲讲述过:抗日的烽火硝烟打造了双城门外的"中州剧院"。"咱河南来的戏班子"不屈不挠钢筋铁胆。河南剧团宣传抗战,常常令灯火通明;河南演员抚慰民众,夜夜让锣鼓喧天。久违的"河南梆子"啊,曾经让父亲彻夜难眠;亲切的河南乡音啊,今天让我泪流满面。于是,我看见了:常香玉、马金凤、陈素贞、王景云、董有道、常香玲、张兰芬、王佩霞、李凤彩、张庆连……这些中国人的名字啊美轮美奂,这些豫剧演员啊星光灿烂。于是,我也知道了:"豫声剧团""新光剧团""狮吼剧团"和"豫剧一团""二团"……这些汉语词汇特有的内涵,曾经使得这座城市心境安然,梦境酣甜……

昨天,我接到了一份浓墨重彩的请柬。今天,我在这里出席这个五彩缤纷的庆典。

我看见,我的老师们依然星光璀璨;我高兴啊,我的乡亲们依然亲密无间。

是啊,黄河,我的故乡远在河南中原;是啊,豫剧,我的血脉连着中原河南。

此刻,我真的难以抑制诉说的意愿;此刻,我必须写下一首真诚的诗篇。

我们此刻亲切的寒暄,不仅仅是为了几段唱腔的经典。

我们此刻热烈的聚会,不仅仅是为了一次同乡的狂欢。

我的黄河豫剧团啊! 你守望的是祖先的遗产,你宝贵的是华夏的灿烂。

你锣鼓喧天神采飞扬的——绝对是中华民族已经延续了五千年的激情呐喊!

白塔山的风铃听得懂黄河的呼唤，黄河的呼唤已经掀起了我心中万丈的狂澜。

"甘肃省文化馆黄河豫剧团"——你是如此的古老而又这样的新鲜。

中州豫剧啊故乡河南，愿你和我：梦中缠绵，炽热眷恋——长长久久直到永远！

那么，就让我把这首诗篇铸成这样一块金匾，让这块金匾在这里长久地高悬——让我们把酒杯斟满！

祝贺你：我的黄河豫剧团。祝福你：我们的黄河豫剧团。

（2009 年 7 月 4 日现场朗诵）

● 浓墨重彩大河魂

——2009 年兰州美术作品晋京展览剪彩仪式主持词

(7 月 30 日·北京美术馆)

尊敬的各位领导,各位来宾,首都美术界的朋友们,女士们、先生们:

今天,是 2009 年 7 月 30 日。

在举国上下隆重庆祝新中国成立六十周年喜庆热烈的氛围中,中共兰州市委、兰州市人民政府在这里举行《大河魂——兰州画院美术作品晋京展览》的揭幕剪彩仪式。

七月的北京喜气洋洋,地处祖国西部的兰州画院携《大河魂》美展晋京展出,向首都各界展示近年来兰州美术创作的丰硕成果,并接受文化部领导和首都美术界各位专家的检阅,这是兰州美术史上又一件令人感到十分高兴的事情。

兰州是古丝绸之路上的一颗明珠,虽然地处内陆却不乏辉煌的创造,自古以来就闪烁着迷人的斑斓色彩。"羌笛何须怨杨柳"的时代早已经成为遥远的过去,许多人都知道了"客舍青青柳色新"其实才是现代兰州形象的真实写照,

新时期以来,兰州文艺工作者坚持以中国特色社会主义理论为指导,坚持"两为方向",贯彻"双百"方针,努力以优秀的作品鼓舞人,以高尚的精神塑造人,创作出一大批充满时代精神,富有民族特色和生活气息的文艺作品。这次晋京展出的这批美术作品,就集中体现了近年来兰州美术创作的水平,是兰州人民向国庆六十周年,向首都北京奉献的一份真诚的情意。

首都百花争艳,京华人文荟萃。万紫千红的艺术殿堂,今天又增加了一抹绚丽的西部色彩。在京华展露风姿,也是艺术家们常常引以为骄傲和自豪的事情。在以往的岁月里,兰州文艺界也曾有过享誉京华的辉煌经历,而每一次进京的文化活动,都极大地推动了兰州文化事业的发展进程。艺术的发展进步需要广泛的交流,京华名家云集,拥有众多具有很高鉴赏水平的热心观众,经过他们的鉴赏品评,这些作品会更加日臻完善,这是大有裨益的好事情。经风雨、见世面、千锤百炼、精益求精,从来就是走向辉煌的必由之路。

此次进京的兰州美术家们,常年在祖国西部笔耕不辍,他们的艺术创造充满浓郁的民族特色和西部风情,颇富审美意蕴,具有很高的艺术观赏性。相信首都观众将从中体味到祖国西部和西部艺术的神奇魅力。神奇壮丽的西部将成为我们向往的一个多彩的梦。从此,我们会记住"兰州"这个美丽的词。

在以往兰州进京的文化活动中,首都人民和各界人士曾经给予我们许多悉心扶持和热情鼓励。此次《大河魂》晋京展出,相信仍然会得到各位"旧雨新知"一如既往地热情关照,名家荟萃的京华墨坛异彩纷呈,进京展出对兰州美术界无疑极富挑战性,我们期待着兰州这块土地上培育的艺术鲜花在京华放射出绚丽夺目的光彩。

现在,我们隆重有请:(某领导同志,职务、姓名)先生主持剪彩仪式。(如果不请领导,接着说以下的话)

出席今天剪彩仪式的领导同志和各界嘉宾有:(名单略)

采访今天剪彩仪式的首都新闻界、传媒界嘉宾有:(名单略)

让我们以热烈的掌声,向各位领导、各位嘉宾,向首都美术界和社会各界朋友们,表示崇高的敬意和热烈的欢迎。

首先,请某某先生(兰州市领导)致词

请某某先生(首都嘉宾)致词

现在,有请某某先生(依次唱读剪彩嘉宾职务、姓名。名单略)

为《大河魂——兰州画院美术作品晋京展览》揭幕剪彩!

请各位嘉宾参观展览。谢谢各位。

● 神采飞扬国庆颂

——2009 年国庆兰州市直属机关歌咏大赛主持词

(9 月 9 日—11 日·金城大剧院)

尊敬的各位领导,各位来宾,同志们,朋友们:大家好!

国庆放歌,盛世华章,砥柱中流,铁骨钢梁。

河汇百流,九曲不回,金城兰州,神采飞扬。

在热烈庆祝新中国成立六十周年和兰州解放六十周年的喜庆日子里,中共兰州市直属机关工委响应党中央的号召,按照市委的部署,积极组织广大机关干部全面展开"爱国歌曲大家唱"活动。

近期,市直各党政部门、机关、团体都积极组织合唱队,激情投入地展开《我和我的祖国》歌咏活动。

今天,我们在这里举行本次歌咏活动的决赛演出活动。

担任今天决赛活动评委的有:(名单略)

让我们以热烈的掌声,向各位评委表示感谢。

同志们:本次决赛演唱活动有六十多个代表队参加。

今天举行的是第一(二、三)场比赛。

数千名国家公务员激情澎湃、神采飞扬地放声歌唱党、歌唱祖国、歌唱人民、歌唱和谐社会和小康生活的时代精神。

嘹亮的歌声响彻兰州党政机关,充分展示着广大国家公务员的时代风采。

首先,请(市直机关,或市委领导同志,名单略)致词

【致词结束

同志们:

由中央宣传部、中央文明办、解放军总政治部等十部委发出的《关于广泛开展"爱国歌曲大家唱"群众性歌咏活动的通知》推荐了一百首爱国歌曲。这百首爱国歌曲的歌词充满时代精神、音乐旋律无比优美，不论过去和现在，都被广泛传唱，成为中华民族跨世纪的最强音。

爱国之歌，是追忆，是传承，更是开创，是用历史昭示未来的时代最强音。伟大的业绩与爱国主义精神紧密相联，辉煌的成就伴随优秀歌曲展现。百首爱国歌曲，承载着我们对峥嵘岁月的缅怀，寄托着我们对崇高目标与壮美精神的向往，激励着我们改革开放、创新创业的勇气与魄力，也必将继续激励我们为党、为祖国、为人民的事业无私奉献、尽忠竭力、继往开来，去争取并创造新的辉煌。

让我们放声高唱爱国歌曲，为构建和谐社会、建设全面小康，为兰州的发展进步而努力奋斗。

首先出场的是某某代表队

演唱曲目：

【以下按节目单排列顺序报幕

例如：下面请听合唱：1.《十送红军》 2.《山丹丹开花红艳艳》

演出单位：某某局

结束语

同志们：今天的比赛就进行到这里。明天继续比赛，欢迎大家前来观看演出，为比赛活动鼓劲加油。

同志们，再见。

最后一场结束语：

同志们：《我和我的祖国》市直机关歌咏比赛已经全部进行完毕，现在，请(领导同志)宣布比赛结果。

现在，请(领导同志)颁奖。

(颁奖仪式)

结束语：

同志们：

爱国之歌，是追忆，是传承，更是开创。

爱国歌曲，是用历史昭示未来的时代最强音。

伟大的业绩与爱国主义精神紧密相联。

辉煌的成就伴随优秀歌曲展现。

百首爱国歌曲，承载着我们对峥嵘岁月的缅怀，寄托着我们对崇高目标与壮美精神的向往。

百首爱国歌曲，激励着我们改革开放、创新创业的勇气与魄力，也必将继续激励我们为党、为祖国、为人民的事业无私奉献、尽忠竭力、继往开来，去争取并创造新的辉煌。

同志们，再见！

● 辉煌临泽交响诗

五集电视艺术片·文学策划文本

总 片 头

【采用三维非线编辑技术，制作具有视觉冲击力的精彩动感画面，推出本片主题词，表达本片思想内涵。实现画面生动，形象逼真，视觉恢宏，具有现代艺术感的视觉效果。】

第一集 谁持彩练当空舞

【——312国道。高速公路。"临泽"收费站。公路里程碑特写等画面切换。——【】号内文字与形象描写仅仅是镜头提示，请摄像、编导参考。】

解说词：(下同，不再标注)

如同一条横贯中国大陆的金色丝带，312国道，向着西部延伸。

沿着高速公路，从首都北京抵达这里的距离是2395公里。

在人们的想象中，这里似乎十分遥远，其实，临泽县近在咫尺。

【"酒钢号"快速列车；兰新铁路客运专线工程工地】

乘坐奔驰在兰新铁路上的快速列车，从甘肃省会兰州市风驰电掣到达这里的路程，是584公里，五个半小时就可以抵达县城。

正在建设中的兰新铁路客运专线，列车设计时速为200公里，三个小时即可抵达此地。

临泽县的地理坐标是：东经99°51′—100°30′与北纬38°57′—39°42′的交汇点。

【卫星遥感地图，古丝路示意图，茫茫大漠，片片绿洲】

古丝绸之路绵延万里，在这里稍稍停顿了一下，便诞生了一个水波潋滟、碧波荡漾的地理名词——临泽。从汉语词汇的字面意义来理解，这片土地具有"濒临泽国"的涵义。

而事实上，临泽县域境内确有很多湿地，城镇乡村农田，往往都濒临一片片沼泽地，依偎着众多的湖泊。这是一片名副其实的塞上绿洲，是一片依山傍水的"水乡泽国"。

向南远眺，莽莽苍苍的祁连山脉隐约可见。

县城北面大约 60 公里，就是著名的巴丹吉林大沙漠。

在中国国家生态安全、环境保护战略的总体规划中，临泽，更是一个极其重要的生态保护区，对保障国家生态安全、促进西北地区民族团结、繁荣发展和边疆稳固，都具有不可替代的重要作用。临泽，像一位挺身而出的勇士，几千年来，一直坚守在河西走廊中部，涵养着祁连山的雨露水源，切断了巴丹吉林沙漠继续南下的旅途。

关于勇士的这个比喻一点也不夸张，也绝不是所谓文学描写的夸大其词。

公元 2010 年 4 月 24 日下午，临泽县东面不到 100 公里的邻居县(民勤县)经历了一场黑风暴，下午 4 时的天色如同深夜，伸手不见五指，遍地燃烧着火焰，巴丹吉林和腾格里沙漠刮来的大风暴造成的损失令人触目惊心。人们更加清楚地认识到，截至今日，腾格里沙漠继续南侵的态势尚未被完全阻止，倘若巴丹吉林沙漠也出现南侵迹象，河西走廊绿色通道将被沙漠切断，而这，绝不是危言耸听。

临泽县与这场罕见的黑风暴的肆虐地，正好都处于地球的同一个纬度——北纬 38°57′—39°42′ 之间。他们的北面,都是茫茫无际的大沙漠,一个叫做巴丹吉林,一个叫做腾格里。这两个词汇,具有相同的涵义——即寸草不生的大沙漠。

【王洁岚书记同期声:临泽的绿色生态安全关系到国家利益,我们临泽人绝不会用破坏生态的举措去换取 GDP 的增长速度,绿色生态安全和水源环境保护是我的第一选择,资源枯竭型城市走到今天的历史教训是非常深刻的……】

临泽绿洲是河西走廊具有决定意义的生态屏障,临泽县境内的梨园河、大沙河、黑河就是这生态屏障的坚实基础和坚固防线。

发源于祁连山南麓的大沙河被民众誉为临泽的 "母亲河",她一路涓涓细流之时,被称为梨园河,当她抵达梨园口,已经是一条十分壮观的河流。

梨园河由南向北抵达临泽沙河镇的时候,就被称为大沙河了。

在临泽县城所在地沙河镇,大沙河忽然欢快地转往西北方向流淌,仿佛要去寻找自己的亲人和恋人,一头扑进了县城的怀抱。

大沙河温柔地亲吻着这片已经十分湿润的土地,临泽水系在这里形成了一个适于民众劳作,也适于百姓生活的冲击平原,滋润着临泽县 16 万民众的小康生活。

临泽,天造地设地成为千里河西走廊上一片最为富足的土地。

在干旱少雨的西部,"一碗水"和"喊叫水"诸如此类干渴的地名,我们司空见惯,而当我们看见"临泽"这样一个散发出水光秀色的水淋淋的地名时,我们便理解了,什么叫做"戈壁绿洲"和"塞上江南"。

【临泽县城、农村、广阔的田野、山水、丰收的景色……】

临泽,地处中国西部河西走廊中段,坐落在甘肃省张掖市辖区

盛典礼赞

境内,是一个盛产各类农牧畜产作物的农牧业大县。

自古以来,临泽就是一方人杰地灵、富庶安康的福地和宝地。

两千多年来,临泽民众不断创造着辉煌灿烂的历史篇章。

在历史的征程中,临泽,曾留下了一行行闪光的足迹。

【县委大楼、县委县政府的荣誉牌匾、锦旗、奖状……】

今天,她更是一块充满希望与活力的热土,独具魅力特色因而具有广阔的发展潜力。

如何在原有成绩的基础上,带领全县民众创造新的业绩,开辟新的天地,实现新的跨越式发展,用真正科学的态度去实践"科学发展观",成为新任县委书记王洁岚夙兴夜寐地思考的主要课题。

这位县委书记,对这片土地上的一切,几乎都了如指掌。在本片摄制组撰稿人的印象中,这位书记不但写得一手好书法,而且对临泽县政治经济文化状况的熟悉程度,已经达到了能够运筹帷幄之中,决胜千里之外的全新境界。他的讲话概念准确,思路清晰,逻辑严密,观念超前,极富感染力。

【采访王洁岚书记:同期声大意:能到这个地方任职,在县委书记的职位上为人民服务,是我的荣幸。我一直认为临泽县是张掖最好的地方,甚至是甘肃最好的地方,好在哪里,我一直在探寻这个问题。我的结论是,好在这片上苍所赐的宝地和生活在这块土地上的勤劳善良的人民群众。但是,随着时间的推移和认识的深入,我慢慢感到一种前所未有的压力,甚至可以说是危机感。在表面的"好"字遮盖下,我们有一些工作的薄弱环节被忽视了,一些方面的工作差距和这些金光灿灿的奖杯、琳琅满目的奖牌很不相称。我讲这种感觉不是妄自菲薄,而是希望自己记住古人"知耻近乎勇,知耻而后勇"的古训,也是为了提醒我们的干部,特别是各级领导干

部要始终保持清醒的头脑,敢于正视我们在发展中存在的不足,励精图治,迎头赶上。】

新时期以来,临泽县广大干部群众高举中国特色社会主义伟大旗帜,聚精会神搞建设,一心一意谋发展,全心全意奔小康,创造出了骄人的业绩。

作为县委书记,王洁岚当然懂得临泽县过去所拥有的"中国枣乡"、"全国粮食单产冠军县"、"全国科技进步先进县"、"全国文明县"、"省级园林城市"、"全省新农村建设试点县" 等等数不胜数的崇高荣誉,意味着什么……

但他并不满足于做一个仅仅能守住这些荣誉的安于现状的守成太平官, 因而, 他更看到了荣誉牌匾光晕中发散出来的许多不足,因此他也看到了人们司空见惯、于是熟视无睹、因而无动于衷的问题。

【大沙河历史图片】

你看,在 2009 年,王洁岚上任之初,临泽人的母亲河大沙河居然还是这幅模样。

大沙河,这条上天赐给临泽人的生命之河,已经年久失修,就连河堤居然都垮塌成了一片废墟。在旱季,河道污水横流,气味逼人。一旦天降暴雨,大沙河两岸的民众,往往被肆意横流的滔滔洪水搞得心惊胆战却又无可奈何。

据说,在并不久远的历史上,曾经有几年,临泽人居然需要进行"抗洪"斗争,在干旱少雨的河西走廊,临泽人却要展开"抗洪"斗争,真可以说是一种罕见的奇迹了。

据说,当年唐三藏去西天取经,所经过的流沙河就是这条大沙河。那个托唐僧向佛祖打听寿命的千年大老鳖就住在这条河里。至今,"晒经台"仍然是临泽县承载着古老文化积淀的名胜古迹之一。

但是,夙兴夜寐的县委书记却是早在青年时代就熟读了老舍先生的话剧《龙须沟》的。

他告诉摄制组,关于《西游记》的故事在临泽俯拾皆是,我们可以慢慢来解读这些流传久远的神话传说故事,但眼前这种模样的大沙河,已经成为临泽的"龙须沟"了。不论从那个角度看,我要做的第一件事情,就是整治这条临泽的龙须沟。临泽人要振兴县域经济,要腾飞临泽社会事业,要改变临泽城市的面貌,要实现临泽新的崛起的突破口,就在这里——这就是流经县城沙河镇2、6公里的大沙河河段。

【大沙河整治规划图册,幻化为今日沙河景色】

一个宏伟的蓝图构思渐渐在县委书记的脑海中成熟了,他终于下定了决心。

整治大沙河,这确实是一篇好文章。用三年时间,分三个阶段写好这篇文章,将全面带动临泽县经济社会建设和文化事业的突破性发展。城市面貌将焕然一新,服务业将突飞猛进,房地产用地将唾手可得,环境生态保护将跨越时代,招商引资也会登上新的台阶。生态立县、商贸活县、产业富县、科教兴县的发展战略就有了坚实的立足点和出发点。

上天赐给临泽人一条大沙河,伟大的新时代却将一个历史重任放在了这位县委书记的肩膀上。他敏锐地抓住了时代赋予他的为临泽民众做出应有贡献的这个历史性机遇。

2009年6月(是几月?请落实),大沙河整治第一期工程破土动工。

县委县政府坚持以生态理念引领县城的城镇化建设,举全县之力实施大沙河流域综合治理。不到一年时间，大沙河的水域景观、路桥配套、绿化美化、河道蓄水泄洪设施、污水处理设施等配套工程基本完成。新城市风景区、市民休闲娱乐区、新兴房地产开发区已经初具规模。处于县城这一段的大沙河已经完全改变了模样。

大沙河综合治理，全面带动了全县一产、二产、和第三产业的协调发展，生态立县、商贸活县、产业富县、科教兴县的战略部署，从此迈出了实质性的前进步伐。

2010年6月，本片摄制组来到这里采访时，漫步在亲水平台上，已经无法想象，眼前这景色秀丽、春风杨柳、宛如西湖柳浪闻莺、三潭映月的临泽滨河路，在一年前，是什么模样了。本片撰稿人和编导只能通过昔日的图片，来管中窥豹了。

大沙河整治工程仅仅进行了一年多，第一期工程就已经取得改天换地、旧貌换新颜的出色效果。

对县委县政府举全县之力整治大沙河的明智举措，临泽民众赞不绝口。

【采访当地民众，同期声编辑；领导题词镜头或者同期声编辑；百姓给书记的信函摘录等】

省委书记陆浩评价说："多采光、少用水、节省地、高效益"。

前省长徐守盛评价说：全省的城市建设，如果都像临泽这样搞，就好了。

副省长刘永福评价说：这是"功在当代，利在千秋的好事"。

县委书记王洁岚对自己筹划的这篇大文章也感到满意。

【沙河大桥牌坊牌匾】

他激情澎湃地挥笔题写了这幅楹联：

清江临沙河五湖春风吹万物；碧波泽福地一池秋水润千畴。

横批是：沙河春望。

【大沙河清晨景色、绚丽的朝霞，晨练的百姓、上学路上的孩子、日景、夜景，桥梁、音乐喷泉、溢水坝、天鹅湖……无词的音乐颂歌】

是的，这一届县委县政府以更加科学的观念，更加开阔的眼界，更加缜密的思维，为临泽的明天勾画出了一个更加美好的远景蓝图。

王洁岚书记为全县的发展提出了新的工作目标和奋斗方向：

坚持生态立县，做活水文章，培育水系特色产业带。

坚持产业富县，增强竞争力，建设特色优势产业基地。

坚持商贸活县，提高开放度，打造三条商贸流通线。

坚持科教兴县，注重长远性，积极开发人力资源。

他解读到，这些，不但是发展目标，也是齐头并进不分先后的发展举措，县委县政府领导班子将不断加强党的建设，不断凝聚工作合力，不断增强用科学的态度实现科学发展的能力和水平。增强走科学发展道路的自觉性和坚定性。进一步深化对县情的认识，理清发展思路，举生态旗，走特色路，结合临泽的实际来思考指导临泽经济发展的基本方针，继续推进县域经济又好又快发展，全面推进全县经济社会快速、协调、可持续发展。

作为临泽县的领导核心，县委县政府肩负着崇高的历史使命，以更加昂扬的斗志，更加饱满的精神，更加扎实的工作措施，团结带领全县民众，去创造更加美好的生活！在这块充满活力、富有生机的绿色土地上，努力开创更加光辉灿烂的明天！

敬请关注本片第二集《天开临泽多秀色》

【第一集结束】

第二集　天开临泽多秀色

【总撰稿人注：以下文本不再一一详细标注镜头提示，以免影响和禁锢摄像和编导人员的创造性思维】

倘若您没有亲自到过这里，也许你难以想象，在莽莽苍苍的祁连山北麓，在茫茫无际的内蒙古巴丹吉林大沙漠南边，在这块被称为张掖盆地的腹地当中，居然坐落着一片塞上绿洲。

临泽，这样的一个滴着露水的地名，犹如"香格里拉"，令我们浮想联翩。

史书记载，早在天地洪荒的远古年代，临泽这片土地，是一片方圆数百里的巨大湖泊。传说大禹治水的时候，将滔滔不息的弱水河引导到合黎山，其余的水系则形成了流沙河，这就是今天流经县城的大沙河。远古先民们便在河湖水系分割的土地上开始了游牧和耕作。

在临泽出土的新石器时期文物，也说明早在五千年前，被民族学定位为"月氏"部落的先民们就在这里繁衍生息，游牧耕作，生产劳作了。

这里，点缀着难以尽述的秀色美景，流传着许许多多神奇动人的历史传说，令人驻足遐想、流连忘返。

早在三千多年之前，中华民族的文化交流与融合，就在这里开始了。

有一部春秋战国时期编写的、被称为《竹书纪年》的古代文献记载：周穆王十三年，也就是公元前989年，华夏中国当时的最高统治者周穆王曾经乘坐着八匹骏马牵引的车驾，来到这里巡视。周穆王与月氏部落的首领结下了深厚的友谊。这件事情发生的时间

盛典礼赞

是如此地久远,周穆王接过月氏部落首领献上的美酒之后,又过了一千多年,关于耶稣基督的故事才在如今巴勒斯坦和以色列的那片土地上诞生。

汉武帝元狩二年,即公元前121年,年仅20岁的骠骑将军霍去病率领着大汉军队也来到这里,从而开辟了张掖、酒泉等河西六郡。临泽这片土地,被汉武帝命名为"昭武"县,彰显着大汉王朝开疆拓土、"武功昭彰"的历史功绩。

在今天的临泽"鸭暖乡"一带,依然可以看到两千年前"昭武"遗迹留下的痕迹。

西晋时期,这片土地由于远离战乱频仍的中原地区,因而社会安定、经济繁荣,人民安居乐业。但为了避讳汉文帝司马昭名字当中的那个"昭"字,"昭武"县名便被重新命名为"临泽"。这个水墨淋漓、名副其实的地名,从此便延续了下来。

两千多年以来,这片土地的命运与中华民族的命运息息相关、血肉相连、密不可分。

临泽,同样经历了中华民族所经历过的一切。

临泽,曾经有过"渠武""永安""永平""蓼泉""抚彝"等地名称呼,这些名称,折射出临泽历史的悠久和文化积淀的深厚。

【县委书记及其书法作品】

公元2009年10月,在新中国成立六十周年的喜庆日子里,这位现任的中共临泽县委书记铺开宣纸,饱蘸深情地书写了一首七律古诗,其中,有这样的诗句:"地载天开多秀色,一方美景万年安。"

【翻动的《临泽县志》】

虽然,这首古诗是明代诗人郭绅在六百年前写给临泽的一首赞美诗，却使得我们完全可以想象得到，自古以来，临泽这块土地就是水草丰美、物产丰盛、地灵人杰的一片塞上绿洲。

临泽，确实有着"塞上小江南"的美誉。

这位今天的县委书记为之奋斗着的理想境界，与古代诗人心中向往的秀色美景、期盼的万年平安，一脉相承，不谋而合。

现在，让我们从遥远的历史走向今日的临泽，去看看秀色独具的"临泽新八景"吧。

【七彩丹霞】

临泽县最为雄奇的自然景观，无疑是地处县城南边不到二十公里的"七彩丹霞"地貌为首的，临泽丹霞地貌"色如渥丹，灿若明霞"，气势磅礴、场面壮观、造型奇特、色彩艳丽，堪称"七彩神仙台"。汇聚着雄奇、险峻、幽深、富丽与堂皇的地理面貌，大自然鬼斧神工造就的独特美景将色彩的绚丽和地貌的壮美融汇于一体，置身其中，令人顿生"仰望日月色斑斓，俯瞰宇宙别有天"的奇妙思绪。"高峰壁立老龙蟠，削出芙蓉作画看。"美得让人眩晕，神奇令人惊叹。

随着日月天色的阴晴圆缺，丹霞奇观不断地变换着形态意境。一年四季、昼夜寒暑，不论你何时来到这里，你都会得到独特的感受。

那是属于你的精彩，那是属于你的经验，那是属于你的独有的美的享受。

这绵延起伏的五彩丘陵，这"众僧拜佛"的宏大场面，这牛魔王和铁扇公主的"芭蕉洞"……倘若你能登上这高处的观景台，那么，这奔腾咆哮却凝固着的色彩缤纷的大河浪涛，一定会令你震撼、惊叹、感慨，好似天外来客，恍若神仙境界，已经没有语言足以表达你此刻的心情了。

【黑河烟林】

在临泽，山的雄奇险峻与水的温情和缠绵是相映成趣的。

当我们还没有从丹霞奇观的眩晕当中回过神来，黑河的青青柳色和芦苇荡，却将我们带入了另一种宁静的温馨。

黑河，是流经临泽县北面的一条大河。据传说，当年骠骑将军霍去病率领的将士们用头盔煮饭，餐后便在河水中刷洗被烟火熏黑的头盔，结果把河水都染黑了，所以，这条河就被少年将军叫做"黑河"，而这样的传说，也真是妙趣横生的。

"黑河如带向西来，河上边城自汉开"——明代诗人郭登为黑河写下了这样的诗句。

而在大多数人的印象中，"条条江河向东流，奔腾万里赴东海"这已经是根深蒂固的思维定势，但黑河，却是由东向西北方向缓缓流淌着的。

黑河，还有不少的俗称和别名，比如"通天河"就会令我们想起《西游记》里的故事；比如"乌江"，就会让我们稍稍思索一下，它和楚霸王项羽是否有什么关系。而"弱水"则是我们耳熟能详的词汇了。曹雪芹通过林黛玉的表白说，"任凭弱水三千，我只取一瓢饮"，则包含着深刻的人生哲理了。

【沙河春望】

黑河，由东向西流淌着，而大沙河，却是由东南向西北方向流经了临泽。河湖港汊，水网密布，是临泽得天独厚的地理优势。临泽，得到了水的眷顾，临泽，得到了河的青睐。临泽人明确地意识到：水，是临泽生态的核心要素。河，是临泽的安全屏障。

2009 年，县委县政府确立了"坚持生态立县，做足做活水文章，培育水系特色产业带"的发展思路。新任县委书记王洁岚经常思考的首要问题,就是突出治水、节水、活水,做足水的文章。因此,临泽的水更清澈,人,更精神了。这一年,县委县政府做出了综合治理大沙河的总体规划,吹响了整治大沙河的号角。大沙河流域综合治理工程成为生态立县和为民众办实事的首选之举。这项壮举使得原来处于"脏乱差"状态的大沙河河道和两岸环境彻底改变了面貌。流经城区的 2、6 公里河道水域得到彻底清理整治。水域景观、路桥配套、污水处理、绿化亮化和房地产建设开发项目迅速起步。堤岸得到整修美化,水面得到清洁,大绿地、大水面、大景观托起了大沙河风情线新的壮丽景色。

县委书记认为,临泽的生产要素汇聚在水系,地理优势聚集在水系,工农业产业结构调整和产品特色也将在水系得到进一步彰显,那么,培育水系产业带就应该而且已经成为临泽经济社会发展的首选之举。

漫步大沙河堤岸,荡舟天鹅湖中,你真的恍若梦境。

在巴丹吉林沙漠南沿,在戈壁与沙漠环抱的这片绿洲,临泽人,居然是以"水"为主题的,是以"水"为关键词的,这真的令人感到不可思议却又如梦方醒,明明白白。

春望沙河,水波潋滟,让人流连忘返,香古寺的晨钟却又在将你召唤。

【香古晨钟】

香古寺的钟声已经响彻了两千年的时空。

从西汉初年起,这座古刹的晨钟就在这里回旋荡漾。

跨过寺庙的门槛,瞻仰这座"鸠摩罗什佛牙舍利塔",一切解说似乎都显得有些多余了。

鸠摩罗什,印度高僧,公元 386 年,他经过临泽去了凉州——也就是今天的武威市。

在河西这片土地上,鸠摩罗什讲经说法十七年之后,又去了长安,成为与玄奘即唐三藏齐名的佛学典籍翻译家。

在这段时间里,乐尊和尚正在敦煌三危山的岩壁上,开凿出了莫高窟的第一个洞窟。

鸠摩罗什即将圆寂的时候,吩咐徒弟们,自己的舌头舍利子要安葬在凉州,一颗牙齿舍利子则要留给临泽。据说,他的一颗牙齿就被安放在这座佛塔当中。

今天,在此修行已经十几年的寺院方丈"理空"法师,虔诚地守护着先师的舍利子珍宝。

始建于西汉初年的临泽香古寺,虽然也历经了两千年来的荣辱兴衰,但是,这里今天却有着大小殿堂 29 座,僧舍 160 多间,彩塑佛像 100 余尊,寺院占地面积 200 余亩。

只需要了解了这些故事和数据,僧俗民众,都会油然而生景仰之情。

僧俗民众在这里顶礼膜拜的,其实是他们心中对于幸福美好富足安康生活的期盼和理想。

【双泉映月】

临泽,湖泊众多。"双泉湖"之所以被列为临泽新八景之一,一定有它的魅力独具之处。

如果不是受到数字的限制,临泽的每一处湖泊都是能够入选的。

让我们一一浏览一下这些"水立方"吧:

【字幕画面:鹦鸽嘴水库、平川水库、天鹅湖、马郡滩水库、锁龙潭、蓼泉、五眼泉、九眼泉……

【峡谷奇观】

临泽,得山独厚,得水独秀。这条被命名为"峡谷奇观"的临泽新八景之一,其地形地貌的神奇境界,与美洲西部科罗拉多大峡谷相比较,也毫不逊色。

不少电影导演,都在这里为自己的影片选择外景,从而为影片增加了动人的氛围。

【昭武神韵】

在西汉年间,临泽被称为昭武县,昭彰着汉武帝开疆拓土的赫赫武功,这不仅有文字的历史记载,而且有着考古学实地遗址的见证。

早在1941年,我国考古学家卫聚贤和甘肃学者冯国瑞就在昭武村发现了刻有文字和图案的汉代残砖。昭武遗址是(国家)省级文物保护单位,为研究河西开发史提供了重要的基础。在这里出土的文物,往往被认定为国家级文物。

【祁连丰碑】

临泽,不仅仅有着众多独特的自然风光和古代遗址遗存,红色革命历史文物遗存也保存完好,令我们可以如数家珍,这是西路军革命先辈留给临泽的珍贵历史遗产,临泽人为之珍重。

1936年的冬天,红军西路军为促成抗日救国的大局面,为实现救国救民的大理想,曾经在临泽这片土地上留下了他们的足迹,写下了可歌可泣的悲壮诗篇。

临泽人民将这诗篇铭刻在心里,将这座丰碑拥抱在怀中,成为这片土地的骄傲与自豪。

每一位来到临泽的客人,都会来到这里瞻仰这座丰碑。或者,献上一束鲜花，或者，默默驻足瞻仰，从而生出无限的敬仰之情。

临泽，从历史中走来，临泽，将向未来奔去。

敬请关注本片第三集《红色沃土丰碑吟》

【第二集结束】

第三集　红色沃土丰碑吟

【临泽烈士陵园、西路军纪念碑，县委大楼】

当第一缕朝霞辉映矗立在大沙河边的这座高耸入云的丰碑时，临泽县委书记王洁岚已经走进了这座不设围墙的县委县政府大楼。

今天，他的工作日程当中，有一个项目是听取有关部门关于举办临泽县首届艺术节并邀请中央电视台举办"激情广场"文艺晚会的工作汇报。

激情广场设在何处，是今天下属请示他的问题之一。

对此，这位曾经担任过张掖市文化局长，做过大量文化事业建设工作的县委书记早已经胸有成竹。

如何发展临泽县的文化事业，如何用软实力支撑硬件建设，如何用精神文明建设支撑物质文明建设，如何用文化的发展带动各项社会事业的进步，是他经常在思考的问题。

【大沙河边、陵园前广场】

坐落在大沙河岸边的这座烈士陵园，已经成为今天这座城市规划布局的中心点了。

实际上，早在75年前，经过这里的那支被称为西路红军的队伍，已经点燃了今天临泽所燃烧的激情火种。

长眠在这里的西路军烈士们，曾经为今日大沙河的壮丽秀色浴血奋战,今天,他们终于看到了大沙河旧貌换新颜的崭新天地。

【县委会议】

在这片方圆 2727 平方公里的土地上,县委书记高举中国特色社会主义的伟大旗帜,带领着全县 16 万民众,正在为建设一个"一方美景万年安"的新时代的新临泽县而努力奋斗着。

【《激情广场》演出实况或者场景气氛图】

热恋着这片土地的,不仅仅是这片热土上生活、劳作、繁衍生息着的民众和被他们称作"书记、县长、乡长、村长"的勤劳致富的带头人。

【陵园徐向前、李先念塑像】

这位共和国元帅和这位国家主席也将这里选择为自己的永远安息之地。

【徐向前、李先念,骨灰播撒仪式的影像、图片资料】

公元 1990 年,遵照这位共和国开国元勋留下的遗言,徐向前元帅的骨灰播撒在了这片土地上。

两年之后,1992 年,中华人民共和国第三任国家主席李先念的骨灰,也播撒在了这片莽莽苍苍的山川和绿茵茵然的大地之间。

他们,终生都眷恋着这片曾经战斗过的红色沃土。

【西路军历史图片、战场遗址、文物、纪念碑】

时间的距离,距今天却并不遥远。临泽人不会忘记:七十五年前,1936 年的那个滴水成冰的深冬季节,一支穿着土灰色军装却被称作"红军"的队伍曾来到这里。

【西路军留下的标语】

当红军在这里书写出抗日救国的大幅标语时,淳朴善良的当地百姓第一次亲眼看见了一支为人民谋利益的军队。老百姓曾热情地捧出临泽红枣款待他们。

【蓼泉，苏维埃政府遗址】

1937 年 1 月 2 日，中华苏维埃临泽县政府在这里诞生，这，也许是河西走廊最早产生的红色政权。虽然，它仅仅存在了二十余天，却播下了革命的火种，点燃了革命的火焰，唤醒了河西走廊的万千民众。

临泽民众，曾经为这支高举抗日救国旗帜的红色队伍筹集了一百万余斤粮食给养、奉献了数十万银元和五十余万丈布匹。

西路军的每一位战士，都曾得到临泽民众的恩惠。

【如有健在的西路军老战士的讲述最好，或者采集图书照片等资料……】

烈士的鲜血，曾经浸润着这片土地。

红色的基因，滋养着这片塞上绿洲。

1936 年的冬天，未来的共和国元帅和国家主席也和普通士兵一样打着绑腿，穿着草鞋。

然而他们却清楚地知道，历史的脚步将向着那个灿烂的黎明迈进，从而实现明代诗人所期盼的这"一方美景万年安"的美好心愿。

【倪家营遗址、汪家墩遗址……】

当他们在这里与封建军阀浴血奋战了 70 多个昼夜之后，这里的老百姓们便永远记住了一个光荣而悲壮的历史名词——"中国工农红军西路军"。

临泽，经历了革命的血与火的洗礼。

临泽民众，以自己的善良和淳朴，选择了红军为之奋斗的理念和发展道路。

【梨园口遗址、战壕……】

当年的红军战士用双手挖出的这些战壕，为共和国的诞生奠定了坚实的基础。

1949 年，人民解放军挥师西进。

9 月 22 日，临泽民众打开城门，迎接解放大军进入了县城。

临泽，以和平解放的方式，迎来了新生。

【展览馆、遗址，林佳楣题词、徐向前子女瞻仰纪念碑影像图片资料，丹霞地貌】

许多年之后，当国家主席夫人和元帅的子女前来凭吊这片亲人和父辈曾经浴血奋战的土地的时候，一些地名被更加鲜明地铭刻在了中国革命的史册中：

【叠印字幕，画面：蓼泉、倪家营子、梨园口、南柳河、刘家墩子、汪家墩子……】

【以上列举的纪念地遗址、革命遗物……参观展览、凭吊遗址的中外旅游者】

在这里，人们依然可以触摸到远去的历史。

"转战临泽、激战高台、血战倪家营子"——这些远去的词汇，已经凝练为固定的汉语词组和历史概念。

当年的烽火硝烟已经融入了血色黄昏，西路红军悲壮的历程化作高耸入云的历史丰碑，为这片土地留下了一份值得珍贵的革命历史遗产，丰碑托起了一个个灿烂的黎明，辉映着一片片灿烂的朝霞。

谁持彩练当空舞，雨后复斜阳，关山阵阵苍。当年鏖战急，弹洞前村壁，装点此关山，今朝更好看。……

【县委县政府大楼，机关公务员们在忙碌着，书记县长深入田

间地头、指导生产……】

有着光荣革命传统的临泽县广大干部群众，在这片土地上深入学习实践科学发展观。

临泽，继承着西路军顽强不屈的奋斗精神，高举中国特色社会主义伟大旗帜，深入实践科学发展观，正在走向又一个灿烂的明天。

敬请关注本片第四集《百般红紫斗芳菲》

【第三集结束】

第四集　百般红紫斗芳菲

铺展开中国地图，甘肃版图的形状很像是中国人喜爱的一件器物，这就是"如意"。这，也许是天意，倘若你伸手拿起这柄"如意"，你的手握住的地方，常常是它的中段。

甘肃省临泽县，恰巧就坐落在这柄"如意"的中心位置。

你难以想象的是，在巴丹吉林沙漠的边缘，在巍巍祁连山北侧，居然掩映这样一片地肥水美五谷香的塞上绿洲。它的景色，她的富饶，完全颠覆了许多人关于西部戈壁、关于祁连山与大沙漠的思维定势。

你更难以想象的是，在全国 1636 个县当中，甘肃省临泽县所获得的国家级和省级荣誉桂冠是如此地众多，多到你数都数不过来。我们稍稍筛选了一下，就将 1987 年以来，临泽县获得的国家级荣誉归纳为"十项殊荣"。这每一项荣誉，都包含着一个地区政治经济文化和社会发展的主要因素，十项殊荣，几乎囊括了一个社会结构所能够具有的全部单元因素。

【迅速闪过以下十项荣誉的奖牌镜头和场景，电脑打字效果叠

印以下字幕】

【1987年4月,临泽县获得国家体委颁发的"全国体育先进县"荣誉称号。

1988年9月,临泽县获得国家农业部颁发的"全国一熟制地区粮食单产冠军县"荣誉称号、

1989年9月,临泽县获得国务院授予的"全国夏季粮油高产先进单位"荣誉称号。

1989年9月,临泽县获得国家林业部颁发的"全国平原绿化先进县"荣誉称号、

1991年10月,临泽县获得国家土地局颁发的"全国土地开发先进县"荣誉称号

1996年3月,临泽县获得国家教委颁发的"全国幼儿教育先进县"荣誉称号

1996年5月,临泽县获得国家文化部颁发的"全国文化先进县"荣誉称号

2000年7月,临泽县获得国家广电总局颁发的"全国广播电视先进县"荣誉称号

2001年8月,临泽县获得国家林业局颁发的"中国枣乡"称号

2003年12月,临泽县获得国家科技部颁发的"全国科技工作先进县"荣誉称号

2005年1月,临泽县获得国家人口计生委颁发的"全国计生优质服务先进县"称号

2006年12月,临泽县获得国家农业部颁发的"全国粮食生产先进县"荣誉称号

2007年9月,临泽县获得中央宣传部颁发的"全国绿色小康

县"荣誉称号

2009 年 1 月,临泽县获得中央文明委颁发的"全国文明县"荣誉称号。】

临泽,是一个仅有 16 万人的西部人口小县,却是一个胸前挂满了勋章和奖牌的富足的先进大县。在物质文明建设和精神文明建设中,他们都走在全国的先进行列中。

这些金灿灿的奖杯、奖牌、奖状、锦旗琳琅满目,表明临泽物质的富裕和精神的健壮,真是"两个文明"双丰收,精神与物质,相映成辉,相得益彰。

在改革开放的岁月里,临泽人以自己的勤劳和汗水,一次次谱写着一曲曲动人的乐章,打造出了一块块金色的品牌,这些金灿灿的荣誉和称号,凝聚着临泽人的智慧和勤劳,造就了一个富足安康、魅力独具的塞上小江南。

【丰收的田野,临泽小红枣儿挂满了树梢。】

这是改革开放三十年来硕果累累的又一个金色秋天。

这一天,在场院里,在农工商一体化企业的仓储基地,闻名遐迩、品质优良的临泽小红枣儿正打包装箱,即将运往海内外、远销亚欧美、走遍全世界。

临泽小红枣如红彤彤的丹霞依然火红,临泽人的日子却更加火红了。

临泽县是一个具有充分水利灌溉条件的历史悠久的农耕农业区。

这里地势平坦,土壤肥沃。梨园河、大沙河与黑河在此交汇,河渠纵横,百泉喷涌,湖泊相连。享有"沙漠绿洲"、"塞上小江南"的美誉,农业生产条件十分优越。

自古以来,临泽都是河西地区主要的商品粮生产基地,长期保持着大西北粮仓的荣誉。长期保持粮食种植高产丰收的历史记录,以"吨粮田"、"双千田"为骄傲,1989 年,临泽县荣获国务院颁发的"夏粮平均亩产超过 350 公斤"的嘉奖,荣膺"全国一熟制地区粮食单产冠军"的称号。

　　临泽独特的地理位置正好处于北纬 38°57′—39°42′ 之间。而北纬 38°的地理条件,正好是地球上日照光热资源非常充足的一条金腰带。临泽人积极拓宽现代农业发展之路,按照"多采光、少用水、节省地、高效益"的思路,大力发展日光温室、奶牛、肉牛养殖为主的荒漠区现代设施农业,探索出了一条在存量土地不变、甚至不占用耕地的情况下增加生产总量、提高生产效益、发展现代农业的新路子,以荒漠区现代设施农业为代表的优势产业成为调整结构、促进增收的新亮点。

　　这里出产的多种设施农产品,不但产量高,而且品质好,形成了在全省乃至全国都具有相对优势和绝对优势的支柱产业与地域特色产品。

　　例如临泽小枣、雪晶淀粉、奥瑞金种子、雪莲牌奶制品以及奶牛、肉牛、温室瓜果蔬菜、尤其是葡萄、棉花等特色农产品和深加工产品,都具有强劲的市场竞争力和广阔的发展空间。

　　让我们先来看看雪晶淀粉。这是临泽县与中国核工业 796 矿联合经营的大型玉米深加工企业。现代科技使得玉米的加工有了现代工业的色彩。临泽县也第一次出现了出口创汇的工业产品。这家企业年处理玉米能力达到六万吨,生产玉米淀粉三万吨,生产柠檬酸 3、03 万吨,年工业总产值达到 23416 万元,年出口创汇 1000 万美元以上。我们知道,在现代科技条件下,经过加工的玉米,已经不仅仅作为食品使用，更是工业生产的重要原料了，在临泽，玉米加工，已经成为振兴临泽经济的龙头产业。

临泽红枣在市场上也享有很高的盛誉。早在1400多年前的隋唐时期，临泽民众就开始种植枣树，明清时期已经渐成规模。现在，临泽乡镇田间、房前屋后，到处可见枣树，在沙河、鸭暖等乡村，枣园更是密集。小枣、大枣、双瓣枣、梨枣、骏枣等等，品类繁多，产量可观，已经形成富民强县的支柱产业之一。而年加工百吨以上红枣的企业，也已经增加到十多家，诸如：西域、昭武、京沙、红红枣业、荣鑫、绿然、等等企业公司遍布全县。以红枣为原料加工生产的产品更是琳琅满目，据说有六大系列三十多个品种远销海内外，真是令人目不暇。

枣树，是临泽人的铁杆庄稼，这句话听上去十分明白，但是，如果我发出"临奥1号""临奥4号""奥玉17号""ES18号"诸如此类的音节的时候，您能明白我是在说什么吗？是的，这是临泽盛产的玉米种子的产品代号，而这样的代号，在临泽，多达五十余个。临泽，现在是全国著名的优质玉米种子繁育基地。改革开放以来，全国50强育种企业已经有4家公司落户临泽，他们与其他十多家育种企业公司所生产的优质玉米种子年产量达到1.2亿多公斤，种子畅销全国20多个省区，产量已经占到全国各地每年所需种子量的12.5%，临泽玉米种子的培育生产，已经成为农民增收，企业增效，财政增税的支柱产业。

"荷斯坦奶牛"，这个音节读起来具有异国风味。经过20年艰苦创业，临泽人建设起了这座全省规模最大，社会效益和经济效益都堪称最好的良种奶牛繁育基地。是的，像这样的奶牛，在临泽这家循环经济企业，已经达到两千多头。来到这家占地3.2万亩的乳品有限责任公司,彷佛身处异国他乡,这是澳洲的牧场,还是欧洲的农庄呢?循环经济理念,也使得这家企业率先成为绿色环保型企业。这个大铁罐就是环保设施。牛粪化为沼气,沼气用来发电,牛粪生成沼气后的残渣,送到苜蓿地当肥料,肥料促进苜蓿生长,苜蓿用来喂牛当饲料。资源没有一点浪费,环境污染减少到零。所发的电,足够支撑企业生产所需的能源动力。现代化设施、循环经济利益、环保型生产过程,在这里都得到了实现。他们创出了闻名遐迩的"雪莲"品牌的系列奶制品。也许,您现在端起的杯子里,就盛着雪莲牛奶,你打开的这袋包装,就是雪莲牌奶粉。而雪莲 AD 钙奶,更是小朋友们的最爱。

"葡萄美酒夜光杯,欲饮琵琶马上催。"——只要读出这首脍炙人口的古诗,我们就会联想到西部,联想到河西走廊。近年来,临泽县大力发展反季节葡萄和蔬菜瓜果生产技术。冬天,已经成为临泽瓜果蔬菜的收获季节了。冬天成熟的葡萄酿成的美酒,更具有河西走廊的独特口感和醉人的品味。

临泽、日照充足,阳光灿烂,西红柿的种植与加工也渐成规模。跨入新世纪以来,西红柿种植面积不断扩展,已经登上了 5 万亩的台阶,而每亩产量达到 10 吨以上,产品的深加工也在不断发展,临泽西红柿产品在国际市场上享有盛誉。

临泽的棉花生产也有着悠久的历史。清代左宗棠进军新疆时,就曾为临泽棉花生产编写了《种棉十要》手册,推广区域棉花种植技术。自 20 世纪九十年代初期开始,临泽县大力发展棉花种植,许多农户因种植棉花而踏上了小康之路,实现了发家致富的愿望。

临泽地处河西走廊黄金地段,兰新铁路、新兰新客运专线、312国道、连霍高等级公路穿境而过,特别是随着西陇海兰新经济带的发展建设，临泽所具有的承东启西、左勾右连、前呼后拥的区位优势已经日益显现出来。

得天独厚的地理区位，风调雨顺的自然气候，先进的水利灌溉条件，党的富民政策，激发出广大民众的生产积极性，临泽农业生产得到了长足的进步，使得临泽更加富足而安康。

县委县政府提出的发展思路，与国务院办公厅 2010 年 5 月 2 日发布的《关于进一步支持甘肃经济社会发展的若干意见》所制定的发展战略完全一致，甚至在许多细节上都是相吻合的。

现在，让我们把目光投向临泽山川大地所蕴藏的矿藏吧。

这里蕴藏着锰铁、煤炭、凹凸棒粘土、石膏以及石英石等多种矿产资源。

目前，锰铁精炼产业已成为临泽县域经济发展新的增长点。

凹凸棒粘土矿的开发前景也非常广阔。境内丹霞地貌气势磅礴、造型奇特、层理交错、色彩斑斓，极具旅游开发价值。临泽，生态优势突出、农业特色鲜明、矿产资源丰富、交通快捷便利。得天独厚的自然禀赋和区域经济独有的特征，使得临泽出现了特有的基本区域特色优势和相对的发展优势。

在科学发展观指导下，在县委县政府坚强领导下，临泽民众坚持举生态旗，走特色路，立足特色优势，体现时代要求，顺应自然规律，全面推进全县经济社会快速、协调、可持续发展，沿着中国特色社会主义康庄大道，为实现全面建设小康社会的宏伟目标，奋勇前进。

敬请关注本片第五集《绚丽辉煌临泽颂》

【第四集结束】

第五集　绚丽辉煌临泽颂

【注解：第五集为电视交响诗音乐片，选配编辑与解说词相对应的临泽风光画面镜头，画面与画外音诗歌朗诵融为一体，宛如一部壮丽辉煌的《新临泽交响诗》风光片。可以约请著名朗诵艺术家先期朗诵录音（男女各一人，这首诗篇的语言构思是"上、下句"相呼应，音韵风格为阳刚与阴柔相互衬托）之后配上音乐和画面，可作为形象宣传艺术片单独播放。既可以解决"兰洽会"期间所需的宣传片问题，同时不耽误其他四集片子的摄制与编辑进度。我的想法是，摄像师完全可以于近期前往临泽采集素材、摄录镜头，所有的镜头原则上都可以在第五集使用。即便与前四集镜头有所重复，似乎也没有多大问题。实际上，"重复"原本就是艺术创作中的一个惯例和规律，只有"重复"，才会有"强调"的重点。】

【片头(略)

第一乐章　良宵美酒

【钢琴协奏曲《黄河》或者舞剧《大梦敦煌·军团》为背景音乐

来吧，五湖四海的老朋友；来吧，五洲四海的新朋友。

来吧，大沙河的波澜与激流；来吧，美不胜收的七彩丹霞与春风和杨柳。

这是昭武玉液酿成的清清溪流，这是水乡泽国荡漾的盛世风流。

这是祁连丰碑著称的魅力西部，这是充满希望的甘肃临泽——塞上绿洲。

让我捧出三杯美酒，为临泽今日的辉煌和明天的腾飞祝福加油，欢呼今夜的聚会和良宵的神州，赞美真诚的交往与友情的深厚。

这第一杯酒,献给五洲四海的新朋老友,祝福我们的友谊天长地久。

这第二杯酒,献给创业者的英姿与风流,祝福这片土地花团锦簇,山河锦绣。

这第三杯酒,献给临泽父老乡亲的热切追求,祝福你们年年都有硕果累累的金秋。

让我们举起这三杯美酒,献给高耸的丰碑,西部临泽,富足安康,更要力争上游。

第二乐章　春望沙河

【交响乐《红旗颂》或者舞剧《大梦敦煌·月牙爱情主旋律》为背景音乐。

临泽,是一部古老的诗篇,临泽,正谱写着一篇发展的宣言。

夜空中,彩光摇曳,万花争艳;夜色中,盛世辉煌,前景灿烂。

华灯初上,"五湖桥"下激情翻卷。夜幕降临,"合黎晚霞"五彩绚烂。

"昭武玉液"把激情点燃,"双泉映月"将春色渲染。

"南山晴雪"伴着"蓼泉清波"入睡,"板桥夜月"迎来"威狄夕晖"。

"西湖澄波"荡漾着"平川秋水","羊台斜照"辉映那"沙河春望"。

"碱滩趵突"听懂了"鸭翅春暖","响山夏涨"搏动临泽的胸膛。

独特的塞上小江南,美丽的"颐和绿苑",

这是春天的旋律,演绎着临泽梦幻般的魅力无限。

沙河大堤,流光溢彩,紫电青霜,腾蛟起凤,彩灯绵延。

沙河光影,碧波荡漾,七彩斑斓,水墨淋漓,气象万千。

香古寺的夜色啊,回忆着鸠摩罗什写经的神韵。

大漠绿洲的明月啊,聆听白塔的风铃和万家灯火的喧腾。

祁连山的回声啊,回响着梨园河畔西路军冲锋陷阵的嘹亮号声。

平川大桥拨动琴弦,正在演奏一部壮丽辉煌的新临泽交响曲。

大漠绿洲神采飞旋,沙河两岸的激情翻卷。

让我们共同创造这风姿绰约的临泽形象。

让我们一起拥抱临泽城乡的夜色与朝阳。

第三乐章　丝路锦绣

【小提琴协奏曲《梁祝》(俞丽拿版)或者影片《上甘岭》主题歌《我的祖国》为背景音乐。

这里,是名扬天下的丝绸之路。这里,是花团锦簇的昭武古都。

这里,东进西出,沟通欧亚,这里,熙熙攘攘,云集商贾。

雄汉盛唐,南来北往,茶马互市托起了开放的昭武。

宋元明清,大道通衢,沙漠绿洲守望着辽阔的边疆。

我们,在鸭暖客栈摆下酒宴,以临泽的名义迎接四海宾朋。

我们,在芦湾新村搭起彩门,以西部的热情欢迎五洲嘉宾。

香古寺的风铃听得懂抚彝厅的风声，大沙河的彩练舞动美酒飘香的滨河风情。

颐园的柔情吹拂左公柳——柳絮飞扬。沙河的波浪激动丝绸之路——通向四面八方。

这条大河,浇灌着我们世世代代依恋的家园。

这片土地,生长着我们祖祖辈辈无尽的期盼。

今夜的大沙河,流光溢彩,激情荡漾。今夜的新临泽如意吉祥,壮丽辉煌。

这是一篇慷慨激昂的华彩乐章,这是一首感天动地的壮丽交响。

让我们燃放太平盛世的慷慨激昂,让我们鼓动临泽盛世的万丈光芒。

第四乐章 创造辉煌

【德沃夏克《新大陆交响曲》为背景音乐

我来了,我的万年不老的昭武县;我来了,我的魂牵梦萦的沙河岸。

七彩缤纷的焰火正在腾空而起,满天的花雨飞舞那梦里的情景。

让我们拨动琴弦,吟诵我的家园,让我们放开歌喉,歌唱我们的明天。

此刻,我就伫立在你这五彩缤纷的辉煌夜晚,

此刻,我正仰望着您那绿草莽莽的壮美容颜

大沙河两岸哪,风光无限,新临泽锦绣啊,气象万千,

七彩丹霞壮丽堂皇,景色绚烂,明珠璀璨。

母亲沙河碧波荡漾,情思绵延,水笑山欢。

那么,就让我——铺开这七彩丹霞的花团锦簇与锦绣河山。

舒展大沙河岸边,此刻那迷人的风采和生态立县的豪迈宣言。

那么,就让我——激荡这大沙河上下辉煌的诗篇和壮阔波澜,

实现昭武关前,今天的小康和谐与振兴中华的百年夙愿。

愿我的临泽:风调雨顺,与时俱进,太平安然。

愿我的祖国:和谐安宁,繁荣昌盛,盛世永远。

生态立县、产业富县、商贸活县、科教兴县，

举生态旗、做水文章、走特色路，科学发展。

今夜，临泽无眠，今夜我们打造一片秀丽的河山，

今夜，临泽无眠，今夜我们高歌一曲灿烂的诗篇。

让我们留住今夜，留住我们今夜的激情与向往，

让我们期待明天，创造临泽明天的辉煌和永久的灿烂。

【激情广场，临泽县艺术节庆典活动。

【西路军纪念碑。威武的礼兵手捧鲜花，县委书记带领县四大领导班子庄严缓步迈上高高的台阶

【临泽，大沙河滔滔流淌，县城花团锦簇，城乡水草丰美，祁连山山高水长。

【第五集结束】

2010 年 6 月 17 日第二稿

● 肃立玉树望晨曦

——2010 年甘肃省文联"情系玉树诗会"朗诵诗

不错、是的,我是有一支写诗的笔。

是的、不错,我的诗往往慷慨激昂、渲染着花红柳绿。

但此刻,面向玉树肃立,我却没有一点点写诗的情绪。

于是此刻,面向玉树肃立,我陷入了沉思默想的默默无语。

此刻,我虽心怀虔诚、却举不起啊——举不起这支沉重的笔。

我该说出些什么样的言语,才可以表达一个诗人在此刻的心意,

我该如何思考在自然灾难中,诗歌所能承担的思想和意义?

因为昨天,我的笔曾与汶川的灾难不期而遇,

因为今晨,又一场灾难,撕裂了玉树绚丽的晨曦。

母亲的大地啊,再也不要让瓦砾充当晨曦的衬底,

人间的灾难,也真的没有一点点所谓的"诗意"。

即便是写出一千行诗句,

也不能体验卓玛那痛在心里的泪滴,

即便是说出一万句言语,

也无法翻译才洼说出的那一句藏语

——"最早的班机,我要回去!"

我真的不敢、不敢再用诗歌的飘逸,

去描写 10 万间房屋坍塌成的又一片废墟。

我真的不敢、不敢用吟诵的旋律，

去讲述夺走生命的那一堆堆破碎的瓦砾，

高原四千米啊满目疮痍。

海拔四千米啊，亲人悲戚。

这一天，全中国又一次降下了半旗，

这一刻，大地响彻了撕心裂肺的声声汽笛。

中南海，集体默哀、全体肃立。

十三亿兄弟姐妹，

为同一个妈妈的女儿遭遇的不幸默哀、肃立。

肃立，是全人类最崇高的礼仪。

默哀，是这个时刻涵义最深刻的诗句。

既然，我不能到达那里去出一把实实在在的力，

那就让我献上一束含泪的黄菊，

祈祷这片土地不要一次次再与灾难不期而遇。

请允许我面向玛尼堆、面向风马旗，默默肃立。

请让我做一次虔诚的宗教皈依，

将我的情感默默地汇入巴颜喀拉那缓缓流淌着的一泓泓泪

滴，

默默地牵挂那废墟上还在继续着的救援的壮举。

双手合十，祈祷、肃立……

请允许我也点燃一盏酥油灯，

默默地燃烧六字真言此刻所蕴含的千言万语。

——唵嘛呢叭咪吽(an、ma、ni、ba、mi、hong)

三江源头的雪莲花啊,

你的沉着、你的神奇,你的冷静,你的绚丽,

永远都绽放在格萨尔王的传奇里。

"新家园会有的,新校园会有的。"

常青的青海不倒的玉树啊,

你念诵了千年的"六字真言"

今天,有了汉语的最新涵义。

我知道,你一定能写下新的传奇,

你一定会创造新的崛起!

(2010 年 4 月 20 日作并在诗会现场朗诵)

● 《大梦敦煌》十年赋

——2010年庆祝活动赋体朗诵文本

横空出世、大梦敦煌、艺术瑰宝、世纪绝唱。

铸成经典、谱就华章、璀璨今朝、壮丽辉煌。

遥想当年、乐尊誓愿、飞天"小团"新梦想；

莫高琢壁、月牙神韵、西部"兰歌"大文章。

小灵大鸣、激情泼墨、绘丝路之羽衣霓裳；

千弦一拨、九色七彩、唱仙子之涅槃凤凰。

维亚神思、玉嵌金镶、舞魂牵梦萦慨而慷；

无以伦比、中华东方、染天籁风韵真无双。

八百场奇迹演绎——剧苑美轮美奂；

五大洲鸣奏和弦——环球舞步堪赞。

盛誉"决策"——琵琶反弹、艺苑浪翻；

赋颂"奇观"——剧院龙腾、汗血飙鞭。

裁绫剪绒、神思妙想、千丝万缕密针线；

刘震加盟、田青争艳、百炼千锤锻新篇。

鸣沙烁金、沉鱼落雁、八千里路云追月；

雄姿英发、清泉晓澈、春秋十载磨一剑。

"少将军"眷恋舞坛——惊叹国色天香；

"大将军"毕生奉献——不易忠心赤胆。

莫高煌煌、月牙弯弯、大漠浩浩、鸣沙坦坦

——终酿成绝美琼浆、一泓甘甜；

西出阳关、红柳桑田、源远流长、黄河浪翻

——织染出锦簇花团、壮丽诗篇。

噫唏哉!

喜看"兰歌"铭中华宝鼎,起舞人民大会堂;

醉饮"剧院"酿葡萄美酒,五湖四海齐欢畅!

聚恒河沙数,吟世纪绝响,旧雨新知泪千行;

知净土有情,数风流今朝,三山五岳共举觞!

金汤万里,三叠新唱! 十年华诞,神采飞扬!

礼赞盛典,盛大辉煌! 祺我袍泽,再创华章!

壮哉——兰州歌舞大剧院!

美哉——舞剧《大梦敦煌》!

(2010 年 4 月 23 日作)

● 《大梦敦煌》十年颂

——2010年庆祝活动散文体文本

让我们回顾这个精彩而难忘的日子!

让我们铭记中国舞蹈史上这个极为重要的艺术事件——公元2000年4月23日,兰州歌舞剧院原创排演的舞剧《大梦敦煌》在北京中国剧院举行了第一次对外彩排;4月24日举行了首场公演。这部舞剧精彩诞生、横空出世,为中国舞坛增添了一部精彩绝伦的艺术珍品,立即轰动了首都舞蹈界。从此,陇上甘肃、金城兰州也有了一张独具特色的城市文化名片。

今天,我们欣喜地迎来了这部舞剧创演十周年的生日"华诞"。

十年来,经过不断打磨,《大梦敦煌》无疑形成了祖国西部舞剧特有的艺术品格,已经演变为中国舞台艺术精品,成为中国舞剧的世纪经典,堪称20世纪的艺术绝唱,堪称中华民族文化宝藏的一件艺术瑰宝。毫无疑问,这部舞剧的创造历程已经载入新中国舞剧艺术发展史。

十年来,兰州歌舞剧院不断发展,不断壮大,为中国舞剧事业的发展开辟了一条崭新道路,创造了令世人瞩目的新世纪辉煌。剧院也因此而谱写出了一部登峰造极、壮丽辉煌的华彩乐章,令人浮想联翩,心潮激荡。遥想当年,成立于1970年的兰州市歌舞团仅仅是一个地处祖国西部的市级文艺团体,的确是一个"小团"。但是,聚集在这里的一批热爱舞蹈艺术事业的人们,却如同这部舞剧的主人公"莫高"一样,心怀着对祖国优秀文化遗产的神圣敬仰之情,发誓要创作一篇"大文章",做出一些大事情来。那么,今天回头再看，他们的确具备着震古烁今的大胸怀、大胆识、大气魄。四十年来，"兰歌人"锲而不舍地在艺术创作的道路上探索着、登攀着、前进着。他们缠缠绵绵地追求着"月牙"要追求的亲情、友情、爱情和真情。西部大漠、兰州天空灿烂的弯弯明月，用她那清澈无瑕、大气磅礴的光辉，辉映着剧团刻苦磨砺的进步历程，令我们魂牵梦萦，翱翔着一个跨世纪之梦。经过数十年不懈追求，在20世纪九十年代中后期，剧团终于找到了独具特色的艺术创作道路，明确了适合自己的艺术创作方向。他们，舞动着古丝绸之路的羽翼霓裳，舞蹈着敦煌壁画飞天仙子的婀娜舞姿。《大梦敦煌》这部舞剧的成功排演，使得剧院终于实现了浴火腾飞的凤凰涅槃。回想这几十年来，剧团走过的道路和历经的艰辛，不禁令人心潮激荡，热泪盈眶。

《大梦敦煌》这部舞剧由赵大鸣先生和苏孝林先生编剧构思，由赵大鸣先生执笔撰写文学剧本，他们二位珠联璧合、浓墨重彩地演绎出了一个感天动地的西部爱情故事，为舞剧的成功创编奠定了精湛、准确、极为雄厚的文学基础。在兰州市文化局分管艺术团体的副局长赵中东先生全力以赴的协调配合下，剧团力排众议，特别邀请了中国著名舞剧艺术家陈维亚先生担任舞剧总编导，采用了"强强联合"、或者说强"弱"联合的崭新合作模式，为中华东方的舞剧艺术事业创造出一个魅力无比的西部梦想。作曲家张千一先生则激情澎湃地为舞剧谱写了104分钟的音乐。在万千音乐旋律中，他以奇妙的构思，拨动神奇的琴弦，创造出优美灿烂、七彩缤纷、壮丽辉煌的舞剧音乐，令我们体会到故事所表达情感的真诚，感悟到历史的沧桑，触摸到震撼人心的剧场效果。张千一先生为这部舞剧所创作的音乐，的确是辉煌壮丽无比优美的，完全可以采用"登峰造极""无以伦比"这样的语汇来赞美。我们知道，一部舞剧的成功与否，其故事情节的创意构思、音乐旋律的渲染描绘、舞台美术的烘托展示、舞蹈语汇的编导创造和演员的艺术表现等等元素，缺一不可。而舞美设计高广健先生，灯光设计沙晓岚先生，服装化妆设计韩春启、任燕燕女士，总编导助理沈晨先生，以及编导刘颖正、芦家驹、万长征、杜晓梅，执行作曲张宏光、张小平、朱嘉禾，道具设计高继明，剧组统筹孙晓玲、李微义、位波、方建华、凌玉明、刘和平等艺术家都为舞剧的成功排演贡献才智、呕心沥血、立了大功——让我们向他们致以真诚而崇高的敬礼。

　　当然，最初提出排演一部以敦煌为表现题材的舞剧的睿智决策，也是我们应该予以铭记的决定性因素。早在20世纪九十年代初期，中共甘肃省委宣传部就提出了发展甘肃文艺事业，要考虑"敦煌、丝路、多民族"的创作导向。世纪之交的1998年，在兰州市委宣传部召开的全市文艺创作座谈会上，当时主管文艺工作的兰州市副市长马琦明先生提出了"做西部文章、创国内一流"的文艺创作指导方针，并亲自深入剧团定选题、抓创作。当时的兰州市歌舞团团长苏孝林先生则睿智地抓住了为国庆五十周年创作打造文艺精品的历史契机。作为一个出色的歌唱艺术家和演艺团体杰出的管理者，在当时剧团举步维艰的态势下，他以罕见的胆识，明确了创作方向，采取了一系列改革措施，不但充分调动剧团现有力量，并且毅然决然地邀请我国著名艺术家加盟创作活动，大刀阔斧地"裁绒""剪绫"，像绣花一样，细针密线地缜密部署，在剧团极为简陋的各种条件下，反弹琵琶出奇兵、出其不意越险峰，将剧团带入了一个全新境界，谱写出似乎令人难以置信却必须给予正视的崭新诗篇。毋庸讳言，当时苏孝林团长采取的剧团改革措施和艺术创作模式，曾经引起中国舞蹈界的激烈争辩……我们应该衷心感谢所有曾经关注、关心、关怀过剧团改革和这部舞剧创编过程的所有的朋友们。随着这部舞剧逐渐成熟的创演过程，剧团也采取了一系列促进文化生产力发展的积极措施，整合了创作和演出力量，于1998年改制为兰州歌舞剧院。田青等一大批中青年艺术工作者挑起了演出、演奏和舞美工程的大梁。如同日行千里的西部汗血宝马，他们在"苏院长"挥舞的"皮鞭"鞭策下，很快就成长了起来。

黎明前的黄河之滨皋兰山巅，露出了实现艺术理想的曙光。而这曙光的升起，更得益于兰州市委当时的主要领导、今日的甘肃省委主要领导同志以及国家有关部委和省市许多党政领导同志的厚爱乃至"偏爱"——文化经典的创造和文艺事业的繁荣发展，的确离不开党政领导同志的亲切关怀与大力支持。

兰州歌舞剧院其实是具有深厚文化基础和强健创造力的一个优秀的艺术团体。经过了七十年代和八十年代早期学演《白毛女》《红色娘子军》《小刀会》《天鹅湖》《鱼美人》的起步磨练，在九十年代改革开放的新时期，兰州歌舞剧院终于创作出了《兰花花》《西出阳关》等优秀作品，而"红柳""桑田"的舞蹈曾经轰动1994年第四届中国艺术节。在世纪之交，黄河文化和敦煌文化的双重滋润，使得剧院终于用《大梦敦煌》这样的艺术杰作渲染出天籁般的文化神韵，谱写出了壮丽辉煌的艺术篇章。我们常说，沙里淘金，但我更愿意认为鸣沙山的每一粒沙子都熠熠生辉。在这部舞剧中，重要角色"大将军"的扮演者陈易忠先生也登上了他演艺事业的巅峰。将近五十年了，他一直在锲而不舍地追求着舞蹈事业的价值，追求着个人艺术生命的价值，他甘愿毕生奉献的赤胆忠心，令我们油然产生敬意。田青这位优秀的舞蹈家，性格如同敦煌名胜"月牙泉"那样清澈见底，也走过了"八千里路云追月"眷恋舞剧艺术的成长历程，在舞剧中,她首次出场的扮相是一个俊美潇洒的少年将军,而"月牙"沉鱼落雁的风韵、神采动人的舞姿真是可以称赞为国色天香。特邀演员刘震、刘晶仿佛是专为这部舞剧而诞生的舞蹈艺术家,试问,有谁会说刘震先生和舞剧主人公"莫高"不是一个人呢?又有谁会觉得刘晶、田青与"少将军"和"月牙"不是一回事呢?在这部舞剧中,演员和角色融为一体、高度统一,的确达到了一个很难企及的艺术境界。莫高窟煌煌,月牙泉弯弯。坦坦荡荡的鸣沙山,莽莽苍苍的大漠戈壁,以及奔腾不息的黄河激浪,首都文化精英的雄才大略,共同孕育出了这部舞剧的创意构思,也就酝酿成了一泓绝美甘甜的琼浆玉液。

进入新世纪以来,剧院在国内外都产生巨大影响,在全国乃至世界各地传播着美轮美奂的中华文化。迄今,这部舞剧已经演出八百余场,在亚洲、欧洲、澳洲都鸣奏着友谊、和平、和谐的和弦。剧组所到之处,各国观众无不惊叹中国舞剧的巍然大观、精彩绝伦。这部舞剧诞生十年来,也摘取了国家和省市各级领导部门以及各个艺术权威机构颁发的诸如"五个一""文华""荷花"等几乎全部的艺术大奖,名列中国舞台艺术精品工程名录之榜首,铭刻在中华民族鼎盛辉煌的艺术发展史中。兰州这片热土上有一片艺术事业的净土,五湖四海的人们只要是亲眼观赏过这部舞剧,都会发出由衷的赞叹,给予高度的赞颂。的确,不论在国内还是海外,剧院的哪一场演出,观众不是激情荡漾、热泪盈眶、欢呼若狂呢?这,的确是一个令人震撼的艺术奇迹。

我们欣喜地看到,十年来,兰州歌舞剧院曾经十四次进京演出,的确是"数风流人物,还看今朝"。今天,兰州歌舞剧院在祖国首都、在北京人民大会堂这座神圣的殿堂登堂入室,翩翩起舞,庆祝这部舞剧诞生十周年的精彩日子，这无疑是令剧院骄傲与自豪的盛事，更是令兰州文艺界欢欣鼓舞的鼎盛辉煌。那么，我们完全可以说，融优秀的艺术家和艺术生产活动的杰出管理者为一身的苏孝林先生（我们曾经亲切地称呼他为"小苏"，后来又叫他"苏团"，现在、"苏院"则是他的简称）担纲酿造的这坛美酒，已经醉倒了国内外无数的观众，令所有的新朋老友们为之感到骄傲与自豪。

中国西部有着"葡萄美酒夜光杯，欲饮琵琶马上催"的醉人诗篇，那么，就请热泪盈眶的新老朋友——"旧雨新知"们都举起酒杯吧。中华民族的儿女们还将创造如恒河沙数那样多的奇迹，创造并实现一个又一个世纪梦想。想必，三山五岳都会被感动而开怀畅饮。

兰州，古称金城，具有万里金汤的别称。在这里，以苏孝林先生为代表的一批艺术家们，已经实现了自己的飞天梦想。今天，这部舞剧迎来了十周年的生日华诞，"阳关三叠"的古曲将谱写出崭新的旋律。让我们激情礼赞今天这个盛大辉煌的生日庆典，祈愿炎黄子孙们，祈愿兰州歌舞剧院的朋友们，在科学发展观指引下，继续谱写出崭新的华美篇章。

大中华、大敦煌、大兰州、大剧院，如仙子婀娜，似天马奔腾，的确飞扬着前所未有的新世纪神采飞扬。我以为，即使唱出多少歌曲，即便谱写多少诗篇，都难以准确地表达一个美轮美奂的概念——灿烂辉煌的舞剧《大梦敦煌》啊！

壮丽啊，骄傲吧！——我们的兰州歌舞剧院！

让我们为兰州歌舞剧院创造的辉煌业绩——干杯！

(2010 年 4 月 24 作)

● 梦幻山河金城关

——2010 年全息影像大型实景演出策划书

前　言

山水之城——兰州;黄河明珠——兰州。

得山独厚——兰州;得水独秀——兰州。

滔滔黄河穿城而过,母亲河眷恋金城五千年;

巍巍雄关耸峙北岸,金城关风情渲染新纪元。

大河奔流,九州起舞,梦幻山河,绝无仅有,全息数字,国内一流。

遵照市委、市政府领导同志指示精神和市委宣传部 2010 年工作部署,编制《梦幻山河(暂名)——全息数字化成像大型实景演出》策划书

本策划书分析了在兰州实施大型实景演出活动的可行性,提出了在兰州金城关黄河段采用全新高科技手段营造城市文化艺术氛围、展示兰州地域文化特色、打造独一无二的文化品牌,为兰州市民和国内外旅游者奉献一场前所未有的视听文化艺术盛宴的基本思路。

一、可行性分析

自我国著名导演张艺谋先生于 2004 年创意策划并成功实施大型实景演出《印象·刘三姐》以来, 全国各著名旅游景点纷纷打造大型实景演出项目,诸如《印象·丽江》《印象·海南岛》《印象·西湖》《印象·井冈山》以及《少林禅宗音乐大典》等实景演出,都以其

独特的艺术构思和令人耳目一新的艺术效果实现了挖掘本地独有文化资源,传播本土文化元素,丰富旅游文化项目,提高本地旅游知名度,提升本地文化品位的创意策划初衷。

打造大型实景演出项目,已经被实践证明是一种引人注目的艺术创造形式。

兰州地处黄河上游,是万里黄河穿城而过的唯一省会城市,依托黄河打造具有独特创意的文化产品,策划创作并生产大型实景演出项目,在文艺理论和文艺实践方面,已经具备可行性。

但结合兰州地理条件、气候状况、演出实力、财力物力等实际情况,模仿已有模式,打造类似《印象·刘三姐》类型化的大型实景演出,却存在许多难以克服的实际困难。

第一, 大型实景演出的先决条件是室外天气必须适宜较长时间的室外活动,包括观众和演员,都需要适宜的季节条件和良好的演出单元气象条件。兰州气候虽然在总体上呈现冬暖夏凉的特色,但可供室外演出的实际时间段却只有五月中旬到九月底,事实上只有四个多月120余天, 全年大部分季节不适宜长时间室外逗留,在冬、春、深秋三季的夜间,尤其不适宜举行室外活动,坐在黄河边长时间地观看文艺节目,也是不适宜的。倘若观众可以采取一定的保暖措施比如穿防寒服观看演出, 但不可能将演员服装全部设计为冬装。因此,兰州不具备类似阳朔、西湖、丽江乃至河南少林寺等地域的温暖季节气候和单元天气条件。

因此,在兰州打造上演山水实景节目,必须另辟蹊径。

第二, 大型实景演出所需演出力量即前台演员和幕后管理人员动辄上千人, 否则难以形成可观的实景演出阵容和艺术表现场面,例如:《印象·刘三姐》演员达到700人以上,《印象·丽江》达到

500 人以上。后台工作人员——舞美、音响、指挥调度、场地管理服务等方面的人员最少也需要 200-300 人，参与演出人员总体上达到一千人以上。而此类实景演出活动的演员大多是当地土著居民，日常生产、生活和居住地距离演出场地咫尺之遥。白天在本地生活、从事本职业劳动生产活动，夜晚业余参加演出活动，演出力量可谓是取之不尽、用之不竭，生生不息，一批接一批、一代接一代，无有穷尽，几乎不存在任何问题。

但兰州是省会城市，拟议中的演出场地黄河两岸的居民主要为本市市民，职业身份千差万别，并不属于某一个社会组织和团体系统，根本无法有效组织参加演出活动，与阳朔、丽江由农民参加演出的性质完全不可同日而语。因此，兰州几乎不存在类似性质的演出力量。而兰州市级专业文艺团体演员目前不足三百人，调动本地专业文艺团体参加每晚的演出活动也几乎没有可能性。重新招收并组织上千名演职人员排练节目将是一个浩大的艺术创作工程，也几乎不存在可操作性。因此，必须另辟蹊径。

第三，类似《印象》系列的上千人大型实景演出，前期所投入的节目创作和舞美制作费用，对经济实力尚有所欠缺的兰州而言，几乎是天文数字。即便能够下决心解决数千万元的前期投入费用，每场演出的必须费用即演出成本，其绝对额度之高，也将是组织者难以承受的。以一千名演职人员每人每场劳务费 100 元计算，每场演出的演职人员劳务费将达到 10 万元，加上其他费用，每场演出成本将在 15 万元以上。就兰州地区的日常旅游人数和旅游门票收入而言，显然也是无法回笼的资金投入额度。可以计算，以入场券每张 300 元计算，每场演出最少需要售出 500 张门票，方可保本，却毫无利润率可言，因此，必须另辟蹊径。

综上所述，在兰州创编实施类似《印象》系列的大型实景演出，几乎不具备可操作性。

二、全息数字化成像技术与大型实景演出的结合

但是，随着影像科学技术的不断进步和飞速发展，却给我们提供了能够克服看来无法克服的困难的全新思路。

经过本项目创意策划、总导演赵中东先生和本项目文学统筹、本策划书撰稿人岳逢春先生的探讨研究，提出了在兰州打造大型实景演出的全新思路。拟议采用全息数字化成像技术，打造建筑在现代高科技理念和现代影像技术条件基础之上的、具有强烈视听震撼力、具有独特艺术感染力、具有丰富文化内涵、地域色彩独特鲜明、国内绝无仅有的兰州大型实景演出项目，却是完全可行的。

三维全息数字化成像系统能够根据已有的建筑物和山水空间位置进行布设安装，其硬件体系和结构，可以在各种建筑物和城市空间任意位置永久安装。观众能从任意一面看到锥型三维空间中自由飘浮显现的全息影像画面。全息数字成像系统可以根据表达的需求随时更换演示内容。先进的专业化影像制作团队的制作和现场操作，将成为完美展示主办者所表达节目内容的坚强后盾。图形影像成像和虚拟现实技术的发展，将提供全新的更高效、更便捷的体验手段和沟通平台，将深刻地影响和改变观众的观赏习惯和互动方式，实践全新的视觉观赏、模拟演示、互动体验等多种可视化需求，实现前所未有的社会价值和艺术价值。全息数字化技术将以前所未有的速度改变人们的文化实践活动习惯和艺术体验观赏方式。因此，采用全息数字化成像技术，结合兰州大型实景演出的

应用前景,将为兰州创造一个更加逼真、更加广阔、更为精彩的可视化虚拟艺术世界,实现比《印象》系列实景演出更为精彩的演出观赏效果,并可以从根本上解决兰州大型实景演出策划所遭遇的"气候条件"、"演出力量"、"经费支撑"三方面所存在的困难,可以完全不受三方面条件不具备的现实制约。

三、本项目基本策划思路

1. 实景布设和演出(展示)区域

用最先进的灯光设备,将金城关、白塔山风景区和白马浪黄河水面、黄河铁桥、近水广场构想为一个整体山水实景区域,统一规划设计,用数字化技术调控。适当整修区域内建筑物和山水形貌,布设全息数字化成像硬件系统,全部节目内容在此区域空间演出展示。

2. 演示内容的基本策划思路

展示主题:九万里黄河奔腾不息,金城兰州精彩夺目

基本元素:黄河文化、丝路文化、金城文化、民族文化、特色文化、兰州精品文化成果。

演示提示:黄河源头、潺潺清泉,大禹治水、彩陶横空出世,太平鼓震天动地,飞天仙子婀娜多姿,羊皮筏子劈波斩浪,镇远桥、将军柱、铁桥横空出世,《大梦敦煌》军团威武,《西出阳关》"红柳"妖娆,兰州改革开放,城市面貌日新月异,人民昂扬向上的精神风貌……

3. 演示效果的预想

每晚日落后,夜幕降临。

旅游观众凭票陆续入场，在整修一新的近水广场观众席就坐。

演出区域灯光全部熄灭。夜幕沉沉。

金城关若隐若现。黄河水哗哗作响。

具有强烈震撼力的音乐效果。

具有强烈感染力的大气磅礴的解说词。

突然，九州台山巅射出一束灯光，飞天仙子从山顶飞来，画面如梦如幻，场面神奇之极，效果出乎预料、精彩令人无法想象。

黄河水面升起数百人的太平鼓队，鼓声震天。

羊皮筏子劈波斩浪。壶口瀑布声威雄壮。

《大梦敦煌》"军团"金戈铁马，梦幻般无边无际的阵容和宏大场面令人啧啧称赞。

……

节目演示大约30-40分钟。以金城关山脉和黄河水面为背景，在山水空间幻映出各种活动着的、因而无比生动的影像画面，其观赏性前所未见，其震撼力无可比拟。

这套影像成像系统建成后，其用途可无限制扩展，其内容可无限制增添，其影像结构可以经常更换，硬件系统可发挥无限制的作用，每场的演出成本几乎可以忽略不计。其可行性在影像技术上已经完全解决，其超前性为国内一流，其投入成本的利润比最为合理等优越性不再赘述。

《梦幻山河》项目所表达的思想内容和艺术元素的具体演示程序——音乐、解说词、节目表等，待本策划书基本思路得到认可，本项目正式批准立项之后，将由总导演赵中东和总撰稿人岳逢春提供详细的演出策划方案和精细的文学剧本，并由影像科技公司制作数字化演示软件。

4. 演出活动的组织与管理

本项目演出活动的实施分为两部分,一是影像播放团队,大约十数人即可操作全息数字系统。该团队由指定文化机构组建并负责日常维护和操作,以及场地秩序维护、入场券出售、观众的引导、服务等事宜。二是观众的组织机构,可由旅游系统组织观众。其管理方式可类比影院组织形式。运营的具体管理方式再议。

5. 制作投资:前期制作由财政拨款。后期运营可采取社会集资、股份制融资等方式。

(2010 年 3 月 6 日撰稿)

● 炫目甘肃世博园

——2010 年中国上海世博会甘肃活动周开幕式

时间:2010 年 9 月 11 日上午 10:00-11:00

地点:上海世博会宝钢大舞台表演区

开幕式礼宾官员:刘永富(中共甘肃省委常委、甘肃省副省长、甘肃省参加世博会组委会主任)

文艺节目主持人:陈立伟、牟婕、刘钊、建萍(甘肃电视台节目主持人)

【09:50。各部门准备就绪。迎宾曲音乐起。贵宾和各界嘉宾及观众入席就座。

【10:00 文艺节目主持人盛装出场。

【开场引言:

尊敬的上海世博会领导同志,尊敬的甘肃省领导同志。来自国内外的各界嘉宾朋友们。亲爱的上海市民朋友们,女士们先生们:大家上午好。

今天是公元 2010 年 9 月 11 日,这里是上海世博会宝钢大舞台。

2010 年中国上海世界博览会甘肃活动周开幕式,在这里隆重举行。让我们以热烈的掌声,欢迎大家出席今天的开幕式。

首先,让我们隆重邀请甘肃省参加世博会组委会主任、中共甘肃省委常委、甘肃省副省长刘永富先生主持 2010 年中国上海世博会甘肃活动周开幕式仪式。有请刘副省长——

【刘永富副省长主持词:

尊敬的上海市领导同志(俞正声书记),尊敬的上海世博会各位领导同志,来自世界各国的各界嘉宾,亲爱的上海市民朋友们、女士们、先生们:大家上午好。自2010年中国上海世界博览会开幕以来,黄浦江畔张灯结彩、五彩缤纷;世博园区欢歌笑语,喜气洋洋。城市,让生活更美好。世界,在你眼前,我们,在你身边。从今天开始,甘肃活动周将在世博园区展开。我们将发现更多,体验更多。今天,我们在这里隆重举行2010年中国上海世博会甘肃活动周开幕式。

首先,请允许我荣幸地介绍出席上海世博会甘肃活动周开幕式的领导同志和各界嘉宾:

——出席开幕式的上海市和世博会组委会领导同志有:(名单另附)

——出席开幕式的甘肃省领导同志有:(名单另附)

——出席开幕式的海内外贵宾有:(名单另附)

——让我们以热烈的掌声,隆重欢迎并诚挚地感谢领导同志和各界嘉宾出席今天的开幕式活动。

一、现在,请中共甘肃省委副书记、甘肃省代省长刘伟平同志致开幕辞。

二、现在,请上海市领导同志讲话(名单另附)。

三、现在,请中国贸易促进会领导同志讲话(名单另附)。

四、现在,请中共甘肃省委书记、甘肃省人大常委会主任陆浩同志宣布甘肃活动周开幕

——陆浩书记:"我宣布:2010年中国上海世界博览会甘肃活动周开幕!"

五、请观看开幕式文艺演出——《炫目甘肃》。

【刘永富副省长入席就坐。

【音乐前奏,文艺节目主持人出场

【节目1:舞蹈《圣土天姿》

欢迎你,五湖四海的老朋友。欢迎你,五洲四海的新朋友。

来吧,黄浦江的神采和大上海的风流。来吧,地球村——我们蔚蓝色的星球。

此刻,甘肃陇原大地正在与世界做一次亲切的握手,今天,《炫目甘肃》捧出一坛浓香美酒。

城市,让我们的生活更美好,城市,让全人类的友谊更深厚。

这是全人类理想的丰收,这是全世界文明的金秋。

【节目2:男声独唱《故乡恋》

今天,我的故乡甘肃河西走廊风光无限。今天,我们在黄浦江畔大上海激情无限。

今天,我们相会在世博园里,今天,我们相聚在浦江两岸。

甘肃父老乡亲们祝福全世界都是美好人间。

【节目3:舟曲主题单元

【主持人牟婕带领由八位舟曲孩子组成的童声合唱队出场:

朋友们:大家知道,前不久,甘肃省舟曲县遭遇了罕见的特大泥石流自然灾害,给当地群众的生命财产造成巨大损失,在党中央的坚强领导下、在中央军委大力支持下、在国务院周密部署下,甘肃省委省政府立即组织动员开展了紧急救援行动,全国各省市自治区和全国人民都向舟曲伸出了救援之手,为舟曲灾后重建提供了大爱无疆的巨大支持。一个多月以来,灾区灾后重建工作取得了显著进展。今天,我们特意邀请了几位舟曲的同学来到会场,同时,他们也带来了一首表达心声的歌曲——《舟曲的孩子不流泪》!

【起音乐——童声合唱《舟曲的孩子不流泪》作词:牟 瑜、岳逢春。作曲:盛鸿斌

附歌词:

虽然黑夜看不见月亮,舟曲的苏鲁花依然芬芳

虽然风浪遮住了月光,十三亿盏心灯照亮爱的海洋

舟曲的孩子不流泪,灾难中苏鲁花开在心上

舟曲的孩子不流泪,风雨中我们学会了坚强

舟曲今天挺起了脊梁,阿爸的龙头琴依然悠扬

雨暴风狂遮不住阳光,十三亿个亲人都有阿妈的慈祥

舟曲的孩子不流泪,灾难中我感动大爱无疆

舟曲的孩子不流泪,风雨后我们重建新天堂

全中国、全世界,舟曲的孩子感激你,扎西德勒

全世界、全中国,舟曲的孩子感谢你,扎西德勒

【曲终,余音绕梁,上海同学或志愿者向舟曲同学献上鲜花和礼物,簇拥着他们退场。

【主持人目送孩子们退场。

朋友们,截至目前,舟曲3000多名中小学学生全部转移到省城兰州等地入学,党和政府给予他们无微不至的关怀。现在,他们的学习生活秩序已经渐渐进入正常的轨道。甘肃周活动结束后,这几位舟曲同学将立即返回学校,继续他们的学业。祝愿他们健康成长。在舟曲救援救灾行动中,发生了许许多多的感人事迹和动人的场面,温暖着舟曲,托举起了舟曲。确实,我们与舟曲在一起,全中国、全世界,都与舟曲在一起。

朋友们，今天，上海世博会形象大使、一向热心于公益事业的电影艺术家、国际影星成龙先生也来到开幕式现场，他将朗诵并演唱最新创作的歌曲《风雨同舟》——有请成龙先生。

【节目5：成龙上场演出——

附：成龙朗诵词

有风，我们一起挡。有雨，我们一起扛。

风雨中，我们是海洋，希望总是穿越大浪。

风雨同舟，心是爱的船桨。有你有我，逆流而上。

越是风雨，越要飞翔。风雨，才是明天的阳光。

【音乐前奏，成龙演唱歌曲《风雨同舟》

【影迷献上鲜花，成龙向观众致意后退场

主持人出场：

猝不及防的泥石流灾害，让舟曲遭受了巨大创伤。但是，有党中央国务院的亲切关怀，在甘肃省委省政府的坚强领导和周密部署下，一个新的舟曲必将恢复重建。十三亿亲人都惦记着舟曲，有全国人民的慷慨支援，我的家乡——美丽的舟曲，迷人的舟曲，一定会有一个崭新的崛起。舟曲将永远铭刻着感恩的记忆。

【节目6：舞蹈《敦煌·气象》

横空出世、壮哉敦煌，莫高千佛、伟哉敦煌。琵琶反弹、人类绝唱，魂牵梦萦、盛大辉煌。婀娜飞天仙子、舞动羽衣霓裳，挽起丝绸之路、万古胜迹流芳。大吕黄钟，响彻新时代的慷慨激昂。万里金汤，跳跃新世纪的神采飞扬。这是黄浦江与黄河的激情交响，这是大上海与甘肃的盛世华章。陇原甘肃在西部大开发的历史进程中大踏步前进，甘肃人民正在谱写新时代的崭新画卷。祝愿我的祖国:神州万里、盛世永远。祝愿我们的世界:五洲四海、太平安然!

朋友们,2010年中国上海世界博览会甘肃活动周开幕式文艺演出《炫目甘肃》就进行到这里。

各位领导,各位来宾,朋友们,再见!

(2010年9月10日在上海第四稿)

金玉满堂好姻缘

——结婚典礼创意策划实施文本

笔者前言：

结婚，乃人生之大事；婚礼，乃神圣之殿堂。其仪式必庄重，程序必完备，氛围必喜庆，方可皆大欢喜。

主持婚礼，神态须大方，言词必高雅，稍有幽默感足已，切不可油腔滑调低俗恶搞。

笔者出席过不少婚礼，见过许多婚礼主持人，有些主持人虽然把握了庄重喜庆高雅的基调，但议程或杂乱无章不合规矩，或过于单调缺乏气氛。有些主持人则油腔滑调，喧宾夺主，甚至满嘴污言秽语，将无聊当作幽默，把粗俗当成风俗，把下作当作有趣，甚至将新郎奚落贬斥得一无是处，将新娘逗弄调戏得泣不成声，使得一对新人尊严尽失，且手足无措。更有甚者，有些主持人错把婚礼殿堂当作大闹洞房之处，在仪式进行过程中推推搡搡，拉拉扯扯，打打闹闹，拍新郎脑袋坐"喷气式"，掐新娘大腿乱扯衣衫，搞得一对新人鼻青脸肿，啼笑皆非，十分尴尬。有些居然严重到终于反目相向，闹得不欢而散。本应洋溢神圣喜庆高贵典雅氛围的结婚典礼却往往变成一场粗俗的闹剧滑稽戏，新郎新娘居然成为主持人和来宾戏弄的对象，实在是搞错了婚礼的主题和基调定位。

有鉴于此，笔者设计策划并亲自主持了几场婚礼，来宾交口称赞，新人十分满意。

现以"金童、玉女"作为新郎新娘的化名，以"赵钱孙李"为出场嘉宾之代号，发表 2006 年元旦本人主持的一场婚礼的议程和主持词文本。

虽然隐去真名实姓,但是其他一切程序和主持词语言照录于此,提供各位婚礼主持者参考。

结婚典礼仪式程序和主持词

序　幕

【时间到。主持人身着深色西服白色衬衣,佩红色领结,喜气洋洋出场——**主持词**:

各位嘉宾,各位亲友,女士们、先生们:大家新年好。

今天,是公元 2006 年元旦,农历乙酉年腊月初二。这是一个幸福吉祥,充满喜庆热烈气氛的好日子。今天,我们大家聚集在这里,参加金童和玉女的结婚典礼,亲友们人人都洋溢着幸福的微笑,嘉宾个个心里都跳动着祝福的情怀,大家都感到十分高兴。让我们一起分享两位新人给大家带来的幸福感受和喜庆氛围。

出席今天婚礼的双方嘉宾和亲朋好友大约有 300 多位。高朋满座,喜气洋洋,本应一一唱名引见,但受到时间限制,就恕不一一介绍了。现在,让我们以热烈的掌声相互致以新年的问候,拉开婚礼序幕。

受金府委托,本人担任今天婚礼的主持人,古时候这个职位称作"司礼、鸣赞官",姓甚名谁并不重要,就不通报了。各位嘉宾和朋友们对今天的婚礼有什么愿望和建议,请在婚礼仪式进行过程当中向我提出,我将酌情采纳高明的意见。

首先,我代表金府 88 岁高龄的老太爷和双方家长以及新郎新娘,向各位嘉宾和亲朋好友的光临表示衷心感谢,向各位的到来表示热烈的欢迎。

各位嘉宾、各位亲友：今天婚礼的酒席设在"双喜"大酒店，就是在这里举行的这个喜庆宴会。酒店总经理和大堂经理委托我向大家表示欢迎，如果有招待不周、招呼不到的地方，请大家多多包涵。酒席方面有什么问题，请向婚宴大总管赵先生提出，相信会给各位一个满意的答复。请赵先生向来宾致意。

[赵先生向来宾抱拳作揖]

朋友们，今天这个隆重的结婚典礼，一共有九项议程：

一、迎娶新人，喜气洋洋

二、山盟海誓，情深意长

三、颁发证书，法律保障

四、来宾致词，如意吉祥

五、宣读贺电，和睦安康

六、叩拜天地，龙凤呈祥

七、拜见高堂，孝顺爹娘

八、夫妻对拜，太爷有赏

九、九九归一，地久天长

朋友们，大家知道，我们中华民族是有着悠久历史文化传统的伟大民族，中国传统婚礼讲究三拜九叩，即成大礼。同时，在改革开放日益发展的今天，西洋教堂婚礼仪式也得到青年人的喜爱，新娘普遍都喜爱身着洁白的婚纱步入婚礼殿堂举行结婚仪式，就说明了这样一个趋势。本主持人将在今天的婚礼仪式中把这两个方面结合起来，让两位新人度过一段终身难忘的幸福时光，同时，也请大家共同分享一次中西合璧、完美无缺、具有鲜明时代特色的结婚典礼所带来的喜悦和幸福。相信今天的婚礼仪式会各位留下深刻印象。

　为了祝愿两位新人的婚姻十全十美，当然还有第十项议程，这就是：祝福欢庆，金玉满堂。也就是请嘉宾亲朋喝几杯喜酒，用一餐喜宴。请各位频频举杯，开怀畅饮。让喜庆色彩和祝福心愿金玉满堂。

　朋友们：婚礼一会儿就要正式开始了。请大家抽烟喝茶嗑瓜子，先吃几块喜糖，等候几分钟，给我一点时间，检查一下各方面的准备情况。

　请各位稍候。

　【注：之所以在此停顿一下，是为了使得开场白和婚礼序幕不显得过于啰嗦，使得来宾不至于出现审美疲劳，从而调动来宾的期待心理。同时也最后检查落实一下各方面的准备情况。注意：

　1. 尽快与新人接洽，检查他们的礼服装束化妆是否到位，交换的礼品比如结婚戒指是否带好。若有不妥，及时调整。并告诉他们听到"迎新人"的口令时迈步进入会场。仪态表情要庄重得体，步伐要与音乐合拍，不要过于匆忙。

　2. 看看证婚人和致词嘉宾是否到位；提醒男傧和女检查结婚证书是否带好，或者将结婚证书交给酒店服务生或礼仪小姐放在托盘中，由男傧女傧监督备用，现场交给证婚人宣读。

　3. 看看音响师的音乐磁带和光碟是否准备好了，以及餐饮方面的准备情况等等。】

婚礼九项议程

　【待一切就绪，主持人再次登台亮相——

　主持词

好,朋友们,请大家安静。我们言归正传。

现在,我宣布:金童玉女结婚典礼正式开始。大家鼓掌。

(一)迎娶新人,喜气洋洋

奏乐。迎新人——

[奏《婚礼进行曲》;新人在乐曲演奏4小节后出现,缓缓步入大厅]

朗诵解说词:

一条红色的地毯通向庄严而又喜庆的厅堂

一对幸福的恋人牵手走进神圣的婚姻殿堂

新娘新郎容光焕发

亲朋好友热烈鼓掌

新郎潇洒帅气仪表堂堂

新娘楚楚动人美丽漂亮

人逢喜事精神爽

一对新人喜洋洋

(二)山盟海誓,地久天长

好。一对新人身着结婚礼服,在庄重而又喜庆的乐曲伴奏下,已经盛装亮相。

新郎是西装革履板寸头,新娘是洁白的婚纱更风流。

大家说,新娘漂亮不漂亮。(众人必答"漂亮")

新郎"干三不干三"。

(众人有答"干三"的,也有答"不干三"的,主持人不必理会)

人逢喜事精神爽,一对新人喜洋洋。

首先,我想问新郎一个问题,刚才这首乐曲叫什么名字。(答:《婚礼进行曲》)。你知道这首曲子有歌词吗。请问在座哪位来宾知道。不知道的话,我来告诉大家:这首乐曲是德国作曲家门德尔松于1829年他17岁时写下的。1829年在中国正是大清道光年间。当时这首乐曲是没有歌词的。但是后来有人给这首曲子填了词。

曲调是这样的:(主持人模仿音乐曲调)

歌词是这样的:(主持人演唱歌词)

美丽鲜花捧在手上,亲爱的妹妹别让我心慌;

牵着你手放我心上,妹妹你今天成了我新娘。这是第一个版本。

还有第二个版本:龙凤呈祥,喜气洋洋,咱俩的爱情地久天长。

但是大家可能不知道还有第三个版本。

歌词是这样的:你傻了吧,后悔了吧,现在后悔也来不及啦。

(来宾必然哄堂大笑)

请问各位,哪一个版本最有意思。

请问新郎,你傻了没有。没有就好。那你说说这位天姿国色、闭月羞花、美丽漂亮、楚楚动人的女孩子是谁,叫什么名字,与你什么关系。

[新郎答:她叫玉女,是我妻子,是我生命中最重要的人]

好,看来不傻,你先让过一边。我问问新娘子。

请问新娘,这个高大威猛、相貌堂堂、潇洒帅气,举世无双的小伙子是谁,叫什么名字,与你什么关系。

[新娘答:他叫金童,是我丈夫]

看来新娘子也不傻。既然两个人都不傻,那好,请新郎伸出一只手,张开五指。请新娘伸出一只手,张开五指。你们互相握住对方的手,跟着我举行你们结婚的宣誓仪式。啊,对了,请问来宾当中,有谁反对这两位新人结为夫妻的吗。

[来宾中有位小伙子冒出"怪声"——"我反对"。主持人随机应变]

刚才的《婚礼进行曲》怎么唱来着:(唱出歌词)你傻了吧,后悔了吧,现在后悔也来不及啦。你来不及啦。反对无效,驳回上诉。

[来宾哄堂大笑,自作聪明的"冒怪声小伙"被其他小伙子善意奚落,场面气氛再次活跃]

好,开个玩笑,不必在意。仪式继续。

请问新郎,你自愿与站在你身边的这个女人结为夫妻,不论是富贵还是贫穷,不论是健康还是身患疾病,你都愿意与她相伴终身。你愿意吗。请你发誓。

[新郎说:我愿意,我发誓]

请问新娘:你自愿与站在你身边的这个男人结为夫妻,不论是富贵还是贫穷,不论是健康还是身患疾病,你都愿意与他相伴终身。你愿意吗。请你发誓。

[新娘说:我愿意,我发誓]

你们都发了誓,可是你们的誓言是什么呢。估计在这个时候,你们一定有千言万语说不完,一时半会儿也想不明白。那么,请你们跟着我来宣誓。我读一句,你们一起跟着我读一句。

上邪。我欲与君相知,长命无绝衰。山无陵,江水为竭。冬雷震震,夏雨雪。天地合,乃敢与君绝。

[主持人带领新人读这首诗,每一句为一小节]

知道什么意思吗。这是两千多年前,我国古代民间流传的一首歌谣,表现一对恋人对爱情的忠贞不渝。翻译成今天的白话文是这样说的:

老天爷啊,我对天发誓。我要和你结为夫妻。一辈子也不分开。

就是高山变成了平原,江河的水全干了,冬天打雷,夏天下雪,天塌地陷,一切不可能发生的事情都发生了,我也不和你分开。

懂了吗。作为主持人,我也把这首歌谣送给你们。希望你们在今后的日子里,经常想一想今天,没事就读一读这首歌谣,好不好。

发了誓,就该送给你的爱人定情的礼物了。新郎准备了什么礼物,钻戒,钻石恒久远,一颗永流传。好,送给她。新娘准备了什么礼物。手表,什么牌子。噢,永恒牌,能走一百年,不错。好,送给她。

现在,我宣布,你们已经结成一对夫妻。新郎官,你可以亲吻你的新娘了。

请来宾给新郎勇气,大家一起欢呼,亲一个。

(新郎亲吻新娘)

新娘子,你已经成为这个男人的妻子。来而不往非礼也。你应该回吻你的丈夫。让我们大家也给新娘子一点勇气。大家一起欢呼,亲一个。

(三)颁发证书,法律保障

应该说,刚才的宣誓仪式进行之后,一对新人就结成了夫妻。因为婚姻是不受任何人干涉的。但是,作为公民,应该遵守国家法律法规。所以,我们现在就请出证婚人,某某公司总经理钱先生致词,宣读结婚证书,将证书发给两位新人。有请钱先生——

[主持人示意礼仪小姐送上放在托盘中的证书。并要提前提醒证婚人在宣读证书时不要介绍新娘年龄,女孩子的年龄纯属个人隐私。有次笔者在一次婚礼中听到证婚人介绍新娘子的年龄是29岁,引起来宾窃窃私语,新娘子很不高兴,应该以此为戒。]

[证婚人一般都请新郎的上司担任,致词后宣读证书,颁发证书。主持人示意男傧女傧从新人手中接过证书收好,以便进行下面

的程序]

谢谢钱先生,请入席。

(四)来宾致词如意吉祥

今天来了这么多亲朋好友,大家一定有话要说,但不可能每个人都上台讲话,那么,我们就请一到两位代表致词,表达我们共同的心愿。有请来宾代表孙先生致词。

嘉宾致词

各位嘉宾、各位亲友:

今天,我们欢聚一堂,来参加金童和玉女的结婚典礼,大家都很高兴。

首先,我提议,让我们以热烈的掌声,向他们表示衷心的祝贺。

金童是个好小伙,玉女是个好姑娘。今天,两个人走到一起,建立一个新的家庭,成就一段美满姻缘。这是天作之合,地成之美。作为这两个孩子的长辈和亲朋好友,我们在这里一起祝福他们。

成家立业是人生大事。婚礼的举行,标志着两个人从此将生活在一起,一方面要共同享受婚姻生活的幸福美满,享受小家庭生活的甜蜜和温暖;另一方面,也要共同经历生活中的风风雨雨和艰苦磨难。相信你们已经作好了这个思想准备。

举行婚礼,就标志着你们已经长大成人,将要肩负起共同生活的责任。我希望你们幸福美满。在今后漫长的岁月里,你们要勇敢地、真诚地面对生活,尽到做丈夫和做妻子的义务。做到孝敬老人,相亲相爱,携手并进,白头偕老。希望你们共同迎接生活的挑战,共同创造幸福的生活,一起走向美好的未来。

今天是元旦,也祝愿在座的各位嘉宾和亲朋好友新年愉快。

谢谢。

(五)宣读贺电和睦安康

各位朋友,金童的祖父只有金童这一个孙子,但是,老人家有五个外孙和两个外孙女。金童小时候,与他们关系十分密切,经常在一起玩耍。他们自称八个孙子。现在,孩子们虽然都已经长大成人,却仍然保持着良好的兄弟姊妹关系。其中,金童最小的一个表弟目前正在美国留学,他从互联网上发来电子邮件表示祝贺。现在我来宣读一下这封贺信。

表弟来电:

金童哥,玉女姐:

欣闻哥哥和姐姐喜结连理,成为夫妻,老弟翱之我非常高兴。隔着太平洋发来这封电子邮件表示热烈祝贺。想起童年时代与金童哥一起玩耍的情形就特别怀念那段无忧无虑的日子。没想到老哥今天要娶媳妇了。时光过得真是太快。出国前我只见过玉女姐两次,称呼她为玉姐。今天,玉姐终于成为了我嫂子,那我就问候一声,嫂子你好,翱之这厢有礼,祝你幸福。看来今天你们的喜酒我是喝不成了,喜糖也吃不上了,但一定给我留着,等我回国后与我侄儿子的满月酒或者哪一个周岁的生日一起办吧。哥哥嫂子要努力工作,加油干哪。侄儿子的名字我都想好了,就叫金玉,金童的金,玉女的玉,请哥哥和嫂子参考。一大堆金子垒成了山,怎么能不发出荣耀的辉煌灿烂呢。你们两个的名字真是般配得很,真是金玉良缘。你们两个人也一定能相亲相爱,白头偕老。

言简情深,就不多说了。想必婚礼一定很喜庆,很热闹。

那就让主持人在婚礼上宣读我的这封邮件,就表示我来为你们祝福了。顺便问候舅舅和舅母,问候姥爷和全家人都好。

我在美国一切都好,哥嫂不必挂念。

遥祝幸福吉祥。

表弟翔之

于美利坚合众国、纽约市长岛、纽约大学校园

2006年元旦

(六)叩拜天地龙凤呈祥

朋友们,大家也许注意到了,刚才进行的交换戒指的仪式是西方式的。我们是中国人,结婚当然要拜了天地才算数。现在,就请新郎新娘来拜天地吧。当然,跪下磕头就不必了,请两位新人面向来宾作三鞠躬就可以了。

新郎新娘一拜天地,一叩首,再叩首,三叩首。礼成。

(七)拜见高堂孝顺爹娘

拜过天地拜高堂。新郎,向辛勤养育了你的父母磕头。新娘,也向你的公婆磕个头。愿意吗。那好,也就不必磕头了,鞠躬算数。有请二老就座。

[事先准备好两把座椅,请新郎父母就座]

新郎新娘二拜高堂。一叩首,再叩首,三叩首。礼成。公婆赠给新媳妇礼物。叫爸妈叫爹娘还是叫公婆,新娘子自己瞧着办吧。

(八)夫妻对拜太爷有赏

新人归位。夫妻对拜。一鞠躬,再鞠躬,三鞠躬。礼成。

新郎官带新媳妇见过金府老太爷。太爷有赏。赏给孙子红包一个。赏给孙子媳妇金戒指一枚。新媳妇向来宾展示一下老太爷赏的宝物。这有个讲究,这叫做"夸宝"。就是给大家夸耀一下你的宝贝。

各位朋友,我提前鉴赏了一下这枚戒指。这枚戒指虽然不是金光闪闪,却是一枚古董。戒指上的印记是:"顺……,上上赤金。"据

我所知,这枚戒指是金童已故的奶奶生前佩戴的心爱之物。从这枚戒指的成色和形态来看,应该是当年兰州最著名的金银首饰店"顺祥楼"打造的精品,到现在至少有一百年历史了。老奶奶临终前让老爷爷保存,嘱咐老爷爷说,这枚戒指是留给孙子媳妇的结婚礼物。今天,奶奶的愿望实现了,让我们向这位仁义的老人家表示崇高的敬意。老爷爷今年已经是88岁的耄耋之年,身体硬朗,思维清晰。在耄耋之年看到孙子娶媳妇,老人家高兴极了。金老太爷,您老人家高兴不高兴。满意不满意。

有人会说,你这个主持人怎么把辈份搞错了,爷爷怎么叫老太爷呢。没错。老人家在六年前已经是四世同堂了,他的一个外孙女的儿子现在已经快六岁了,也就是老人家已经有了重外孙。朋友们,四世同堂的大家庭现在不多见了。这位老人家真有福气。让我们祝愿老人家健康长寿,早日抱上重孙子。

[来宾热烈鼓掌,向老爷爷致意]

(九)九九归一,地久天长

现在进行第九项议程。你们夫妻二人在这里喝一盏交杯酒。拿酒来。请服务生端给他们两杯酒。洞房花烛夜的事情你们自己瞧着办吧。我就不给你们主持了。

请各位来宾举起酒杯。我们一起祝福两位新人。

先演习一下:我说:金童玉女,大家一起欢呼:祝你幸福。

"演习"不够热烈,再来一次。

[重复欢呼,新人在欢呼声中喝交杯酒。婚礼气氛达到高潮]

干杯,大礼已成。九九归一,地久天长。祝福欢庆,金玉满堂。

新郎新娘退席换装,过一会儿再来给嘉宾敬酒。让我们大家以热烈的掌声欢送两位新人。新人内室更衣。请来宾入席就座。

奏乐。开宴。起菜。上酒。

各位来宾,各位亲友:金童先生和玉女女士的结婚典礼就进行到这里。请朋友们开怀畅饮,一醉方休。祝各位幸福安康,如意吉祥。谢谢大家。

现在,请婚宴大总管赵先生招呼喜宴,调度后堂上菜。

"支客"小伙子们,招呼——

赵先生请,下面给来宾请菜劝酒的事情就交给你了。谢谢你。

请大家也给我一点掌声,欢迎本主持人入席。

谢谢各位。

(2006 年元旦撰稿)

● 高扬时代主旋律

——中国共产党领导下的兰州文艺活动简史纲要

[摘要]在我党提出科学发展观和构建社会主义和谐社会伟大历史任务的今天，回顾党领导下的革命文艺实践活动的历史进程和历史经验，并对其现实意义进行思考，无疑是十分必要和有益的。历史，从来不是横空出世的陨石碎片，而是一条继往开来、川流不息的长河。

[关键词]文艺活动；党的领导；历史回顾；现实思考

前　言

中国共产党始终代表中国先进文化的前进方向。

自中国共产党诞生以来，我党在各个历史时期始终将建设先进文化作为重要任务。在新民主主义革命时期和社会主义建设初期，广大革命文艺工作者辛勤创造，顽强拼搏，涌现出一批足以载入中华民族五千年文化艺术发展史的文学艺术巨匠，产生了难以计数的足以流传千古的文化艺术经典，为中华民族文化宝库增添了足以傲视世界现代文化发展史的文化艺术精品。

经过党的三代领导集体和以胡锦涛同志为总书记的党中央继往开来与时俱进的共同创造，我党形成了一整套结合中国实际的马克思主义文化建设理论体系。这一理论体系有效地指导了革命文艺工作者的文艺创作实践活动。

在我党提出科学发展观和构建社会主义和谐社会伟大历史任务的今天，回顾党领导下的革命文艺实践活动的历史进程和历史经验,并对其现实意义进行思考,无疑是十分必要和有益的。

历史,从来不是横空出世的陨石碎片,而是一条有来有往、川流不息的长河,其前"因",必然结出后"果"。

兰州,作为内陆省份的西部重镇,尽管由于地处偏远,经济社会发展一直处于欠发达状态,然而,兰州文化事业,尤其是文学艺术事业却一直闪烁着令人瞩目的耀眼光芒。

解放前,在封建军阀严密统治下的黑暗年代里,兰州革命文艺工作者以自己的文艺活动和文艺作品撕破沉沉夜幕,闪亮出一道道真理的光芒,给人民以争取解放和自由的信心与力量。

解放后,兰州文艺工作者更是以空前的热情和创造性,展开了波澜壮阔的文学艺术活动,创作出一批又一批佳作精品,为社会主义建设事业和中国特色社会主义建设的伟大事业做出了不懈努力和杰出贡献。

马克思主义哲学的一个基本观点和方法是具体问题作具体的分析。因此,本文将分析问题的视角范围和坐标规划放在发生于兰州地区的革命文艺活动和社会主义建设时期的文艺活动。并对改革开放以来二十多年的文艺创作活动情况作一些简要的描述和思考。

一、五四运动的火焰到"八·二六"炮声的轰鸣

中国共产党领导下的革命文艺事业从萌动之日起,就与政治斗争和军事斗争紧密结合在一起,革命文艺事业的领导人往往同时也是政治斗争与军事斗争的领导人。

在兰州,也不例外。

回顾兰州文艺事业，我们必然要首先提到张一悟这位革命先行者和新文化的启蒙者。

"五四"运动掀开了中国新文化运动的序幕，"五四"所代表的新思想、新观念迅速传播到兰州，与张一悟有着密切的关系。这位史称甘肃第一位共产党员、创立了中共甘肃特别支部的著名共产党人，不但是甘肃(包括青海宁夏两省区)这个比较落后地区的革命先行者，而且也是无产阶级新文化运动的启蒙者。

张一悟在成为共产党人之后，曾在武威师范任教，他不但向青年学生介绍《新青年》等进步刊物，而且自编《我之文学观》等小册子，介绍俄法和苏联的革命文学。

早在1927年4月，中国甘肃特别支部领导的进步组织"青年社"在兰州成立，就以兰州女师为中心，举办各种学习会、座谈会，宣传进步思想，出版《妇女之声》等进步刊物。

中共甘肃特别支部的建立，使得文艺这个革命事业的重要组成部分，在甘肃有了实际的和确切意义上的党的领导。

以张一悟为代表的共产党人在从事政治斗争的同时，也在进步青年和文艺界撒下革命的火种，马克思主义从此成为贯穿兰州革命文艺创作和进步文艺活动的一条红线。

这说明，自共产党在甘肃建立组织之后，就将先进文化建设和革命文艺事业列入重要日程，作为革命的手段予以充分重视。

可以想见，在当时封建军阀严密统治下，在闭塞落后的西北政治经济文化的中心城市，聚集在兰州的革命的进步的文艺工作者是在怎样的艰难困苦中奋力抗争的。

蒋介石发动"4·12"反革命政变之后，兰州革命文艺和进步文艺活动曾一度归于沉寂。但英勇的共产党人并未停止斗争,这些进步的革命的文艺火种一旦遇到适宜的历史背景, 就立即燃成冲天的烈火。

抗日战争的全面爆发, 使得兰州革命文艺活动掀起了继"五四"运动之后的又一次发展浪潮。如洪流荡涤荒蛮与腐朽,革命文艺事业的发展出现了空前的繁荣景色。

"七·七事变"掀起了全民族一致对外,抵抗日寇的浪潮。

"西安事变"促成了国共两党在抗日民族统一战线之下的又一次合作, 我党在兰州设立了公开的办事机构——八路军驻甘办事处。

在"八办"直接或者间接领导下, 兰州各界纷纷成立抗日救亡团体,诸如甘肃青年抗战团、中华民族解放先锋队等,其中一些抗日救亡团体更直接以文艺性质命名,如联合剧团(即血花剧团)、西北抗战剧团、平津学生演剧队等等。

这些文艺性质的革命团体, 在抗战初期上演了大批进步剧目,宣传抗日主张, 宣传党的主张,使得闭塞落后的古城兰州为之振奋。

以王德彰、王德谦、王德芬为主体的王氏姐妹剧团在街头演出《放下你的鞭子》活报剧,"八办"领导人谢觉哉亲临街头观看,并予以高度评价的故事,更是成为民众交口称赞的一段抗日宣传佳话。至今,我们依然经常深情地述说此段历史。

当时, 兰州作为抗战后方,亦曾吸引了不少文教界进步人士,诸如萧军、赛克、顾颉刚、张仲实、茅盾、老舍等著名文艺家都曾在兰州短期居留或长期居住。他们开展演讲、著文、培训、开办出版刊物等活动,不但推动了抗日救亡运动,而且培养和影响了一大批日后成为甘肃文艺事业中坚力量的先进分子。

"八办"的建立,更催生了一大批进步刊物,诸如《西北青年》《妇女旬刊》《战号》《回声》《热血》《抗敌》《苦干》等等。这些革命刊物不但大量发表宣传我党抗日主张的政论性文章,而且发表宣传革命真理的文艺性稿件。

共产党人还在国民党把持下的《甘肃民国日报》开辟了《西北文艺》和《剧运》副刊,用文艺形式进行抗日宣传,扩大了我党在西北的影响力。

抗日战争胜利后,国民党挑起全面内战,"八办"奉命撤回延安,封建地方军阀对革命文艺活动采取"封杀"措施,中共在兰州的党组织处于更加秘密的地下活动状态,革命文艺活动虽趋于隐蔽,却依然与反动军阀展开着顽强的斗争,终于迎来了"八·二六"兰州解放的炮声,揭开了兰州文艺发展史崭新的一页。

二、十七年党领导文艺事业的红线与文艺事业的百花争艳、春色满园

1949年"八·二六"兰州解放的炮声,不但使得这座古城获得新生,同时也使得党领导下的兰州文艺活动进入了一个崭新的历史时期。

"八·二六"的硝烟刚刚散去,兰州军管会文教委员会文化处在兰州解放的第二天即开始办公。

面对百废待兴的文化建设任务,中国共产党人以史所罕见的气魄,迅速医治了战争的创伤,在短短的几年内,完成了新民主主

义革命阶段遗留下的任务，文艺界进入了创建新型的社会主义文化艺术事业，为社会主义建设和人民大众服务的历史阶段。

20世纪五十年代初期，党在文艺领域逐步进行了社会主义改造。

以从解放区随军进入兰州的革命文艺团体为骨干和中坚力量，团结和改造了许多民间文艺团体，并在这些团体中普遍建立了党的基层组织。在省市党委文艺主管部门的直接领导下，展开了一系列开创性的文学艺术实践活动。

自解放初期至"文革"开始前的十七年里，兰州地区文艺界忠实地贯彻执行党的文艺路线方针政策，在兰州这片土地上，在文艺事业的各个门类和体裁中涌现出一大批优秀的文学艺术家和一大批优秀作品。

这些优秀的文艺家绝大多数是忠诚的共产党人。

这些优秀的作品，绝大多数是在马克思主义世界观、历史观、美学观指导下，以反映人民群众创造历史，以歌颂中国共产党的光辉业绩，以反映革命和建设事业的火热斗争生活为主题，充满着革命现实主义和革命理想主义的全新之作。

在党的领导下，兰州文艺事业形成了门类齐全、队伍宏大、佳作迭现、新人辈出的全新局面。

尽管从解放初期到"文革"开始前的十七年中，兰州地区的文艺事业发展也不断受到来自"左"的或"右"的错误思潮以及错误的政治运动的干扰，却依然保持着旺盛的生命力和创造力。

在这片土地上曾经涌现出诸如话剧《在康布尔草原上》、《远方青年》、《"八·二六前夜"》，歌剧《向阳川》，越剧《红色医生》，电影《红河激浪》、《黄河飞渡》等优秀剧作,以及难以计数的优秀的文学、美术、音乐、摄影等门类的艺术作品。

这些作品曾经在全国产生很大影响,为社会主义建设事业增添了不可忽视的精神动力,在社会主义文艺发展史上写下了辉煌的篇章。

十七年中,党不断加强对文艺工作的领导,不断充实文艺工作队伍,许多优秀的文艺家走上文艺界领导岗位,更好地、更"内行"地贯彻执行党的文艺路线和方针政策。许多党务工作者虚心向文艺家学习,最终成为文艺组织工作甚至文艺创作的行家里手。

党与文艺工作者的血肉联系,充分地体现在这种发展变化之中。

在五十年代和六十年代早期,我省文艺界党组织中的多位领导同志不但是优秀的党务工作者和政治领导人,同时也是杰出的文艺家。在多部优秀作品中,不但倾注着他们的心血,有的作品其实就是他们亲自执笔创作的。

党对文艺工作的领导绝非抽象的概念和空洞的口号,而是十分具体地体现在每一位优秀的党员文艺工作者和文艺界优秀的党员领导干部身上。

或许,这是一种值得我们深入思考的历史经验。

三、十年动乱的灭顶之灾与废墟上的抗争

十年"文革"动乱使得文艺事业遭到几近毁灭性的摧残,兰州文艺界几乎成为一片废墟。

在极左势力的控制下,文艺事业失去其本来的品质,变成了极

左势力推行其极左路线、实现其篡党夺权阴谋的伪政治工具。优秀的党的文艺事业的领导者纷纷被"打倒",优秀的文艺家莫不被戴上各种各样的"帽子",或者圈入"牛棚",或者下放农村,备受凌辱摧残。文艺领域除了几个"样板戏"尚在支撑门面粉饰太平外,几乎所有的文艺门类和体裁的创作活动都陷入停滞萧条状态。

文艺的意识形态属性和政治教育作用被无限制地夸大,成为政治口号的传声筒。

概念化、公式化、脸谱化的"三突出"创作原则被奉为金科玉律,无人敢越雷池一步。

可以说,在"十年动乱"期间,兰州文艺界没有创作出一部或一篇值得一提的真正意义上的文艺作品。

严格说来,在这个阶段,党实际上失去了对文艺事业的领导权,任由一些野心家阴谋家和一些低层次的"小爬虫"肆虐猖狂。

这种历史教训是非常深刻的。

但是,尽管当时文艺界布满阴霾,动辄得咎,一些老同志和文艺工作者还是想尽办法采取措施与极左路线进行抗争,虽然这些抗争难以从根本上扭转极左势力控制文艺战线大局的局面,却表明了他们所坚持的文艺观念和立场。

比如,在"文革"期间的1969-1970年,兰州地区曾经出现过几乎所有的学校都大唱"十首革命历史歌曲"的局面。并在兰州东方红广场举行了万人大合唱活动。一些老同志、老艺术家都参与策划并积极组织了这个活动。

尽管这十首歌曲的歌词是"集体重新填写",却在实际上表明了他们对"样板戏"作为一种政治工具充斥舞台之后所出现的"我花开后百花杀"局面的强烈不满。

"十首革命历史歌曲"的原词可以被粗暴地篡改，但其音乐旋律却一个音符都无法改动。这也就在一定程度上抗争了"八个样板戏"霸唱天下的严酷局面。

笔者曾作为合唱活动的学生骨干参加了这一活动，并在活动中担任合唱队领唱和朗诵者，深切地体验到革命歌曲的艺术感染力和政治鼓动作用。

而在这个活动中涌现出来的许多业余文艺活动积极分子，在日后大多成为兰州文化事业和专业文艺工作的骨干力量。

四、春江水暖鸭先知与东方风来满眼春

1978年12月18日，党的十一届三中全会拨乱反正，重新确立了党实事求是的思想路线，确定了改革开放的方针大计。

兰州文艺事业同样也踏上了新的征程，创造出了更加灿烂辉煌的成就。

粉碎"四人帮"之后，与全国文艺界一样，兰州文艺界迅速重整了队伍，进行了思想和组织的整顿。在思想上清除"文革"的紧箍咒，在组织上清除了"三种人"，一批忠诚于党的领导干部重新肩负起领导文艺界开拓创新的历史使命，他们立即带领广大文艺工作者投入到新的创造之中。

众所周知，文艺界是"文革"的重灾区，十年动乱极大地伤害了文艺家的感情，禁锢了他们的创作热情，因而，文艺家们对形势的巨大变化感受更为敏锐，体会更为真切，一旦形势发生逆转，如同抗战爆发后的兰州文艺事业曾经出现过一个创作高潮一样，文艺

家们的创作热情立即就爆发了出来。

在 1979 年国庆 30 周年期间，一批优秀作品涌现出来。

其中，舞剧《丝路花雨》、话剧《西安事变》、京剧《南天柱》三部重要作品应邀进京参加建国三十周年庆祝演出活动，赢得了"甘肃是个出戏的地方"的美誉。

在这些作品的创作过程中，文艺界党的各级组织和省市党委的领导同志亲自主持创作工作，他们正确地执行了党的文艺工作的路线方针政策，准确地把握创作思想和创作方向，把党的意图恰当地体现在具体的作品当中，帮助作家艺术家创作出了优秀的作品，写下了辉煌的诗篇。

文艺家们也深刻地体会到，只有在党的正确领导下，才有可能充分发挥个人的艺术才能，实现个人的艺术价值和事业理想。

此后，在党的关怀下，兰州文艺界陆续推出了描写兰州"八办"革命活动的现代京剧《热血》和描写红军西路军征战历史的现代豫剧《魂系太阳河》等优秀剧目。

京剧《热血》曾于 1985 年应邀进京在中南海怀仁堂演出。

《魂系太阳河》曾于 1991 年应邀进京在中南海警卫局礼堂演出。

这无疑是党给予兰州文艺界的崇高荣誉，是值得十分珍惜的可贵经历。

在 20 世纪八十年代初期直至中后期，兰州的党的组织领导文艺工作的重点主要放在拨乱反正、落实政策、重整队伍、探索发展道路方面。兰州文艺界尚处于积聚力量、探索发展道路，努力开拓进取的历史时期。

当历史进入 20 世纪九十年代,兰州的党的组织则已经熟练地掌握了领导文艺工作的一般规律和特殊规律,已经具备了驾驭文艺事业发展方向的宏观能力和促进创作的微观措施。

兰州文艺事业则呈现出全面繁荣、不断创新、高潮迭起的可喜局面。

以 1990 年国庆期间兰州太平鼓参加第十一届亚洲运动会艺术节表演活动,赢得"天下第一鼓"的盛誉为标志,兰州文艺事业的发展进入一个全面繁荣时期。

此后,则高潮迭起,精彩纷呈,大型文化活动接连不断。

诸如:1992 年,成功举办首届中国丝绸之路节,1994 年成功举办第四届中国艺术节,1997 香港回归庆典,1999 国庆暨兰州解放五十周年大型庆典、走进千禧年、迎接新世纪大型庆典活动,2000年太平鼓赢得"中华鼓王"美誉等等活动,都营造了浓郁的文化氛围,形成巨大影响。

优秀艺术作品也不断推出,诸如舞蹈诗《西出阳关》、舞剧《大梦敦煌》等作品都赢得了前所未有的成功和美誉。

文学、美术、书法、摄影、音乐、戏剧等各个门类都涌现出一批优秀作者和作品。

在文学方面,八十年代以前,能够出版个人作品集的作家如凤毛麟角。

现在,几乎每年都出版几十部个人文学专著,体裁囊括小说、诗歌、散文、报告文学、影视剧本、戏剧剧本等各种文学体裁。

在艺术事业方面,我市各门类艺术家致力于西部特色的挖掘,屡有建树,多次获得全国艺术展览演出评奖活动的各类奖项。

仅就市文学艺术界联合会所属各协会而言，已经形成了拥有2400多名市级各协会会员、400余位省级会员，100余位国家级会员的文艺家队伍。

每年创作的各类文学艺术作品更是难以计数。

其主题之丰富多彩，体裁之异彩纷呈，风格之鲜明夺目，都是前所未有的。充分体现出党所提倡的"弘扬主旋律，提倡多样化"文艺创作方针的巨大影响力，从而形成了兰州文艺事业繁荣发展的大好局面。

本文笔者长期在兰州文艺界工作，从业时间已将近四十年，亲身经历并见证了从"文革"开始到改革开放以来兰州主体文艺事业发展的历程。虽不敢自诩为历史见证人，却也有着难得的切身体会。

笔者曾以京剧演员的身份在《南天柱》中扮演角色并随剧组进京演出；曾以文化行政干部的身份参与了《热血》的创作排练组织协调工作并随剧组进京；曾以市委宣传部文艺处长的身份参与了《魂系太阳河》的创作组织协调指导工作并随剧组进京；亲自策划和参与策划组织实施了本文所提到的20世纪九十年代以来的各项文艺创作活动。

随着观察分析问题所处位置以及视点的不断增高，对党与文艺事业的关系感触亦愈来愈深入。作者深切地感受到，社会主义文艺事业首先是党的事业，只有在党的正确领导下，文艺工作者才能够肩负起建设有中国特色社会主义文化的崇高历史使命，才能够始终代表中国先进文化的前进方向，也才能够实现个人在文艺创作方面的价值和理想。

五、新世纪的文化使命和先进文化传统的继承与发扬

历史已经进入一个崭新的时代。

建设"有中国特色的社会主义先进文化"的历史使命不可推卸地已经落在这一代人的身上。毫不动摇地坚持先进文化前进方向，推出更多更好的文学艺术作品，是这一代人义不容辞的历史责任。

怎样完成这个历史使命，是一个宏大的工程和任务。

党的组织应该明确自己在文艺界的责任和使命，绝不可削弱或者放弃党对文艺工作的坚强领导。

在当前"全球化"浪潮的冲击下，文艺界确实出现了不可忽视的诸多问题。

诸如否定马克思主义对文艺创作的指导地位，否定党的领导，模糊文艺的意识形态属性，鼓吹消极的腐朽的人生观价值观，惟西方马首是瞻等等不良倾向不能不引起我们的高度警惕。优秀的作家艺术家曾被誉为"人类灵魂的工程师"，曾经享有极高的社会地位和社会声誉。现在，堕落者却比比皆是。

因此，必须旗帜鲜明地强调马克思主义在意识形态领域的指导地位，不断发展先进文化事业。

那种将文艺事业仅仅当作个人的事业，追求"自由化"的"身体写作"，"拒绝崇高""鄙视英雄"的"宝贝"们生产的"文化垃圾"不但败坏了文学和艺术原本崇高的声誉，而且也对社会的发展和人类的进步起着阻碍作用。

当然，采用极端、激进的方式对待一些"文化垃圾"是错误的。但是，放任自流，任其泛滥成灾，也是极端不负责任，极其有害的。

尤其是在市场经济条件下,在所谓"全球化"浪潮下,文学艺术作品的商品属性被极端化之后,这种危害就决不可低估。

虽然兰州地区的绝大多数作家艺术家都锲而不舍地坚守着文学艺术的高尚品质,"低俗化写作"和"庸俗化艺术"现象并不十分突出,但我们也不能不提高警觉,未雨绸缪。

我们当然要坚决反对把文艺变成"单纯的政治观念的传声筒",我们同时也要坚决地反对把文艺变成"低级庸俗的感观刺激的传声筒"和"西方价值观的传声筒"。当我们看到动机高尚的"三下乡"活动演变为"三点式下乡"的情景时,我们就会知道,笔者的这一判断就绝不是危言耸听。

江泽民同志曾经指出:"在当代中国,发展先进文化,就是发展面向现代化、面向世界、面向未来的,民族的科学的大众的社会主义文化,以不断丰富人们的精神世界,增强人们的精神力量。必须坚持马克思列宁主义、毛泽东思想和邓小平理论在意识形态领域的指导地位,用'三个代表'重要思想统领社会主义文化建设。坚持为人民服务、为社会主义服务的方向和百花齐放、百家争鸣的方针,弘扬主旋律,提倡多样化。坚持以科学的理论武装人,以正确的舆论引导人,以高尚的精神塑造人,以优秀的作品鼓舞人。""全党同志要深刻认识文化建设的战略意义,推动社会主义文化的发展繁荣。牢牢把握先进文化的前进方向,发展面向现代化、面向世界、面向未来的,民族的科学的大众的社会主义文化,以不断丰富人们的精神世界,增强人们的精神力量。民族精神是一个民族赖以生存和发展的精神支撑。在五千多年的发展中,中华民族形成了以爱国主义为核心的团结统一,爱好和平,勤劳勇敢,自强不息的伟大民族精神。我们党领导人民在长期实践中不断结合时代和社会的发展要求，丰富着这个民族精神。面对世界范围各种思想文化的互相激荡，必须把弘扬和培育民族精神作为文化建设极为重要的任务。"

这一论断表明文艺工作依然是社会主义先进文化建设的重要组成部分，我党八十多年来形成的文艺思想在新的历史条件下有着新的发展，却并没有从根本上改变，决不是改弦更张，另起炉灶，重开锣鼓。

因此，认真总结八十多年来，党领导下的文艺事业发展历程，思考和借鉴历史经验与教训，就是十分必要的。

在我党提出构建社会主义和谐社会伟大历史任务的新形势下，如何保持文艺工作切实遵循先进文化的前进方向，围绕先进文化的核心展开工作，大力弘扬时代精神，更是需要思考的重要问题。

胡锦涛同志在省部级主要领导干部提高构建社会主义和谐社会能力专题研讨班上的讲话全面阐述了构建社会主义和谐社会的重大意义、科学内涵、基本特征、重要原则和任务，极大地丰富和发展了马克思主义关于社会主义社会建设的理论，标志着我们党对共产党执政规律、社会主义建设规律和人类社会发展规律的认识达到了一个新的高度。对文艺活动和文艺创作同样有着重要的指导意义。

构建社会主义和谐社会，是党中央从全面建设小康社会、开创中国特色社会主义事业新局面的全局出发提出的一项重大任务，适应了我国改革发展进入关键时期的客观要求，体现了广大人民群众的根本利益。

在构建社会主义和谐社会伟大事业的历史进程中，文化艺术工作具有不可替代的重要地位和作用。

因此，不断适应进入新世纪以来国际环境的重大变化和国内新形势的要求，认真研究并大力加强兰州文化艺术事业建设，不断提高文艺队伍的整体素质和文艺工作者的个体素质，在构建和谐社会的战略框架中努力工作，切实贯彻"科学发展观"，在创作活动中贯彻"以人为本"的指导思想，为巩固和加强党的执政地位服务，真正做到"以优秀的作品鼓舞人，"全心全意为人民服务，从而赢得广大人民群众的衷心拥护和爱戴，在构建社会主义和谐社会的伟大事业中做出应有的贡献，无疑是文艺界党组织以及党员领导干部和党员文艺家应该认真研究和实践的重要课题。

（注：本文系本书作者2006年6月在省委党校进修班的优秀毕业论文，可做本书压卷之作）

跋

岳逢春

一

为庆祝即将要发生的或正在发生的、或者为纪念曾经发生过的某个重要历史事件,将成千上万的人们组织起来,聚集在某个场地,围绕"本次活动"的主题,采用领导讲话、贵宾致辞、嘉宾剪彩等方式,按照一定的程序,主办者有目的、有安排、有秩序、有节奏地展开一些"礼仪性"的仪式,同时采用"吟诵诗篇""载歌载舞""敲锣打鼓"等文艺演出的方式,渲染出某种时代精神,营造出一种喜庆、欢腾、热烈(有时还需要增添庄重、肃穆的情感元素)的现场氛围,表达参加活动的人们共有的情感和情绪,体现一座城市文化品格的、同时具有地域特色和年代特征的群众性集会(广义的)活动,就是所谓"大型文化活动"。这种活动在实施之后,其本身也往往演变为重要的历史事件,即被载入史册"大事记"。

一般说来,大型文化活动具有四个特性:

第一是"有主题的政治性"。其活动的主题必须由主办者确定,往往紧密结合活动举办期间的政治、历史和文化背景,其指导思想和构思理念必须遵循文化活动的"时代主旋律",而绝非没有政治目的的"自娱自乐"活动。

第二是"有表达的艺术性"。其现场活动项目往往采用艺术形式展开,即广义的载歌载舞、敲锣打鼓,并要有意识地张扬中国特色社会主义的城市精神和文化理念,营造出积极、健康、昂扬向上的城市文化氛围。其仪式展开的程序和艺术表演节目都需要预先策划构思创作和排练。

第三是"有群众参与的组织性"。其活动的展开并非少数群众的自发行为，因而必须由活动主办者广泛调动各方面人员参与活动。每项活动都有少则几千人、多则几万人、甚至十几万群众参与现场活动。因而必须有计划地予以严密组织。

第四是"有特定时间限制的一次性"。每一项大型文化活动都有其特定的历史背景，并在确定的日期和时间坐标节点上展开。现场活动往往只能进行一次（预演和彩排都是筹备行为）而不像"歌舞戏剧"剧目可以成百上千场次地循环演出。

综上所述，重要节日的庆祝仪式、重要的纪念性的大型专题文艺晚会、大型文艺节会的开（闭）幕式、体育运动会的开（闭）幕式等，都可以称其为"大型文化活动"。本书收录的在兰州（包括在省外）举办的具有代表性的此类活动，诸如《八·二六颂——兰州解放五十周年庆典》《迎接新世纪庆典》《奥运火炬传递仪式》《黄河铁桥百年庆典》《上海世博会甘肃活动周开幕式》等等数十个活动项目，无一例外地都具备以上所阐释的四个特性，毫无疑问都可以称其为"盛典"——辉煌盛大的庆典。

大型文化活动的这些特性，要求主办者必须在事先进行精心策划构思，并制定出一个策划实施方案文本。虽然每次（每项）活动的主题是由活动目的和历史背景规定的，但思想的表达和氛围的营造，却需要找到恰当的表现形式。提出策划构思理念和撰稿写作方案文本的目的，就是要寻找并创造这种表现形式。这项工作，往往是由一个策划班子来完成，并经过活动主办者批准之后，予以组织实施的。因此，在忠实地遵循并贯彻活动主办者政治意图的前提下,策划班子尤其是担纲"总撰稿人"的执笔者是否能够撰写一个具有较高艺术水准的创意策划方案文本和严密的组织工作方案文本,就成为"本次活动"是否可以顺利圆满地成功举行的重要前提。

二

新时期以来,兰州市首次举办的大型文化活动,是1984年4月的"首届安宁桃花会"。但在当时,活动主办者和组织者还习惯于在会议上口头安排布置工作,大家都是在笔记本上记录会议的安排部署,分别予以组织实施。毋庸讳言,在20世纪80年代初期,兰州文化事业的发展尚处于百废待兴的那个历史阶段,于策划大型活动而言,文化领域确实缺乏足够经验,组织活动的方式也没有"成例"可循。

从1984年迄今,我一直都在兰州大型活动策划组织者这个圈子里工作,因此可以见证,起草拟定很严密、很完善的"策划实施方案"文字文本的工作方式,在80年代早期尚未形成。在我执笔撰稿之前,我确实没有见过类似的方案策划文本。而比较成熟的方案文本,则开始出现在20世纪80年代中后期,那就几乎都是由我执笔的稿件了。久而久之,方案文本的撰稿任务习惯成自然地几乎每次都被交给了我,担纲撰写这类稿件也顺水推舟地成为我在写作方面的一个专长技能。

这些结构完整、程序完备、文字清楚、语义清晰的方案文本,被下发到各有关部门,由有关工作人员按照方案提出的明确要求去组织实施现场的具体活动项目,后来的此类大型文化活动,逐渐就走向了具有准确的仪式性、表达着鲜明的思想性的比较理想的境界,活动现场的协调组织工作也就有井井有条了。特别是进入90年代以来，省城举办大型活动都依据《方案》文本展开，这就避免了类似"首届桃花会"口头安排部署工作时出现的理解上的歧义，也就从根本上避免了由于理解的歧义而带来的组织工作的"不到位"乃至"混乱"状况的发生。

从这些文本的框架结构及文字表述的演变历程可以看出，我最初写下的方案稿件，还是很不完善的提纲形式的文本。二十多年来，我撰稿的策划文本逐渐比较完备、甚至与时俱进地可以说比较完善了。这部《汇编》收入了上百篇文本，达到了60万余字。那么，将我遵命或者应邀写出的这些文本汇编在一起，很可能也就具有了值得珍惜的重要意义——需要强调的是，"值得珍惜的"并非只是我个人的文本写作，而是这些文稿表达着兰州这座城市不断进步的时代精神。而且，每一次活动的主题、思想和策划理念的成熟，都凝聚着各个时期主持决策这些活动的上级领导和策划团队的集体智慧以及承担组织实施任务的许许多多的同事和朋友们的心血和汗水。

正如鲁迅先生所说：这些也可以说是"遵命文学"。我说的所谓"遵命"，即遵循上级领导部门的指示执笔撰稿。所谓"应邀"，则是应有关方面的特别邀请撰写稿件。这让我感到非常荣幸——能够担任这座城市大型文化活动的"总撰稿人"达到一百多次，二十多年来"只此一家、别无分店"。我因此被评价为兰州大型活动策划文案的"首席撰稿人"——人生如斯，不胜欣慰，我心足矣，夫复何求？

三

从1986年春节我在兰州市文化局工作时组织社火进城活动，在东方红广场主席台上即兴为广播员写下几段解说词到今天，回头一看，二十多年过去了，我居然顺水推舟地一直在为兰州举办的各种大型文化活动撰写方案文稿。二十多年来，我随波逐流地写着、自然而然不断地写着，却没想到已经为这类活动写下了百余篇创意策划、组织实施方案以及主持词、解说词和主题歌词，归纳汇集在一起，居然可以编辑为一部著作文集——这种"无心插柳柳成荫"的春华秋实，真真令人——"想不到"。

我记得1986年春节在主席台上即兴写下的那篇解说词里面有一句话："小毛驴蹄声嘚嘚，新媳妇儿要回娘家……"云云，很好地为广场上的社火表演营造了喜庆、热烈、欢腾的节日氛围。虽然那篇写在粉红色节目单上的文字早已经不知去向，但当时的情境依然记忆犹新。我自己也像一头"小毛驴"一样，二十多年来一直在"蹄声嘚嘚"地走个不停，结果一直走到了今天，终于走成了一个"老驴头"。

回首往事，我的"驴蹄子印迹"演变幻化成的这类文字真是有不少了，但有些已经被岁月的风尘吹散了，湮没了——每一个活动项目都要提出新的创意策划构思，每一次撰稿都要阐释一个新的主题、表达一些新的思想、营造不同的现场氛围。你为"这一次"活动写下的策划文本，也就不可能在"下一个"活动现场被再次使用，这类文稿便具有"一次性使用"的特性，因而，我也就没有刻意去保留收藏它们。于是，有很大一部分用笔写下的文稿当年被送去审阅、签发、打印，或者在活动现场交给主持人使用之后，便随手丢弃了。尤其是20世纪80年代和90年代早期写在稿纸上的不少策划方案和解说词文稿，都在不经意间散佚了，丢失了，很难再找到了（比如自1986年至2001年每年的春节社火进城方案都是我执笔撰写——2010年社火进城的方案文本也是我应邀撰稿，应该有17篇，本书只收录了1篇;比如首届丝绸之路节我在组委会的主要工作是起草方案文件,大约写下了上百篇文稿,也只收录了1篇;比如第四届中国艺术节我也写下了几十篇稿件,也只收录了1篇。此外还有80年代的连续六届"黄河之夏"群众音乐会策划方案、"西北五市民歌邀请赛"方案、纪念三中全会二十周年《创造辉煌》晚会策划方案、与外省的十几次书画交流展览策划方案等等,都很难找到了。大约还有上百件诸如此类的文稿因为体例大同小异,为避免过度雷同而没有必要全部收入此书中。)没想到的却是,在我使用电脑写作之后,这样的"驴蹄子印迹"在不经意间都被保存了下来,日积月累地达到了一百多篇,我便萌生了将这些文稿汇编成册的想法,算是给自己所从事的职业生涯和写作历程的一个书面交待吧。

四

这些文稿,对于担任"撰稿人"的我来说,可以调侃为"驴蹄子印儿",以表示我还保持着一种谦虚谨慎的心态。但对这个城市举办的大型文化活动所依据的实施方案和"剧本"而言,我却不敢视作儿戏。将这些策划方案和解说词文本汇集成册编辑出版,对我这个"老驴头"来说,也许只是"敝帚自珍"不能免俗的一种人之常情,但由于这些文本具有特殊性质,它就绝不仅仅是我"一个人"的文字积累,而是可以当作这座城市新时期历史和文化发展的集体记忆来阅读并参考的。此书面世,对于后来的"千里驹"们继续做好这类工作而言,也许会有一定的借鉴参考意义甚或启发和帮助的作用。

有位朋友看过书稿后说:"这本书可以当作工具书来使用"。这个"文本解读"令我顿生醍醐灌顶之感,这,确实出乎我的意料——

虽然这样说,难免会让人觉得不够谦虚甚至还有些张扬,但为了这座城市文化事业的发展,我就不必在乎"王婆卖瓜"的什么嫌疑了吧——由于常常充满自信、因而难免显得有几分自负的傲气,我已经不是第一次被人误会了。但我相信"理解万岁"原本是一种高尚的人格理念和人生价值观,能够理解我这一次的"自卖自夸",我将十分感激。

五

做什么事情都怕日积月累,在不知不觉中,我的写作生涯居然实现了一个水滴石穿的结果。于我而言,集腋成裘、聚沙成塔,确实不仅仅是一些成语。工人,要做好自己的那份工;农民,要种好自己的一亩三分地;战士,要时刻警惕地擦亮自己的那支钢枪。那么,作为一个文化人,我能做的,也许就是这样的写作工作。而这部文集也许能够说明:这些年来,作者的写作是非常勤奋的。"蹄声嘚嘚"地一路走来的这个人,其精神风貌和写作状态也可以自诩为激情澎湃神采飞扬了。

生活在西部这片热土上,工作在兰州这座城市中,热爱兰州、歌唱兰州、宣传兰州,锲而不舍地追求一种健康向上的精神境界,大气磅礴地颂扬这座城市和城市精神,激情澎湃地礼赞盛典,于我而言,真的不只是一些抽象的口号和概念,而是实实在在地演化为这本书中的所有文稿了。那么,对这座城市文化事业的发展进步来说,我无疑是用了心、尽了力、付出了汗水与心血的。我因此而得到了难以言表的愉悦与快乐,并感到了精神的欣慰和心灵的满足。我想,这也就足够了。

六

我妻子为此书写了序言。

她长期从事公安政治工作和宣传工作，曾兼任《兰州公安》杂志副主编，从该刊创刊迄今二十余年，她一直负责编辑业务、后来主持该刊工作，亲自撰写并编审签发了大量稿件，被誉为"警营才女"。她多才多艺，能双手悬空"左右开弓"书写大幅美术字。20世纪70年代悬挂在市公安局礼堂主席台上的毛泽东和华国锋巨幅标准像就是她的油画作品。

这一次为我的文集作序，她是认真的。

"感谢"这两个字份量太轻，完全不能表达我的心情，只好将她《序言》的最后一句话拿来稍作润色，作为这部文集和这篇"跋"的结束语：——她这个人和她缜密的文思、横溢的才华以及贤妻良母的品格，一定也是我自己最可宝贵的人生财富。

公元2010年10月18日